普通高等教育"十二五"系列教材

U0658039

电 路

(第二版)

主　编　刘耀年
副主编　郝　静　霍　龙
编　写　杨冬锋　黄亚峰　石　磊

中国电力出版社
CHINA ELECTRIC POWER PRESS

内 容 提 要

本书系统论述电路分析中的基本概念、基本定律和基本分析方法。主要内容包括基尔霍夫定律及其矩阵形式、简单电路的等效、网络分析的一般方法、网络分析一般方法的矩阵形式、网络定理、正弦稳态电路分析、耦合元件和耦合电路、正弦稳态三相电路、非正弦周期电流电路的稳态分析、二端口网络、线性动态电路的时域分析、线性动态电路的复频域分析、网络的状态变量分析法、均匀传输线的正弦稳态分析、无损耗均匀传输线的暂态分析、非线性电阻电路分析，另有两个附录，EWB简介、MATLAB简介。书中还附有部分习题答案。

本书主要作为普通高等学校电气信息类专业电路课程的教材，也可供有关科技人员参考。

图书在版编目（CIP）数据

电路/刘耀年主编. —2 版 .—北京：中国电力出版社，2013.7（2025.9 重印）

普通高等教育"十二五"规划教材

ISBN 978-7-5123-4783-0

Ⅰ.①电… Ⅱ.①刘… Ⅲ.①电路-高等学校-教材

Ⅳ.①TM13

中国版本图书馆 CIP 数据核字（2013）第 179503 号

中国电力出版社出版、发行

（北京市东城区北京站西街 19 号　100005　http://www.cepp.sgcc.com.cn）

北京雁林吉兆印刷有限公司印刷

各地新华书店经售

*

2005 年 8 月第一版

2013 年 7 月第二版　　2025 年 9 月北京第十八次印刷

787 毫米×1092 毫米　16 开本　29.5 印张　761 千字

定价 53.00 元

前　言

　　本书系《21 世纪高等学校规划教材　电路》（刘耀年主编）的修订本。修订本的内容及其次序安排，基本上符合教育部《电路课程教学基本要求》和教育部面向 21 世纪课程改革的要求。

　　与原版本对比，修订本加强、充实了基本的和传统内容，并调整了原版本的前半部分的一些内容，变动较大的地方有：① 将第一章中的网络图论的基本概念和有向图与 KCL、KVL 的矩阵表示放到第 4 章。② 将第二章中的无伴电源的等效变换删去，其内容放到第 3 章中。③ 根据教学和对基本内容、基本概念的掌握要求，第三章仅保留了支路电流法、节点电压法和回路电流法，对其余内容或删去或移到其他章节。④将第三章中的节点电压方程的矩阵形式、回路电流方程的矩阵形式放到第 4 章。⑤增加了网络分析一般方法的矩阵形式新的 1 章（第 4 章），将电路中有关网络图论及其算法的内容汇集在一起，使内容在整体上更加统一。⑥ 增减了一些章节的习题，特别是补充了非正弦周期电流电路的稳态分析一章的"反方向"计算的习题，使习题的类型及数量更加合理、全面。⑦按照教学习惯和传统，将非线性电阻电路分析的内容，放到最后一章，以适应教学安排。

　　本书保留了原版本的大部分内容和例题，习题类型有所增加，使用本书的教师也可以适当地自选一些习题作为补充。

　　参加本书修订工作的有：刘耀年、郝静、杨冬锋、黄亚峰和石磊。

　　本书的修订工作得到了东北电力大学电气工程学院的大力支持，使用过本书的教师也提出了许多宝贵的修改意见，在此，谨致衷心的谢意。

　　本书虽然在原版的基础上，根据各方面的读者提出的意见和建议做了一些修改，但缺点和错误之处在所难免，希望读者予以批评指正。

编　者

2013 年 6 月

第一版前言

　　电路是一门重要的技术基础课，是电气、电子、通信、控制以及机电一体化等学科必备的理论基础，对工科大学生总体课程的学习和今后的工作起着深远的影响。根据教育部最新颁布的《电路课程教学基本要求》和教育部面向 21 世纪课程改革的要求，按照模块化的方式组织编写了这本教材。

　　本教材编写的指导思想是，针对 21 世纪对电气工程类专业人才的要求，和当前高等教育改革中注重素质和能力培养的要求，以加强基础、拓宽专业为原则，适应教学内容和课程体系改革需求，处理好教材内容的体系、深度和广度，既要重视教材内容的先进性，又要特别注意教学的适用性。为此，在组织编写这本教材时，借鉴了不少同行们编写的优秀教材，并特别注意突出了以下几个方面的特色：

　　（1）本教材在体系上有着鲜明的特点，它以电路状态为线索，采用直流稳态、正弦交流稳态、非正弦周期稳态和直流暂态、交流暂态的叙述体系，这一点与国内许多同类教材不同。

　　（2）处理好与前序课程及后续课程的关系，考虑到目前的大学物理和高中物理课中的电磁学内容，在教材编写上强化了元件特性，以及电阻串联、并联、分压、分流等简单实用的内容。根据学生的数学基础，教材中比较早地提出了电路方程的矩阵形式，通过线性代数进一步阐明线性电路的性质，也使前序数学课内容得到很好的应用。

　　（3）围绕教材模块化的方式，理顺内容之间的关系，突出教学适用性。将"网络的图和基尔霍夫定律的矩阵形式"等内容移到第一章中，突出了网络分析的"结构"特色。将"电路方程的矩阵形式"移至第三章，使算法分析中的观察法和系统法达到了和谐、统一。

　　（4）突出教学重点和工程实用，对教材进行了适度的增删，删掉了运算放大器、回转器等内容；在"状态变量法"中加入了状态空间和状态轨迹的说明和例子，在"均匀传输线稳态分析"中增加了信号的无畸变传输内容，将拉普拉斯变换的有关暂态分析内容，推广到正弦稳态分析中，加强了"频率响应"，为将来从事滤波器的分析和设计做好准备。

　　（5）例题和习题突出了基本理论和基本概念的训练，摒弃了那些步骤繁琐或技巧性很强的习题。习题内容覆盖了本书中要求理解和掌握的全部内容，便于学生选择和练习，以巩固基本概念及加强对实践能力的培养，其中许多题目是经多年教学实践而精选的。

　　参加本教材编写工作的有：刘耀年教授（第一、三、五、十三至十五章），霍龙教授（第四、七、九、十至十二章），郝静副教授（第二、六、八章及附录部分）。此外，刘耀年教授负责起草全书编写大纲、统稿、修改定稿等工作。

　　本教材承蒙 张纯 教授仔细审阅，并提出了许多宝贵意见，所提建议大部分已被采纳，这是使教材质量得以提高的重要保证。许多同行也对本教材的编写提出了不少宝贵建议，对上述同志的热情支持和帮助，在此一并致以衷心感谢！

本教材在编写过程中借鉴了不少同行们编写的优秀教材，并从中受到了不少教益和启发，在此对各位作者表示衷心的感谢！

限于编者的水平，错误和欠妥之处在所难免，恳请读者和使用本教材的同行批评指正。

最后，还要感谢为本书的出版付出了辛勤劳动的中国电力出版社的同志们。

编　者

目　录

第 1 章　基尔霍夫定律及其矩阵形式

　　许多人在高中和大学的物理课程中，都曾经接触过电路，但是，在那里对于电路的讨论往往是通过许多特殊的例子来加以说明的，缺乏系统的论述。在本章中将对电路的基本理论进行系统地叙述，此外，在系统地阐明电路理论的过程中，能使读者了解电路理论一些重要的基本概念以及在许多相关工程领域中的应用。

　　电路理论是建立在模型概念的基础上。要分析任何一个复杂的物理系统，必须用理想化的模型来描述这个系统，而理想化的模型则是由一些理想化的元件组合而成的。所谓理想化的元件本身也是一些简单的模型，它用来表达或近似地表达一些简单的实际器件或简单的物理现象的性质。虽然理想化元件只是近似地描述实际的器件或物理现象，但是理想化元件本身是由定义来精确地加以表征的。

1.1　电路及电路模型

　　在电路理论中，研究的是由理想化元件所构成的电路模型，并且是研究它们的一般性质。在实际电路已经给定的情况下，就有可能不断地改选它的理想化模型，从而使理想化模型的特性和实际电路的特性越来越接近。通过分析电路模型，我们能够预测实际电路的性状，并设计出更好的电路。

1.1.1　电路模型

　　电路理论中的模型，是同经典力学中所熟知的质点和刚体相类似的。质点是小物体的模型。按照定义，质点是没有实际尺寸的，但是它具有确定的质量，确定的位置、速度和加速度。同样，刚体被认为具有一定的形状、质量和惯量等，而且假定，不管刚体受到多大外力的作用，刚体中任何两点之间的距离是不变的。严格说来，在自然界中并不存在着质点和刚体这样的东西，然而，这些理想化的模型却能成功地用于设计机器、飞机、火箭等。

　　在以下各章中所讨论的电路元件，都是一些具有精确的表征特性的模型，这些特性是实际使用的器件物理特性的理想化。把这些电路元件相互连接起来，就成为电路模型，并且借助于这种理想化的模型来分析和设计实际的电路。

1.1.2　集中参数电路与分布参数电路

　　电路有两种类型：集中参数电路和分布参数电路。

　　集中参数电路是由集中参数元件连接而成。典型的集中参数元件是电阻器、电容器、电感器和变压器等。集中参数元件的电路参数（电阻、电感、电容）都是集中在元件上的，元件的电磁特性用端口的电磁量来描述。实际上导线的电阻和导线之间的电容都是分布在导线的全部长度上的，线圈的电感也是分布在线圈的每一匝上的。在应用集中参数的电路模型时，忽略了元件参数的分布特性，而用元件的一个或一组集中的参数来表征其作用。

　　集中参数电路和分布参数电路的划分，是以电路的线性尺寸与在其中传输的电磁波的最短波长相比较为依据的。大体可以认为，与电路中的电压、电流变化的最高频率 f 相对应

的波长 λ 和电路的最大线性尺寸 l 之间满足 $\lambda \geqslant 100l$ 关系时，电路可以作为集中参数电路来研究，否则就应作为分布参数电路来处理。

集中参数元件的一个主要特点是：同正常工作频率所对应的波长相比较，外形尺寸很小可以忽略不计。从这一意义上来说，它们和质点相似。也就是说，对于由集中参数元件连接而成的电路，不管其连接方式如何，只要电路的尺寸远小于电路的最高频率所对应的波长，都称之为集中参数电路。

集中参数元件有两个端子的（二端元件如电阻器）和多个端子的（多端元件例如变压器或晶体管等）。对于二端集中参数元件，在任何时刻从元件的一端流入的电流恒等于从另一端流出的电流，而两端之间的电压可以用物理的方法准确地测量出来，就是说，在任何时刻流经元件的电流以及元件的端电压是完全确定量。对于多端集中参数元件来说，在任何时刻流入任一端的电流以及任意两端之间的电压是完全确定的。只要电路的尺寸符合上述的限制，基尔霍夫电流定律和电压定律就能够适用。

在研究施加时变电源的高压输电线或高频信号传输线时，既要考虑传输线的电阻压降和磁场变化所引起的感应电动势，也要考虑线间由于绝缘不理想引起的漏泄电流和电场变化所引起的位移电流，因此导线间的电压是沿线变化的，导线中的电流也是沿线不同的。在分析传输线的电压、电流沿线分布时，就要考虑到导线上每一单位长度具有的电阻和电感，以及导线之间的电导和电容。即传输线是具有分布参数特性的电路，要根据分布参数电路的概念来处理。

所谓网络分析，简单地说是指在已知网络结构（即给定电路图）及元件参数，比如电阻的阻值和电源的数值以及极性的条件下，确定各节点电位或各支路电流的大小和流动方向。对图 1-1 网络而言，就是要确定六个支路电流或五个节点电位。这种分析是比较典型的，另外还有已知部分元件的参数及支路电流，求解其余未知部分元件的参数及支路电流。从分析方法的原则上看，其实质是一致的。如果掌握了分析前一问题的方法及其所需的基本概念及基本定律，就能够解决后一类型的问题。

网络分析的反面问题，即确定电路结构及其参数使其满足预先给定的要求，叫做网络综合。本书只介绍有关网络分析的基本理论和方法。

1.2 电流、电压及功率

对电路的描述是通过一些物理量，如电压、电流、电荷、磁链、功率和能量等来表示的，这些物理量统称为电路变量和网络变量。由于电压和电流在电路中比较容易通过仪器观察到，因此电压和电流是描述电路特性的两个基本变量，一个电路一旦电压和电流被确定，这个电路的特性也就确定了。

1.2.1 电流

电荷的有规则的运动形成电流。导体内的电流是由于金属内部自由电子在电场力作用下运动而形成的，而在电解液或被电离后气体的导电过程中，电流是由正、负离子在电场力作用下沿着相反方向运动而形成的。负电荷的运动其效果与等量正电荷作反方向运动相同。上述导体、液体或气体中的电流都叫做传导电流，电路中一般只涉及导体的传导电流。

电流的大小取决于一定时间内通过导体截面 S 的电荷量的多少。设 dt 时间内通过 S 的

电量为 dq，则

$$i(t) = \frac{dq(t)}{dt} \tag{1-1}$$

式中：$i(t)$ 称为电流强度，简称电流。因此，电流一词不仅表示一种物理现象，而且也代表一个物理量。不随时间变化的电流叫做恒定电流或直流电流，规定用大写字母 I 表示，小写字母 i 则表示随时间变化的交变电流。直流电流 I 与电量 q 的关系可表示为

$$I = \frac{q}{t} \tag{1-2}$$

式中：电流强度 I 的单位是安〔培〕，A。电路中，不仅电流的大小而且其方向都对电路的工作状态有很大影响，因此，在测定或计算电路的电流时，既要考虑电流的大小，也要考虑电流的方向。

电流的方向习惯上采用正电荷的流动方向，该习惯最初是由本杰明·富兰克林（Benjamin Franklin）提出来的。实际上，在金属中流动的是带负电的电子，但习惯上假设为正电荷的流动。

图 1-1 表示电路中的某一个支路，电流从节点 A 流向节点 B 时，假定电流数值等于 $-5A$，数值前的负号表示电流的实际方向与电路图中标记的方向相反，电流的真实方向是从节点 B 流向节点 A。由此可见，电路图中标记的电流方向，并不需要一定与实际方向一致；因此，把图上箭头标记的方向，叫做电流的参考方向（任意人为假定的方向）。

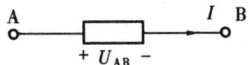

图 1-1 电流的方向

参考方向的假定是任意的，一旦选定后，在电路分析过程中就不能改变。在选取一定的参考方向的前提下，电流是个代数量。电流的实际方向在参考方向选定后由电流数值的正负来决定。当数值为正时，实际方向便与参考方向一致，若数值为负，实际方向与参考方向是相反的。离开参考方向讲电流的大小是不完整的，离开参考方向谈电流的正负也是没有意义的。

1.2.2 电压和电位

电荷在电场力作用下运动形成电流，在此过程中电场力推动电荷移动而作功，电场力作功的能力用电压表示。在一段电路中，假设正电荷 dq 从 A 点到 B 点时电场力作功为 dW，则 A、B 间的电压为

$$U_{ab} = \frac{dW}{dq} = \int_a^b E dl \tag{1-3}$$

从数值上看，电压也就是电场力把单位正电荷从 A 移至 B 时所作的功。如果功的单位为焦耳，电量单位为库仑，则电压单位为伏特。不随时间变化的电压称为直流电压，用大写字母 U 表示，而小写字母 u 则表示交变电压。

与静电场分析相似，把正电荷在某点所具有的能量叫做正电荷在该点的电位能。电位能与电量的比值称为电位，用 V 表示。如 V_A、V_B 分别表示 A 点与 B 点的电位，电位的单位也是伏特。电路中两点之间的电压应等于两点电位之差，即

$$U_{ab} = V_a - V_b \tag{1-4}$$

所以电压也称为电位差。

在物理中曾指出，无限远处或大地的电位为零，因此电路中若有接地点，则认为该点电位为零，称作"参考点"。电位比此点高者为正，低者为负。如电路没有接地点，为了说明各点电位的高低，可以指定电路中任一点（只能一点）的电位为零。一般的仪器设备都有一个公共端连到设备的外壳上，这个公共端点习惯上就叫做"地"，通常就选这一点为电位参考点。

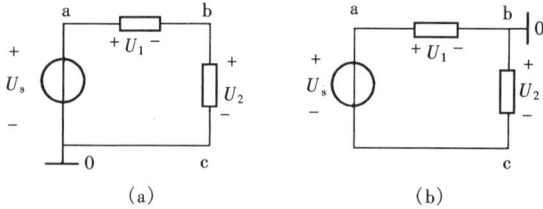

图 1-2　不同参考点时的电位、电压分析的例子

(a) c 点为参考点的电路；(b) b 点当作参考点的电路

参考点选定后，电路中各点的电位都具有一定的数值。在图 1-2 所示电路中，已知：$U_1 = 10V$，$U_2 = 5V$，电路中 a、b、c 点电位分别用 V_a、V_b、V_c 表示。即：$U_1 = V_a - V_b$，$U_2 = V_b - V_c$。如选 c 点为参考点，即 $V_c = 0$，如图 1-2 (a) 所示，则由上面关系式及已知条件，可得 $V_b = U_2 = 5V$，而 $V_a = U_1 + U_2 = 15V$。各点电位都有惟一的数值，此特点称为电位的单值性。若将 b 点当作参考点，即 $V_b = 0$，如图 1-2 (b) 所示，则可得 $V_a = U_1 = 10V$，$V_c = -U_2 = -5V$，c 点电位比参考点电位低。这时各点电位的数值也是一定的，但与选 c 点作为参考点时不同。说明电路中各点电位的数值是单值的，而具体数值与参考点的选取有关。

综上所述可知，电压或电位差是与参考点的选取无关的，在图 1-2 所示的电路中，无论选 c 点还是 b 点为参考点，a、b 之间的电位差都是 10V，b、c 之间的电位差都是 5 V。应用电位概念时，必须指明它的参考点。在生产实践中，通常把电路作为一个完整的系统考虑时，它具有公共端，所以应用电位概念还是较为方便的。

电路的工作状态，也可以通过电路中各点的电位数值反映出来。电气设备安装后要进行调试，出了故障要检查，其中一个主要方法就是测量各点电位值，看其是否符合设计中的电位数值。由于用伏特表测量电压时不必切断电路，所以这种方法是比较方便的。例如图1-3 中开关 S 的工作状态就可以用电位表示。假定 c 点为参考点，即 $V_c = 0$，用伏特表测量 b 点电位，若读数为零，即 $V_b = 0$，可以知道开关是闭合的，因为开关闭合后 b、c 是等电位的。若伏特表读数为 10V，可以判别为开关 S 是打开的，此时电路不通，无电流时电阻 R 上没有电压，故 $V_a = V_b = 10V$。

与电流分析相同，电压也要选定参考方向，电压也是一个代数量，电压参考方向的选定也是任意的，电压的实际方向也是由参考方向及数值的正负两方面确定的。同一元件上的电压和电流参考方向的选取原则上是任意的，没有制约关系，但是对于电阻、电感、电容等元件习惯上总是将电压和电流的方向选为一致方向（关联方向）。

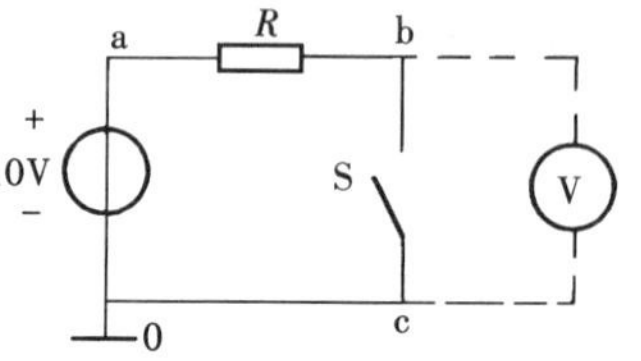

图 1-3　电路的开路与短路

在图 1-1 的支路中，选定参考方向后，由电压定义可知，若 $U_{AB} > 0$，表示正电荷从 A 点到 B 点，通过这段电路时电场力是作功的，即这段电路是吸收电能的。也就是说，正电荷在 A 点时具有的能量要比移到 B 点时大，其差额等于这段电路吸收的能量。由此可以看出所谓电压的方向是指电位降落的方向（正电荷电位能减少的方向）。

参考方向是电路分析的一个重要概念；在计算电路时，首先要假定各元件的电流（电压）的参考方向，否则就无法建立电路方程。一旦参考方向假定后，就不能随意更改。

1.2.3　电功率与电能

对于电气设备，所需要的不仅是电流本身，而且是伴随电压、电流的电能。电功率是用来衡量电能转换或传输速率的物理量。根据电流的定义，在 dt 时间内通过的电荷量为 $dq = idt$。在集中参数电路中，电荷通过电路时，电能所作的功即电路吸收的电能等于该电荷量与端电压的乘积，即 $dw = udq = uidt$，因此，电路"吸收"的功率为

$$P = \frac{dw}{dt} = ui \tag{1-5}$$

式中：功率 P 的 SI 单位为瓦特，W。

当电能通过元件转换成其他形式的能量时，电能对外作功，此时称该元件为消耗电能或吸收功率；当其他形式的能量通过元件转换成电能时，此时称该元件为发出电能或发出功率。

电路中的元件是吸收还是发出功率，要同时依据计算时所选择的电压、电流参考方向和计算结果的符号来判定。当元件的电压和电流的参考方向一致时，而且它们的乘积为正时，表明该元件消耗功率，此时的电流由高电位点流向低电位点。凡是电流的真实方向是从元件的高电位点流到低电位点，元件总是消耗功率的。相反，当元件的电压和电流的参考方向相同，而它们的乘积为负时，则表明该元件发出功率。电路中的元件究竟是吸收还是发出功率，不会因为计算时所选择的参考方向不同而得出不同的结论。

对于电源元件如果选定的电压 U 与电流 I 的参考方向相反，即电流方向由电源电压的正极流出时，此时电流是从低电位端流向高电位端，电压与电流的乘积为负，表明功率是发出的。反之，电压与电流的乘积为正，表明电源元件是吸收功率的。

在实际的电气设备、元器件的工作中，对其功率都有限制，即额定功率。在使用时要注意其实际功率不能超过额定功率的限制，否则，设备或器件就可能缩短使用期甚至毁坏。因此，电路中功率和能量的计算也是电路分析的重要内容。

1.3　电　阻　元　件

在物理课程中，研究了服从于欧姆定律的电阻器，即电阻器的端电压和流过电阻器的电流成正比。在工程中有很多电子器件，它们并不服从于欧姆定律，但是却具有类似的特性。这些器件在计算机、控制系统和通信系统中的应用正在不断发展。所以，从更广泛的观点来研究基本的电阻元件是十分必要的。

1.3.1　电阻元件的定义

如果一个二端元件，其端电压 $u(t)$ 和流过的电流 $i(t)$ 在所有时间 t 内反映出确切的瞬时关系，可用 $u - i$ 平面上一条曲线来描述，此二端元件称为电阻元件。曲线称为电阻元件在时间 t 的特性曲线。特性曲线确定了在时间 t 时变量 $u(t)$ 和 $i(t)$ 的全部可能的数值集合。

根据特性曲线的不同，可以把电阻元件分为四种类型，即线性时不变、线性时变、非线性时不变和非线性时变。本章讨论的重点是线性时不变元件。

1.3.2　线性时不变电阻元件

如果电阻元件的特性曲线是 $u - i$ 平面上一条不随时间变化且经过原点的直线，该电阻

元件称为线性时不变电阻元件。线性时不变电阻元件的符号和特性曲线如图 1-4 所示。在电压、电流取关联参考方向的前提下，线性时不变电阻元件的电压 $u(t)$ 和电流 $i(t)$ 之间的关系可用欧姆定律表示如下：

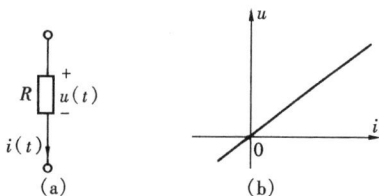

图 1-4　线性时不变电阻元件

(a) 线性时不变电阻元件符号；
(b) 线性时不变电阻元件的特性曲线

$$u(t) = Ri(t) \text{ 或 } i(t) = Gu(t) \quad (1-6)$$

该方程为线性电阻元件的特性方程。需要注意的是，电阻元件的特性方程与电压 $u(t)$ 和电流 $i(t)$ 的参考方向有关。若电阻元件的电压和电流采用非关联参考方向时，上式应加负号，其表达式为

$$u(t) = -Ri(t) \text{ 或 } i(t) = -Gu(t) \quad (1-7)$$

式中：R 和 G 是与 u、i、t 无关的常数。R 称为电阻，G 称为电导，两者互为倒数。电阻的 SI 单位为欧姆（Ω），电导的 SI 单位为西门子（S）。

线性时不变电阻元件有两种特殊情况：开路和短路。无论元件的支路电压值是多少，只要支路电流值恒等于零，就称为开路。开路时的特性曲线与 u 轴重合，如图 1-5 所示。该特性曲线的斜率为无穷大，即 $R = \infty$ 或 $G = 0$。无论二端元件的支路电流值是多少，只要支路电压值恒等于零，就称为短路。短路的特性曲线与 i 轴重合，如图 1-6 所示。该特性曲线的斜率为零，即 $R = 0$ 或 $G = \infty$。

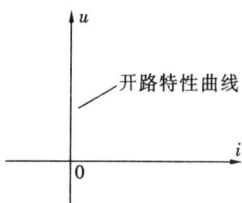

图 1-5　开路特性曲线
与 u 轴重合

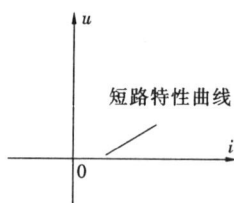

图 1-6　短路特性曲线
与 i 轴重合

线性时不变电阻元件的输入功率为

$$p = ui = i^2 R = u^2 G \text{ 或 } P = -ui = i^2 R = u^2 G \quad (1-8)$$

式（1-8）表明无论电压和电流的参考方向是否关联，功率 $p \geqslant 0$，也就是说只要电阻有电流流过，线性时不变电阻元件总是吸收功率的，因此它是耗能元件。从能量的角度看，从零时刻到 t 时刻输入电阻的全部能量为

$$w = \int_0^t p(t') \mathrm{d}t' = \int_0^t u(t') i(t') \mathrm{d}t' = R \int_0^t i^2(t') \mathrm{d}t' = G \int_0^t u^2(t') \mathrm{d}t'$$

该式就是焦耳定律，电阻将吸收的电能转化为热能。

1.3.3　线性时变电阻元件

如果电阻元件的特性曲线在所有时间内都是过 $u-i$ 平面上原点的直线，并且直线的斜率是随时间变化的，则称此电阻元件为线性时变电阻元件，如图 1-7 所示。

线性时变电阻元件的特征方程为

$$u(t) = R(t)i(t) \text{ 或 } i(t) = G(t)u(t) \quad (1-9)$$

线性时变电阻元件的一个重要特点是：具有变换电压或电流频率的能力。设电位器的滑动触

头来回运动时，电阻按时间有规律地变化，所以在 t 时的特性曲线表示为

$$R(t) = R_a + R_b \cos 2\pi f t$$

则

$$u(t) = (R_a + R_b \cos 2\pi f t) i(t)$$

设 $i(t) = A \cos 2\pi f_1 t$，其中 A 和 f_1 均为常数。对于线性时变电阻元件的电压，可用欧姆定律表示为

$$u(t) = (R_a + R_b \cos 2\pi f t) \cdot A \cos 2\pi f_1 t$$

$$= A R_a \cos 2\pi f_1 t + \frac{R_b A}{2} \cos 2\pi (f + f_1) t$$

$$+ \frac{R_b A}{2} \cos 2\pi (f - f_1) t$$

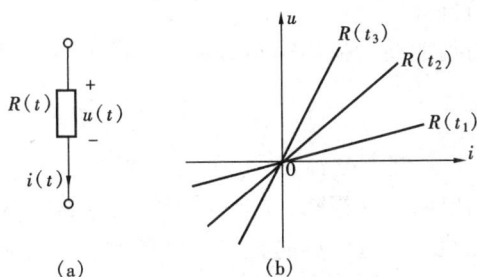

图 1-7　线性时不变电阻元件
(a) 线性时变电阻元件符号；
(b) 线性时变电阻元件的特性曲线

可见，在线性时变电阻元件的电压中产生了两个新频率，频率是输入信号频率与电阻元件频率两者之和及两者之差的信号。因此，线性时变电阻元件可用来产生或变换正弦信号，这种特性在"调制"、"倍频"等无线电技术中得到广泛应用。

1.3.4　非线性电阻元件

如果电阻元件的特性曲线不是在所有时间内都是 $u-i$ 平面上过原点的直线，此种电阻称为非线性电阻元件。锗二极管就是非线性电阻的一个典型例子，它的电流 $i(t)$ 是电压 $u(t)$ 的非线性函数：

$$i(t) = I_s (e^{qu(t)/KT} - 1) \qquad (1-10)$$

式中：I_s 是常数，代表反向饱和电流；q 是一个电子的电荷量；k 是玻尔茨曼常数，T 是绝对温度。图 1-8 所示为非线性电阻元件的符号和锗二极管在 $u-i$ 平面上的特性曲线。

电阻元件的电压、电流选取关联参考方向的前提下，如果电阻元件的特性曲线在所有时间 t 内都处在 $u-i$ 平面上的第一或第三象限，则电阻元件是无源的；若电阻元件的特性曲线处在第二或第四象限，该电阻元件就是有源的。

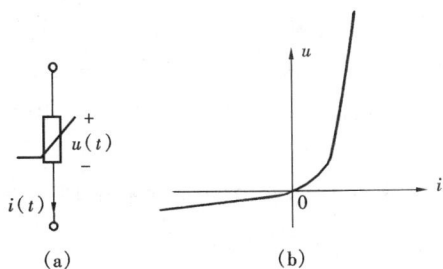

图 1-8　非线性电阻元件
(a) 非线性电阻元件符号；(b) 锗二极管特性曲线

1.4　电　容　元　件

电容元件是实际电容器的理想化模型，表征电磁现象中的电场特性。实际电容器的主要特性是当极板上储存电荷后，极板之间就具有电压，该电压与极板上存储的电荷有关。

1.4.1　电容元件的定义

一个二端元件，如果对于任一时间 t，它所储存的电荷 $q(t)$ 同它的端电压 $u(t)$ 之间满足 $q-u$ 平面上的一条曲线所确定的关系，则此二端元件称为电容元件。这条曲线称为电容元

件的特性曲线。

特性曲线所描述的 $q(t)$ 和 $u(t)$ 的关系，可用代数方程表示

$$q(t) = f[u(t)] \text{ 或 } u(t) = f[q(t)] \tag{1-11}$$

式（1-11）称为电容元件的特性方程。

与电阻元件相同，可以根据特性曲线的特点对电容元件进行分类。如果对所有时间 t，特性曲线均为过原点的直线，此种电容元件称为线性电容元件。如果特性曲线不随时间变化，就称为时不变的，否则就是时变的。通常电容分为线性时不变、线性时变、非线性时不变、非线性时变四种类型。

1.4.2 线性时不变电容元件

线性时不变电容元件的特性曲线是一条过原点且不随时间变化的直线，可得到线性时不变电容元件的特性方程，即

$$q(t) = Cu(t) \tag{1-12}$$

式中：C 为常数，用来度量特性曲线斜率的，它与 t 和 u 无关，称为电容元件的电容。式（1-12）中各量的单位分别为库仑、法拉、伏特。线性时不变电容元件的符号和特性曲线如图 1-9 所示。

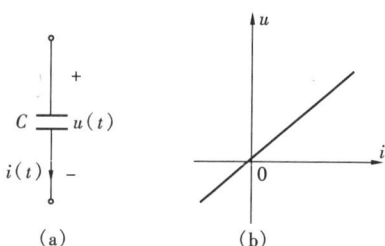

图 1-9 线性时不变电容元件
(a) 电容元件符号；(b) 电容元件的特性曲线

当电容元件储存的电荷量增加时，电容元件两端的电压就要升高，该过程称为充电。反之，当电容元件储存的电荷量减少时，电容元件两端的电压就要降低，这一过程称为放电。电容元件在充、放电过程中，所储存的电荷随时间变化，电荷的增减量又必然等于通过连接导线截面上的电荷，因此，导体中的传导电流等于电容元件极板上电荷的变化率。

下面讨论线性时不变电容元件的电压、电流关系。设电容元件的电压、电流采用关联参考方向，根据电流的定义有

$$i(t) = \frac{dq(t)}{dt} = C\frac{du(t)}{dt} \tag{1-13}$$

式（1-13）说明通过电容的电流与电压的变化率成正比，该特性称为电容元件的动态特性。电容元件也称为动态元件。与式（1-13）反之，有

$$u(t) = \frac{1}{C}\int_{-\infty}^{t} i(t')dt' = \frac{1}{C}\int_{-\infty}^{0} i(t')dt' + \frac{1}{C}\int_{0}^{t} i(t')dt' = u(0) + \frac{1}{C}\int_{0}^{t} i(t')dt' \tag{1-14}$$

式（1-14）是用电流表示电压的方程，积分下限 $-\infty$ 抽象表示过去的时间。如果考虑问题的起始时间为 t_0，在电路分析中，经常取为 $t_0=0$ 作为起始时间。式（1-14）的前一项 $u(0)$ 体现了起始时间之前的电流对电压的全部充电贡献，称为电容元件的电压初始值；后一项体现了从时间 0 到时间 t 电流对电压的充电所引起的电压变化量。只有当 $u(0)=0$ 时，由式（1-14）所确定的函数才是一个线性函数，这个线性函数表示出在时间 t 时的电压 u 与 $[0,t]$ 区间内电流波形的线性关系。

式（1-14）表明，在任意时刻 t，电容两端的电压 $u(t)$ 不仅与该时刻的电流 $i(t)$ 有关，

而且还与以前的电流的全部历史状况有关。即电容记忆了 t 时刻以前电流对电容的充电贡献，电容的这一特性称为记忆特性，电容元件也称"记忆元件"，这一结论常被说成"电容元件具有记忆本领"。

若电容元件的电压初始值为零，则有

$$u(t) = \frac{1}{C}\int_0^t i(t')\mathrm{d}t'$$

式（1-13）、式（1-14）统称为伏安关系。需要注意的是，伏安关系与电容元件的电压、电流的参考方向有关，当采用非关联参考方向时，在式（1-13）、式（1-14）的表达式中要加负号。

【例 1-1】 线性时不变电容元件的电容值为 2F，电压初始值为 $u(0) = -0.5\text{V}$，电容元件中的电流波形如图 1-10（a）所示，画出电容元件两端的电压波形。

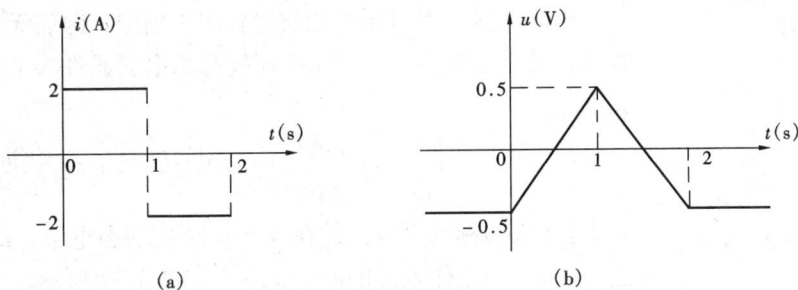

图 1-10　线性时不变电容元件的电流及两端电压的波形图
（a）电容元件中的电流波形；（b）电压 $u(t)$ 的波形

解　电容元件两端的电压为

$$u(t) = u(0) + \frac{1}{C}\int_0^t i(t')\mathrm{d}t' = -0.5 + 0.5\int_0^t i(t')\mathrm{d}t'$$

$$0 < t < 1 \quad u(t) = -0.5 + 0.5\int_0^1 2\mathrm{d}t' = -0.5 + t\big|_0^1$$

$$1 < t < 2 \quad u(t) = 0.5 + 0.5\int_1^2 -2\mathrm{d}t' = 0.5 - t\big|_1^2$$

图 1-10（b）画出了电压 $u(t)$ 的波形。当 i 为负值时，电压为 -0.5V。当 $t>0$ 时，受正值的电流波形作用，电压开始增加，当 $t=1\text{s}$ 时，电压到达 0.5V。当 $1<t<2$ 时，由于受负值的恒定电流的作用，电压直线下降至 -0.5V。当 $t\geq 2\text{s}$ 时，电压不再变化。

从这个简单的例子中，我们清楚地看出，当 $t\geq 0$ 时，$u(t)$ 依赖于电压初始值 $u(0)$ 以及 $0\sim t$ 之间的电流波形 $i(t)$。当 $u(0)$ 不为零时，$u(t)$ 就不是 $i(t)$ 的线性函数；如果初始值 $u(0)$ 为零，则时间 t 时的支路电压 $u(t)$ 是电流 $i(t)$ 的线性函数。

1.4.3　线性时变电容元件

线性时变电容元件的特性曲线在所有时间内均为通过原点的直线，但其斜率随时间变化，特性方程为

$$q(t) = C(t)u(t)$$

式中：$C(t)$ 表示曲线随时间变化的斜率，称为线性时变电容元件的电容。

线性时变电容元件的伏安关系为

$$i(t) = \frac{\mathrm{d}q(t)}{\mathrm{d}t} = \frac{\mathrm{d}}{\mathrm{d}t}\big[C(t)u(t)\big] = C(t)\frac{\mathrm{d}u(t)}{\mathrm{d}t} + u(t)\frac{\mathrm{d}C(t)}{\mathrm{d}t}$$

1.4.4　非线性电容元件

非线性电容元件的特性曲线在所有时间 t 内，不是通过原点的直线，特性方程可表示为

$$q = f(u,t), u = f(q,t) \text{ 或 } f(u,q,t) = 0$$

对非线性时不变电容元件有

$$q = f(u) \tag{1-15}$$

$$u = f(q) \tag{1-16}$$

$$f(u,q) = 0 \tag{1-17}$$

其中：式（1-15）称为电压控制型，式（1-16）称为电荷控制型，式（1-17）称为隐含型。

由于非线性电容元件的曲线斜率不确定，因而无法确定电容数值，处理方法如下。对于电压控制型电容元件，电容数值确定如下

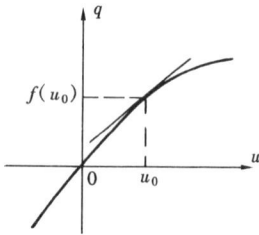

图 1-11　非线性电容元件的动态电容意义

$$i(t) = \frac{\mathrm{d}q(t)}{\mathrm{d}t} = \frac{\mathrm{d}q(t)}{\mathrm{d}u(t)}\bigg|_{u=u_0}\frac{\mathrm{d}u(t)}{\mathrm{d}t} = C(u_0)\frac{\mathrm{d}u(t)}{\mathrm{d}t} \tag{1-18}$$

式中：$C(u_0)$ 称为电容元件在 $u=u_0$ 时的动态电容，u_0 称为工作点，$C(u_0)$ 为工作点处的曲线斜率，如图 1-11 所示。

1.4.5　线性时不变电容元件的能量

线性时不变电容元件的输入功率为

$$p(t) = u(t)i(t) = Cu(t)\frac{\mathrm{d}u(t)}{\mathrm{d}t}$$

依据能量与功率的关系，t 时刻电容吸收的总能量为

$$w_e(t) = \int_{-\infty}^{t} p(t')\mathrm{d}t' = \int_{-\infty}^{t}\bigg[Cu(t')\frac{\mathrm{d}u(t')}{\mathrm{d}t'}\bigg]\mathrm{d}t' = C\int_{u(-\infty)}^{u(t)} u(t')\mathrm{d}u(t')$$

$$= \frac{1}{2}Cu^2(t)\,\Big|_{u(-\infty)}^{u(t)}$$

考虑到 $t=-\infty$ 时电容尚未充电，有 $u(-\infty)=0$，电容吸收的总能量为

$$w_e(t) = \frac{1}{2}Cu^2(t)$$

将电压与电荷的关系代入，又可得到

$$w_e(t) = \frac{q^2(t)}{2C}$$

电容吸收的总能量全部存储在电场中，没有能量损失，所以电容是无源元件。

1.4.6　线性时不变电容元件的连接

1. 串联

设 n 个线性时不变电容串联连接如图 1-12（a）所示，第 k 个电容元件的特性方程是

$$u_k(t) = u_k(0_-) + \frac{1}{C_k}\int_0^t i_k(t')\mathrm{d}t' \quad k = 1,2,\cdots,n \tag{1-19}$$

由串联分压有

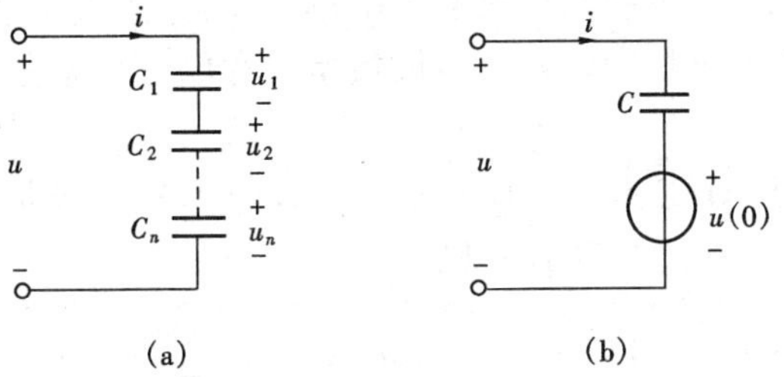

图 1-12　n 个电容元件串联及其等效电路

(a) n 个电容串联；(b) 等效电容；(c) 电容串联的等效电路

$$\begin{aligned}u(t) &= u_1(t) + u_2(t) + \cdots + u_n(t)\\ &= [u_1(0) + u_2(0) + \cdots + u_n(0)] + \left(\frac{1}{C_1} + \frac{1}{C_2} + \cdots + \frac{1}{C_n}\right)\int_0^t i(t')\mathrm{d}t'\\ &= \sum_{k=1}^{n} u_k(0) + \left(\sum_{k=1}^{n}\frac{1}{C_k}\right)\int_0^t i(t')\mathrm{d}t' = u(0) + \frac{1}{C}\int_0^t i(t')\mathrm{d}t' \end{aligned} \tag{1-20}$$

式中：$u(0)$称为等效初始电压，C 称为串联等效电容，其倒数为各串联电容倒数之和。上式说明，n 个电容串联，可用一个等效电容来代替，如图 1-12 中的（b）、（c）所示。如果两个电压初始值为零的电容串联，其等效电容和电压的关系为

$$\frac{1}{C} = \frac{1}{C_1} + \frac{1}{C_2}$$

$$C = \frac{C_1 C_2}{C_1 + C_2} \tag{1-21}$$

每个电容元件上的电压为

$$u_1(t) = \frac{C_2}{C_1 + C_2}u(t) \quad u_2(t) = \frac{C_1}{C_1 + C_2}u(t)$$

2. 并联

设 n 个线性时不变电容元件并联连接如图 1-13（a）所示，每个电容的初始电压为零。第 k 个电容元件的特性方程是

$$i_k(t) = C_k\frac{\mathrm{d}u_k(t)}{\mathrm{d}t} \quad k = 1,2,\cdots,n \tag{1-22}$$

由并联分流有

$$\begin{aligned}i(t) &= i_1(t) + i_2(t) + \cdots i_n(t) = C_1\frac{\mathrm{d}u(t)}{\mathrm{d}t} + C_2\frac{\mathrm{d}u(t)}{\mathrm{d}t} + \cdots + C_n\frac{\mathrm{d}u(t)}{\mathrm{d}t}\\ &= (C_1 + C_2 + \cdots C_n)\frac{\mathrm{d}u(t)}{\mathrm{d}t} = C\frac{\mathrm{d}u(t)}{\mathrm{d}t}\end{aligned} \tag{1-23}$$

式中：C 称为并联等效电容，说明 n 个电容并联可用一个等效电容 C 来代替，效果如图1-13（b）所示。

由式（1-22）、式（1-23）可得到并联时的分流公式

$$i_k(t) = \frac{C_k}{C}i(t) \tag{1-24}$$

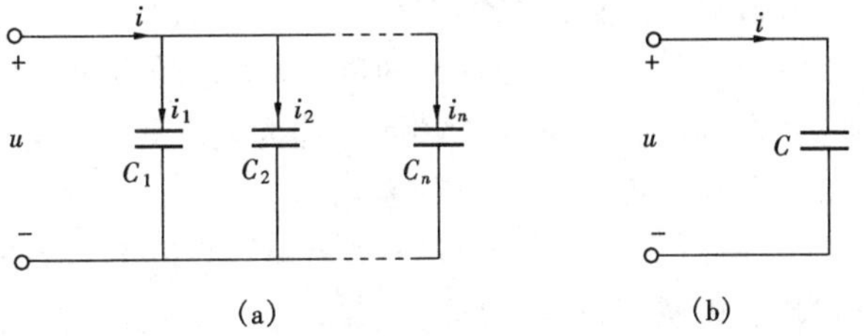

图 1-13　n 个电容元件并联及其等效电路

(a) 电容元件的并联连接；(b) 电容元件并联的等效电容

如果 n 个线性时不变电容并联连

接，每个电容的初始电压各不相同时，电容的初始电压在并联时发生跃变，各电容极板储存的电荷也将重新分配，但在这种重新分配中，各电容极板所储存的电荷总量不会发生变化，保持电荷守恒。

设并联前的各电容的初始电压分别为 $u_k(0_-)(k=1,2,\cdots,n)$，各极板的电荷总量为 $q(0_-)$，并联后的电压为 $u(0_+)$，电荷总量为 $q(0_+)$，则有

$$q(0_-) = C_1 u_1(0_-) + C_2 u_2(0_-) + \cdots + C_n u_n(0_-) = \sum_{k=1}^{n} C_k u_k(0_-)$$

$$q(0_+) = (C_1 + C_2 + \cdots + C_n)u(0_+) = (\sum_{k=1}^{n} C_k)u(0_+)$$

由于并联前后电荷守恒 $q(0_-) = q(0_+)$，故有

$$C_1 u_1(0_-) + C_2 u_2(0_-) + \cdots + C_n u_n(0_-) = (C_1 + C_2 + \cdots + C_n)u(0_+)$$

解得

$$u(0_+) = \frac{C_1 u_1(0_-) + C_2 u_2(0_-) + \cdots + C_n u_n(0_-)}{C_1 + C_2 + \cdots + C_n} = \frac{\sum_{k=1}^{n} C_k u_k(0_-)}{\sum_{k=1}^{n} C_k}$$

式中分子表达式为代数和，当电容电压与端口电压的极性相同时为正，否则为负。

图 1-14　两电容并联电路

【例 1-2】　图 1-14 所示的两电容并联电路中，已知电容 $C_1 = 0.5F, u_{C1}(0_-)=20V, C_2=0.1F, u_{C2}(0_-)=10\ V, t=0$ 时将开关 S 闭合，试求开关闭合后的电压 $u_C(0_+)$。

解　并联前的电荷总量为

$$q(0_-) = C_1 u_{C1}(0_-) + C_2 u_{C2}(0_-) = 0.5 \times 20 + 0.1 \times 10 = 11(C)$$

并联后的电荷总量为

$$q(0_+) = (C_1 + C_2)u(0_+) = 0.6 u_C(0_+)$$

由于并联前后电荷守恒 $q(0_-)=q(0_+)$，解得

$$u_C(0_+) = \frac{11}{0.6}V$$

1.5　电　感　元　件

实际电感器多用导线绕制而成，当有电流流过时，电流就会在其周围建立磁场。电感元件是实际电感器的理想化模型，表征电磁现象中的磁场特性。

1.5.1　电感元件的定义

一个二端元件，在任一时间 t，流过的电流 i 与电流产生的磁链 Ψ 满足于 $\Psi - i$ 平面上的一条曲线关系，则此二端元件称为电感元件。这条曲线称为电感元件的特性曲线，可用下面的代数方程表示：

$$\Psi(t) = f[i(t)] \text{ 或 } i(t) = f[\Psi(t)]$$

上式称为电感元件的特性方程，电感元件的符号如图 1-15 所示。

根据特性曲线的特点，电感元件也可以分为不同的类型。如果在所有的时间 t 内特性曲线均为过原点的直线，相对应电感元件称为线性的，否则就是非

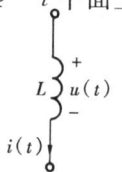

图 1-15　电感元件的符号

线性的。如果特性曲线不随时间改变就称为时不变的，否则就是时变的。通常将电感元件分为线性时不变、线性时变、非线性时不变和非线性时变四种类型。这里讨论的重点是线性时不变电感元件。

1.5.2　线性时不变电感元件

线性时不变电感元件的特性曲线是一条过原点，且不随时间变化的直线，如图 1-16 所示。特性曲线具有下列方程所表达的形式

$$\Psi(t) = Li(t) \tag{1-25}$$

式中：L 为一常数是直线的斜率，称为电感元件的电感或自感。式中各量的单位分别为 Wb、H 和 A。电感的 SI 单位是 Wb/A，称为亨［利］（Henry，符号 H）。

根据电磁感应定律，当穿过电感的磁链发生变化时，电感元件中将产生感应电动势 $e(t)$，若 $e(t)$ 与 $u(t)$、$i(t)$ 选取的参考方向如图 1-17 时，则有

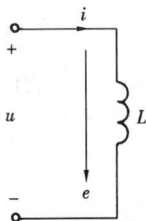

图 1-16　线性时不变电感元件的特性曲线　　　　图 1-17　e、u、i 的参考方向

$$e(t) = -\frac{\mathrm{d}\psi(t)}{\mathrm{d}t} = -L\frac{\mathrm{d}i(t)}{\mathrm{d}t}$$

由于 $u(t) = -e(t)$，于是有

$$u(t) = L\frac{\mathrm{d}i(t)}{\mathrm{d}t} \tag{1-26}$$

式中：$u(t)$ 的单位为伏［特］，V；$\Psi(t)$ 的单位为韦［伯］，Wb，它是用电流表示电压的方程。将上式两侧取积分可得

$$i(t) = \frac{1}{L}\int_{-\infty}^{t} u(t')\mathrm{d}t' = \frac{1}{L}\int_{-\infty}^{0} u(t')\mathrm{d}t' + \frac{1}{L}\int_{0}^{t} u(t')\mathrm{d}t' = i(0) + \frac{1}{L}\int_{0}^{t} u(t')\mathrm{d}t' \tag{1-27}$$

式（1-27）是用电压表示电流的方程。其中前一项 $i(0)$ 体现了起始时间 $t=0$ 之前的电压对电流的全部充电贡献，称为电感元件的电流初始值；后一项体现了时间 $0\sim t$ 间电压对电流的充电所引起的电流变化量。只有当 $i(0)=0$ 时，由式（1-27）所确定的函数才是一个线性函数，这个线性函数表示出在时间 t 时的电流 $i(t)$ 与 $[0, t]$ 区间内电压波形的线性关系。

式（1-27）表明：在任意时刻 t，流经电感元件的电流 $i(t)$ 不仅与该时刻的电压 $u(t)$ 有关，而且还与以前的电压的全部历史状况有关，即电感记忆了 t 时刻以前电压对电感的充电贡献，电感的这一特性称为记忆特性，电感元件也是"记忆元件"，这一结论常被说成"电感元件具有记忆本领"。

若电感元件的电流初始值为零，则有

$$i(t) = \frac{1}{L}\int_{0}^{t} u(t')\mathrm{d}t'$$

式(1-26)、式(1-27)统称为伏安特性。需要注意的是，伏安特性与电感元件的电压、电流的参考方向有关，当采用非关联参考方向时，在式(1-26)、式(1-27)的表达式中要加负号。

1.5.3　线性时变电感元件

线性时变电感元件的特性曲线在所有时间内均为通过原点的直线，但其斜率随时间变化，特性方程为

$$\Psi(t) = L(t)i(t)$$

式中：$L(t)$ 表示曲线随时间变化的斜率。

由电磁感应定律可得线性时变电感元件的伏安特性为

$$u(t) = \frac{\mathrm{d}\psi(t)}{\mathrm{d}t} = \frac{\mathrm{d}}{\mathrm{d}t}\big[L(t)i(t)\big] = L(t)\frac{\mathrm{d}i(t)}{\mathrm{d}t} + i(t)\frac{\mathrm{d}L(t)}{\mathrm{d}t}$$

1.5.4　非线性电感元件

非线性电感元件的特性曲线在所有时间 t 内，不是过原点的直线；其特性方程为

$$\left.\begin{array}{c} \psi = f(i,t) \\ i = f(\psi,t) \end{array}\right\} \qquad\qquad (1\text{-}28)$$

或

$$f(\psi,i,t) = 0$$

对于非线性时不变电感元件则有

$$\psi = f(i) \qquad\qquad (1\text{-}29)$$

$$i = f(\psi) \qquad\qquad (1\text{-}30)$$

$$f(\psi,i) = 0 \qquad\qquad (1\text{-}31)$$

式（1-29）称为电流控制型，式（1-30）称为磁链控制型，式（1-31）称为隐含型。

与非线性电容元件相似，非线性电感元件也不存在确定的电感值的概念。对于电流控制型电感元件，它的电压、电流的关系为

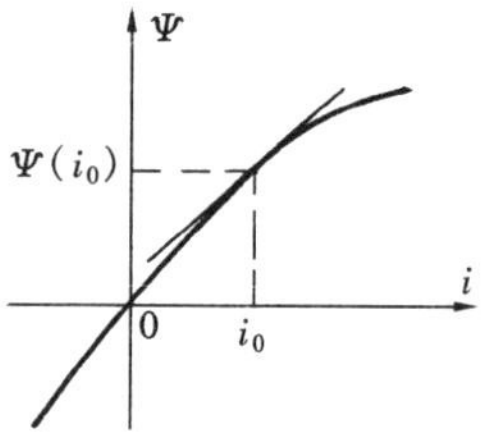

图 1-18　非线性电感元件的动态电感的意义

$$u(t) = \frac{\mathrm{d}\psi(t)}{\mathrm{d}t} = \frac{\mathrm{d}\psi(t)}{\mathrm{d}i(t)}\bigg|_{i=i_0}\frac{\mathrm{d}i(t)}{\mathrm{d}t} = L(i_0)\frac{\mathrm{d}i(t)}{\mathrm{d}t}$$

式中：$L(i_0)$ 称为电感元件在 $i=i_0$ 时的动态电感；i_0 称为工作点；$L(i_0)$ 为工作点处的曲线斜率，如图 1-18 所示。

1.5.5　线性时不变电感元件的能量

线性时不变电感元件的吸收功率为

$$p(t) = u(t)i(t) = Li(t)\frac{\mathrm{d}i(t)}{\mathrm{d}t}$$

依据能量与功率的关系，t 时刻电容吸收的总能量为

$$w_m(t) = \int_{-\infty}^{t} p(t')\mathrm{d}t' = \int_{-\infty}^{t}\Big[Li(t')\frac{\mathrm{d}i(t')}{\mathrm{d}t'}\Big]\mathrm{d}t' = L\int_{(-\infty)}^{i(t)} i(t')\mathrm{d}i(t') = \frac{1}{2}Li(t)^2\,\big|_{i(-\infty)}^{i(t)}$$

考虑到 $t=-\infty$ 时，电感电流为零，电感吸收的总能量为

$$w_m(t) = \frac{1}{2}Li(t)^2 = \frac{\psi^2(t)}{2L}$$

电感吸收的总能量全部存储在磁场中，没有能量损失，所以电感是无源元件。

1.5.6　线性时不变电感元件的连接

1. 串联

n 个电感元件串联如图 1-19 所示，当每个电感的电流初始值相同，且为零时，设第 k 个

元件的伏安关系为

$$u_k(t) = L_k \frac{\mathrm{d}i(t)}{\mathrm{d}t} \quad k = 1, 2, \cdots, n \tag{1-32}$$

$$u(t) = u_1(t) + u_2(t) + \cdots + u_n(t) = (L_1 + L_2 + \cdots + L_n)\frac{\mathrm{d}i(t)}{\mathrm{d}t} = L\frac{\mathrm{d}i(t)}{\mathrm{d}t} \tag{1-33}$$

式 (1-33) 表明 n 个电感元件串联可用一个等效电感元件 L 等效。将式 (1-32) 除式 (1-33),有

$$u_k(t) = \frac{L_k}{L} u(t) \tag{1-34}$$

式 (1-34) 称为电感元件串联时的正比分压公式。

当 n 个电感元件串联,但每个电感的电流初始值不相同时,由于是串联连接,每个电感元件的电流必须相同。假定串联前各电感元件的初始电流分别为 $i_{L1}(0_-)$,$i_{L2}(0_-)$,$\cdots$,$i_{Ln}(0_-)$,串联后电感电流为 $i_L(0_+)$,根据串联前、后的磁链守恒来确定 $i_L(0_+)$ 的数值。设串联前各电感元件的总磁链为 $\Psi(0_-)$,串联后的磁链为 $\Psi(0_+)$,则有

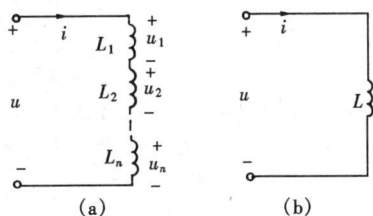

图 1-19 电感元件串联及其等效电路
(a) 电感元件的串联;
(b) 电感元件串联的等效电感

$$\psi(0_-) = L_1 i_{L1}(0_-) + L_2 i_{L2}(0_-) + \cdots + L_n i_{Ln}(0_-) = \sum_{k=1}^{n} L_k i_{Lk}(0_-)$$

$$\psi(0_+) = (L_1 + L_2 + \cdots + L_n)i(0_+) = \left(\sum_{k=1}^{n} L_k\right)i(0_+)$$

根据磁链守恒 $\Psi(0_-) = \Psi(0_+)$,可以解出

$$i(0_+) = \frac{\displaystyle\sum_{k=1}^{n} L_k i_{Lk}(0_-)}{\displaystyle\sum_{k=1}^{n} L_k}$$

上式中的分子表达式为代数和,当电感电流与端口电流的参考方向一致时,每一项都取正值,反之取为负。

【例 1-3】 两电感元件串联如图 1-20 (a) 所示,其参数为 $L_1 = 2\mathrm{H}$,$L_2 = 3\mathrm{H}$,$i_{L1}(0_-) = 5\mathrm{A}$,$i_{L2}(0_-) = 10\mathrm{A}$,在 $t = 0$ 时将开关 S 闭合,试求开关 S 闭合后的等效电感 L 和电流初始值 $i(0_+)$。

解 S 闭合前,有

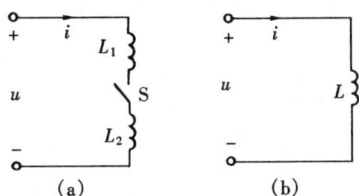

图 1-20 两个电感元件串联电路
(a) 两个电感元件的串联;
(b) 两个电感元件串联的等效电感

$$\psi(0_-) = L_1 i_{L1}(0_-) + L_2 i_{L2}(0_-)$$

$$= \sum_{k=1}^{n} L_k i_{Lk}(0_-)$$

$$= 2 \times 5 + 3 \times 10 = 40(\mathrm{Wb})$$

S 闭合后有

$$\psi(0_+) = (L_1 + L_2)i(0_+) = 5i(0_+)$$

根据磁链守恒可以解出

$$i(0_+) = \frac{\psi(0_-)}{L_1 + L_2} = \frac{40}{5} = 8(\text{A})$$

等效电路如图 1-20 (b) 所示，等效电感元件 L 为 5H，$i(0_+)$ 为 8A。

2. 并联

n 个电感元件并联如图 1-21 (a) 所示，设第 k 个元件的伏安关系为

$$i_k(t) = i_{Lk}(0_-) + \frac{1}{L_k}\int_0^t u(t')\mathrm{d}t'$$

根据并联分流的关系有

$$
\begin{aligned}
i(t) &= i_{L1}(t) + i_{L2}(t) + \cdots + i_{Ln}(t) \\
&= \left[i_{L1}(0_-) + i_{L2}(0_-) + \cdots + i_{Ln}(0_-)\right] + \left(\frac{1}{L_1} + \frac{1}{L_2} + \cdots + \frac{1}{L_n}\right)\int_0^t u(t')\mathrm{d}t' \\
&= i(0_-) + \frac{1}{L}\int_0^t u(t')\mathrm{d}t'
\end{aligned}
$$

其中

$$i(0_-) = i_{L1}(0_-) + i_{L2}(0_-) + \cdots + i_{Ln}(0_-) = \sum_{k=1}^n i_{Lk}(0_-) \tag{1-35}$$

$$\frac{1}{L} = \frac{1}{L_1} + \frac{1}{L_2} + \cdots + \frac{1}{L_n} = \sum_{k=1}^n \frac{1}{L_k} \tag{1-36}$$

n 个电感元件并联的等效电感 L 由式 (1-36) 决定，初始电流由式 (1-35) 决定，等效电路如图 1-21 (b) 所示。

当各电感元件的初始电流为零时，则有

$$i(t) = \frac{1}{L}\int_0^t u(t')\mathrm{d}t' \tag{1-37}$$

$$i_k(t) = \frac{1}{L_k}\int_0^t u(t')\mathrm{d}t' \tag{1-38}$$

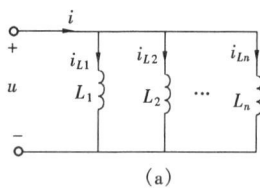
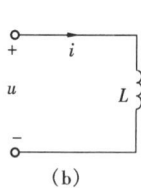

图 1-21　n 个电感元件并联

(a) n 个电感元件的并联连接；
(b) 电感元件并联连接的等效电路

初始电流为零时的 n 个电感元件并联，可用一个电感等效，其只由式 (1-36) 确定。

用式 (1-37) 除式 (1-38) 可得 n 个电感元件并联时的分流公式

$$i_k(t) = \frac{1/L_k}{1/L}i(t)$$

当两个电感元件并联时，其电流的分流公式为

$$i_{L1}(t) = \frac{L_2}{L_1 + L_2}i(t)$$

$$i_{L2}(t) = \frac{L_1}{L_1 + L_2}i(t) \tag{1-39}$$

式 (1-39) 称为电流按反比分流公式。

1.6　独　立　电　源

这一节主要介绍两个新元件：独立电压源和独立电流源。之所以把这种电压源、电流源

称为独立的，目的在于和以后碰到的非独立电源相区别。但是为了方便起见，经常只称"电压源"和"电流源"，而不加上"独立"一词。当遇到非独立电源时，总要特别地说明它们是非独立的。

1.6.1　理想电压源

如果一个二端元件与任意电路连接后，该元件的两端的电压能保持确定的数值，与流过元件的电流无关，则此二端元件称为理想电压源。也就是说，理想电压源不管流过电源的电流值为多少，电源的端电压总是不变化的。理想电压源的符号如图 1-22（a）所示。若 $u_s(t)$ 为常数，则为直流电压源；若 $u_s(t)$ 为正弦函数时，则为正弦交流电压源。

根据电压源的定义，理想电压源在任意时刻 t 的特性曲线为 $u-i$ 平面上平行于 i 轴的直线，特性曲线如图 1-22（b）所示。特性曲线表明了理想电压源的电压与电流无关，流过理想电压源的电流其大小和实际方向取决于与它相连接的外电路。

理想电压源具有如下特性：

（1）电压源的电压由元件本身确定，与其所接负载无关；

（2）电压源的电流取决于外电路。

对于电压源的支路电压和支路电流，习惯上采用相反的参考方向，这样选取参考方向较为方便。在这种情况下，电压与电流的乘积 $u_s(t)$ $i(t)$ 代表由电压源供给相连接的任意电路的功率。

根据以上定义，在时间 t 内电压源在 $u-i$ 平面上的特性曲线是平行于 i 轴且纵坐标为 $u_s(t)$ 的直线，

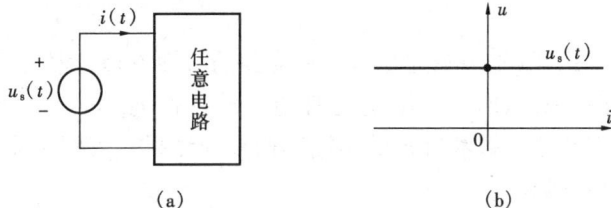

图 1-22　电压源的符号和特性曲线

（a）理想电压源的符号；（b）理想电压源的特性曲线

如图 1-22（b）所示。一个理想电压源可以看成一个非线性电阻器，这是因为无论何时 $u_s(t)$ $\neq 0$，因而直线并不经过原点，它是电流控制型的非线性电阻元件，因为对于每一个电流值，都有相应于它的惟一电压值。如果 $u_s(t)$ 不是一个常数，则电阻元件是时变的，如果 $u_s(t)$ 是一个常数，则电阻元件是时不变的。

若对所有的时间 $t, u_s(t)=0$，理想电压源的特性曲线与 i 轴重合，不管流经电压源的电流等于多少，电压源的电压恒等于零，该电压源为短路。

1.6.2　实际电压源

理想电压源是实际电压源在一定条件下的理想化的模型，当输出电流不大时，它的端电压才基本不变化，特性才接近理想电压源。图 1-22（b）所示的特性曲线表明通过电压源的电流可以达到无穷大，意味着理想电压源可以提供无穷大的功率，这在实际中是做不到的。一个实际的电压源所能提供的功率总是有限的，输出电流不能超过一定的限制（额定电流），否则将损坏电源。实际电源都存在一定的电阻（内阻），即电源内部电源力把正电荷从低电位推向高电位时，电荷运动时遇到的阻力。在蓄电池中就是电解液的电阻，在发电机中就是金属线圈的导线电阻。内阻的作用使得实际电压源的端电压是随输出电流的增大而下降的，实际电压源可用理想电压源和内阻串联组成的有源支路来表示，电路如图 1-23（a）所示。

有源支路的特性方程反映了一段有源支路的端电压 $u(t)$ 和该段支路中的电源 $u_s(t)$、电流

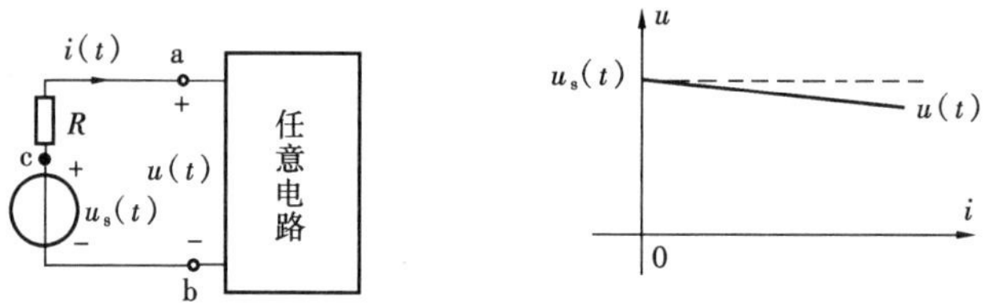

图 1-23 实际电压源电路和它的伏安特性曲线

(a) 实际电压源电路；(b) 实际电压源的伏安特性曲线

$i(t)$以及电阻 R 四者之间的关系。

在图 1-23(a)所示的电路中，根据参考方向电压是由 a 点到 b 点的电压，即 $u(t) = u_{ab}(t)$。对该回路进行电压计算时，应有

$$u_{ca}(t) + u_{cb}(t) = u_s(t)$$

$$u(t) = u_{cb}(t) = u_s(t) - u_{ca}(t) = u_s(t) - Ri(t)$$

或
$$i(t) = \frac{u_s(t) - u(t)}{R} \tag{1-40}$$

式（1-40）就是该段有源支路的特性方程。根据该段支路在某一时刻 t 做出的伏安特性如图 1-23（b）所示。这是在指定时刻的理想电压源的伏安特性（水平虚线）与线性电阻的伏安特性（斜率为 R 的实线）相减的结果，表明了支路的端电压将随电流的增大而按直线规律下降。

应当注意，有源支路的特性方程随端电压、电流的参考方向的选择而异，参考方向改变时，特性方程中相应项的符号也随之改变。

1.6.3 理想电流源

如果一个二端元件接到任意电路后，由该元件流入电路的电流能保持确定值或波形，而与其两端间的电压无关，则此二端元件称为理想电流源。也就是说，理想电流源不管电路的端电压是多少，其流入电路的电流总是不变化的。理想电流源的符号如图 1-24（a）所示。若 $i_s(t)$ 为常数，则为直流电流源；若 $i_s(t)$ 为正弦函数，则为正弦交流电流源。

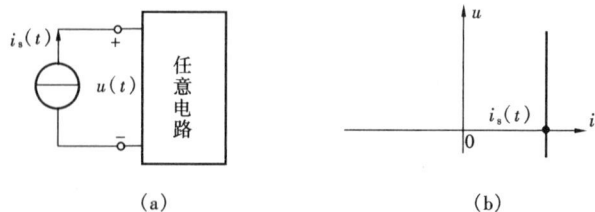

图 1-24 电流源的符号和特性曲线

(a) 理想电流源的符号；(b) 理想电流源的特性曲线

根据定义，理想电流源在任意时刻 t 的特性曲线为 $u-i$ 平面上平行于 u 轴的直线，特性曲线如图 1-24（b）所示。特性曲线表示了理想电流源的输出电流不受其两端的电压影响，理想电流源两端间的电压大小和实际方向取决于与它相连接的外电路。

理想电流源具有如下特性：

（1）流经电流源的电流由元件本身确定，与其两端的电压无关；

（2）电流源两端的电压取决于外电路。

与理想电压源的假定相同，对于理想电流源的支路电压和支路电流，习惯上也采用相反的参考方向，在这种情况下，电压与电流的乘积 $u(t)i_s(t)$ 代表由理想电流源供给相连接的任意电路的功率。

在时间 t 时电流源在 $u-i$ 平面上的特性曲线是平行于 u 轴且纵坐标为 $i_s(t)$ 的直线，如图 1-24（b）所示。一个理想电流源可以看成一个非线性电阻元件，这是因为不论何时 $i_s(t)$ $\neq 0$，因而直线并不经过原点，它是电压控制型的非线性电阻器，因为对每一个电压值，都相应于这个惟一的电流值。如果 $i_s(t)$ 不是一个常数，则电阻元件是时变的，如果 $i_s(t)$ 是一个常数，则电阻元件是时不变的。

对于所有的时间 t，$i_s(t)=0$，理想电流源的特性曲线与 u 轴重合，电流源的电流恒等于零，故零值的独立电流源相当于开路。

1.6.4　实际电流源

同实际电压源相似，只有当输出电压不大时，它的输出电流才基本上保持不变，特性才接近理想电流源。图 1-24（b）所示的特性曲线表明通过电流源两端的电压可以达到无穷大，意味着理想电流源可以提供无穷大的功率，这在实际中是做不到的，输出电压不能超过一定的限制（额定电压），否则将损坏电源。同样因为内阻的影响，使得实际电流源的输出电流是随输出电压的增大而减少的，这样，实际电流源可用理想电流源和内阻并联组成的有源支路来表示，而且实际的电流源是不允许开路的（外接电阻为无穷大），否则电源将因电压过高而烧毁。

实际电流源的有源支路的特性方程反映了有源支路的端电压 $u(t)$ 和支路中的电流源 $i_s(t)$、输出电流 $i(t)$ 以及内阻 R 四者之间的关系。

在图 1-25（a）所示的电路中，根据电压、电流的参考方向，有

$$i_s(t) = i(t) + \frac{u(t)}{R}$$

或

$$i(t) = i_s(t) - \frac{u(t)}{R} \tag{1-41}$$

式（1-41）就是该段有源支路的特性方程，依据该有源支路在某一时刻 t 做出的伏安特性如图 1-25（b）所示。水平虚线为在指定时刻的理想电流源的伏安特性，实线表示斜率为 R 的线性电阻的伏安特性，两条线相减的结果，表明了支路的端电流将随电压的增大而按直线下降的规律。

与实际电压源相同，实际电流源的有源支路特性方程随端电压、输出电流和理想电流源

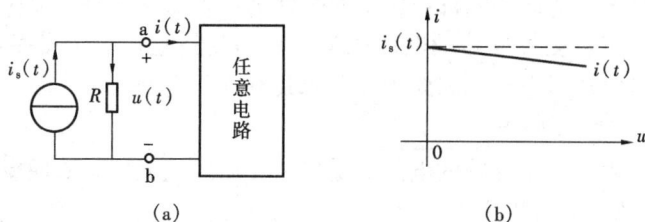

图 1-25　实际电流源电路和它的伏安特性曲线

（a）实际电流源电路；（b）实际电流源的伏安特性曲线

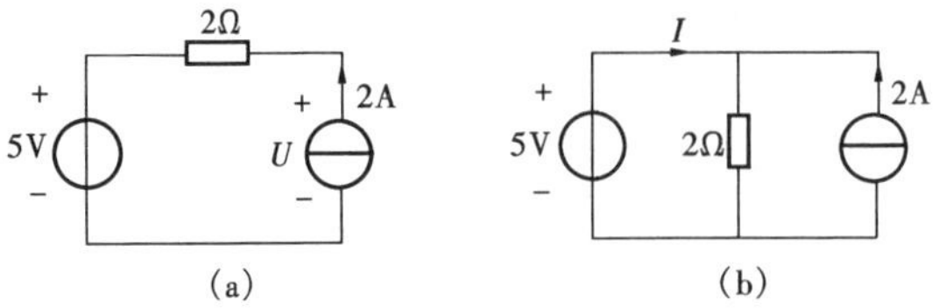

图 1-26　功率计算的算例

(a) 串联电路；(b) 并联电路

的参考方向的选择而异，参考方向改变时，特性方程中相应项的符号也要随之改变。

【例 1-4】　试求图 1-26（a）和（b）电路中各元件的功率。

解：图 1-26(a)因为是串联，2Ω 电阻和 5 V 电压源流经的电流相同，但是电压源的电流是流入的，因此有

电阻消耗的功率：　　　　　$P = I^2R = 2^2 \times 2 = 8(\text{W})$

电压源吸收的功率：　　　　$P_U = U_s I = 5 \times 2 = 10(\text{W})$

电流源的电压：　　　　　　$U = 2 \times 2 + 5 = 9(\text{V})$

电流源发出的功率：　　$P_I = -I_s U = -2 \times 9 = -18(\text{W})$

电路发出的和消耗的功率是相等的。

图 1-26（b）因为是并联，2Ω 电阻和 2A 电流源的电压相同都是 5V。由电流关系可得电压源的电流是

$$I = \frac{5}{2} - 2 = 2.5 - 2 = 0.5(\text{A})$$

电阻消耗的功率：　　　　$P = U^2G = 5^2 \times 0.5 = 12.5(\text{W})$

电流源发出的功率：　　　$P_I = -I_s U = -2 \times 5 = -10(\text{W})$

电压源发出的功率：　　　$P_U = -U_s I = -5 \times 0.5 = -2.5(\text{W})$

电路发出的和消耗的功率是相等的。

从上例可以看到，图 1-26（a）和（b）电路中的元件是相同的，但是由于连接的方式不同，元件在电路中的作用却是不同的。

1.7　受　控　电　源

在本节中介绍另一种类型的电源——受控电源或称为非独立电源。在电气设备或电路器件中，经常有一条支路的电流或电压直接受另一条支路的电流或电压控制的现象，例如直流发电机的电压受激磁线圈电流的控制。受控电源就是此类实际器件的理想化模型。本书仅讨论线性受控电源，即受控量与控制量成正比例关系。

1.7.1　四种类型的受控电源

受控电源是具有两个支路的元件，两个支路分别称为控制支路和受控支路，控制支路的电压或电流称为控制量，受控支路的电压或电流称为受控量；由于受控量可以是电压或电流，控制量也可以是电压或电流，因此受控电源共有四种类型。

1. 电流控制电流源（CCCS）

电流控制电流源表示一个支路的电流源受另一支路的电流控制的理想模型，电路符号如图 1-27(a)所示，支路方程分别为

$$u_1 = 0, i_2 = \beta i_1$$

式中：β 是没有量纲的常数，β 也称为控制系数。工作在放大区的晶体管集电极电流 i_c 受基

极电流 i_b 的控制，即 $i_c = \beta i_b$，理想情况下的晶体管可用电流控制电流源模拟。

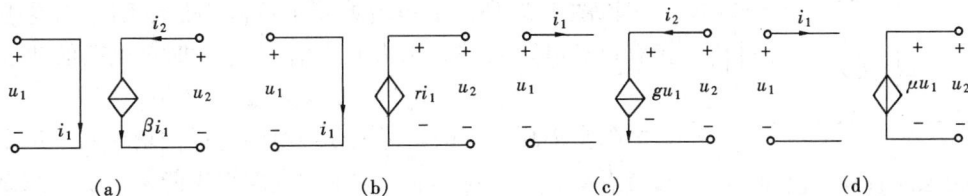

图 1-27　受控电源的四种类型

（a）电流控制电流源；（b）电流控制电压源；（c）电压控制电流源；（d）电压控制电压源

2. 电流控制电压源（CCVS）

电流控制电压源表示一个支路的电压源受另一支路的电流控制的理想模型，电路符号如图 1-27(b)所示，支路方程分别为

$$u_1 = 0, u_2 = r i_1$$

式中：控制系数 r 称为转移电阻，单位是 Ω，发电机在理想情况下就可以用电流控制电压源模拟。

3. 电压控制电流源（VCCS）

电压控制电流源表示一个支路的电流源受另一支路的电压控制的理想模型，电路符号如图 1-27(c)所示，支路方程分别为

$$i_1 = 0, i_2 = g u_1$$

式中：控制系数 g 称为转移电导，单位是 S，工作在饱和区的场效应管的漏极电流受栅源极电压控制，即 $i_D = g U_{GS}$（g 是场效应管的跨导），理想情况下场效应管就可以用电压控制电流源模拟。

4. 电压控制电压源（VCVS）

电压控制电压源表示一个支路的电压源受另一支路的电压控制的理想模型，电路符号如图 1-27 (d)所示，支路方程分别为

$$i_1 = 0, u_2 = \mu u_1$$

式中：控制系数 μ 是没有量纲的常数，变压器在理想情况下就可以用电压控制电压源来模拟。

由于四种受控源的控制量不是开路电压就是短路电流，在电路分析时只关心控制支路及控制量，所以只须标明控制量取自哪个支路以及控制量是电压还是电流，并不关心控制支路的组成，因此只用短路和开路表示控制支路，简化电路元件的模型。

受控源两条支路的电压、电流均采用关联参考方向，受控源吸收的功率为

$$P = u_1 i_1 + u_2 i_2$$

因为控制量不是 $i_1 = 0$，就是 $u_1 = 0$，所以上式可以写为

$$P = u_2 i_2$$

即由受控支路来计算受控源的功率。

受控电源能提供功率，所以受控电源属于有源元件，这是与独立电源相似的地方。但受控源是非独立电源，它不能单独作为电路的电源，只有电路具有独立电源，控制电压或控制电流才能建立，受控电源的输出端才会有电压或电流的输出，才有可能向外提供功率，这是

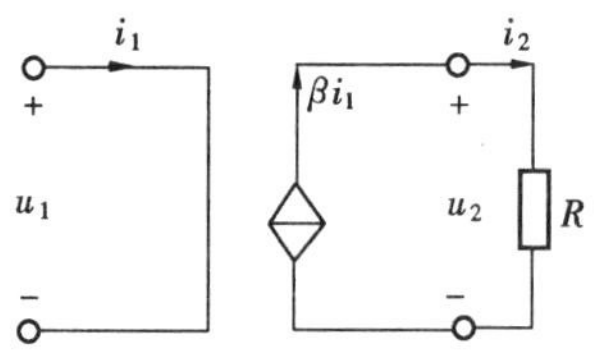

图 1-28　负载的受控电源

与独立电源不同的地方。

　　以图 1-28 所示的电流控制电流源为例说明，当受控支路接有负载电阻 R 时，因为 $u_1=0$，在任意时刻电路的功率为

$$P = u_1 i_1 + u_2 i_2 = u_2 i_2 = R i_2^2$$

该电阻是消耗功率的，可见受控电源是提供功率的。从受控源的特点看，它本身不能单独地向电路提供能量，受控源提供的能量还是来自于独立电源。

1.7.2　受控电源与独立电源的比较

　　独立电源与受控电源的模型意义不同，独立电源可以是发电机、电池、信号源的理想化的模型；而受控电源则是表示实际器件或电路中某一支路电压或电流受控于另一支路的电压或电流的理想化模型，受控源在电路中不能单独地引起电压和电流，必须有控制量的存在，否则受控源也就不存在了。

　　受控电源与独立电源虽然都是电源，但它们却有本质的不同。独立电源作用于电路时，将引起电路中各部分的电压、电流，独立电源是电路能量的提供者。而受控电源在电路中却不能单独地引起电压、电流，它的电压或电流反而要受到电路中其他支路电压或电流的控制。如果控制量存在，受控电源就存在；当控制量为零时，则受控电源也为零，因此受控电源仅表示这种控制与被控制的关系。

　　由于独立电压源的电压和独立电流源的电流都是确定的时间函数，与所连接的电路无关。而受控电压源的电压和受控电流源的电流都是受控于控制支路的电压或电流，一般情况下是未知的，要由控制支路的电压或电流的数值以及控制系数决定。

　　受控电压源和受控电流源的受控支路特性，分别与独立电压源和独立电流源的特性有相同之处，就是受控电压源的电压与自己支路的电流无关，受控电流源的电流与自己支路的电压无关。

　　综上所述，在进行电路分析的时候，对受控源的处理既有与独立电源相同的一面，又有与其不同的一面。

　　【例 1-5】　图 1-29 所示的电流控制电流源电路中，已知电压源 $U_s=10\text{V}$，$R_1=10\Omega$，$R_2=5\Omega$，$\beta=2$，试求电压 U_2 和受控电流源的功率。

　　解　由欧姆定律可得

$$I_1 = \frac{U_s}{R_1} = \frac{10}{10} = 1(\text{A})$$

$$I_2 = \beta I_1 = 2 \times 1 = 2(\text{A})$$

图 1-29　含受控源电路

可得到　　　　　　　　　　　$U_2 = I_2 \times R_2 = 2 \times 5 = 10(\text{V})$

　　受控电流源发出的功率　　$P = -I_2 U_2 = -\beta I_1 U_2 = -2 \times 10 = 20(\text{W})$

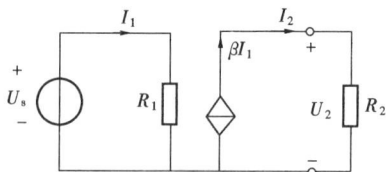

1.8　基尔霍夫定律

　　在研究了电路结构对电流、电压的约束关系后，1847 年德国物理学家基尔霍夫〔GustavRobert Kirchhoff（1824—1887）〕提出了基尔霍夫定律。

基尔霍夫定律是电路的最基本定律，它是电磁场问题简化为电路问题之后，麦克斯韦方程的体现。

1.8.1 电路中几个常用的术语

在集中参数电路中，由二端元件构成的每一个分支称为支路，元件的端点可以称为节点，节点还可以表示几个元件相互连接的端点。图 1-30 表示具有六个节点，八条支路的集中参数电路，节点记为 ①、②、③、④、⑤和⑥，支路记为 1、2、3、4、5、6、7 和 8。

支路两端之间的电压称为支路电压，流经支路的电流称为支路电流，如：i_8 是支路 8 的支路电流，u_8 是支路 8 的支路电压。支路电压和支路电流是电路分析中所关心的基本量。

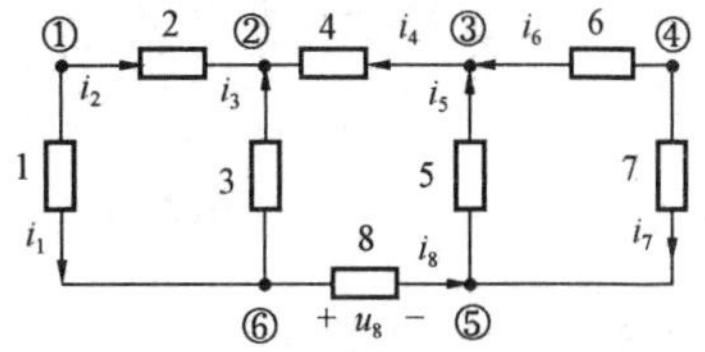

在电路中由几个支路组成的一部分闭合路径叫做回路，中间没有支路的回路叫做网孔，它好像是一张网的网眼。图 1-30 所示的电路有六个回路，三个网孔；六个回路是：①②⑥①、②③⑤⑥②、③④⑤③、①②③⑤⑥①、①②③④⑤⑥①、②③④⑤⑥②。三个网孔是：①②⑥①、②③⑤⑥②、③④⑤③。显然，网孔是回路的一种特例，上述六个回路中只有前面三个才能算作网孔，即这个网络只有三个网孔。

图 1-30 具有 6 个节点，8 条支路的集中参数电路

图 1-30 所示的电路画在一个平面上，图中没有任何支路相互交叠的现象，这种电路称为平面电路。

1.8.2 基尔霍夫电流定律（KCL）

基尔霍夫电流定律反映了电路中任意节点所连接的各支路电流之间的约束关系。

基尔霍夫电流定律指出：对于任一集中参数电路中的任一节点，在任一时刻 t，流出节点各支路电流的代数和等于零。其数学表达式为

$$\sum_{k=1}^{m} i_k(t) = 0 \tag{1-42}$$

式中：m 为连接到所论节点上的全部支路数。

当 KCL 应用到某一节点时，首先要指定每一支路电流的参考方向。在支路电流的代数和中，参考方向离开节点的电流带正号，参考方向指向节点的电流带负号。例如在图 1-31 所示的电路中，将 KCL 分别应用到五个节点，可以得到

节点 ① $i_1 - i_2 - i_5 = 0$
节点 ② $-i_1 + i_2 + i_3 = 0$
节点 ③ $-i_4 + i_5 - i_6 = 0$
节点 ④ $-i_3 + i_4 - i_7 = 0$
节点 ⑤ $i_6 + i_7 = 0$

对于一个电路，能够正确列写 KCL 方程的关键是确定方程中各电流的正负号。因此，在列写方程前必须首先假定各支路电流的参考方向，列写方程时，参考方向离开节点的支路电流取正号，进入节点的支路电流取负号。在未指定支路电流参考方向的情况下，所写出的 KCL 方程是没有意义的。

由于支路的电流是量度该支路中电荷流过的速率，那么基尔霍夫电流定律表明了在任何节点上都不能有电荷的累积，KCL 是电荷守恒原理或电流连续性原理在电路中的体现。基尔霍夫电流定律还可以描述为：对于任一集中参数电路，在任一时刻 t，离开任一包围部分电路的

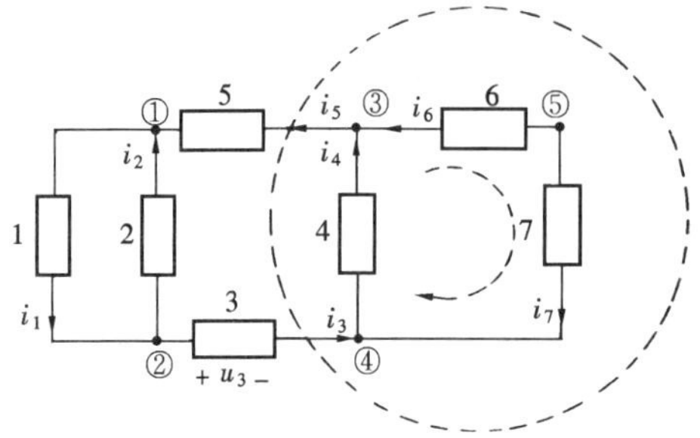

图 1-31　具有五个节点和七个支路的电路图

闭合曲面的各支路电流的代数和等于零。例如在图 1-31 所示的电路中，曲面包围了部分电路，并且支路 3、5 穿过曲面，应有 $-i_3 + i_5 = 0$。

基尔霍夫电流定律适用于任何集中参数电路，不管电路元件是线性的、非线性的、含源的、无源的、时变的、时不变的等等。按基尔霍夫电流定律列写方程时，仅考虑了节点连接了哪些支路，以及这些支路电流的参考方向是离开节点还是进入节点，根本没有涉及各支路是什么样的电路元件，因此表明 KCL 方程与电路元件的性质无关。

基尔霍夫电流定律给一个电路的各支路电流施加了线性约束，这是因为 KCL 方程是线性齐次代数方程。例如在图 1-31 中，若给定了 i_3 的数值，则 $i_5 = i_3$，除此无任何别的选择。

1.8.3　基尔霍夫电压定律（KVL）

基尔霍夫电压定律反映了电路中组成回路的各支路电压之间的约束关系。

基尔霍夫电压定律指出：对于任一集中参数电路中的任一回路，在任一时刻 t，沿着回路的各支路电压的代数和等于零。其数学表达式为

$$\sum_{k=1}^{m} u_k(t) = 0 \tag{1-43}$$

式中：m 为回路包含的全部支路数。

根据 KVL 列写方程时，除了应先指定各支路电压的参考方向以外，还必须指定各回路的参考方向（也称回路的绕行方向），图 1-32 所示电路中，由元件 4、6、7 组成的回路，标注出顺时针方向为它们的绕行方向。然后按支路电压参考方向与回路绕行方向一致的支路电压在代数和中取正号，支路电压参考方向与回路绕行方向相反的支路电压在代数和中取负号列写方程。

$$u_4 - u_6 + u_7 = 0$$

由 2、3、4、5 元件组成的回路，在顺时针的绕行方向下，有

$$u_2 - u_3 - u_4 - u_5 = 0 \tag{1-44}$$

基尔霍夫电压定律是能量守恒原理在电路中的反映。KVL 不仅对于由支路构成的实际回路是适用的，对缺少支路的虚拟回路也是适用的。例如在图 1-32 所示电路中，仅由支路 2 和支路 3 并不构成回路，现假定在节点①和④之间存在一条支路，并设其支路电压为 u_{14}，由该虚设的支路与支路 2 和支路 3 就构成了一个虚拟的回路，令此回路的绕行方向为顺时针方向，则有

$$u_2 + u_{14} - u_3 = 0$$

图 1-32 所示的电路中，任意选择一个节点作为电位参考点，假设令 $u_2 = 0$，其余四个节点的电位分别为 u_1、u_3、u_4、u_5，考虑到式（1-44）中的各支路电压，现将各支路电压用电位差表示

$$(u_2 - u_1) - (u_3 - u_1) - (u_4 - u_3) - (u_2 - u_4) = 0$$

可见无论各电位取何值，上式右边恒等于零。这就是说基尔霍夫电压定律是电位单值性的必

然结果。

基尔霍夫电压定律给一个电路的各支路电压施加
了线性约束。基尔霍夫电压定律也与电路元件的性质
无关，KVL 方程仅取决于所论回路包含哪些支路以及
各支路电压参考方向与回路绕行方向的关系。

由于基尔霍夫电流定律和电压定律说明了电路中
在节点上各支路电流之间和在回路中各支路电压之间
的约束关系。KCL、KVL 只与电路的几何结构有关，
而与电路元件性质无关。只要一个电路的几何结构不

图 1-32　具有五个节点和
七个支路的电路图

变，支路电流和支路电压的参考方向不改变，无论支路元件如何改变，列写的 KCL、KVL
方程也不会改变。因此，可以不考虑元件的特性，将电路的各支路抽象成一些有向线段，自
然也不会影响 KCL 方程和 KVL 方程本身。

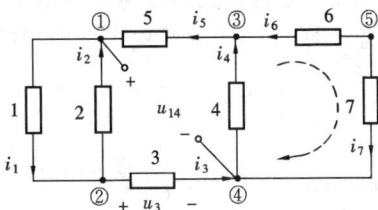

小　　结

1. 电路基本物理量

电压和电流是电路中的基本物理量，其参考方向是很重要的概念。

电流的量值等于单位时间内通过导体某截面的电荷的代数和，也就是电荷对时间的变
化率

$$i = \frac{\mathrm{d}q}{\mathrm{d}t}$$

电流的方向规定为正电荷运动的方向。

a、b 两点之间的电压等于电场强度的线积分

$$u_{ab} = \int_a^b E \mathrm{d}l$$

由于库仑电场线积分与路径无关，由此可以定义电位为某点与参考点之间的电压。a、b 两
点之间的电压等于这两点电位之差，方向是由高电位指向低电位的。

在电路的分析与计算时，必须首先假定电压与电流的参考方向，依照参考方向列写电路
方程。在假定参考方向情况下，电压、电流都是代数量，正负号说明真实方向与参考方向的
关系。

功率表征的是电能的转换或传输的速率，即为

$$p(t) = \frac{\mathrm{d}w}{\mathrm{d}t} = u(t)i(t)$$

当电压、电流采用关联的参考方向时，$p(t) > 0$ 表示电路消耗功率，$p(t) < 0$ 表示电路发出
功率。

2. 电路中的无源元件

欧姆定律确定了线性电阻元件两端的电压、电流之间的约束关系，其电压、电流关系曲
线是一条通过坐标原点的直线，在关联参考方向下有

$$u = Ri \text{ 或 } i = Gu$$

电阻与电导都是电阻元件的参数，通常是正值。

　　线性电容表征的是电荷与电压的代数关系，其特性表达为 $q＝Cu$，其电荷、电压关系曲线是一条通过 $q-u$ 平面坐标原点的直线，在关联参考方向下，端口电压、电流关系有

$$i = C\frac{\mathrm{d}u}{\mathrm{d}t} \quad u = \frac{1}{C}\int_{-\infty}^{t} i(t')\mathrm{d}t'$$

电容是记忆元件，也是储能元件。

　　线性电感表征的是磁链与电流的代数关系，其特性表达为 $\Psi＝Li$，其磁链、电流关系曲线是一条通过 $\Psi-i$ 平面坐标原点的直线，在关联参考方向下，端口电压、电流关系有

$$u = L\frac{\mathrm{d}i}{\mathrm{d}t} \quad i = \frac{1}{L}\int_{-\infty}^{t} u(t')\mathrm{d}t'$$

电感是记忆元件，也是储能元件。

　　通常，可以把元件的电压、电流关系称为特性约束。

3. 电路中的有源元件

　　理想电压源的端口特性是电压确定，与流过的电流无关，电流由外电路决定；理想电流源的端口特性是电流确定，与端口电压无关，电压要由外电路决定；电压源、电流源都是有源元件。

　　受控电源是二端有源元件，其电源电压或电源电流受另一支路的电压或电流控制，这种电源是非独立电源。

4. 基尔霍夫定律

　　基尔霍夫电流定律（KCL）：在集中参数电路中，在任一时刻，对于任一节点，电流的代数和等于零，记为：$\Sigma i=0$。

　　基尔霍夫电压定律（KVL）：在集中参数电路中，在任一时刻，对于任一回路，各支路电压的代数和等于零，记为：$\Sigma u=0$。

　　基尔霍夫定律表征的约束关系通常称为拓扑约束，元件的特性约束关系和拓扑约束关系是分析电路的基础。

习　题　一

　　1-1　某一导线流有恒定电流 10mA，试问在 20ms 内有多少电荷穿过导体截面？

　　1-2　一个 1000W 的电炉，接在 220V 的电源上使用，试问流过电炉的电流多大？

　　1-3　一个 $20\text{k}\Omega$、50W 的电阻，使用时至多能允许多大的电流流过？

　　1-4　一个 $2\text{k}\Omega$、10W 的电阻，使用时允许施加的最大电压是多少？

　　1-5　一个 220V、100W 的灯泡，试问：灯泡的灯丝电阻是多少？如果每天使用 5h，30 天（一个月）消耗的电能是多少？

　　1-6　求图 1-33 中各段电路的电压 U_{ab}。

　　1-7　电路如图 1-34（a）所示，流过电容的电流波形如题图 1-34（b）所示，已知 $C＝$ 2F，电容电压的初始值 $u(0)＝0\text{V}$，试求电容电压 $u(t)$，并画出其波形图。

　　1-8　电路如图 1-35（a）所示，流过电感的电流波形如图 1-35（b）所示，已知 $L＝$ 2H，分别求 $0 \leqslant t \leqslant 4$ 期间相应的电感电压，并画出其波形图。

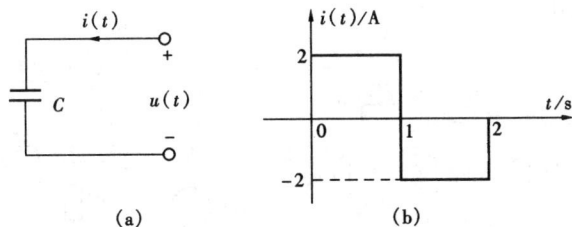

图 1-33 题 1-6 图

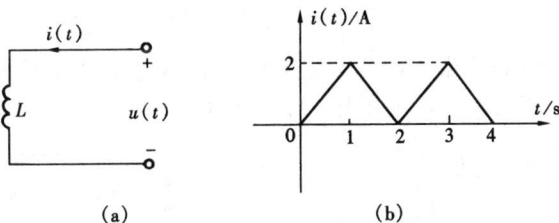

图 1-34 题 1-7 图

图 1-35 题 1-8 图

1-9 电路如图 1-36 所示，其中 $I_1=3A$，$I_2=5A$，$I_3=10A$，试求电流 I_4。

1-10 图 1-37 所示为复杂电路的一部分，已知 $U_1=20V$，$U_2=30V$，$U_3=40V$，试求电压 U_4 和 U_5。

1-11 图 1-38 所示的电路中，各元件电压和电流的参考方向如图所示，已知：$I_1=I_3=2A$，$I_2=4A$，电压 $U_1=-4V$，$U_2=-4V$，$U_3=7V$，$U_4=8V$，$U_5=-3V$；试判断哪些是电源？哪些是负载？并计算各元件的功率。

1-12 图 1-39 所示的电路中，试求电压 U_{ab}。

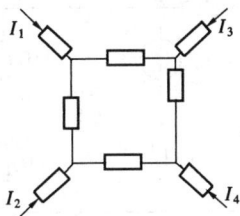

图 1-36 题 1-9 图

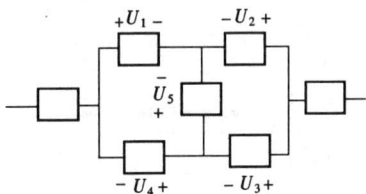

图 1-37 题 1-10 图

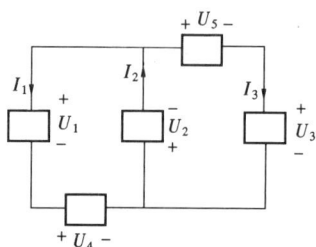

图 1-38　题 1-11 图

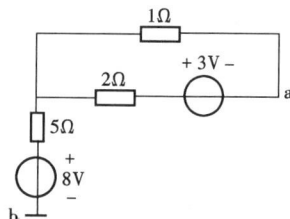

图 1-39　题 1-12 图

1-13　计算图 1-40 所示（a）、（b）电路所有支路的电压和电流，并利用功率平衡关系来校验计算结果是否正确。

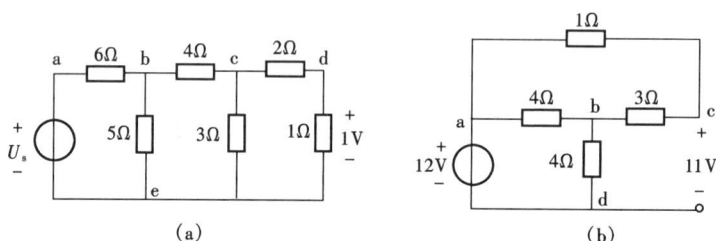

（a）

（b）

图 1-40　题 1-13 图

1-14　在图 1-41 所示的电路中，若电流 $I=0$，试求电阻元件 R 的数值。

1-15　试求图 1-42 所示电路中的电压 U_{ab}、U_{ac} 和 U_{ad}。

图 1-41　题 1-14 图

图 1-42　题 1-15 图

1-16　分压供电线路如图 1-43 所示，各段电压及电流均在图中标明，试求各电阻数值。

1-17　在图 1-44 所示电路中，已知电压 $U_{ab}=5V$，试求电源电压 U_s。

1-18　在图 1-45 所示电路中，已知电流 $I=-2A$，$U_{ab}=6V$，试求电阻元件 R_1 和 R_2 的数值。

1-19　试求图 1-46 所示电路中的两个受控电源各自发出的功率。

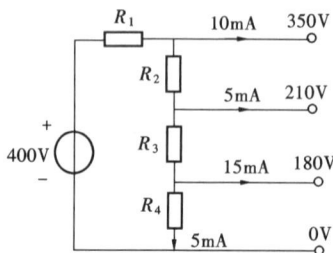

图 1-43　题 1-16 图

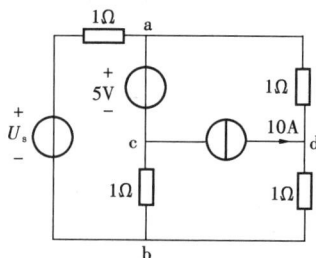

图 1-44　题 1-17 图

图 1-45　题 1-18 图

图 1-46　题 1-19 图

1-20　试求图 1-47 所示电路中的电压 U。

1-21　图 1-48 所示电路中，已知 $U_s = -23\text{ V}$，$U_1 = 2\text{V}$，试求电阻元件 R 中流过的电流 I 及电阻元件 R 的数值。

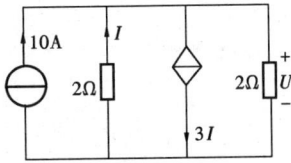

图 1-47　题 1-20 图

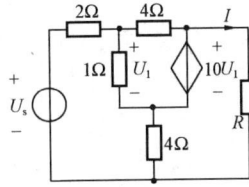

图 1-48　题 1-21 图

参 考 答 案

1-1　0.2mC

1-2　4.545A

1-3　0.05A

1-4　141.4V

1-5　484Ω；15000Wh 或 15kWh

1-6　a) 10V，b) 10V，c) −10V，d) −10V

1-7　$u(t) = \begin{cases} t & 0 \leqslant t \leqslant 1 \\ 2-t & 1 \leqslant t \leqslant 2 \end{cases}$

1-8　$u(t) = \begin{cases} 4 & 0 \leqslant t \leqslant 1 \\ -4 & 1 \leqslant t \leqslant 2 \\ 4 & 2 \leqslant t \leqslant 3 \\ -4 & 3 \leqslant t \leqslant 4 \end{cases}$

1-9　−18A

1-10　−30V，−10V

1-11　−8W，−16W，14W，16W，−6W

1-12　7V

1-13　a) $U_{ab} = 25.2\text{V}$，$U_{bc} = 8\text{V}$，$U_{cd} = 2\text{V}$，$U_{be} = 11\text{V}$，$U_{ce} = 3\text{V}$

　　　b) $U_{ac} = 1\text{V}$，$U_{cb} = 3\text{V}$，$U_{bd} = 8\text{V}$，$U_{ab} = 4\text{V}$

1-14　5Ω

1-15　$U_{ab} = -10\text{V}$，$U_{ac} = 2\text{V}$，$U_{ad} = -6\text{V}$

1-16　1.43kΩ，5.6kΩ，1.5kΩ，36kΩ

1-17　12.5V

1-18　3Ω，2Ω

1-19　6W，−2W

1-20　−15V

1-21　2.5A，$R=0$

第 2 章 简 单 电 路 的 等 效

简单电路是指电路元件的连接方式仅涉及串联、并联、混联以及星形和三角形连接，组成电路的元件除了独立电源以外，仅包含线性时不变电阻性元件，例如电阻器、受控电源和运算放大器等；分析的基本依据都是 KCL、KVL 和电路元件的特性。

等效变换在电路理论中有着重要的地位；应用等效概念，可以把多个元件组成的电路简化成只有少数几个元件甚至一个元件组成的电路，从而使所分析的问题变得简单。

本章主要讨论一些简单电路之间的等效变换，首先讨论电阻串、并联电路的等效，由此引入无源二端网络的等效问题，并进一步介绍多端无源电路的等效变换，即△形与Y形连接的等效变换。然后讨论两种实际电源模型的等效变换，并引申到含源的串、并、混联电路，由此引入含源二端网络的等效问题。

2.1 等效电路的概念

所谓两个线性电路等效，是指二者对外电路的作用完全相同，即两个线性电路外加相同电压时，获得的电流两者也是相同的，可以用其中结构简单的电路去代替另一个结构复杂的电路。

图 2-1 一端口电路

图 2-1 所示二端电路的一个端钮流入的电流，等于从另一端钮流出该电路的电流，因此，这样的一个二端电路也称为一端口电路。一端口电路的两端钮之间电压 $u(t)$ 称为端口电压，流经端钮的电流 $i(t)$ 称为端口电流。对于一端口电路，如果只关心它的端口电压和端口电流以及它对与之相连接的外部电路的作用，那么可将一端口电路的内部想像为一个"黑盒子"。

设有图 2-2 所示两个二端电路 N_1 和 N_2，两个电路的内部可能完全不同，但只要它们端口电压和端口电流之间的关系完全相同，即 $u_1 = u_2$，$i_1 = i_2$，则表明这两个二端电路是等效的。"等效"是指 N_1 和 N_2 两个电路对于外接的任意相同电路 N 的作用效果是相同的，即用二端电路 N_1 替换 N_2 或用 N_2 替换 N_1 后，对外电路 N 的端口电压和端口电流并无影响。

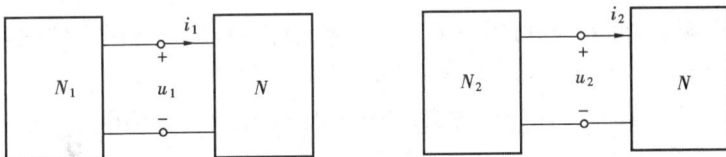

图 2-2 二端电路等效的概念

等效是具有传递性的，如果两个二端电路 N_1 和 N_2 等效，而二端电路 N_2 又与 N_3 等效，那么必有二端电路 N_1 和 N_3 等效。因此，对某一复杂的电路可用与之等效的较为简单的电路来代替，这种电路的等效替代也称为电路的等效变换。应用等效变换，可将一个结构较复杂的电路变换成一个结构较简单的电路，使电路的分析得以简化。

　　等效电路的概念，还可以推广到具有三个和三个以上端钮的多端电路，因为等效是指两个多端电路对应端钮处的电压、电流关系完全相同，也可以说两个电路对任意相同的外部电路的作用效果相同。

2.2　电阻元件的串联与并联

　　电路元件的互相连接组成了电路，要认识电路的规律，就必须搞清楚电路元件的连接规律。

2.2.1　电阻元件的串联

　　若电路中有 n 个线性电阻元件首尾端依次相接，中间没有分支，在电源的作用下，通过各电阻的电流都相同，则称这种连接方式为电阻的串联，图 2-3（a）所示。

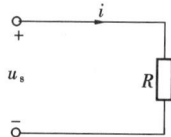

图 2-3　线性电阻的串联
(a) 电阻串联的连接方式；(b) 电阻串联的等效电路

　　设电压和电流的参考方向如图 2-3（a）中所示，则根据 KCL，串联的各电阻元件通过同一电流；根据 KVL，有

$$u_s = u_1 + u_2 + \cdots + u_n \tag{2-1}$$

将线性电阻元件的特性方程代入式（2-1）可以写成

$$u_s = R_1 i + R_2 i + \cdots + R_n i = (R_1 + R_2 + \cdots + R_n)i$$

令

$$R = R_1 + R_2 + \cdots + R_n = \sum_{i=1}^{n} R_i$$

则有

$$u_s = Ri \tag{2-2}$$

式（2-2）表明：可以构造一个相应的电路，在对外的端钮上的电压、电流的关系不变如图 2-3（b）所示，两个电路具有完全相同的特性方程，它们对于外电路具有相同的效果。因此将这种替代称为等效替代或等效变换，称图 2-3（b）为图 2-3（a）的等效电路。等效电路表明：n 个线性电阻元件的串联可用一个线性电阻元件等效，该电阻元件的电阻称为等效电阻。由式（2-2）可知，等效电阻等于各串联电阻元件的电阻之和。

　　线性电阻元件串联具有正比分压性质：串联的各电阻元件上的电压与各电阻元件的电阻 R_k 大小成正比。分压公式为

$$u_k = R_k i = R_k \frac{u_s}{R} = \frac{R_k}{\sum\limits_{i=1}^{n} R_i} u_s \tag{2-3}$$

式（2-3）说明串联电阻上的电压分配与电阻大小成正比。使用分压公式时，应注意各电压的参考极性。

【例 2-1】　万用表的表头（也叫测量机构）是一支高灵敏度的磁电式直流微安表，它的作用是把微小的电流转变为明显的角度位移（指针偏转角）显示出来。实用的直流电压表是由万用表的表头和线性电阻元件串联组成的。现有一个量程为 100mV，内阻为 $R_s=1k\Omega$ 的万用表的表头，如果要用该电压表测量 $U_1=1V$，$U_2=10V$，$U_3=100V$ 的电压，试问应如何对万用表进行改造。

解　根据串联电阻分压概念，为使原表头及其内阻仍只承受 100mV 的电压，可用一个电阻与电压表相串联，可以分去大于 100mV 的电压。由于要求扩大为三个量程，故应串入三个电阻，其原理如图 2-4 所示，各量程标注在相应的端钮上。

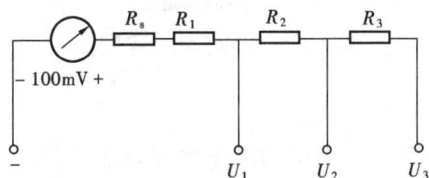

图 2-4　[例 2-1] 图

图 2-4 中，R_s 是电压表的内阻，$U=100mV$ 是量程，R_1、R_2、R_3 为分压电阻。当用某量程测量时，其余量程的端钮均处于断开状态。例如用 U_1 量程时，U_2、U_3 的端钮均要断开，此时 R_2、R_3 相当于没有接入，分压电阻只有 R_1；而当用 U_2 量程时，U_1、U_3 的端钮断开，此时电阻 R_3 相当于没有接入，而分压电阻应为 (R_1+R_2)；同样，当用 U_3 量程时，U_1、U_2 的端钮断开，分压电阻为 $(R_1+R_2+R_3)$。R_1、R_2、R_3 电阻的计算，根据串联电阻分压关系，可得

$$\frac{U_1}{U}=\frac{R_s+R_1}{R_s}$$

则

$$R_1=\left(\frac{U_1}{U}-1\right)R_s=\left(\frac{1}{100\times10^{-3}}-1\right)\times10^3=9(k\Omega)$$

$$\frac{U_2}{U}=\frac{R_s+(R_1+R_2)}{R_s}$$

$$R_1+R_2=\left(\frac{U_2}{U}-1\right)R_s=\left(\frac{10}{100\times10^{-3}}-1\right)\times10^3=99(k\Omega)$$

$$R_2=99-R_1=90(k\Omega)$$

$$\frac{U_3}{U}=\frac{R_s+(R_1+R_2+R_3)}{R_s}$$

$$R_1+R_2+R_3=\left(\frac{U_3}{U}-1\right)R_s=\left(\frac{100}{100\times10^{-3}}-1\right)\times10^3=999(k\Omega)$$

$$R_3=999-R_1-R_2=900(k\Omega)$$

2.2.2　电阻元件的并联

若电路中有 n 个线性电阻元件，其首尾两端分别连接于两个节点之间，每个电阻两端的电压都相同，则称这种连接方式为电阻的并联，如图 2-5(a) 所示。

设电压和电流的参考方向如图 2-5 (a) 中所示，则根据 KVL，并联的各电阻元件具有相同的电压；再根据 KCL，有

$$i=i_1+i_2+\cdots+i_n \tag{2-4}$$

将线性电阻元件的特性方程代入，上式可以写成

$$i=\frac{u_s}{R_1}+\frac{u_s}{R_2}+\cdots+\frac{u_s}{R_n}=\left(\frac{1}{R_1}+\frac{1}{R_2}+\cdots+\frac{1}{R_n}\right)u_s$$

令
$$\frac{1}{R} = \left(\frac{1}{R_1} + \frac{1}{R_2} + \cdots + \frac{1}{R_n}\right) = \sum_{i=1}^{n} \frac{1}{R_i} \tag{2-5}$$

用电导表示有
$$G = G_1 + G_2 + \cdots + G_n = \sum_{i=1}^{n} G_i$$

则
$$i = \frac{1}{R} u_s \quad \text{或} \quad i = G u_s \tag{2-6}$$

由式（2-6）可以做出相应的电路，如图 2-5（b）所示，它是用一个电阻 R（或电导 G）来替代图 2-5（a）中 n 个电阻并联之和。它们对于外电路具有相同的效果，在对外的端钮上的电压、电流的关系不变。这里称电导 G 为 G_1、G_2、$\cdots$、G_n 相并联的等效电导，称图 2-5（b）为图 2-5（a）的等效电路。

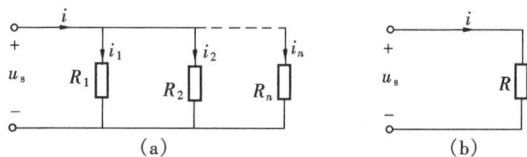

图 2-5　线性电阻的并联
(a) 电阻并联的连接方式；(b) 电阻并联的等效电路

由以上讨论可知，在串联电路中用电阻方便，而在并联电路中用电导比较方便。但由于电阻元件习惯于用电阻表示，因此式（2-5）也经常应用，特别是两个电阻并联的情况更是经常遇到。通常两个电阻并联时记作 $R_1 /\!/ R_2$，其等效电阻可用下式求出

$$R = R_1 /\!/ R_2 = \frac{R_1 R_2}{R_1 + R_2}$$

线性电阻元件并联具有反比分流的性质，即并联的各电阻元件上的电流与各电阻元件的电阻 R_k 大小成反比。电阻 R_k 流过的电流是按它们的电导的大小分配的，电流 i_k 为

$$i_k = G_k u_s = \frac{G_k}{G} i = \frac{G_k}{\sum\limits_{i=1}^{n} G_i} i \tag{2-7}$$

两个电阻并联的分流公式为

$$\left. \begin{aligned} i_1 &= \frac{R_2}{R_1 + R_2} i \\ i_2 &= \frac{R_1}{R_1 + R_2} i \end{aligned} \right\} \tag{2-8}$$

使用分流公式时，也要注意各电流的参考方向。

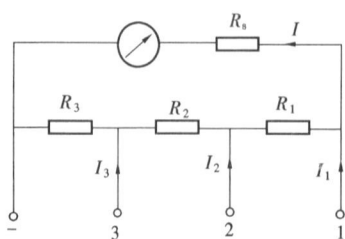

图 2-6　[例 2-2] 图

【例 2-2】　磁电式电流表是利用电阻并联分流原理来扩大量程的，假设有一内阻为 $R_s = 1.2\text{k}\Omega$，量程为 $50\mu\text{A}$ 的电流表，如欲将其改装成量程为 $I_1 = 100\mu\text{A}$，$I_2 = 1\text{mA}$，$I_3 = 10\text{mA}$ 的电流表，试问采用什么方法。

解　根据并联电阻分流的概念，用一个电阻与电流表并联，可以分去大于 $50\mu\text{A}$ 的电流，而使流过电流表的电流始终不超过 $50\mu\text{A}$。由于要三个量程，所以应并入三个电阻 R_1、R_2、R_3 来分流，其接线如图 2-6 所示。

首先求出最小量程 I_1 的分流电阻，此时，I_2、I_3 的端钮要断开，分流电阻为 $R_1 + R_2 + R_3$，根据并联电阻分流关系，有

$$I = \frac{R_1 + R_2 + R_3}{R_s + R_1 + R_2 + R_3}I_1$$

所以

$$R_1 + R_2 + R_3 = \frac{R_s I}{I_1 - I} = \frac{50 \times 10^{-6} \times 1.2 \times 10^3}{(100 - 50) \times 10^{-6}} = 1200(\Omega)$$

当量程 $I_2 = 1\text{mA}$ 时，分流电阻为 $R_2 + R_3$，R_1 与 R_s 相串联，根据并联电阻分流关系，有

$$I = \frac{R_2 + R_3}{R_s + R_1 + R_2 + R_3}I_2$$

$$R_2 + R_3 = \frac{I}{I_2}(R_s + R_1 + R_2 + R_3) = \frac{50 \times 10^{-6}}{1 \times 10^{-3}} \times (1200 + 1200) = 120(\Omega)$$

故

$$R_1 = 1200 - 120 = 1080(\Omega)$$

当量程 $I_2 = 10\text{mA}$ 时，分流电阻为 R_3，R_1、R_2 与 R_s 相串联，同理有

$$R_3 = \frac{I}{I_3}(R_s + R_1 + R_2 + R_3) = \frac{50 \times 10^{-6}}{10 \times 10^{-3}} \times (1200 + 1200) = 12(\Omega)$$

因此，有

$$R_2 = 120 - 12 = 108(\Omega)$$

对应各量程电流表内阻为

$$R_{01} = \frac{(R_1 + R_2 + R_3)R_s}{R_s + R_1 + R_2 + R_3} = \frac{(1080 + 108 + 12) \times 1200}{1200 + 1200} = 600(\Omega)$$

$$R_{02} = \frac{(R_1 + R_s)(R_2 + R_3)}{R_s + R_1 + R_2 + R_3} = \frac{(1080 + 1200)(108 + 12)}{1200 + 1200} = 114(\Omega)$$

$$R_{03} = \frac{R_3(R_1 + R_2 + R_s)}{R_s + R_1 + R_2 + R_3} = \frac{12 \times (1080 + 108 + 1200)}{1200 + 1200} = 11.94(\Omega)$$

2.2.3　电阻元件的混联

既有电阻元件串联又有电阻元件并联的电路称为电阻元件的混联。对于电阻元件混联的电路，可以应用等效的概念，逐一求出各串联、并联部分的等效电路，最终将电路简化为一个无分支的等效电路，一般称这类电路为简单电路；如果不能用串、并联方法简化的电路，则称为复杂电路。

【例 2-3】　电路如图 2-7 所示，已知 $U_s = 12\text{V}$，$R_1 = R_2 = 20\Omega$，$R_3 = 30\Omega$，$R_4 = 40\Omega$，求各支路的电流。

解：　电路的结构参数已知，求各支路电流，这是一种典型的电路求解问题，一般要经过

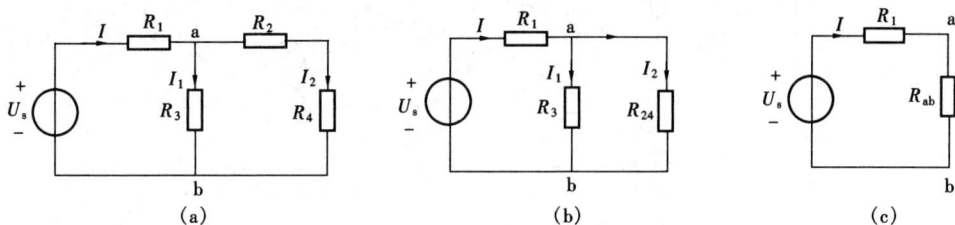

图 2-7　[例 2-3] 的混联电路

(a) 电阻混联电路；(b) R_2 与 R_4 串联后的电路；(c) 电阻混联的等效电路

　　两个过程。首先，从远离电源的电路后段开始"从后往前"，根据电路的结构按照串、并联等效简化电路；R_2、R_4 串联得到 R_{24}，如图 2-7（b）所示，R_{24} 与 R_3 并联得到 R_{ab}，如图 2-7（c）所示，R_{ab} 与 R_1 串联得到总电阻 R，电流 I 很容易求出。其次，根据等效的概念"从前往后"，求出总电流 I 后，再按照分流公式求出各支路电流 I_1、I_2。

　　具体的计算步骤如下

$$R_{24} = R_2 + R_4 = 20 + 40 = 60(\Omega)$$

$$R_{ab} = \frac{R_3 R_{24}}{R_3 + R_{24}} = \frac{30 \times 60}{30 + 60} = 20(\Omega)$$

$$R = R_1 + R_{ab} = 20 + 20 = 40(\Omega)$$

$$I = \frac{U_s}{R} = \frac{12}{40} = 0.3(A)$$

$$I_1 = \frac{R_{24}}{R_3 + R_{24}} I = \frac{60}{30 + 60} \times 0.3 = \frac{2}{3} \times 0.3 = 0.2(A)$$

$$I_2 = I - I_1 = 0.3 - 0.2 = 0.1(A)$$

　　计算结束后，一般要进行验算检验计算结果，其检验的方法就是计算得到的电压与电流是否满足 KVL、KCL。由 KCL 有

$$I = I_1 + I_2 = 0.2 + 0.1 = 0.3(A)$$

再依据 KVL 有

$$U_s = R_1 I + U_{ab} = R_1 I + R_{24} I_2 = 20 \times 0.3 + 60 \times 0.1 = 6 + 6 = 12(V)$$

KVL、KCL 关系都满足，说明计算结果是正确的。

2.3　△形和丫形电阻电路的等效变换

　　凡是以电阻元件串联、并联形式组成的电路，利用串并联等效化简的方法，最终都可以等效为只含一个电阻元件的电路。但是在电路中，电阻元件的连接方式并不仅仅局限于串联、并联和混联，还有比较复杂的连接方式，例如在测量仪器中常用到的电桥电路，如图 2-8（a）所示。图中五个电阻元件之间既不是串联，也不是并联，分析这种电路就不能直接利用串并联方法来化简。

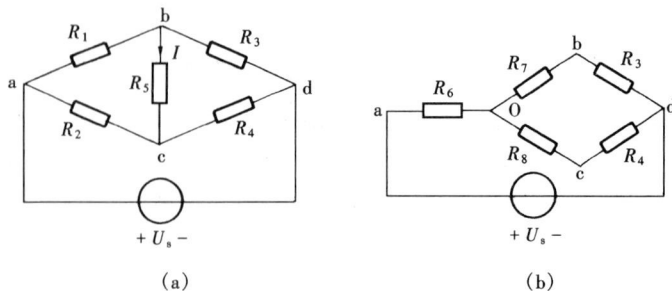

图 2-8　电桥电路及等效电路

（a）电桥电路；（b）电桥电路的等效电路

图 2-8（a）所示的电桥电路中，如果电桥的桥支路上没有电流流过，也就是桥支路两端的电压 U_{bc} 为零，称该电桥为平衡电桥电路。电桥平衡时，$U_{bc}=0$，电流 $I=0$，此时可以将 b、c 端之间的电阻元件 R_5 断开，该支路断开是不影响电路的工作状态的。电阻元件 R_5 断开后，可解得

$$U_{bc}=\frac{R_3}{R_1+R_3}U_{ad}-\frac{R_4}{R_2+R_4}U_{ad}=0$$

整理后有

$$R_1R_4=R_2R_3 \tag{2-9}$$

式（2-9）为电桥平衡的条件，说明若使电桥平衡，必须有相对桥臂上电阻元件的阻值乘积相等。

当电桥电路不满足平衡条件时，显然仅用电阻元件的串联、并联等效变换是不能求解的。不过若能将连成三角形的三个电阻 R_1、R_2 与 R_5 等效变换为星形连接的电阻，就可用串并联方法来简化了。

三个电阻元件首尾连接成一圈，组成一个三角形，就叫做三角形连接，简称△形连接，如图 2-9(a)所示，三角形的三个顶点是整个电路的三个节点。三个电阻元件的一端连在一起，另一端分别接在三个端钮上，如图 2-9(b)所示，这种连接叫做星形连接，简称Y形连接。这两种电阻的连接方式都是通过三个端钮与外部电路连接，故统称为三端电阻电路。

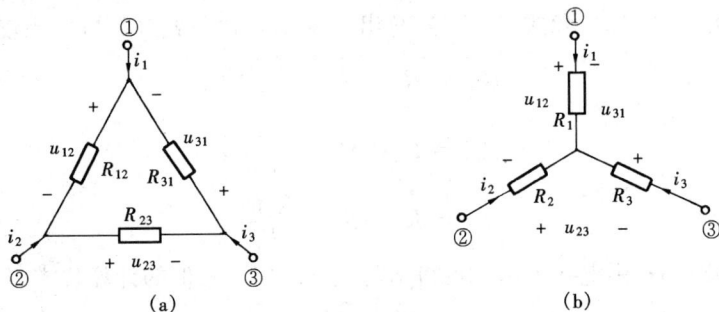

图 2-9　三端电阻元件电路

(a) 电阻的三角形连接；(b) 电阻的星形连接

下面讨论电阻元件Y形连接和△形连接的等效互换条件；设Y形和△形连接电路的电流参考方向如图 2-9 所示，电压与电流取一致的参考方向。根据 KCL 和 KVL 有

$$\left.\begin{array}{l}i_1+i_2+i_3=0\\u_{12}+u_{23}+u_{31}=0\end{array}\right\} \tag{2-10}$$

可以看出，端口的三个电流变量和三个电压变量只有两个电流和两个电压是独立的。因此无论是Y形连接还是△形连接都只需写出三个外特性方程中的两个即可。

对图 2-9（a）的△连接，端钮处电压、电流特性方程为

$$\left.\begin{array}{l}i_1=\dfrac{u_{12}}{R_{12}}-\dfrac{u_{31}}{R_{31}}\\[2mm]i_2=\dfrac{u_{23}}{R_{23}}-\dfrac{u_{12}}{R_{12}}\end{array}\right\} \tag{2-11}$$

对图 2-9（b）的Y形连接，端钮处电压、电流特性方程为

$$\left.\begin{aligned} u_{12} &= R_1 i_1 - R_2 i_2 \\ u_{23} &= R_2 i_2 - R_3 i_3 \end{aligned}\right\} \tag{2-12}$$

联立式（2-10）和式（2-11）解出 u_{12}、u_{23}

$$\left.\begin{aligned} u_{12} &= \frac{R_{12}R_{31}}{R_{12}+R_{23}+R_{31}}i_1 - \frac{R_{12}R_{23}}{R_{12}+R_{23}+R_{31}}i_2 \\ u_{23} &= \frac{R_{12}R_{23}}{R_{12}+R_{23}+R_{31}}i_2 - \frac{R_{23}R_{31}}{R_{12}+R_{23}+R_{31}}i_3 \end{aligned}\right\} \tag{2-13}$$

如果Y形连接与△形连接电路等效，必有这两种电路端钮处的电压、电流关系完全相同，比较式（2-12）和式（2-13），可得由△形连接等效变换成Y形连接的公式如下

$$\left.\begin{aligned} R_1 &= \frac{R_{12}R_{31}}{R_{12}+R_{23}+R_{31}} \\ R_2 &= \frac{R_{12}R_{23}}{R_{12}+R_{23}+R_{31}} \\ R_3 &= \frac{R_{23}R_{31}}{R_{12}+R_{23}+R_{31}} \end{aligned}\right\} \tag{2-14}$$

在已知Y形连接的三个电阻 R_1、R_2 与 R_3 的情况下，若求由Y形连接等效变换成△形连接的公式，可由式（2-10）和式（2-12）解出 i_1 和 i_2，再与式（2-11）比较得

$$\left.\begin{aligned} R_{12} &= R_1 + R_2 + \frac{R_1 R_2}{R_3} \\ R_{23} &= R_2 + R_3 + \frac{R_2 R_3}{R_1} \\ R_{31} &= R_3 + R_1 + \frac{R_3 R_1}{R_2} \end{aligned}\right\} \tag{2-15}$$

如果将式（2-15）用电导表示，可得出与式（2-14）相似的计算公式

$$\left.\begin{aligned} G_{12} &= \frac{G_1 G_2}{G_1+G_2+G_3} \\ G_{23} &= \frac{G_2 G_3}{G_1+G_2+G_3} \\ G_{31} &= \frac{G_3 G_1}{G_1+G_2+G_3} \end{aligned}\right\} \tag{2-16}$$

当△形连接的三个电阻相等（对称三角形连接）时，即 $R_{12}=R_{23}=R_{31}=R_\triangle$，Y形连接的三个电阻也相等（对称星形连接）时，即 $R_1=R_2=R_3=R_Y$，由式（2-14）、式（2-15）和式（2-16）解得对称时，Y形与△形连接电路的等效变换条件

$$R_\triangle = 3R_Y \quad 或 \quad R_Y = \frac{1}{3}R_\triangle \tag{2-17}$$

【例 2-4】 如图 2-8（a）所示电桥电路，已知 $R_1=5\Omega$，$R_2=5\Omega$，$R_3=8\Omega$，$R_4=4\Omega$，$R_5=10\Omega$，$U_s=10\mathrm{V}$，求 10 Ω电阻元件所在支路的电流 I。

解 图 2-8（a）所示电路是不平衡电桥电路，可先利用△形与Y形等效变换将原电路等效变换成电阻元件串联和并联的电路。这里可能有几种等效变换方式可选择，但是，无论选择哪一种等效，要注意不要使待求支路电流 I 所在的 b、c 支路消失。这里，可以选择保

留节点 b 和 c 的等效变换，保持节点 b 和 c 间的电压 U_{bc} 不变，就能通过 U_{bc} 求待求支路电流 I。首先将两个 5Ω 和 10Ω 电阻元件的△形连接转换成Y形连接，图 2-8（b）所示，由式（2-14）可得

$$R_6 = \frac{R_{ab}R_{ca}}{R_{ab}+R_{bc}+R_{ca}} = \frac{5 \times 5}{5+5+10} = \frac{5}{4} = 1.25(\Omega)$$

$$R_7 = \frac{R_{ab}R_{bc}}{R_{ab}+R_{bc}+R_{ca}} = \frac{5 \times 10}{5+5+10} = \frac{5}{2} = 2.5(\Omega)$$

$$R_8 = \frac{R_{bc}R_{ca}}{R_{ab}+R_{bc}+R_{ca}} = \frac{10 \times 5}{5+5+10} = \frac{5}{2} = 2.5(\Omega)$$

如图 2-8（b）所示，这样将 R_3 与 R_7，R_4 与 R_8 分别串联后再并联，可得到

$$R_{od} = \frac{(R_7+R_3)(R_8+R_4)}{(R_7+R_3)+(R_8+R_4)} = \frac{(2.5+8)(2.5+4)}{2.5+8+2.5+4} = 4.01(\Omega)$$

利用分压公式，求出电压 U_{od} 有

$$U_{od} = \frac{R_{od}}{R_6+R_{od}}U_s = \frac{4.01}{1.25+4.01} \times 10 = 7.62(V)$$

通过 U_{od} 求出电压 U_{bc} 有

$$U_{bc} = V_b - V_c = \frac{R_3}{R_7+R_3}U_{od} - \frac{R_4}{R_8+R_4}U_{od} = \left(\frac{8}{2.5+8} - \frac{4}{2.5+4}\right) \times 7.62 = 1.12(V)$$

求出 10Ω 电阻元件所在支路的电流 I 为

$$I = \frac{U_{bc}}{R_5} = \frac{1.12}{10} = 0.112(A)$$

2.4　电源的等效变换

由第 1 章介绍的电源可知，电源分为独立电源和受控电源两大类，每一类又可以分为电压源和电流源两种。在构成电路时，电压源或电流源分别可以串联或并联，电压源和电流源之间也可以串联或并联，电压源或电流源与电阻以及其他元件或任意二端电路也可以串联或并联。本节讨论电源连接的这些情况。

2.4.1　独立电压源与独立电流源的等效变换

由第 1 章介绍的电源可知，电压源模型是理想电压源与电阻串联，而电流源模型是理想电流源与电阻并联，如图 2-10 所示。一个实际的电源可以有两种不同结构的电路模型，两种电路模型的端口伏安特性或外特性完全相同。根据等效条件，这两种实际电源模型具有相同的外特性，就可以等效互换。

在电路的分析和计算中，经常需要将电压源与电流源进行等效变换。等效变换是指在相同的外电路情况下，两种电源具有相同的输出电压和输出电流，即具有相同的外部特性。

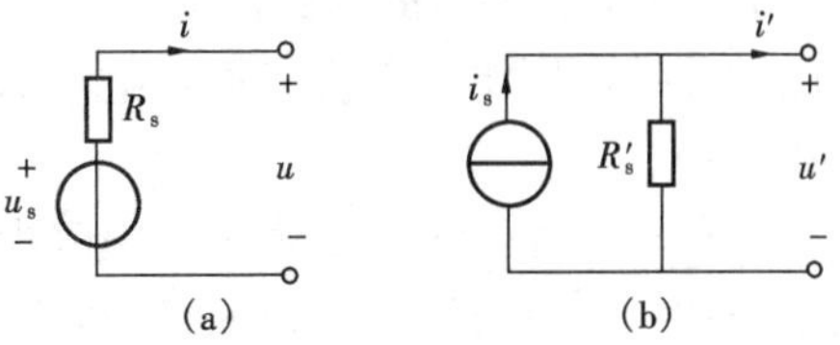

对于图 2-10（a）电压源的外特性，根据 KVL 有

$$u = u_s - R_s i \tag{2-18}$$

图 2-10　电压源和电流源的模型

（a）电压源模型；（b）电流源模型

对于图 2-10（b）电流源的外特性，根据 KCL 有

$$i' = i_s - \frac{u'}{R'_s}$$

整理后可以写成

$$u' = R'_s i_s - R'_s i' \tag{2-19}$$

如若图 2-10（a）表示的电压源与图 2-10（b）表示的电流源等效，两个电源必有相同的外部特性，因此有

$$\left. \begin{array}{c} u = u' \\ i = i' \end{array} \right\}$$

比较式（2-18）与式（2-19），便可得到电压源与电流源等效变换的条件，即

$$\left. \begin{array}{c} i_s = \dfrac{u_s}{R_s} \\ R_s = R'_s \end{array} \right\} \tag{2-20}$$

在满足式（2-20）条件下，两种电源可以相互转换，对外电路不会产生任何影响。

在图 2-11（a）表示的电压源与电流源的等效变换中，电流源电流 $I_s = 10/2 = 5\text{A}$，I_s 就是短路电流 I_{sc}，其方向是由电压源的"＋"极流出的方向。在图 2-11（b）表示的电流源与电压源等效变换中，电压源电压 $U_s = 2 \times 4 = 8\text{V}$，$U_s$ 就是开路电压 U_{oc}，其极性由"－"极指向"＋"极，与 2A 电流源的方向一致。

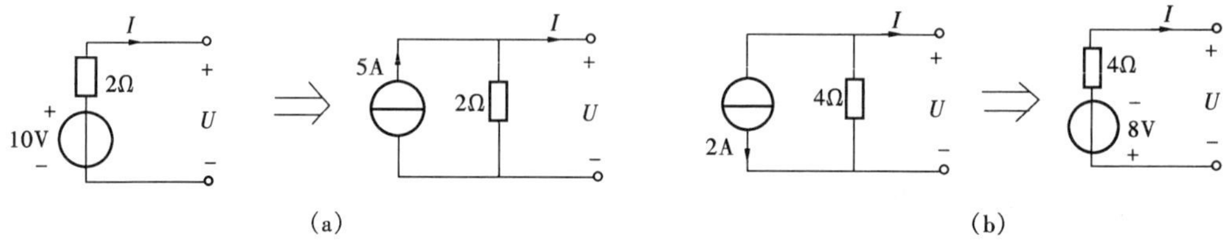

图 2-11　两种电源的相互等效变换

（a）电压源及其等效的电流源；（b）电流源及其等效的电压源

应该注意的是，对于外电路而言，任何实际电源均可用两种电源中的任意一种来表达，都不必考虑电源内部的物理过程。但是，两种电源的内部是不能等效的：例如在开路状态下，电压源不产生功率，内阻也不消耗功率，而电流源则要产生功率，并且全部被内阻消耗掉。

由于理想电压源与理想电流源的外特性不同，因此，理想电压源与理想电流源是不能相互等效变换的。也可以说，理想电压源不存在与之相对应的等效电流源，因为对理想电压源而言 $R_s = 0$，其端口的短路电流 $I_{sc} = \infty$，这是没有意义的。反之，理想电流源不存在与之相对应的等效电压源，因为对理想电流源而言 $R_s = \infty$，其端口的开路电压 $U_{oc} = \infty$，这也是没有意义的。

两种电源的等效变换也可以理解为含源支路的等效变换，即一个电压源与电阻元件的串联组合和一个电流源与电阻元件的并联组合，也可以相互等效变换，电阻元件不一定是电源的内阻。

【例 2-5】　在图 2-12（a）所示的电路中，已知 $U_s = 20\text{V}$，$R_s = 4\Omega$，$I_s = 10\text{A}$，$R = 6\Omega$，试求流经电阻元件 R 的电流 I。

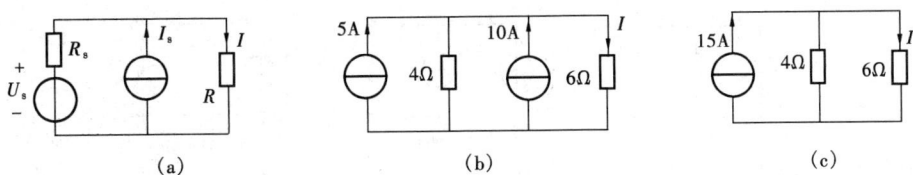

图 2-12 ［例 2-5］的电路

(a) 两电源并联电路；(b) 电压源等效后的电路；(c) 等效电路

解 根据电源等效变换，可将图 2-12 (a) 所示的电路依次等效为图 2-12 (b)、(c) 所示的等效电路，由图 2-12 (c) 用分流公式可得

$$I = \frac{4}{4+6} \times 15 = 6(A)$$

【例 2-6】 试计算图 2-13 (a) 所示电路中的电压 U。

解 根据电源等效变换，可将图 2-13 (a) 所示的电路依次等效为图 2-13 (b)、(c)、(d) 所示的等效电路，由图 2-13 (d) 可知 4Ω 与 2Ω 电阻元件并联，电流源 3A 与 5A 相加，以此计算求得

$$U = (3+5) \times \frac{4 \times 2}{4+2} = 8 \times \frac{4}{3} = \frac{32}{3}(V)$$

图 2-13 ［例 2-6］的电路

(a) 原电路；(b) 电压源等效为电流源的电路；(c) 电源串联电路；(d) 最终的等效电路

2.4.2 理想电压源与支路并联的等效电路

当理想电压源与电阻元件并联或者理想电压源与电流源并联时的二端电路，如图 2-14 (a)、(b) 所示，这样的二端电路在考虑它的端口外特性时，由理想电压源的外特性可知这样的电路其端口电压 u 是不变的，端口电压等于电压源电压 $u=u_s$，而端口电流 i 则是由端口的外部电路确定，与并联在电压源两端的电阻元件或电流源无关，即使将它们从电路中断开并不影响端口的电压、电流关系，因此，这样的二端电路对外部电路而言可等效为图 2-14 (c) 所示电路。

根据上述的分析可以得到这样的结论，在含有理想电压源与二端元件或二端电路并联的电路中，如果不需要求解与电压源并联的二端元件或二端电路的电压、电流时，可将与电压源并联的这些支路从电路中除去，如图 2-14(c) 所示，这样的处理并不会影响电路的分析结果。

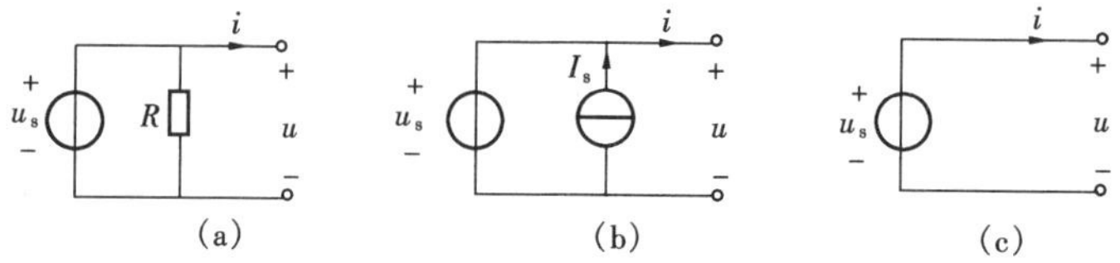

图 2-14　与理想电压源并联支路的电路

(a) 电压源与电阻并联；(b) 电压源与电流源并联；(c) 等效电路

【例 2-7】 试计算图 2-15（a）所示电路中，20Ω 电阻元件的电流 I。

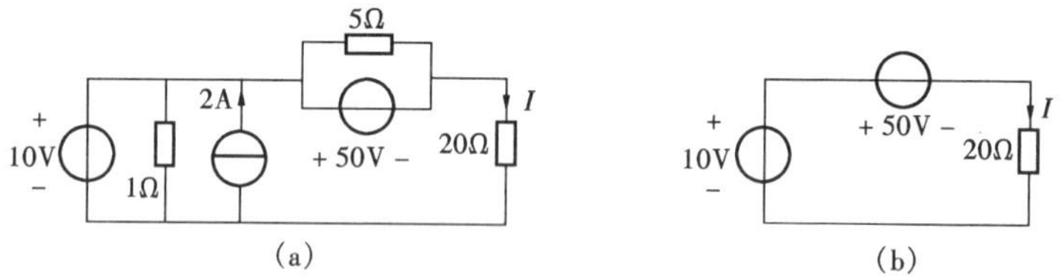

图 2-15　［例 2-7］的电路

(a) 原电路；(b) 等效电路

解　根据理想电压源与并联支路的分析，又因为该例题求解的是外部 2Ω 电阻元件的电流，这样可将与电压源并联的支路从电路中除去，如图 2-15（b）所示，由 KVL 有

$$50 + 20I - 10 = 0$$

$$I = \frac{-40}{20} = -2(\text{A})$$

必须指出的是，以上的等效变换仅对 2Ω 电阻元件支路是等效的，如果待求量在 50V 电压源或 10V 电压源及与其并联的支路时，则应返回到原电路中进行分析计算。

2.4.3　理想电流源与支路串联的等效电路

理想电流源与电阻元件串联或理想电流源与电压源串联组成的二端电路，如图 2-16（a）、（b）所示，这样的二端电路在考虑它的端口外特性时，二端电路端口电流 i 恒等于理想电流源的电流 i_s，（$i = i_s$），端口电压 u 将取决于与它连接的外电路，而与理想电流源串联的电阻元件或电压源无关。因此，可以将它们从电路中除去，这样的处理并不会影响端口电压、电流关系，也不会影响电路的分析结果，这样的二端电路对外部电路而言可等效为图 2-16（c）所示电路。

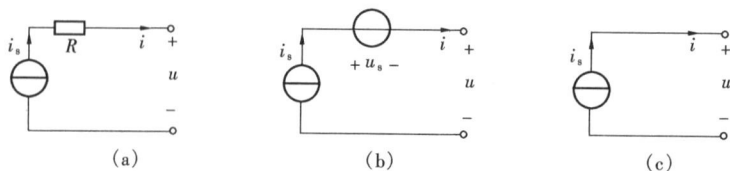

图 2-16　电流源与支路串联的等效电路

(a) 电流源与电阻串联；(b) 电流源与电压源串联；(c) 等效电路

根据上述的分析可以得到这样的结论，在含有理想电流源与二端元件或二端电路串联的电路中，如果不需要求解与理想电流源串联的二端元件或二端电路的电压、电流时，可将与电流源串联的这些支路从电路中除去（将其短路），如图 2-16（c）所示，这样的处理并不会

影响电路的分析结果。

【例 2-8】　试计算图 2-17（a）所示电路中 2Ω 电阻元件的电压 U。

解　根据电流源与支路串联的分析，又因为该例题求解的是外部 2Ω 电阻元件的电压，这样可将与电流源串联的支路（两个电压源）从电路中除去，如图 2-17（b）所示，由 KCL 有

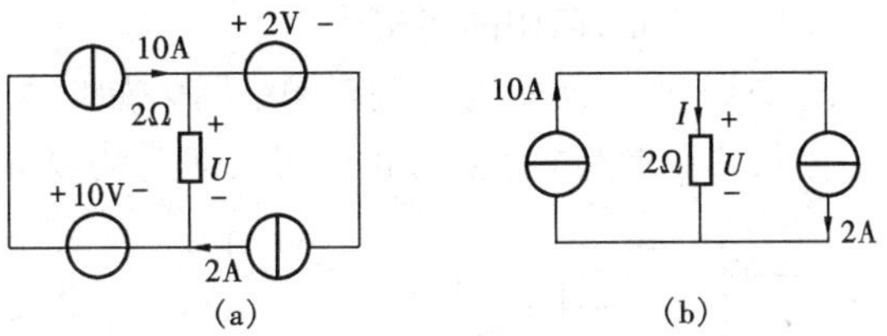

图 2-17　［例 2-8］的电路

（a）原电路；（b）等效电路

$$I + 2 - 10 = 0$$

$$U = 2I = 2 \times (10 - 2) = 16(V)$$

2.4.4　受控电压源与受控电流源的等效变换

与独立电源一样，受控电源也可以进行等效变换，这种等效变换也仅限于在实际受控电源之间进行，即理想受控电压源与理想受控电流源之间也不存在等效变换的条件，它们的等效条件及其计算也和独立电源完全相同。在电路分析中，对受控电源的处理与独立电源相同。

但应特别注意的是，在对电路进行化简时，一般控制支路不要参与电路化简，不要把含控制量的支路消除掉，否则，受控电源的控制量就不存在了。

【例 2-9】　试计算图 2-18（a）所示电路中 5Ω 电阻元件的电压 U 和电流 I。

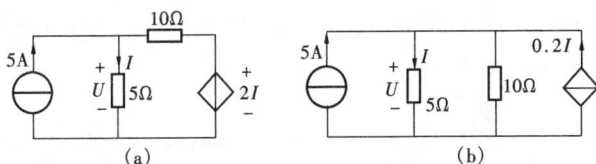

图 2-18　［例 2-9］的电路

（a）原电路；（b）等效电路

解　将图 2-18（a）电路中的受控电压源等效变换成受控电流源，等效电路如图 2-18（b）所示。根据图 2-18（b）所示电路，利用分流公式有

$$I = \frac{10}{5 + 10} \times (5 + 0.2I)$$

解得

$$I = 3.85A$$

所以

$$U = 5I = 5 \times 3.85 = 19.25(V)$$

2.5　线性电阻网络的输入电阻

由线性电阻元件串联、并联以及混联得到的二端电路的等效电阻，以及由线性电阻元件的 Y 形与 △ 形连接的等效变换得到的二端电路的等效电阻，它们都是输入电阻，即从二端电路的两端看进去的电阻。这里介绍线性二端电阻性网络输入电阻的概念和求输入端电阻的一些方法。

2.5.1 输入电阻的定义

图 2-19 (a) 所示为一端口网络 N，如果内部仅含有线性电阻元件，可以用线性电阻的串、并联和△形与Y形连接的等效变换等方法求出它的等效电阻。如果一端口网络 N 内不包含有独立电源，但可以包含线性电阻元件、受控电源以及运算放大器，且要求所包含受控电源的控制量就在二端网络内。在端口电压和电流取关联参考方向的前提下，端口电压与端口电流的比值定义为线性电阻性二端网络的输入电阻，即

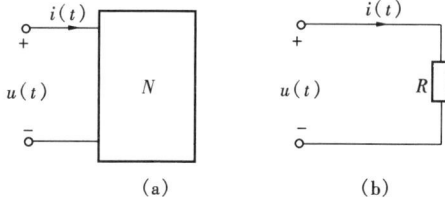

图 2-19 线性电阻性二端网络的输入电阻
(a) 线性电阻性二端网络；(b) 等效电路

$$R = \frac{u(t)}{i(t)}$$

当二端网络内只含线性电阻元件时，输入电阻就是等效电阻，如图 2-19 (b) 所示。

2.5.2 输入电阻的求解方法

求二端线性电阻性网络输入电阻的方法是：在端口上施加电压 u，然后求出在该电压作用下的电流 i；也可以在端口施加电流 i，求出在该电流作用下的电压 u，u 和 i 的比值即为输入电阻。此计算输入电阻的方法特别适合于网络内含有受控源的情况。在二端网络内仅含有线性电阻元件不含受控源时，可以对二端网络逐步进行串、并联或Y形与△形连接的等效变换，最终将二端网络简化为一个电阻元件。

【例 2-10】 在图 2-20 (a) 所示的电路中，已知 $R_1 = 1\Omega$，$R_2 = 4\Omega$，$R_3 = 5\Omega$，$R_4 = R_5 = 4\Omega$；试求 a、b 两端间的输入电阻 R_{ab}。

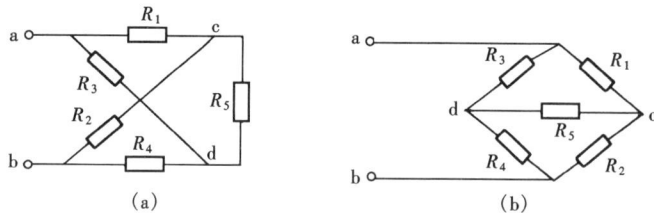

图 2-20 [例 2-10] 电路
(a) 原电路；(b) 等效电路

解 要计算输入电阻 R_{ab}，首先，要了解电路中各电阻元件是怎样连接的，采用的方法是整理电路图。整理电路图是一种技巧，没有一套完整的方法，一般是使电路不交叉，调整线段使其看上去合乎习惯画法即可。

对于图 2-20 (a) 所示的电路，实际上是一个桥路，只要解除 R_2、R_3 的交叉形式，将 d 点移到 a、b 之间，形成图 2-20 (b) 所示的电路。电路图整理后，可按照等效化简的方法求输入电阻 R_{ab}。

将△acd→Yacd，如图 2-21 (a) 所示，根据式 (2-14) 有

$$R_6 = \frac{R_1 R_3}{R_1 + R_3 + R_5} = \frac{1 \times 5}{1 + 5 + 4} = \frac{5}{10} = 0.5(\Omega)$$

$$R_7 = \frac{R_1 R_5}{R_1 + R_3 + R_5} = \frac{1 \times 4}{1 + 5 + 4} = \frac{4}{10} = 0.4(\Omega)$$

$$R_8 = \frac{R_3 R_5}{R_1 + R_3 + R_5} = \frac{5 \times 4}{1 + 5 + 4} = \frac{20}{10} = 2(\Omega)$$

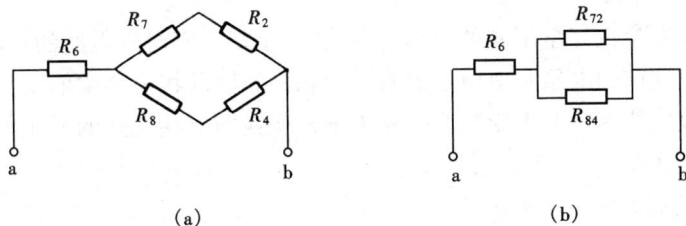

图 2-21 [例 2-10] 电路的等效电路

(a) 原电路的 △ 等效为 Y；(b) 等效电路

再由图 2-21 (b) 所示，根据串、并联有

$$R_{72} = R_7 + R_2 = 0.4 + 4 = 4.4(\Omega)$$

$$R_{84} = R_8 + R_4 = 2 + 4 = 6(\Omega)$$

$$R_{ab} = R_6 + \frac{R_{72} R_{84}}{R_{72} + R_{84}} = 0.5 + \frac{4.4 \times 6}{4.4 + 6} = 3.04(\Omega)$$

【例 2-11】 在图 2-22 (a) 所示的电路中，已知 $R_1 = 1\Omega$，$R_2 = 4\Omega$，$R_3 = 3\Omega$，$R_4 = 2\Omega$；试求 a、b 两端间的输入电阻 R_{ab}。

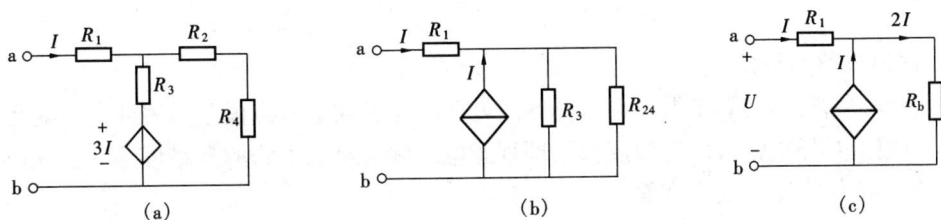

图 2-22 [例 2-11] 电路及其等效电路

(a) 原电路；(b) 电源等效；(c) 求输入电阻的等效电路

解 首先，利用 R_2、R_4 串联和电压源与电流源的等效变换，形成图 2-22 (b)、(c) 所示的等效电路。等效电阻的计算有

$$R_{24} = R_2 + R_4 = 4 + 2 = 6(\Omega)$$

$$R_b = \frac{R_3 R_{24}}{R_3 + R_{24}} = \frac{3 \times 6}{3 + 6} = \frac{18}{9} = 2(\Omega)$$

由电路的 KCL、KVL 有

$$U = R_1 I + R_b 2I = 1 \times I + 2 \times 2I = I + 4I = 5I(V)$$

$$R_{ab} = \frac{U}{I} = 5(\Omega)$$

小　　结

1. 电路中的等效概念

两个结构和元件参数完全不同的电路"等效"，是指它们对外电路的作用效果完全相同，即它们对外电路的端钮的电压和电流的关系完全相同。因此将电路中的某一部分用另一种电路结构与元件参数代替后，并不影响原电路中未作变换的那些支路的电压和电流，极大地方便了电路的分析与计算。

2. 电阻电路的等效

电阻串联时总电阻等于各串联电阻之和，电阻串联连接常用于分压。分压公式为

$$u_k = \frac{R_k}{\sum\limits_{i=1}^{n} R_i} u_s$$

电阻并联时总电导等于各并联电导之和，电阻并联连接常用于分流。分流公式为

$$i_k = \frac{G_k}{\sum\limits_{i=1}^{n} G_i} i$$

星形连接的电阻网络可以等效成三角形连接的电阻网络，反之，三角形连接的电阻网络也可以等效成星形连接的电阻网络；星形连接比三角形连接多一个节点，但是缺少一个回路。

当△形连接或Y形连接的电阻相等时，等效变换有

$$R_\triangle = 3R_Y \qquad 或 \qquad R_Y = \frac{1}{3}R_\triangle$$

3. 电源电路的等效

一个具有内阻的实际电源，可以选择用电压源模型或电流源模型来表征，也就是说，这两种电源模型对外电路可以等效互换，即理想电压源与电阻串联的支路可以等效成理想电流源与电阻并联的支路，反之亦然。

受控电源与独立电源在特性上有本质的不同，但是在电路分析中对受控电源的处理方法与独立电源却是完全相同的，但要注意的是，在电路的等效变换中，控制量所在的支路要保持不动，防止控制量消失。

4. 电路的输入电阻

输入电阻被定义为：在端口电压、电流取关联参考方向的前提下，端口电压与端口电流的比值为二端网络的输入电阻，即

$$R = \frac{u}{i}$$

当二端网络内仅含有线性电阻元件时，可以利用串、并联或Y－△等效变换，最终将网络简化为一个电阻元件，该电阻元件就是输入电阻。

当二端网络不满足上述条件时，求解输入电阻的基本方法是，在端口上施加一个电压 u，然后求出在该电压作用下的电流 i；反之，也可以施加电流 i 求电压 u。电压 u 与电流 i 的比值即为输入电阻。

习 题 二

2-1 试求图 2-23 所示的各电路的 R_{ab}。

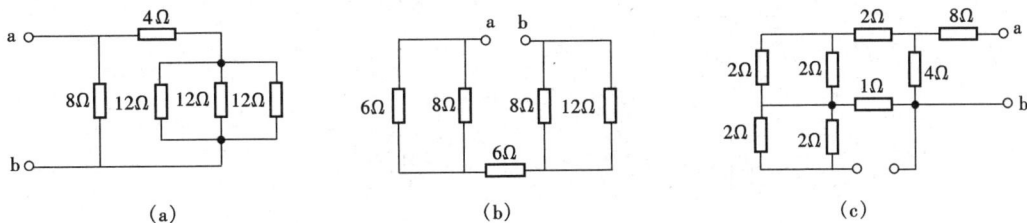

图 2-23 题 2-1 图

2-2 有一个磁电式微安表,内阻为 $1.5k\Omega$,量程为 $100\mu A$,如果将其改装成量程为 $30V$、$100V$、$300V$ 的电压表,如图 2-24 所示,试计算分压电阻 R_1、R_2 和 R_3。

2-3 电路如图 2-25 所示,试求电阻元件 R_{ab} 和电流 I。

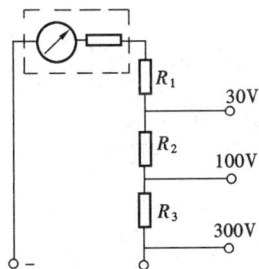

图 2-24 题 2-2 图

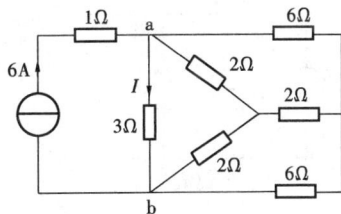

图 2-25 题 2-3 图

2-4 试计算图 2-26 所示电路的等效电阻 R_{ab}。

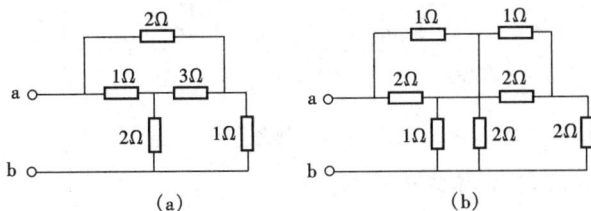

图 2-26 题 2-4 图

2-5 试求图 2-27 所示支路中的电压 U_a。

2-6 将图 2-28 所示的各电路等效变换为电压源和电流源形式的等效电路。

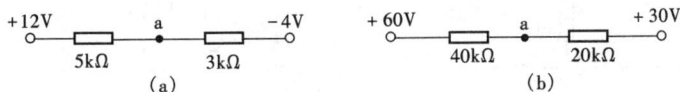

图 2-27 题 2-5 图

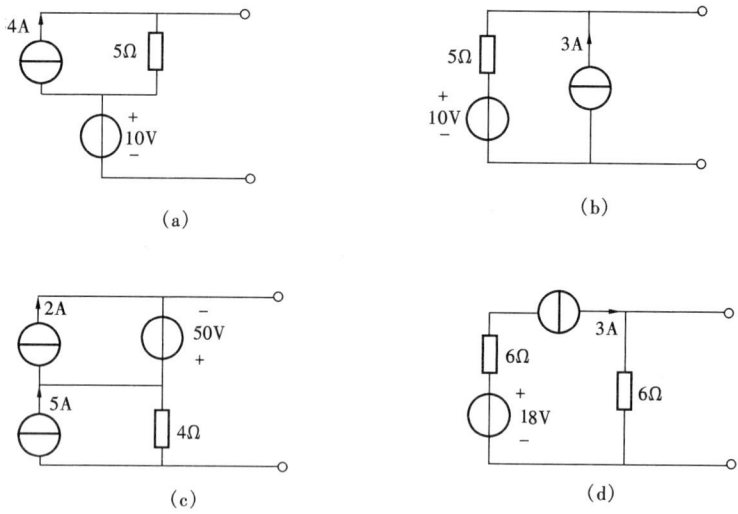

(a)

(b)

(c)

(d)

图 2-28 题 2-6 图

2-7 试求图 2-29 所示各电路的最简等效电路。

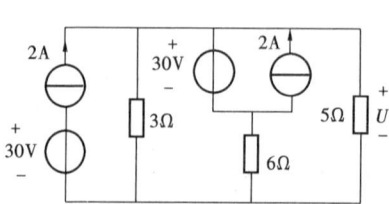

(a)

(b)

(c)

(d)

图 2-29 题 2-7 图

2-8 电路如图 2-30 所示，试求电压 U。

2-9 电路如图 2-31 所示，试求电流 I。

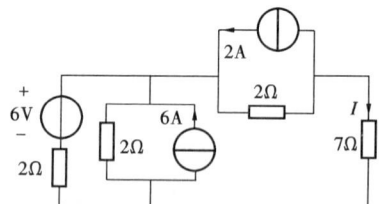

图 2-30 题 2-8 图

图 2-31 题 2-9 图

2-10　用两块内阻不同的电压表测量电压时会得到不同的读数。电压表 A 的内阻 100kΩ，测量某电路的电压时，读数为 45V；电压表 B 的内阻 50kΩ，测量同一电压时，读数为 30V。请问实际电压多大？

2-11　电路如图 2-32 所示，对图 2-32（a）计算出电流：$I_1 = 20/3A$，$I_2 = 10/3A$，$I_3 = 10A$；请校验：

（1）是否满足 KCL、KVL；是否满足功率平衡条件。

（2）分别计算出图（a）和图（b）中，2Ω 电阻上的电流、电压与功率结果是否相等？

（3）分别计算出图（a）和图（b）中，电源发出的功率是多少，结果是否相等？

（4）以上的计算结果表明等效概念有什么性质？

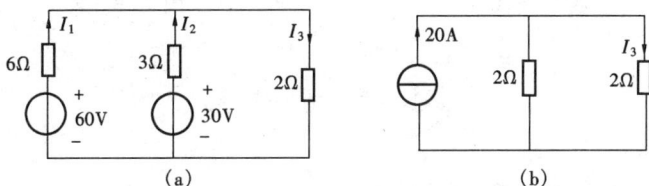

图 2-32　题 2-11 图

2-12　电路如图 2-33 所示，现已求得电流源上的电压为 $U = 4V$，该答案是否正确？如果你认为不正确的话，正确答案是多少？

2-13　电路如图 2-34 所示，若使等效电阻 R_{ab} 为 10Ω，电阻 R 应为多大？

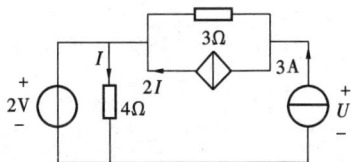

图 2-33　题 2-12 图　　　　图 2-34　题 2-13 图

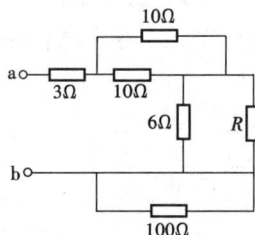

2-14　求图 2-35 所示电路的输入电阻 R_{ab}，为什么输入电阻 R_{ab} 比 16Ω 电阻还要大？

2-15　电路如图 2-36 所示，试求等效电阻 R。

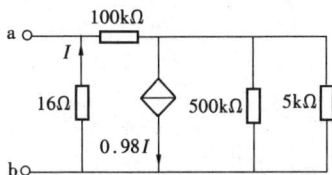

图 2-35　题 2-14 图　　　　图 2-36　题 2-15 图

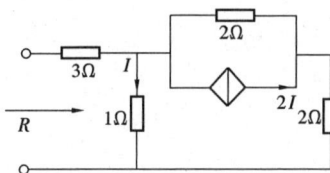

2-16　电路如图 2-37 所示，试求电流源电流 I_s。

2-17　在电子网络测试时，测试网络 N 两端的短路电流是不允许的，其原因是会损坏器件。但可采用题图 2-38 的测试电路，当开关 S 在位置"1"时，电压表的读数为 U_{OC}；当开关 S 在位置"2"时，电压表读数为 U；试证明网络 N 对外的等效内阻为：

$$R_0 = \left(\frac{U_{oc}}{U} - 1 \right) R_L$$

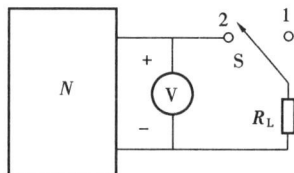

图 2-37　题 2-16 图　　　　　　　　图 2-38　题 2-17 图

参考答案

2-1　(a) 4Ω；(b) 14.23Ω；(c) 10Ω

2-2　298.5kΩ；700kΩ；2MΩ

2-3　1.5Ω；3A

2-4　1.44Ω；1.27Ω

2-5　(a) 2V；(b) 40V

2-6　(a) 30V, 5Ω；(b) 25V, 5Ω；(c) −30V, 4Ω；(d) 18V, 6Ω

2-7　(a) 10V；(b) 5A；(c) 5V；(d) −5A

2-8　10V

2-9　0.5A

2-10　90V

2-12　8V

2-13　3Ω

2-14　16.78Ω

2-15　3.44Ω

2-16　3.6A

第 3 章　网络分析的一般方法

在上一章里，讨论了简单电路的等效变换分析法，它是通过对原电路的结构进行等效化简，然后再作分析计算的，而本章所要讨论的网络分析方法则是通过列电路方程来求解电路的。在列电路方程时，一般不改变电路的结构，有时只是为了便于列写方程或减少方程的数目而改变局部电路的结构。

网络分析的基本依据是：①表示电路元件特性的元件特性约束关系；②KCL 与 KVL 的拓扑约束关系。

网络分析的任务是：在给定电路的结构、元件参数及电源的电压或电流数值的条件下，求解电路中各个部分的电流和电压以及功率、能量等。

由于计算机的广泛应用，以及处理大网络和自动完成网络分析的能力，使得这种系统的处理方法显得特别重要。同时，依据分析得到的结果，将有助于加深对网络性质的认识。

本章内容是在线性电阻性网络情况下展开讨论的，但是由此得出的重要结论，以及电路方程的列写规则，可以推广到正弦稳态电路和线性时不变动态电路分析中去。在学习本章内容时，重要的是明确思路，理解实质，这样才能牢固掌握各种分析方法。

3.1　支路电流法

支路电压与支路电流是电路的分析与求解的基本对象。支路电流法是将整个电路的所有支路电流作为求解变量，分别对节点和网孔列写 KCL 方程和 KVL 方程而进行求解的方法。

3.1.1　支路电流法方程

下面通过图 3-1 所示的电路实例来说明这种方法。

图 3-1 所示的电路，假定各电阻和电源电压值均为已知，求解各支路电流。该电路共有三个节点，五条支路，三个网孔。五条支路电流的参考方向如图中所示。电路节点的 KCL 方程为

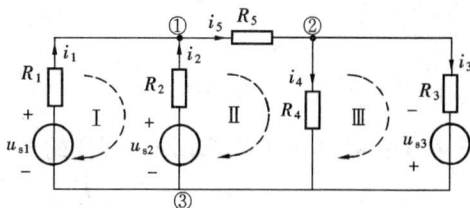

节点① $\qquad -i_1-i_2+i_5=0$

节点② $\qquad i_3+i_4-i_5=0$

节点③ $\qquad i_1+i_2-i_3-i_4=0$

图 3-1　说明支路电流法的电路

从三个 KCL 方程可以看出，任何一个方程都可以由其余两个方程相加，并改变符号后得到，因而它们并不是相互独立的。故可得出结论：对于具有三个节点的电路只能列出二个独立的 KCL 方程，因此只能有两个独立节点，余下的一个节点称为非独立节点。

将上述结论推广，对于具有 n 个节点的电路，只能有 $(n-1)$ 个独立节点，也一定能列出 $(n-1)$ 个独立的 KCL 方程。为了求解出五个支路电流，显然两个方程是不够的，因此，还须再补充三个独立 KVL 方程。

列 KVL 方程时，要确保方程的独立性，因此每次选择的回路中至少应包含一条以前没

有被用过的新支路。实践证明：对于平面电路，所列 KVL 独立方程的个数恰好等于网孔的个数，因此，选取网孔作为独立回路，回路参考方向如图 3-1 所示。

按顺时针方向绕行，并结合欧姆定律可得

网孔 Ⅰ $\qquad\qquad R_1 i_1 - R_2 i_2 = u_{s1} - u_{s2}$

网孔 Ⅱ $\qquad\qquad R_2 i_2 + R_4 i_4 + R_5 i_5 = u_{s2}$

网孔 Ⅲ $\qquad\qquad R_3 i_3 - R_4 i_4 = u_{s3}$

这样二个独立的 KCL 方程和三个独立的 KVL 方程联立求解，可得出五个支路电流。

通过这一简单例子可以看到，支路电流法是

（1）对 $(n-1)$ 个独立节点列写 KCL 方程，即 $\boldsymbol{AI}=0$；

（2）选取一组独立回路，并写出 KVL 方程，即 $\boldsymbol{B_f U}=0$；

（3）将用支路电压表示支路电流的支路方程 $\boldsymbol{U} = \boldsymbol{R}\,(\boldsymbol{I} + \boldsymbol{I_s}) - \boldsymbol{U_s}$ 代入 KVL 方程中以消去 $\boldsymbol{U}$，按照将已知量写到方程右边整理，使 KVL 方程成为如下形式：

$$\boldsymbol{B_f R I} = -\boldsymbol{B_f R I_s} + \boldsymbol{B_f U_s}$$

最终可以得到支路电流法的电路方程矩阵形式为

$$\boldsymbol{AI} = \boldsymbol{0}$$

$$\boldsymbol{B_f R I} = -\boldsymbol{B_f R I_s} + \boldsymbol{B_f U_s}$$

支路电流法的一般步骤可归纳如下：

（1）在给定电路图中，假定各支路电流的参考方向；

（2）选择 $(n-1)$ 个独立节点，写出 $(n-1)$ 个 KCL 方程；

（3）选择网孔为独立回路，并设定其绕行方向，列写出各网孔的 KVL 方程；

（4）联立求解上述独立方程，解出各支路电流。

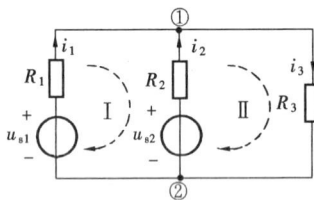

【例 3-1】　图 3-2 所示的电路，已知 $u_{s1} = 130\text{V}$，$u_{s2} = 117\text{V}$，$R_1 = 1\Omega$，$R_2 = 0.6\Omega$，$R_3 = 24\Omega$；试求电路中的各支路电流以及电源发出的功率。

解　（1）假定各支路电流方向如图 3-2 中所示。

（2）由于电路只有两个节点，只能列一个 KCL 独立方程，选节点②为参考点，有

$$-i_1 - i_2 + i_3 = 0$$

图 3-2　［例 3-1］的电路图

（3）按顺时针方向列出两个网孔的 KVL 独立方程

$$R_1 i_1 - R_2 i_2 = u_{s1} - u_{s2}$$

$$R_2 i_2 + R_3 i_3 = u_{s2}$$

代入数值，有

$$-i_1 - i_2 + i_3 = 0$$

$$i_1 - 0.6 i_2 = 130 - 117 = 13$$

$$0.6 i_2 + 24 i_3 = 117$$

（4）联立求解上面的三个方程，得

$$i_1 = 10\text{A}, i_2 = -5\text{A}, i_3 = 5\text{A}$$

电压源 u_{s1} 的功率

$$P_{s1} = -u_{s1} i_1 = -130 \times 10 = -1300(\text{W})$$

电压源 u_{s2} 的功率

$$P_{s2} = -u_{s2}i_2 = -117 \times (-5) = 585(\text{W})$$

从结果可知，电压源 u_{s1} 在发出功率，电压源 u_{s2} 在吸收功率。

3.1.2　含有受控电源时的支路电流法

当电路中含有受控电源时，可根据支路电流法的分析方法和受控电源的特性，先将受控电源视为独立电源写出独立的 KCL、KVL 方程，然后将受控源的控制量用支路电流表示，对方程进行整理，把求解变量都合并到方程的左边，最后对方程求解。

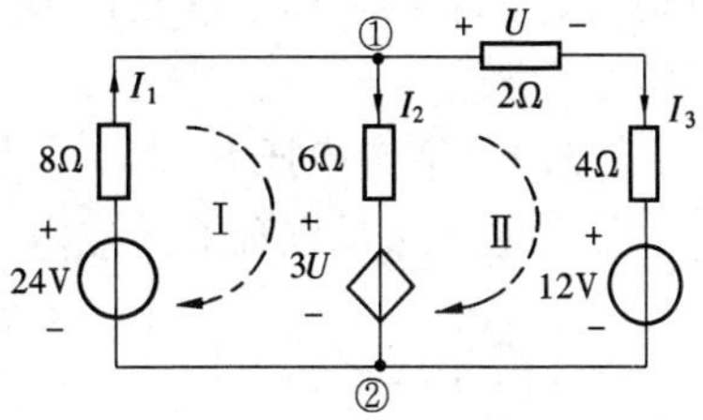

【例 3-2】　图 3-3 所示的电路，试求电路中各支路电流及各独立电压源和受控电压源提供的功率。

解　先将受控电压源视为独立电压源，对节点①列 KCL 方程，对两个网孔 Ⅰ、Ⅱ 列 KVL 方程，有

$$-I_1 + I_2 + I_3 = 0$$
$$8I_1 + 6I_2 + 3U = 24$$
$$-6I_2 + (4+2)I_3 - 3U = -12$$

图 3-3　[例 3-2] 的电路

将受控电压源的控制量用支路电流表示，即 $U = 2I_3$ 代入有

$$-I_1 + I_2 + I_3 = 0$$
$$8I_1 + 6I_2 + 6I_3 = 24$$
$$-6I_2 + 6I_3 - 6I_3 = -12$$

解得

$$I_1 = \frac{12}{7}\text{A}, I_2 = 2\text{A}, I_3 = -\frac{2}{7}\text{A}$$

24V 电压源的电压与电流的参考方向相反，电压源发出的功率为

$$P_{s1} = -24I_1 = -24 \times \frac{12}{7} = -41.1(\text{W})$$

12V 电压源的电压与电流的参考方向相同，发出的功率为

$$P_{s2} = 12I_3 = 12 \times \left(-\frac{2}{7}\right) = -3.43(\text{W})$$

受控电压源的电压与电流的参考方向相同，提供的功率为

$$P = 3UI_2 = 3 \times 2I_3 \times I_2 = 3 \times 2 \times \left(-\frac{2}{7}\right) \times 2 = -3.43(\text{W})$$

电路消耗功率为

$$P = 8I_1^2 + 6I_2^2 + (2+4)I_3^2 = 8 \times \left(\frac{12}{7}\right)^2 + 6 \times 2^2 + 6 \times \left(-\frac{2}{7}\right)^2$$
$$= 23.5 + 24 + 0.5 = 48(\text{W})$$

可见，电路中电源发出的功率等于电阻元件消耗掉的功率，电路的功率关系是平衡的。

支路电流法的优点是求解支路电流方程时，可直接求解出各支路电流变量，无需进行转换。由于方程求解变量的个数等于电路的支路数，当电路的支路数较多时，求解方程就比较困难了。因此，支路电流法一般只用来分析支路数较少的电路。

3.2　节点电压法

在网络中任意指定一个参考节点的情况下，$(n-1)$ 个独立节点对参考节点的电压（节点电位）是一组独立和完备的变量。同时，在电路中应用电位概念，就意味着 KVL 方程能自动满足。节点电压法就是以节点电压作为电路的求解变量，只列写 KCL 方程对电路进行求解的方法。

3.2.1　节点电压方程

节点电压法是以独立节点电压为求解变量，列写其 KCL 方程而对电路进行求解的方法，

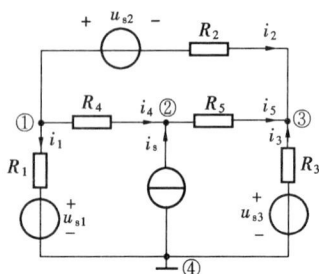

图 3-4　说明节点电压法的电路

因此，独立方程的个数就等于独立节点的个数，即 $(n-1)$ 个。非独立节点就作为计算各独立节点电位时的参考节点。参考节点的选择也是任意的，但一般总是选择电压源的负极或电路中连接支路最多的节点。下面用图 3-4 所示的电路具体说明节点电压方程的建立过程。

假定节点④作为参考节点，令其电位为零，即 $v_4=0$，其余各节点为独立节点。假设各支路电流的参考方向如图 3-4 所示，三个独立节点的 KCL 方程为

节点①　　　　　　$i_1+i_2+i_4=0$

节点②　　　　　　$-i_4+i_5=i_s$

节点③　　　　　　$-i_2-i_3-i_5=0$

为得到以节点电压 v_1、v_2 和 v_3 为未知变量的节点电压方程，先写出用支路电压表示支路电流的支路方程，再用节点电压之差表示各支路电压，即有

$$i_1=\frac{u_1-u_{s1}}{R_1}=\frac{v_1-u_{s1}}{R_1}=G_1(v_1-u_{s1})$$

$$i_2=\frac{u_2-u_{s2}}{R_2}=\frac{v_1-v_3-u_{s2}}{R_2}=G_2(v_1-v_3-u_{s2})$$

$$i_3=\frac{u_3+u_{s3}}{R_3}=\frac{-v_3+u_{s3}}{R_3}=G_3(-v_3+u_{s3})\qquad(3\text{-}1)$$

$$i_4=\frac{u_4}{R_4}=\frac{v_1-v_2}{R_4}=G_4(v_1-v_2)$$

$$i_5=\frac{u_5}{R_5}=\frac{v_2-v_3}{R_5}=G_5(v_2-v_3)$$

将以上各式代入 KCL 方程，将已知的电压源电压、电流源电流移至方程右侧，整理后可得

$$(G_1+G_2+G_4)v_1-G_4v_2-G_2v_3=G_1u_{s1}+G_2u_{s2}$$
$$-G_4v_1+(G_4+G_5)v_2-G_5v_3=i_s$$
$$-G_2v_1-G_5v_2+(G_2+G_3+G_5)v_3=-G_2u_{s2}+G_3u_{s3}\qquad(3\text{-}2)$$

式（3-2）表示的方程组便是图 3-4 所示电路的节点电压方程。从这个方程组解出节点电压的数值后，代入式（3-1），就可求出各支路电流。

这里，应该注意：

（1）节点电压方程实质上还是 KCL 方程，只不过是将电流表示成电导与电位相乘的形式而已。节点电压法只是求解支路电流的一种过渡手段，适用于节点少而网孔多的电路。

（2）各独立节点电压之间相互独立，不受 KVL 约束。它们不能互求，因此节点电压作为电路求解变量具有独立性。

对式（3-2），令

$$G_{11} = G_1 + G_2 + G_4$$
$$G_{12} = G_{21} = -G_4$$
$$G_{13} = G_{31} = -G_2$$
$$G_{22} = G_4 + G_5$$
$$G_{23} = G_{32} = -G_5$$
$$G_{33} = G_2 + G_3 + G_5$$
$$I_{s1} = G_1 u_{s1} + G_2 u_{s2}$$
$$I_{s2} = i_s$$
$$I_{s3} = -G_2 u_{s2} + G_3 u_{s3}$$

这样式（3-2）可写成

$$\left.\begin{array}{l} G_{11} v_1 + G_{12} v_2 + G_{13} v_3 = I_{s1} \\ G_{21} v_1 + G_{22} v_2 + G_{23} v_3 = I_{s2} \\ G_{31} v_1 + G_{32} v_2 + G_{33} v_3 = I_{s3} \end{array}\right\} \tag{3-3}$$

其中 G_{11}、G_{22}、G_{33} 分别称为节点①、节点②和节点③的自电导，它们等于与各节点相连接的所有支路电导之和，自电导项永远是正值。G_{12}、G_{13} 和 G_{23} 分别为两个节点之间的电导，称为互电导，互电导项永远是负值。I_{s1}、I_{s2} 和 I_{s3} 分别为流入各节点的电源电流的代数和，流入节点时取正号，流出节点时取负号。

节点电压法的解题步骤可归纳如下：

（1）选取参考节点，令其电位为零；

（2）算出各节点的自电导，各节点之间的互电导及流入节点的电源电流代数和，建立节点电压方程组，其方程个数与独立节点个数相等。

（3）求解方程组，解出各节点电压的数值。

（4）用节点电压确定各支路电压。

（5）用欧姆定律和各支路电压，求解出各支路电流。

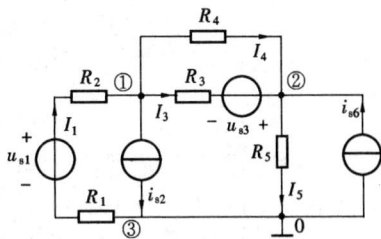

图 3-5　〔例 3-3〕的电路图

【例 3-3】　在图 3-5 所示的电路中，已知 $R_1 = R_2 = 0.5\Omega$，$R_3 = R_4 = R_5 = 1\Omega$，$u_{s1} = 1\text{V}$，$u_{s3} = 3\text{V}$，$i_{s2} = 2\text{A}$，$i_{s6} = 6\text{A}$，试用节点电压法求解各支路电流。

解　取节点③为参考点，对节点①、②分别列节点电压方程，有

$$\left(\frac{1}{R_1 + R_2} + \frac{1}{R_3} + \frac{1}{R_4}\right) v_1 - \left(\frac{1}{R_3} + \frac{1}{R_4}\right) v_2 = \frac{1}{R_1 + R_2} u_{s1} - i_{s2} - \frac{1}{R_3} u_{s3}$$

$$-\left(\frac{1}{R_3} + \frac{1}{R_4}\right) v_1 + \left(\frac{1}{R_3} + \frac{1}{R_4} + \frac{1}{R_5}\right) v_2 = \frac{1}{R_3} u_{s3} + i_{s6}$$

代入数据，整理后有

$$3v_1 - 2v_2 = -4 \atop -2v_1 + 3v_2 = 9 \Bigg\}$$

解得各节点的电压为 $v_1 = 1.2\mathrm{V}$, $v_2 = 3.8\mathrm{V}$。

求解各支路电流为

$$I_1 = \frac{u_{s1} - v_1}{R_1 + R_2} = \frac{1 - 1.2}{0.5 + 0.5} = -0.2(\mathrm{A})$$

$$I_3 = \frac{v_1 - v_2 + u_{s3}}{R_3} = \frac{1.2 - 3.8 + 3}{1} = 0.4(\mathrm{A})$$

$$I_4 = \frac{v_1 - v_2}{R_4} = \frac{1.2 - 3.8}{1} = -2.6(\mathrm{A})$$

$$I_5 = \frac{v_2}{R_5} = \frac{3.8}{1} = 3.8(\mathrm{A})$$

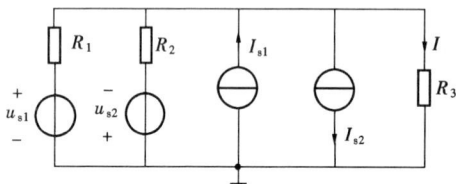

图 3-6 [例 3-4] 的电路图

【例 3-4】 在图 3-6 所示电路中，已知 $U_{s1} = 10\mathrm{V}$，$U_{s2} = 6\mathrm{V}$，$I_{s1} = 2\mathrm{A}$，$I_{s2} = 3\mathrm{A}$，$R_1 = 2\Omega$，$R_2 = 3\Omega$，$R_3 = 4\Omega$，试用节点电压法求解图 3-8 所示电路中的电阻 R_3 的电流 I。

解 电路仅有两个节点，用节点电压法最为方便，只需一个节点电压方程，即

$$\left(\frac{1}{R_1} + \frac{1}{R_2} + \frac{1}{R_3}\right)v = \frac{U_{s1}}{R_1} - \frac{U_{s2}}{R_2} + I_{s1} - I_{s2}$$

$$v = \frac{\dfrac{U_{s1}}{R_1} - \dfrac{U_{s2}}{R_2} + I_{s1} - I_{s2}}{\dfrac{1}{R_1} + \dfrac{1}{R_2} + \dfrac{1}{R_3}}$$

该方程的普遍形式为

$$v = \frac{\displaystyle\sum_{k=1}^{m}\frac{U_{sk}}{R_k} + \sum_{k=1}^{n}I_{sk}}{\displaystyle\sum_{k=1}^{N}\frac{1}{R_k}} = \frac{\displaystyle\sum_{k=1}^{m}G_k U_{sk} + \sum_{k=1}^{n}I_{sk}}{\displaystyle\sum_{k=1}^{N}G_k} \tag{3-4}$$

式（3-4）称为弥尔曼定理，它实际上是节点电压法的一种特殊情况。

在式（3-4）中，分子中的电压源与电流源的各项是代数和，凡是电压源正极连接在独立节点上的，该项取"＋"，反之取"－"；电流源电流流入独立节点的为正，反之为负。分母为各自电导的算术和。

由上式解得节点电压 v 和电阻 R_3 的电流 I 为

$$v = \frac{24}{13}(\mathrm{V})$$

$$I = \frac{v}{R_4} = \frac{24}{13} \times \frac{1}{4} = \frac{6}{13}(\mathrm{A})$$

3.2.2 含有理想电压源的节点电压方程

由于理想电压源支路的电阻为零，电导则为无穷大，因此，没有办法直接列节点电压方程。应该从节点电压法的理论根源出发，找出解决的办法。由于节点电压法的理论依据是以节点电压作为电路的求解变量，列 KCL 方程，因此任何支路的元件都要用节点电压来表示

该支路的电流。但是，理想电压源却不能等效成为电流源，理想电压源的支路电流也就不能用节点电压表示，从而使含有理想电压源支路的节点的 KCL 方程无法列写。下面介绍解决的方法。

一、选择理想电压源支路的节点为参考节点

电路只含一个理想电压源支路时，选择连接理想电压源的两节点中的一个作为参考节点。一般经常选择连接理想电压源"一"极的节点为参考点。这样，"＋"极所对应节点的节点电压就等于理想电压源的电压，该节点的节点电压方程可以不列写。

电路如图 3-7 所示，U_{s5} 支路的理想电压源在节点②与节点④之间，选择节点④为参考节点，节点②的电压是已知的 $v_2 = U_{s5}$，节点②的节点电压方程可以不列写。

二、将理想电压源支路的电流作为未知量

由于理想电压源的支路电流不能用节点电压表示，因此，将理想电压源支路电流作为求解变量，节点电压方程就可以列写了。理想电压源支路电流作为求解变量，电路的求解变量个数多于独立节点数，出现求解变量的个数比方程个数多的现象。从另一方面考虑，理想电压源支路连接在两个节点之间，两个节点之间的电压要受到节点间的理想电压源的电压制约，该电压制约条件可作为一个独立方程（辅助方程），使方程个数与求解变量个数相同，节点电压方程就可以求解了。

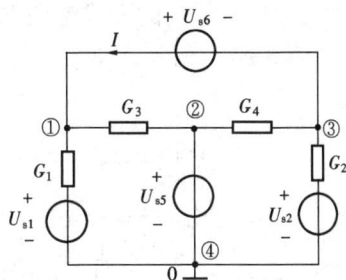

图 3-7　含有理想电压源的电路

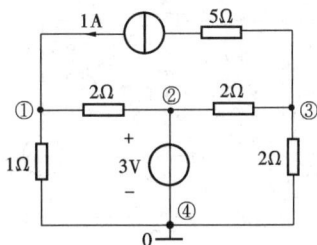

电路如图 3-7 所示，以节点④为参考节点。U_{s6} 支路的理想电压源在节点①与节点③之间，因此要设该理想电压源支路的电流为 I，列节点电压方程时，理想电压源支路电流看作是求解变量写入方程，这样处理相当于将理想电压源支路看成是一个电流为 I 的电流源，节点电压方程为

$$(G_1 + G_3)v_1 - G_3 v_2 = G_1 U_{s1} + I$$
$$-G_4 v_2 + (G_2 + G_4)v_3 = G_2 U_{s2} - I$$
$$v_2 = U_{s5}$$
$$v_1 - v_2 = U_{s6}$$

上述的方程中，后两个就是电压制约条件；方程的个数与求解变量的个数相等，所以节点电压方程可解。这种方法实际上是混合变量分析法。

【例 3-5】　列出图 3-8 所示电路的节点电压方程并求解。

解　因为与 1A 电流源串联的 5Ω 电阻不会影响其支路电流，节点电压法列出的是 KCL 方程，故在列节点方程时 5Ω 电阻不予考虑，选择节点④为参考点，如图中所示，则有

$$v_2 = 3V$$

建立节点方程为

$$1.5v_1 - 0.5v_2 = 1$$
$$-0.5v_2 + v_3 = -1$$

解得

$$v_1 = 1.67V, v_3 = 0.5V$$

图 3-8　[例 3-5] 的电路图

含有理想电压源网络的节点电压法，除了上述处理方法外，还可以通过理想电压源的等效转移，先消除理想电压源支路，使网络不含理想电压源，然后按照一般网络节点电压方程的编写规则，列节点电压方程。

3.2.3　含有受控电源的节点电压方程

网络在含有受控电源的情况下，列节点电压方程的做法是，首先将受控电源视为独立电源，仍按照常规方法列节点电压方程；然后再将受控电源的控制量，用节点电压（求解变量）表示，按照"与节点电压求解变量有关的项归并到方程的左侧，与独立电源有关的项并到方程的右侧"的方式整理方程，方程整理后，即可求解。

【例 3-6】　列写图 3-9 所示电路的节点电压方程，并求解节点电压和受控电压源的电流 I。

图 3-9　［例 3-6］的电路

解　选择节点③为参考节点，将受控电流源和受控电压源看作独立电源，仍按常规方法列节点电压方程，有

$$\left(\frac{1}{2+1}+\frac{1}{2}\right)v_1 - \left(\frac{1}{2+1}\right)v_2 = 2 - 2U_1$$

$$-\left(\frac{1}{2+1}\right)v_1 + \left(\frac{1}{2+1}+\frac{1}{3}+\frac{1}{3}\right)v_2 = 2U_1 + \frac{2I_2}{3}$$

用节点电压表示受控电源的控制量

$$U_1 = \frac{v_1 - v_2}{2+1}\times 1 = \frac{1}{3}(v_1 - v_2)$$

$$I_2 = \frac{v_1}{2} = 0.5v_1$$

将上式代入节点电压方程，有

$$\left(\frac{1}{3}+\frac{1}{2}\right)v_1 - \frac{1}{3}v_2 = 2 - 2\times\frac{1}{3}(v_1 - v_2)$$

$$-\frac{1}{3}v_1 + \left(\frac{1}{3}+\frac{1}{3}+\frac{1}{3}\right)v_2 = 2\times\frac{1}{3}(v_1 - v_2)+\frac{2}{3}\times\frac{1}{2}v_1$$

整理后得节点电压方程为

$$\frac{3}{2}v_1 - v_2 = 2$$

$$-\frac{4}{3}v_1 + \frac{5}{3}v_2 = 0$$

解得节点电压

$$v_1 = \frac{20}{7}(\text{V}),\quad v_2 = \frac{16}{7}(\text{V})$$

受控电压源支路的电流为

$$I = \frac{v_2 - 2I_2}{3} = \frac{v_2 - 2\times 0.5v_1}{3} = -\frac{4}{21} = -0.19(\text{A})$$

【例 3-7】　列出图 3-10 所示电路节点电压方程，求解节点电压和受控电压源的电流 I。

解　设节点④为参考节点如图 3-10 所示，由于受控电压源是理想的电流控制电压源，因此在列节点方程时，应

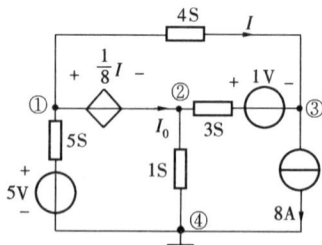

图 3-10　［例 3-7］的电路

先设定其中的电流 I_0，再列节点电压方程及相关的辅助方程。节点电压方程为

$$(5+4)v_1 - 4v_3 = 5 \times 5 - I_0$$

$$(1+3)v_2 - 3v_3 = 3 \times 1 + I_0 - 4v_1 - 3v_2 + (3+4)v_3$$

$$= -3 \times 1 - 8$$

辅助方程为

$$v_1 - v_2 = \frac{1}{8}I, I = 4(v_1 - v_3)$$

经整理，可得

$$0.5v_1 - v_2 + 0.5v_3 = 0$$

$$9v_1 + 4v_2 - 7v_3 = 28$$

$$-4v_1 - 3v_2 + 7v_3 = -11$$

联立求解，解得

$$v_1 = 3\text{V}, v_2 = 2\text{V}, v_3 = 1\text{V}$$

$$I = 8\text{A}, \frac{1}{8}I = 1\text{V}$$

$$I_0 = -5 \times (v_1 - 5) - I = 2\text{A}$$

3.3 回 路 电 流 法

支路电流法是以电路的全部支路电流作为求解变量的一种算法，然而，由于受 KCL 约束，支路电流并非全部相互独立。在第一章关于连支电流的讨论中，可知独立的电流变量仅为 $(b-n+1)$ 个，同时也已论证了，对任意选取的一组独立回路，$(b-n+1)$ 个回路的回路电流是一组独立而且完备的电流变量，即回路电流总是满足 KCL 的，任一个支路的支路电流可用流经该支路的回路电流表示。

回路电流法是以回路电流为求解变量，用回路电流表示各支路电压，然后对回路列 KVL 方程进行求解的方法。回路电流法只适用于平面电路。

3.3.1 回路电流方程

在图 3-11 所示电路中，各支路电流 i_1、i_2、i_3、i_4、i_5、i_6 的参考方向如图所示，选择网孔为独立回路，为了使所列方程有规律且容易列写，通常假定各回路电流 I_1、I_2、I_3 的参考方向都是顺时针（或者都是逆时针）方向，三个回路的 KVL 方程为

$$-R_1i_1 - R_2i_2 - R_3i_3 = -u_{s1} - u_{s2}$$

$$R_2i_2 + R_4i_4 + R_5i_5 = u_{s2} + u_{s4}$$

$$R_3i_3 - R_5i_5 - R_6i_6 = -u_{s6} \qquad (3-5)$$

为得到以回路电流为求解变量的网络方程，用回路电流表示各支路电流，即

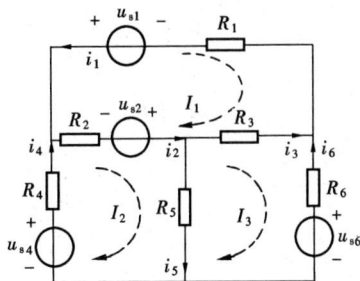

图 3-11 说明回路电流的电路

$$
\left.
\begin{aligned}
i_1 &= -I_1 \\
i_2 &= I_2 - I_1 \\
i_3 &= I_3 - I_1 \\
i_4 &= I_2 \\
i_5 &= I_2 - I_3 \\
i_6 &= -I_3
\end{aligned}
\right\}
\tag{3-6}
$$

由式（3-6）可知：只要能求出各回路电流，也就可以求出各支路电流。

这里需要注意：

（1）假想的回路电流只是一种计算手段，实际上在一条支路中并不能观察到两个回路电流，客观存在的仍是一个合成的支路电流。

（2）假想的回路电流并不违背 KCL 定律，因为回路电流沿着闭合路径流动，当它流经某一个节点时，必然是从该节点流入，又从该节点流出。因此，回路电流能自动满足 KCL 定律。

（3）各回路电流之间相互独立，不受 KCL 约束，也不能互求，因此回路电流作为求解变量具有独立性，可作为电路分析的变量。

将式（3-6）代入式（3-5），有

$$-R_1(-I_1) - R_2(I_2 - I_1) - R_3(I_3 - I_1) = -u_{s1} - u_{s2}$$

$$R_2(I_2 - I_1) + R_4 I_2 + R_5(I_2 - I_3) = u_{s2} + u_{s4}$$

$$R_3(I_3 - I_1) - R_5(I_2 - I_3) - R_6(-I_3) = -u_{s6}$$

整理后可得

$$
\begin{aligned}
(R_1 + R_2 + R_3)I_1 - R_2 I_2 - R_3 I_3 &= -u_{s1} - u_{s2} \\
-R_2 I_1 + (R_2 + R_4 + R_5)I_2 - R_5 I_3 &= u_{s2} + u_{s4} \\
-R_3 I_1 - R_5 I_2 + (R_3 + R_5 + R_6)I_3 &= -u_{s6}
\end{aligned}
\tag{3-7}
$$

在式（3-7）中，令

$$R_{11} = R_1 + R_2 + R_3$$

$$R_{12} = R_{21} = -R_2$$

$$R_{13} = R_{31} = -R_3$$

$$R_{22} = R_2 + R_4 + R_5$$

$$R_{23} = R_{32} = -R_5$$

$$R_{33} = R_3 + R_5 + R_6$$

$$U_{s1} = -u_{s1} - u_{s2}$$

$$U_{s2} = u_{s2} + u_{s4}$$

$$U_{s3} = -u_{s6}$$

式（3-7）写成

$$R_{11}I_1 + R_{12}I_2 + R_{13}I_3 = U_{s1}$$
$$R_{21}I_1 + R_{22}I_2 + R_{23}I_3 = U_{s2} \tag{3-8}$$
$$R_{31}I_1 + R_{32}I_2 + R_{33}I_3 = U_{s3}$$

其中：R_{11}、R_{22}、R_{33} 分别称为三个回路各自的自电阻，它们等于各自回路中全部电阻之和，恒为正值。R_{12}、R_{13}、R_{23} 等分别为两个回路之间公共支路的电阻，称为互电阻，它们可正可负，当相邻两个网孔的回路电流通过公共支路时的方向一致，则互电阻为正值，不一致时互电阻为负值。从以上方程可见，以网孔为回路时，当所有回路电流的绕行方向选择一致时（即全部为顺时针方向或全部为逆时针方向），回路电流方程中的互电阻前全部为"－"号。U_{s1}、U_{s2}、U_{s3} 分别等于各自回路中所有电压源（包括由电流源转化来的）电压的代数和，当电压源电压参考方向与此回路电流参考方向一致时，电压源电压值前取"－"号；当电压源参考方向与此回路电流参考方向相反时，电压源电压值前取"＋"号。式（3-8）的回路电流法的方程形式，很有规律，便于记忆，有助于回路电流法的方程列写。

根据上面的讨论，回路电流法的主要步骤可归纳为：

（1）将电路中所含的电流源支路等效变换为电压源支路。

（2）以网孔为回路，选取一组独立回路，并标注各回路电流的参考方向，一般回路电流参考方向均选为顺时针方向或逆时针方向。

（3）根据电路结构计算出各回路的自电阻，两回路相互间的互电阻和各回路中电压源电压的代数和，再按式（3-8）方程形式写出方程组，方程的个数应与回路个数相等。

（4）求解联立方程组，计算各回路电流值。

（5）求解出回路电流后，根据式（3-6）形式，可求出各支路电流。

（6）用欧姆定律和各支路电流，求解出各支路电压。

回路电流法计算出结果后，在检验分析结果时，不能用 KCL 方程，要用 KVL 方程或功率平衡来检验。

【例 3-8】　试用回路电流法求解图 3-12（a）所示电路中的电流 I。

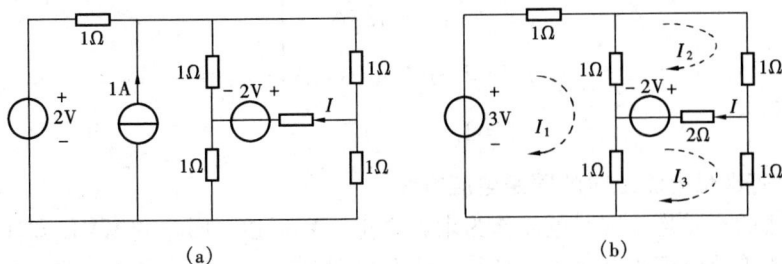

图 3-12　［例 3-8］的电路图
(a) 原电路；(b) 电源等效变换后的等效电路

解　利用电压源与电流源的等效变换，将电路等效变换成图 3-12（b）电路，以网孔为回路，设回路电流的参考方向如图 3-12（b）所示，则有回路电流方程为

$$3I_1 - I_2 - I_3 = 3$$

$$-I_1 + 4I_2 - 2I_3 = -2$$

$$-I_1 - 2I_2 + 4I_3 = 2$$

联立求解，可求得回路电流为

$$I_1 = 1.5\text{A}, I_2 = \frac{5}{12}\text{A}, I_3 = \frac{13}{12}\text{A}$$

求得电流 I 为

$$I = I_2 - I_3 = \frac{5}{12} - \frac{13}{12} = -\frac{2}{3}(\text{A})$$

【例 3-9】 在图 3-13 所示电路中，试用回路电流法，求各支路的电流。

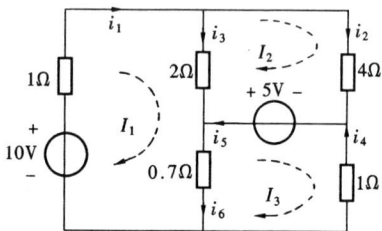

图 3-13　［例 3-9］的电路图

解　以网孔为回路，设回路电流为 I_1、I_2、I_3，各回路电流的参考方向如图 3-13 所示。对各回路列 KVL 方程，有

$$(1+2+0.7)I_1 - 2I_2 - 0.7I_3 = 10$$

$$-2I_1 + (2+4)I_2 = 5$$

$$-0.7I_1 + (1+0.7)I_3 = -5$$

联立求解，解得回路电流为

$$I_1 = 3.5\text{A}, I_2 = 2\text{A}, I_3 = -1.5\text{A}$$

求出回路电流后，再求出各支路电流

$$\left.\begin{array}{l} i_1 = I_1 = 3.5\text{A} \\[4pt] i_2 = I_2 = 2\text{A} \\[4pt] i_3 = I_1 - I_2 = 1.5\text{A} \\[4pt] i_4 = -I_3 = 1.5\text{A} \\[4pt] i_5 = I_2 - I_3 = 3.5\text{A} \\[4pt] i_6 = I_1 - I_3 = 5\text{A} \end{array}\right\}$$

3.3.2　含有理想电流源时的回路电流方程

回路电流法的实质是以回路电流作为求解变量，列写独立回路的 KVL 方程。由于理想电流源支路不能等效成理想电压源，理想电流源的端电压也就无法表示，造成含有理想电流源回路的 KVL 方程列写困难。该问题的解决方法是，可先将理想电流源等效转移，然后再按一般网络的回路电流方程的列写规则列方程。也可采用下面的处理方法。

1. 设理想电流源支路的端电压为求解变量

将理想电流源支路的端电压作为电路的求解变量，KVL 方程就可以列写了。由于将理想电流源支路的端电压作为求解变量，电路的求解变量的数目增加了，理想电流源的电流是已知的，流经理想电流源支路的各回路电流必然受到理想电流源电流的制约，相应地增补了电流的制约方程。因此，求解变量的个数仍与方程个数相同，方程是可解的。

【例 3-10】　试用回路电流法求解图 3-14 所示电路的各支路电流。

解　该电路中含有理想电流源的支路处于 1 回路与 3 回路之间，因此设理想电流源两端的电压为 U，如图 3-14 所示。列写回路电流方程时，可将理想电流源支路电压作为求解变量写入方程，相当于将理想电流源支路看成电压源支路参与回路电流方程的列写。回路电流方程为

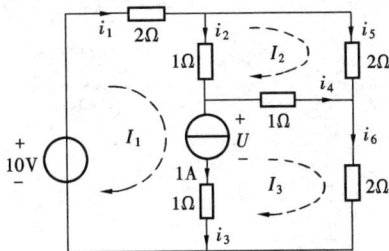

图 3-14　［例 3-10］的电路

$$(2+1+1)I_1 - I_2 - I_3 = 10 - U$$
$$-I_1 + (1+1+2)I_2 - I_3 = 0$$
$$-I_1 - I_2 + (1+1+2)I_3 = U$$

整理后有

$$4I_1 - I_2 - I_3 = 10 - U$$

$$-I_1 + 4I_2 - I_3 = 0$$

$$-I_1 - I_2 + 4I_3 = U$$

因所设电压 U 为求解变量，这样必须再增加一个方程，否则求解变量的个数会多于方程的个数；流经理想电流源的回路电流 I_1 和 I_3 受理想电流源电流的制约，其制约的关系方程为

$$I_1 - I_3 = 1A$$

联立求解以上四个方程，解得

$$I_1 = 2.5A, I_2 = 1A, I_3 = 1.5A$$

各支路电流为

$$i_1 = I_1 = 2.5A$$
$$i_2 = I_1 - I_2 = 1.5A$$
$$i_3 = 1A$$
$$i_4 = I_3 - I_2 = 0.5A$$
$$i_5 = I_2 = 1A$$
$$i_6 = I_3 = 1.5A$$

这种方法所列的方程中，求解变量除了回路电流外还有理想电流源的端电压，因此，这是一种混合变量分析法。

2. 按照理想电流源支路只属于一个回路的原则，选取独立回路

当回路电流单独流经电流源支路时，电流源的电流就是回路电流，有时相差一负号。由于回路电流成为已知量，因而该回路的 KVL 方程不必列写，其他独立回路中不会出现该理想电流源支路。

【例 3-11】　在图 3-15（a）所示电路中，试用回路电流法，求各支路电流和电流源两端的电压 U。

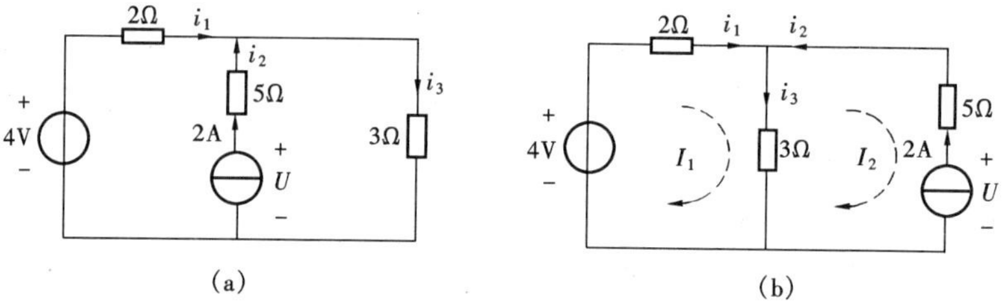

图 3-15　［例 3-11］的电路
(a) 原电路；(b) 改变画法后的电路

解　将图 3-15（a）所示的电路改画成图 3-15（b）所示的电路，使理想电流源只属于右边回路。设定两回路电流参考方向均为顺时针方向，如图 3-15（b）中所示，由图可知 $I_2 = -2A$，故只对回路 1 列 KVL 方程即可，于是有

$$5I_1 - 3I_2 = 4$$

将 $I_2 = -2A$ 代入上式，得

$$5I_1 + 3 \times 2 = 4$$

所以

$$I_1 = \frac{4-6}{5} = -0.4 \ (A)$$

各支路电流为

$$i_1 = I_1 = -0.4 (A)$$
$$i_2 = -I_2 = 2 (A)$$
$$i_3 = I_1 - I_2 = -0.4 - (-2) = 1.6 (A)$$

电流源两端电压可用 KVL 解出，为

$$U = 5i_2 + 3i_3 = 5 \times 2 + 3 \times 1.6 = 14.8 (V)$$

3.3.3　含有受控电源时的回路电流方程

当网络中含有受控电源时，可先将受控电源当作独立电源处理，按照一般网络列出回路电流方程，然后将受控电源的控制量用回路电流（求解变量）表示并代入方程，按照方程右边只含有与独立电源有关的项加以整理，整理后的回路电流方程的回路电阻矩阵一般不再对称。

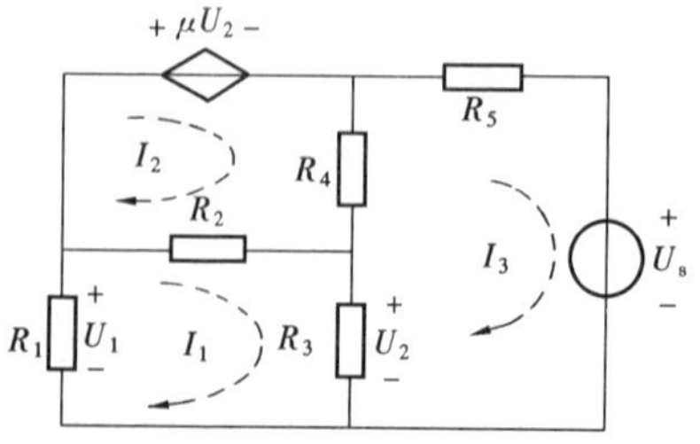

图 3-16　［例 3-12］的电路

【例 3-12】　在图 3-16 所示电路中，$U_s = 5V$，$R_1 = R_2 = R_4 = R_5 = 1\Omega$，$R_3 = 2\Omega$，$\mu = 2$，试计算电压 U_1。

解　选网孔为独立回路，回路电流的参考方向如图 3-16 所示，将受控电源视为独立电源，列写回路电流方程为

$$(R_1 + R_2 + R_3)I_1 - R_2 I_2 - R_3 I_3 = 0$$
$$-R_2 I_1 + (R_2 + R_4)I_2 - R_4 I_3 = -\mu U_2$$
$$-R_3 I_1 - R_4 I_2 + (R_3 + R_4 + R_5)I_3 = -U_s$$

将控制量用求解变量回路电流代替，有

$$U_2 = R_3(I_1 - I_3)$$

代入数值，有

$$4I_1 - I_2 - 2I_3 = 0$$
$$-I_1 + 2I_2 - I_3 = -2 \times 2(I_1 - I_3) = -4I_1 + 4I_3$$
$$-2I_1 - I_2 + 4I_3 = -5$$

整理有

$$4I_1 - I_2 - 2I_3 = 0$$
$$3I_1 + 2I_2 - 5I_3 = 0$$
$$-2I_1 - I_2 + 4I_3 = -5$$

用行列式求解

$$\Delta = \begin{vmatrix} 4 & -1 & -2 \\ 3 & 2 & -5 \\ -2 & -1 & 4 \end{vmatrix} = 32 - 10 + 6 - 8 + 12 - 20 = 12$$

$$\Delta_1 = \begin{vmatrix} 0 & -1 & -2 \\ 0 & 2 & -5 \\ -5 & -1 & 4 \end{vmatrix} = -25 - 20 = -45$$

$$I_1 = \frac{\Delta_1}{\Delta} = \frac{-45}{12} = -3.75(A)$$

$$U_1 = -R_1 I_1 = 3.75(V)$$

【例 3-13】　列写图 3-17 所示电路的回路电流方程。

解　以网孔为回路，共有三个独立回路，选定回路
电流的方向均为顺时针方向，如图 3-17 所示。将电流控
制电压源看作独立电源，于是有

$$(R_1 + R_3 + R_4)I_1 - R_3 I_2 - R_4 I_3 = U_s$$
$$-R_3 I_1 + (R_2 + R_3)I_2 = -rI$$
$$-R_4 I_1 + (R_4 + R_5)I_3 = rI$$

将控制量 I 用回路电流表示 $I = I_1 - I_2$，代入上式有

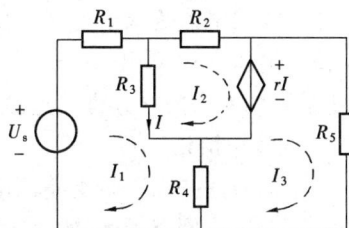

图 3-17　[例 3-13] 的电路

$$(R_1 + R_3 + R_4)I_1 - R_3 I_2 - R_4 I_3 = U_s$$
$$-R_3 I_1 + (R_2 + R_3)I_2 = -rI = -r(I_1 - I_2)$$
$$-R_4 I_1 + (R_4 + R_5)I_3 = rI = r(I_1 - I_2)$$

整理后有

$$(R_1 + R_3 + R_4)I_1 - R_3 I_2 - R_4 I_3 = U_s$$

$$-(R_3 - r)I_1 + (R_2 + R_3 - r)I_2 = 0$$

$$-(R_4 + r)I_1 + rI_2 + (R_4 + R_5)I_3 = 0$$

　　对于含有其他三种类型的受控电源的电路，都要把这些受控电源等效变换为电流控制电
压源，然后按照上述方法列写回路电流方程。

3.3.4 回路电流法与节点电压法的比较

对于复杂电路的分析既可以采用节点电压法，也可以采用回路电流法，两种方法的共同特点是，可以容易地获得一组求解变量个数和方程个数相等的代数方程组。但是，回路电流法只适于平面电路。

当电路只包含有电流源时，用节点电压法可能更好些。如果电路中既有电压源，又有电流源，具体使用哪种方法主要看哪种方法的方程数更少。如果电路的节点数少于回路数，则用节点电压法更好，如果电路的回路数少于节点数，则用回路电流法更好。有时候使用某种算法会明显好于另一种。

另外，选择哪种方法还要考虑具体要求解的物理量是什么。如果要求解的是几条支路的电流，使用回路电流法可能更好；如果要求解的是几个电压，则使用节点电压法可能更好。在计算习题前，先比较一下哪种方法更简便对解题是很有用的。

小 结

所谓网络分析，就是在给定电路结构及电路参数的条件下，求解电路中的电压和电流的方法。为了便于利用计算机来分析复杂网络，必须使分析过程系统化，算法的矩阵形式就是系统化的结果。

1. KCL、KVL 独立方程数

一个具有 n 个节点、b 条支路的电路，有 b 个支路电流及 b 个支路电压需要求解；然而支路电压和支路电流都存在一定的关系，所以只要求出 b 个支路电流或 b 个支路电压就可以了。如以支路电流为求解变量，则由基尔霍夫电流定律列出 $(n-1)$ 个独立电流方程，由基尔霍夫电压定律列出 $(b-n+1)$ 个独立电压方程；于是总共得到以支路电流为未知量（即变量）的 b 个独立方程。这就是支路电流法。

2. 支路电流法

支路电流法是以 b 条支路的电流作为求解变量，对 $(n-1)$ 个节点列 KCL 方程，对 $(b-n+1)$ 个独立回路列 KVL 方程。该方法的优点是直观，所求就是支路电流，且可用电流表进行测量。缺点是当支路数目较多时，求解变量多，求解过程麻烦，不宜于手工计算。

3. 节点电压法

当选定任一节点为电位参考节点后，以独立节点的电压作为电路的求解变量，按自导、互导、节点电源电流等规则列写 $(n-1)$ 个节点的 KCL 方程，求解出节点电压，进而求得各支路电流或其他电路变量的方法，这就是节点电压法。

当电路中含有无伴电压源时，节点电位法列写方程的方法是：把无伴电压源支路的电流作为求解变量，增添节点电压与无伴电压源电压关系的电压制约条件方程（辅助方程）；或者把无伴电压源转移到邻近的电阻支路，构成电压源的支路，然后再把这些电压源变换成电流源。

含有受控电源的电路，在列写节点电压方程时，首先将受控电源按照独立电源来处理，然后再用求解变量节点电压表示受控电源的控制量，从而消去方程中的控制量。

节点电压法的优点是，节点电压方程个数少于支路电流法，特别是节点少而支路多的电路用此法尤显方便，列写方程的规律也易于掌握。节点电压法既适用于平面电路，也适用于非平面电路。缺点是对于给出的电阻参数、电压源形式的电路，求解方程工作量较大。

4. 回路电流法

以假想回路电流作为电路的求解变量，按照自阻、互阻、回路电源电压等规则列写（$b-n+1$）个独立回路的 KVL 方程，联立求解求出回路电流，通过回路电流与支路电流的关系求出支路电流和其他电路变量的方法，就是回路电流法。

对于含有无伴电流源时，在不能将其作为某个独立回路的回路电流时，可设无伴电流源的两端电压为求解变量，增加相应的电流的制约方程；也可先将无伴电流源等效转移到邻近的电阻支路，构成电流源的支路，然后再把这些电流源变换成电压源，再按一般网络的回路电流方程的列写规则列方程。

列写含受控电源电路的方程时，首先将受控电源按独立电源来处理，然后再用求解变量回路电流表示受控电源的控制量，从而消去方程中的控制量。

回路电流法的优点是，电路所需方程数目较支路电流法少，列写方程的规律易于掌握。缺点是不直观，有的回路电流不能用电流表测试，回路电流法只适用于平面电路。

习 题 三

3-1　对于图 3-18 所示的电路，试写出：（1）以支路电流为求解变量的 KCL 独立方程；（2）以支路电流为求解变量的 KVL 独立方程。

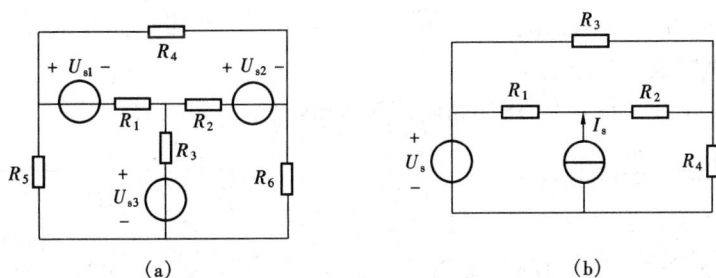

图 3-18　题 3-1 图

3-2　试用支路电流法求解图 3-19 所示电路的各支路电流。

3-3　在图 3-20 的电路中，各支路电流的参考方向如图所示，试列写出求解各支路电流时，所需要的联立方程组。

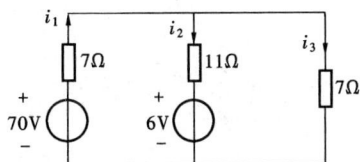

图 3-19　题 3-2 图

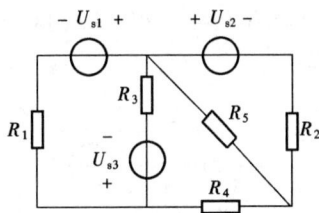

图 3-20　题 3-3 图

3-4　试求图 3-21 所示电路中的各支路电流。

3-5　试用支路电流法计算图 3-22 所示电路的支路电流 I_1 和 I_2。

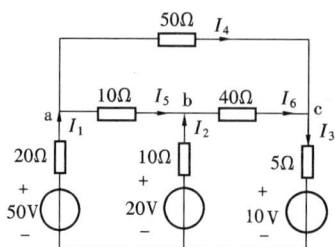

图 3-21 题 3-4 图

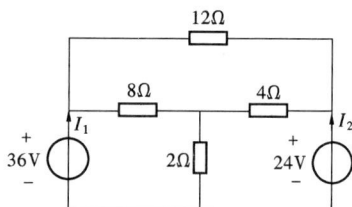

图 3-22 题 3-5 图

3-6 试用支路电流法计算图 3-23 所示电路的各支路电流，并计算电源的功率及各电阻吸收的功率。

3-7 图 3-24 所示电路是晶体管放大电路的等效电路，试用支路电流作为求解变量，列写出求解电路所需要的方程组。

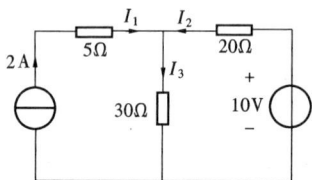

图 3-23 题 3-6 图

图 3-24 题 3-7 图

3-8 在图 3-25 所示的电路中，$U_s=20V$，$I_{s1}=10$ A，$I_{s2}=5A$，$R_1=R_2=R_3=R_4=R_5=1\Omega$，试求流过电阻 R_3 的电流。

3-9 电路如图 3-26 所示，试用回路电流法求解电流 I_1、I_2、I_3。

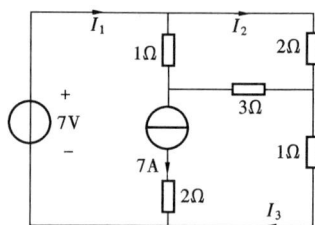

图 3-25 题 3-8 图

图 3-26 题 3-9 图

3-10 电路如图 3-27 所示，试用回路电流法求解电压 U_{ab}。

3-11 电路如图 3-28 所示，已知 $U_s=5V$，$R_1=R_2=R_4=R_5=1\Omega$，$R_3=2\Omega$，$\mu=2$，试求电阻 R_1 的电压 U_1。

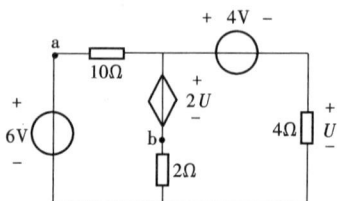

图 3-27 题 3-10 图

图 3-28 题 3-11 图

3-12　已知某电路的回路电流方程为

$$\begin{bmatrix} R_1+R_2 & -R_2 & 0 \\ -R_2 & R_2+R_3+R_4 & -R_4 \\ 0 & -R_4 & R_4+R_5 \end{bmatrix}\begin{bmatrix} I_1 \\ I_2 \\ I_3 \end{bmatrix}=\begin{bmatrix} U_s \\ 0 \\ 0 \end{bmatrix}$$

试画出该回路电流方程对应的电路图。

3-13　对图 3-29 所示的电路，分别用一个方程求解 U_a 和 I_b。

3-14　电路如题图 3-30 所示，试用回路电流法求解电压 U。

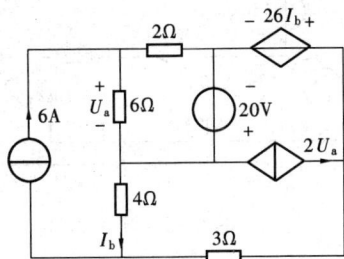

图 3-29　题 3-13 图　　　　　　　　图 3-30　题 3-14 图

3-15　电路如图 3-31 所示，已知 $U_{s1}=15V$，$U_{s2}=4V$，$U_{s3}=10V$，$R_1=5\Omega$，$R_2=10\Omega$，$R_3=4\Omega$，$R_4=R_5=20\Omega$，$R_6=2\Omega$，试用节点电压法求解各支路电流。

3-16　电路如图 3-32 所示，用节点电压法求解 U_0；如果左侧的电流源电流的大小和方向都可以随意改变，能否找到一个使 U_0 为零的电流源，其电流是多少？

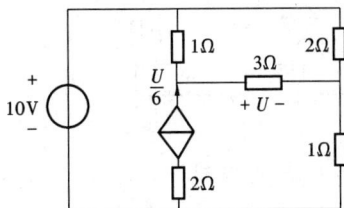

图 3-31　题 3-15 图　　　　　　　　图 3-32　题 3-16 图

3-17　已知某电路的节点电压方程为

$$\begin{bmatrix} 1.7 & -1 & -0.5 \\ -1 & 2.2 & -0.2 \\ -0.5 & -0.2 & 0.8 \end{bmatrix}\begin{bmatrix} v_1 \\ v_2 \\ v_3 \end{bmatrix}=\begin{bmatrix} 2 \\ 0 \\ -2 \end{bmatrix}$$

试画出该节点电压方程对应的电路图。

3-18　已知图 3-33 所示方框内为一含有受控电源的线性电阻网络 N，图中显示网络 N 的两个节点，已知网络 N 的节点电压方程为

$$\begin{bmatrix} 3 & -2 & -1 \\ -2 & 6 & -4 \\ -1 & -3 & 3 \end{bmatrix}\begin{bmatrix} v_1 \\ v_2 \\ v_3 \end{bmatrix}=\begin{bmatrix} 2 \\ 8 \\ 0 \end{bmatrix}$$

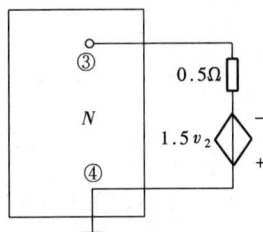

图 3-33　题 3-18 图

如果在节点③和参考点④之间接入一个受控电源支路；在不用画出具体电路的情况下，试求 $1.5v_2$ 的受控电压源提供的功率。

　3-19　电路如图 3-34 所示，试用节点电压法求解 v_1、v_2、v_3 的数值。

　3-20　电路如图 3-35 所示，试用节点电压法求解开关 S 闭合情况下，流经开关的电流 I。

图 3-34　题 3-19 图

图 3-35　题 3-20 图

　3-21　试用节点电压法求解图 3-36 所示电路中的电压 U_1 和 4V 电压源发出的功率。

　3-22　试求图 3-37 所示电路中的电压 U 和电流 I。

　3-23　试求图 3-38 所示电路中的电流 I。

图 3-36　题 3-21 图

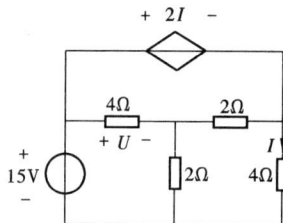

图 3-37　题 3-22 图

图 3-38　题 3-23 图

参 考 答 案

3-1　略

3-2　6 A；2 A；4 A

3-3　略

3-4　0.99 A；−0.376 A；0.641 A；0.345 A；0.645 A；0.269 A

3-5　4 A；2 A

3-6　2 A，−1 A，1 A；80 W，−10 W；20 W，20 W；30 W

3-7　略

3-8　4.375 A

3-9　9 A；2.5 A；2 A

3-10　14 V

3-11　3.75 V

3-12　略

3-13　略

3-14　4.8 V

3-15　1 A；0.2 A；1.5 A；0.5 A；0.3 A；2 A

3-16　0.6 V；-2 A

3-17　略

3-18　31.875 W

3-19　10 V；9.2 V；4.4 V

3-20　1.333 A

3-21　16 V；-136 W

3-22　8 V；2.5 A

3-23　1.5 A

第 4 章　网络分析一般方法的矩阵形式

由于计算机的广泛应用，以及处理大网络和自动完成网络分析的需要，使得网络分析的系统化方法显得特别重要。算法的矩阵形式就是系统化的结果。同时，依据分析得到的结果，将有助于加深对网络性质的认识。

4.1　网络图论的基本概念

由电路抽象出来的由节点和有向线段组成的几何图形称为网络的线图，简称图。数学上研究几何图形的分支叫做图论，将图论应用于电网络就称为网络图论。

图论属于拓扑学的范畴，是近 40 年来很活跃的数学分支，已经渗透到许多学科领域。电网络分析是最早引入图论应用的学科之一，在电网络中有许多应用。本节结合电路介绍图论理论的一些基本概念。

4.1.1　图

图 4-1（a）所示的电网络，相应的图如图 4-1（b）所示。图 4-1（b）所示的几何图形中的每一个线段叫做边，在电网络中则称为支路。线段的端点称为顶点，电网络中则习惯称为节点。图是一组顶点和边的集合，边的两端终止于顶点，也就是支路的每个端子都终止在节点上。对于电网络的图，图中每一条边都置于两个顶点之间，任一顶点上至少连接有两条边。以后在讨论网络图论时仍采用支路和节点的名称。

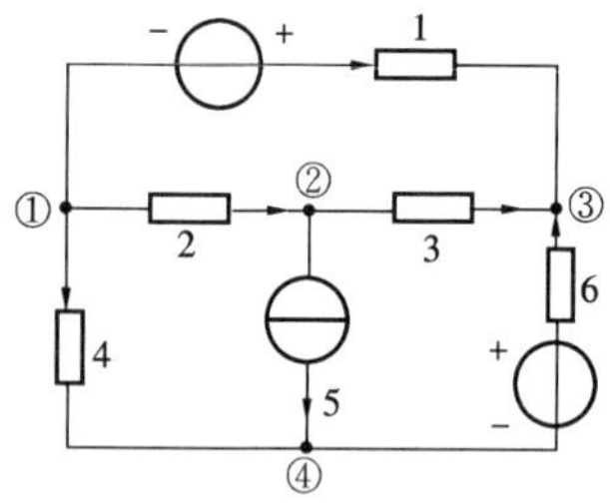

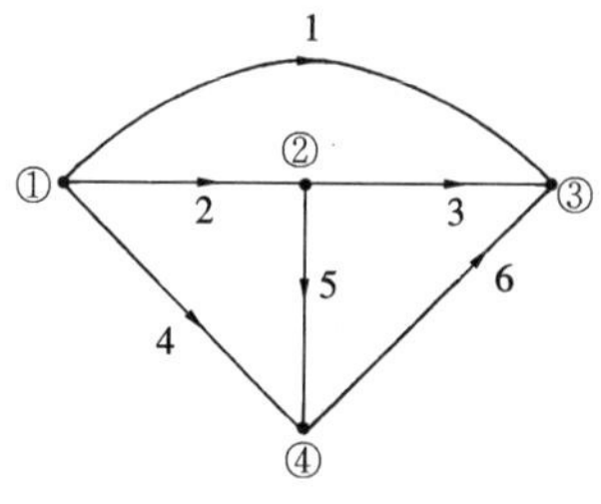

图 4-1　电路与图
(a) 原电路；(b) 有向图

如果图 G_i 的全部支路和节点的集合是图 G 的一个子集，则称图 G_i 为图 G 的子图。图4-2中，G_1、G_2、G_3 均为图 4-1（b）所示图 G 的子图，其中，G_3 仅有一个孤立节点，称 G_3 为图 G 的退化子图。还有一种子图是它包含原图的全部节点，这样的子图称为生成子图。

如果图 G 的每一条支路都有规定的方向，则称图 G 为有向图。图 4-1（b）所示的就是有向图。对被描述的电网络而言，支路上标出的箭头方向只表示支路电流和支路电压的参考方向，不像某些物理系统真正具有单向性，因此，也可以将这种有向图称为定向图。对于支路电流和支路电压的参考方向而言，若无特别说明的均视为关联参考方向。

4.1.2　连通图与非连通图

如果图 G 的任意两个节点之间至少存在一个由支路构成的路径，则称图 G 为连通图，否则为非连通图。连通图只有一个独立部分，而非连通图至少有两个独立部分。图 4-1（b）

所示的图为一个连通图，习惯上把仅有一个节点的图也算作连通图，而图 4-2 中的图 G_1、G_2、G_3 是图的三个连通子图。一个图只要有两个节点之间不存在由支路构成的路径，它就是非连通图，如图 4-3 所示。图中，节点②或节点③与节点④或节点⑤之间就不存在由支路构成的路径，这就是非连通图。

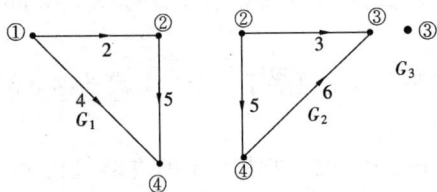

图 4-2　图的子图　　　　　　　　　　　图 4-3　非连通图

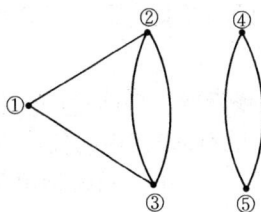

如果将一个图画在平面或球面上时，它的支路除了相交于节点外，并不出现交叉，这样的图便是平面图。反之，在保持支路连接关系不变的前提下，无论将图如何改画，如果总会出现支路交叉，则称为非平面图。

4.1.3　树

树是连通图的连通子图，且满足下列三个条件：

(1) 图是连通的；

(2) 包含图的全部节点；

(3) 不形成回路。

对于图 4-1（b）所示的图，选择的四种树如图 4-4 所示。

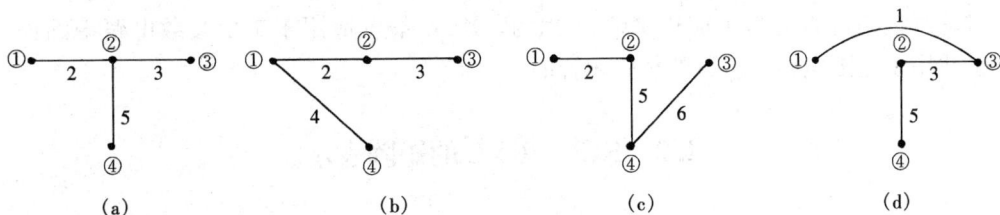

图 4-4　树的概念

(a) 树结构 1；(b) 树结构 2；(c) 树结构 3；(d) 树结构 4

对一个连通图在任意选取一个树后，就将图中的支路分成两类：一类是构成树的那些支路，称为树支，用 b_t 表示；另一类是不属于树上的那些支路，称为连支，用 b_l 表示。对图 4-4（a）所示的树，树支为 {2、3、5}，连支为 {1、4、6}。但对图 4-4（b）所示的树，则树支为 {2、3、4}，连支是 {1、5、6}。一个连通图可以选择多个不同的树，但是任一树的树支数目都一样；若连通图的支路数为 b，节点数为 n，则树支数与节点数 n 之间存在如下确定的关系：

$$b_t = n - 1$$

连支数为

$$b_l = b - n + 1$$

树的任意二节点之间必有一条通路，这是树的一个重要性质。因为树是连通的，所以任意二节点间必有通路；又因为树不包含回路，所以，这条通路也是惟一的。树的这一性质还可以推出另一个重要性质，即每一连支可与其两个端点之间树的路径，构成一条惟一的回路，这个回路称为单连支回路，又称为基本回路。

4.1.4　割集

与树的概念具有同样重要性的是割集概念。割集是连通图 G 的一个子集，它满足下列两个条件：

（1）移去该子集的全部支路，连通图 G 分成两个（不可多于两个）分离的独立部分；

（2）若少移去其中的任一支路时，图仍是连通的。

图 4-5（a）中，圆弧画出了其中的两个割集 cs1 和 cs2，割集 cs1 的支路 {1、2、4} 移去后，成为两个独立部分，如图 4-5（b）所示，其中一部分是独立节点。割集 cs2 的支路 {1、3、4、5} 移去后，两个独立部分如图 4-5（c）所示。

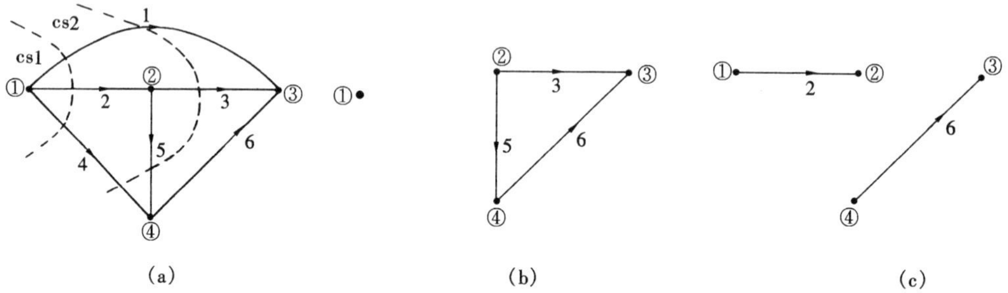

图 4-5　割集的含义

（a）两个割集的图；（b）两个独立部分；（c）不同的两个独立部分

讨论割集的目的是为了应用 KCL。因为，KCL 不仅适用于集中参数电路中的任一节点，也适用于包围电路一部分的任一闭合面。

4.2　KCL、KVL 的矩阵表示

根据基尔霍夫电流定律和电压定律与电路元件性质无关的特点，将电路抽象为有向图，它直观、清晰地反映了电路的几何结构及支路间的连接关系。从电网络的角度考虑，有向图的分析应包括下列几个方面：

（1）支路与节点的关系。一个节点与哪些支路连接，一条支路连接在哪两个节点之间，支路的参考方向是离开还是指向节点。

（2）支路与回路的关系。一个回路由哪些支路组成，一条支路属于哪些回路，支路的参考方向与回路的绕行方向是一致还是相反。

（3）支路与割集的关系。一个割集由哪些支路组成，一条支路是属于哪些割集的，支路的参考方向与割集的参考方向是否一致。

以上这些特点均可由按照一定规则编写的矩阵来表示。

4.2.1　关联矩阵

有向图中节点与支路的关系，可用按如下规则编写的矩阵表示：令矩阵的行表示有向图的节点，列表示有向图的支路。对于具有 n 个节点 b 条支路，没有自环的连通图，可用一个

$n \times b$ 阶的矩阵 $\boldsymbol{A}_a$ 来表示。矩阵 $\boldsymbol{A}_a$ 的行号与图的节点号相同，列号与支路号相同，并使矩阵 $\boldsymbol{A}_a$ 的第 i 行 j 列的元素 a_{ij} 满足以下的关系：

$$a_{ij} = \begin{cases} 1 & \text{若节点 } i \text{ 与支路 } j \text{ 关联，支路 } j \text{ 的方向离开节点 } i; \\ -1 & \text{若节点 } i \text{ 与支路 } j \text{ 关联，支路 } j \text{ 的方向指向节点 } i; \\ 0 & \text{若节点 } i \text{ 与支路 } j \text{ 不关联。} \end{cases}$$

对于图 4-6 所示的有向图，表示节点与支路关系的矩阵为

$$\boldsymbol{A}_a = \begin{bmatrix} 1 & 1 & 0 & 1 & 0 & 0 \\ 0 & -1 & 1 & 0 & 1 & 0 \\ -1 & 0 & -1 & 0 & 0 & -1 \\ 0 & 0 & 0 & -1 & -1 & 1 \end{bmatrix}$$

　　矩阵 $\boldsymbol{A}_a$ 的特点是任一列含有两个非零元素，并且一个为 1，另一个为 -1。这是因为电网络的有向图中，任一支路总是连接在两个节点之间，支路的参考方向对其中的一个节点为离开时，对另一节点必然是指向。若将矩阵 $\boldsymbol{A}_a$ 的全部行相加必得全零行，同理，将 $\boldsymbol{A}_a$ 的前 $n-1$ 行相加，并改变符号后即为第 n 行。这表明，删去 $\boldsymbol{A}_a$ 中的任一行所得到的子矩阵仍能完整地表示有向图的支路和节点的关系。把从 $\boldsymbol{A}_a$ 中删去任一行后得到的子矩阵用 $\boldsymbol{A}$ 表示，称为降阶关联矩阵（简称关联矩阵），$\boldsymbol{A}_a$ 则称为全关联矩阵。通常删去的一行所对应的节点在电路分析时被选作电位的参考点。对于图 4-6 所示的有向图，删去节点④对应的行，关联矩阵为

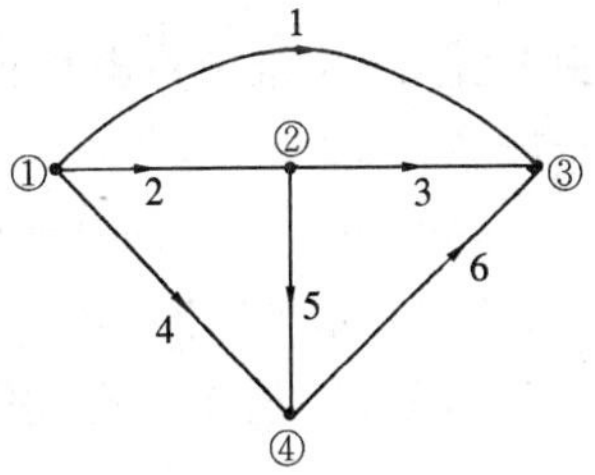

$$\boldsymbol{A} = \begin{bmatrix} 1 & 1 & 0 & 1 & 0 & 0 \\ 0 & -1 & 1 & 0 & 1 & 0 \\ -1 & 0 & -1 & 0 & 0 & -1 \end{bmatrix}$$

图 4-6　有向图

关联矩阵是 $n-1$ 行 b 列的矩阵。

　　一个实际的电路，有 $n-1$ 个独立电流方程，同样，对于表示电网络的有向图，其降阶关联矩阵的每一行也是独立的，即关联矩阵 $\boldsymbol{A}$ 的行之间是线性独立的。

4.2.2　用关联矩阵表示的 KCL、KVL

　　对电路中的节点列写 KCL 方程时，只需注意节点上连接了哪些支路，以及支路电流的参考方向是流出还是流入节点，这与矩阵 $\boldsymbol{A}$ 中的行的意义是相同的，因此，如以 $\boldsymbol{I}$ 表示支流电流列向量，则 KCL 方程的一般形式为

$$\boldsymbol{A}\boldsymbol{I} = 0 \tag{4-1}$$

对于图 4-1（a）所示的电网络，相应的有向图如图 4-6 所示，其 KCL 方程为

$$\begin{bmatrix} 1 & 1 & 0 & 1 & 0 & 0 \\ 0 & -1 & 1 & 0 & 1 & 0 \\ -1 & 0 & -1 & 0 & 0 & -1 \end{bmatrix} \begin{bmatrix} i_1 \\ i_2 \\ i_3 \\ i_4 \\ i_5 \\ i_6 \end{bmatrix} = \begin{bmatrix} i_1 + i_2 + i_4 \\ -i_2 + i_3 + i_5 \\ -i_1 - i_3 - i_6 \end{bmatrix} = 0$$

式（4-1）是一组以 b 个支路电流为变量的 $n-1$ 个线性独立方程；由于 KCL 对 b 个支路电流仅给出了 $n-1$ 个线性约束，所以必有 $b-n+1$ 个支路电流是线性独立的。在图中任选一树，并对矩阵 $\boldsymbol{A}$ 和 $\boldsymbol{I}$ 都按连支和树支分块编写，利用式（4-1）可以证明 $b-n+1$ 个连支电流是一组完备的电流变量，同时也是一组独立的电流变量。

在对 KVL 叙述时曾指出：对电路列写 KVL 方程与在电路中引入节点电位二者是等价的。对于图 4-1（a）所示的电路，各支路电压与节点电位的关系为

$$
\begin{aligned}
u_1 &= v_1 - v_3 \\
u_2 &= v_1 - v_2 \\
u_3 &= v_2 - v_3 \\
u_4 &= v_1 \\
u_5 &= v_2 \\
u_6 &= -v_3
\end{aligned}
\quad 或 \quad
\begin{bmatrix} u_1 \\ u_2 \\ u_3 \\ u_4 \\ u_5 \\ u_6 \end{bmatrix}
\begin{bmatrix}
1 & 0 & -1 \\
1 & -1 & 0 \\
0 & 1 & -1 \\
1 & 0 & 0 \\
0 & 1 & 0 \\
0 & 0 & -1
\end{bmatrix}
\begin{bmatrix} v_1 \\ v_2 \\ v_3 \end{bmatrix}
=
\begin{bmatrix}
v_1 - v_3 \\
v_1 - v_2 \\
v_2 - v_3 \\
v_1 \\
v_2 \\
-v_3
\end{bmatrix}
$$

不难看出，矩阵表达式等号右边的系数矩阵是关联矩阵 $\boldsymbol{A}$ 的转置矩阵。因为，任一支路电压等于该支路所连接的两个节点的电位差，这就需要知道一个支路是连接于哪两个节点之间的，以及支路电压的参考方向，这些正是由关联矩阵 $\boldsymbol{A}$ 的每一列所描述的。因此用关联矩阵 $\boldsymbol{A}$ 表示的 KVL 为

$$\boldsymbol{A}^{\mathrm{T}} \boldsymbol{V} = \boldsymbol{U} \tag{4-2}$$

其中 $\boldsymbol{V}$ 是 $n-1$ 维节点电位列向量，$\boldsymbol{U}$ 是 b 维支路电压列向量。式（1-46）表明，在电路中，对于任意指定的参考节点，$n-1$ 个节点与参考节点间的电压（即电位）是一组完备的电压变量，同时也是一组独立的电压变量。

4.2.3　基本回路矩阵

对如图 4-7 所示的有向图，任选一树，树支为 {1、2、3}，连支为 {4、5、6}，如图中的虚线所示，显然只有树支是不能构成回路的。但是，图的任意两个节点之间都存在惟一的树支路径，当连支逐一补上时，就会形成一个回路。例如补上连支 4 时，它就与树支 1 和 3 确定了惟一的回路；如若补上连支 5 时，它就与节点①和④之间的树支 1、2 和 3 确定了惟一的回路。总之，每补上一连支，该连支就与相关的两个节点之间的树支路径确定惟一的一个回路。这种只含一个连支的回路称为基本回路或单连支回路。显然一个图的基本回路数与该图的连支数相同，即为 $b-n+1$ 个。

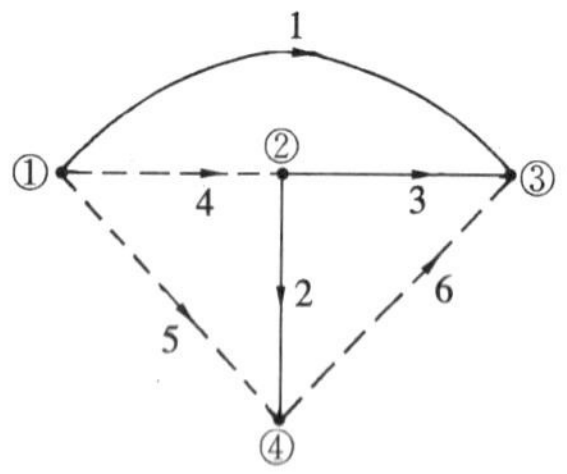

图 4-7　所示的有向图

基本回路矩阵 $\boldsymbol{B}_{\mathrm{f}}$ 的行与回路对应，列与支路对应，基本回路矩阵是 $b-n+1$ 行 b 列的矩阵；为使基本回路矩阵能直观地显示一些重要性质，作如下约定：

（1）选定树后，按照先树支，后连支的顺序给各支路编号。

（2）基本回路的回路绕行方向，与回路中的连支参考方向一致。

基本回路矩阵 $\boldsymbol{B}_{\mathrm{f}}$ 的 i 行 j 列的元素 b_{ij} 满足以下的关系：

$$
b_{ij} = \begin{cases}
1 & 当回路 i 包含有支路 j 时,且支路 j 的方向与回路 i 的方向一致； \\
-1 & 当回路 i 包含有支路 j 时,且支路 j 的方向与回路 i 的方向相反； \\
0 & 当回路 i 不包含有支路 j 时。
\end{cases}
$$

图 4-7 的支路编号及其绕行方向，按上述约定时，基本回路矩阵为

$$\boldsymbol{B}_f = \begin{bmatrix} -1 & 0 & -1 & 1 & 0 & 0 \\ -1 & -1 & 1 & 0 & 1 & 0 \\ 0 & 1 & -1 & 0 & 0 & 1 \end{bmatrix}$$

从基本回路矩阵 $\boldsymbol{B}_f$ 中可以看出，在满足上述约定条件下，与连支对应的子矩阵是 $b-n+1$ 阶的单位子矩阵。基本回路矩阵 $\boldsymbol{B}_f$ 又可表示为

$$\boldsymbol{B}_f = \begin{bmatrix} \boldsymbol{B}_t & \vdots & 1 \end{bmatrix} \tag{4-3}$$

由于 $\boldsymbol{B}_f$ 的每行都包含有一个不同的连支，某一行不可能用其他行的线性组合来表达。若将一个图的全部回路与支路的关系用矩阵表示，可得到全回路矩阵，可以证明全回路矩阵的秩也等于 $b-n+1$，这说明一个图的独立回路数为 $b-n+1$。为了有效地、不遗漏地找出独立回路，一般可先在图中任意选一树，再取其对应的基本回路组就可以了。对于平面图，还可取全部内网孔作为独立回路。

4.2.4　基本回路矩阵表示的 KCL、KVL

在对某一回路列写 KVL 方程时，只需要知道该回路包含了哪些支路，以及这些支路电压的参考方向与该回路绕行方向是相同还是相反，这些正是由基本回路矩阵的行所表达的，如果用 $\boldsymbol{U}$ 表示支路电压列阵，用基本回路矩阵 $\boldsymbol{B}_f$ 表示的 KVL 方程为

$$\boldsymbol{B}_f \boldsymbol{U} = 0 \tag{4-4}$$

对于图 4-7 所示的有向图，其 KVL 方程为

$$\begin{bmatrix} -1 & 0 & -1 & 1 & 0 & 0 \\ -1 & -1 & 1 & 0 & 1 & 0 \\ 0 & 1 & -1 & 0 & 0 & 1 \end{bmatrix} \begin{bmatrix} u_1 \\ u_2 \\ u_3 \\ u_4 \\ u_5 \\ u_6 \end{bmatrix} = \begin{bmatrix} -u_1-u_3+u_4 \\ -u_1-u_2+u_3+u_5 \\ u_2-u_3+u_6 \end{bmatrix} = 0$$

式（4-4）按照树支、连支写成分块矩阵表示时有

$$\begin{bmatrix} B_t & \vdots & 1 \end{bmatrix} \begin{bmatrix} U_t \\ U_l \end{bmatrix} = B_t U_t + U_l = 0$$

可得到连支电压与树支电压的关系

$$U_l = -\boldsymbol{B}_t U_t \tag{4-5}$$

式（4-5）说明 $n-1$ 个树支电压是一组完备的电压变量，也是一组独立的电压变量，这是因为仅由树支是不能构成回路的。

由于连支电流是一组独立变量，可以用来表达各支路电流。对于图 4-8 所示有向图，设想在每个基本回路中，存在一个回路电流，该回路电流流经该回路的各支路，回路电流

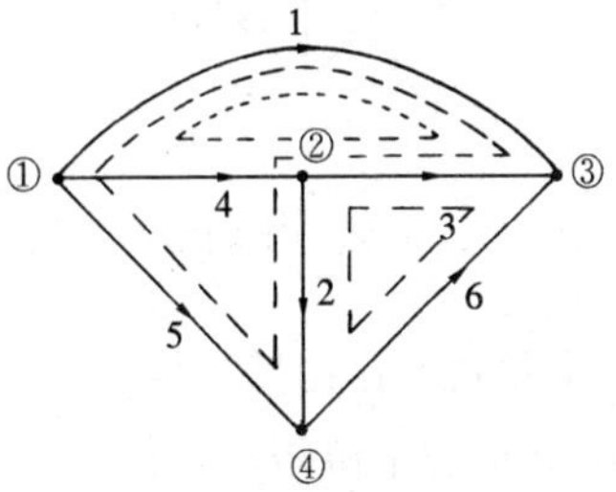

图 4-8　有向图中的回路电流

的方向与回路绕行方向相同。支路电流就等于经过该支路的回路电流的代数和，显然各连支电流就等于为该连支所确定的基本回路的回路电流。对于图 4-8 所示有向图，各支路电流与回路电流的关系为

$$
\begin{bmatrix}
-1 & -1 & 0 \\
0 & -1 & 1 \\
-1 & 1 & -1 \\
1 & 0 & 0 \\
0 & 1 & 0 \\
0 & 0 & 1
\end{bmatrix}
\begin{bmatrix}
i_4 \\
i_5 \\
i_6
\end{bmatrix}
=
\begin{bmatrix}
-i_4 - i_5 \\
-i_5 + i_6 \\
-i_4 + i_5 - i_6 \\
i_4 \\
i_5 \\
i_6
\end{bmatrix}
=
\begin{bmatrix}
i_1 \\
i_2 \\
i_3 \\
i_4 \\
i_5 \\
i_6
\end{bmatrix}
$$

其中表达式等号左侧连支电流的系数矩阵是基本回路矩阵 $\boldsymbol{B}_f$ 的转置矩阵，若用 $\boldsymbol{I}_l$ 表示回路（连支）电流列向量，则支路电流列向量 $\boldsymbol{I}$ 可表示为

$$
\boldsymbol{B}_f^T \boldsymbol{I}_l = \boldsymbol{I} \tag{4-6}
$$

这就是用基本回路矩阵 $\boldsymbol{B}_f$ 表示的 KCL。

4.2.5　基本割集矩阵

基本割集是指含有一个树支的割集，也称为单树支割集。对于选取了树的图，根据树和割集的概念，任一割集中应至少包含一个树支。基本割集与支路的关系也可以用基本割集矩阵 $\boldsymbol{Q}_f$ 来表示。

基本割集矩阵 $\boldsymbol{Q}_f$ 的行与割集对应，列与支路对应，基本割集矩阵是 $n-1$ 行 b 列的矩阵；同基本回路矩阵 $\boldsymbol{B}_f$ 一样，对于基本割集矩阵 $\boldsymbol{Q}_f$ 作如下约定：

（1）选定树后，支路的编号按先树支，后连支顺序。

（2）基本割集的方向规定为割集中所含树支的方向。

基本割集矩阵 $\boldsymbol{Q}_f$ 的 i 行 j 列的元素 q_{ij} 满足以下的关系：

$$
q_{ij} = \begin{cases}
1 & \text{基本割集 } i \text{ 包含有支路 } j \text{ 时，且支路 } j \text{ 的方向与割集方向一致；} \\
-1 & \text{基本割集 } i \text{ 包含有支路 } j \text{ 时，且支路 } j \text{ 的方向与割集方向相反；} \\
0 & \text{基本割集 } i \text{ 不包含有支路 } j \text{ 时}
\end{cases}
$$

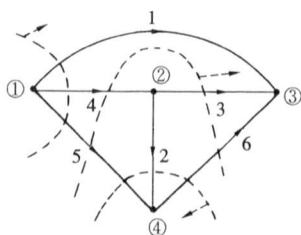

图 4-9 的支路编号及其割集方向，按上述约定时，基本回路矩阵为

$$
\boldsymbol{Q}_f = \begin{bmatrix}
1 & 0 & 0 & 1 & 1 & 0 \\
0 & 1 & 0 & 0 & 1 & -1 \\
0 & 0 & 1 & -1 & -1 & 1
\end{bmatrix}
$$

图 4-9　有向图中的基本割集

割集的参考方向其涵义是，将割集理解为与封闭面相交支路的集合，割集参考方向就是指封闭面的外法线方向或内法线方向。在按照先树支后连支的次序编号情况下，$\boldsymbol{Q}_f$ 阵中的树支部分刚好为 $(n-1) \times (n-1)$ 的单位矩阵，即

$$
\boldsymbol{Q}_f = [\boldsymbol{1} \; \vdots \; \boldsymbol{Q}_l] \tag{4-7}
$$

其中 Q_1 全部由连支构成。

4.2.6　用基本割集矩阵表示的 KCL、KVL

利用基本割集列写的基尔霍夫电流定律方程是一组独立的方程。对于图 4-9 所示的基本割集，列写的基尔霍夫电流定律方程形式如下

$$\begin{bmatrix} 1 & 0 & 0 & 1 & 1 & 0 \\ 0 & 1 & 0 & 0 & 1 & -1 \\ 0 & 0 & 1 & -1 & -1 & 1 \end{bmatrix} \begin{bmatrix} i_1 \\ i_2 \\ i_3 \\ i_4 \\ i_5 \\ i_6 \end{bmatrix} = \begin{bmatrix} i_1 + i_4 + i_5 \\ i_2 + i_5 - i_6 \\ i_3 - i_4 - i_5 + i_6 \end{bmatrix} = 0$$

这里，仍用 I 表示支路电流列向量，则 KCL 的基本割集矩阵形式为

$$Q_f I = 0 \tag{4-8}$$

将支路电流按照树支电流和连支电流进行分块，式（4-8）可以写成

$$Q_f I = \begin{bmatrix} 1 & \vdots & Q_1 \end{bmatrix} \begin{bmatrix} I_t \\ I_l \end{bmatrix} = I_t + Q_1 I_l = 0$$

得到了用连支电流表示树支电流的表达式，即

$$I_t = - Q_1 I_l \tag{4-9}$$

对于基本割集矩阵的 KVL 方程，它将连支电压用树支电压的代数和来表示，图 4-9 所示的有向图，用基本割集矩阵列写的 KVL 方程为

$$\begin{bmatrix} 1 & 0 & -1 \\ 1 & 1 & -1 \\ 0 & -1 & 1 \end{bmatrix} \begin{bmatrix} u_1 \\ u_2 \\ u_3 \end{bmatrix} = \begin{bmatrix} u_4 \\ u_5 \\ u_6 \end{bmatrix}$$

将上述方程扩展到全部的支路电压，有

$$\begin{bmatrix} 1 & 0 & 0 \\ 0 & 1 & 0 \\ 0 & 0 & 1 \\ 1 & 0 & -1 \\ 1 & 1 & -1 \\ 0 & -1 & 1 \end{bmatrix} \begin{bmatrix} u_1 \\ u_2 \\ u_3 \end{bmatrix} = \begin{bmatrix} u_1 \\ u_2 \\ u_3 \\ u_4 \\ u_5 \\ u_6 \end{bmatrix}$$

其中：表达式等号左侧树支电压的系数矩阵是基本割集矩阵 Q_f 的转置矩阵，树支电压可作为一组独立变量，若用 U_t 表示树支电压列向量，则支路电压列向量 U 可表示为

$$Q_f^T U_t = U \tag{4-10}$$

4.2.7　A、B_f 和 Q_f 三个矩阵之间的关系

有向图的关联矩阵 A，基本回路矩阵 B_f 和基本割集矩阵 Q_f，分别表达了有向图的节点与支路，回路与支路和割集与支路的关系，它们分别用来表示网络连接的特点。因此这些矩阵之间必定存在一定的关系，借助基尔霍夫定律的三种矩阵形式，讨论它们的关系。

一、关联矩阵 A 与基本回路矩阵 B_f 的关系

对一有向图选择树，采用先树支后连支的编号方式，列写出 A、B_f 后，再将式（4-6）代

入式（4-1），有

$$AI = AB_f^T I_1 = 0$$

上式中的连支电流 I_1 是一组独立的变量，可以随意给定。因此有

$$AB_f^T = 0 \quad \text{或} \quad B_f A^T = 0$$

二、基本回路矩阵 B_f 与基本割集矩阵 Q_f 的关系

对一有向图选择树，采用先树支后连支的编号方式，列写出 B_f、Q_f 后，再将式（4-10）代入式（4-4），有

$$B_f U = B_f Q_f^T U_t = 0$$

上式对任意树支电压 U_t 均成立，因此有

$$B_f Q_f^T = 0 \quad \text{或} \quad Q_f B_f^T = 0$$

再考虑到式（4-3）和式（4-7），代入上式有

$$B_f Q_f^T = \begin{bmatrix} B_T & \vdots & 1 \end{bmatrix} \begin{bmatrix} 1 \\ Q_1^T \end{bmatrix} = B_T + Q_1^T = 0$$

得到基本回路矩阵 B_f 与基本割集矩阵 Q_f 的关系为

$$B_T = - Q_1^T$$

上式表明可由基本回路矩阵 B_f 求出基本割集矩阵 Q_f。反之也可以由基本割集矩阵 Q_f 求出基本回路矩阵 B_f。

4.3　复合支路与电路分析的 $2b$ 方法

假设给定的网络有 n 个节点，b 条支路，在一般情况下就会有 b 个支路电压和 b 个支路电流待求量，总共有 $2b$ 个未知变量，为求出 $2b$ 个未知变量，需建立 $2b$ 个独立方程。

4.3.1　复合支路的支路方程

在前面内容的讨论分析中，经常将二端电路元件作为一个支路，这样在结构上是十分简单的。为了便于后续内容的讨论，特别是建立矩阵形式的电路方程的需要，既要考虑到支路的结构要尽可能简单，又要不失一般性，因此把图 4-10（a）所示的复合支路作为典型的支路结构。它包括有电阻元件、电压源和电流源，不考虑受控电源。

描述一个支路的电压和电流关系的方程称为支路方程。有时复合支路也称为标准支路或广义支路，复合支路定义了一条支路最多可以包含的不同元件及其连接方式，但不是说每条

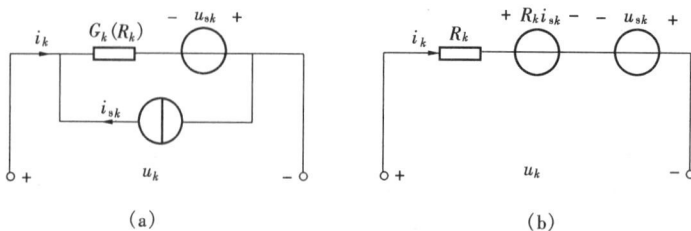

图 4-10　复合支路

（a）电源并联形式的复合支路；（b）电源串联形式的复合支路

支路都必须包含有这几种元件，它可以缺少某些元件。

图 4-10 （a）所示支路的电压和电流关系方程为

$$u_k = R_k(i_k + i_{sk}) - u_{sk} \tag{4-11}$$

或

$$i_k = G_k(u_k + u_{sk}) - i_{sk} \tag{4-12}$$

由式（4-11）可做出图 4-10 （b）所示的支路。

对于含 b 条支路的线性电阻网络，会有 b 个式（4-11）式（4-12）形式的方程。因此整个电路的支路方程可写成如下的矩阵形式

$$\boldsymbol{U} = \boldsymbol{R}(\boldsymbol{I} + \boldsymbol{I}_s) - \boldsymbol{U}_s \tag{4-13}$$

或

$$\boldsymbol{I} = \boldsymbol{G}(\boldsymbol{U} + \boldsymbol{U}_s) - \boldsymbol{I}_s \tag{4-14}$$

方程中各项的正负号是与图 4-10 （a）中各电压、电流的参考方向对应的。

例如图 4-11 所示电路，$n=4$，$b=6$；把电流源及与它并联的电阻元件一起作为一条支路，电压源及与它串联的电阻元件一起也作为一条支路，这样处理便于写出支路方程。在图示各支路电流和电压参考方向下，支路方程为

图 4-11　说明支路方程的电路

支路 1　$u_1 = R_1 i_1 + u_{s1}$　　　　或　　$i_1 = G_1 u_1 - G_1 u_{s1}$

支路 2　$u_2 = R_2 i_2$　　　　　　　或　　$i_2 = G_2 u_2$

支路 3　$u_3 = R_3 i_3$　　　　　　　或　　$i_3 = G_3 u_3$

支路 4　$u_4 = R_4 i_4 + R_4 i_{s4}$　　　或　　$i_4 = G_4 u_4 - i_{s4}$

支路 5　$u_5 = R_5 i_5 - R_5 i_{s5}$　　　或　　$i_5 = G_5 u_5 + i_{s5}$

支路 6　$u_6 = R_6 i_6 - u_{s6}$　　　　或　　$i_6 = G_6 u_6 + G_6 u_{s6}$

将它们表示成矩阵形式

$$
\begin{bmatrix} u_1 \\ u_2 \\ u_3 \\ u_4 \\ u_5 \\ u_6 \end{bmatrix} =
\begin{bmatrix}
R_1 & 0 & 0 & 0 & 0 & 0 \\
0 & R_2 & 0 & 0 & 0 & 0 \\
0 & 0 & R_3 & 0 & 0 & 0 \\
0 & 0 & 0 & R_4 & 0 & 0 \\
0 & 0 & 0 & 0 & R_5 & 0 \\
0 & 0 & 0 & 0 & 0 & R_6
\end{bmatrix}
\left\{
\begin{bmatrix} i_1 \\ i_2 \\ i_3 \\ i_4 \\ i_5 \\ i_6 \end{bmatrix} +
\begin{bmatrix} 0 \\ 0 \\ 0 \\ i_{s4} \\ -i_{s5} \\ 0 \end{bmatrix}
\right\} +
\begin{bmatrix} -u_{s1} \\ 0 \\ 0 \\ 0 \\ 0 \\ u_{s6} \end{bmatrix}
\tag{4-15}
$$

或

$$
\begin{bmatrix} i_1 \\ i_2 \\ i_3 \\ i_4 \\ i_5 \\ i_6 \end{bmatrix} =
\begin{bmatrix}
G_1 & 0 & 0 & 0 & 0 & 0 \\
0 & G_2 & 0 & 0 & 0 & 0 \\
0 & 0 & G_3 & 0 & 0 & 0 \\
0 & 0 & 0 & G_4 & 0 & 0 \\
0 & 0 & 0 & 0 & G_5 & 0 \\
0 & 0 & 0 & 0 & 0 & G_6
\end{bmatrix}
\left\{
\begin{bmatrix} u_1 \\ u_2 \\ u_3 \\ u_4 \\ u_5 \\ u_6 \end{bmatrix} +
\begin{bmatrix} -u_{s1} \\ 0 \\ 0 \\ 0 \\ 0 \\ u_{s6} \end{bmatrix}
\right\} +
\begin{bmatrix} 0 \\ 0 \\ 0 \\ i_{s4} \\ -i_{s5} \\ 0 \end{bmatrix}
\tag{4-16}
$$

比较式（4-13）、式（4-14）和式（4-15）、式（4-16），可知 $\boldsymbol{U}$ 为支路电压列向量；$\boldsymbol{I}$ 为支路电流列向量；而且各支路电流、电压为关联参考方向。$\boldsymbol{U}_s$ 为支路电压源电压列向量，$\boldsymbol{I}_s$

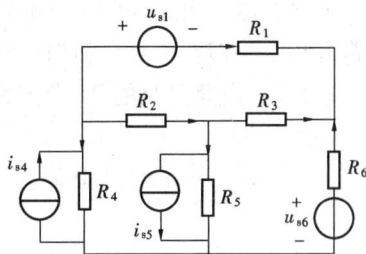

为支路电流源电流列向量，这些列向量都有 b 个分量。其中 $\boldsymbol{U}_s$ 和 $\boldsymbol{I}_s$ 的第 k 行元素 u_{sk} 和 i_{sk} 分别为第 k 条支路上所含电流源的电流和电压源的电压。当 u_{sk} 和 i_{sk} 的方向与图 4-10（a）中各电压、电流的参考方向一致时前面取正号，反之则取负号。$\boldsymbol{R}=\mathrm{dia}\begin{bmatrix} R_1 & R_2\cdots & R_b \end{bmatrix}$ 为支路电阻矩阵，它是一个 b 阶对角线矩阵，其中 R_{kk} 表示第 k 条支路上电阻元件的电阻值。$\boldsymbol{G}=\mathrm{dia}\begin{bmatrix} G_1 & G_2\cdots G_b \end{bmatrix}$ 为支路电导矩阵，它也是一个 b 阶对角线矩阵，其中 G_{kk} 表示第 k 条支路电阻元件的电导值。$\boldsymbol{R}$ 和 $\boldsymbol{G}$ 互为逆矩阵，即 $\boldsymbol{G}=\boldsymbol{R}^{-1}$。

式（4-13）和式（4-14）分别是用支路电流表示支路电压和用支路电压表示支路电流的支路方程。一般在电路分析时，经常采用前一种形式。

4.3.2　电路分析的 2b 个方程

在第一章中已经说明，对于具有 n 个节点，b 条支路的网络按 KCL 和 KVL 可分别列出 $(n-1)$ 个和 $(b-n+1)$ 个独立方程，即

$$\boldsymbol{AI} = 0 \tag{4-17}$$
$$\boldsymbol{B}_f\boldsymbol{U} = 0 \tag{4-18}$$

由式（4-13）和式（4-14）说明了 b 条支路就有 b 个独立的支路方程

$$\boldsymbol{U} = \boldsymbol{R}(\boldsymbol{I}+\boldsymbol{I}_s) - \boldsymbol{U}_s$$
$$\boldsymbol{I} = \boldsymbol{G}(\boldsymbol{U}+\boldsymbol{U}_s) - \boldsymbol{I}_s$$

这样独立方程总数为

$$(n-1)+(b-n+1)+b = 2b$$

求解变量的数目正好与电路所提供的独立方程个数相等，一般情况下电路都是可解的。这种直接以各支路电流和支路电压为求解对象的网络分析方法称为网络的 $2b$ 方程法，由于待求解的求解变量和方程个数太多，很少采用。

4.4　节点电压方程的矩阵形式

节点电压方程的矩阵形式，一般又称为节点电压法的系统方法，它是依据基尔霍夫定律的关联矩阵形式，即式（4-1）和式（4-2）以及复合支路的支路方程式（4-14）建立的。节点电压方程的矩阵形式建立过程如下：

将复合支路的支路方程式（4-14）代入式（4-1），这样可以消去支路电流

$$\boldsymbol{AI} = \boldsymbol{AG}(\boldsymbol{U}+\boldsymbol{U}_s) - \boldsymbol{AI}_s = 0 \tag{4-19}$$

再将基尔霍夫电压定律的关联矩阵形式式（4-2）代入，以节点电压代替支路电压，有

$$\boldsymbol{AGA}^\mathrm{T}\boldsymbol{V} + \boldsymbol{AGU}_s - \boldsymbol{AI}_s = 0$$

整理后有

$$\boldsymbol{AGA}^\mathrm{T}\boldsymbol{V} = \boldsymbol{AI}_s - \boldsymbol{AGU}_s \tag{4-20}$$

式（4-20）就是节点电压方程的矩阵形式。其中 $\boldsymbol{AGA}^\mathrm{T}$ 是 $(n-1)\times(n-1)$ 的方阵，$\boldsymbol{AGU}_s$ 和 $\boldsymbol{AI}_s$ 都是 $(n-1)$ 行的列矩阵，方程的求解变量是节点电压 $\boldsymbol{V}$。

当电路的结构和参数已知时，只要写出 $\boldsymbol{A}$、$\boldsymbol{G}$、$\boldsymbol{U}_s$、$\boldsymbol{I}_s$，然后按照式（4-20）的矩阵运算，便可建立节点电压方程的矩阵形式。

令

$$\boldsymbol{Y}_\mathrm{N} = \boldsymbol{AGA}^\mathrm{T} \tag{4-21}$$

式中：Y_N 称为节点导纳矩阵；在不含有受控电源和耦合元件的电路中，G 是 $b \times b$ 的对角矩阵，Y_N 是 $(n-1) \times (n-1)$ 的对称矩阵，其中对角线元素为自导纳（自电导），非对角线元素为互导纳（互电导）。

$$I_N = AI_s - AGU_s \tag{4-22}$$

式中：I_N 称为节点电源电流列向量，前一项是复合支路中流出各节点的电流源电流，后一项为复合支路中各电压源等效为电流源后，流入各节点的电流。再将节点电压重新写作 $V = V_N$，根据式（4-21）和式（4-22），式（4-20）简写成

$$Y_N V_N = I_N \tag{4-23}$$

式（4-23）就是节点电压方程的矩阵形式。

节点导纳矩阵 Y_N 具有以下特点：

（1）在不含有受控电源和耦合元件的电路中，支路电导矩阵 G 是对角阵，节点导纳矩阵 Y_N 是对称矩阵；

（2）Y_N 的第 i 个对角元素 Y_{ii} 等于节点 i 的导纳之和，为节点 i 的自导纳（自电导）；Y_N 的第 i 行 j 列的元素 Y_{ij} 称为互导纳（互电导），Y_{ij} 等于节点 i 与节点 j 之间共有支路导纳之和；自导纳 Y_{ii} 取正号，互导纳 Y_{ij} 取负号。

（3）将所有的电压源都等效为电流源，则 I_N 的第 i 行为节点 i 所有电流源的代数和；电流源的电流方向流入节点时取正号，流出节点时取负号。

（4）如果网络是纯电阻性的，而且所有的电阻值都是正值时，则 $det(Y_N) > 0$。

节点电压法的系统方法非常适合计算机编程，通过编制相应的程序，把网络的拓扑结构、元件参数值输入计算机，由计算机完成电路方程的建立和求解工作。

【**例 4-1**】　在图 4-12（a）所示电路中，已知参数 $G_1 = 1S, G_2 = 3S, G_3 = G_4 = 2S, G_5 = 1S, G_6 = 1S, U_s = 1V, I_s = 1A$；试用节点电压法的系统方法，求各支路的电流。

解　图 4-12（a）所示电路的有向图如图 4-12（b）所示，关联矩阵有

$$A = \begin{bmatrix} 1 & 0 & 0 & 1 & 0 & 1 \\ 0 & -1 & 0 & 0 & -1 & -1 \\ 0 & 0 & 1 & -1 & 1 & 0 \end{bmatrix}$$

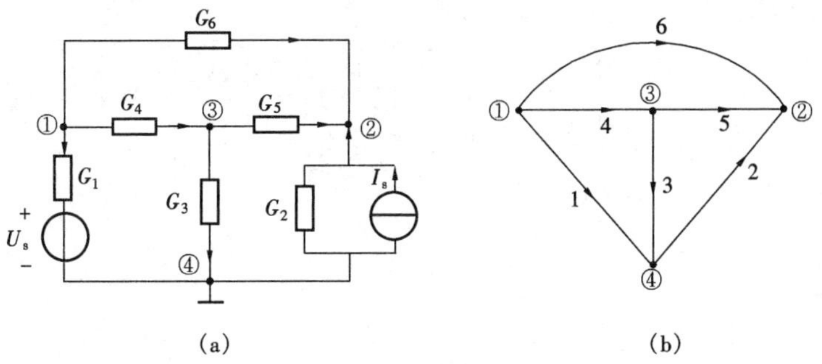

图 4-12　［例 4-1］的电路图

（a）原电路；（b）有向图

节点导纳矩阵为

$$\boldsymbol{Y}_{\mathrm{N}} = \boldsymbol{A}\boldsymbol{G}\boldsymbol{A}^{\mathrm{T}} = \begin{bmatrix} 1 & 0 & 0 & 1 & 0 & 1 \\ 0 & -1 & 0 & 0 & -1 & -1 \\ 0 & 0 & 1 & -1 & 1 & 0 \end{bmatrix} \begin{bmatrix} 1 & 0 & 0 & 0 & 0 & 0 \\ 0 & 3 & 0 & 0 & 0 & 0 \\ 0 & 0 & 2 & 0 & 0 & 0 \\ 0 & 0 & 0 & 2 & 0 & 0 \\ 0 & 0 & 0 & 0 & 1 & 0 \\ 0 & 0 & 0 & 0 & 0 & 1 \end{bmatrix} \begin{bmatrix} 1 & 0 & 0 \\ 0 & -1 & 0 \\ 0 & 0 & 1 \\ 1 & 0 & -1 \\ 0 & -1 & 1 \\ 1 & -1 & 0 \end{bmatrix}$$

$$= \begin{bmatrix} 4 & -1 & -2 \\ -1 & 5 & -1 \\ -2 & -1 & 5 \end{bmatrix}$$

节点电源电流列向量

$$\boldsymbol{I}_{\mathrm{N}} = \boldsymbol{A}\boldsymbol{I}_{\mathrm{s}} - \boldsymbol{A}\boldsymbol{G}\boldsymbol{U}_{\mathrm{s}} = \begin{bmatrix} 1 & 0 & 0 & 1 & 0 & 1 \\ 0 & -1 & 0 & 0 & -1 & -1 \\ 0 & 0 & 1 & -1 & 1 & 0 \end{bmatrix} \begin{bmatrix} 0 \\ -1 \\ 0 \\ 0 \\ 0 \\ 0 \end{bmatrix}$$

$$- \begin{bmatrix} 1 & 0 & 0 & 1 & 0 & 1 \\ 0 & -1 & 0 & 0 & -1 & -1 \\ 0 & 0 & 1 & -1 & 1 & 0 \end{bmatrix} \begin{bmatrix} 1 & 0 & 0 & 0 & 0 & 0 \\ 0 & 3 & 0 & 0 & 0 & 0 \\ 0 & 0 & 2 & 0 & 0 & 0 \\ 0 & 0 & 0 & 2 & 0 & 0 \\ 0 & 0 & 0 & 0 & 1 & 0 \\ 0 & 0 & 0 & 0 & 0 & 1 \end{bmatrix} \begin{bmatrix} -1 \\ 0 \\ 0 \\ 0 \\ 0 \\ 0 \end{bmatrix} = \begin{bmatrix} 0 \\ 1 \\ 0 \end{bmatrix} - \begin{bmatrix} -1 \\ 0 \\ 0 \end{bmatrix} = \begin{bmatrix} 1 \\ 1 \\ 0 \end{bmatrix}$$

电路的节点电压方程为

$$\begin{bmatrix} 4 & -1 & -2 \\ -1 & 5 & -1 \\ -2 & -1 & 5 \end{bmatrix} \begin{bmatrix} V_1 \\ V_2 \\ V_3 \end{bmatrix} = \begin{bmatrix} 1 \\ 1 \\ 0 \end{bmatrix}$$

计算各节点电压

$$\begin{bmatrix} V_1 \\ V_2 \\ V_3 \end{bmatrix} = \begin{bmatrix} 4 & -1 & -2 \\ -1 & 5 & -1 \\ -2 & -1 & 5 \end{bmatrix}^{-1} \begin{bmatrix} 1 \\ 1 \\ 0 \end{bmatrix} = \frac{1}{67} \begin{bmatrix} 24 & 7 & 11 \\ 7 & 16 & 6 \\ 11 & 6 & 19 \end{bmatrix} \begin{bmatrix} 1 \\ 1 \\ 0 \end{bmatrix} = \frac{1}{67} \begin{bmatrix} 31 \\ 23 \\ 17 \end{bmatrix}$$

由式（4-2）计算各支路电压

$$U = A^{\mathrm{T}}V = \begin{bmatrix} U_1 \\ U_2 \\ U_3 \\ U_4 \\ U_5 \\ U_6 \end{bmatrix} = \begin{bmatrix} 1 & 0 & 0 \\ 0 & -1 & 0 \\ 0 & 0 & 1 \\ 1 & 0 & -1 \\ 0 & -1 & 1 \\ 1 & -1 & 0 \end{bmatrix} \frac{1}{67} \begin{bmatrix} 31 \\ 23 \\ 17 \end{bmatrix} = \frac{1}{67} \begin{bmatrix} 31 \\ -23 \\ 17 \\ 14 \\ -6 \\ 8 \end{bmatrix}$$

由式（4-14）计算各支路电流

$$I = G(U + U_s) - I_s = \begin{bmatrix} I_1 \\ I_2 \\ I_3 \\ I_4 \\ I_5 \\ I_6 \end{bmatrix} = \begin{bmatrix} 1 & 0 & 0 & 0 & 0 & 0 \\ 0 & 3 & 0 & 0 & 0 & 0 \\ 0 & 0 & 2 & 0 & 0 & 0 \\ 0 & 0 & 0 & 2 & 0 & 0 \\ 0 & 0 & 0 & 0 & 1 & 0 \\ 0 & 0 & 0 & 0 & 0 & 1 \end{bmatrix} \left\{ \frac{1}{67} \begin{bmatrix} 31 \\ -23 \\ 17 \\ 14 \\ -6 \\ 8 \end{bmatrix} + \begin{bmatrix} -1 \\ 0 \\ 0 \\ 0 \\ 0 \\ 0 \end{bmatrix} \right\} - \begin{bmatrix} 0 \\ -1 \\ 0 \\ 0 \\ 0 \\ 0 \end{bmatrix}$$

$$= \frac{1}{67} \begin{bmatrix} 31 \\ -69 \\ 34 \\ 28 \\ -6 \\ 8 \end{bmatrix} + \begin{bmatrix} -1 \\ 0 \\ 0 \\ 0 \\ 0 \\ 0 \end{bmatrix} - \begin{bmatrix} 0 \\ -1 \\ 0 \\ 0 \\ 0 \\ 0 \end{bmatrix} = \frac{1}{67} \begin{bmatrix} 36 \\ -2 \\ 34 \\ 28 \\ -6 \\ 8 \end{bmatrix}$$

由于节点电压法省去了（$b-n+1$）个 KVL 方程，对节点数少的网络尤为适用。选定了参考节点后，其余节点到参考节点的电位也就是到参考点的电压，求解变量非常容易确认，因此，电路的计算机辅助分析经常采用节点电压法。

4.5 回路电流方程的矩阵形式

回路电流方程的矩阵形式，又称为回路电流法的系统方法，它是依据基尔霍夫定律的基本回路矩阵形式，即式（4-4）和式（4-6）以及复合支路的支路方程式（4-13）建立的。回路电流方程的矩阵形式建立过程如下：

将复合支路的支路方程式（4-13）代入式（4-4），有

$$B_{\mathrm{f}}U = B_{\mathrm{f}}R(I + I_s) - B_{\mathrm{f}}U_s = B_{\mathrm{f}}RI + B_{\mathrm{f}}RI_s - B_{\mathrm{f}}U_s = 0$$

写成

$$B_{\mathrm{f}}RI = B_{\mathrm{f}}U_s - B_{\mathrm{f}}RI_s \tag{4-24}$$

再将式(4-6)代入，有

$$\boldsymbol{B}_f \boldsymbol{R} \boldsymbol{B}_f^{\mathrm{T}} \boldsymbol{I}_1 = \boldsymbol{B}_f \boldsymbol{U}_s - \boldsymbol{B}_f \boldsymbol{R} \boldsymbol{I}_s \tag{4-25}$$

令

$$\boldsymbol{Z}_{\mathrm{L}} = \boldsymbol{B}_f \boldsymbol{R} \boldsymbol{B}_f^{\mathrm{T}} \tag{4-26}$$

$$\boldsymbol{U}_{\mathrm{L}} = \boldsymbol{B}_f \boldsymbol{U}_s - \boldsymbol{B}_f \boldsymbol{R} \boldsymbol{I}_s \tag{4-27}$$

式中：$\boldsymbol{Z}_{\mathrm{L}}$ 称为回路阻抗矩阵，对于 n 个节点，b 条支路的电路，它是 $(b-n+1)$ 阶的方阵；$\boldsymbol{U}_{\mathrm{L}}$ 称为回路电源电压列向量，它是 $(b-n+1)$ 行的列阵；将连支电流写成 $\boldsymbol{I}_1=\boldsymbol{I}_{\mathrm{L}}$，根据式（4-26）和式（4-27），式（4-25）简写成

$$\boldsymbol{Z}_{\mathrm{L}} \boldsymbol{I}_{\mathrm{L}} = \boldsymbol{U}_{\mathrm{L}} \tag{4-28}$$

式中：$\boldsymbol{I}_{\mathrm{L}}$ 为回路电流列向量，式（4-28）就是回路电流方程的矩阵形式。

回路阻抗矩阵 $\boldsymbol{Z}_{\mathrm{L}}$ 具有以下性质：

（1）在不含有受控电源和耦合元件的电路中，支路阻抗矩阵 $\boldsymbol{Z}$ 是对角阵，回路阻抗矩阵 $\boldsymbol{Z}_{\mathrm{L}}$ 是对称矩阵。

（2）$\boldsymbol{Z}_{\mathrm{L}}$ 的第 i 个对角元素 Z_{ii} 等于回路 i 内的阻抗之和，称为回路 i 的自阻抗（自电阻）；$\boldsymbol{Z}_{\mathrm{L}}$ 的第 i 行 j 列的元素 Z_{ij} 称为互阻抗（互电阻），Z_{ij} 等于回路 i 与回路 j 的共有支路阻抗之和，当回路 i 与回路 j 在共有支路的参考方向一致时 Z_{ij} 取正号，相反时取负号。

（3）将所有的电流源都等效为电压源，则 $\boldsymbol{U}_{\mathrm{L}}$ 为回路 i 内所有电压源的代数和；如果电压源的电压方向与回路电流的参考方向一致时，该项取负号，反之取正号。

（4）如果网络是纯电阻性的，而且所有的电阻值都是正值时，则 $\det(\boldsymbol{Z}_{\mathrm{L}})>0$。

对于给定网络，根据回路电流方程式（4-25）的形式，分别写出 $\boldsymbol{B}_f$、$\boldsymbol{R}$、$\boldsymbol{U}_s$ 和 $\boldsymbol{I}_s$ 矩阵，然后通过矩阵运算，最终写出式（4-28）形式的回路电流方程，式（4-28）就是编写回路电流方程的系统方法。

【例 4-2】 电路如图 4-13（a）所示，已知 $R_1=R_3=R_5=1\Omega$，$R_2=R_4=R_6=2\Omega$，$U_s=1\mathrm{V}$，$I_s=1\mathrm{A}$，用系统法列写电路的回路电流方程。

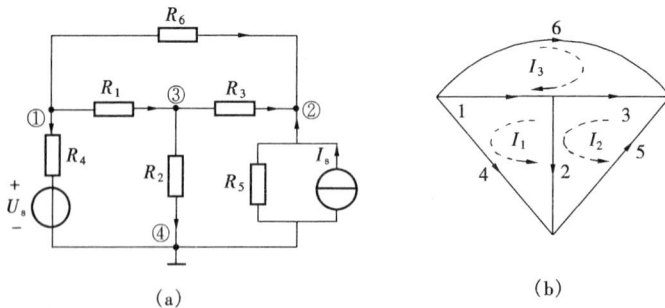

图 4-13 ［例 4-2］的电路
(a) 原电路；(b) 有向图

解 选择树 $\{1、2、3\}$，并且以连支为依据，确定基本回路如图 4-13（b）所示，回路电流 I_1、I_2 和 I_3 的方向由连支方向确定。电路的基本回路矩阵为

$$\boldsymbol{B}_f = \begin{bmatrix} -1 & -1 & 0 & 1 & 0 & 0 \\ 0 & 1 & -1 & 0 & 1 & 0 \\ -1 & 0 & -1 & 0 & 0 & 1 \end{bmatrix}$$

由式（4-26），回路阻抗矩阵为

$$
\boldsymbol{Z}_{\mathrm{L}} = \boldsymbol{B}_{\mathrm{f}} \boldsymbol{R} \boldsymbol{B}_{\mathrm{f}}^{\mathrm{T}} =
\begin{bmatrix} -1 & -1 & 0 & 1 & 0 & 0 \\ 0 & 1 & -1 & 0 & 1 & 0 \\ -1 & 0 & -1 & 0 & 0 & 1 \end{bmatrix}
\begin{bmatrix} 1 & 0 & 0 & 0 & 0 & 0 \\ 0 & 2 & 0 & 0 & 0 & 0 \\ 0 & 0 & 1 & 0 & 0 & 0 \\ 0 & 0 & 0 & 2 & 0 & 0 \\ 0 & 0 & 0 & 0 & 1 & 0 \\ 0 & 0 & 0 & 0 & 0 & 2 \end{bmatrix}
\begin{bmatrix} -1 & 0 & -1 \\ -1 & 1 & 0 \\ 0 & -1 & -1 \\ 1 & 0 & 0 \\ 0 & 1 & 0 \\ 0 & 0 & 1 \end{bmatrix}
$$

$$
=
\begin{bmatrix} -1 & -2 & 0 & 2 & 0 & 0 \\ 0 & 2 & -1 & 0 & 1 & 0 \\ -1 & 0 & -1 & 0 & 0 & 2 \end{bmatrix}
\begin{bmatrix} -1 & 0 & -1 \\ -1 & 1 & 0 \\ 0 & -1 & -1 \\ 1 & 0 & 0 \\ 0 & 1 & 0 \\ 0 & 0 & 1 \end{bmatrix}
=
\begin{bmatrix} 5 & -2 & 1 \\ -2 & 4 & 1 \\ 1 & 1 & 4 \end{bmatrix}
$$

由式（4-27），求解回路电源电压列向量

$$
\boldsymbol{U}_{\mathrm{L}} = \boldsymbol{B}_{\mathrm{f}} \boldsymbol{U}_{\mathrm{s}} - \boldsymbol{B}_{\mathrm{f}} \boldsymbol{R} \boldsymbol{I}_{\mathrm{s}}
$$

$$
=
\begin{bmatrix} -1 & -1 & 0 & 1 & 0 & 0 \\ 0 & 1 & -1 & 0 & 1 & 0 \\ -1 & 0 & -1 & 0 & 0 & 1 \end{bmatrix}
\begin{bmatrix} 0 \\ 0 \\ 0 \\ -1 \\ 0 \\ 0 \end{bmatrix}
-
\begin{bmatrix} -1 & -2 & 0 & 2 & 0 & 0 \\ 0 & 2 & -1 & 0 & 1 & 0 \\ -1 & 0 & -1 & 0 & 0 & 2 \end{bmatrix}
\begin{bmatrix} 0 \\ 0 \\ 0 \\ 0 \\ -1 \\ 0 \end{bmatrix}
$$

$$
=
\begin{bmatrix} -1 \\ 0 \\ 0 \end{bmatrix}
-
\begin{bmatrix} 0 \\ -1 \\ 0 \end{bmatrix}
=
\begin{bmatrix} -1 \\ 1 \\ 0 \end{bmatrix}
$$

回路电流方程为

$$
\boldsymbol{Z}_{\mathrm{L}} \boldsymbol{I}_{\mathrm{L}} = \boldsymbol{U}_{\mathrm{L}} =
\begin{bmatrix} 5 & -2 & 1 \\ -2 & 4 & 1 \\ 1 & 1 & 4 \end{bmatrix}
\begin{bmatrix} I_1 \\ I_2 \\ I_3 \end{bmatrix}
=
\begin{bmatrix} -1 \\ 1 \\ 0 \end{bmatrix}
$$

　　在应用回路电流法分析电路时，若选取的一组独立回路为平面电路的网孔，回路电流法也称为网孔电流法。

4.6　割集方程的矩阵形式

对于有向图选择树和割集后，割集方程矩阵形式的建立过程如下：
给定网络做出它的有向图，任意选取一树，并在图上标出基本割集及其参考方向，根据

式（4-8），写出 $(n-1)$ 个基本割集的 KCL 方程：

$$Q_f I = 0$$

将用电压表示电流的支路方程式（4-14），即将 $I = G(U+U_s)-I_s$ 代入上述 KCL 方程，消去支路电流 I，并整理得

$$Q_f GU = Q_f I_s - Q_f G U_s$$

根据式（4-10），将支路电压用树支电压表示，即把 $Q_f^T U_T = U$ 代入上式可得到以树支电压为求解变量的网络方程。

$$Q_f GQ_f^T U_T = Q_f I_s - Q_f GU_s \qquad (4\text{-}29)$$

令

$$Y_Q = Q_f GQ_f^T$$

式中：Y_Q 称为割集导纳矩阵，当网络中不含受控电源时，Y_Q 为 $(n-1)$ 阶对称矩阵。

令

$$I_Q = Q_f I_s - Q_f GU_s$$

式中：I_Q 称为割集电源电流列向量，为 $(n-1)$ 行的列矩阵。式（4-29）可写成

$$Y_Q U_T = I_Q \qquad (4\text{-}30)$$

式（4-30）称为割集矩阵方程，也称树支电压矩阵方程。

由式（4-29）通过矩阵运算，写出割集矩阵方程（4-30），就是割集方程的系统编写方法。

【例 4-3】 电路如图 4-14（a）所示，已知 $G_1 = G_4 = G_5 = 1\text{s}, G_2 = G_3 = 2\text{s}, G_6 = 3\text{s}$，$U_s = 1\text{V}, I_s = 1\text{A}$，用系统法列写电路的割集方程的矩阵形式，并求解各支路电压。

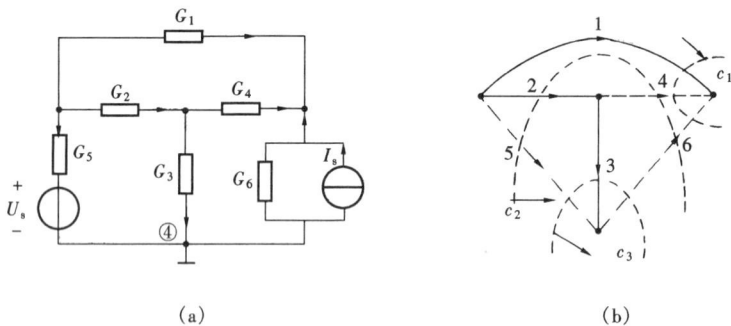

图 4-14　［例 4-3］的电路
(a) 原电路；(b) 有向图及割集

解　选择支路 {1、2、3} 组成树，c_1、c_2、c_3 为基本割集其方向如图 4-14（b）所示，基本割集矩阵为

$$Q_f = \begin{bmatrix} 1 & 0 & 0 & 1 & 0 & 1 \\ 0 & 1 & 0 & -1 & 1 & -1 \\ 0 & 0 & 1 & 0 & 1 & -1 \end{bmatrix}$$

支路导纳矩阵为

$$G = \begin{bmatrix} 1 & 0 & 0 & 0 & 0 & 0 \\ 0 & 2 & 0 & 0 & 0 & 0 \\ 0 & 0 & 2 & 0 & 0 & 0 \\ 0 & 0 & 0 & 1 & 0 & 0 \\ 0 & 0 & 0 & 0 & 1 & 0 \\ 0 & 0 & 0 & 0 & 0 & 3 \end{bmatrix}$$

割集导纳矩阵为

$$\boldsymbol{Y}_\mathrm{Q} = \boldsymbol{Q}_\mathrm{f}\,\boldsymbol{G}\boldsymbol{Q}_\mathrm{f}^\mathrm{T} = \begin{bmatrix} 1 & 0 & 0 & 1 & 0 & 1 \\ 0 & 1 & 0 & -1 & 1 & -1 \\ 0 & 0 & 1 & 0 & 1 & -1 \end{bmatrix} \begin{bmatrix} 1 & 0 & 0 & 0 & 0 & 0 \\ 0 & 2 & 0 & 0 & 0 & 0 \\ 0 & 0 & 2 & 0 & 0 & 0 \\ 0 & 0 & 0 & 1 & 0 & 0 \\ 0 & 0 & 0 & 0 & 1 & 0 \\ 0 & 0 & 0 & 0 & 0 & 3 \end{bmatrix} \begin{bmatrix} 1 & 0 & 0 \\ 0 & 1 & 0 \\ 0 & 0 & 1 \\ 1 & -1 & 0 \\ 0 & 1 & 1 \\ 1 & -1 & -1 \end{bmatrix}$$

$$= \begin{bmatrix} 1 & 0 & 0 & 1 & 0 & 3 \\ 0 & 1 & 0 & -1 & 1 & -3 \\ 0 & 0 & 2 & 0 & 1 & -3 \end{bmatrix} \begin{bmatrix} 1 & 0 & 0 \\ 0 & 1 & 0 \\ 0 & 0 & 1 \\ 1 & -1 & 0 \\ 0 & 1 & 1 \\ 1 & -1 & -1 \end{bmatrix} = \begin{bmatrix} 5 & -4 & -3 \\ -4 & 7 & 4 \\ -3 & 4 & 6 \end{bmatrix}$$

割集电源电流列向量为

$$\boldsymbol{I}_\mathrm{Q} = \boldsymbol{Q}_\mathrm{f}\,\boldsymbol{I}_\mathrm{s} - \boldsymbol{Q}_\mathrm{f}\,\boldsymbol{G}\boldsymbol{Q}_\mathrm{f}^\mathrm{T} = \begin{bmatrix} 1 & 0 & 0 & 1 & 0 & 1 \\ 0 & 1 & 0 & -1 & 1 & -1 \\ 0 & 0 & 1 & 0 & 1 & -1 \end{bmatrix} \begin{bmatrix} 0 \\ 0 \\ 0 \\ 0 \\ 0 \\ -1 \end{bmatrix} - \begin{bmatrix} 1 & 0 & 0 & 1 & 0 & 3 \\ 0 & 1 & 0 & -1 & 1 & -3 \\ 0 & 0 & 2 & 0 & 1 & -3 \end{bmatrix} \begin{bmatrix} 0 \\ 0 \\ 0 \\ 0 \\ -1 \\ 0 \end{bmatrix}$$

$$= \begin{bmatrix} -1 \\ 1 \\ 1 \end{bmatrix} - \begin{bmatrix} 0 \\ -1 \\ -1 \end{bmatrix} = \begin{bmatrix} -1 \\ 2 \\ 2 \end{bmatrix}$$

割集方程的矩阵形式为

$$\boldsymbol{Y}_\mathrm{Q}\,\boldsymbol{U}_\mathrm{T} = \boldsymbol{I}_\mathrm{Q} = \begin{bmatrix} 5 & -4 & -3 \\ -4 & 7 & 4 \\ -3 & 4 & 6 \end{bmatrix} \begin{bmatrix} U_{\mathrm{T1}} \\ U_{\mathrm{T2}} \\ U_{\mathrm{T3}} \end{bmatrix} = \begin{bmatrix} -1 \\ 2 \\ 2 \end{bmatrix}$$

解得割集电压列向量为

$$\boldsymbol{U}_\mathrm{T} = \boldsymbol{Y}_\mathrm{Q}^{-1}\,\boldsymbol{I}_\mathrm{Q} = \begin{bmatrix} U_{\mathrm{T1}} \\ U_{\mathrm{T2}} \\ U_{\mathrm{T3}} \end{bmatrix} = \begin{bmatrix} 5 & -4 & -3 \\ -4 & 7 & 4 \\ -3 & 4 & 6 \end{bmatrix}^{-1} \begin{bmatrix} -1 \\ 2 \\ 2 \end{bmatrix} = \frac{1}{67} \begin{bmatrix} 26 & 12 & 5 \\ 12 & 21 & -8 \\ 5 & -8 & 19 \end{bmatrix} \begin{bmatrix} -1 \\ 2 \\ 2 \end{bmatrix} = \frac{1}{67} \begin{bmatrix} 8 \\ 14 \\ 17 \end{bmatrix}$$

解得支路电压列向量为

$$\boldsymbol{U} = \boldsymbol{Q}_\mathrm{f}^\mathrm{T} \boldsymbol{U}_\mathrm{T} = \begin{bmatrix} 1 & 0 & 0 \\ 0 & 1 & 0 \\ 0 & 0 & 1 \\ 1 & -1 & 0 \\ 0 & 1 & 1 \\ 1 & -1 & -1 \end{bmatrix} \times \frac{1}{67} \begin{bmatrix} 8 \\ 14 \\ 17 \end{bmatrix} = \frac{1}{67} \begin{bmatrix} 8 \\ 14 \\ 17 \\ -6 \\ 31 \\ -23 \end{bmatrix}$$

小　结

1. 图与基尔霍夫定律的矩阵形式

图是由节点和支路组成的集合，可以用来描述电路的结构，可以用图论的概念和方法进行电路的分析、研究。

树是图论中的重要概念，连通图的树是一个包含有全部节点，但不包含有回路的连通子图；属于树的支路称为树支，其余支路称为连支。

只包含有一个连支的回路称为基本回路（单连支回路）；只包含有一个树支的割集称为基本割集（单树支割集）。

关联矩阵 $\boldsymbol{A}$ 表示的是节点与支路的关系，基本回路矩阵 $\boldsymbol{B}_\mathrm{f}$ 表示的是回路与支路的关系，基本割集矩阵 $\boldsymbol{Q}_\mathrm{f}$ 表示的是割集与支路的关系，它们是网络图的不同的数学表达形式。

用关联矩阵表示的 KCL、KVL 为：$\boldsymbol{A}\boldsymbol{I} = 0, \boldsymbol{A}^\mathrm{T}\boldsymbol{V} = \boldsymbol{U}$。

用基本回路矩阵表示的 KVL、KCL 为：$\boldsymbol{B}_\mathrm{f}\boldsymbol{U} = 0, \boldsymbol{B}_\mathrm{f}^\mathrm{T}\boldsymbol{I}_\mathrm{l} = \boldsymbol{I}$。

用基本割集矩阵表示的 KCL、KVL 为：$\boldsymbol{Q}_\mathrm{f}\boldsymbol{I} = 0, \boldsymbol{Q}_\mathrm{f}^\mathrm{T}\boldsymbol{U}_\mathrm{t} = \boldsymbol{U}$。

2. 网络分析一般方法的矩阵形式

节点电压方程的矩阵形式为：

$$\boldsymbol{Y}_\mathrm{N}\boldsymbol{V}_\mathrm{N} = \boldsymbol{I}_\mathrm{N}$$

式中：$\boldsymbol{Y}_\mathrm{N} = \boldsymbol{A}\boldsymbol{G}\boldsymbol{A}^\mathrm{T}$ 称为节点导纳矩阵；在不含有受控电源和耦合元件的电路中，$\boldsymbol{G}$ 是 $b \times b$ 的对角矩阵，$\boldsymbol{Y}_\mathrm{N}$ 是 $(n-1) \times (n-1)$ 的对称矩阵；$\boldsymbol{V}_\mathrm{N}$ 是节点电压列向量；$\boldsymbol{I}_\mathrm{N} = \boldsymbol{A}\boldsymbol{I}_\mathrm{s} - \boldsymbol{A}\boldsymbol{G}\boldsymbol{U}_\mathrm{s}$ 称为节点电源电流列向量。

回路电流方程的矩阵形式为：

$$\boldsymbol{Z}_\mathrm{L}\boldsymbol{I}_\mathrm{L} = \boldsymbol{U}_\mathrm{L}$$

式中：$\boldsymbol{Z}_\mathrm{L} = \boldsymbol{B}_\mathrm{f}\boldsymbol{R}\boldsymbol{B}_\mathrm{f}^\mathrm{T}$ 称为回路阻抗矩阵，对于 n 个节点，b 条支路的电路，$\boldsymbol{Z}_\mathrm{L}$ 是 $(b-n+1)$ 阶的方阵；$\boldsymbol{I}_\mathrm{L}$ 是回路电流列向量；$\boldsymbol{U}_\mathrm{L} = \boldsymbol{B}_\mathrm{f}\boldsymbol{U}_\mathrm{s} - \boldsymbol{B}_\mathrm{f}\boldsymbol{R}\boldsymbol{I}_\mathrm{s}$ 称为回路电源电压列向量，它是 $(b-n+1)$ 行一列的矩阵；

割集分析法的矩阵形式：

$$\boldsymbol{Y}_\mathrm{Q}\boldsymbol{U}_\mathrm{T} = \boldsymbol{I}_\mathrm{Q}$$

式中：$\boldsymbol{Y}_\mathrm{Q} = \boldsymbol{Q}_\mathrm{f}\boldsymbol{G}\boldsymbol{Q}_\mathrm{f}^\mathrm{T}$ 称为割集导纳矩阵，当网络中不含受控电源时，$\boldsymbol{Y}_\mathrm{Q}$ 为 $(n-1)$ 阶对称矩

阵。U_T 为树支电压；$I_Q = Q_f I_s - Q_f G U_s$ 称为割集电源电流列向量，为 $(n-1)$ 行的列矩阵。

习　题　四

4-1　试写出图 4-15 所示有向图的关联矩阵 A 和用关联矩阵 A 表示的 KCL 方程。

4-2　图 4-16 所示某网络的无向拓扑图，其树支和连支各是多少？在下列给出的支路集合中，哪些可构成某一树的树支集合？

(1) $\{2, 4, 10, 7, 8, 13\}$

(2) $\{2, 3, 11, 9, 5, 8, 13\}$

(3) $\{9, 1, 10, 13, 12, 7, 4\}$

(4) $\{1, 3, 6, 9, 10, 11, 12\}$

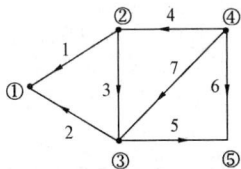

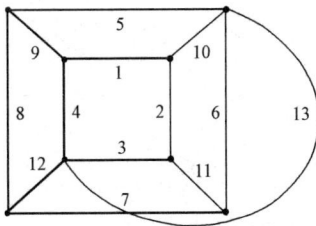

图 4-15　题 4-1 图　　　　　　　　图 4-16　题 4-2 图

4-3　图 4-17（a）、（b）、（c）所示的三个有向图，都是以支路 $\{1, 2, 3\}$ 为树支，支路 $\{4, 5, 6\}$ 为连支，分别写出关联矩阵 A、基本回路矩阵 B_f 和基本割集矩阵 Q_f。

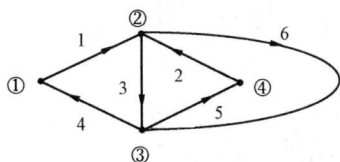

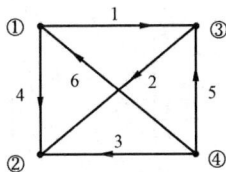

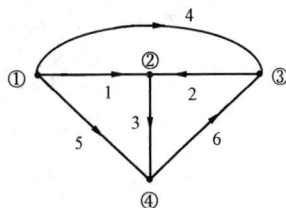

(a)　　　　　　　　　　　(b)　　　　　　　　　　　(c)

图 4-17　题 4-3 图

4-4　某网络图的关联矩阵为

$$A = \begin{bmatrix} -1 & 0 & -1 & 0 & -1 & 0 \\ 0 & 1 & 1 & 1 & 0 & 0 \\ 0 & 0 & 0 & -1 & 1 & 1 \end{bmatrix}$$

画出对应网络的有向图。

4-5　某网络图的基本回路矩阵为

$$B_f = \begin{bmatrix} 0 & 1 & -1 & 1 & 0 & 0 \\ 1 & -1 & 1 & 0 & 1 & 0 \\ -1 & 1 & 0 & 0 & 0 & 1 \end{bmatrix}$$

画出对应网络的有向图。

4-6　某网络图的基本割集矩阵为

$$\boldsymbol{Q}_f = \begin{bmatrix} 1 & 0 & 0 & 0 & 1 & 0 & 0 & -1 \\ 0 & 1 & 0 & 0 & 0 & 1 & 1 & 1 \\ 0 & 0 & 1 & 0 & -1 & -1 & -1 & 0 \\ 0 & 0 & 0 & 1 & -1 & -1 & 0 & 0 \end{bmatrix}$$

画出对应网络的有向图。

4-7　图 4-18 所示网络的图，其中实线支路为树支，虚线为连支；列写出矩阵形式的独立 KCL 方程和独立的 KVL 方程。

4-8　电路如图 4-19 所示，列写出矩阵形式的节点电压方程。

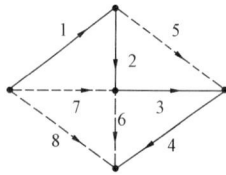 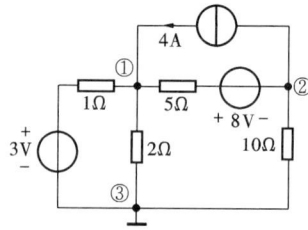

图 4-18　题 4-7 图　　　　图 4-19　题 4-8 图

4-9　电路如图 4-20 所示，列写出矩阵形式的节点电压方程。

4-10　电路如图 4-21 所示，已知 $R_1 = R_3 = R_5 = 1\Omega, R_2 = R_4 = R_6 = 2\Omega, \mu = 1, U_s = 5V, I_s = 1A$，以 R_4、R_5、R_6 支路为树支，列写出矩阵形式的回路电流方程。

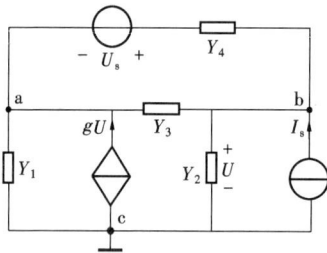 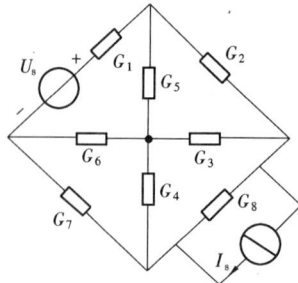

图 4-20　题 4-9 图　　　　图 4-21　题 4-10 图

4-11　电路如图 4-22 所示，以支路 $\{5、6、7、8\}$ 为树，列写割集方程的矩阵形式。

图 4-22　题 4-11 图

参·考·答·案

4-2　7，6；（2）；（4）；

4-4

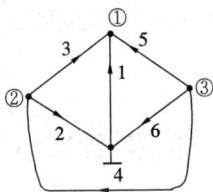

4-5

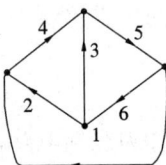

4-6

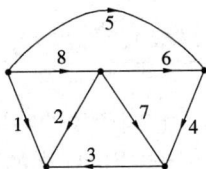

4-7　$\mathbf{B}_{\mathrm{f}} = \begin{bmatrix} 0 & -1 & -1 & 0 & 1 & 0 & 0 & 0 \\ 0 & 0 & -1 & -1 & 0 & 1 & 0 & 0 \\ -1 & -1 & 0 & 0 & 0 & 0 & 1 & 0 \\ -1 & -1 & -1 & -1 & 0 & 0 & 0 & 1 \end{bmatrix}$　$\mathbf{Q}_{\mathrm{f}} = \begin{bmatrix} 1 & 0 & 0 & 0 & 0 & 0 & 1 & 1 \\ 0 & 1 & 0 & 0 & 1 & 0 & 1 & 1 \\ 0 & 0 & 1 & 0 & 1 & 1 & 0 & 1 \\ 0 & 0 & 0 & 1 & 0 & 1 & 0 & 1 \end{bmatrix}$

$\mathbf{B}_{\mathrm{f}}U = 0$　$\mathbf{Q}_{\mathrm{f}}I = 0$

4-8　$\begin{bmatrix} 1.7 & -0.2 \\ -0.2 & 0.3 \end{bmatrix} \begin{bmatrix} V_1 \\ V_2 \end{bmatrix} = \begin{bmatrix} 8.6 \\ -5.6 \end{bmatrix}$

4-9　$\begin{bmatrix} Y_1+Y_3+Y_4 & -(Y_3+Y_4+g) \\ -(Y_3+Y_4) & Y_2+Y_3+Y_4 \end{bmatrix} \begin{bmatrix} V_1 \\ V_2 \end{bmatrix} = \begin{bmatrix} -Y_4U_{\mathrm{s}} \\ Y_4U_{\mathrm{s}}+I_{\mathrm{s}} \end{bmatrix}$

4-10　$\begin{bmatrix} 6 & 4 & 3 \\ 5 & 6 & 2 \\ 3 & 2 & 4 \end{bmatrix} \begin{bmatrix} I_1 \\ I_2 \\ I_3 \end{bmatrix} = \begin{bmatrix} -3 \\ 2 \\ -3 \end{bmatrix}$

第 5 章 网 络 定 理

本章讨论电路的基本性质，这些性质是以定理形式给出的。运用这些定理求解电路是电路分析的一个重要方法。

5.1 电路的线性性质与叠加定理

叠加性是线性电路最基本的特性，应用叠加定理可以将一个具有很多电源的复杂网络，等效变换为若干个单电源或数个电源的简单网络。叠加定理也是证明电路定理或分析电路、计算电路的好方法。

5.1.1 线性电路的性质

由线性元件和独立电源构成的电路称为线性电路，线性电路具有如下性质。

设线性电路的激励为 x，对应的响应为 $f(x)$。当激励变化 a 倍，成为 ax 时，则响应也同样变化了 a 倍，即

$$f(ax) = af(x)$$

这一性质称为线性电路的齐次性。

设线性电路中有两个激励 x_1 和 x_2，它们产生的响应分别为 $f(x_1)$ 和 $f(x_2)$，则此两个激励的线性相加所产生的响应是原有两个响应以同样的形式相加，即

$$f(x_1 + x_2) = f(x_1) + f(x_2)$$

这一性质称为线性电路的可加性。

一个电路为线性电路的必要条件是它具有可加性和齐次性，这是线性电路的一个重要特点。齐次性与可加性是线性电路的两个独立要求，这两个性质的综合体现为叠加性，即

$$f(ax_1 + bx_2) = af(x_1) + bf(x_2)$$

5.1.2 叠加定理

叠加定理是线性电路的一个基本定理，它反映了线性电路的固有性质。在阐述叠加定理之前先看一个例子。电路如图 5-1 所示，求其电流 I_2。

由 KCL 和 KVL 可列出方程 $U_s = R_1(I_2 - I_s) + R_2 I_2$，解得

$$I_2 = \frac{U_s}{R_1 + R_2} + \frac{R_1 I_s}{R_1 + R_2} \tag{5-1}$$

可见，I_2 是 U_s 和 I_s 的线性组合。将 I_2 写为

$$I_2 = I_2' + I_2''$$

其中：

$$I_2' = \frac{U_s}{R_1 + R_2} \tag{5-2}$$

$$I_2'' = \frac{R_1 I_s}{R_1 + R_2} \tag{5-3}$$

I_2' 相当于式（5-1）中令 $I_s = 0$ 得到的结果，即激励 U_s 单独作用时的响应；I_2'' 相当于式（5-1）

中令 $U_s=0$ 得到的结果，即激励 I_s 单独作用时的响应。在图 5-1（a）中，激励 U_s 单独作用时，需将电流源置零，电流源置零相当于开路；同理，激励 I_s 单独作用时，需将电压源置零，电压源置零相当于短路。由此得到图 5-1（b）和（c）。由图 5-1（b）可得到式（5-2）；由图 5-1（c）可得到式（5-3），即 I'_2 和 I''_2 可由两个分电路求得，然后将结果相加得到电流 I_2。这就是线性电路的叠加性。

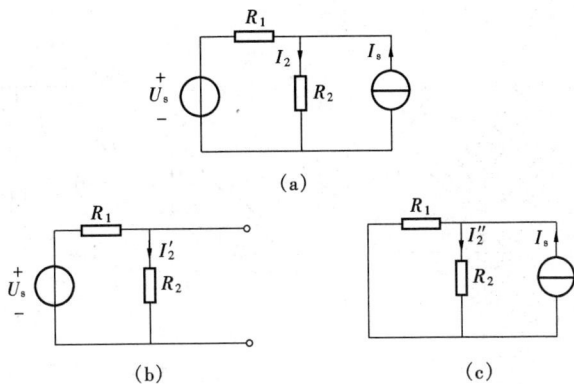

图 5-1　叠加定理示例

(a) 叠加定理应用电路；(b) 电压源作用时；(c) 电流源作用时

叠加定理可表述为：在线性电路中，任一支路的电压或电流，都是电路中各个独立源单独作用时，在该支路中产生的电压或电流的代数和。

用回路法证明叠加定理。对于一个具有 b 条支路 n 个节点的电路，用回路法可列出电路方程如下：

$$\begin{cases} R_{11}i_1 + R_{12}i_2 + \cdots + R_{1m}i_m = u_{s11} \\ R_{21}i_1 + R_{22}i_2 + \cdots + R_{2m}i_m = u_{s22} \\ \vdots \\ R_{m1}i_1 + R_{m2}i_2 + \cdots + R_{mn}i_m = u_{smn} \end{cases} \tag{5-4}$$

式（5-4）中方程右端是每个回路中电压源（或电流源等效变换为电压源）的线性组合。式（5-4）解的一般形式为

$$i_k = \frac{\Delta_{1k}}{\Delta}u_{s11} + \frac{\Delta_{2k}}{\Delta}u_{s22} + \cdots + \frac{\Delta_{jk}}{\Delta}u_{sjj} + \cdots + \frac{\Delta_{mk}}{\Delta}u_{smn} (k=1,2,\cdots,m)$$

式中：Δ 为阻抗系数行列式，Δ_{jk} 是第 j 行第 k 列的代数余子式。由于 u_{sjj} 是电路中激励的线性组合，而每个解又是 $u_{s11}, u_{s22}, \cdots, u_{smn}$ 的线性组合，所以电路中任意一个电流的解 i_k 都是电路中所有激励产生电流的线性组合。

当电路中有 m 个电压源和 n 个电流源作用时，电路中的任一电流 i 可表示成下面的一般式

$$i = k_1u_{s1} + k_2u_{s2} + \cdots + k_mu_{sm} + K_1i_{s1} + K_2i_{s2} + \cdots + K_ni_{sn} \tag{5-5}$$

其中：k_i 和 K_i 为线性组合中的系数。

应用叠加定理要注意以下几点：

（1）叠加定理只适用于线性电路中电压和电流的叠加，非线性电路不适用。

（2）叠加定理一般不能用来计算功率。因为功率与电压、电流之间不是线性关系。

（3）某个电源单独作用时，其他不作用的电源应置零。电压源不作用相当于短路；电流源不作用相当于开路。而电路中的所有电阻都不要更动，受控源要保留在各个等效分电路中。

（4）应用叠加定理时，要标明原电路和各等效分电路中待求量的参考方向，求和时注意

各分量前的正负号。

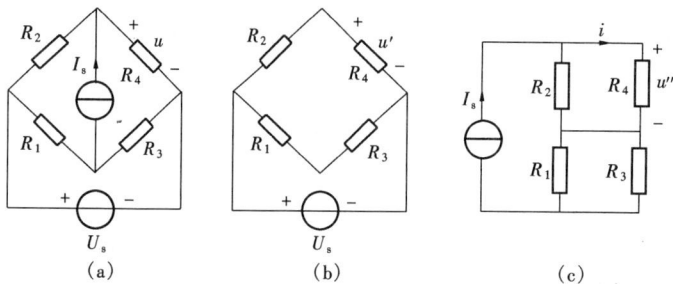

图 5-2　［例 5-1］电路

(a) 原电路；(b) 电压源作用电路；(c) 电流源作用电路

叠加定理是线性电路固有性质的反映，应用叠加定理不仅可以简化电路的计算，而且从叠加定理还可以导出线性电路其他定理，如戴维南定理和诺顿定理等。叠加定理也是分析"非正弦周期电流电路"的理论依据（见第 9 章）。

【例 5-1】 试求图 5-2（a）电路中 R_4 的电压 u。

解　按叠加定理进行计算。首先令电压源单独作用，电流源开路，等效分电路如图 5-2 (b) 所示。由分压关系得

$$u' = \frac{R_4}{R_2 + R_4}U_s$$

再令电流源单独作用，电压源短路，等效分电路如图 5-2（c）所示。解得

$$u'' = \frac{R_2 R_4}{R_2 + R_4}I_s$$

最后叠加得

$$u = u' + u'' = \frac{R_4}{R_2 + R_4}U_s + \frac{R_2 R_4}{R_2 + R_4}I_s = \frac{R_4}{R_2 + R_4}(U_s + R_2 I_s)$$

【例 5-2】 图 5-3 所示的电路中，方框 N 内表示任意线性有源电路。现保持方框内电源不变，改变 U_s 大小，当 $U_s = 10V$ 时，$I = 1A$；$U_s = 20V$ 时，$I = 1.5A$。试问 $U_s = 30V$ 时，I 为多少？

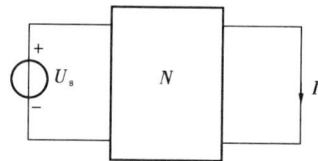

图 5-3　［例 5-2］电路

解　将激励分为两组，U_s 不作用，N 全部电源作用产生电流 I'，它与 U_s 变化无关；N 内全部电源置零而 U_s 单独作用产生电流 $I'' = kU_s$。故 I 表示为 $I = kU_s + I'$，代入已知条件得

$$1 = 10k + I'$$
$$1.5 = 20k + I'$$

解得 $k = 0.05S$，$I' = 0.5A$。所以当 $U_s = 30V$ 时，可得

$$I = 0.05 \times 30 + 0.5 = 2A$$

【例 5-3】 电路如图 5-4 所示，试用叠加定理计算电流 I。

解　电路中含有受控源时，叠加定理仍然适用。只是受控电源要像电阻一样保留在各个等效分电路中。

首先，10V 电压源单独作用时，等效电路如图 5-4 (b) 所示。由 KVL 得

$$(2+1)I' + 2I' = 10$$

解得

$$I' = 2A$$

3A 电流源单独作用时，等效电路如图 5-4 (c) 所示。设 1Ω 中电流为 I_1，方向如图所示。由 KCL 和 KVL 得

图 5-4 [例 5-3] 电路图
(a) 原电路；(b) 电压源作用时；(c) 电流源作用时

$$I_1 + I'' + 3 = 0$$
$$2I'' = I_1 - 2I''$$

解得

$$I'' = -0.6\text{A}$$
$$I = I' + I'' = 2 - 0.6 = 1.4(\text{A})$$

【例 5-4】 试求图 5-5 梯形电路中的支路电流 I_5。

解 因为电路中只有一个激励，由线性电路的特性可知，响应与激励成正比，即

$$I_5 = kU_s$$

可先设末端电流 $I_5' = 1\text{A}$，倒推至激励源处求出 U_s'，由于 $U_s' = kI_5'$，可得比例系数 k，再根据实际电压源 U_s 的数值确定出响应 I_5。具体解法如下：

图 5-5 [例 5-4] 图

设 $I_5' = 1\text{A}$，则 $I_4' = 2\text{A}$，

$$I_3' = I_4' + I_5' = 3(\text{A})$$
$$I_2' = \frac{3I_3' + 2I_4'}{1} = 13(\text{A})$$
$$I_1' = I_3' + I_2' = 16(\text{A})$$

求得 $U_s' = 3 \times I_1' + 1 \times I_2' = 61\text{V}$。这就是说当电源电压为 61V 时，响应 I_5' 为 1A，由此确定出比例系数

$$k = \frac{I_5'}{U_s'} = \frac{1}{61}$$

则当 $U_s = 100\text{V}$ 时，

$$I_5 = k100 = \frac{100}{61} = 1.64(\text{A})$$

本例采用的从末端倒推至激励端的计算方法称为"倒退法"，这种基于电路线性特性的分析方法称为齐性定理。

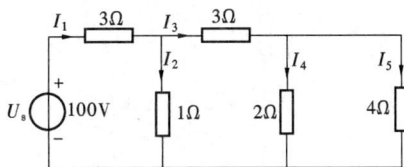

5.2 替 代 定 理

替代定理可表述为：对于任意给定电路，如若电路中的第 k 条支路的电压 U_k 和电流 I_k 为已知，则该支路可用一个电压等于 U_k 的电压源 U_s，或电流等于 I_k 的电流源 I_s 替代，替代后电路中的所有的电压、电流均保持原值。

若该支路的 U_k 和 I_k 均不为零，除可用电压源或电流源替代外，还可用电阻值等于 U_k/I_k 的电阻 R 替代。

若电路中含有非线性元件，且它的电压或电流已知，也可以用电压源或电流源替代非线性元件，从而把非线性电路转变为线性电路。这样就可以用线性电路的各种计算方法求解电路中其他元件的电压和电流。

应用替代定理进行替代的惟一条件是电路变量有惟一解。作为替代定理应用的特例，当电路中任意支路电流为零时，该支路可用开路替代，任意两点间电压为零时，该支路可用短路替代，这样替代之后不会影响电路中其他部分的电压和电流。

图 5-6 是替代定理的一个示例。图 5-6（a）中，已求得 $I_1=2A$，$I_2=1A$，支路 3 的电压为 $U_3=8V$，电流为 $I_3=1A$。现将支路 3 分别用 8V 电压源和 1A 电流源替代，可得到图 5-6（b）和图 5-6（c）。

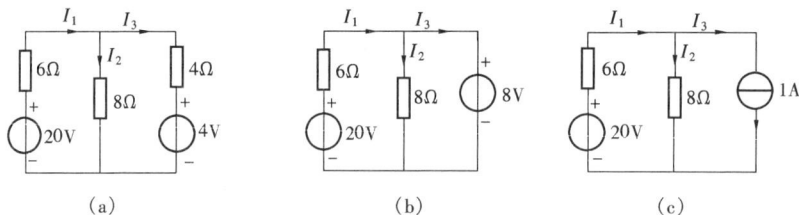

图 5-6 替代定理示例
(a) 替代定理应用电路；(b) 用电压源替代；(c) 用电流源替代

不难求得图 5-6（b）、(c) 中其他部分的电压、电流均不改变。例如图 5-6（b）中的电流有

$$I_1 = \frac{20-8}{6} = 2(\text{A}), I_2 = \frac{8}{8} = 1(\text{A})$$

图 5-6（c）中的电流为

$$I_1 = \frac{20}{6+8} + 1 \times \frac{8}{6+8} = 2(\text{A}), I_2 = I_1 - 1 = 1(\text{A})$$

可见替代方法并不改变电路中各节点的 KCL 和各回路的 KVL，这种替代是有效的。

【例 5-5】 已知图 5-7（a）所示电路中，$I=2A$，试求电阻 R。

解 电阻中的电流已知，只要求出它两端的电压（即节点 3 的电压），就可以求出电阻。利用替代定理，将电阻支路用 2A 电流源替代，得到图 5-7（b）。用节点法列方程

$$U_{n1} = 12$$

$$-\frac{1}{5}U_{n1} + \left(\frac{1}{5} + \frac{1}{2}\right)U_{n2} - \frac{1}{2}U_{n3} = -1 - \frac{10}{2}$$

$$-\frac{1}{2}U_{n1} - \frac{1}{2}U_{n2} + \left(\frac{1}{2} + \frac{1}{2}\right)U_{n3} = \frac{10}{2} - 2$$

解得

$$U_{n3} = 10\text{V}$$

所以

$$R = \frac{10}{2} = 5(\Omega)$$

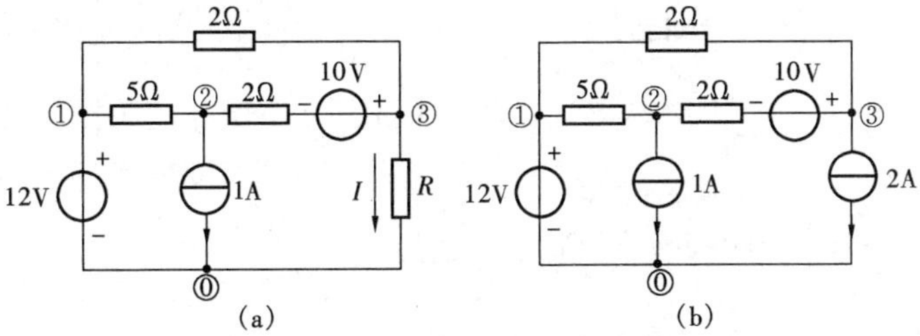

图 5-7　[例 5-5]电路图
(a) 原电路；(b) 替代后的电路

5.3　戴维南定理和诺顿定理

电路或网络向外引出一对端钮，这对端钮可用来与外电路连接，也可用来连接测量仪表等。当这对端钮满足它的一个端钮流出的电流等于从另一个端钮流入的电流时，这对端钮就称为端口，其对应的网络称为二端网络（或称一端口网络）。内部含有独立源的二端网络称为有源二端网络，不含独立源的二端网络称为无源二端网络，它们分别用符号 N_s 和 N_0 表示，见图 5-8 (a)、(b)。

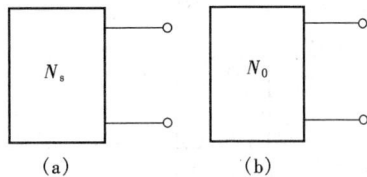

一个不含独立源、仅含电阻和受控源的无源二端网络，其端口电压、电流的比值是一个常量，这个常量仅与端口的结构和参数有关，称为该端口的输入电阻。表明无源二端网络的最简单的等效电路是一个电阻元件。

图 5-8　一端口网络
(a) 有源二端网络；(b) 无源二端网络

那么对于一个既含独立源又含电阻和受控源的含源二端网络，它的最简等效电路是什么？这就是戴维南定理和诺顿定理要回答的问题。

5.3.1　戴维南（Thevenin）定理

戴维南定理指出：任意含有独立源和线性电阻的有源二端网络，对外电路而言，可以用一个电压源和电阻的串联支路等效；电压源电压等于二端网络端口开路时的开路电压，电阻等于将二端网络内全部电源置零后的输入电阻。这个电压源与电阻串联的电路称为戴维南等效电路，见图 5-9 (d)。

图 5-9 (a) 为线性有源二端网络 N_s 与外电路的连接。根据戴维南定理，它最终可等效成图 5-9 (d) 所示，其中开路电压 U_{OC} 是将含源二端网络的端钮 1-1′ 断开而求得的，如图 5-

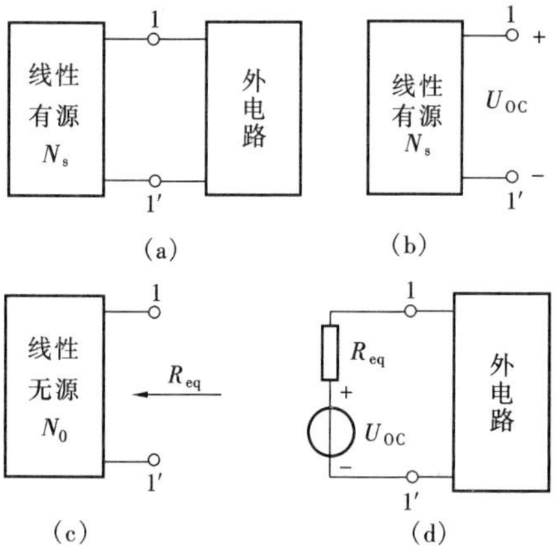

图 5-9 戴维南定理

（a）有源二端网络；（b）有源二端网络的开路；

（c）二端网络的输入电阻；（d）戴维南等效电路

9（b）所示；输入电阻 R_{eq} 是将含源二端网络内部电源全部置零，成为无源网络 N_0 后，求其等效电阻而得到，如图 5-9（c）所示。从全部等效过程可知，它是对外电路等效的。

戴维南定理的证明：设线性含源二端网络 N_s 外接电阻 R_0 时，端钮的电流为 I，电压为 U，如图 5-10（a）所示。根据替代定理，用 $I_s = I$ 的电流源替代电阻 R_0，替代后的电路如图 5-10（b）所示。应用叠加定理，等效分电路如图 5-10（c）和（d）所示。在图 5-10（c）中，当电流源不作用而 N_s 中全部电源作用时，$U' = U_{OC}$；在图 5-10（d）中，当 I_s 单独作用而 N_s 中全部电源置零时，N_s 成为 N_0，N_0 是与 N_s 对应的无源二端网络，设其等效电阻为 R_{eq}。此时有 $U'' = -R_{eq}I$。

根据叠加定理，图 5-10（a）二端网络的电压、电流关系为

$$U = U' + U'' = U_{OC} - R_{eq}I$$

按此式可构成图 5-10（e）所示的等效电路，戴维南定理得证。

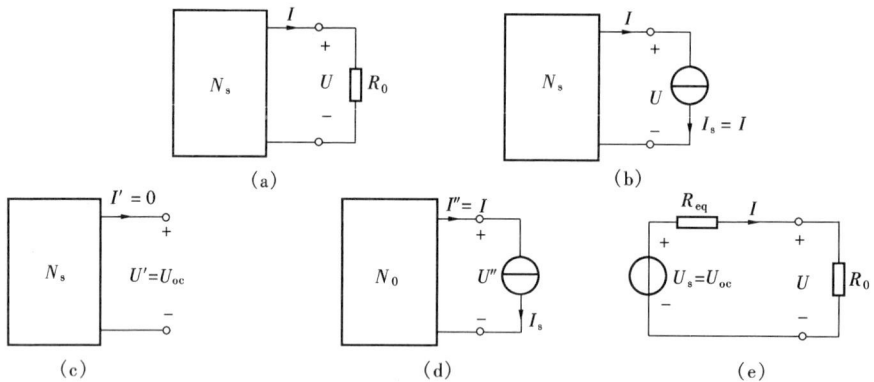

图 5-10 戴维南定理的证明

（a）有源二端网络接有电阻；（b）电阻用电流源替代；

（c）有源网络作用时；（d）电流源作用时；（e）戴维南等效电路

应用戴维南定理分析电路，关键是要求出有源二端网络端口的 U_{OC} 和 R_{eq} 两个参数。

U_{OC} 的计算方法是：将外电路断开，并将端口 $1-1'$ 开路，用线性电路的分析方法计算含源二端网络 N_s 端口处的电压。

R_{eq} 的计算可采用下面三种方法：

（1）将有源二端网络 N_s 内部电源全部置零后，得到无源二端网络 N_0，用电阻的串联、并联或 Y—△等效变换的方法求出等效电阻 R_{eq}。

（2）将有源二端网络 N_s 内部电源全部置零后，得到无源二端网络 N_0，在端口处外接电压源 U，计算（或测出）端口处的电流 I，则等效电阻 $R_{eq} = U/I$。

（3）有源二端网络 N_s 内部电源保持不变，将端口 $1—1'$ 短路。计算或测量出短路电流 I_{sc}，则等效电阻 $R_{eq} = U_{oc}/I_{sc}$。

戴维南定理可用来求解电路中某一支路的电压和电流。方法是将该支路以外的部分看成一个线性有源二端网络，将有源二端网络用戴维南等效电路替换后与待求支路构成单回路，使问题转化为求单回路的电流和电压，从而简化了复杂电路的计算。

【例 5-6】 求图 5-11（a）所示电路的戴维南等效电路。

解 由图 5-11（a）求 a、b 端钮间的开路电压。

$$U_{oc} = \frac{12}{6+3} \times 3 + 4 = 8(V)$$

将两个电压源置零，得到无源二端网络如图 5-11（b）。求得等效电阻为

$$R_{eq} = \frac{6 \times 3}{6+3} = 2(\Omega)$$

图 5-11

图 5-11 ［例 5-6］图
(a) 有源二端网络的开路电压；(b) 求输入电阻的电路；(c) 戴维南等效电路

图 5-11（c）即为所求的戴维南等效电路。

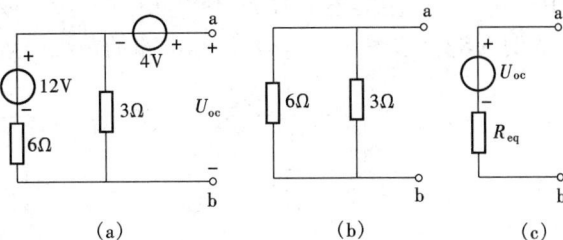

5.3.2 诺顿（Norton）定理

诺顿定理指出：任意含有独立源和线性电阻的有源二端网络，对外电路而言，可以用一个电流源和电阻的并联组合等效替代。电流源的电流等于有源二端网络的端口短路电流，电阻等于将有源二端网络中全部电源置零后的输入电阻（即戴维南等效电阻）。

这种电流源和电阻的并联组合称为诺顿等效电路。戴维南定理和诺顿定理统称为等效电源定理或等效发电机定理。这两种等效电路共有 U_{oc}、R_{eq}、I_{sc} 三个参数，它们的关系为 $U_{oc} = R_{eq}I_{sc}$。

【例 5-7】 在图 5-12（a）所示电路中，试求 15Ω 电阻中的电流。

图 5-12

图 5-12 ［例 5-7］电路图
(a) 原电路；(b) ab 端左侧等效电路；
(c) cd 端左侧等效电路；(d) 诺顿等效电路

解 短路电流的计算分两步进行，首先对 a、b 左边电路应用诺顿定理，见图 5-12（b）。

$$I_{sc1} = 2 + \frac{10}{10} = 3(A)$$

$$R_{ab} = 10\Omega$$

得到图 5-12（c）的等效电路。再对该等效电路应用诺顿定理，有

$$I_{sc2} = 2 + \frac{10}{10+5} \times 3 = 4(A)$$

$$R_{cd} = (10+5) = 15(\Omega)$$

最后得到图 5-12（d）。由此图求得

$$I = 4 \times \frac{15}{15+15} = 2(\text{A})$$

5.3.3　含有受控源的戴维南、诺顿定理的应用

对于含有受控源的有源二端网络，应用戴维南定理或诺顿定理时，开路电压 U_{OC} 的计算与不含受控源的电路没有区别。但在计算输入电阻 R_{eq} 时，受控源应视为无源元件保留在电路中，并且只能用前述求 R_{eq} 三种方法中的（2）或（3）求解。

【例 5-8】 求图 5-13（a）所示电路的戴维南等效电路。

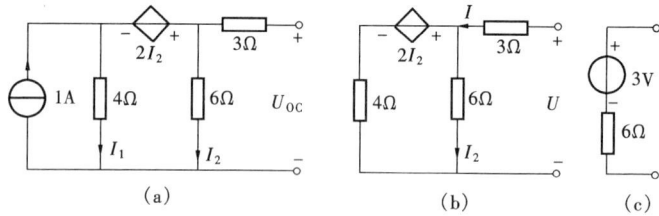

图 5-13　[例 5-8] 电路图
(a) 原电路求开路电压；(b) 外加电压求输入电阻；(c) 戴维南等效电路

解　设图 5-13（a）中 4Ω 电阻的电流为 I_1，根据 KCL 和 KVL 有

$$I_1 + I_2 = 1$$
$$4I_1 - 6I_2 + 2I_2 = 0$$

解得　$I_1 = 0.5\text{A}$，$I_2 = 0.5\text{A}$，所以，开路电压为

$$U_{OC} = 6I_2 = 3(\text{V})$$

根据 R_{eq} 的计算方法（2），用图 5-13（b）所示电路。要注意的是端口电压 U 和端口电流 I 对端口而言应取关联方向。对图 5-13（b）的两个网孔分别列 KVL，得

$$U = 3I + 6I_2$$
$$6I_2 = 2I_2 + 4(I - I_2)$$

联立解得 $U = 6I$，于是

$$R_{eq} = \frac{U}{I} = 6(\Omega)$$

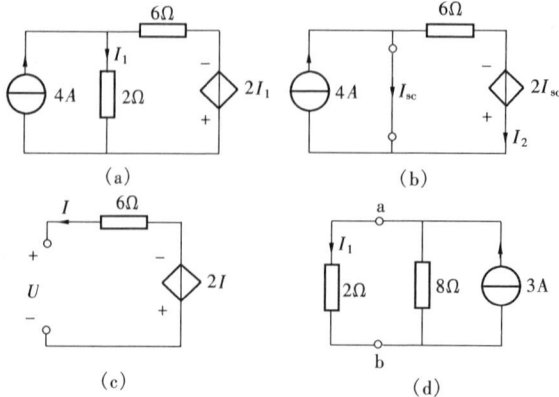

(a)　　　　　(b)

(c)　　　　　(d)

图 5-14　[例 5-9] 电路图
(a) 原电路；(b) 求短路电流；(c) 求输入电阻；(d) 等效电路

戴维南等效电路如图 5-13（c）所示。

【例 5-9】 用诺顿定理求图 5-14（a）电路的电流 I_1。

解　将图 5-14（a）中 2Ω 电阻视为外电路形成有源二端网络，将端口短接如图 5-14（b）所示。可解得

$$I_2 = \frac{2I_{sc}}{6} = \frac{1}{3}I_{sc}$$

再由 KCL 得 $I_{sc} + I_2 = 4$，于是

$$I_{sc} = 3\text{A}$$

为了求输入电阻，将电流源置零，得到图 5-14（c）电路，由 KVL 得

$$U = -6I - 2I = -8I$$

于是输入电阻为

$$R_{eq} = -\frac{U}{I} = 8(\Omega)$$

诺顿等效电路如图 5-14 (d) 所示。求得电流 I_1 的值为

$$I_1 = \frac{8}{2+8} \times 3 = 2.4(A)$$

戴维南定理和诺顿定理在电路分析中应用广泛，它尤其适合以下情况：
(1) 只计算网络中某一支路的电压和电流。
(2) 分析某一元件参数变动的影响。
(3) 分析含有一个非线性元件的电路。

上述第一种情况在前面的例子已经说明；第二种情况可用于分析电路中某一电阻获得最大功率或分析测量仪表引起的测量误差；至于第三种情况则是指除了一个非线性电阻元件（或电感、电容元件）外，网络的其余部分是由独立源、线性电阻和受控源所构成的线性有源二端网络。将非线性元件作为外电路，有源二端网络可以用戴维南定理等效，于是简化了电路分析（见非线性电路的分析）。

【例 5-10】 图 5-15 (a) 的有源二端网络外接可调电阻 R，当 R 等于多少时，它可从电路中获得最大功率？求此最大功率。

解 有源二端网络的戴维南等效电路参数为

$$U_{oc} = 4V$$
$$R_{eq} = 4k\Omega$$

电路简化为图 5-14 (b)，电阻 R 的改变不会影响原二端网络的参数，因此求得电阻 R 吸收的功率为

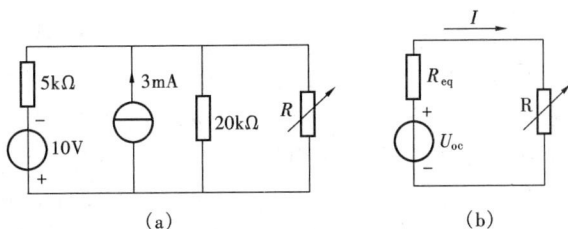

图 5-15 ［例 5-10］电路图
(a) 原电路；(b) 戴维南定理等效电路

$$P = RI^2 = \left(\frac{U_{oc}}{R_{eq} + R}\right)^2 R$$

要使 P 为最大，应使 $dP/dR = 0$，即

$$\frac{dP}{dR} = U_{oc}^2 \left[\frac{(R_{eq}+R)^2 - 2(R_{eq}+R)R}{(R_{eq}+R)^4}\right] = \frac{U_{oc}^2 (R_{eq}-R)}{(R_{eq}+R)^3} = 0$$

由此可得 P 为最大时的 R 值为

$$R = R_{eq} \tag{5-6}$$

本题中 $R_{eq} = 4k\Omega$。就是说，当外接负载电阻值等于二端网络的输入电阻时，它将获得最大功率。其值为

$$P = \frac{U_{oc}^2}{4R_{eq}} = 1mW$$

最大功率传输问题的结论具有一般性。当负载电阻满足 $R = R_{eq}$ 的条件时，负载将获得最大功率，此时称负载电阻与二端网络的输入电阻匹配。在电信工程中，由于信号一般很微弱，常要求从信号源获得最大功率，应在匹配条件下工作，但此时的传输效率很低（只有50%）。在电力系统中，输送的功率很大，传输效率非常重要，一般不要求在匹配条件下

工作。

5.4　特　勒　根　定　理

基于基尔霍夫定律的特勒根定理，是对集中参数电路普遍适用的基本定理。它与基尔霍夫定律一样，只与网络的拓扑结构有关，而与网络中元件的性质无关。无论是线性、非线性、时变、定常网络，特勒根定理都适用。

5.4.1　特勒根定理的两种形式

特勒根定理有两种形式。

特勒根定理 1：在具有 n 个节点 b 条支路的网络中，设各支路电压、电流取关联参考方向，支路电压表示为 $u_1, u_2, \cdots, u_b$，支路电流表示为 $i_1, i_2, \cdots, i_b$，在任何瞬时，有

$$\sum_{k=1}^{b} u_k i_k = 0 \tag{5-7}$$

设支路电压、电流用 b 阶列向量表示，$\boldsymbol{u} = [u_1, u_2, \cdots, u_b]^{\mathrm{T}}, \boldsymbol{i} = [i_1, i_2, \cdots, i_b]^{\mathrm{T}}$，式（5-7）表示为矩阵形式

$$\boldsymbol{u}^{\mathrm{T}} \boldsymbol{i} = 0 \tag{5-8}$$

证明：设节点电压用 $n-1$ 阶列向量表示为 $v = [v_1, v_2, \cdots, v_{n-1}]^{\mathrm{T}}$，则根据支路电压与节点电压的关系式（1-46），有

$$\boldsymbol{u} = \boldsymbol{A}^{\mathrm{T}} v$$

代入式（5-8），有

$$\boldsymbol{u}^{\mathrm{T}} \boldsymbol{i} = (\boldsymbol{A}^{\mathrm{T}} v)^{\mathrm{T}} \boldsymbol{i} = v^{\mathrm{T}} \boldsymbol{A} \boldsymbol{i}$$

根据用关联矩阵表示的 KCL 式（1-45），即 $\boldsymbol{A} \boldsymbol{i} = \boldsymbol{0}$，所以有

$$\boldsymbol{u}^{\mathrm{T}} \boldsymbol{i} = \boldsymbol{0}$$

特勒根定理表明，在一个网络 N 中，任何瞬时各支路电压和电流乘积的代数和恒等于零，即各支路吸收的功率的代数和等于零，这是功率守恒的体现。故特勒根定理 1 又称为功率守恒定理。

特勒根定理 2：设网络 N 和 $\hat{N}$，它们具有相同的拓扑结构，网络 N 和 $\hat{N}$ 具有相同的 n 个节点和 b 条支路，但支路的性质可以不同。如果两个网络的支路电压和支路电流分别用 $(u_1, u_2, \cdots, u_b)$ 和 $(i_1, i_2, \cdots, i_b)$ 及 $(\hat{u}_1, \hat{u}_2, \cdots, \hat{u}_b)$ 和 $(\hat{i}_1, \hat{i}_2, \cdots, \hat{i}_b)$ 表示，在任何瞬时，有

$$\sum_{k=1}^{b} u_k \hat{i}_k = 0 \text{ 或 } \sum_{k=1}^{b} \hat{u}_k i_k = 0 \tag{5-9}$$

矩阵形式为

$$\boldsymbol{u}^{\mathrm{T}} \hat{\boldsymbol{i}} = \boldsymbol{0} \text{ 或 } \hat{\boldsymbol{u}}^{\mathrm{T}} \boldsymbol{i} = \boldsymbol{0} \tag{5-10}$$

证明：证明方法同特勒根定理 1，式（5-10）可表示为

$$\boldsymbol{u}^{\mathrm{T}} \hat{\boldsymbol{i}} = [\boldsymbol{A}^{\mathrm{T}} v]^{\mathrm{T}} \hat{\boldsymbol{i}} = v^{\mathrm{T}} \boldsymbol{A} \hat{\boldsymbol{i}}$$

由于网络 N 和 $\hat{N}$ 具有相同的拓扑图，所以它们的关联矩阵相同，即 $\boldsymbol{A} = \hat{\boldsymbol{A}}$，根据 KCL 的矩阵形式有

$$A\hat{i} = A\hat{i} = 0$$

结果得证。

特勒根定理 2 说明，两个网络只要具有相同的拓扑结构，尽管支路性质不同，它们的电压与电流存在着一种数学关系，即网络 N 中的支路电压（或电流）与网络 $\hat{N}$ 中对应的支路电流（或电压）乘积的代数和恒等于零。由于支路电压和支路电流不属于同一网络，故其乘积虽然具有功率的单位但不具有功率的意义，故称其为"似功率定理"。由于定理对支路没有限制，所以是普遍适用的。

下面通过示例来验证定理 2 的正确性。图 5-16 为两个不同的直流电路，它们的拓扑结构完全相同，但各支路内容可以完全不同。支路计算结果见表 5-1。

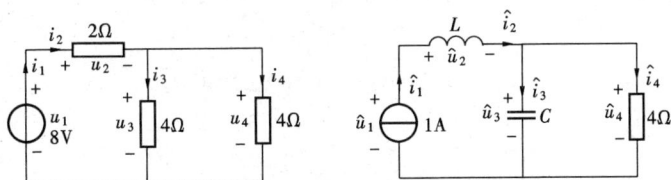

图 5-16 特勒根定理 2 示例

表 5-1 支路计算结果

支路 \ u, i	u_k/V	i_k/A	$\hat{u}_k/V$	$\hat{i}_k/A$
1	-8	2	-4	1
2	4	2	0	1
3	4	1	4	0
4	4	1	4	1

由表 5-1 可得出

$$\sum_{k=1}^{4} u_k i_k = -8 \times 2 + 4 \times 2 + 4 \times 1 + 4 \times 1 = 0$$

$$\sum_{k=1}^{4} \hat{u}_k \hat{i}_k = -4 \times 1 + 0 \times 1 + 4 \times 0 + 4 \times 1 = 0$$

$$\sum_{k=1}^{4} \hat{u}_k i_k = -4 \times 2 + 0 \times 2 + 4 \times 1 + 4 \times 1 = 0$$

$$\sum_{k=1}^{4} u_k \hat{i}_k = -8 \times 1 + 4 \times 1 + 4 \times 0 + 4 \times 1 = 0$$

5.4.2 特勒根定理的应用

特勒根定理可以用来证明网络的其他定理（如下节的互易定理），也可以直接用于电路分析。现举一例如下。

【例 5-11】 图 5-17（a）中 N 与 $\hat{N}$ 为结构相同的线性电阻无源网络，测得 $u_{s1} = 20V$，i_1

$=10A$，$i_2=2A$，在图 5-17（b）中，测得 $\hat{i}_1=4A$ 时，求 $\hat{u}_{s2}=?$

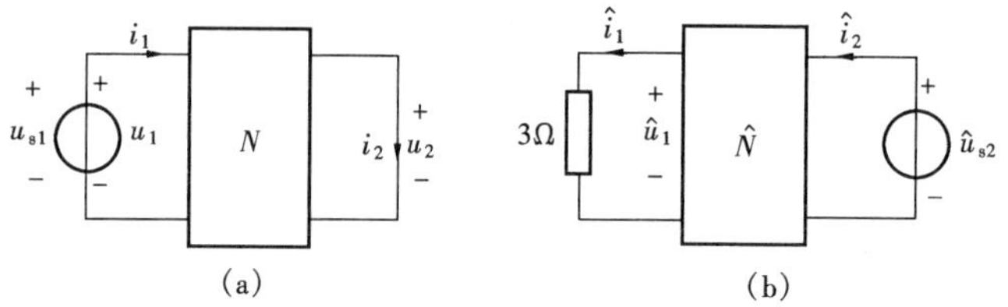

图 5-17　　［例 5-11］电路图

(a) 原电路；(b) 对应电路

解　对于电路 N：

$$u_1 = u_{s1} = 20\text{V}, i_1 = 10\text{A}, u_2 = 0, i_2 = 2\text{A}$$

对电路 $\hat{N}$：

$$\hat{u}_1 = 4\times 3 = 12(\text{V}), \hat{i}_1 = 4\text{A}$$

由 $\boldsymbol{u}\,\hat{\boldsymbol{i}}^{\text{T}} = 0$ 得

$$u_1\hat{i}_1 + u_2(-\hat{i}_2) + \sum_{k=3}^{b} u_k\hat{i}_k = 0$$

由 $\hat{\boldsymbol{u}}^{\text{T}}\boldsymbol{i} = 0$ 得

$$\hat{u}_1(-i_1) + \hat{u}_2(i_2) + \sum_{k=3}^{b} \hat{u}_k i_k = 0$$

由于网络 N 和 $\hat{N}$ 的内部结构相同，所以有

$$u_k\hat{i}_k = R_k i_k \hat{i}_k$$

$$\hat{u}_k i_k = \hat{R}_k \hat{i}_k i_k$$

因为 $R_k = \hat{R}_k$，所以

$$\sum_{k=1}^{2} u_k\hat{i}_k = \sum_{k=1}^{2} \hat{u}_k i_k \tag{5-11}$$

即

$$u_1\hat{i}_1 + u_2(-\hat{i}_2) = \hat{u}_1(-i_1) + \hat{u}_2 i_2 \tag{5-12}$$

代入数据得

$$20\times 4 = 12\times(-10) + 2\hat{u}_{s2}$$

所以

$$\hat{u}_{s2} = 100\text{V}$$

由本例可见，当网络 N 为线性无源电阻网络时，如果网络外部的支路仅参数发生变化（包括开路或短路）而结构保持不变时，特勒根定理可直接应用于网络的外部支路，即对外部支路直接应用式（5-12）。使用定理时应注意：对应支路的电压、电流应保持关联参考方向。

5.5　互　易　定　理

线性网络除具有叠加性之外还具有一个重要性质，那就是互易性。简略地说：互易性是指线性网络的激励和响应的位置可以互换。线性网络的这一性质可用互易定理描述。

5.5.1　互易定理的三种形式

一、互易定理第一种形式

图 5-18（a）电路中的网络 N 内仅含线性电阻，不含任何独立电源和受控源。在 1-1′ 端接入电压源激励 u_s，则在 2-2′ 端产生的响应为短路电流 i_2。如果将激励和响应互换位置，则得到图 5-18（b）。

对于图 5-18（a）、（b）应用特勒根定理，有：

$$u_1 \hat{i}_1 + u_2 \hat{i}_2 + \sum_{k=3}^{b} u_k \hat{i}_k = 0$$

$$\hat{u}_1 i_1 + \hat{u}_2 i_2 + \sum_{k=3}^{b} \hat{u}_k i_k = 0$$

因为网络 N 内部仅为线性电阻，所以 $u_k \hat{i}_k = R_k i_k \hat{i}_k$，$\hat{u}_k i_k = \hat{R}_k \hat{i}_k i_k (k = 3,4,\cdots,b)$，将它们分别代入上式，有

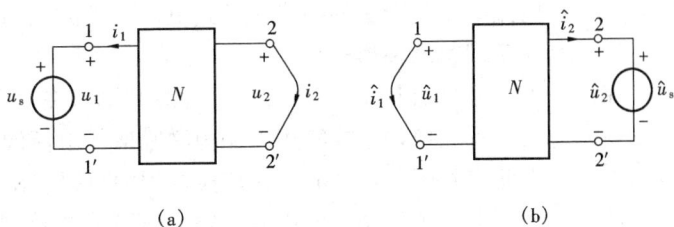

图 5-18　互易定理第一种形式
(a) 原电路；(b) 互易电路

$$u_1 \hat{i}_1 + u_2 \hat{i}_2 + \sum_{k=3}^{b} i_k R_k \hat{i}_k = 0$$

$$\hat{u}_1 i_1 + \hat{u}_2 i_2 + \sum_{k=3}^{b} \hat{i}_k R_k i_k = 0$$

故有

$$u_1 \hat{i}_1 + u_2 \hat{i}_2 = \hat{u}_1 i_1 + \hat{u}_2 i_2 \tag{5-13}$$

式（5-13）与式（5-12）实质上是一样的，即特勒根定理可直接应用于网络的外部支路。对图 5-18（a）和（b）来说，$u_1 = u_s, u_2 = 0$ 及 $\hat{u}_1 = 0, \hat{u}_2 = \hat{u}_s$。代入式（5-13）得

$$u_s \hat{i}_1 = \hat{u}_s i_2$$

即

$$\frac{i_2}{u_s} = \frac{\hat{i}_1}{\hat{u}_s}$$

如果 $u_s = \hat{u}_s$，则 $i_2 = \hat{i}_1$。这就是互易定理的第一种形式，即在线性电阻电路中，单一电压源激励产生的响应如果是电流，则激励与响应的位置可以互换。

二、互易定理第二种形式

图 5-19（a）电路中在 1-1′ 端接入电流源 i_s，2-2′ 端为开路，则电流源 i_s 在 2-2′ 端产生的响应为开路电压 u_2。若把电流源移至 2-2′ 端并将 1-1′ 端开路，即激励 i_s 与响应（开

路电压 u_2) 的位置互换，则得到图 5-19 (b)。

对图 5-19 应用特勒根定理，考虑到 $i_1 = -i_s, i_2 = 0, \hat{i}_1 = 0, \hat{i}_2 = -\hat{i}_s$，代入到式（5-13）中有

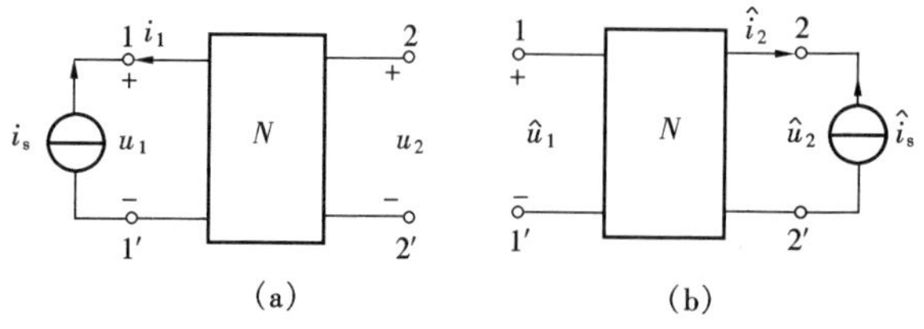

图 5-19　互易定理第二种形式
(a) 原电路；(b) 互易电路

$$u_2 \hat{i}_s = \hat{u}_1 i_s$$

即

$$\frac{u_2}{i_s} = \frac{\hat{u}_1}{\hat{i}_s}$$

如果 $i_s = \hat{i}_s$，则 $u_2 = \hat{u}_1$。这就是互易定理的第二种形式。即在线性电阻电路中，若单一电流源激励产生的响应为开路电压，则激励与响应的位置可以互换。

三、互易定理第三种形式

在图 5-20 (a) 电路中，1-1′端为电流源激励，在 2-2′端产生的响应为短路电流。现将激励与响应的位置互换，互换时用电压源激励取代电流源激励，同时响应也由短路电流变为开路电压，由此得到图 5-20 (b)。在转换过程中可以看出，若将图 5-20 (a)、(b) 两图中的独立源去除（即电流源开路，电压源短路）则两个电路是完全相同的，这一点在图 5-18 和图 5-19 中也是一样的。

对图 5-20 应用特勒根定理，考虑到 $i_1 = -i_s, u_2 = 0, \hat{i}_1 = 0, \hat{u}_2 = \hat{u}_s$，代入到式（5-13）中有

$$-\hat{u}_1 i_s + \hat{u}_s i_2 = 0$$

即

$$\frac{i_2}{i_s} = \frac{\hat{u}_1}{\hat{u}_s}$$

如果在数值上 $i_s = \hat{u}_s$，则有 $i_2 = \hat{u}_1$。这是互易定理的第三种形式。互易定理的第三种形式可以描述为：线性电阻电路中只有一个电流源激励于结点 1-1′时，在另一对节点 2-2′上产生的电流值，等于其值与电流源相等的电压源作用于 2-2′节点上，而在 1-1′间产生的电压值。

由上述互易定理的三种形式可见，对于线性电阻网络，在一个独立源作用下，当激励与响应互换位置，将不改变同一激励所产生的响应。网络的这种性质称为互易性，具有互易性的网络称为互易网络。

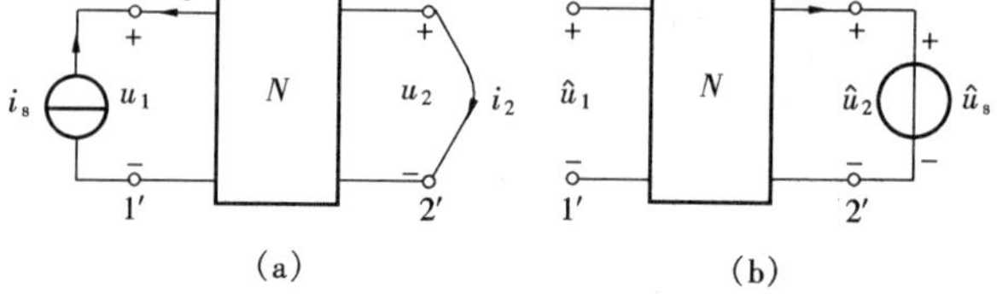

需要指出的是：互易定理不仅适用于线性电阻电路，而且适用于一切由线性电阻、电容和电感（包括自感和互感）组成的网络。

图 5-20　互易定理第三种形式
(a) 原电路；(b) 互易电路

5.5.2　互易定理的应用

下面举例说明互易定理的应用。

【例 5-12】　电路如图 5-21 (a) 所示，求电流 i_2。

解　这是一复杂电路，要求 i_2 必须用复杂电路的求解方法。如果利用互易定理求解，可使复杂电路化简为简单电路。将 10V 电压源与 i_2 互换位置，如图 5-21（b）所示。利用电阻的串并联可求出 i_1，根据互易定理 $i_2 = i_1$。

由图 5-21（b）有

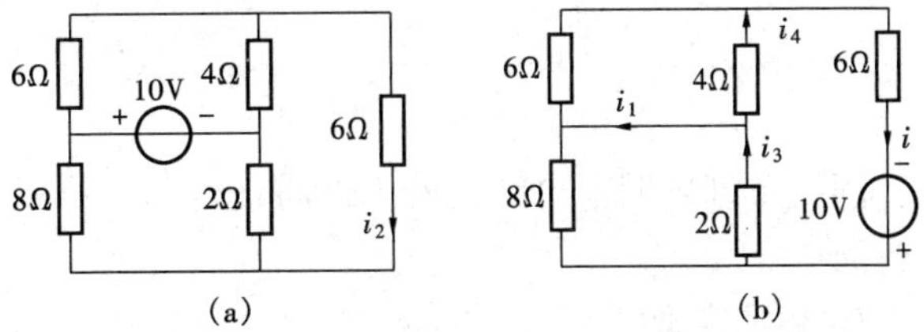

图 5-21　［例 5-12］电路图
(a) 原电路；(b) 互易电路

$$i = \frac{10}{6 + \dfrac{8 \times 2}{8 + 2} + \dfrac{6 \times 4}{6 + 4}} = 1(A)$$

$$i_3 = \frac{8}{8 + 2} \times 1 = 0.8(A)$$

$$i_4 = \frac{6}{6 + 4} \times 1 = 0.6(A)$$

$$i_1 = i_3 - i_4 = 0.2(A)$$

可知图 5-21(a) 中

$$i_2 = i_1 = 0.2(A)$$

【例 5-13】　对图 5-22（a）所示电路进行测量，将 2-2′ 开路，$R_3 = 30\Omega$，测得 $i_5 = 0.1A$，$i_6 = 0.4A$。对图 5-22（b）所示电路进行测量，将 1-1′ 开路，以同样的电流源接到 2-2′ 端，测得 $\hat{i}_4 = 0.1A$，$\hat{i}_6 = 0.2A$。试求电路中电阻 R_1 的值。

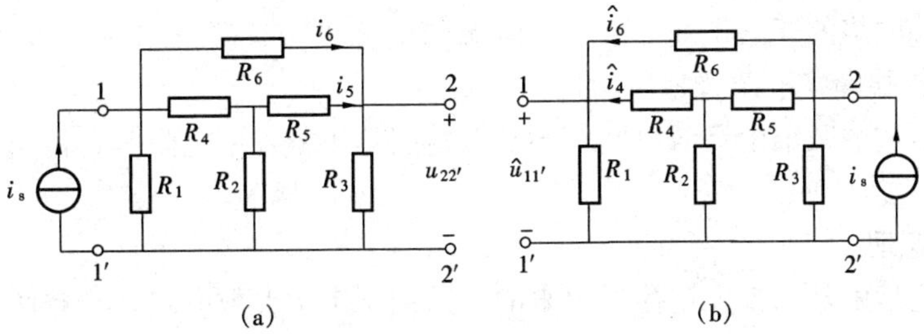

图 5-22　［例 5-13］电路图
(a) 原电路；(b) 互易电路

解　图 5-22（a）和（b）满足互易定理第二形式的应用条件，由互易定理可知

$$u_{22'} = \hat{u}_{11'}$$

即

$$(i_5 + i_6)R_3 = (\hat{i}_4 + \hat{i}_6)R_1$$

代入数据得

$$(0.1 + 0.4)30 = (0.1 + 0.2)R_1$$

解得

$$R_1 = 50\Omega$$

小　　结

网络定理阐明了电路的若干性质，可用于将复杂电路转化为简单电路，从而使电路分析更为简单。

1. 叠加定理

一个有多个独立源的电路，元件两端电压或流经元件的电流等于每个独立源单独作用而产生的电压或电流的代数和。

当电路只有一个独立源作用时，响应与激励成正比，这是齐性定理。

2. 替代定理

设给定电路中某条支路的电压或电流为已知，那么该支路就可以用一个电压量值等于该支路电压的电压源替代或用一个电流量值等于该支路电流的电流源替代。这样替代后电路中其余部分的电压和电流均保持原值。

若某支路的电压和电流均不为零，则该支路可用量值等于支路电压除以支路电流的电阻替代。

替代定理在戴维南定理的证明、电路的暂态分析以及二端口网络中均有应用。

3. 戴维南定理和诺顿定理

一个线性有源二端网络可以用一个电压源与电阻的串联等效，也可以用一个电流源与电阻的并联等效，前者为戴维南等效电路、后者为诺顿等效电路。戴维南等效电路的电压源电压等于有源二端网络的开路电压 U_{OC}，电流源的电流等于有源二端网络的短路电流 I_{SC}，电阻 R 等于有源二端网络电源置零后的输入电阻。

对于一个给定的戴维南等效电路，当负载电阻等于戴维南电阻时，传递到负载上的功率最大。

4. 特勒根定理

特勒根定理是由基尔霍夫定律导出来的，适用于集中参数电路，它有两种形式。

特勒根定理的第一种形式：在具有 b 条支路的网络中，各支路电压 u_k 和本支路电流 i_k 乘积的代数和恒等于零，即

$$\sum_{k=1}^{b} u_k i_k = 0$$

特勒根定理的第二种形式：设有两个网络 N 和 $\hat{N}$，它们的拓扑结构相同，若网络 N 某一支路电压和电流为 u_k 和 i_k，网络 $\hat{N}$ 的对应支路电压和电流为 $\hat{u}_k$ 和 $\hat{i}_k$，则有

$$\sum_{k=1}^{b} u_k \hat{i}_k = 0 \text{ 或 } \sum_{k=1}^{b} \hat{u}_k i_k = 0$$

5. 互易定理

网络的互易性是指：在一个独立源作用下，当激励和响应互换位置，将不改变同一激励所产生的响应。互易定理有三种形式：电压源形式；电流源形式；电压源置换电流源形式。

习 题 五

5-1 电路如图 5-23 所示，试应用叠加定理求电流 I 及理想电流源的电压 U。

5-2 应用叠加定理求图 5-24 所示电路的 U。

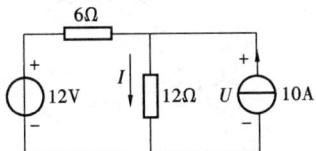

图 5-23 题 5-1 图   图 5-24 题 5-2 图

5-3 试用叠加定理求图 5-25 所示电路中电流源的电压 U。

5-4 试求图 5-26 所示电路中的电压 U。

图 5-25 题 5-3 图   图 5-26 题 5-4 图

5-5 用齐性定理求图 5-27 所示电路中电流 I。

5-6 电路如图 5-28 所示，其中 N_0 为无源网络。已知当 $U_s=10V$，$I_s=0A$ 时，测得 $U=10V$；当 $U_s=0V$、$I_s=1A$ 时，测得 $U=20V$。试求当 $U_s=20V$，$I_s=3A$ 时，U 为多少？

图 5-27 题 5-5 图   图 5-28 题 5-6 图

5-7 电路如图 5-29 所示，试用叠加定理求电流 I。

5-8 试用叠加定理求图 5-30 所示电路中的电流 I。

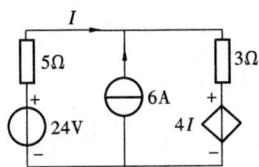 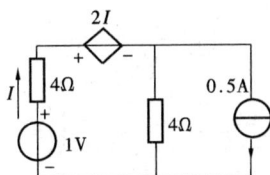

图 5-29 题 5-7 图   图 5-30 题 5-8 图

5-9 用叠加定理求图 5-31 所示电路的电压 U 和电流 I。

5-10 在图 5-32 所示的电路中，$U=5V$，试问 R 为多少？

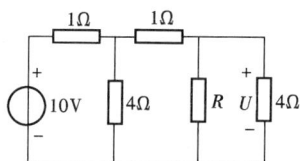

图 5-31　题 5-9 图　　　　　　　图 5-32　题 5-10 图

5-11　试求图 5-33 所示电路的戴维南等效电路。

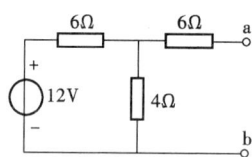

(a)　　　　　　　　　　(b)

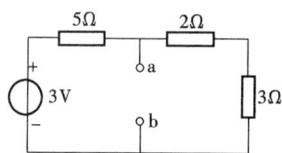

(c)　　　　　　　　　　(d)

图 5-33　题 5-11 图

5-12　求图 5-34 所示电路的戴维南等效电路。

5-13　试用戴维南定理求图 5-35 所示电路中的电流 I。

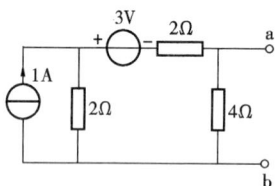

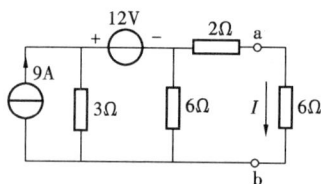

图 5-34　题 5-12 图　　　　　　　图 5-35　题 5-13 图

5-14　图 5-36 所示电路，试用：（1）叠加定理；（2）戴维南定理，求电流 I。

5-15　图 5-37 所示电路中，已知：当 $R=6\Omega$ 时，$I=2A$。试问：（1）当 $R=12\Omega$ 时，I 为多少？（2）R 为多大时，它吸收的功率最大，求此最大功率。

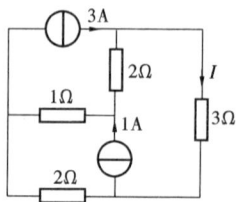

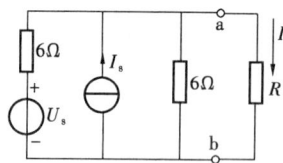

图 5-36　题 5-14 图　　　　　　　图 5-37　题 5-15、题 5-16 图

5-16 设图 5-37 所示电路中，$U_s = 6V$，$I_s = 1A$，求其诺顿等效电路。

5-17 图 5-38 所示电路，试求：题图 5-38（a）的戴维南等效电路；题图 5-38（b）的诺顿等效电路。

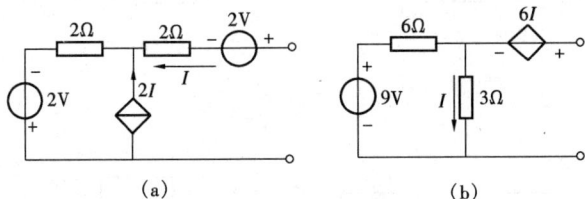

图 5-38 题 5-17 图

5-18 试用戴维南定理求图 5-39 所示电路的电流 I。

5-19 电路如图 5-40 所示，将 1A 电流源作为外电路，用戴维南定理求电压 U。

5-20 图 5-41 所示的电路中，已知 N 为无源电阻网络，当 $u_1 = 20V$，$R_2 = 5\Omega$ 时，测得 $i_1 = 2A$，$u_2 = 8V$；而当 R_2 改为 20Ω，u_1 改为 $16V$ 时，测得 $i_1 = 1A$，求此时的 u_2 为多少？

图 5-39 题 5-18 图   图 5-40 题 5-19 图

图 5-41 题 5-20 图   图 5-42 题 5-21 图

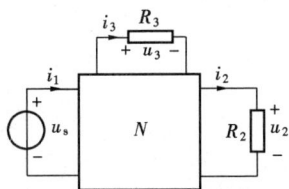

5-21 图 5-42 所示的电路中，N 为仅由电阻组成的无源线性网络。电源和电阻均为可调，在 u_s，R_2，R_3 为两组数值的情况下，分别进行两次测量，测得数据如下：

（1）当 $u_s = 3V$，$R_2 = 20\Omega$，$R_3 = 5\Omega$ 时，$i_1 = 1.2A$，$u_2 = 2V$，$i_3 = 0.2A$。

（2）当 $u_s = 5V$，$R_2 = 10\Omega$，$R_3 = 10\Omega$ 时，$i_1 = 2A$，$u_3 = 2V$。

试求第二种情况下的 i_2。

5-22 图 5-43 所示的网络 N 仅由电阻构成，在题图 5-43（a）中，已知 $u_2 = 6V$，求题图 5-43（b）中的 u_1'。

5-23 图 5-44 所示的网络 N 仅由电阻构成，已知题图 5-44（a）中电压 $u_1 = 1V$，电流 $i_2 = 0.5A$，求题图 5-44（b）中的 $\hat{i}_1$。

5-24 用互易定理计算图 5-45 所示电路中的电流 i。

5-25 试用互易定理第三形式求图 5-46 所示电路中直流电流表的读数。

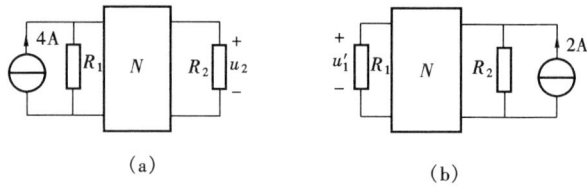

图 5-43 题 5-22 图

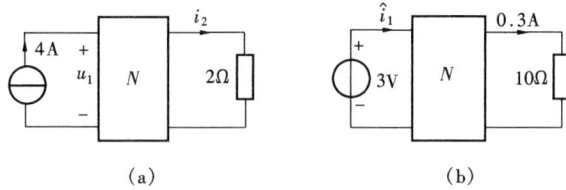

图 5-44 题 5-23 图

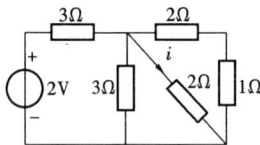

图 5-45 题 5-24 图

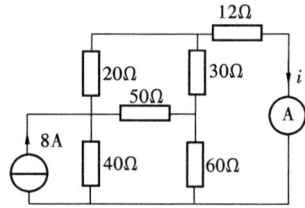

图 5-46 题 5-25 图

参 考 答 案

5-1　4A，48V

5-2　0

5-3　14.4V

5-4　7.67V

5-5　0.769A

5-6　80V

5-7　0.5A

5-8　0.3A

5-9　4A，−4V

5-10　12Ω

5-11　(a) 4.8V，8.4Ω；(b) 10V，3Ω；(c) 1.5V，2.5Ω；(d) 2V，4Ω

5-12　−0.5V，2Ω

5-13　1A

5-14　1.5A

5-15　(1) 1.2A；(2) 3Ω，27W

5-16 2A，3Ω

5-17 (a) 0，8Ω；(b) 1.5A，6Ω

5-18 $U_{OC}=20V$，$R_{eq}=14/3Ω$，$I=3A$

5-19 $U_{OC}=9V$，$R_{eq}=6Ω$，$U=15V$

5-20 10V

5-21 0.2A

5-22 3V

5-23 10.8A

5-24 0.222A

5-25 4A

第6章 正弦稳态电路分析

除了前几章讨论的直流电压和电流外，在工程实际中，还有大小和方向随时间周期性变化的电压和电流，将其统称为交流电，其中应用最广泛的是正弦交流电。

正弦稳态分析有广泛的工程应用和重要的理论意义：发电厂交流发电机产生正弦电压，电力系统大多数电路是正弦稳态电路，信号发生器常用的输出信号是正弦信号，无线电通信及广播中采用"高频载波"也是正弦波；利用傅里叶级数，一个周期性信号可以分解为一系列不同频率的正弦量，因此正弦稳态分析又是网络信号、非正弦周期性稳态电路分析的基础。

本章的核心是相量分析法，以电压相量、电流相量建立元件和电路的相量模型并定义出阻抗和导纳，从而把电阻电路的分析方法应用于分析正弦稳态电路。本章还对正弦稳态电路的功率、频率响应、谐振的有关问题进行分析讨论。

通过本章的学习，要求熟练掌握正弦交流电路的相量表示法和相量图的做法，以便能够直接利用直流电路的分析方法来分析计算正弦交流电路；掌握感抗、容抗、感纳、容纳以及复阻抗和复导纳的概念；掌握正弦交流电路中各种功率的概念，对较简单的正弦交流电路能够熟练的计算。

6.1 正弦量的基本概念

在电路的稳态分析中，如果电路中激励源的电压或电流是时间的周期性函数，且在一周期内的平均值等于零，就称该电路为交流电路，如果激励源的电压或电流是时间的正弦函数，则称这种电路为正弦交流电路。

6.1.1 正弦量的三要素

随时间按正弦规律变化的电压和电流分别称为正弦电压和正弦电流，正弦交流电路中的正弦量的时间函数可以用 sin 和 cos 两种形式表示，一般采用 sin 形式。以正弦电流为例，正弦量的解析函数式为

$$i = I_m \sin(\omega t + \varphi) \tag{6-1}$$

式（6-1）称为正弦电流的瞬时值表达式，其波形图如图 6-1 所示。

式（6-1）中，I_m 为电流的最大值或振幅，ω 为角频率，$(\omega t + \varphi)$ 称为相角或相位。

1. 瞬时值和最大值

正弦量任一时刻的值称为瞬时值；瞬时值中的最大值称为正弦量的振幅值，也称峰值。最大值通常用字母"m"为下标来表示，I_m、

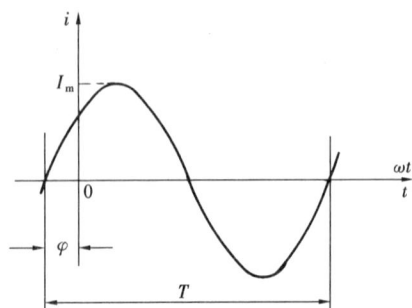

图 6-1　正弦电流波形

U_m 分别表示正弦电流和正弦电压的最大值。最大值表示正弦量瞬时值变化的范围或幅度。

2. 周期和频率

正弦量完成一次循环所需要的时间称为周期，通常用"T"表示，其单位为秒（s）。

正弦量每秒钟变化的周期数称为频率，用"f"表示，其单位为赫兹（Hz）。周期 T 与频率 f 的关系为

$$f = \frac{1}{T}$$

周期与频率表示正弦量变化的速度，周期越短，频率越高，变化的越快。直流量也可以看成 $f=0$（$T=\infty$）的正弦量。

我国和世界上大多数国家都采用 50Hz 作为电力工业的标准频率（美、日等少数国家采用 60Hz），习惯上称为工频。

3. 相位、角频率和初相

正弦量的解析式中的（$\omega t + \varphi$）称为相位角，简称相位或相角，相位的单位是弧度（rad）。正弦量在不同的瞬间，有着不同的相位，因而有着不同的瞬时值和变化趋势，所以，相位反映了正弦量的每一瞬时的状态和变化进程。

相位的变化速度

$$\frac{\mathrm{d}\,(\omega t + \varphi)}{\mathrm{d}t} = \omega$$

式中，ω 称为角频率或角速度，其单位是弧度 rad/s。经过一个周期，则有

$$\omega = 2\pi f = 2\pi/T \tag{6-2}$$

由式（6-2）可见，角频率是一个与频率成正比的常数。

$t=0$ 时，相位角为 φ，称为正弦量的初相角或称初相。初相反映了在计时起点处的状态，称为初始状态。正弦量的初相与计时起点（即波形图上的坐标原点）的选择有关。作波形图时，横坐标可以用 t，也可以用 ωt。

由于 $\sin(\omega t + \varphi) = \sin(\omega t + \varphi \pm 2\pi)$，为惟一确定正弦量的初相角，常取 $|\varphi| \leqslant \pi$。将波形图上靠近原点，波形由负变正与横坐标的交点称为波形的"起点"。显然，当 $\varphi > 0$ 时，波形"起点"在原点 0 左侧；$\varphi < 0$ 时，波形"起点"在原点 0 右侧。

正弦电压、电流的大小和实际方向都随时间 t 变化，在一定参考方向下，电压、电流在某时刻的数值若为正（负），表示该时刻其实际方向与参考方向相同（相反），因此，正弦稳态分析中，支路电压、电流的参考方向的设定是至关重要的。

综上所述，当正弦量的最大值、角频率、初相确定后，正弦量就惟一地确定了，故将最大值 I_m、角频率 ω、初相 φ 称为正弦量的三要素。

6.1.2　同频率正弦量的相位关系

在正弦稳态电路分析中，经常要比较同频率正弦量的相位关系。设任意两个同频率正弦电压如图 6-2 所示，两个正弦电压的瞬时表达式为

$$u_1 = U_{m1} \sin(\omega t + \varphi_1)$$

$$u_2 = U_{m2} \sin(\omega t + \varphi_2)$$

两个正弦电压之间的相角或相位之差称为相位差，用 φ 表示，即

$$\varphi = (\omega t + \varphi_1) - (\omega t + \varphi_2) = \varphi_1 - \varphi_2$$

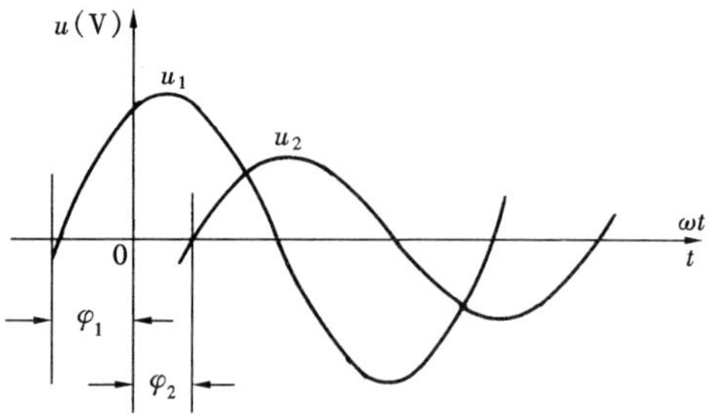

图 6-2　两个正弦电压的波形

可见，两个同频率正弦量的相位差任一时刻都是一个常数，等于它们的初相之差。当两个同频率正弦量的计时起点改变时，它们的初相也随之改变，但是两者的相位差却保持不变。

如果 $\varphi=\varphi_1-\varphi_2>0$，电压 u_1 到达最大值点的时间比 u_2 到达最大值的时间要早些，称为电压 u_1 的相角超前于电压 u_2 的相角一个角度 φ，简称 u_1 超前 u_2 角度 φ，或 u_2 滞后 u_1 角度 φ。

如果 $\varphi=\varphi_1-\varphi_2<0$，称 u_1 滞后 u_2 角度 $|\varphi|$，或 u_2 超前 u_1 角度 $|\varphi|$。如果 $\varphi=\varphi_1-\varphi_2=0$，称 u_1 与 u_2 同相位；如果 $\varphi=\varphi_1-\varphi_2=\pm\pi$，称 u_1 与 u_2 反相位；如果 $\varphi=\varphi_1-\varphi_2=\pm\pi/2$，称 u_1 与 u_2 正交。

为方便起见，常常有意规定电路中某一正弦电量的初相角为零，并将该正弦电量作为参考正弦量，这样，各正弦量的初相角就表明了它们与参考正弦量的超前或滞后的角度。

【例 6-1】 试求两个正弦电压 $u_1=-100\sin(\omega t-120°)$ V，$u_2=50\cos(\omega t-60°)$ V 的相位差。

解 首先把两个电压写成标准的解析式，求出各自的初相，然后再求相位差。

$$u_1=100\sin(\omega t-120°+180°)=100\sin(\omega t+60°)\ \text{V}$$

$$u_2=50\sin(\omega t-60°+90°)=50\sin(\omega t+30°)\ \text{V}$$

则有

$$\varphi_1=60°,\ \varphi_2=30°$$

$$\varphi=\varphi_1-\varphi_2=60°-30°=30°$$

【例 6-2】 设正弦电流为 $i_1=10\sin 314t$ A，$i_2=10\sin(314t-120°)$ A，$i_3=10\sin(314t+120°)$ A，如以 i_2 为参考正弦量，写出三个正弦电流的解析式。

解 由已知关系求出三个正弦电流的相位差为

$$\varphi_{12}=\varphi_1-\varphi_2=0°-(-120°)=120°$$

$$\varphi_{23}=\varphi_2-\varphi_3=-120°-120°=-240°+2\pi=120°$$

以 i_2 为参考正弦量，三个正弦电流的解析式为

$$i_2=10\sin 341t\ \text{A}$$

$$i_1=10\sin(314t+120°)\ \text{A}$$

$$i_3=10\sin(314t-120°)\ \text{A}$$

6.1.3　正弦量的有效值

周期性电压、电流的瞬时值都随时间变化，无论是测量和计算都不方便，因此，工程实

际中采用交流电的有效值来衡量电量的大小。

交流电的有效值是根据它的热效应定义的。如果某一交流电流 i 和一直流电流 I 分别流经同一电阻 R，在一个周期时间内所产生的热量相同，那么就把这个直流电流 I 叫做交流电流 i 的有效值。

设周期为 T 的周期性电流 i 通过线性时不变电阻 R 时，它在一个周期 T 内消耗的电能为

$$W_i = \int_0^T i^2 R \mathrm{d}t$$

设一直流电流 I，在相同的时间 T 内通过同一电阻 R，它消耗的能量为

$$W_I = I^2 RT$$

根据有效值的定义有 $W_i = W_I$，即

$$I^2 RT = \int_0^T i^2 R \mathrm{d}t$$

故交流电流 i 的有效值为

$$I = \sqrt{\frac{1}{T} \int_0^T i^2 \mathrm{d}t} \tag{6-3}$$

同理，交流电压的有效值为

$$U = \sqrt{\frac{1}{T} \int_0^T u^2 \mathrm{d}t} \tag{6-4}$$

式（6-3）、式（6-4）表明：交流电的有效值等于它的瞬时值的平方在一个周期内的平均值的算术平方根，所以有效值又称为方均根值。

对于正弦交流电流，以 $i = I_{\mathrm{m}} \sin(\omega t + \varphi)$ 代入式（6-3），它的有效值为

$$I = \sqrt{\frac{1}{T} \int_0^T i^2 \mathrm{d}t} = \sqrt{\frac{1}{T} \int_0^T I_{\mathrm{m}}^2 \sin^2(\omega t + \varphi) \mathrm{d}t}$$

$$= \sqrt{\frac{I_{\mathrm{m}}^2}{T} \int_0^T \frac{1}{2} \left[1 - \cos 2(\omega t + \varphi) \right] \mathrm{d}t} = \frac{I_{\mathrm{m}}}{\sqrt{2}} \tag{6-5}$$

同理

$$U = U_{\mathrm{m}} / \sqrt{2} \tag{6-6}$$

即正弦量的有效值等于它的最大值除以 $\sqrt{2}$，故又常将正弦量表示成 $i = \sqrt{2} I \sin(\omega t + \varphi)$。

交流电气设备铭牌上所标的电压值、电流值都是有效值；常用的 220V 和 380V 交流电压都是指有效值。有效值用大写字母表示，如 U、I 分别是电压、电流的有效值。在谈及交流电的数值时，如果没有特殊声明，都是指有效值。常用的交流电压表、电流表测量的也是有效值。

6.2　正弦量的相量表示法

在正弦稳态电路中，各支路电压、电流都是和正弦交流电源具有相同频率的正弦量，所不同的是它们的有效值（或最大值）和初相角。

6.2.1　电压、电流的相量表示

设正弦交流电的电流为

$$i = \sqrt{2} I \sin (\omega t + \varphi)$$

数学上的欧拉公式

$$e^{j\theta} = \cos\theta + j\sin\theta$$

式中：$j = \sqrt{-1}$。利用欧拉公式把复指数函数 $\sqrt{2} I e^{j(\omega t + \varphi)}$ 展开，则有

$$\sqrt{2} I e^{j(\omega t + \varphi)} = \sqrt{2} I \cos (\omega t + \varphi) + j\sqrt{2} I \sin (\omega t + \varphi)$$

比较可知，正弦电流 i 恰好等于复数 $\sqrt{2} I e^{j(\omega t + \varphi)}$ 展开项的虚部，即

$$i = \mathrm{Im} \left[\sqrt{2} I e^{j(\omega t + \varphi)} \right] = \sqrt{2} \mathrm{Im} \left[I e^{j\omega t} e^{j\varphi} \right] = \sqrt{2} \mathrm{Im} \left[\dot{I} e^{j\omega t} \right] \tag{6-7}$$

其中
$$\dot{I} = I e^{j\varphi} = I \angle \varphi \tag{6-8}$$

式（6-7）中，Im [ ] 是"取复数虚部"的意思，称为取虚部运算算子；$e^{j\omega t}$ 是一个随时间变化的复数，随着时间推移，它在复平面上是以原点为中心，以角速度 ω 逆时针旋转的单位矢量，故称 $e^{j\omega t}$ 为旋转因子。

$\dot{I}$ 是把正弦电流的有效值和初相角结合在一起的一个与时间无关的复常数，其模是电流的有效值，幅角是电流的初相角，两者正是正弦量的三要素。由于在正弦电路中，所有的电压、电流都是同频率的正弦量，当角频率 ω 给定时，它就完全确定了一个正弦量。对于一个正弦交流电路，频率常常是已知的，$\dot{I}$ 便是一个可以表示正弦量的复数。字母上的小圆点是用来说明表示正弦电流的这个复数不同于一般的复数，称为电流有效值相量或简称电流相量。

同理，对正弦电压有

$$u = \sqrt{2} U \sin (\omega t + \varphi_u)$$

电压有效值相量为

$$\dot{U} = U e^{j\varphi_u} = U \angle \varphi_u$$

也可以用最大值相量 $\dot{I}_m = I_m \angle \varphi_i$，$\dot{U}_m = U_m \angle \varphi_u$ 表示，显然最大值相量和有效值相量的关系为

$$\dot{I}_m = \sqrt{2} \dot{I} \quad \dot{U}_m = \sqrt{2} \dot{U} \tag{6-9}$$

式（6-7）建立了在给定频率下，一个相量和一个正弦量的一一对应关系，必须强调的是，相量与正弦量的关系是一种对应关系或变换关系，而不是相等关系，因为一个复常数不可能与一个时间的实函数相等。要写等号，只能写成式（6-7）的形式。

相量是复数，常用三种形式表达如下：

（1）指数型。例如：$\dot{U} = 5 e^{j53.1°}$ V

（2）极坐标型。例如：$\dot{U} = 5 \angle 53.1°$ V

（3）代数型。例如：$\dot{U} = 3 + j4$ V

相量是复数，可以将相量在复（数）平面上用有向线段来表示，相量在复平面上的表示图称为相量图。

用相量表示正弦量并用以分析计算正弦稳态响应的方法称为相量法，在后面的各章节中的正弦稳态分析均采用相量法。

【例 6-3】 试写出下列各正弦电压所对应的相量，并作出相量图。

(1) $u_1 = 141.4\sin(\omega t + 60°)$ V；(2) $u_2 = 70.7\sin(\omega t - 30°)$ V。

解　$\dot{U}_1 = \dfrac{141.4}{\sqrt{2}}\angle 60° = 100\angle 60°$ V，$\dot{U}_2 = \dfrac{70.7}{\sqrt{2}}\angle -30° = 50\angle -30°$ V

相量图如图 6-3 所示。

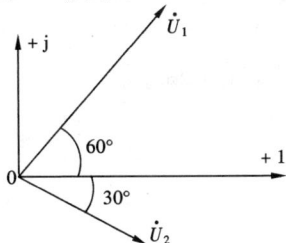

图 6-3　[例 6-3] 中两个
电压的相量图

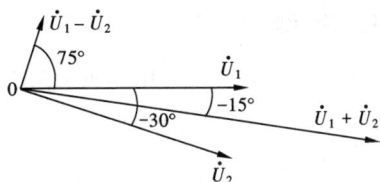

图 6-4　[例 6-4] 的相量图

【例 6-4】　$u_1 = 220\sqrt{2}\sin\omega t$ V，$u_2 = 220\sqrt{2}\sin(\omega t - 30°)$ V，试求：$u_1 + u_2$；$u_1 - u_2$。

解　(1) 用相量直接求解；电压 u_1、u_2 的相量形式为

$$\dot{U}_1 = 220\angle 0° = 220 + \text{j}0 \text{ (V)}$$

$$\dot{U}_2 = 220\angle -30° = 220\cos(-30°) + \text{j}220\sin(-30°) = 190.5 - \text{j}110 \text{ (V)}$$

当两个电压相加时，有

$$\dot{U}_1 + \dot{U}_2 = 220 + 190.5 - \text{j}110 = 410.5 - \text{j}110 = 425\angle -15° \text{ (V)}$$

即
$$u_1 + u_2 = 425\sqrt{2}\sin(\omega t - 15°) \text{ (V)}$$

当两个电压相减时，有

$$\dot{U}_1 - \dot{U}_2 = 220 - 190.5 + \text{j}110 = 29.5 + \text{j}110 = 113.9\angle 75° \text{ (V)}$$

即
$$u_1 - u_2 = 113.9\sqrt{2}\sin(\omega t + 75°) \text{ (V)}$$

(2) 用相量图求解；相量图求解见图 6-4 所示。

6.2.2　Im 算子的几条运算规则

相量 $\dot{I}$ 与旋转因子 $\text{e}^{\text{j}\omega t}$ 的乘积 $\dot{I}\,\text{e}^{\text{j}\omega t}$ 称为旋转相量，它是以原点为中心，以角速度 ω 逆时针旋转的大小不变的矢量，相量 $\dot{I}$ 对应于该旋转相量 $t = 0$ 时在复平面上的矢量。

取虚部运算算子 Im 对旋转相量有以下几条运算规则（可根据欧拉公式及复数运算规则导出，证明从略）。

设 $\dot{I}_1$、$\dot{I}_2$ 为相量，A、B 为复常数；

(1) Im 算子是线性算子，即

$$\text{Im}\,[A\dot{I}_1\text{e}^{\text{j}\omega t}] \pm \text{Im}\,[B\dot{I}_2\text{e}^{\text{j}\omega t}] = \text{Im}\,[A\dot{I}_1\text{e}^{\text{j}\omega t} \pm B\dot{I}_2\text{e}^{\text{j}\omega t}] = \text{Im}\,[(A\dot{I}_1 \pm B\dot{I}_2)\,\text{e}^{\text{j}\omega t}]$$

$$(6\text{-}10)$$

(2) Im 算子与 $\text{d}/\text{d}t$ 算子运算顺序可以互换，即

$$\frac{\text{d}}{\text{d}t}\text{Im}\,[\dot{I}\,\text{e}^{\text{j}\omega t}] = \text{Im}\!\left[\frac{\text{d}}{\text{d}t}(\dot{I}\,\text{e}^{\text{j}\omega t})\right] = \text{Im}\,[\text{j}\omega\dot{I}\,\text{e}^{\text{j}\omega t}]$$

$$(6\text{-}11)$$

式（6-11）表明：对旋转相量微分时，其结果相当于将该旋转相量乘以 jω。

（3）Im 算子与 ∫dt 算子运算顺序可以互换，即

$$\int \mathrm{Im}[\dot{I}\mathrm{e}^{\mathrm{j}\omega t}]\mathrm{d}t = \mathrm{Im}\Big[\int \dot{I}\mathrm{e}^{\mathrm{j}\omega t}\mathrm{d}t\Big] = \mathrm{Im}\Big[\frac{1}{\mathrm{j}\omega}\dot{I}\mathrm{e}^{\mathrm{j}\omega t}\Big] \tag{6-12}$$

式（6-12）表明，对旋转相量积分时，其结果相当于将该旋转相量除 jω。

（4）若任一时刻

$$\mathrm{Im}\left[A\dot{I}_1\mathrm{e}^{\mathrm{j}\omega t}\right] = \mathrm{Im}\left[B\dot{I}_2\mathrm{e}^{\mathrm{j}\omega t}\right]$$

则有

$$A\dot{I}_1 = B\dot{I}_2 \tag{6-13}$$

频率相同的正弦量的和、差仍是同频率的正弦量，但在时域中的运算很繁琐。特别是求解输入为正弦函数时电路微分方程的特解（正弦稳态解）就更繁杂了，且阶数越高就越繁琐，引入相量并利用上述几条运算规则求解就十分方便。

6.3 KCL、KVL 的相量形式

在用相量法进行正弦稳态分析时，与直流电路的分析方法相似，研究的依据仍然是两个方面的问题。首先，电路变量拓扑约束的相量形式，即电路中任一节点上各支路电流相量间的关系和任一回路中各支路电压相量间的关系。其次，支路电压与支路电流之间的元件约束关系的相量形式，即电路中各支路电压相量与电流相量的关系。因此，本节将讨论 KCL、KVL 的相量形式。

6.3.1 KCL 的相量形式

根据基尔霍夫电流定律，在正弦交流电路中，对任一节点，与它相连接的各支路电流任一时刻的瞬时值的代数和为零，即

$$\sum_{k=1}^{n} i_k = 0$$

在正弦稳态电路中，令

$$i_k = \sqrt{2}I_k\sin(\omega t + \varphi_k)$$

其对应的相量为

$$\dot{I}_k = I_k\angle\varphi_k$$

由式（6-10）、式（6-13）可得

$$\sum_{k=1}^{n} \dot{I}_k = 0 \tag{6-14}$$

式（6-14）是 KCL 的相量形式。它表明：在集中参数的正弦稳态电路中，流出（或流入）任一节点的各支路电流相量的代数和等于零。

6.3.2 KVL 的相量形式

根据基尔霍夫电压定律，在正弦交流电路中，对任一闭合回路，回路中各支路电压任一时刻的瞬时值的代数和为零，即

$$\sum_{k=1}^{m} u_k = 0$$

同理可得出 KVL 的相量形式

$$\sum_{k=1}^{m} \dot{U}_k = 0 \tag{6-15}$$

式 (6-15) 表明：在集中参数的正弦稳态电路中，沿任一回路各支路电压相量的代数和等于零。

应用 KCL、KVL 进行相量和、差运算时，应满足复数和、差的运算规则或矢量和、差的运算规则。从相量图的角度看 KCL、KVL，任意 KCL 或 KVL 方程中的各相量，在复平面上必构成一个封闭多边形。

应该注意的是，电流相量和电压相量满足 KCL、KVL，但电流、电压的有效值在一般情况下不满足 KCL、KVL，因此在用相量法求解正弦稳态电路时应特别注意这一点。

正弦稳态下，对于有 n 个节点，b 条支路的网络，若 $\boldsymbol{A}$、$\boldsymbol{B}_{\mathrm{f}}$ 分别是其关联矩阵和基本回路矩阵，$\dot{\boldsymbol{I}}$、$\dot{\boldsymbol{U}}$ 分别是支路电流相量矩阵和支路电压相量矩阵，KCL、KVL 可表示为矩阵形式

$$\boldsymbol{A}\dot{\boldsymbol{I}} = 0$$

$$\boldsymbol{B}_{\mathrm{f}}\dot{\boldsymbol{U}} = 0$$

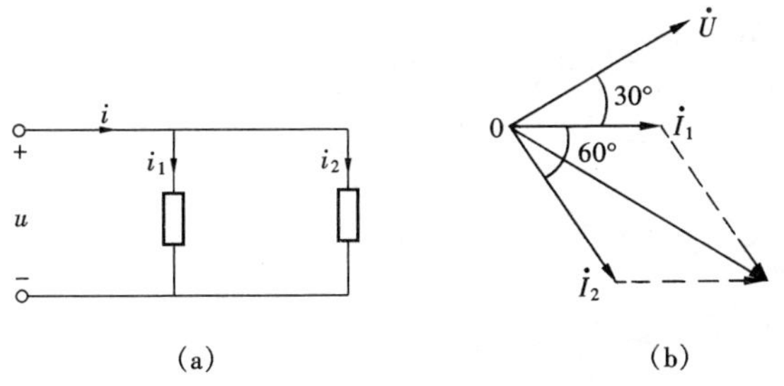

图 6-5　[例 6-5] 的电路和电压、电流相量图
(a) 两电阻并联电路；(b) 相量图

【例 6-5】 正弦稳态电路如图 6-5 (a) 所示，已知：$u = 50\sqrt{2}\sin(\omega t + 30°)$ V，$i_1 = 3\sqrt{2}\sin\omega t$ A，$i_2 = 5\sqrt{2}\sin(\omega t - 60°)$ A；试求：(1) 总电流 i 的瞬时表达式，并作相量图；(2) 当电压 $u(t_1) = 50\sqrt{2}$V时，求该时刻的 $i_1(t_1)$、$i_2(t_1)$ 和 $i(t_1)$；(3) 求电压相量和总电流相量之比 Z。

解　用相量表示已知的各电压、电流，即

$$\dot{U} = 50\angle 30°\text{V}, \quad \dot{I}_1 = 3\angle 0°\text{A}, \quad \dot{I}_2 = 5\angle -60° = 2.5 - \text{j}4.33\ (\text{A})$$

(1) 求总电流相量

$$\dot{I} = \dot{I}_1 + \dot{I}_2 = 3 + 2.5 - \text{j}4.33 = 5.5 - \text{j}4.33 = 7\angle -38.2°\ (\text{A})$$

相量图如图 6-5 (b) 所示，总电流的瞬时表达式为

$$i = 7\sqrt{2}\sin(\omega t - 38.2°)\ (\text{A})$$

(2) 已知，$u = 50\sqrt{2}\sin(\omega t + 30°)$ V，当 $u = 50\sqrt{2}$V 时，$\omega t_1 = 90° - 30° = 60°$，所以

$$i_1 (t_1) =3\sqrt{2}\sin60°=3.67 （A）$$

$$i_2 (t_1) =5\sqrt{2}\sin0°=0$$

$$i (t_1) =7\sqrt{2}\sin（60°-38.2°）=7\sqrt{2}\sin21.8°=3.67 （A）$$

（3）电压相量和总电流相量之比

$$Z=\frac{\dot{U}}{\dot{I}}=\frac{50\angle30°}{7\angle-38.2°}=7.14\angle68.2°=2.65+j6.63 （Ω）$$

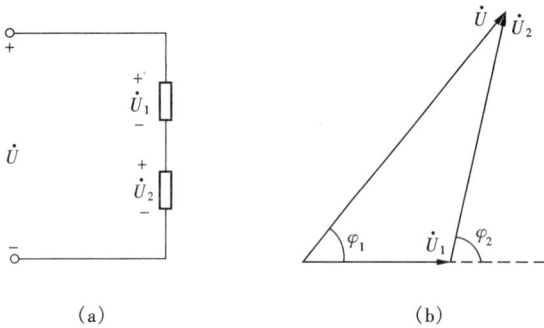

图6-6 ［例6-6］的电路和相量图

（a）两电阻串联电路；（b）相量图

【例6-6】 正弦稳态电路如图6-6（a）所示，已知$U_1=20V$，$U_2=40V$，$U=50V$，而且$\dot{U}$超前$\dot{U}_1$，取$\dot{U}_1$作为参考相量，试求$\dot{U}$和$\dot{U}_2$。

解 根据KVL有$\dot{U}=\dot{U}_1+\dot{U}_2$，在相量图上$\dot{U}$、$\dot{U}_1$和$\dot{U}_2$构成闭合三角形，如图6-6（b）所示，用余弦定理求出φ_1和φ_2。由于$U^2=U_1^2+U_2^2+2U_1U_2\cos\varphi_2$，故有

$$\cos\varphi_2=\frac{50^2-20^2-40^2}{2\times20\times40}=\frac{5}{16}=0.313，\varphi_2=71.8°$$

再求φ_1，由余弦定理有

$$U_2^2=U^2+U_1^2-2UU_1\cos\varphi_1$$

$$\cos\varphi_1=\frac{50^2+20^2-40^2}{2\times50\times20}=\frac{13}{20}=0.65，\varphi_1=49.5°$$

于是得到 $$\dot{U}=50\angle49.5°V，\dot{U}_2=40\angle71.8°V。$$

6.4 电阻、电感、电容元件特征方程的相量形式及其功率

相量的概念适用于线性电路中具有相同频率的独立电源激励下电路的正弦稳态响应分析，引入相量后，尽管舍去了$e^{j\omega t}$，但使用的仍是复频域形式，从而大大地减少了计算量。本节讨论线性时不变电阻、电感、电容元件在正弦稳态下电压、电流关系（VCR）的相量形式。设定三种元件的电压、电流均采用关联参考方向，并且

$$u=\sqrt{2}U\sin（\omega t+\varphi_u）$$

$$i=\sqrt{2}I\sin（\omega t+\varphi_i）$$

对应的电压、电流相量为

$$\dot{U}=U\angle\varphi_u \quad \dot{I}=I\angle\varphi_i$$

6.4.1　电阻元件特征方程的相量形式及其功率

1. 特征方程的相量形式

图 6-7（a）表示正弦稳态下电阻元件的模型，其电压、电流关系是

$$u = Ri = \sqrt{2}RI\sin(\omega t + \varphi_i) = \sqrt{2}U\sin(\omega t + \varphi_u)$$

上式表明电阻两端的电压 u 和电流 i 为同频率正弦量，它们的关系是

$$\left. \begin{array}{c} U = RI \\ \varphi_i = \varphi_u \end{array} \right\} \qquad (6\text{-}16)$$

电阻上的电压、电流相量关系为

$$\frac{\dot{U}}{\dot{I}} = \frac{U\angle\varphi_u}{I\angle\varphi_i} = R \text{ 或 } \dot{U} = R\dot{I} \qquad (6\text{-}17)$$

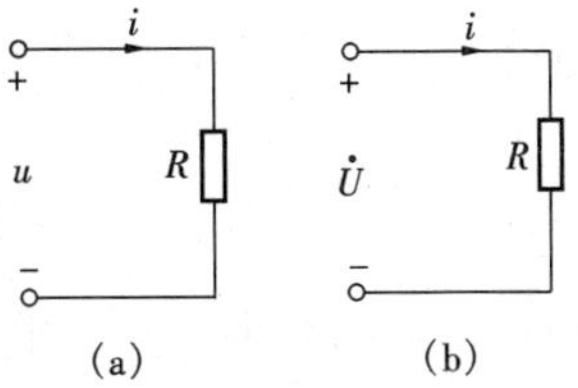

图 6-7　正弦稳态下的电阻元件
（a）原电路；（b）相量表示时的电路

式（6-17）是电阻元件电压、电流关系的相量形式，它给出了 $\dot{U}$ 与 $\dot{I}$ 的两个关系。在数值关系上，电压有效值等于电流有效值乘以电阻 $U = RI$；在相位关系上，电压与电流同相位 $\varphi_u = \varphi_i$。

2. 相量模型与相量图

由式（6-17）可做出电阻元件的相量模型如图 6-7（b）所示，其 u、i 波形图及 $\dot{U}$、$\dot{I}$ 相量图分别如图 6-8（a）、（b）所示。

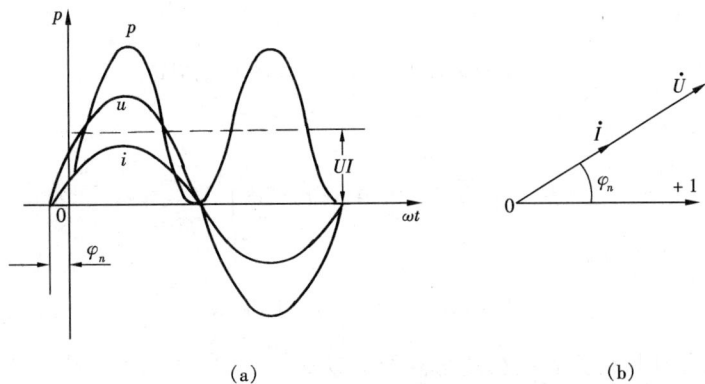

图 6-8　电阻元件的瞬时功率波形
（a）u、i、p 波形图；（b）电压、电流相量图

3. 电阻元件的功率

（1）瞬时功率。

在关联参考方向下，电阻元件吸收的瞬时功率为

$$p = ui \qquad (6\text{-}18)$$

为了便于分析，这里假设 $\varphi_i = 0$，则有

$$p = ui = \sqrt{2}U\sin\omega t \cdot \sqrt{2}I\sin\omega t = 2UI\sin^2\omega t = UI(1-\cos2\omega t)$$

瞬时功率的波形如图 6-8（a）所示。瞬时功率随时间按照周期性变化，其值总是正的 $p>0$，说明电阻始终消耗能量，电阻是耗能元件。

（2）平均功率。

瞬时功率随时间周期性变化，不便于应用，因此工程上都采用平均功率这一概念。

瞬时功率在一个周期内的平均值称为平均功率，也叫有功功率，电阻元件所消耗的有功功率为

$$P = \frac{1}{T}\int_0^T p\,\mathrm{d}t = \frac{1}{T}\int_0^T ui\,\mathrm{d}t = \frac{1}{T}\int_0^T UI(1-\cos 2\omega t)\,\mathrm{d}t = UI = I^2R = U^2/R \quad (6\text{-}19)$$

式（6-19）的结果与直流电路相似，这里 P 是平均功率，U 和 I 分别是电压、电流的有效值。平均功率的单位是瓦（W）或千瓦（kW）。平均功率反映了实际的电能损耗，一般电气设备所标的额定功率以及功率表测量的都是有功功率。

【例 6-7】 电流 $i=14.14\sin(\omega t+30°)$ A 流经 $R=10\Omega$ 电阻，试求：（1）电阻 R 两端的电压 U 和 u；（2）电阻 R 消耗的功率。

解 （1）电流的有效值为

$$I=I_\mathrm{m}/\sqrt{2}=14.14/\sqrt{2}=10 \ (\mathrm{A})$$

试求得电压有效值为　　　　　　$U=RI=10\times 10=100 \ (\mathrm{V})$

电压的瞬时值为

$$u=Ri=10\times 14.14\sin(\omega t+30°)=\sqrt{2}\times 100\sin(\omega t+30°) \ (\mathrm{V})$$

用相量关系求解，有

$$\dot{U}=R\dot{I}=10\times 10\angle 30°=100\angle 30°\mathrm{V}$$

对应的电压瞬时表达式为

$$u=\sqrt{2}\times 100\sin(\omega t+30°) \ \mathrm{V}$$

（2）电阻 R 消耗的功率

$$P=UI=100\times 10=1000\mathrm{W}$$

6.4.2　电感元件特征方程的相量形式及其功率

1. 特征方程的相量形式

图 6-9（a）表示正弦稳态下电感元件的模型，设流过电感元件的电流为

$$i=I_\mathrm{m}\sin(\omega t+\varphi_i)$$

在关联参考方向下，电感的伏安特性有

$$u = L\frac{\mathrm{d}i}{\mathrm{d}t}=\sqrt{2}\omega LI\cos(\omega t+\varphi_i)=\sqrt{2}\omega LI\sin\left(\omega t+\varphi_i+\frac{\pi}{2}\right)$$

$$=\sqrt{2}U\sin(\omega t+\varphi_u) \tag{6-20}$$

上式表明：电感两端的电压 u 和电流 i 是同频率的正弦量，但是，电压超前电流相位 90°。用 X_L 表示 ωL 后，电感的电压、电流的有效值关系为

$$U = \omega L I = X_L I \tag{6-21}$$

式中：X_L 称为电感电抗或简称为感抗，单位为 Ω。X_L 是用来表示电感对正弦电流的阻碍作用大小的一个物理量，它与电源的频率 ω 和电感的数值 L 成正比。

感抗的倒数 B_L 为

$$B_L = \frac{1}{X_L} = \frac{1}{\omega L}$$

式中：B_L 称为电感电纳或简称为感纳，单位为 S。

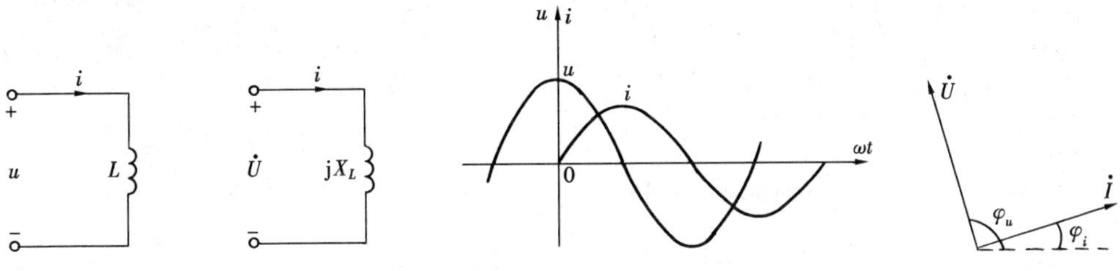

图 6-9 正弦稳态下的电感元件

(a) 原电路；(b) 相量表示时的电路；(c) 波形图；(d) 相量图

电感电压和相位可以写成

$$\left.\begin{array}{l} U = X_L I \\ \varphi_u = \varphi_i + 90° \end{array}\right\} \tag{6-22}$$

电感电压相量和电流相量的关系为

$$\frac{\dot{U}}{\dot{I}} = \frac{U\angle\varphi_u}{I\angle\varphi_i} = \frac{U\angle\varphi_i+90°}{I\angle\varphi_i} = \frac{U e^{j\varphi_i} e^{j90°}}{I e^{j\varphi_i}} = X_L e^{j90°} = jX_L$$

$$\dot{U} = jX_L \dot{I} \tag{6-23}$$

式 (6-23) 是电感元件电压、电流关系的相量形式，它不仅表明电感电压和电流的有效值关系，也表明了它们之间的相位关系。在数值关系上，电压有效值是电流有效值的 ωL 倍，即 $U = \omega L I$；在相位关系上，电压超前电流相位 $90°$，即 $\varphi_u = \varphi_i + 90°$。

2. 相量模型与相量图

由式 (6-23) 可做出电感元件的相量模型如图 6-9 (b) 所示，其 u、i 波形图及 $\dot{U}$、$\dot{I}$ 相量图分别如图 6-9 (c)、(d) 所示。

3. 电感元件的功率

(1) 瞬时功率。

在关联参考方向下，设 $\varphi_i = 0$，电感元件的瞬时功率为

$$p = ui = \sqrt{2}U\sin(\omega t + 90°) \times \sqrt{2}I\sin\omega t$$

$$= \sqrt{2}U\cos\omega t \times \sqrt{2}I\sin\omega t = UI\sin 2\omega t \tag{6-24}$$

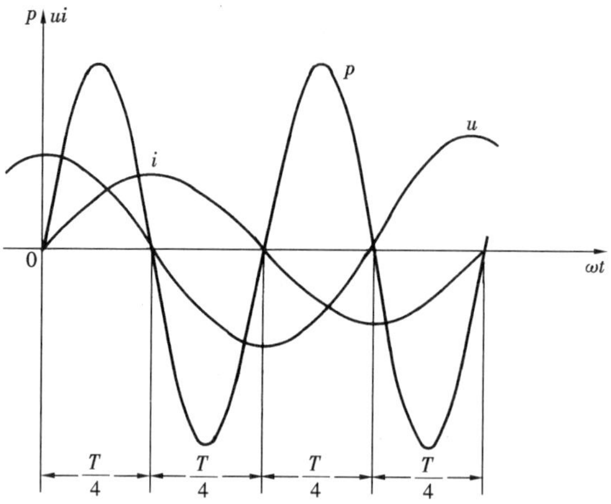

图 6-10　电感元件的瞬时功率波形

式（6-24）可以看出，瞬时功率 p 是以两倍于电流的频率按正弦规律变化，其最大值为 UI 或 $I^2 X_L$。瞬时功率 p 的波形如图 6-10 所示。

从瞬时功率 p 的波形可以看出，电感与外部之间有能量交换。电感在某一个 1/4 周期从外部吸收的能量，等于在下一个 1/4 周期释放出去的能量，电感本身不消耗能量，它的平均功率一定为零。

（2）平均功率。

平均功率的计算为

$$P = \frac{1}{T}\int_0^T p\,\mathrm{d}t = \frac{1}{T}\int_0^T UI\sin 2\omega t\,\mathrm{d}t = 0$$

（3）无功功率。

为了衡量电感与外部交换能量的规模，引入无功功率 Q。

根据功率的定义可知，瞬时功率的最大值为

$$Q_L = UI = I^2 X_L = U^2 B_L \tag{6-25}$$

式（6-25）代表外部能量转换为磁场能量的最大速率。Q_L 不仅具有功率的量纲，而且计算方法也与电阻电路功率的计算方法类似，故取名为无功功率。为了与有功功率相区别，无功功率的单位为无功伏安，简称为乏（var）。

电感的无功功率的物理意义说明如下，当电感的电流为 $i = \sqrt{2}I\sin(\omega t + \varphi_i)$，其磁场能量在一个周期内的平均值为

$$W_L = \frac{1}{T}\int_0^T \frac{1}{2}Li^2\,\mathrm{d}t = \frac{1}{2}LI^2$$

无功功率可以写成

$$Q_L = UI = X_L I^2 = \omega L I^2 = 2\omega W_L$$

即电感元件吸收的无功功率是一周期内磁场能量平均值的 2ω 倍。

【例 6-8】　电流 $i = 14.14\sin(100t + 30°)$ A 流经 $L = 0.1$ H 电感，试求：关联参考方向下的电感两端的电压 u 和无功功率 Q_L，磁场能量的最大值。

解　用相量关系求解

$$\dot{I} = 10\angle 30°\text{A}$$

$$\dot{U} = jX_L\dot{I} = j\omega L\dot{I} = j100 \times 0.1 \times 10\angle 30° = 100\angle 30° + 90° = 100\angle 120°$$

电感电压的瞬时值为

$$u = 100\sqrt{2}\sin(100t + 120°)\text{ V}$$

无功功率为

$$Q_L = UI = 100 \times 10 = 1000 \text{（var）}$$

磁场能量的最大值为

$$W_{L\text{max}} = \frac{1}{2}LI_\text{m}^2 = \frac{1}{2} \times 0.1 \times 14.14^2 = 10 \text{（J）}$$

6.4.3　电容元件特征方程的相量形式及其功率

1. 特征方程的相量形式

图 6-11（a）表示正弦稳态下电容元件的模型，设电容元件两端的电压为

$$u = U_\text{m}\sin（\omega t + \varphi_u）$$

在关联参考方向下，电容的伏安特性有

$$i = C\frac{\mathrm{d}u}{\mathrm{d}t} = \sqrt{2}\omega CU\cos（\omega t + \varphi_u）$$

$$= \sqrt{2}\omega CU\sin（\omega t + \varphi_u + 90°） = \sqrt{2}I\sin（\omega t + \varphi_i）$$

上式表明：电容的电压 u 和电流 i 是同频率的正弦量，但是，电流超前电压相位 $90°$。用 B_C 表示 ωC 后，电容的电压、电流的有效值关系为

$$I = \omega CU = B_C U \tag{6-26}$$

式中：B_C 称为电容电纳（容纳），单位为西门子（S）。容纳的倒数

$$X_C = 1/B_C = 1/\omega C$$

称为电容电抗（容抗），单位为欧姆。X_C 是用来表示电容对正弦电流的阻碍作用大小的一个物理量，它与电源的频率 ω 和电容的数值 C 成反比。

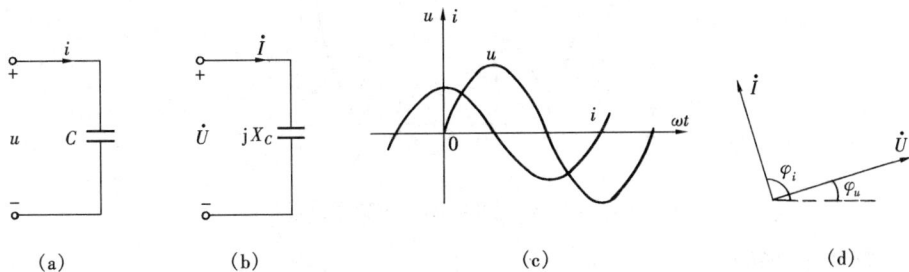

图 6-11　正弦稳态下的电容元件

（a）原电路；（b）相量表示时的电路；（c）波形图；（d）相量图

电容的电压和相位可以写成

$$\left.\begin{aligned} U &= X_C I \\ \varphi_i &= \varphi_u + 90° \end{aligned}\right\} \tag{6-27}$$

电容电压相量和电流相量的关系为

$$\frac{\dot{U}}{\dot{I}} = \frac{U\angle\varphi_u}{I\angle\varphi_u + 90°} = \frac{U\mathrm{e}^{\mathrm{j}\varphi_u}}{I\mathrm{e}^{\mathrm{j}\varphi_u}\mathrm{e}^{\mathrm{j}90°}} = -\mathrm{j}X_C$$

$$\dot{U} = -\mathrm{j}X_C\,\dot{I} \tag{6-28}$$

式（6-28）是电容元件电压、电流关系的相量形式，它不仅表明电容电压和电流的有效值关系，也表明了它们之间的相位关系。在数值关系上，电压有效值是电流有效值的 X_C 倍，即 $U=X_CI$；在相位关系上，电流超前电压相位 $90°$，$\varphi_i=\varphi_u+90°$。

2. 相量模型与相量图

由式（6-28）可做出电容元件的相量模型如图 6-11（b）所示，其 u、i 波形图及 $\dot{U}$、$\dot{I}$ 相量图分别如图 6-11（c）、（d）所示。

3. 电容元件的功率

（1）瞬时功率。

在关联参考方向下，当设 $\varphi_u=0$，电容元件的瞬时功率为

$$
\begin{aligned}
p &= ui = \sqrt{2}U\sin\omega t \times \sqrt{2}I\sin\ (\omega t+90°)\\
&= \sqrt{2}U\sin\omega t \times \sqrt{2}I\cos\omega t = UI\sin2\omega t
\end{aligned}
\tag{6-29}
$$

式（6-29）可以看出，瞬时功率 p 是以两倍于电流的频率按正弦规律变化，其最大值为 UI 或 I^2X_C，瞬时功率 p 的波形如图 6-12 所示。

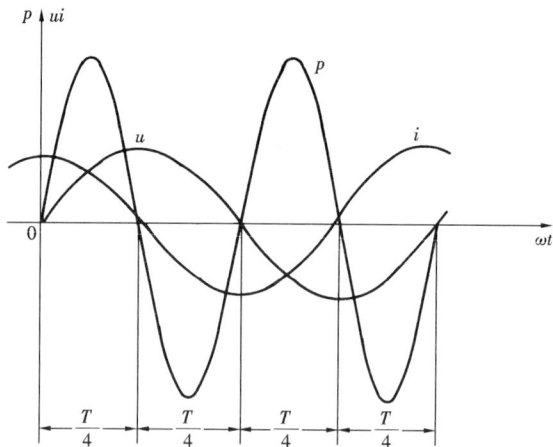

图 6-12　电容元件的瞬时功率波形

电容储存的电场能量

$$W_C = \frac{1}{2}Cu^2 = \frac{1}{2}CU_{\mathrm{m}}^2\sin^2\omega t = \frac{1}{2}CU^2\ (1-\cos2\omega t)$$

电场能量在最大值 $W_{C\mathrm{max}}$ 和 0 之间周期性地变化，总是大于零的。

从瞬时功率 p 的波形可以看出，电容与外部之间有能量交换。电容在某一个 1/4 周期从外部吸收的能量，等于在下一个 1/4 周期释放出去的能量，电容本身不消耗能量，它的平均功率一定为零。

（2）平均功率。

平均功率的计算为

$$P = \frac{1}{T}\int_0^T p\,\mathrm{d}t = \frac{1}{T}\int_0^T UI\sin2\omega t\,\mathrm{d}t = 0$$

（3）无功功率。

根据功率的定义可知，瞬时功率的最大值为

$$Q_C = UI = I^2 X_C = U^2 B_C \tag{6-30}$$

电容的无功功率的单位与电感的无功功率的单位相同。

【例 6-9】 电流 $i = 14.14\sin（100t + 30°）$A 流经 $C = 0.5$F 电容，试求：关联参考方向下的电容的电压 u 和无功功率 Q_C，电场能量的最大值。

解 用相量关系求解

$$\dot{I} = 10\angle 30°\text{A}$$

$$\dot{U} = -\mathrm{j}X_C \dot{I} = -\mathrm{j}\frac{1}{\omega C}\dot{I} = -\mathrm{j}\frac{1}{100 \times 0.5} \times 10\angle 30° = \frac{1}{5}\angle 30° - 90° = 0.2\angle -60°\text{（V）}$$

电容电压的瞬时值为

$$u = 0.2\sqrt{2}\sin（100t - 60°）\text{ V}$$

无功功率为

$$Q_C = UI = 0.2 \times 10 = 2\text{（var）}$$

电场能量的最大值是

$$W_{C\text{max}} = \frac{1}{2}CU_\text{m}^2 = \frac{1}{2} \times 0.5 \times （0.2\sqrt{2}）^2 = 0.02\text{（J）}$$

6.5 复阻抗、复导纳及其关系

在端口电压和端口电流的参考方向一致时，任何线性的电阻二端网络总可以求其等值电阻，等值电阻为端口电压与电流之比。根据相同的道理，在正弦稳态电路中，任何一个线性的无源二端网络也可用一个复数阻抗或导纳来表示，在端口电压相量和端口电流相量的参考方向一致时，复数阻抗等于端口电压相量与电流相量之比；反之，端口电流相量与电压相量之比就是复导纳。

6.5.1 复数阻抗

图 6-13（a）所示正弦稳态下的 R、L、C 串联电路，其相量模型如图 6-13（b）所示，由 KVL 有

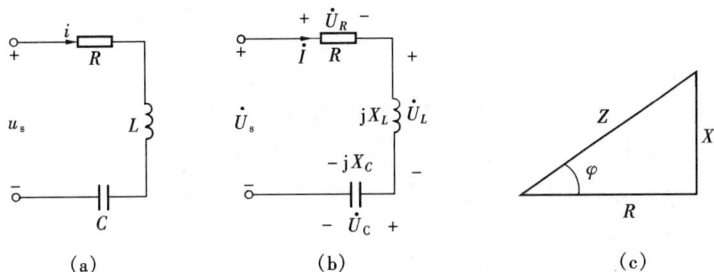

图 6-13 R、L、C 串联电路

（a）原电路；（b）相量表示时的电路；（c）阻抗三角形

$$\dot{U}_s = \dot{U}_R + \dot{U}_L + \dot{U}_C$$

将 R、L、C 元件的电压、电流相量关系代入上式

$$\dot{U}_s = R\dot{I} + j\omega L\dot{I} - j\frac{1}{\omega C}\dot{I} = \left[R + j\left(\omega L - \frac{1}{\omega C}\right)\right]\dot{I}$$

$$= \left[R + j\left(X_L - X_C\right)\right]\dot{I} = (R + jX)\dot{I} \tag{6-31}$$

式（6-31）中，$X = X_L - X_C$ 是感抗与容抗之差，称为 R、L、C 串联电路的电抗。式（6-31）又可写为

$$\dot{U}_s = Z\dot{I} \tag{6-32}$$

其中

$$Z = R + jX \tag{6-33}$$

式中，复数 Z 称为 R、L、C 串联电路的复数阻抗，简称复阻抗或阻抗，单位是 Ω。式（6-32）在形式上与欧姆定律相同，称为欧姆定律的复数形式或支路 VCR 的相量形式。阻抗不代表正弦量，不能称为相量，它是计算量，故字母 Z 上不加圆点。

式（6-33）表示的阻抗 Z 是代数形式，也可以用极坐标形式表示，即

$$Z = R + jX = z\angle\varphi \tag{6-34}$$

式中：z 为阻抗模；相位角 φ 为阻抗角。z 与 R、X 的关系为

$$z = \sqrt{R^2 + X^2} \quad \varphi = \tan^{-1}\frac{X}{R} \tag{6-35}$$

也可以表示为

$$R = z\cos\varphi \quad X = z\sin\varphi$$

由式（6-35）可以看出，阻抗可在复平面上用图形表示，该图形称为阻抗三角形，如图 6-13（c）所示，它表示的是当 $X > 0$ 时，即 $X_L > X_C$ 所作的图形。

下面讨论支路性质与阻抗的关系，由式（6-32）有

$$Z = \frac{\dot{U}_s}{\dot{I}} = \frac{U\angle\varphi_u}{I\angle\varphi_i} = \frac{U}{I}\angle\varphi_u - \varphi_i = z\angle\varphi$$

得到

$$\left.\begin{array}{l} z = \dfrac{U}{I} \\[2mm] \varphi = \varphi_u - \varphi_i \end{array}\right\} \tag{6-36}$$

式（6-36）表明：

（1）阻抗模 z 等于支路电压有效值与支路电流有效值之比；在外加电压大小一定时，z 越大，电流越小，z 表征支路对交流电流呈现的阻碍作用越大。

（2）阻抗角 φ 等于支路电压与支路电流的相位差，也就是电压超前电流的角度。当 $X > 0$，即 $X_L > X_C$，$\varphi > 0$，表明在相位上电压超前电流，这时支路呈现电感性简称感性，电路相当于电阻 R 与等值电感串联的电路。

当 $X < 0$，即 $X_L < X_C$，$\varphi < 0$，表明相位上电压滞后电流，这时支路呈现电容性简称容性，电路相当于电阻 R 与等值电容串联的电路。

当 $X = 0$，即 $X_L = X_C$，$\varphi = 0$，电压与电流同相位，电路呈现电阻性。这是 R、L、C 串

联电路的一种特殊状态，称为串联谐振。

由上述分析可见，阻抗反映了支路电压、电流有效值比值的关系以及电压、电流的相位关系。

6.5.2　复数导纳

图 6-14（a）所示正弦稳态下的 R、L、C 并联电路，其相量模型如图 6-14（b）所示，由 KCL 有

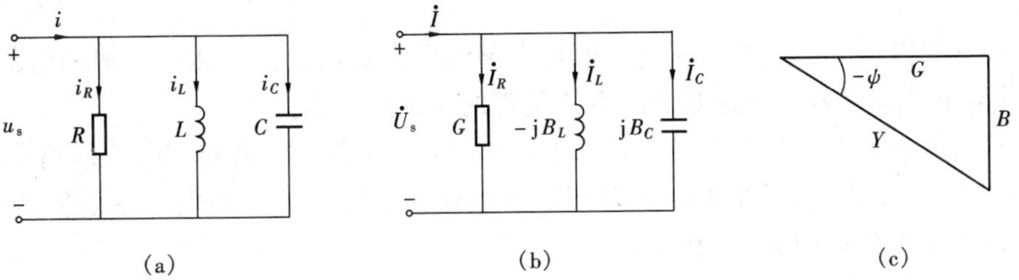

图 6-14　R、L、C 并联电路

(a) 原电路；(b) 相量表示时的电路；(c) 导纳三角形

$$\dot{I}=\dot{I}_R+\dot{I}_L+\dot{I}_C$$

将 R、L、C 元件的电压、电流相量关系代入上式

$$\dot{I}=\frac{\dot{U}_s}{R}+\frac{\dot{U}_s}{j\omega L}+j\omega C\dot{U}_s=\left[G+j\left(\omega C-\frac{1}{\omega L}\right)\right]\dot{U}_s$$

$$=\left[G+j\ (B_C-B_L)\right]\dot{U}_s=(G+jB)\ \dot{U}_s \tag{6-37}$$

式（6-37）中，$B=B_C-B_L$ 是容纳与感纳之差，称为 R、L、C 并联电路的电纳。式（6-37）又可写作

$$\dot{I}=Y\dot{U}_s \tag{6-38}$$

式（6-38）中

$$Y=G+jB \tag{6-39}$$

复数 Y 称为 R、L、C 并联电路的复数导纳，简称复导纳或导纳，单位是 S。式（6-38）称为欧姆定律的复数形式或支路 VCR 的相量形式。导纳不是正弦量，也不是相量，它是计算量，故字母 Y 上不加圆点。

式（6-39）表示的导纳 Y 是代数形式，也可以用极坐标形式表示，即

$$Y=G+jB=y\angle\psi \tag{6-40}$$

式中：y 是导纳的模，相位角 ψ 称为导纳角。y 与 G、B 的关系是

$$y=\sqrt{G^2+B^2}\quad \psi=\arctan\frac{B}{G} \tag{6-41}$$

也可以表示为

$$G=y\cos\psi\quad B=y\sin\psi$$

由式（6-41）可以看出，导纳可在复平面上用图形表示，该图形称为导纳三角形，如图 6-14（c）所示，它表示的是当 $B<0$ 时，即 $B_L>B_C$ 所作的图形。

下面讨论支路性质与导纳的关系，由式（6-38）并假定 $\varphi_u>\varphi_i$，有

$$Y=\frac{\dot{I}}{\dot{U}_{s}}=\frac{I\angle\varphi_{i}}{U\angle\varphi_{u}}=\frac{I}{U}\angle\varphi_{i}-\varphi_{u}=y\angle-\psi$$

得到

$$\left.\begin{array}{c}y=\dfrac{I}{U}\\[2mm]-\psi=\varphi_{i}-\varphi_{u}\end{array}\right\}\qquad\qquad(6\text{-}42)$$

式（6-42）表明：

（1）导纳的模 y 等于支路电流有效值与支路电压有效值之比；在电压源的电压一定时，y 越大，电流越大，y 表征支路对交流电流呈现的接纳作用越大。

（2）导纳角 ψ 等于支路电流与支路电压的相位差，也就是电流超前电压的角度。当 $B<0$，即 $B_{C}<B_{L}$，$\psi<0$，表明在相位上电压超前电流，这时支路呈现电感性简称感性，电路相当于电阻 R 与等值电感并联的电路。

当 $B>0$，即 $B_{C}>B_{L}$，$\psi>0$，表明相位上电压滞后电流，这时支路呈现电容性简称容性，电路相当于电阻 R 与等值电容并联的电路。

当 $B=0$，即 $B_{L}=B_{C}$，$\psi=0$，电压与电流同相位，电路呈现电阻性。这是 R、L、C 并联电路的一种特殊状态，称为并联谐振。

6.5.3　二端网络的复阻抗与复导纳

1. 二端网络的阻抗及串联等效电路

图 6-15（a）所示的不含独立电源，仅含线性时不变元件的二端网络 N，其端口的电压和电流为

$$u_{s}=\sqrt{2}U\sin(\omega t+\varphi_{u})$$

$$i=\sqrt{2}I\sin(\omega t+\varphi_{i})$$

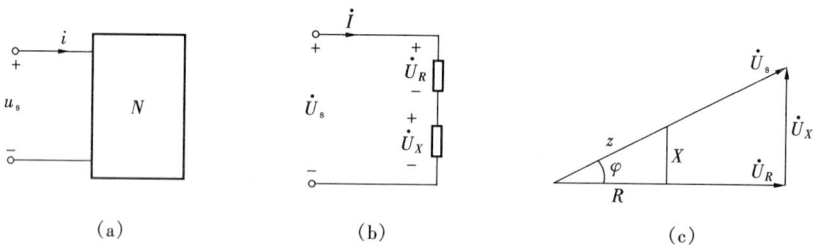

(a)　　　　　　　　　(b)　　　　　　　　　(c)

图 6-15　二端网络的串联等效电路

(a) 原电路；(b) 相量表示时的电路；(c) 电压三角形

其端口阻抗 Z 定义为端口电压相量与电流相量之比，当 $\varphi_{u}>\varphi_{i}$ 时有

$$Z=\frac{\dot{U}_{s}}{\dot{I}}=\frac{U\angle\varphi_{u}}{I\angle\varphi_{i}}=\frac{U}{I}\angle\varphi_{u}-\varphi_{i}=R+jX$$

由 Z 的表达式可以画出图 6-15（b）所示的串联等效电路，其中 R、X 分别称为该二端网络的等效电阻和等效电抗。当 $X>0$ 时，等效电路为等效电阻与等效电感串联电路；当 $X<0$ 时，等效电路为等效电阻与等效电容串联电路。

二端网络的阻抗 Z 与网络结构、元件参数及电源角频率 ω 有关，在结构、元件确定情

况下，X、z、φ 一般也随 ω 变化。

由图 6-15（b）可写出

$$\dot{U}_s=Z\dot{I}=R\dot{I}+jX\dot{I}=\dot{U}_R+\dot{U}_X \tag{6-43}$$

$\dot{U}_R$、$\dot{U}_X$ 分别称为端口电压的电阻分量和电抗分量，它们分别与 $\dot{I}$ 同相和正交，电压 $\dot{U}_R$、$\dot{U}_X$ 和 $\dot{U}_s$ 构成的三角形称电压三角形，如图 6-15（c）所示，因此有

$$U_s=\sqrt{U_R^2+U_X^2}$$

由式（6-43）可知，把阻抗三角形放大 I 倍便得到电压三角形；电压三角形与阻抗三角形是相似三角形。

2. 二端网络的导纳及并联等效电路

对于图 6-16（a）所示的网络 N，其端口的电压和电流为

$$u_s=\sqrt{2}U\sin(\omega t+\varphi_u)$$

$$i=\sqrt{2}I\sin(\omega t+\varphi_i)$$

其端口导纳 Y 定义为端口电流相量与电压相量之比，如果仍假定 $\varphi_u>\varphi_i$，则有

$$Y=\frac{\dot{I}}{\dot{U}_s}=\frac{I\angle\varphi_i}{U\angle\varphi_u}=\frac{I}{U}\angle\varphi_i-\varphi_u=G-jB$$

由 Y 的表达式可以画出图 6-16（b）所示的并联等效电路，其中，G、B 分别称为该二端网络的等效电导和等效电纳。当 $B>0$ 时，等效电路为等效电导与等效电感并联电路；当 $B<0$ 时，等效电路为等效电导与等效电容并联电路。

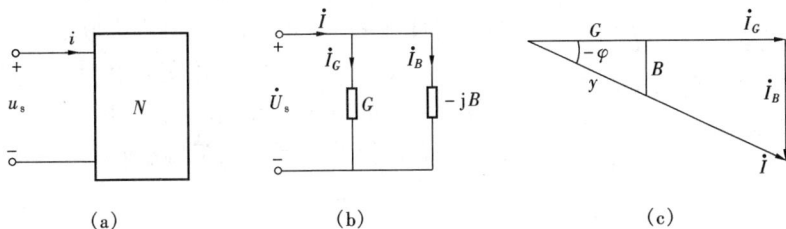

图 6-16　二端网络的并联等效电路

(a) 原电路；(b) 相量时的电路；(c) 电流三角形

由图 6-16（b）可写出

$$\dot{I}=Y\dot{U}_s=G\dot{U}_s-jB\dot{U}_s=\dot{I}_G-\dot{I}_B \tag{6-44}$$

$\dot{I}_G$、$\dot{I}_B$ 分别称为端口电流的电导分量和电纳分量，它们分别与 $\dot{U}_s$ 同相和正交，电流 $\dot{I}_G$、$\dot{I}_B$ 和 $\dot{I}$ 构成的三角形称电流三角形，如图 6-16（c）所示，因此有

$$I=\sqrt{I_G^2+I_B^2}$$

由式（6-44）可知，把导纳三角形放大 U_s 倍便得到电流三角形；电流三角形与导纳三角形是相似三角形。

3. 二端网络的阻抗与导纳的关系

阻抗 Z 和导纳 Y 是用于反映二端网络或支路特性的两个参数。用阻抗 $Z = R + jX$ 表示时，二端电路可表示为 R 和 jX 串联的等效电路；用导纳 $Y = G - jB$ 表示时，二端电路可表示为 G 和 jB 并联的等效电路。

对于图 6-16（a）所示的网络 N，它的等效电路可以是图 6-15（b）所示的串联等效电路，也可以是图 6-16（b）所示的并联等效电路，说明阻抗与导纳可以互相转换，其参数的转换关系为

$$Y = \frac{1}{Z} = \frac{1}{R+jX} = \frac{R}{R^2+X^2} - j\frac{X}{R^2+X^2} = G - jB$$

$$\left.\begin{array}{l} G = \dfrac{R}{R^2+X^2} \\[3mm] B = \dfrac{X}{R^2+X^2} \end{array}\right\} \tag{6-45}$$

同理

$$Z = \frac{1}{Y} = \frac{1}{G-jB} = \frac{G}{G^2+B^2} + j\frac{B}{G^2+B^2} = R + jX$$

$$\left.\begin{array}{l} R = \dfrac{G}{G^2+B^2} \\[3mm] X = \dfrac{B}{G^2+B^2} \end{array}\right\} \tag{6-46}$$

由式（6-45）和式（6-46）可知，这种转换对实部和虚部来说，不是单纯的倒数关系。

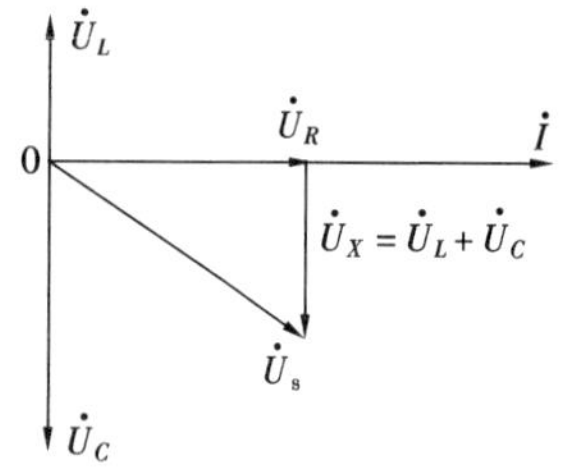

图 6-17　［例 6-10］电路电压、
　　　　　电流相量图

【例 6-10】　有一个电感线圈，其电阻 $R = 7.5\Omega$，电感 $L = 6\text{mH}$，将此线圈与 $C = 5\mu\text{F}$ 的电容串联后，接到有效值为 $U_s = 10\text{V}$，$\omega = 5000\text{rad/s}$ 的正弦交流电源上。试求：电路的电流和各元件上的电压，并画出相量图。

解　首先，计算各元件的阻抗数值

$$X_L = \omega L = 5000 \times 6 \times 10^{-3} = 30 \ (\Omega)$$

$$X_C = \frac{1}{\omega C} = \frac{1}{5000 \times 5 \times 10^{-6}} = 40 \ (\Omega)$$

电路的阻抗为

$$Z = R + jX_L - jX_C = 7.5 + j30 - j40 = 7.5 - j10 = 12.5\angle-53.13° \ (\Omega)$$

电路的电抗和阻抗角都是负值，说明电路是容性的。

以电源电压为参考正弦量，则有 $\dot{U}_s = 10\angle0°\text{V}$，电流相量为

$$\dot{I} = \frac{\dot{U}_s}{Z} = \frac{10\angle0°}{12.5\angle-53.13°} = 0.8\angle53.13° \ (\text{A})$$

求各元件的电压相量

$$\dot{U}_R = R\dot{I} = 7.5 \times 0.8\angle53.13° = 6\angle53.13° \ (\text{V})$$

$$\dot{U}_L = j\omega L\dot{I} = j30 \times 0.8\angle53.13° = 24\angle143.13° \ (\text{V})$$

$$\dot{U}_C = \dot{I}/j\omega C = -j40 \times 0.8\angle53.13° = 32\angle-36.87° \ (\text{V})$$

根据相量可以写出各电压、电流的瞬时表达式

$$u = \sqrt{2} \times 10\sin 5000t\ \text{V}$$

$$i = \sqrt{2} \times 0.8\sin(5000t + 53.13°)\ \text{A}$$

$$u_R = \sqrt{2} \times 6\sin(5000t + 53.13°)\ \text{V}$$

$$u_L = \sqrt{2} \times 24\sin(5000t + 143.13°)\ \text{V}$$

$$u_C = \sqrt{2} \times 32\sin(5000t - 36.87°)\ \text{V}$$

各电压、电流的相量图见图 6-17，该图是以电流为基准相量的。

【例 6-11】 图 6-18 所示的电路中，感性无源负载 P 的阻抗角为 $30°$，感抗 $X_L = 22\Omega$，外加电压 $U_s = 380\text{V}$，并测得电感电压 $U_L = U_P$；试求电流 I 及负载端电压 U_P。

解　由于感抗 X_L 与负载 P 串联，因而流经的电流相同，又因为 $U_L = U_P, X_L = 22\Omega$，故负载阻抗 $Z_P = 22\angle 30°\Omega$，电路的等效阻抗为

$$Z = jX_L + Z_P = j22 + 22\angle 30° = 19 + j33 = 38\angle 60°(\Omega)$$

电路的电流为　$I = \dfrac{U_s}{z} = \dfrac{380}{38} = 10(\text{A})$

负载电压为　$U_P = I \times z_p = 10 \times 22 = 220(\text{V})$

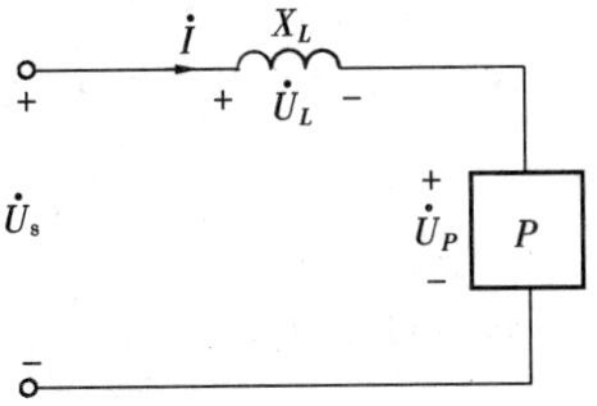

图 6-18　[例 6-11] 的电路

【例 6-12】 图 6-19 (a) 所示的电路中，已知 $R_1 = R_2 = 1\Omega, L = 0.25\text{H}, C = 0.5\text{F}$；试求在 $\omega = 1\text{rad/s}, \omega = 4\text{rad/s}$，两种电源频率下的端口等效阻抗和导纳。

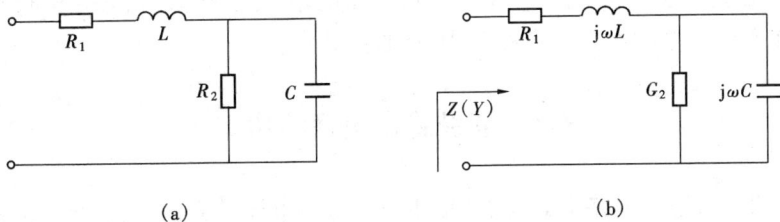

(a)　　　　　　　　　　(b)

图 6-19　[例 6-12] 的电路图

解　该电路的相量模型如图 6-19 (b) 所示，R_1、L 串联支路用阻抗表示，R_2、C 并联支路用导纳表示，利用串并联有

$$Z = R_1 + j\omega L + \frac{1}{G_2 + j\omega C} \qquad Y = \frac{1}{Z}$$

当 $\omega = 1\text{rad/s}$ 时

$$Z = 1 + j0.25 + \frac{1}{1 + j0.5} = 1 + j0.25 + 0.8 - j0.4 = (1.8 - j0.15)(\Omega)$$

$$Y = \frac{1}{Z} = \frac{1}{1.8 - j0.15} = \frac{1.8}{1.8^2 + 0.15^2} + j\frac{0.15}{1.8^2 + 0.15^2} = (0.55 + j0.046)(\text{S})$$

当 $\omega = 4\text{rad/s}$ 时

$$Z = 1 + j4 \times 0.25 + \frac{1}{1 + j4 \times 0.5} = 1 + j1 + 0.2 - j0.4 = (1.2 + j0.6)(\Omega)$$

$$Y = \frac{1}{Z} = \frac{1}{1.2 + j0.6} = \frac{1.2}{1.2^2 + 0.6^2} - j\frac{0.6}{1.2^2 + 0.6^2} = (0.67 - j0.33)(\text{S})$$

图 6-20　［例 6-13］的电路

［例 6-12］反映出：二端电路的阻抗、导纳以及电路的性质都随电源频率的变化而变化；当 $\omega = 1\text{rad/s}$ 时，阻抗呈现出容性，而在 $\omega = 4\text{rad/s}$ 时，阻抗呈现出感性。

【例 6-13】　试求图 6-20 所示的二端电路的导纳 Y，并说明电路呈感性、容性和电阻性的条件。

解　因为电路中含有受控电源，等效导纳必须用端口的电压、电流来表示；电路是两个支路在并联，所以用 KCL 方便，由电路有电流关系

$$\dot{I}_1 = G\dot{U}_s$$

$$\dot{I}_2 = \frac{\dot{U}_s - r\dot{I}_1}{j\omega L} = \frac{\dot{U}_s - rG\dot{U}_s}{j\omega L} = \frac{1 - rG}{j\omega L}\dot{U}_s$$

$$\dot{I} = \dot{I}_1 + \dot{I}_2 = \left(G + \frac{1 - rG}{j\omega L}\right)\dot{U}_s$$

电路的等效导纳为

$$Y = \frac{\dot{I}}{\dot{U}_s} = G + \frac{1 - rG}{j\omega L} = \frac{1}{R} - j\frac{1 - r/R}{\omega L} = \frac{1}{R} + j\frac{r - R}{\omega LR}$$

导纳的虚部是

$$B = \frac{r - R}{\omega LR}$$

分析该虚部，调节控制量 r，当 $r > R$ 时，$B > 0$，电路呈现容性；当 $r < R$ 时，$B < 0$，电路呈现感性；当 $r = R$ 时，$B = 0$，电路呈现电阻性。

6.6　正弦稳态电路的功率

在前面介绍正弦稳态电路中 R、L、C 元件的电压、电流关系时，已经讨论了它们的瞬时功率、平均功率及无功功率。由于储能元件的存在，正弦稳态电路功率的计算要比单一元件复杂得多。本节从瞬时功率入手，讨论有功功率、无功功率、视在功率、复功率、功率因数以及它们之间的相互关系，最后提出功率因数提高和最大功率传输的条件。

6.6.1　瞬时功率

对任意无源二端网络，无论电压、电流的波形如何，电路在任一瞬间吸收的功率，即电路的瞬时功率，等于电路输入端的瞬时电压与瞬时电流的乘积。

对于图 6-21 所示的正弦稳态电路，电压和电流是同频率的正弦函数。为了简便起见，设电压的初相为零，电压超前于电流的相角为 φ。当无源二端网络 N 为线性时，电压和电流的瞬时值表达式可写成

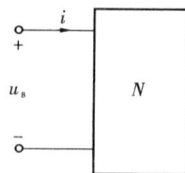

图 6-21　无独立电源的二端网络

$$u_s = \sqrt{2}U\sin\omega t \qquad (6\text{-}47)$$

$$i = \sqrt{2}I\sin(\omega t - \varphi) \qquad (6\text{-}48)$$

式中：U、I 和 φ 分别为电压的有效值、电流的有效值和电流滞后电压的相角。

瞬时功率 p 为

$$p = ui = 2UI\sin\omega t\sin(\omega t - \varphi) = UI\cos\varphi - UI\cos(2\omega t - \varphi) \tag{6-49}$$

由式（6-49）可知，瞬时功率可以分为两个部分：① $UI\cos\varphi$，该项是恒定分量，是输入或输出瞬时功率中不可逆的分量；② $-UI\cos(2\omega t-\varphi)$，该项是正弦量，是瞬时功率中的可逆分量，它在一个周期内正负交替变化两次，表明周期性地交换能量。瞬时功率 p 如图 6-22 所示。

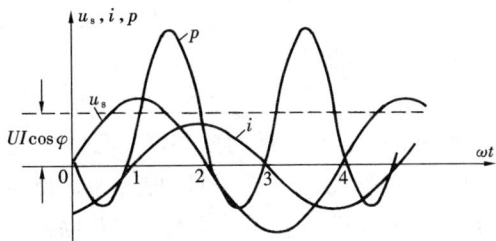

图 6-22　电压、电流和瞬时功率的波形

瞬时功率 p 有时为正，有时为负，在图 6-22 中一个周期内的 1～2，3～4 两段，$p>0$，表示能量由电源输送到网络 N，其中一部分消耗在 N 内部的电阻上，另一部分转化为 N 内部的储能元件的电磁能量。在图 6-22 中，0～1，2～3 两段，$p<0$，表示网络 N 将能量反送回电源，即网络 N 内部的储能元件的电磁能量放出，除供给 N 内部的电阻消耗外，剩余能量返回电源。电路中既存在电能转换为热能的不可逆过程，也存在储能元件与电源之间能量相互转换的可逆过程。由于网络 N 内部电阻消耗能量，瞬时功率 p 波形曲线所界定的正面积要大于负面积。

瞬时功率的实用意义不大，为了充分反映正弦交流电路能量交换的情况，下面讨论正弦稳态电路的平均功率。

6.6.2　平均功率（有功功率）

有功功率可定义为

$$P = \frac{1}{T}\int_0^T p\,dt = \frac{1}{T}\int_0^T UI[\cos\varphi - \cos(2\omega t - \varphi)]dt = UI\cos\varphi \tag{6-50}$$

式（6-50）表明：有功功率就是式（6-49）中的恒定分量，也就是该式中不可逆部分的恒定分量。$\cos\varphi>0$ 时，表明该网络吸收有功功率；$\cos\varphi<0$ 时，表明该网络发出有功功率。当二端网络内部不含独立电源时，$\cos\varphi$ 称为该二端网络的功率因数。$I\cos\varphi$、$U\cos\varphi$ 为电流、电压的有功分量。如果二端网络仅由 R、L、C 元件组成，则可以证明，有功功率等于各电阻消耗的平均功率的和。

1. 用二端电路的等效参数计算有功功率

若图 6-21 中，$Z = R + jX = z\angle\varphi,\varphi = \varphi_u - \varphi_i, Y = G - jB = y\angle -\varphi$，式（6-50）又可写成

$$P = UI\cos\varphi = I^2 z\cos\varphi = I^2 R \tag{6-51}$$

$$P = UI\cos(-\varphi) = U^2 y\cos\varphi = U^2 G \tag{6-52}$$

也就是说二端网络 N 的有功功率，等于其等效电阻 R 或等效电导 G 消耗的有功功率。

2. 用电压的有功分量和电流的有功分量计算有功功率

在式（6-51）、式（6-52）中，令 $U_R = IR, I_G = UG$，得到

$$P = U_R I \text{ 或 } P = I_G U$$

式中：U_R、I_G 分别称为端口电压的有功分量和端口电流的有功分量。上两式表明，电路中的有功功率只发生在电阻上。

6.6.3　无功功率

这里将式（6-49）写成另一种形式为

$$p = ui = 2UI \sin\omega t \sin(\omega t - \varphi)$$
$$= UI \cos\varphi(1 - \cos2\omega t) - UI \sin\varphi\sin2\omega t \tag{6-53}$$

按照无功功率的定义，式（6-53）中可逆分量的最大值就是无功功率，即

$$Q = UI \sin\varphi \tag{6-54}$$

当 $\sin\varphi>0$ 时，认为该端口"吸收"无功功率；当 $\sin\varphi<0$ 时，认为该端口"发出"无功功率。对于式（6-54）可以理解为，$I\sin\varphi$、$U\sin\varphi$ 为电流、电压的无功分量。无功功率不像有功功率那样表示（平均的）单位时间所作的功，它反映了电路内部与外部往返交换能量的情况。

对于含 R、L、C 元件的二端网络 N，无功功率仅发生在储能元件 L、C 上，电阻是非储能元件，无功功率为零。可以证明，这样的二端网络吸收的无功功率

$$Q = 2\omega(W_L - W_C) \tag{6-55}$$

式中：W_L、W_C 分别为网络中总的磁场储能平均值和总的电场储能平均值。如果网络中这两种总储能的平均值相等，此时网络 N 内的磁场能量与电场能量周期性地相互交换，而 N 与电源间不再存在电磁能量周期交换，电源仅对 N 内的电阻提供能量，只有当 $W_L \neq W_C$ 时，才有部分电磁能量周期性地往返于电源与网络之间。由于容性负载时，阻抗角为负角 $\varphi<0$，故磁场能量（感性无功功率）为正值，电场能量（容性无功功率）为负值，正反映了这两种场能的相互交换。

1. 用二端电路的等效参数计算无功功率

若图 6-21 中当 $\varphi = \varphi_u - \varphi_i$ 时，$Z = R+jX = z\angle\varphi$，$Y = G-jB = y\angle-\varphi$，式（6-54）又可写成

$$Q = UI\sin\varphi = I^2 z\sin\varphi = I^2 X \tag{6-56}$$

由于 $I = Uy$，式（6-56）又可以表示为用电纳表示的无功功率

$$Q = UI\sin\varphi = U^2 y\sin\varphi = U^2 B \tag{6-57}$$

也就是说二端网络 N 的无功功率，等于其等效电抗 X 或等效导纳 B 的无功功率。

2. 用电压的无功分量和电流的无功分量计算无功功率

在式（6-56）、式（6-57）中，令 $U_X = IX$，$I_B = UB$，得到

$$Q = U_X I \text{ 或 } Q = I_B U$$

式中：U_X、I_B 分别称为端口电压的无功分量和端口电流的无功分量。上两式表明：电路中的无功功率只发生在电抗、电纳上。

在不含独立电源的二端电路中，只要电路的阻抗 Z 或导纳 Y 确定后，电路的功率因数便惟一确定。在一定正弦电压（电流）作用下，其有功功率、无功功率也都惟一确定。因此，从正弦稳态功率的角度看，阻抗和导纳是正弦稳态分析中的重要物理量。

6.6.4　视在功率与功率因数

1. 视在功率

视在功率定义为

$$S = UI \tag{6-58}$$

即端口上电压、电流有效值的乘积，单位为伏安（VA）、千伏安（kVA）和兆伏安（MVA）等。

式（6-58）是视在功率的一般算式，它还可以由二端网络的阻抗 Z 和导纳 Y 计算

$$S = UI = I^2 z = U^2 y \tag{6-59}$$

电气设备的额定容量，一般用视在功率表示；如发电机和变压器的容量是由它们的额定电压和额定电流来决定的，其中规定的额定电压受设备绝缘强度的限制，规定的额定电流受设备容许温升等因素的限制。

以上三种功率都从不同的角度说明正弦电路的功率，它们之间满足下列关系

$$S^2 = P^2 + Q^2 \tag{6-60}$$

即有

$$S = \sqrt{P^2 + Q^2}, \tan\varphi = \frac{Q}{P} \tag{6-61}$$

2. 功率因数

不含独立电源二端网络的有功功率 P 与视在功率 S 的比值，定义为该二端网络的功率因数，以 $\cos\varphi$ 表示，即

$$\cos\varphi = \frac{P}{S} \tag{6-62}$$

由式（6-49）有

$$\cos\varphi = \cos(\varphi_u - \varphi_i) \tag{6-63}$$

功率因数 $\cos\varphi$ 为正值，φ 角称为功率因数角，等于负载的阻抗角。对于电路而言，不论负载的阻抗角 φ 是正值还是负值，总有 $\cos\varphi > 0$。

6.6.5 复数功率

二端网络的电压相量 $\dot{U}$ 与电流相量 $\dot{I}$ 的共轭相量之乘积，定义为该网络的复数功率，简称复功率，用 $\widetilde{S}$ 表示

$$\widetilde{S} = \dot{U}\dot{I}^* \tag{6-64}$$

假设：$\dot{U} = U\angle\varphi_u, \dot{I} = I\angle\varphi_i$，这样有 $\dot{I}^* = I\angle-\varphi_i$，复功率 $\widetilde{S}$ 为

$$\begin{aligned}
\widetilde{S} &= \dot{U}\dot{I}^* = U\angle\varphi_u \cdot I\angle-\varphi_i = UI\angle\varphi_u - \varphi_i \\
&= UI\cos(\varphi_u - \varphi_i) + jUI\sin(\varphi_u - \varphi_i) \\
&= P + jQ
\end{aligned} \tag{6-65}$$

式（6-65）表明：复数功率 $\widetilde{S}$ 的实部为有功功率，虚部为无功功率。

复功率又可写成

$$\widetilde{S} = \dot{U}\dot{I}^* = S\angle\varphi \tag{6-66}$$

式中：S 为视在功率，φ 为功率因数角，也就是二端网络 N 的阻抗角。复数功率不是表示正弦时间函数的相量，故字母 S 上不用打"·"。

由式（6-65）、式（6-66）可得出

$$S = \sqrt{P^2 + Q^2} \quad \varphi = \tan^{-1}\frac{Q}{P}$$

$$P = S\cos\varphi \qquad Q = S\sin\varphi$$

对于图 6-21 所示的二端网络 N，考虑到式（6-51）和式（6-56），复功率又可写成

$$\widetilde{S} = P + jQ = RI^2 + jXI^2 = (R + jX)I^2 = ZI^2 \tag{6-67}$$

同理，考虑到式（6-52）和式（6-57），复功率又可写成

$$\widetilde{S} = P + jQ = GU^2 + jBU^2 = (G + jB)U^2 = Y^*U^2 \tag{6-68}$$

复功率 $\widetilde{S}$ 可以在复平面上用图形表示，该图形称为功率三角形，如图 6-23 所示。图中也示出了阻抗三角形和电压三角形，显然，这三个三角形是一组相似三角形。

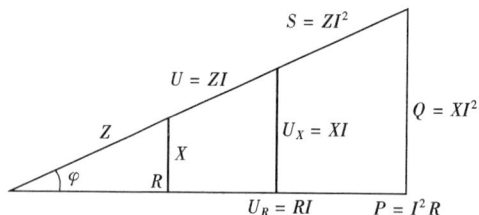

图 6-23　功率三角形的关系

【例 6-14】　在测量电感线圈的 R、L 时，测得：线圈的外加电压的有效值 $U_s = 50\text{V}$，电源频率 $f = 50\text{Hz}$，电感线圈的电流 $I = 1\text{A}$，有功功率 $P = 25\text{W}$；试求电感线圈的 R、L 的值。

解　方法一（用阻抗计算）。

线圈阻抗的模

$$z = \frac{U_s}{I} = \frac{50}{1} = 50(\Omega)$$

功率表的读数，表示线圈吸收的有功功率，故有

$$I^2R = 25\text{W} \quad R = \frac{25}{I^2} = \frac{25}{1} = 25(\Omega)$$

$$X_L = \sqrt{z^2 - R^2} = \sqrt{50^2 - 25^2} = 43.3(\Omega)$$

电感的数值为

$$L = X_L/\omega = 43.3/314 = 137.9(\text{mH})$$

方法二（用功率计算）。

功率因数为

$$\cos\varphi = \frac{P}{S} = \frac{25}{UI} = \frac{25}{50 \times 1} = 0.5 \quad \varphi = \cos^{-1}0.5 = 60°$$

$$R = z\cos\varphi = 50 \times 0.5 = 25(\Omega)$$

$$X_L = z\sin\varphi = 50 \times \sin 60° = 43.3(\Omega)$$

$$L = 137.9(\text{mH})$$

【例 6-15】　图 6-24（a）所示的二端电路中，已知：电源电压为 $u = 7.07\sin 2t\text{V}$，$R_1 = 1\Omega$，$R_2 = 2\Omega$，$L = 0.5\text{H}$，$C = 0.25\text{F}$；试求：二端电路吸收的有功功率 P、无功功率 Q、视在功率 S 和功率因数 $\cos\varphi$。

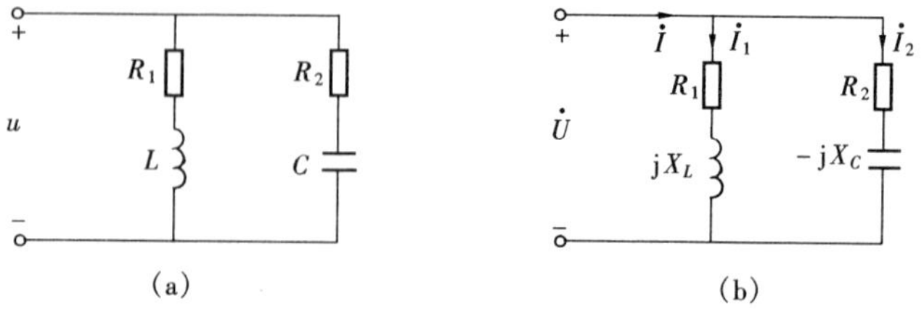

图 6-24　［例 6-15］的电路图

解　首先，求解出感抗、容抗，电路的相量模型图 6-24（b）所示

$$\dot{U} = 5\angle 0°(V)$$

$$X_L = \omega L = 2 \times 0.5 = 1(\Omega)$$

$$X_C = \frac{1}{\omega C} = \frac{1}{2 \times 0.25} = 2(\Omega)$$

两串联支路的阻抗分别为

$$Z_1 = 1 + j1 = \sqrt{2}\angle 45°(\Omega)$$

$$Z_2 = 2 - j2 = 2\sqrt{2}\angle -45°(\Omega)$$

方法一（用电压、电流计算）。

$$\dot{I} = \frac{\dot{U}}{\dfrac{Z_1 Z_2}{Z_1 + Z_2}} = \frac{5}{\dfrac{\sqrt{2}\angle 45° \times 2\sqrt{2}\angle -45°}{(1+j1)+(2-j2)}} = \frac{5}{\dfrac{4}{3-j1}} = 3.95\angle -18.4° = 3.75 - j1.25(A)$$

$$S = UI = 5 \times 3.95 = 19.75(VA)$$

$$\cos\varphi = \cos(\varphi_u - \varphi_i) = \cos[0 - (-18.4°)] = \cos 18.4° = 0.95$$

$$P = UI\cos\varphi = 19.75 \times 0.95 = 18.75(W)$$

$$Q = UI\sin\varphi = 19.75 \times 0.32 = 6.24(var)$$

方法二（用阻抗计算）。

电路总阻抗为

$$Z = \frac{Z_1 Z_2}{Z_1 + Z_2} = \frac{(1+j1)(2-j2)}{(1+j1)+(2-j2)} = \frac{4}{3-j1} = 1.2 + j0.4 = 1.265\angle 18.4°(\Omega)$$

$$I = \frac{U}{z} = \frac{5}{1.265} = 3.953(A)$$

$$S = UI = 5 \times 3.953 = 19.75(VA)$$

$$P = I^2 R = (3.953)^2 \times 1.2 = 18.75(W)$$

$$Q = I^2 X = (3.953)^2 \times 0.4 = 6.25(var)$$

$$\cos\varphi = \frac{P}{S} = \frac{18.75}{19.75} = 0.95$$

方法三（用导纳计算）。

$$Y = \frac{1}{Z_1} + \frac{1}{Z_2} = \frac{1}{1+j1} + \frac{1}{2-j2} = (0.75 - j0.25)(S)$$

$$P = U^2 G = 5^2 \times 0.75 = 25 \times 0.75 = 18.75(W)$$

$$Q = U^2 B = 5^2 \times 0.25 = 25 \times 0.25 = 6.25(var)$$

$$S = \sqrt{P^2 + Q^2} = \sqrt{(18.75)^2 + (6.25)^2} = 19.75(VA)$$

$$\cos\varphi = \frac{P}{S} = 0.95$$

方法四（用复功率计算）。

首先，求解出二端电路的总电流，再计算复功率

$$\dot{I} = 3.953\angle -18.4°(A)$$

$$\widetilde{S} = \dot{U}\dot{I}^* = 5\angle 0° \times 3.953\angle 18.4° = 19.75\angle 18.4° = (18.75 + j6.25)(VA)$$

$$S = 19.75(VA)$$

$$\cos\varphi = \cos 18.4° = 0.95$$
$$P = 18.75(W)$$
$$Q = 6.25(var)$$

方法五（用功率守恒方法计算）。

$$\dot{I}_1 = \frac{\dot{U}}{Z_1} = \frac{5}{1+j1} = \frac{5}{\sqrt{2}\angle 45°} = 2.5\sqrt{2}\angle -45°(A)$$

$$\dot{I}_2 = \frac{\dot{U}}{Z_2} = \frac{5}{2-j2} = \frac{5}{2\sqrt{2}\angle -45°} = 1.25\sqrt{2}\angle 45°(A)$$

总的有功功率是两个电阻的有功功率之和，两个电阻的有功功率分别为

$$P_1 = I_1^2 R_1 = (2.5\sqrt{2})^2 \times 1 = 12.5(W)$$
$$P_2 = I_2^2 R_2 = (1.25\sqrt{2})^2 \times 2 = 6.25(W)$$
$$P = P_1 + P_2 = 12.5 + 6.25 = 18.75(W)$$

总的无功功率是两个导纳的无功功率之差，两个导纳的无功功率分别为

$$Q_1 = I_1^2 X_L = (2.5\sqrt{2})^2 \times 1 = 12.5(var)$$
$$Q_2 = I_2^2 X_C = (1.25\sqrt{2})^2 \times 2 = 6.25(var)$$
$$Q = Q_1 - Q_2 = 12.5 - 6.25 = 6.25(var)$$
$$S = \sqrt{P^2 + Q^2} = \sqrt{(18.75)^2 + (6.25)^2} = 19.75(VA)$$
$$\cos\varphi = \frac{P}{S} = \frac{18.75}{19.75} = 0.95$$

功率因数也可以用阻抗的方法求出，由功率三角形有

$$\cos\varphi = \frac{R}{z} = \frac{1.2}{\sqrt{(1.2)^2 + (0.4)^2}} = 0.95$$

6.6.6　功率因数的提高

在工程实际中，提高电力系统的功率因数具有重要的经济意义。

（1）功率因数的大小直接关系到电气设备的容量能否充分得到利用。例如一台容量为 1000kVA 的变压器，当所接负载的功率因数 $\cos\varphi=1$ 时，由 $P=UI\cos\varphi$ 可知，变压器可以向负载提供 1000kW 的有功功率；但是，当负载的功率因数降为 $\cos\varphi=0.5$ 时，它就只能提供给负载 500kW 的有功功率了。

（2）负载功率因数的提高可以减少输电线路的功率损耗，提高输电效率和质量。负载吸收的功率 P_2 与输电线路始端的功率 P_1 之比，称为传输效率 η，即

$$\eta = \frac{P_2}{P_1} = \frac{P_2}{P_2 + I^2 R_l}$$

式中：R_l 线路电阻，$I^2 R_l$ 是线路上的有功功率损失。在一定的功率 P_2 的条件下，要提高传输效率 η，就必须减小输电线路上的电流 I。根据

$$I = \frac{P_2}{U_2\cos\varphi_2}$$

可知在电压 U_2 一定下，功率因数 $\cos\varphi$ 很低时，线路上的电流较大，线路上的有功功率损失

也大。因此，供电单位要求用户采取必要的措施以使功率因数不得低于一定的限度。

负载功率因数提高，意味着输出同一功率时，所需要的线路电流 I 减小，输电线的功率损失 $I^2 R_l$ 也减少，提高了输电效率。由于线路电流 I 减小，致使线路的电压降 U_z 减小，使负载电压更接近额定电压，保证供电质量。

对于感性负载，若要提高功率因数，理论上讲就是要减小二端电路输入电压、电流的相位差。从功率三角形可知，可以采用两种方法：①减小二端电路的无功功率，其做法是在负载处并联或串联电容；②增加二端电路的有功功率，串联或并联负载。

为满足负载的额定电压、电流、功率的工作条件，一般采用电容器（或同步补偿器）和负载并联的方法。设感性负载如图 6-25 所示，其端电压为 U，有功功率为 P，要求把它的功率因数从 $\cos\varphi$ 提高到 $\cos\varphi'$，分析需要并联多大的电容。

没有并联电容 C 时，负载中的电流 I_L 由下式决定

$$I_L = \frac{P}{U\cos\varphi}$$

图 6-25　功率因数的提高
(a) 相量模型电路；(b) 相量图

并联了电容 C 以后，负载中的电流没有变化仍为 I_L，但因为电容 C 中的电流 I_C 是超前于电压 U 的。由于电流相量 $\dot{I}_L$ 与相量 $\dot{I}_C$ 之和为 $\dot{I}$，即线路上的电流相量 $\dot{I}$ 的模 I 比 I_L 减小了，如图 6-25（b）所示。也可以说，负载中落后的无功电流 I_q 被电容中超前的无功电流 I_C 所补偿，结果总电流的无功分量 I'_q 反而减小了。未并电容时，电流 $\dot{I}_L$ 可分解为两个分量

$$I_p = I_L \cos\varphi$$
$$I_q = I_L \sin\varphi = \frac{P}{U\cos\varphi}\sin\varphi = \frac{P}{U}\tan\varphi \tag{6-69}$$

式中：I_p 为有功分量，I_q 为无功分量，并联电容后，$\dot{I} = \dot{I}_L + \dot{I}_C$，其无功分量为

$$I'_q = I\sin\varphi' = \frac{P}{U\cos\varphi'}\sin\varphi' = \frac{P}{U}\tan\varphi' \tag{6-70}$$

由图 6-25（b）可以看出 $I_C = I_q - I'_q$，而 $I_C = \omega CU$，由式（6-69）和式（6-70）有

$$C = \frac{I_C}{\omega U} = \frac{I_q - I'_q}{\omega U} = \frac{P}{\omega U^2}(\tan\varphi - \tan\varphi') \tag{6-71}$$

从能量的角度看，利用电容中的无功功率去补偿负载中的无功功率，以减小总的无功功率。也就是使负载中的部分磁场能量与电容中的电场能量进行交换，从而减少了电源与负载之间交换的能量。

应指出的是，功率因数并不是提高到理论上的最大值 $\cos\varphi=1$ 最好，这是因为会使电容设备的投资大大增加，反而使经济效益受到影响。在电力系统中，交流发电机的额定功率因数一般不超过 0.9，负载的功率因数一般也调整在 0.85～0.9 之间为宜。

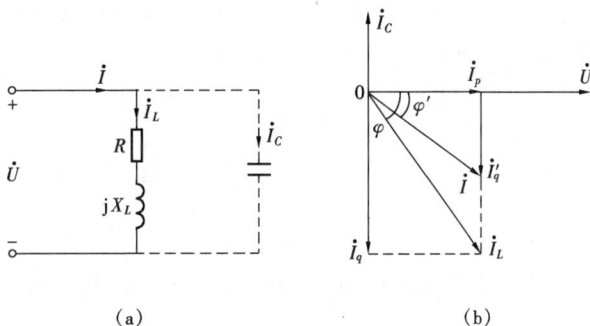

【例 6-16】　有一电感性负载，其端电压为 220V，电源频率 $f=50$Hz，吸收的有功功率为 10kW，功率因数为 $\cos\varphi=0.6$；现要求把功率因数提高到 $\cos\varphi'=0.9$，试求所需并联的电容数值并比较并联电容前后的电流。

解　方法一（直接用功率求解）。

没有并联电容时

$$\varphi = \arccos 0.6 = 53.13°$$

并联电容后

$$\varphi' = \arccos 0.9 = 25.84°$$

由式（6-71）有

$$C = \frac{P}{\omega U^2}(\tan\varphi - \tan\varphi')$$

$$= \frac{10\,000}{2\pi \times 50 \times 220^2}(\tan 53.13° - \tan 25.84°) = 558.4\mu F$$

方法二（用电流补偿的方法求解）。

没有并联电容时，负载电流即线路中的电流 I_L，电流的无功分量为 I_q，有

$$I_L = \frac{P}{U\cos\varphi} = \frac{10\,000}{220 \times 0.6} = 75.76(A)$$

$$I_q = I_L\sin 53.13° = 75.76 \times 0.6 = 60.61(A)$$

并联电容后，线路中的电流为 I、电流的无功分量为 I'_q 分别为

$$I = \frac{P}{U\cos\varphi'} = \frac{10\,000}{220 \times 0.9} = 50.51(A)$$

$$I'_q = I\sin\varphi' = 50.51 \times \sin 25.84 = 22.02(A)$$

电容中的电流为

$$I_C = I_q - I'_q = 60.61 - 22.02 = 38.59(A)$$

电容的容抗为

$$X_C = \frac{U}{I_C} = \frac{220}{38.59} = 5.701(\Omega)$$

电容为

$$C = \frac{1}{\omega X_C} = \frac{1}{2\pi \times 50 \times 5.701} = 558.3(\mu F)$$

下面讨论将功率因数提高到 $\cos\varphi'=1$ 的情况。若 $\cos\varphi'=1$，则有

$$I = \frac{P}{U\cos\varphi'} = \frac{10\,000}{220} = 45.45(A)$$

$$C = \frac{P}{\omega U^2}\tan\varphi = \frac{10\,000}{2\pi \times 50 \times 220^2} \times \tan 53.13° = 876.9(\mu F)$$

以上结果表明：负载的功率因数由 0.6 提高到 0.9 时，电流由 75.76A 减少到 50.51A。如果将功率因数提高到 $\cos\varphi'=1$，并联的电容要由 558.3μF 增加到 876.9μF，即电容增加了 57.07%，但是电流仅由 50.51A 减少到 45.45A，电流减少了 10.02%，显然这是不经济的。

【例 6-17】　在图 6-26（a）所示电路中，40W 日光灯管的额定电压为 110V，与电感性镇流器串联接于 $f=50$Hz、电压为 220V 的电源上。假设在日光灯管作为纯电阻，镇流器的电阻忽略不计的情况下，试求：

（1）日光灯电路的功率因数为多大？

（2）镇流器的感抗 X_L 为多少？

（3）欲使功率因数达到 1，需并联多大电容？

镇流器

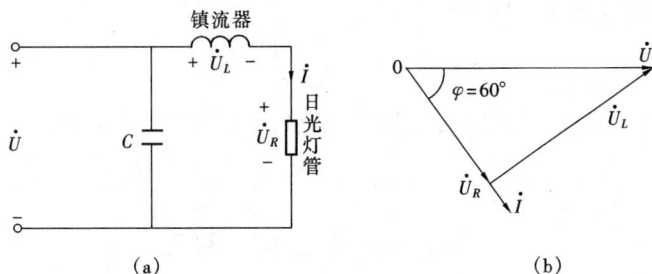

图 6-26　［例 6-17］的电路图

（a）日光灯电路；（b）相量图

解　（1）以 $\dot{U}$ 为参考相量，电路的相量图如图 6-26（b）所示，日光灯两端电压 U_R 为

$$U_R = U\cos\varphi$$

$$\cos\varphi = \frac{U_R}{U} = \frac{110}{220} = 0.5$$

$$\varphi = \arccos 0.5 = 60°$$

（2）镇流器的感抗 X_L 为

$$U_L = U\sin\varphi = 220 \times \sin 60° = 190.53(\text{V})$$

$$I = \frac{P}{U\cos\varphi} = \frac{P}{U_R} = \frac{40}{110} = 0.364(\text{A})$$

$$X_L = \frac{U_L}{I} = \frac{190.53}{0.364} = 523.4(\Omega)$$

（3）欲使 $\cos\varphi = 1$，并联电容 C 后，$\cos\varphi = 1$，$\varphi = 0°$有

$$C = \frac{P}{\omega U^2}(\tan\varphi - \tan\varphi') = \frac{40 \times (\tan 60° - \tan 0°)}{2 \times 3.14 \times 50 \times 220^2} = 4.56(\mu\text{F})$$

6.6.7　最大功率传输条件

设电源电压为 $\dot{U}_s$，内阻抗 $Z_s = R_s + jX_s$ 的正弦交流电源与负载 Z_L 串联连接如图 6-27 所示，当负载 Z_L 变化时，它从电源所获得的功率显然随负载阻抗的变化而改变。下面我们分别在两种情况下，讨论负载 Z_L 获取最大功率的条件。

第一种情况：电源电压一定，负载阻抗 Z_L 变化时获取最大功率的条件。

设 $Z_L = R_L + jX_L$，其中 R_L、X_L 均独立可调，由电路可求得电路的电流为

$$I = \frac{U_s}{|Z_s + Z_L|} = \frac{U_s}{\sqrt{(R_s + R_L)^2 + (X_s + X_L)^2}}$$

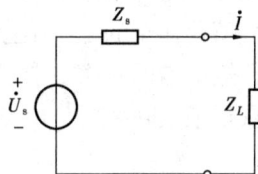

图 6-27　求最大功率传输条件电路

负载获取的功率为

$$P_L = I^2 R_L = \frac{U_s^2 R_L}{(R_s + R_L)^2 + (X_s + X_L)^2} \tag{6-72}$$

负载阻抗 Z_L 变化时，先设 R_L 不变，调节 X_L，这时 P_L 达到最大值的条件是 $X_s + X_L = 0$，即 $X_s = -X_L$。将这个关系代回式(6-72)，得

$$P_L = I^2 R_L = \frac{U_s^2 R_L}{(R_s + R_L)^2}$$

对上式再继续求解 P_L 为最大值时的 R_L 值，为此将上式对 R_L 求导数，并使之为零

$$\frac{dP_L}{dR_L} = \frac{d}{dR_L}\left[\frac{U_s^2 R_L}{(R_s + R_L)^2}\right] = U_s^2 \times \frac{(R_s + R_L)^2 - 2R_L(R_s + R_L)}{(R_s + R_L)^4} = 0$$

令上式分子为零，解得当 $R_s = R_L$ 时，负载吸收的功率最大。

可见负载获得最大功率的条件是

$$\left.\begin{array}{l} X_L = -X_s \\ R_L = R_s \end{array}\right\} \tag{6-73}$$

即

$$R_L + jX_L = R_s - jX_s$$

或写成

$$Z_L = Z_s^* \tag{6-74}$$

也就是当负载阻抗是电源内阻抗的共轭复数（称为共轭匹配）时，负载可获得最大功率，其最大功率为

$$P_{max} = \frac{U_s^2}{4R_s} \tag{6-75}$$

第二种情况：$Z_L = z_L \angle \varphi$，其中 φ 为定值，负载阻抗的模 z_L 可调，此时

$$I = \frac{U_s}{\sqrt{(R_s + z_L\cos\varphi)^2 + (X_s + z_L\sin\varphi)^2}}$$

$$P_L = \frac{U_s^2 z_L \cos\varphi}{(R_s + z_L\cos\varphi)^2 + (X_s + z_L\sin\varphi)^2}$$

式中：z_L 是变量，欲使 P_L 有最大值，应满足

$$\frac{dP_L}{dz_L} = 0$$

经过推导得到

$$z_L = \sqrt{R_s^2 + X_s^2} = z_s \tag{6-76}$$

即负载阻抗的模与电源内阻抗的模相等的条件下（称共模匹配），负载可获得最大功率。

共模匹配条件下获得的最大功率比共轭匹配条件下获得的最大功率要小。如果阻抗角也可调节，由共模匹配条件转变到共轭匹配条件，负载获得的功率更大些。

值得注意的是，不论是共模匹配还是共轭匹配，使负载获得最大功率时，都必须考虑电源传输电能的效率。上述两种情况下，电源供电的效率都较低，例如在共轭匹配条件下，负载获得最大功率时，电路的传输效率为

$$\eta = \frac{I^2 R_L}{I^2(R_s + R_L)} = \frac{R_L}{R_s + R_L} = 50\% \tag{6-77}$$

电力系统重视提高传输电能的效率，是不允许在共轭匹配状态下工作的，一方面是因为效率太低，只有 50%；另一方面由于电源的内阻抗很小，匹配时会产生很大的电流，将危及电源和负载安全工作。但是在无线电工程中，则往往要求负载与信号源达成共轭匹配，以

获得最大功率。

【例 6-18】 在图 6-28 所示电路中，已知 $u_s = 10\sqrt{2}\sin10^5t\text{V}$，电源内阻抗的参数为 $R_s = 5\Omega$，$L_s = 50\mu\text{H}$，负载为电阻 $R_L = 5\Omega$。试求：

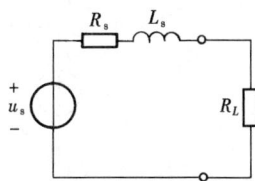

(1) 负载获得的功率；

(2) 当 R_L 为多大时，能获得最大功率？最大功率是多少？

图 6-28　[例 6-18] 的电路图

解 电源内阻抗为

$$Z_s = R_s + j\omega L_s = 5 + j10^5 \times 50 \times 10^{-6} = 5 + j5 = 5\sqrt{2}\angle 45°(\Omega)$$

电源电压为基准相量为

$$\dot{U}_s = 10\angle 0°\text{V}$$

电路的电流为

$$\dot{I} = \frac{\dot{U}_s}{Z_s + R_L} = \frac{10\angle 0°}{5 + j5 + 5} = \frac{10}{10 + j5} = \frac{10}{11.18\angle 26.6°} = 0.89\angle -26.6°(\text{A})$$

负载获得的功率为

$$P_L = I^2 R_L = 0.89^2 \times 5 = 4(\text{W})$$

当共模匹配时，可以获得最大功率，即

$$R_L = z_s = \sqrt{R_s^2 + X_s^2} = \sqrt{5^2 + 5^2} = 5\sqrt{2} = 7.07(\Omega)$$

电路的电流为

$$\dot{I} = \frac{\dot{U}_s}{Z_s + R_L} = \frac{10\angle 0°}{5 + j5 + 7.07} = \frac{10}{12.07 + j5} = \frac{10}{13.06\angle 22.5°} = 0.766\angle -22.5°(\text{A})$$

负载 R_L 获得的最大功率为

$$P_{L\max} = I^2 R_L = 0.766^2 \times 7.07 = 4.15(\text{W})$$

6.7　正弦稳态电路的分析计算

在前面几节的内容里，由于引入了相量方法，分析线性直流电路的那些定理和计算方法，都可以用于正弦稳态的分析计算。与电阻网络的求解方法的选择相类似，正弦稳态电路中，究竟采用哪种求解方法，也要看电路的结构、支路的特点及所求问题去决定。一般步骤如下：

(1) 将电路中的电压、电流都表示为相量形式，每个元件或无源二端网络都用复阻抗或复导纳表示，作出电路的相量模型图。

(2) 运用线性直流电路中所用的定律、定理和分析方法进行计算。

(3) 根据要求，写出正弦量的解析式或计算出其他量。

【例 6-19】 在图 6-29 (a) 所示电路中，已知电压源为 $u_s = 50\sqrt{2}\sin\omega t\text{V}$，电流源为 $i_s = 10\sqrt{2}\sin(\omega t + 30)°\text{A}$，$X_L = \omega L = 5\Omega$，$X_C = 1/\omega C = 3\Omega$；试求：电压 u_C。

解 首先画出电路的相量模型，如图 6-29 (b) 所示。下面用直流电路中常用的几种方法进行求解计算。

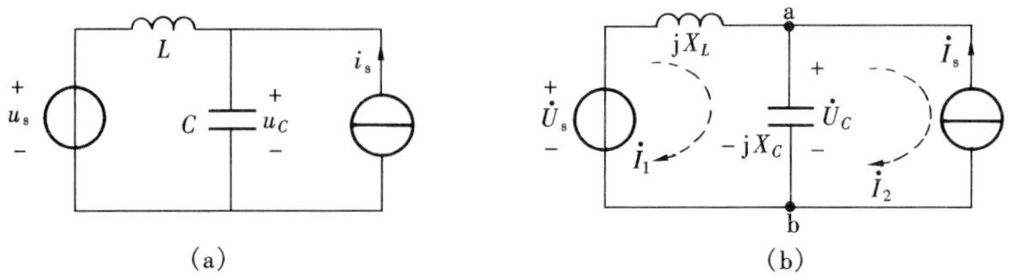

图 6-29   ［例 6-19］的电路图

(a) 原电路；(b) 相量模型电路

(1) 电源等效变换的方法：

将 jX_L 看作电压源 $\dot{U}_s$ 的内阻抗，把它们一起变换成电流源，如图 6-30（a）所示。

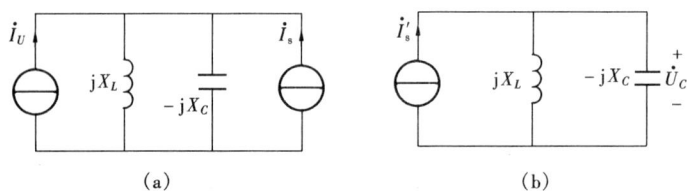

图 6-30   ［例 6-19］电路的电流源形式

(a) 电压源等效时的电路；(b) 最终等效电路

$$\dot{I}_U = \frac{\dot{U}_s}{jX_L} = \frac{50\angle 0°}{j5} = 10\angle -90°(A)$$

再将两个理想电流源相量合并成一个理想电流源相量，如图 6-30（b）所示。

$$\dot{I}'_s = \dot{I}_U + \dot{I}_s = 10\angle -90° + 10\angle 30° = -j10 + 8.66 + j5 = 10\angle -30°(A)$$

利用分流公式计算出电容支路的电流相量为

$$\dot{I}_C = \dot{I}'_s \times \frac{jX_L}{jX_L - jX_C} = 10\angle -30° \times \frac{j5}{j5 - j3} = 25\angle -30°(A)$$

求解电容电压为

$$\dot{U}_C = -jX_C\dot{I}_C = 3\angle -90° \times 25\angle -30° = 75\angle -120°(V)$$

$$u_C = 75\sqrt{2}\sin(\omega t - 120°)(V)$$

(2) 应用叠加定理的方法。

理想电压源相量单独作用时，将理想电流源开路，电路如图 6-31（a）所示。理想电压源相量单独作用时，电容电压分量为

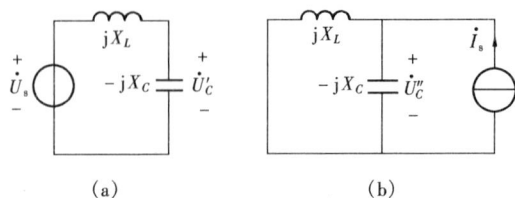

图 6-31   ［例 6-19］应用叠加定理时的电路

(a) 电压源作用时的电路；(b) 电流源作用时的电路

$$\dot{U}'_C = \frac{\dot{U}_s}{jX_L - jX_C}(-jX_C) = \frac{50\angle 0°}{j5 - j3} \times (-j3)$$
$$= -75(\text{V})$$

理想电流源相量单独作用时，将理想电压源相量短路，电路如图 6-31（b）所示。电容电压分量为

$$\dot{U}''_C = \dot{I}_s \frac{jX_L}{jX_L - jX_C}(-jX_C) = 10\angle 30° \times \frac{j5}{j5 - j3} \times (-j3) = 75\angle -60°(\text{V})$$

故电容电压为

$$\dot{U}_C = \dot{U}'_C + \dot{U}''_C = -75 + 75\angle -60° = -75 + 37.5 - j64.95 = 75\angle -120°(\text{V})$$

（3）应用戴维南定理的方法。

求开路电压相量和等效内阻抗的电路如图 6-32 所示。

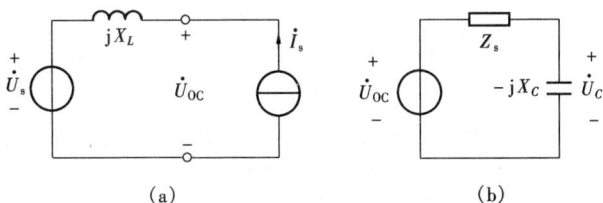

图 6-32　［例 6-19］应用戴维南定理时的电路

(a) 求开路电压时的等效电路；(b) 戴维南等效电路

由图 6-32（a）所示，利用 KVL，开路电压相量表示为

$$\dot{U}_{OC} = jX_L \dot{I}_s + \dot{U}_s$$
$$= j5 \times 10\angle 30° + 50\angle 0°$$
$$= -25 + j43.3 + 50$$
$$= 50\angle 60°(\text{V})$$

等效内阻抗为

$$Z_s = jX_L = j5$$

戴维南等效电路如图 6-32（b）所示，求得电容电压为

$$\dot{U}_C = \frac{\dot{U}_{OC}}{Z_s - jX_C}(-jX_C) = \frac{50\angle 60°}{j5 - j3} \times (-j3) = -75\angle 60° = 75\angle -120°(\text{V})$$

（4）应用节点法求解。

以图 6-29（b）中的节点 b 为参考点，节点电压方程为

$$\left(\frac{1}{jX_L} + \frac{1}{-jX_C}\right)\dot{U}_a = \dot{I}_s + \frac{\dot{U}_s}{jX_L}$$

$$\left(\frac{1}{j5} - \frac{1}{j3}\right)\dot{U}_a = 10\angle 30° + \frac{50\angle 0°}{j5} = 10\angle -30°$$

解得电容电压为

$$\dot{U}_C = \dot{U}_a = \frac{-\mathrm{j}15}{2} \times 10\angle -30° = 75\angle -120°(\mathrm{V})$$

（5）应用回路电流法进行求解的方法。

以网孔为回路，回路电流的方向如图 6-29（b）所示，回路电流方程为

$$(\mathrm{j}X_L - \mathrm{j}X_C)\dot{I}_1 - (-\mathrm{j}X_C)\dot{I}_2 = \dot{U}_\mathrm{s}$$

$$\dot{I}_2 = -\dot{I}_\mathrm{s}$$

整理后有

$$(\mathrm{j}5 - \mathrm{j}3)\dot{I}_1 + (-\mathrm{j}3) \times 10\angle 30° = 50\angle 0°$$

解得电流 $\dot{I}_1$ 和电容电压 $\dot{U}_C$ 为

$$\dot{I}_1 = -\mathrm{j}25 + 15\angle 30° = -\mathrm{j}25 + 12.99 + \mathrm{j}7.5 = 12.99 - \mathrm{j}17.5(\mathrm{A})$$

$$\dot{U}_C = (-\mathrm{j}X_C)(\dot{I}_1 + \dot{I}_\mathrm{s}) = -\mathrm{j}3 \times (12.99 - \mathrm{j}17.5 + 10\angle 30°)$$

$$= -\mathrm{j}3 \times (12.99 - \mathrm{j}17.5 + 8.66 + \mathrm{j}5) = -\mathrm{j}3 \times (21.65 - \mathrm{j}12.5)$$

$$= -\mathrm{j}3 \times 25\angle -30° = 75\angle -120°(\mathrm{V})$$

【例 6-20】　在图 6-33（a）所示的电路中，$X_C = 48\Omega$，开关 S 闭合后电流表的读数不变，试求 X_L 的数值是多少？

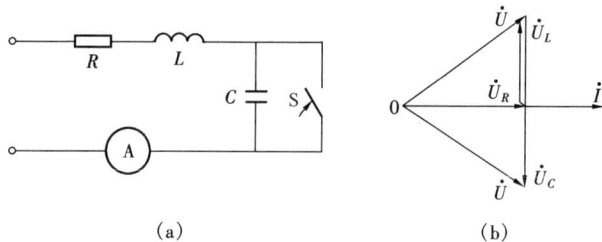

图 6-33　［例 6-20］的电路图
(a) 原电路；(b) 相量图

解　方法一（用电压关系求解）。

设电路电流为 $\dot{I}$，元件的电压分别为 $\dot{U}_R$、$\dot{U}_L$、$\dot{U}_C$，电源电压为 $\dot{U}_\mathrm{s}$，由 KVL 有

$$\dot{U}_\mathrm{s} = \dot{U}_R + \dot{U}_L + \dot{U}_C$$

开关闭合后，还应有

$$\dot{U}_\mathrm{s} = \dot{U}_R + \dot{U}_L$$

电压相量图如图 6-33（b）所示，为一等腰三角形。故有

$$|\dot{U}_C| = 2|\dot{U}_L|$$

有

$$x_L = \frac{x_C}{2} = 24(\Omega)$$

方法二（用阻抗关系求解）。

开关闭合时电路阻抗为

$$z = \sqrt{R^2 + x_L^2}$$

开关打开时电路阻抗为

$$z' = \sqrt{R^2 + (x_L - x_C)^2}$$

根据题意应有

$$z = z'$$

可得

$$x_L = \frac{x_C}{2} = 24(\Omega)$$

【例 6-21】 在图 6-34（a）所示的电路中，已知 $U_s = 193\text{V}$，$U_1 = 60\text{V}$，$U_2 = 180\text{V}$，$R_1 = 20\Omega$，电源频率 $f = 50\text{Hz}$；试求参数 R、C 的数值是多少？

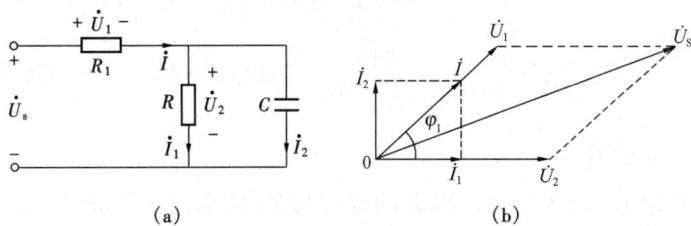

图 6-34 ［例 6-21］的电路图

（a）原电路；（b）相量图

解 设电压、电流的参考方向如图 6-34（a）所示，令

$$\dot{U}_1 = U_1 \angle 0° = 60 \angle 0°(\text{V})$$

$$\dot{I} = \frac{\dot{U}_1}{R_1} = \frac{60}{20} = 3(\text{A})$$

由相量图的各电压相量关系可知，采用余弦定理有

$$\cos\varphi_1 = \frac{U_s^2 - U_1^2 - U_2^2}{2U_1 U_2} = 0.058$$

考虑到 $\dot{I}$ 与 $\dot{U}_1$ 同相位、$\dot{I}_1$ 与 $\dot{U}_2$ 同相位，故由相量图有

$$I_1 = I\cos\varphi_1 = 0.174 \quad R = \frac{U_2}{I_1} = \frac{180}{0.174} = 1.03(\text{k}\Omega)$$

$$I_2 = I\sin\varphi_1 = 2.99 \quad C = \frac{I_2}{\omega U_2} = \frac{2.99}{2\pi \times 50 \times 180} = 53(\mu\text{F})$$

【例 6-22】 在图 6-35（a）所示的电路中，已知 $U_{ab} = U_{bc}$，$R = 10\Omega$，$\omega C = 0.1\text{S}$，Z 为感性阻抗，且电压与电流同相，试求阻抗 Z。

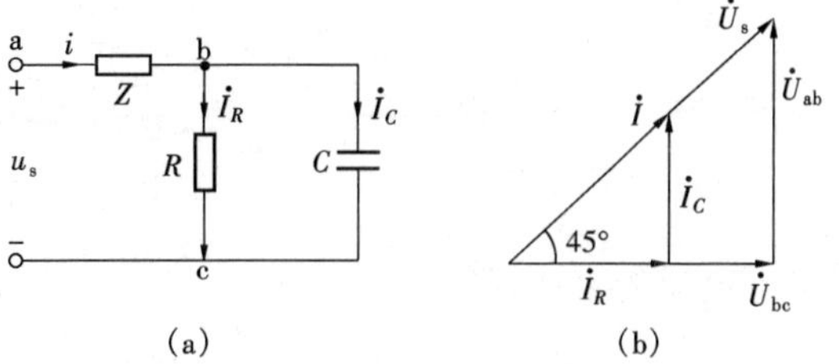

解 方法一（用相量图分析）。

设：$\dot{U}_{bc} = U_{bc} \angle 0°\text{V}$，电流 $\dot{I}_R$ 与之同相。由于有 $R = 1/\omega C$，故可知在数值上 $I_R = I_C$，即电流 $\dot{I}$ 超前 $\dot{U}_{bc}$ 电压 $45°$，相量图如图 6-35（b）所示。由 KCL 可知

图 6-35 ［例 6-22］的电路图

（a）原电路；（b）相量图

$$\dot{I} = \dot{I}_R + \dot{I}_C = \frac{\dot{U}_{bc}}{R} + j\omega C\dot{U}_{bc} = \dot{U}_{bc}(0.1 + j0.1)$$

$$= 0.1\sqrt{2}\dot{U}_{bc} \angle 45°(\text{A})$$

根据题意要求 $\dot{U}_s$ 与 $\dot{I}$ 同相，且 $U_{ab}=U_{bc}$，故电压三角形为等腰三角形，$\dot{U}_{ab}=U_{ab}\angle90°\text{V}$。因而有

$$Z=\frac{\dot{U}_{ab}}{\dot{I}}=5\sqrt{2}\angle45°=5+\text{j}5(\Omega)$$

方法二（用阻抗分析）：

设

$$Z=r+\text{j}x=z\angle\varphi$$

因为

$$Z_{bc}=\frac{R}{1+\text{j}\omega CR}=\frac{10}{1+\text{j}1}=5\sqrt{2}\angle-45°=5-\text{j}5(\Omega)$$

又因为 $U_{ab}=U_{bc}$，故有 $z=z_{bc}=5\sqrt{2}$。

根据题意要求 $\dot{U}_s$ 与 $\dot{I}$ 同相，则 Z 的虚部与 Z_{bc} 的虚部等值异号，即 $x=5$ 或 $\varphi=45°$，于是有

$$Z=5\sqrt{2}\angle45°=5+\text{j}5(\Omega)$$

【例 6-23】　在图 6-36（a）所示的电路中，已知参数 $Z=(200+\text{j}1000)$ Ω，$Z_1=(500+\text{j}1500)$ Ω，要求电流 $\dot{I}_1$ 与电压 $\dot{U}_s$ 有 90°的相位差值，试问电阻 R 应等于多少？

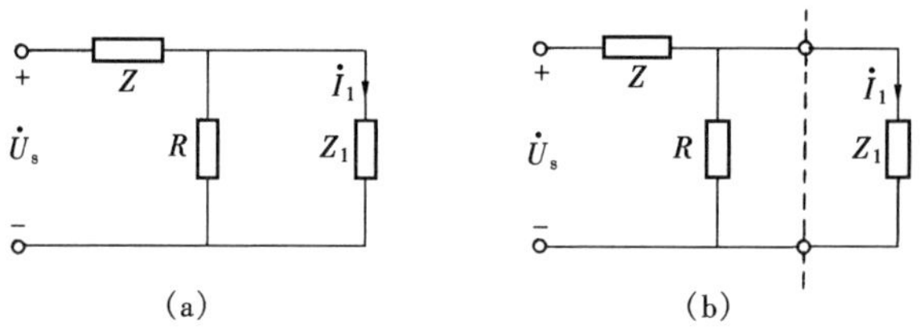

图 6-36　［例 6-23］的电路图
（a）原电路；（b）戴维南等效电路

解　用戴维南定理求解，这里把 Z_1 看成是负载，电路如图 6-36（b）所示；戴维南等效电路的等效电源和内阻抗为

$$\left.\begin{array}{l}\dot{U}_{OC}=\dfrac{\dot{U}_s}{Z+R}R\\[3mm]Z_0=\dfrac{ZR}{Z+R}\end{array}\right\}$$

可求得电流的表达式

$$\dot{I}_1=\frac{\dot{U}_{OC}}{Z_0+Z_1}=\frac{\dot{U}_sR}{ZR+ZZ_1+RZ_1}$$

若使电流 $\dot{I}_1$ 与电压 $\dot{U}_s$ 有 90°的相位差，上式的分母实部为零。即

$$200R+\text{j}1000R+(200+\text{j}1000)(500+\text{j}1500)+500R+\text{j}1500R$$

令实部等于零，有

$$200R+500R+10^5-1.5\times10^3\times10^3=0$$
$$R=2000\Omega$$

【例 6-24】　在图 6-37 所示的无独立电源的二端电路中，假定电源的角频率为 ω，试求端口电压 $\dot{U}_s$ 与电流 $\dot{I}$ 之比。

解　根据 KCL 有

$$\dot{I} = \dot{I}_L - g\dot{U}_L = \dot{I}_L (1 - j\omega L g)$$

电压可表示为　　　　　$\dot{U}_s = \dot{I}_L R + j\omega L \dot{I}_L$

于是有

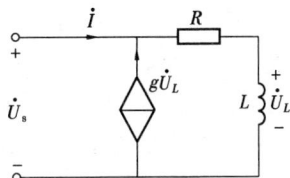

图 6-37　[例 6-24] 的电路图

$$Z = \frac{\dot{U}_s}{\dot{I}} = \frac{\dot{I}_L (R + j\omega L)}{\dot{I}_L (1 - j\omega L g)} = (R + j\omega L)\frac{1 + j\omega L g}{1 + (\omega L g)^2}$$

$$= \frac{1}{1 + (\omega L g)^2}[(R - \omega^2 g L^2) + j\omega L (1 + gR)]$$

[例 6-24] 表明：二端网络不含有独立电源仅含有受控电源时，二端网络的端口电压相量与端口电流相量之比，在电压、电流参考方向一致时，仍是一个与频率有关的量，而与电压、电流有效值的大小无关。在求解它的入端阻抗或导纳时，这时的阻抗角 φ 不再局限于 $-90° \leqslant \varphi \leqslant 90°$ 的范围内，$|\varphi|$ 可能超过 $90°$，即等效电路中的等效阻抗或导纳可能是负值。在该例题中如果 $R < g\omega^2 L^2$，这个含有受控电源的二端网络的入端阻抗的实部就是负值。

6.8　正弦稳态电路的频率特性

在给定电路结构和元件的情况下，由于电路的阻抗和导纳都是频率的函数，当输入正弦量的频率不同，电路响应不仅幅值不同，相位也会发生变化。在本节中主要研究在一定激励条件下，响应随频率变化的规律，这就是所谓频率响应的概念，并研究频率响应中的一种特殊现象——谐波。

6.8.1　正弦稳态电路的网络函数

1. 正弦稳态电路的网络函数定义

在正弦稳态电路中，当电路中只有一个电源输入时，正弦稳态电路的网络函数定义为：响应相量与激励相量之比，可表示为

$$H(j\omega) = \frac{响应相量}{激励相量}$$

网络函数 $H(j\omega)$ 表达了网络的输出和输入之间的关系。

在图 6-38 所示的 RC 电路中，如以电容电压 $\dot{U}_C$ 为响应，以输入电压 $\dot{U}_s$ 为激励，其网络函数为

$$H(j\omega) = \frac{\dot{U}_C}{\dot{U}_s} = \frac{1/j\omega C}{R + 1/j\omega C} = \frac{1}{1 + j\omega CR} \tag{6-78}$$

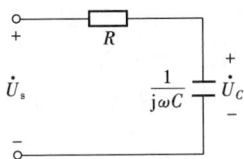

图 6-38　RC 串联电路

可见网络函数决定于电路的结构、元件的参数和电源的频率。当电源的有效值保持不变，改变频率时，电容电压 $\dot{U}_C = H(j\omega)\dot{U}_s$ 将随频率的变化而变化，它的变化规律与网络函数 $H(j\omega)$ 的变化规律一致。也就是说，响应与电源频率的关系决定于网络函数与频率的关系。研究网络函数或响应随频率变化的规律称为电路的频域分析。

根据输入、输出是否在同一端口处，网络函数又分为策动点函数（驱动点函数）和转移函数（传输函数），前者输入与输出在同一端口处，后者输入与输出在不同端口处。对于二端网络，激励与响应位于同一端口上，其中一个量是电压，另一个量为电流，因此，该二端网络的网络函数是策动点阻抗（输入阻抗）、策动点导纳（输入导纳）。在一般的网络中响应和激励可能不在同一端口上，而且它们既可以是电压也可以是电流，在这种情况下，网络函数可以是转移电压比、转移电流比、转移阻抗或转移导纳，也可以是一种无量纲的比值。式(6-78)所表示的网络函数就是转移电压比。

2. 正弦稳态电路的幅频特性和相频特性

仍以式(6-78)为例，将 $\dot{U}_C$、$\dot{U}_s$ 和 $H(j\omega)$ 用极坐标表示，即

$$|H(j\omega)|\angle\theta(\omega) = \frac{U_C\angle\varphi_C}{U_s\angle\varphi} = \frac{U_C}{U_s}\angle\varphi_C-\varphi \qquad (6-79)$$

由此可以得到

$$\left.\begin{array}{c}|H(j\omega)| = \dfrac{U_C}{U_s}\\[2mm]\theta(\omega) = \varphi_C-\varphi\end{array}\right\} \qquad (6-80)$$

式中：$|H(j\omega)|$ 为网络函数的模，称为网络的幅频特性，它反映了响应和激励有效值之比与频率的关系。$\theta(\omega)$ 为网络函数的幅角，称为网络的相频特性，它反映了响应与激励的相位差与频率的关系。网络的幅频特性和相频特性统称为频率特性。

下面仍以图 6-38 所示的 RC 电路为例，讨论网络的频率特性。由于 RC 具有时间的量纲，其倒数具有频率的量纲，故设

$$\omega_0 = 1/RC$$

ω_0 称为 RC 电路的固有频率。将其代入式(6-78)有

$$H(j\omega) = \frac{1}{1+j\omega/\omega_0} = \frac{1}{\sqrt{1+(\omega/\omega_0)^2}}\angle-\tan^{-1}(\omega/\omega_0) \qquad (6-81)$$

由式(6-81)可以绘制 $H(j\omega)$ 的幅频特性和相频特性曲线。

为了绘制曲线，这里取频率的相对值 ω/ω_0 为 0，1，2，…，∞，计算 $|H(j\omega)|$ 和 $\theta(\omega)$ 如下：

当 $\omega/\omega_0 = 0$ 时，$|H(j\omega)| = 1$，$\theta(\omega) = 0°$；

当 $\omega/\omega_0 = 1$ 时，$|H(j\omega)| = 1/\sqrt{2}$，$\theta(\omega) = -45°$；

$\vdots$

当 $\omega/\omega_0 = \infty$ 时，$|H(j\omega)| = 0$，$\theta(\omega) = -90°$。

根据上述数据就可以绘制 RC 电路的幅频特性和相频特性曲线，曲线如图 6-39 所示。

图 6-39(a)表明：在输入电压有效值保持不变的情况下，当频率较低时输出电压 U_C 比较高，而频率越高输出电压 U_C 越小。从输入信号通过此网络变换为输出信号的观点看，认为网络允许低频信号通过，却使高频信号产生较大的衰减。具有这种特性的网络称为低通网络。通过选用不同的网络结构和元件类型还可以实现高通网络、带通网络和带阻网络等。

通常将网络函数的模下降到最大值的 $1/\sqrt{2}$ 时所对应的频率称为截止频率，记为 ω_C。由

(a)　　　　　　　　　　　　(b)

图 6-39　RC 低通网络的频率特性

(a) 幅频特性曲线；(b) 相频特性曲线

图 6-39（a）可见，该网络的截止频率为 $\omega_C = \omega_0 = 1/RC$。对于低通网络，频率为 $0 \sim \omega_C$ 的范围称为低通网络的通带，而频率范围 $\omega_C \sim \infty$ 称为阻带。

图 6-39（b）的相频特性表明：在此低通网络的通带内，频率越高输出电压 $\dot{U}_C$ 滞后输入电压 $\dot{U}_s$ 的相位差越大，当 $\omega = \omega_C$ 时 $\dot{U}_C$ 比 $\dot{U}_s$ 滞后 45°。

同一电路，以不同的量作为输出，有不同的网络函数和频率响应，电路也具有不同的功能。若在图 6-38 电路中，以电阻电压为输出，其电压传输比就会具有高通滤波电路的频率特性。

6.8.2　R、L、C 串联电路的谐振

含线性储能元件无独立电源的二端网络（或支路），在某一特定条件下，其端口（或支路）呈现电阻性，即电压、电流同相位的现象称为谐振。电路在发生谐振前、后工作状态差别很大，例如谐振时，某些支路的电压或电流可能会远远大于端口电压或电流。谐振是正弦稳态电路的一种特殊现象，在工程实际中得到广泛的应用。

图 6-40 所示的 R、L、C 串联电路，其端口的输入阻抗为

$$Z = R + j(X_L - X_C)$$

其虚部为

$$X = X_L - X_C = \omega L - \frac{1}{\omega C}$$

从电抗 X 的频率特性图 6-41 可知，$\omega < \omega_0$，$X < 0$，电路

图 6-40　串联谐振电路

呈容性；$\omega > \omega_0$，$X > 0$，电路呈感性；$\omega = \omega_0$，$X = 0$，电路发生谐振，此时

$$\omega_0 L = \frac{1}{\omega_0 C}$$

$$\omega_0 = \frac{1}{\sqrt{LC}} \quad f_0 = \frac{1}{2\pi\sqrt{LC}}$$

(6-82)

式（6-82）是 R、L、C 串联电路的谐振条件。ω_0 和 f_0 分别称为谐振角频率和谐振频率，当频率一定时，谐振决定于电感 L 和电容 C 两个参数。因此，若要使电路发生谐振，既可以固

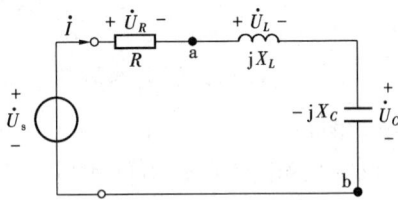

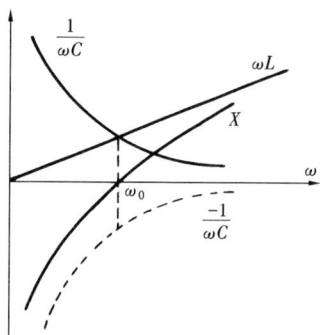

图 6-41　R、L、C 串联电路的
频率特性

电流相量和各电压相量是

定电路参数改变电源频率，也可以固定电源频率改变电感 L 或电容 C。

R、L、C 串联电路谐振时，电路的基本特性如下。

（1）电路的输入阻抗最小。

由于谐振时 $X=0$，所以电路的输入阻抗为一实数，即

$$Z=\sqrt{R^2+(X_L-X_C)^2}=R$$

电路输入阻抗 $Z=R$，阻抗模为最小值，在一定电压作用下，电路中的电流最大，称为谐振电流。

（2）电感电压和电容电压发生谐振。

$$
\begin{cases}
\dot{I}_0=\dfrac{\dot{U}_s}{R} \\[2mm]
\dot{U}_{L0}=\mathrm{j}\omega_0 L\dot{I}_0=\mathrm{j}\dfrac{\omega_0 L}{R}\dot{U}_s \\[2mm]
\dot{U}_{C0}=-\mathrm{j}\dfrac{1}{\omega_0 C}\dot{I}_0=-\mathrm{j}\dfrac{1}{\omega_0 CR}\dot{U}_s \\[2mm]
\dot{U}_{R0}=R\dot{I}_0=\dot{U}_s
\end{cases}
\tag{6-83}
$$

由式（6-83）可以看出，电感电压相量和电容电压相量因相位反相相互抵消，所以电路的电源电压就等于电阻电压，即 $\dot{U}_s=\dot{U}_R=R\dot{I}_0$。电压的有效值为

$$
\begin{cases}
U_{L0}=\dfrac{\omega_0 L}{R}U_s \\[2mm]
U_{C0}=\dfrac{1}{\omega_0 CR}U_s
\end{cases}
\tag{6-84}
$$

由式（6-84）可知，如果参数满足 $\omega_0 L\gg R$ 时，电感或电容的电压会出现大大于电源电压的现象，即 $U_{L0}=U_{C0}=QU_s\gg U_s$。但是，$\dot{U}_{L0}$ 与 $\dot{U}_{C0}$ 有效值相等，相位相反，$\dot{U}_{L0}+\dot{U}_{C0}=0$，在图 6-40 的电路中 a、b 间相当于短路；根据这一特点，串联谐振又称电压谐振。

串联谐振时，网络的感抗与容抗相等，为

$$\omega_0 L=\frac{1}{\omega_0 C}=\frac{L}{\sqrt{LC}}=\sqrt{\frac{L}{C}}=\rho$$

ρ 仅与电路的参数 L、C 有关，称为特性阻抗，单位为 Ω。这样，将串联谐振时的电感电压和电容电压的有效值表示为

$$U_{L0}=U_{C0}=\rho I_0=\frac{\rho}{R}U_s$$

（3）谐振时的电磁能量特性。

设谐振时电路的电源电压为 $u_s=\sqrt{2}U_s\sin\omega_0 t\,\mathrm{V}$，则电路电流为 $i=\sqrt{2}\dfrac{U_s}{R}\sin\omega_0 t\,\mathrm{A}$，电容电压为

$$u_C = \sqrt{2}\,\frac{U_s}{R\omega_0 C}\sin(\omega_0 t - 90°) = -\sqrt{2}\,\frac{U_s}{R\omega_0 C}\cos\omega_0 t$$

电场能量和磁场能量分别是

$$\left. \begin{aligned} W_L &= \frac{1}{2}Li^2 = L\left(\frac{U_s}{R}\right)^2(\sin\omega_0 t)^2 = LI_0^2(\sin\omega_0 t)^2 \\ W_C &= \frac{1}{2}Cu_C^2 = \frac{U_s^2}{R^2\omega_0^2 C}(\cos\omega_0 t)^2 = \frac{LU_s^2}{R^2}(\cos\omega_0 t)^2 = LI_0^2(\cos\omega_0 t)^2 \end{aligned} \right\} \tag{6-85}$$

由式（6-85）可知

$$W_{Lm} = W_{Cm} = LI_0^2$$

说明谐振时，电场能量的最大值等于磁场能量的最大值，电磁场能量的总和为

$$W = W_L + W_C = LI_0^2(\sin\omega_0 t)^2 + LI_0^2(\cos\omega_0 t)^2 = LI_0^2 \tag{6-86}$$

式（6-86）表明，谐振时电路中电磁总能量之和为一定值，且等于 L 或 C 中储能的最大值。电场能量 W_C 与磁场能量 W_L 相互转换产生周期性的电磁振荡，L、C 两元件，既不从电源吸收电磁能量，也无电磁能量返回电源。谐振时，电路吸收的有功功率 $P_0 = RI_0^2 = U_s^2/R$，无功功率 $Q_0 = XI_0^2 = 0$。

谐振时电感电压或电容电压的有效值与总电压的有效值之比称为 R、L、C 串联谐振电路的品质因数，即

$$Q = \frac{U_{L0}}{U_s} = \frac{U_{C0}}{U_s} = \frac{\omega_0 L}{R} = \frac{1}{\omega_0 CR} \tag{6-87}$$

式中：$\omega_0 L$ 称为 R、L、C 串联电路的特性阻抗。显然

$$Q = \frac{1}{R}\sqrt{\frac{L}{C}} \tag{6-88}$$

品质因数 Q 由电路参数 R、L、C 确定，与频率无关。品质因数 Q 是衡量谐振电路诸多性质和指标的一个参数。谐振时

$$Q = \frac{U_L}{U_s} = \frac{U_C}{U_s} = \frac{I_0\omega_0 L}{I_0 R} = \frac{\omega_0 L}{R} \tag{6-89}$$

说明谐振时，电感、电容的电压都为输入电压的 Q 倍，Q 值越高，这两个电压也越高。在电力系统中，若发生串联谐振，在电感器与电容器上出现的过电压可能导致这些设备损坏，必须加以避免。

谐振时，电阻元件的有功功率 $P_0 = RI_0^2$，由式（6-86）和式（6-87）可得

$$Q = \omega_0 \frac{W}{P_0} = 2\pi f_0 \frac{W}{P_0} = 2\pi \frac{W}{T_0 P_0}$$

即　　　　　　$$Q = 2\pi \frac{\text{谐振时电路中的电磁总能量}}{\text{谐振时一个周期内电路消耗的能量}}$$

当一个周期内电路消耗的能量一定时，Q 值越大，电路电磁总能量越大，电磁振荡程度越激烈，因此，品质因数 Q 又是一个能反映谐振时电路电磁振荡程度的量。

品质因数 Q 值还会直接影响到谐振电路的频率响应，谐振电路中往往称频率响应曲线为谐振曲线。

U_L、U_C 的谐振曲线为

$$U_L = \omega LI = \frac{\omega LU_s}{\sqrt{R^2 + \left(\omega L - \dfrac{1}{\omega C}\right)^2}}$$

令 $\eta = \omega/\omega_0$

$$\begin{cases} U_L = \dfrac{\omega}{\omega_0}\omega_0 L I = \eta\dfrac{\omega_0 L U_s}{R\sqrt{1+Q^2\left(\eta-\dfrac{1}{\eta}\right)^2}} = \dfrac{QU_s}{\sqrt{\dfrac{1}{\eta^2}+Q^2\left(1-\dfrac{1}{\eta^2}\right)^2}} \\[2em] U_C = \dfrac{I}{\omega C} = \dfrac{U_s}{\dfrac{\omega}{\omega_0}\omega_0 CR\sqrt{1+Q^2\left(\eta-\dfrac{1}{\eta}\right)^2}} = \dfrac{QU_s}{\sqrt{\eta^2+Q^2(\eta^2-1)}} \end{cases} \tag{6-90}$$

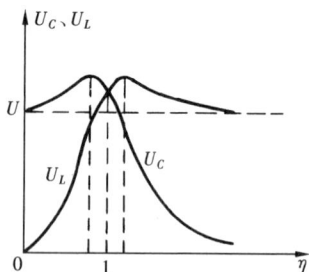

图 6-42　串联谐振电路 U_L、U_C
的频率特性

由 $\mathrm{d}U_L/\mathrm{d}\eta = 0$ 和 $\mathrm{d}U_C/\mathrm{d}\eta = 0$，可求得 U_L 和 U_C 出现最大值对应的角频率，分别为

$$\begin{cases} \omega_{Lm} = \omega_0\sqrt{\dfrac{2Q^2}{2Q^2-1}} \\[1.5em] \omega_{Cm} = \omega_0\sqrt{\dfrac{2Q^2-1}{2Q^2}} \end{cases} \tag{6-91}$$

由式 (6-90) 即可绘制出 U_L、U_C 的谐振曲线，曲线如图 6-42 所示。当 Q 值增大时，两个峰值向谐振频率靠近，同时峰值也增大。

下面讨论 Q 值影响的通用谐振曲线；串联电路的电流相量为

$$\dot{I} = \frac{\dot{U}_s}{R+\mathrm{j}\left(\omega L-\dfrac{1}{\omega C}\right)} = \frac{\dot{U}_s}{R+\mathrm{j}\left(\dfrac{\omega}{\omega_0}\omega_0 L-\dfrac{\omega_0}{\omega\omega_0 C}\right)}$$

$$= \frac{\dot{U}_s}{R+\mathrm{j}\omega_0 L\left(\dfrac{\omega}{\omega_0}-\dfrac{\omega_0}{\omega}\right)} = \frac{\dot{U}_s}{R}\frac{1}{1+\mathrm{j}Q\left(\eta-\dfrac{1}{\eta}\right)}$$

将上式两侧除以谐振时的电流 $\dot{I}_0$，有

$$\frac{\dot{I}}{\dot{I}_0} = \frac{1}{1+\mathrm{j}Q\left(\eta-\dfrac{1}{\eta}\right)}$$

在数值上

$$\frac{I}{I_0} = \frac{1}{\sqrt{1+Q^2\left(\eta-\dfrac{1}{\eta}\right)^2}} \tag{6-92}$$

由式 (6-92) 取不同的 Q 值，作出通用谐振曲线如图 6-43 所示，其中 $\eta_1 = \omega_1/\omega_0$，$\eta_2 = \omega_2/\omega_0$。

由图 6-43 可以看出，不管电路的 Q 值为多少，也不管外加电压为多大，在谐振频率处 ($\eta = 1$) 所有幅频特性曲线的顶点重叠，且在该点有 $I/I_0 = 1$，所有相频特性曲线过零。

由图 6-43 还可以看到，谐振时电流最大，偏离谐振频率，电流就减小，即串联电路这种选择频率的特性，称为选择性。Q 值越大曲线越尖，在谐振点附近电

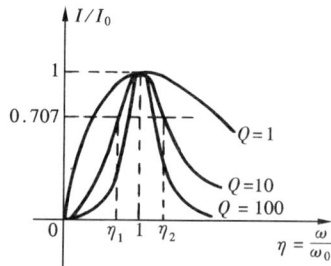

图 6-43　通用谐振曲线

流变化越明显，电路对偏离谐振频率的信号抑制能力越强，电路的选频特性即选择性越好。

将 $I/I_0 > 1/\sqrt{2}$ 的频率范围称为通频带，表明 RLC 串联电路有带通滤波器特性。图6-43的曲线还表明，Q 值越小，通频带越宽；Q 值越大，通频带越窄，曲线越尖，电路选择能力越强。但往往由于实际信号非单一频率，各种频率都占有一定的范围，因此为了使接收或传输的信号不失真，又希望谐振曲线的顶部平坦些，一般来说，工程应用中应兼顾通频带和选择性两方面的要求选择适当的品质因数 Q。在无线电工程中，实用谐振电路的 Q 值常在 50～200 之间。

【例 6-25】 串联谐振电路中，已知 $U_s=100\text{V}$，$R=50\Omega$，$L=4\text{mH}$，$C=160\text{pF}$；试求：

(1) 谐振时电路的 f_0、I_0、ρ、Q 和 U_L、U_C；

(2) 如果电源电压不变，频率变化增大了 10%，再求电路中的电压和电流。

解　谐振时

$$f_0 = \frac{1}{2\pi\sqrt{LC}} = \frac{1}{2\pi\sqrt{4\times10^{-3}\times160\times10^{-12}}} \approx 200(\text{kHz})$$

电路的电流为

$$I_0 = \frac{U_s}{R} = \frac{100}{50} = 2(\text{A})$$

电路的特性阻抗

$$\rho = \omega_0 L = \frac{1}{\omega_0 C} = \sqrt{\frac{L}{C}} = \sqrt{\frac{4\times10^{-3}}{160\times10^{-12}}} = 5000(\Omega)$$

品质因数

$$Q = \frac{\rho}{R} = \frac{5000}{50} = 100$$

谐振时的电感和电容电压为

$$U_{L0} = U_{C0} = QU_s = 100\times100 = 10(\text{kV})$$

当电源的频率增大 10% 时

$$f = f_0(1+0.1) = 220(\text{kHz})$$

该频率下的感抗和容抗为

$$X_L = 2\pi f L = 2\pi\times220\times10^3\times4\times10^{-3} = 5526(\Omega)$$
$$X_C = \frac{1}{2\pi f C} = \frac{1}{2\pi\times220\times10^3\times160\times10^{-12}} = 4523(\Omega)$$

阻抗的模为

$$z = \sqrt{R^2+(X_L-X_C)^2} = \sqrt{50^2+(5526-4523)^2} = 1004(\Omega)$$

电路电流的有效值为

$$I = \frac{U_s}{z} = \frac{100}{1004} \approx 0.1$$

在该频率下的电感和电容电压为

$$U_L = X_L I = 5526\times0.1 = 552.6(\text{V})$$
$$U_C = X_C I = 4523\times0.1 = 452.3(\text{V})$$

由此可见，电源的频率偏离谐振频率不多，但是电路的电流和电容电压、电感电压却迅速下降。

6.8.3　R、L、C 并联电路的谐振

串联谐振电路适用于内阻抗小的信号源，如果信号源的内阻抗很大，仍用串联谐振电路，将使电路的品质因数严重降低，选择性变差，因此应采用并联谐振电路。

以电流源为电源的 R、L、C 并联电路与由电压源为激励的 R、L、C 串联电路是对偶电路，它们的频率特性也存在对偶关系。R、L、C 并联电路如图 6-44 所示。

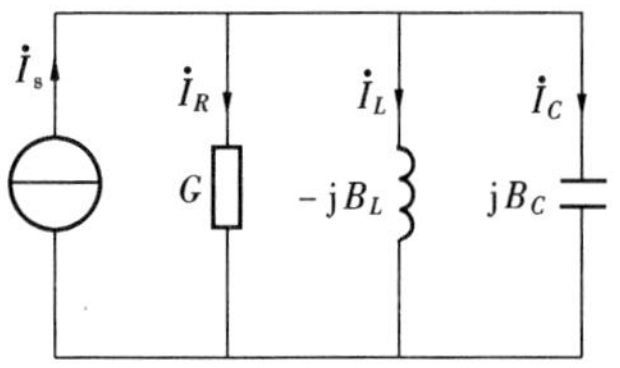

图 6-44　R、L、C 并联电路

1.R、L、C 并联电路的谐振

下面讨论 R、L、C 并联电路谐振的条件和特点。

对于图 6-44 所示的 R、L、C 并联电路，其端口的输入导纳为

$$Y = \frac{1}{R} + \frac{1}{j\omega L} + j\omega C = G - j(B_L - B_C) = G - jB$$

其虚部

$$B = B_L - B_C = \frac{1}{\omega L} - \omega C$$

谐振时复导纳的虚部为零，即

$$\frac{1}{\omega L} - \omega C = 0$$

解得谐振角频率和频率

$$\left.\begin{array}{c} \omega_0 = \dfrac{1}{\sqrt{LC}} \\[3mm] f_0 = \dfrac{1}{2\pi\sqrt{LC}} \end{array}\right\} \tag{6-93}$$

R、L、C 并联电路谐振时，电路的基本特性是：

（1）电路的输入复导纳最小；由于谐振时 $B=0$，所以电路的输入复导纳为一实数，即

$$Y = \sqrt{G^2 + (B_L - B_C)^2} = G$$

电路输入阻抗 $Y = G$，复导纳的模为最小值，在电流激励的作用下，电路中的电压最大。

（2）电感电流与电容电流发生谐振；电流相量和各电压相量是

$$\left\{\begin{array}{l} \dot{U}_0 = \dfrac{\dot{I}_s}{Y} = \dot{I}_s R \\[3mm] \dot{I}_{L0} = \dfrac{\dot{U}_0}{j\omega_0 L} = -j\dfrac{R}{\omega_0 L}\dot{I}_s \\[3mm] \dot{I}_{C0} = j\omega_0 C \dot{U}_0 = j\omega_0 CR\dot{I}_s \end{array}\right. \tag{6-94}$$

电流的有效值为

$$\left\{\begin{array}{l} I_{L0} = \dfrac{R}{\omega_0 L}I_s \\[3mm] I_{C0} = \omega_0 CR I_s \end{array}\right. \tag{6-95}$$

如果参数满足 $R \gg \omega_0 L = 1/\omega_0 C$ 时，电感与电容的电流会出现 $I_{L0} = I_{C0} \gg I_s$ 的现象，即电感或电容上的电流会远远大于电流源电流，但是，$\dot{I}_{L0}$ 与 $\dot{I}_{C0}$ 有效值相等，相位相反，$\dot{I}_{L0} + \dot{I}_{C0} = 0$，在图 6-44 的电路中，没有电流流入到 L、C 并联部分的电路中去，因此 L、C 并联部分的电路相当于开路；根据这一特点，并联谐振又称为电流谐振。

谐振时的电感电流或电容电流的有效值与总电流有效值之比称为 R、L、C 并联谐振电路的品质因数，即

$$Q = \frac{I_{L0}}{I_s} = \frac{I_{C0}}{I_s} = \frac{R}{\omega_0 L} = \omega_0 CR \tag{6-96}$$

可见 R、L、C 并联电路的品质因数的表达式与 R、L、C 串联电路的品质因数也存在对偶关系。

2. 电感线圈与电容器并联电路的谐振

并联谐振电路的形式较多，它们的谐振条件和特点也有所不同，下面讨论最常见的电感

线圈与电容器并联的谐振电路。其相量模型如图 6-45（a）所示。

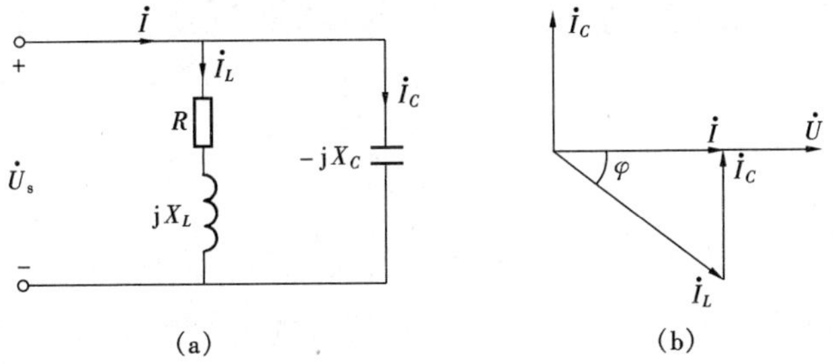

图 6-45　电感线圈与电容器并联谐振电路

(a) 原电路；(b) 相量图

由图 6-45（a）可知，电路的导纳为

$$Y = \frac{1}{R + \mathrm{j}\omega L} + \mathrm{j}\omega C = \frac{R}{R^2 + (\omega L)^2} + \mathrm{j}\left[\omega C - \frac{\omega L}{R^2 + (\omega L)^2}\right]$$

电路的谐振条件为

$$\omega C = \frac{\omega L}{R^2 + (\omega L)^2} \tag{6-97}$$

由式（6-97）可求得谐振角频率和谐振频率为

$$\left.\begin{array}{l} \omega_0 = \sqrt{\dfrac{1}{LC} - \dfrac{R^2}{L^2}} \\[3mm] f_0 = \dfrac{1}{2\pi}\sqrt{\dfrac{1}{LC} - \dfrac{R^2}{L^2}} \end{array}\right\} \tag{6-98}$$

如果 $\dfrac{R^2}{L^2} < \dfrac{1}{LC}$，即 $R < \sqrt{\dfrac{L}{C}}$，ω_0 为实根。所以只有在 $R < \sqrt{\dfrac{L}{C}}$ 的情况下，网络才可通过调节激励的频率达到谐振。

电感线圈与电容器并联谐振电路的特点如下。

（1）电路的阻抗最大或接近最大。

并联谐振时，网络的导纳为实数，即

$$Y_0 = \frac{R}{R^2 + (\omega_0 L)^2} \tag{6-99}$$

考虑到电感线圈的电阻 R 很小，因此有 $\omega L \gg R$，表明可以认为 Y_0 的实际数值很小，因此，并联谐振时，网络的阻抗最大或接近最大。

由式（6-97）、式（6-99）有

$$\left.\begin{array}{l} Y_0 = \dfrac{RC}{L} \\[3mm] Z_0 = \dfrac{L}{RC} = \dfrac{\rho^2}{R} = Q^2 R \end{array}\right. \tag{6-100}$$

式（6-100）表明：线圈的电阻 R 越小，或者品质因数越大，并联谐振呈现的阻抗值 Z_0 越大。如果图 6-45（a）电路的激励为电流源，调节其频率达到谐振时，由于阻抗值 Z_0 很大，其端口电压也为最大。这一特性常用来实现选频。

（2）支路的电流可能远远大于端口电流。

由图 6-45（b）可见，谐振时线圈电流的无功分量与电容电流相抵消，端口电流就等于线圈的电流有功分量。对于高品质因数的线圈，$\omega_0 L \gg R$，线圈的有功分量远远小于其无功分量，线圈电流 I_L 近似等于电容电流 I_C，即 $I_L \approx I_C$。

由式（6-100）可计算出端口电压为 U_s 时，端口谐振电流

$$I_0 = Y_0 U_s = \frac{R}{R^2 + (\omega_0 L)^2} U_s = \frac{RC}{L} U_s \tag{6-101}$$

而两支路的电流

$$I_L \approx I_C = I_0 \tan\varphi = \left(\frac{\omega_0 L}{R}\right) I_0 = Q I_0 \tag{6-102}$$

式（6-102）说明：Q 越大，谐振时两支路电流比端口电流越大。

【例 6-26】　电阻 $R = 10\Omega$，$L = 100\mu H$ 的线圈和 $C = 100pF$ 的电容并联组成谐振电路，激励为正弦电流源 i_s，有效值为 $1\mu A$；试求：谐振时的角频率及阻抗、端口电压、线圈电流、电容电流和谐振时电路吸收的功率。

解　谐振时的角频率为

$$\omega_0 = \sqrt{\frac{1}{LC} - \frac{R^2}{L^2}} = \sqrt{\frac{1}{100 \times 10^{-6} \times 100 \times 10^{-12}} - \frac{10^2}{(100 \times 10^{-6})^2}}$$

$$= \sqrt{10^{14} - 10^{10}} \approx \sqrt{10^{14}} = 10^7 (\text{rad/s})$$

谐振时的阻抗为

$$Z_0 = \frac{L}{RC} = \frac{100 \times 10^{-6}}{10 \times 100 \times 10^{-12}} = 10^5 (\Omega)$$

谐振时的端口电压为

$$U = Z_0 I_s = 10^5 \times 10^{-6} = 0.1 (\text{V})$$

线圈的品质因数为

$$Q = \frac{\omega_0 L}{R} = \frac{10^7 \times 100 \times 10^{-6}}{10} = 100$$

谐振时，线圈和电容中的电流为

$$I_L \approx I_C = Q I_s = 100 \times 10^{-6} = 100 (\mu A)$$

谐振时电路吸收的功率为

$$P = I_L^2 R = (10^{-4})^2 \times 10 = 10^{-7} = 0.1 (\mu W)$$

或

$$P = I_s^2 |Z_0| = (10^{-6})^2 \times 10^5 = 10^{-7} = 0.1 (\mu W)$$

小　结

1. 正弦量的三要素及其表示

在确定的参考方向下，正弦电流的数学表达式为

$$i = I_m \sin(\omega t + \varphi_i) = \sqrt{2} I \sin(2\pi f t + \varphi_i)$$

式中：I_m 是正弦电流的最大值或振幅，I 为有效值、ω 是角频率、f 是频率、φ_i 是初相角。最大值、角频率和初相角是决定正弦量的三要素。它们分别表示正弦量变化的范围、变化的速度及其初始状态。

2. 周期量的有效值

周期量的有效值等于其瞬时值在一个周期内的方均根值，以周期电流 i 为例，$i = I_m \sin(\omega t + \varphi_i)$ A，它的有效值为

$$I = \sqrt{\frac{1}{T} \int_0^T i^2 \mathrm{d}t}$$

最大值与有效值的关系为

$$I = \frac{I_m}{\sqrt{2}}$$

3. 正弦量的相量表示

相量法是求解正弦稳态响应的一种重要方法，它的理论依据是正弦量的相量表示方法。即

$$A\sin(\omega t + \varphi) = \text{Im}[Ae^{j(\omega t + \varphi)}] = \text{Im}[Ae^{j\varphi}e^{j\omega t}] = \text{Im}[\dot{A}e^{j\omega t}]$$

也就是说，相量 $\dot{A} = Ae^{j\varphi}$ 乘以旋转因子 $e^{j\omega t}$ 后，取它的虚部就是正弦时间函数。例如，$u = U_m\sin(\omega t + \varphi)$ 可以用相量 $\dot{U}_m = U_m e^{j\varphi} = U_m\angle\varphi$ 或 $\dot{U} = U e^{j\varphi} = U\angle\varphi$ 来表示。$\dot{U}_m$ 叫做电压的最大值相量，$\dot{U}$ 叫做电压有效值相量，两者只相差 $\sqrt{2}$ 的关系。

相量是一个复数，它的模是正弦量的有效值（最大值），它的辐角是正弦量的初相。

4. 元件约束（伏安特性）和拓扑约束（KCL 和 KVL）的相量形式

在关联参考方向下

$$\dot{U}_R = R\dot{I}_R \qquad \dot{I}_R = G\dot{U}_R$$
$$\dot{U}_L = jX_L\dot{I}_L \qquad \dot{I}_L = -jB_L\dot{U}_L$$
$$\dot{U}_C = -jX_C\dot{I}_C \qquad \dot{I}_C = jB_C\dot{U}_C$$
$$\left.\begin{array}{c} \Sigma\dot{I} = 0 \\ \Sigma\dot{U} = 0 \end{array}\right\}$$

正弦量的有效值相量 $\dot{I} = I\angle\varphi_i$，相量只体现了三要素中的两个要素。

线性直流电路中所有的定理和计算方法都可以推广到正弦交流电路，推广时只要把电压、电流、电压源和电流源用它们的相量 $\dot{U}$、$\dot{I}$、$\dot{U}_s$ 和 $\dot{I}_s$ 来代替。

5. 复阻抗与复导纳

无源二端网络或元件，在电压、电流关联参考方向下，二者关系的相量形式为

$$\dot{U} = Z\dot{I} \text{ 或 } \dot{I} = Y\dot{U}$$

网络的复阻抗与复导纳

$$Z = \frac{\dot{U}}{\dot{I}} = z\angle\varphi \text{ 或 } Y = \frac{\dot{I}}{\dot{U}} = y\angle\varphi'$$

其中：

$$z = \frac{U}{I} = \sqrt{R^2 + X^2} \qquad \varphi = \varphi_u - \varphi_i = \tan^{-1}\frac{X}{R}$$
$$y = \frac{I}{U} = \sqrt{G^2 + B^2} \qquad \varphi' = \varphi_i - \varphi_u = -\tan^{-1}\frac{B}{G}$$

当电压 $\dot{U}$ 的相位超前电流 $\dot{I}$ 的相位时，则其相位差 $\varphi = \varphi_u - \varphi_i$，且 $\varphi > 0$，则称无源二端网络或阻抗是感性的。当电压 $\dot{U}$ 的相位滞后电流 $\dot{I}$ 的相位时，即 $\varphi < 0$，则称无源二端网络或阻抗是容性的。当电压 $\dot{U}$ 的相位与电流 $\dot{I}$ 的相位相同时，即 $\varphi = 0$，无源二端网络或阻抗是电阻性的。

对于一个无源二端网络（或负载），如果用复阻抗来表示电路输入端的电压相量和电流相量，即

$$\dot{U} = Z\dot{I} = (R+jX)\dot{I} = \dot{U}_R + \dot{U}_X$$

这相当于用 R 和 jX 相串联的电路来代替原来的无源二端网络。其中，$\dot{U}_R = R\dot{I}$ 是等效电阻上的电压相量，它与电流相量 $\dot{I}$ 同相，称为电压的有功分量；$\dot{U}_X = jX\dot{I}$ 是等效电抗上的电压相量，它与电流相量 $\dot{I}$ 相位差 $90°$，称为电压的无功分量。

当用复导纳来表示电路输入端的电流相量和电压相量时，则

$$\dot{I} = Y\dot{U} = (G-jB)\dot{U} = \dot{I}_G - \dot{I}_B$$

相当于用 G 和 jB 相并联的电路来代替原来的无源二端网络。其中，$\dot{I}_G = G\dot{U}$ 是等效电导中的电流相量，它与电压相量 $\dot{U}$ 同相的，称为电流的有功分量；$\dot{I}_B = jB\dot{U}$ 是等效电纳中的电流相量，它与电压相量 $\dot{U}$ 相位差 $90°$，称为电流的无功分量。

6. 正弦交流电路的功率

$$P = UI\cos\varphi$$

$$Q = UI\sin\varphi$$

$$\widetilde{S} = P + jQ = \dot{U}\dot{I}^*$$

$$S = \sqrt{P^2 + Q^2} = UI$$

$$\cos\varphi = \frac{P}{S}$$

复功率具有守恒性质，即在一个网络中各支路输入的复功率的代数和等于零。

对于电感性负载，可以采用和负载并联电容器的方法来提高功率因数。因为，负载中的无功电流与电容电流相差 $180°$，两种无功电流相互补偿，结果总电流的无功分量反而减小了。

负载获得最大功率的条件是阻抗的共轭匹配和阻抗值的共模匹配。

7. 谐振

含有电感和电容的电路，当电路的复阻抗或复导纳的虚部电抗或电纳为零，即电路的电压与电流同相位时，电路发生谐振，谐振时电路呈现电阻性。

串联谐振时，阻抗最小，$Z_0 = R$，$U_{L0} = U_{C0} = QU_s$，当品质因数 $Q \gg 1$ 时，$U_{L0} = U_{C0} \gg U_s$，称为电压谐振。

并联谐振时，导纳最小，$Y_0 = G$，$I_{L0} = I_{C0} = QI_s$，当品质因数 $Q \gg 1$ 时，$I_{L0} = I_{C0} \gg I_s$，称为电流谐振。

定义：谐振时电感电压（电流）或电容电压（电流）的有效值与总电压（电流）的有效值之比称为谐振电路的品质因数。

品质因数的意义是

$$Q = 2\pi\frac{\text{谐振时电路中的电磁总能量}}{\text{谐振时一个周期内电路消耗的能量}}$$

习 题 六

6-1 已知某一正弦电流的周期为 0.0002s，初相位为 $-30°$，而且知道当 $t = 0.1\text{ms}$ 时，它的瞬时值为 10mA。试写出它的瞬时值表达式，并画出其波形图。

6-2 已知正弦电流，在 $t=0$ 时数值为 0.3mA，经过 0.007s 时达到最大值，但方向却与 $t=0$ 时的电流方向相反，且知 $f=50\text{Hz}$。试写出它的瞬时值表达式，并画出它的波形图。

6-3 试确定图 6-46 中 u、i 的波形的周期 T、角频率 ω 和相位差 φ，并写出它们的瞬时表达式。

6-4 已知图 6-47 所示的电路中，$u=100\sin(\omega t+10°)\text{V}$，$i_1=2\sin(\omega t+100°)$ A，$i_2=-4\sin(\omega t+190°)$ A，$i_3=5\sin(\omega t+10°)$ A。试写出电压和各电流的有效值、初相位，并求电压超前电流的相位差。

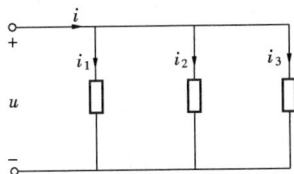

图 6-46 题 6-3 图   图 6-47 题 6-4 图

6-5 已知电压 $u_1=8\cos(100t-45°)\text{V}$，$u_2=\sin(100t+45°)$ V，$u_3=-3\cos(100t-120°)$ V，$u_4=4\sin(100t-180°)$ V；试求：(1) u_1 与 u_2、u_3、u_4 之间的相位差并说明超前、滞后的关系；(2) 作出每个电压的相量图。

6-6 图 6-48 所示的电路中，已知电压、电流的有效值，试求图中电压 u 和电流 i 的有效值。

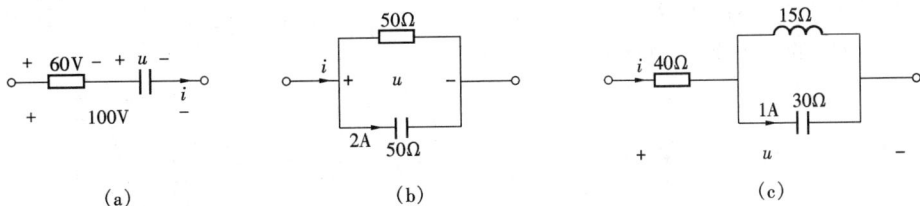

图 6-48 题 6-6 图

6-7 已知下列在关联参考方向下的各负载的电压相量和电流相量，试求出各负载的电阻和电抗，并说明负载的性质。

(1) $\dot{U}=(86.6+\text{j}50)\text{V}$，$\dot{I}=(5+\text{j}8.66)\text{A}$

(2) $\dot{U}=100\angle120°\text{V}$，$\dot{I}=5\angle60°\text{A}$

(3) $\dot{U}=-100\angle30°\text{V}$，$\dot{I}=-5\text{e}^{-\text{j}60°}\text{A}$

(4) $\dot{U}=100\text{e}^{-\text{j}60°}\text{V}$，$\dot{I}=5\angle30°\text{A}$

6-8 一个标有"220V，100W"的电灯泡，接到 $u=220\sqrt{2}\sin(100\pi t+120°)\text{V}$ 的电源上，试求：(1) 电流 i 的表达式；(2) 20h 消耗的电能；(3) 如若电压降低 20V，求它的电流和功率。

6-9 设有电阻负载 $R=314\Omega$，接在频率为 $f=50\text{Hz}$ 的电源上。如使负载电压的相位滞后于电源电压 $45°$，可以用串联电感实现，试求电感 L 的数值，此时电源电压与电感电压有效值的比值是多少？

6-10　一个电感线圈，接到 $U=120\mathrm{V}$ 的直流电源上时，电流 $I=20\mathrm{A}$；接到 $f=50\mathrm{Hz}$，$U=220\mathrm{V}$ 的交流电源上时，电流 $I=25\mathrm{A}$，试求线圈的电阻 R 和电感 L。

6-11　为了降低小功率单相电动机的转速，可以采用降低电机端电压的办法。为此在电路中串联一电感，如图 6-49 所示。现已知 $R=190\Omega$，$X_L=260\Omega$，电源电压为 $U_s=220\mathrm{V}$，$f=50\mathrm{Hz}$，若使电机端电压 $U=180\mathrm{V}$，应该串联多大的电感 L_x；若用串联电阻的办法降压，应该串联多大的电阻 R，比较两种办法的优缺点。

6-12　图 6-50 所示的电路中，已知 $R=200\Omega$，$C=10\mu\mathrm{F}$，$f=50\mathrm{Hz}$，电阻端电压有效值 $U_R=5\mathrm{V}$；试求电路中的 u_s、i 和 u_C。

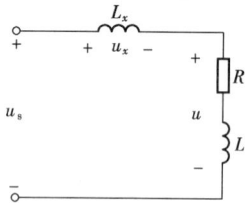

图 6-49　题 6-11 图

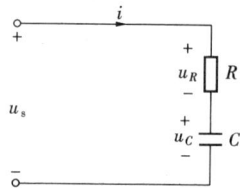

图 6-50　题 6-12 图

6-13　电阻 R 和具有电阻 R_L、电感 L 的线圈串联，如图 6-51 所示，已知 $R=15\Omega$，$R_L=5\Omega$，$L=0.1\mathrm{H}$，$f=50\mathrm{Hz}$，$U_s=220\mathrm{V}$。试求电流 $\dot{I}$、电阻端电压 $\dot{U}_1$ 和线圈端电压 $\dot{U}_2$，并作电压、电流相量图。

6-14　在图 6-51 所示的电路中，若测得 $U_1=30\mathrm{V}$，$U_2=50\mathrm{V}$，$U_s=65\mathrm{V}$，电阻 $R=2\Omega$，试求线圈的参数 R_L 和 X_L。

6-15　图 6-52 所示的电路中，已知 $G=0.001\mathrm{S}$，$C=25\mu\mathrm{F}$，电源电压 $U_s=500\mathrm{V}$，$f=50\mathrm{Hz}$，试求电路的导纳 Y 和电流 I。

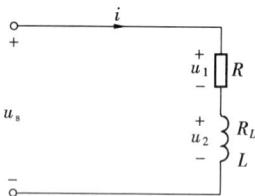

图 6-51　题 6-13 图

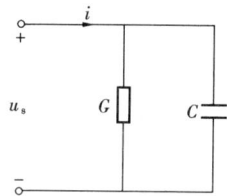

图 6-52　题 6-15 图

6-16　一台交流电动机连接在 $220\mathrm{V}$、$50\mathrm{Hz}$ 的电源上，在正常运行情况下，测得其有功功率和无功功率分别为 $7.5\mathrm{kW}$ 和 $5.5\mathrm{kvar}$，试求其功率因数。如果以电阻和电抗串联的电路作为它的等效电路，试求等效电阻和等效电抗的数值。

6-17　在两个负载并联的电路中，其中一个负载是感性的，功率因数 $\cos\varphi=0.8$，消耗功率 $9\mathrm{kW}$；另一个负载是电阻性的，消耗功率 $7\mathrm{kW}$；试求电路总的功率因数是多少？

6-18　已知某线圈在外加电压 $U_s=100\mathrm{V}$，$f=50\mathrm{Hz}$ 时，测得线圈的电流 $I=2\mathrm{A}$，电路的有功功率为 $60\mathrm{W}$，试求线圈的电阻 R 和电感 L。

6-19　图 6-53 所示的电路中，已知各元件的电压的有效值分别为 $U_1=6\mathrm{V}$，$U_2=10\mathrm{V}$，$U_3=2\mathrm{V}$，试求电路总电压的有效值 U 是多少？

6-20　图 6-54 所示的电路中，已知各元件的电流的有效值分别为 $I_1=4\mathrm{A}$，$I_2=5\mathrm{A}$，I_3

＝8A，试求电路的总电流的有效值 I 是多少？

6-21 图 6-55 所示的正弦交流电路中，已知 $R_1＝R_2$，$I_s＝10A$，$U_L＝5\sqrt{3}V$，且有 $U_{ab}＝U_{cd}$，$\dot{U}_{ab}$ 与 $\dot{U}_{cd}$ 的相位差为 $60°$，试确定 R_1、R_2、X_L 和 X_C 的数值。

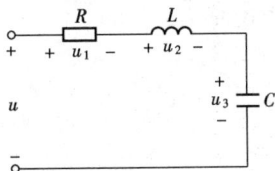

图 6-53 题 6-19 图　　　　图 6-54 题 6-20 图　　　　图 6-55 题 6-21 图

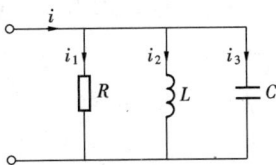

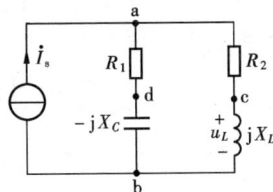

6-22 图 6-56 所示的正弦交流电路中，已知 $U_s＝220V$，$f＝50Hz$，$I＝10A$；如果参数选择得合适，无论参数 Z 如何变化（$Z≠∞$），电流 I 保持不变，试求参数 L 和 C 的数值是多少？

6-23 图 6-57 所示两负载并联的交流电路中，已知总电流 $I＝12A$，$\cos\varphi＝0.8$（滞后）；负载 Z_1 吸收的有功功率 $P_1＝1200W$，负载 Z_2 中的电流 $I_2＝6A$，$\cos\varphi_2＝0.6$（滞后）；试求电路的端电压 U_s 及负载 Z_1 中的电流 I_1 和 $\cos\varphi_1$。

6-24 图 6-58 所示的交流电路中，$R_1＝10Ω$，Z_2 消耗有功功率 4W 和无功功率 12var，$\dot{U}_2$ 和 $\dot{U}_s$ 的相位差为 $30°$，试求 Z_2 和 I 的数值是多少？

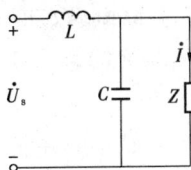

图 6-56 题 6-22 图　　　　图 6-57 题 6-23 图　　　　图 6-58 题 6-24 图

6-25 图 6-59 所示的交流电路中，已知 $R_1＝R_2＝100Ω$，$C＝10\mu F$，$L＝1H$，电容电流为 $i_C＝10\sin(2\pi\times50t+60°)$ mA，试求总电压 U_s 及总电流 I。

6-26 为了确定负载阻抗 Z_L，可以按照图 6-60 所示电路进行，在开关 S 闭合时，外加电压 $U_s＝220V$，测得电流 $I＝10A$，功率 $P＝1000W$。为进一步确定负载是感性还是容性，可以将开关 S 打开，阻抗 Z（Z 的 $\varphi>0$）与负载阻抗 Z_L 串联，并在同样的电压作用下，测得 $I＝12A$，$P＝1600W$，试求 Z 和 Z_L。

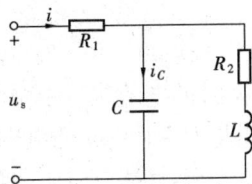

图 6-59 题 6-25 图　　　　　　图 6-60 题 6-26 图

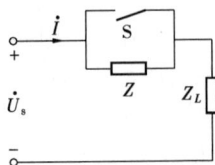

6-27 为了测量线圈的电阻 R 和电感 L，可在频率不同的情况下测量电流。当 $f＝50Hz$，$U_s＝60V$ 时，测得电流为 $I＝10A$；当 $f＝100Hz$，$U_s＝60V$ 时，测得电流为 $I＝6A$；

试求线圈的电阻 R 和电感 L。

6-28 图 6-61 所示的电路，适当的选择元件的参数可以使 u_s 与 u 在某一频率时同相。如果 $R_1 = R_2 = 250\text{k}\Omega$，$C_1 = 0.01\mu\text{F}$，$f = 1\text{kHz}$，若使 u_s 与 u 同相，试求电容 C_2 等于多少？

6-29 图 6-62 所示的电路中，已知电压的有效值 $U_s = 380\text{V}$，$f = 50\text{Hz}$，选择电容 C 使开关 S 在打开和闭合时，电流 i 的有效值不变，均为 0.5A；试求电感 L。

图 6-61 题 6-28 图   图 6-62 题 6-29 图

6-30 由灯管和镇流器组成的日光灯电路中，已知 $U_s = 220\text{V}$，$f = 50\text{Hz}$，$P = 40\text{W}$，$I = 0.66\text{A}$，试求等值电阻、电感和功率因数。如果将功率因数提高到 0.9，需要并联多大的电容 C。

6-31 功率为 40 W 的白炽灯和日光灯各 100 只并联在电压为 220 V 的工频电源上，设日光灯的功率因数为 0.5（感性）。试求总电流和总功率因数。如果通过并联电容把功率因数提高到 0.9，试问并联的电容为多少？再求这时的总电流。

6-32 图 6-63 所示的电路，已知线路阻抗为 $Z_l = R_l + \text{j}X_{L1} = (2 + \text{j}6)\Omega$，负载 $Z_{L2} = R_{L2} + \text{j}X_{L2} = (40 + \text{j}30)\Omega$，电源电压 $U_s = 220\text{V}$，$f = 50\text{Hz}$；试求：(1) 没有并联电容 C 时，负载电压 U_L 和消耗在线路上的功率 P 各是多少？(2) 并联电容 C 使负载的功率因数为 1，需要并联多大的电容 C，此时的负载电压和线路功率损耗为多大？

6-33 图 6-64 所示的电路中，已知 $R = R_L = X_L = 100\Omega$，$U_{ab} = 141.4\text{V}$，两并联支路的 $P = 100\text{W}$，$\cos\varphi = 0.707$（$\varphi < 0$）；试求电源电压 $\dot{U}_s$、Z 及整个电路的有功功率 P、无功功率 Q 和功率因数。

图 6-63 题 6-32 图   图 6-64 题 6-33 图

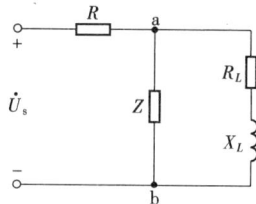

6-34 已知 R、L、C 串联谐振电路，$L = 10\text{mH}$，$C = 100\text{pF}$，$R = 20\Omega$，电源电压 $U_s = 20\text{mV}$；试求谐振时的谐振角频率 ω_0、特性阻抗 ρ、谐振时的电流 I_0、品质因数 Q 和 U_{C0}。

6-35 一个电阻 $R = 12.5\Omega$、电感 $L = 25\mu\text{H}$ 的线圈与 $C = 100\text{pF}$ 的电容并联，试求其谐振角频率和谐振阻抗；若端口电压为 $U_s = 100\text{mV}$，再求谐振时端口电流和各支路的电流。

6-36 两个感性负载并联接在 220V 的工频电源上，两个负载的额定电压都是 220V，额定功率分别为 $P_1 = 13.2\text{kW}$，$P_2 = 17.6\text{kW}$，功率因数分别为 $\cos\varphi_1 = 0.6$ 和 $\cos\varphi_2 = 0.8$；试求：总电流及功率因数。

6-37 图 6-65 所示的电路，是用来测量线圈品质因数和电感或电容的，调节频率或者电容可使电路达到谐振状态，U_1 和 U_2 是可以读取的已知量，R 和 L 是待测线圈的参数（一般认为 R 很小，品质因数 Q 足够大）。现设 $f = 450\text{kHz}$ 时，调节电容 C 电路达到谐振状态，此时，$C = 450\text{pF}$，$U_1 = 10\text{mV}$，$U_2 = 1.5\text{V}$，试求：（1）待测线圈的参数 R 和 L 是多少？（2）$f = 450\text{kHz}$ 时，$Q = ?$

6-38　图 6-66 所示的电路，$\dot{U}_s = 20\angle 0°\text{V}$，$R_s = 10\text{k}\Omega$，当并联回路谐振时，阻抗 $Z = R_s$（阻抗模匹配），$\omega_0 = 10^8\text{rad/s}$，$Q = 100$；试求：（1）$L$、$C$ 和 R；（2）谐振电流 I_0。

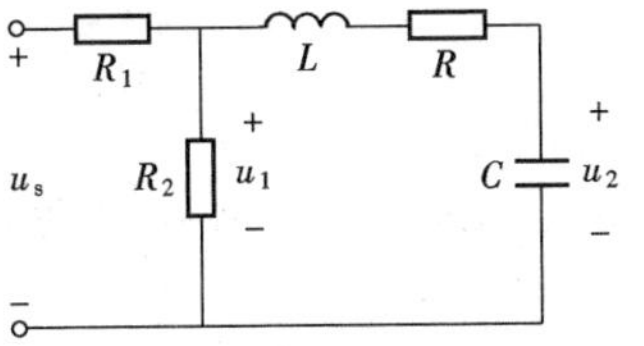

图 6-65　题 6-37 图 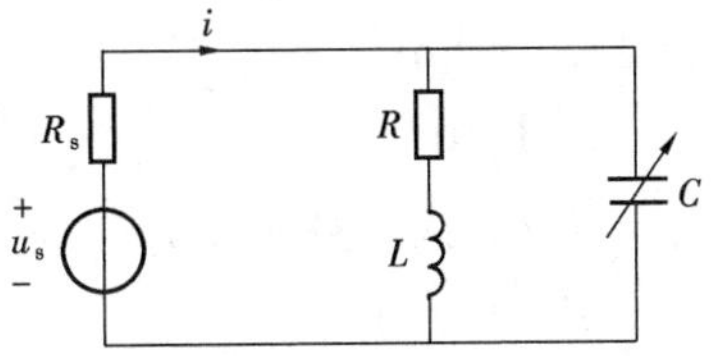　　　　　　　　　　　图 6-66　题 6-38 图

6-39　在图 6-67 所示的电路中，$u_s = 0.1\sqrt{2}\sin10^8 t\text{V}$，试求：（1）$R_L$ 获得最大功率的条件（C_L 和 R_L 的值）；（2）若将 C_L 移去，R_L 为何值时能获得最大功率？最大功率是多少？

6-40　图 6-68 所示的电路中，已知电源为 $U_s = 1\text{V}$，$R_s = 125\Omega$，$f = 31.8\text{kHz}$，负载电阻为 $R_L = 200\Omega$。为使负载电阻 R_L 获得最大功率，L 和 C 应为多少？求此最大功率。

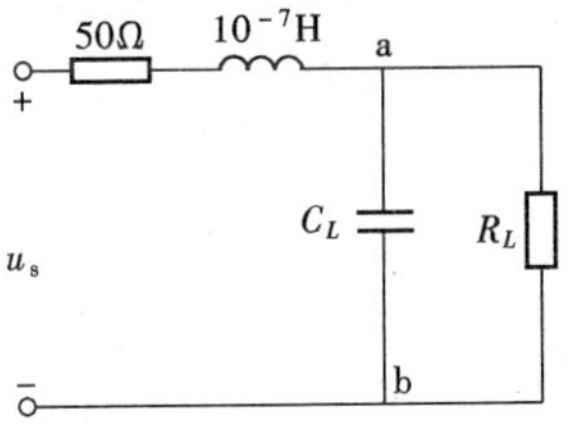

图 6-67　题 6-39 图 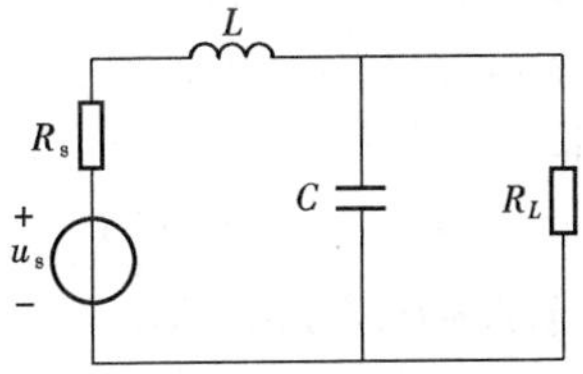　　　　　　　　　　　图 6-68　题 6-40 图

6-41　图 6-69 所示的电路中，已知电源 $u_s = 2\sin\omega t\text{V}$，$\omega = 10^6\text{rad/s}$，$r = 1\Omega$，试问负载阻抗 Z 为多少时可获得最大功率？求出该最大功率。

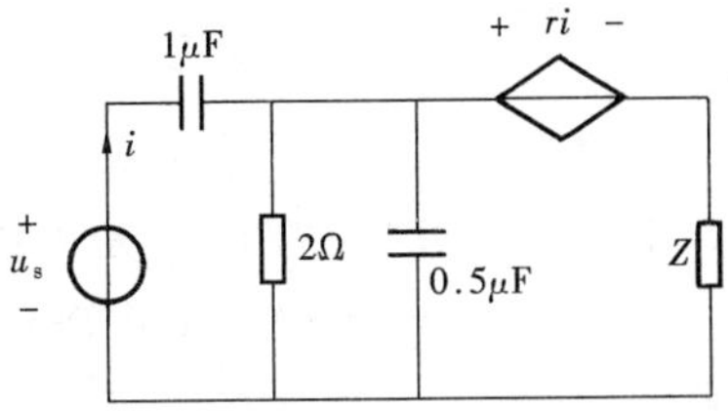

图 6-69　题 6-41 图

参 考 答 案

6-1　$i = 20\sin(2\pi\times5000t - 30°)\text{mA}$

6-2　$i = 0.510\ 4\sin(2\pi\times50t + 144°)\ \text{mA}$

6-3　0.02s，$314\ \text{rad/s}$，$\varphi_u - \varphi_i = 165°$，$u = 150\sin(314t + 120°)\ \text{V}$，$i = 10\sin(314t - 45°)\ \text{A}$

6-4　$70.7V,10°;1.414A,100°;2.828A,10°;3.535A,-10°,-90°,0°,0°$

6-5　$0°,-105°,-135°$

6-6　$80V;100V,2.828A;1A,50V$

6-7　$8.66\Omega,-5\Omega;10\Omega,17.32\Omega;0,20\Omega;0,-20\Omega$

6-8　$i=0.45\sqrt{2}\sin(100\pi t+120°)A;2\ kWh;0.41A,82W$

6-9　$1H,\sqrt{2}$

6-10　$6\Omega,20.49mH$

6-11　$271mH,104.5\Omega$

6-12　$u_s=9.4\sqrt{2}\sin(314t-57.9°)V,u_C=7.96\sqrt{2}\sin(314t-90°)\ V,i=0.025\sqrt{2}\sin314tA$

6-13　$88.6V,187.9V$

6-14　$0.917\Omega,3.205\Omega$

6-15　$7.91\times10^{-3}\angle82.7°S,3.96A$

6-16　$0.8064,4.196\Omega,3.077\Omega$

6-17　0.9214

6-18　$15\Omega,0.1518H$

6-19　$10V$

6-20　$5A$

6-21　$1\Omega,\sqrt{3}\Omega,1/\sqrt{3}\Omega$

6-22　$0.07H,145\mu F$

6-23　$200V,6.46A,0.928(滞后)$

6-24　$(4.2+j12.6)\Omega,0.976A$

6-25　$2.146mA$

6-26　$(1.11+j5.02)\Omega$ 或 $(1.11+j34.18)\Omega;(10-j19.6)\Omega$

6-27　$3.82\Omega,14.7mH$

6-28　$40.53pF$

6-29　$1.21H$

6-30　$91.8\Omega,1.02H,7.9\mu F$

6-31　$48.1A,0.756;201\mu F,40.4A$

6-32　$198.9\angle-3.7°V,31.65W;38.2\mu F,212.3\angle-5.3°V,23W$

6-33　$224\angle18.5°V,100\angle-90°\Omega,201W,-100var,0.895$

6-34　$10^6rad/s,10k\Omega,500,1mA,10V$

6-35　$2\times10^7rad/s,20k\Omega,5\mu A,200\mu A$

6-36　$140\sqrt{2}A,0.707$

6-37　$5.24\Omega,0.277mH,150$

6-38　$1\mu H,100pF,1\Omega;1mA$

6-39　$129\Omega,15.5pF,50\mu W;80.3\Omega,38.4\mu W$

6-40　$0.485mH,0.0194\mu F,2mW$

6-41　$(0.8+j0.4)\Omega,0.125\ W$

第 7 章　耦合元件和耦合电路

在电工技术中经常会遇到磁耦合电路，本章主要介绍互感线圈中电压、电流关系，同名端，含互感电路的分析计算方法，空心变压器，理想变压器等内容。

7.1　线性定常耦合电感元件

当电路中只有一个电感线圈，且线圈中通以电流时，在线圈内会产生磁通，N 匝线圈产生的磁通称为磁链。当线圈中的电流发生变化时，会产生变化的磁链，变化的磁链在这个线圈两端产生的电压称为自感电压。如果电路中存在两个线圈，且两个线圈彼此间相距较近。这样，当其中一个线圈中通有电流时，这个电流所产生的磁通除了穿过本线圈以外，还穿过与它相邻的另一个线圈。当电流变化时，就会在另一个线圈中产生感应电压，这种现象称为磁耦合现象，这个感应电压称为互感电压，这样的两个线圈称为耦合线圈。耦合线圈的电路模型称为互感，或称为耦合电感元件，它是电路的又一基本元件。

7.1.1　线性耦合电感元件的特性

图 7-1 所示为两个耦合线圈，线圈 1 和线圈 2 的电感分别为 L_1 和 L_2，匝数分别为 N_1 和 N_2。当线圈 1 中通有电流 i_1 时，它所产生的磁通为 Φ_{11}，方向如图所示，穿过线圈 1 的磁通链（即与线圈 1 各匝交链的磁通总和）为 Ψ_{11}，此磁通链称为自感磁链。Ψ_{11} 中的一部分或全部交链线圈 2 时产生的磁通链为 Ψ_{21}，称为互感磁链（磁链的第一个下标为磁链所在的线圈号，第二个下标为产生这个磁链的电流下标）。同理，如果线圈 2 中通有电流 i_2，它除了在线圈 2 中产生自感磁链 Ψ_{22} 外，还会在线圈 1 中产生互感磁链 Ψ_{12}。这样，在具有磁耦合的每一个线圈中通常会有两种磁链，一种是线圈本身的电流所产生的自感磁链，另一种是相邻线圈中的电流在本线圈中产生的互感磁链。

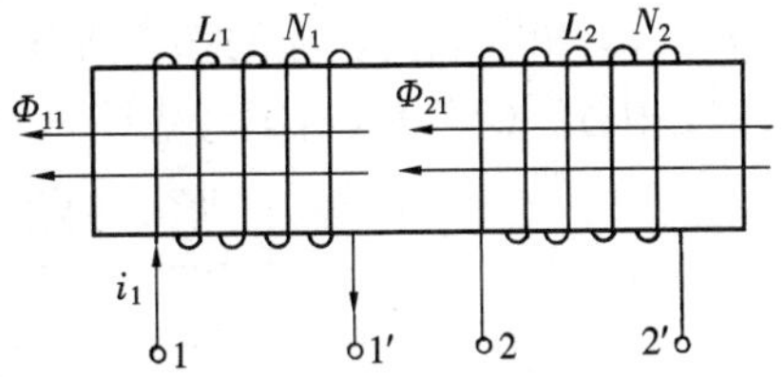

图 7-1　两个耦合线圈

在线性电感元件中，磁链与产生它的电流成正比。对于互感磁链来说，就是 Ψ_{21} 与 i_1 成正比、Ψ_{12} 与 i_2 成正比，这个比例系数称为互感系数，简称互感，用 M 表示。即

$$\Psi_{12}=M_{12}i_2, \ \Psi_{21}=M_{21}i_1$$

可以证明，$M_{12}=M_{21}$，所以当电路中只有两个电感有耦合关系时，通常可省略下标，即 $M=M_{12}=M_{21}$。引入互感系数后，每个线圈的总磁链即可表示为：

$$\begin{cases} \Psi_1=\Psi_{11}\pm\Psi_{12}=L_1i_1\pm Mi_2 \\ \Psi_2=\pm\Psi_{21}+\Psi_{22}=\pm Mi_1+L_2i_2 \end{cases} \tag{7-1}$$

式（7-1）表明：具有磁耦合的两个线圈中，每个线圈的总磁链为自感磁链与互感磁链的代数和，若将产生磁链的电流视为"激励"，则总磁链为每个"激励"单独作用所产生的磁链的叠加。

由式（7-1）可见，互感磁链前的符号可正、可负，这说明自感磁链与互感磁链的方向可能相同（磁链相互增强）也可能相反（磁链相互削弱），它是由线圈的实际绕向和电流的位置及方向决定的。在电路图中耦合元件是作为一种符号出现的，通常不画出线圈的结构及绕向。为了确定自感磁链与互感磁链究竟是相互增强还是相互削弱，就要标识线圈之间的绕向关系，为此采用同名端标记法。从线圈 1 和线圈 2 各取出一端，如果有两个电流同时从这两个端流入（或流出），它们所产生的自感磁链和互感磁链是相互增强的，则这两个端就是同名端，可用符号"＊"做出标记。例如，如图 7-2（a）中 1 端和 4 端为同名端，图 7-2（b）中 1 端和 2 端是同名端。

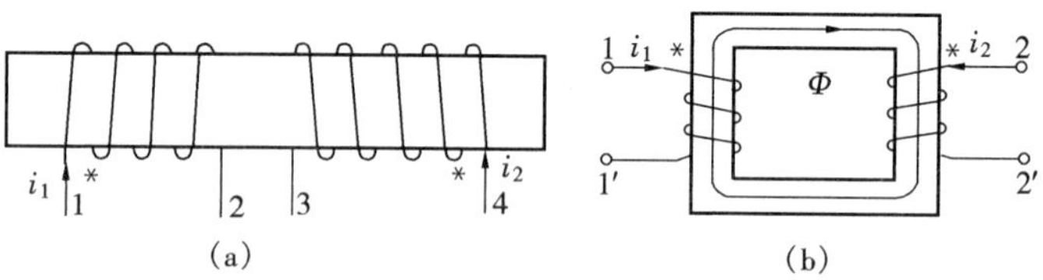

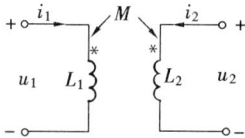

图 7-2 同名端标记

(a) 1 端和 4 端为同名端；(b) 1 端和 2 端是同名端

图 7-3 耦合电感元件

有了同名端的概念之后，图 7-2（a）所示的耦合线圈就可以用图 7-3 所示的包含互感 M 的理想电路元件表示。这是由实际耦合线圈抽象出来的理想电路模型，由 L_1，L_2，M 三个参数表征，称为耦合电感元件。

当耦合电感元件中的电流变化时，电感中的磁链也要发生变化，根据电磁感应定律，在两个端口处将产生感应电压。设感应电压 u_1、u_2 和电流 i_1、i_2 的参考方向如图 7-3 所示，它们相对于电感 L_1 和 L_2 取的都是关联方向，由式（7-1）（暂不考虑同名端），有

$$
\begin{cases}
\dfrac{\mathrm{d}\Psi_1}{\mathrm{d}t} = \dfrac{\mathrm{d}\Psi_{11}}{\mathrm{d}t} \pm \dfrac{\mathrm{d}\Psi_{12}}{\mathrm{d}t} = L_1\dfrac{\mathrm{d}i_1}{\mathrm{d}t} \pm M\dfrac{\mathrm{d}i_2}{\mathrm{d}t} \\[2mm]
\dfrac{\mathrm{d}\Psi_2}{\mathrm{d}t} = \pm\dfrac{\mathrm{d}\Psi_{21}}{\mathrm{d}t} + \dfrac{\mathrm{d}\Psi_{22}}{\mathrm{d}t} = \pm M\dfrac{\mathrm{d}i_1}{\mathrm{d}t} \pm L_2\dfrac{\mathrm{d}i_2}{\mathrm{d}t}
\end{cases}
$$

即

$$
\begin{cases}
u_1 = L_1\dfrac{\mathrm{d}i_1}{\mathrm{d}t} \pm M\dfrac{\mathrm{d}i_2}{\mathrm{d}t} = u_{11} \pm u_{12} \\[2mm]
u_2 = \pm M\dfrac{\mathrm{d}i_1}{\mathrm{d}t} + L_2\dfrac{\mathrm{d}i_2}{\mathrm{d}t} = \pm u_{21} + u_{22}
\end{cases} \tag{7-2}
$$

式中：$u_{11} = L_1\dfrac{\mathrm{d}i_1}{\mathrm{d}t}$ 和 $u_{22} = L_2\dfrac{\mathrm{d}i_2}{\mathrm{d}t}$ 为自感电压，在关联参考方向下它们总是正的；$u_{12} = \pm M\dfrac{\mathrm{d}i_2}{\mathrm{d}t}$ 是线圈 2 中的电流 i_2 在线圈 1 上产生的互感电压，$u_{21} = \pm M\dfrac{\mathrm{d}i_1}{\mathrm{d}t}$ 是线圈 1 中的电流 i_1 在线圈 2 上产生的互感电压。互感电压前面的正、负号并不取决于 u_1，i_1（或 u_2，i_2）是否取了关联方向，而是取决于 u_{12} 和 i_2（或 u_{21} 和 i_1）是否取了"关联方向"。由于 u_{12} 和 i_2 不在同一个线圈上，所以这种关联就转化为 u_{12} 和 i_2 相对于同名端是否取了一致方向。具体地说：当互感电压在同名端处取"＋"极性，产生该互感电压的另一线圈电流从同名端流入时，互

感电压前取"＋"号，反之取"－"号。以图 7-3 为例，总电压 u_1 在同名端处取"＋"，互感电压 u_{12} 与 u_1 取相同方向（通常取法），线圈 2 中电流 i_2 从同名端流入，所以 u_{12} 取"＋"号，同理，u_{21} 也取"＋"号，故有

$$\begin{cases} u_1 = L_1 \dfrac{\mathrm{d}i_1}{\mathrm{d}t} + M \dfrac{\mathrm{d}i_2}{\mathrm{d}t} \\ u_2 = M \dfrac{\mathrm{d}i_1}{\mathrm{d}t} + L_2 \dfrac{\mathrm{d}i_2}{\mathrm{d}t} \end{cases} \tag{7-3}$$

图 7-3 这种参考方向的取法称为对同名端取一致方向。

当磁耦合线圈的绕向无法知道，或线圈被密封时，同名端无法直接判别，这时就要用实验的方法来测定。在图 7-4 所示的电路中，同名端、线圈 1 的电流 i_1 方向、线圈 2 的互感电压 u_{21} 方向均已标出。由于 u_{21} 与 i_1 对同名端取一致方向，所以 $u_{21} = M \dfrac{\mathrm{d}i_1}{\mathrm{d}t}$。当电流 $i_1 > 0$ 且随时间增加时，$\dfrac{\mathrm{d}i_1}{\mathrm{d}t} > 0$，即 $u_{21} > 0$，说明这时线圈 2 的同名端是高电位。由此可以看出同名端的另一种意义：对于两个磁耦合线圈，当有随时间增大的电流从一个线圈的同名端流入时，必引起另一个线圈的同名端电位升高。根据这个结论就可以用实验的方法来测定同名端。

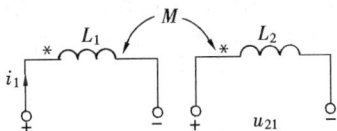

图 7-4　测定同名端说明

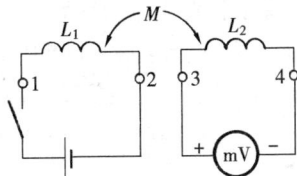

图 7-5　[例 7-1] 图

【例 7-1】　测同名端电路如图 7-5 所示。当开关闭合瞬间，试根据毫伏表的偏转方向来判定同名端。

解　当开关闭合瞬间，电流从 1 端流入并且随时间增大，如果毫伏表正偏，则 3 端为高电位，根据前述结论，1、3 端即为同名端。

这种判别方法可简单地叙述为：开关闭合瞬间，如果毫伏表正偏，则直流电源的"＋"极性端与毫伏表的"＋"极性端是一对同名端。这是测同名端的直流方法，也可以采用交流的方法来测同名端。

7.1.2　耦合系数

互感系数 M 表明了两个电感元件具有磁耦合，如果 $M = 0$，表明两个电感元件之间无耦合。工程上为了定量描述两个线圈耦合的紧密程度，定义了耦合系数。两线圈的互感磁链与自感磁链比值的几何平均值定义为耦合系数，用 k 表示，即

$$k = \sqrt{\frac{|\Psi_{12}|}{\Psi_{11}} \cdot \frac{|\Psi_{21}|}{\Psi_{22}}}$$

将 $\Psi_{11} = L_1 i_1$，$|\Psi_{12}| = M i_2$，$\Psi_{22} = L_2 i_2$，$|\Psi_{21}| = M i_1$ 代入上式得

$$k = \frac{M}{\sqrt{L_1 L_2}} \leqslant 1 \tag{7-4}$$

由式（7-4）可看出，两个线圈的耦合系数越大，这两个线圈互感系数就越大。耦合系数的

大小与两个线圈的结构、相互位置以及磁介质有关。改变两个线圈的距离或将线圈转动一个位置，都会改变 k 的大小。如果采用双线并绕，会使一个线圈的磁通几乎全部穿过另一个线圈，则 k 值可能接近于 1。反之，如果按轴线相互垂直的位置放置两个线圈，则 k 值会很小，甚至接近于零。

7.2 含有耦合电感元件电路的计算

设 i_1 和 i_2 为同频率的正弦电流，在正弦稳态下可将式（7-3）写成相量形式如下：

$$\begin{cases} \dot{U}_1 = j\omega L_1 \dot{I}_1 + j\omega M \dot{I}_2 = jX_{L1}\dot{I}_1 + jX_M\dot{I}_2 \\ \dot{U}_2 = j\omega M \dot{I}_1 + j\omega L_2 \dot{I}_2 = jX_M\dot{I}_1 + jX_{L2}\dot{I}_2 \end{cases} \tag{7-5}$$

式中：$X_M = \omega M$ 称为互感抗，令 $Z_M = j\omega M = jX_M$。

含有耦合电感元件电路的分析方法，仍可以根据基尔霍夫定律列写电路方程，但由于电感支路的电压包含自感电压和互感电压，且互感电压与另一支路的电流有关，所以，列写电路方程时，以支路法较为合适。对于简单电路，可以采用串、并联等效的方法分析。本节主要讨论耦合电感元件的串联和并联。

7.2.1 耦合电感元件的串联

图 7-6 所示为耦合电感元件的串联电路，图 7-6（a）中两个线圈的异名端相连，电流从两线圈的同名端流入，互感起增强磁链的作用，称为顺向串联；图 7-6（b）中两个线圈的同名端相连，互感起削弱磁链的作用，称为反向串联。

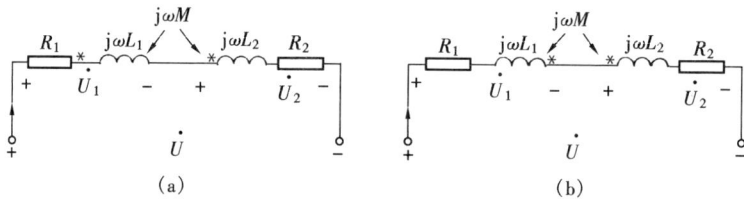

图 7-6 耦合电感元件的串联
（a）顺向串联；（b）反向串联

图 7-6（a）中，设每个电感的自感电压、互感电压的参考方向都与总电压 $\dot{U}$ 相同，且 $\dot{U}$ 与 $\dot{I}$ 取关联方向，则对于顺向串联，一个线圈的互感电压与产生它的电流对同名端取向一致，故有

$$\dot{U}_1 = [R_1 + j\omega(L_1 + M)]\dot{I}$$

$$\dot{U}_2 = [R_2 + j\omega(L_2 + M)]\dot{I}$$

$$\dot{U} = \dot{U}_1 + \dot{U}_2 = [R_1 + j\omega(L_1 + M) + R_2 + j\omega(L_2 + M)]\dot{I}$$

$$= [R_1 + R_2 + j\omega(L_1 + L_2 + 2M)]\dot{I} = (R + j\omega L_{eq})\dot{I} = Z\dot{I}$$

式中：$R = R_1 + R_2$，$L_{eq} = L_1 + L_2 + 2M$ 是两线圈顺向串联时的等效电感。总阻抗为

$$Z = R_1 + R_2 + j\omega(L_1 + L_2 + 2M) \tag{7-6}$$

电流为

$$\dot{I} = \frac{\dot{U}}{R_1 + R_2 + j\omega~(L_1 + L_2 + 2M)}$$

对于图 7-6（b）的反向串联，在图示参考方向下，由于互感电压与产生它的电流对同名端取非关联方向，所以互感电压取负号，故有

$$\dot{U} = \dot{U}_1 + \dot{U}_2 = [R_1 + j\omega(L_1 - M)]\dot{I} + [R_2 + j\omega(L_2 - M)]\dot{I}$$

$$= [R_1 + R_2 + j\omega(L_1 + L_2 - 2M)]\dot{I} = (R + j\omega L_{eq})\dot{I}$$

式中：$L_{eq} = L_1 + L_2 - 2M$ 是两线圈反向串联时的等效电感。反向串联的总阻抗为

$$Z = R_1 + R_2 + j\omega~(L_1 + L_2 - 2M) \tag{7-7}$$

总之，当耦合电感元件串联时，其等效电感为

$$L_{eq} = L_1 + L_2 \pm 2M \tag{7-8}$$

式中：顺向串联时取"＋"号，反向串联时取"一"号。显然，顺向串联时的等效电感大于反向串联时的等效电感。利用这个结论，可以用交流的方法判断耦合线圈的同名端。

通过耦合线圈的顺向串联和反向串联及公式（7-8），还可以间接测量互感系数 M。

【例 7-2】 图 7-6（b）所示反向串联电路中，正弦电压 $U = 10V$，$R_1 = R_2 = 3\Omega$，$\omega L_1 = 6\Omega$，$\omega L_2 = 22\Omega$，$\omega M = 10\Omega$。求耦合系数 k、电流 $\dot{I}$ 和线圈 1 的电压 $\dot{U}_1$。

解 耦合系数 k 为

$$k = \frac{\omega M}{\sqrt{(\omega L_1)~(\omega L_2)}} = \frac{10}{\sqrt{6 \times 22}} = 0.87$$

电流为

$$\dot{I} = \frac{\dot{U}}{R_1 + R_2 + j\omega~(L_1 + L_2 - 2M)} = \frac{10\angle 0°}{(3+3) + j~(6 + 22 - 2 \times 10)} = 1\angle -53.1°~(A)$$

线圈 1 和线圈 2 的阻抗分别为：

$$Z_1 = R_1 + j\omega~(L_1 - M)~= 3 - j4~（\Omega）（容性）$$

$$Z_2 = R_2 + j\omega~(L_2 - M)~= 3 + j12~（\Omega）（感性）$$

线圈 1 的电压为

$$\dot{U}_1 = Z_1 \dot{I} = (3 - j4) \times 1\angle -53.1° = 5\angle -106.2°~(V)$$

由本例可见，某一耦合电感支路的等效电感可能为负，等效阻抗为容性（如 Z_1），但不可能都为负，总阻抗 Z 仍为感性。

7.2.2 耦合电感元件的并联

图 7-7 所示为两个耦合电感元件的并联，图 7-7（a）为同名端相连，图 7-7（b）为异名端相连。

按图 7-7（a）电路的参考方向，一个线圈的互感电压（方向与 $\dot{U}$ 相同）与产生它的另一个线圈电流的方向对同名端一致，所以互感电压取正。故列方程如下：

$$\begin{cases} \dot{U} = (R_1 + j\omega L_1)\dot{I}_1 + j\omega M\dot{I}_2 \\ \dot{U} = j\omega M\dot{I}_1 + (R_2 + j\omega L_2)\dot{I}_2 \end{cases} \tag{7-9a}$$

对异名端相连的电路，互感电压与产生它

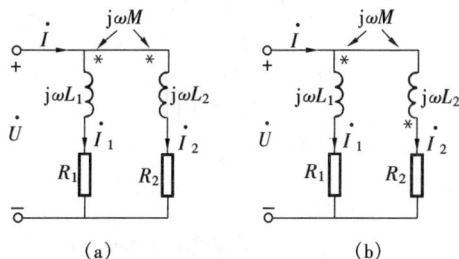

图 7-7　耦合线圈的并联

(a) 同名端相连；(b) 异名端相连

的电流对同名端为非一致方向，故可列出电路方程如下：

$$\begin{cases} \dot{U}=(R_1+j\omega L_1)\ \dot{I}_1-j\omega M\dot{I}_2 \\ \dot{U}=-j\omega M\dot{I}_1+(R_2+j\omega L_2)\ \dot{I}_2 \end{cases} \tag{7-10a}$$

令 $Z_1=R_1+j\omega L_1$，$Z_2=R_2+j\omega L_2$，$Z_M=j\omega M$，则式（7-9a）和式（7-10a）变为

$$\begin{cases} Z_1\dot{I}_1+Z_M\dot{I}_2=\dot{U} \\ Z_M\dot{I}_1+Z_2\dot{I}_2=\dot{U} \end{cases} \tag{7-9b}$$

$$\begin{cases} Z_1\dot{I}_1-Z_M\dot{I}_2=\dot{U} \\ -Z_M\dot{I}_1+Z_2\dot{I}_2=\dot{U} \end{cases} \tag{7-10b}$$

解式（7-9b），得同名端相连的解为

$$\begin{cases} \dot{I}_1=\dfrac{Z_2-Z_M}{Z_1Z_2-Z_M^2}\dot{U} \\ \dot{I}_2=\dfrac{Z_1-Z_M}{Z_1Z_2-Z_M^2}\dot{U} \end{cases}$$

解式（7-10b），得异名端相连的解为

$$\begin{cases} \dot{I}_1=\dfrac{Z_2+Z_M}{Z_1Z_2-Z_M^2}\dot{U} \\ \dot{I}_2=\dfrac{Z_1+Z_M}{Z_1Z_2-Z_M^2}\dot{U} \end{cases}$$

7.2.3 耦合电感元件并联的去耦方法

具有耦合的电感并联经过处理后可得到不含耦合的并联电路，这种处理方法称为去耦法，所得到的电路称为去耦电路（或称等效无互感电路）。

以同名端相连的并联电路为例，由于 $\dot{I}=\dot{I}_1+\dot{I}_2$，现以 $\dot{I}_2=\dot{I}-\dot{I}_1$ 代入式（7-9a）第一式，以 $\dot{I}_1=\dot{I}-\dot{I}_2$ 代入式（7-9a）第二式，得

$$\begin{cases} \dot{U}=(R_1+j\omega L_1)\ \dot{I}_1+j\omega M(\dot{I}-\dot{I}_1)=j\omega M\dot{I}+[R_1+j\omega(L_1-M)]\ \dot{I}_1 \\ \dot{U}=j\omega M(\dot{I}-\dot{I}_2)+(R_2+j\omega L_2)\ \dot{I}_2=j\omega M\dot{I}+[R_2+j\omega(L_2-M)]\ \dot{I}_2 \end{cases} \tag{7-11}$$

根据式（7-11）可得到图 7-8（a）所示的同名端相连的去耦电路。同理，按式（7-10a）作相应的推导，可得到异名端相连的去耦电路，如图 7-8（b）所示。

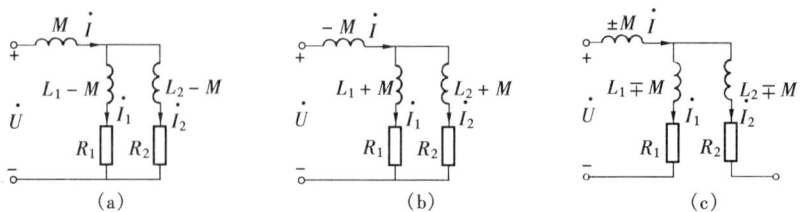

图 7-8 去耦电路

（a）同名端相连的去耦电路；（b）异名端相连的去耦电路；（c）推广的去耦电路

式（7-11）的推导过程中仅用到条件 $\dot{I}=\dot{I}_1+\dot{I}_2$，因此只要耦合电感有一端相连，就可以得到与图 7-9（a）、（b）相似的去耦电路，见图 7-9（c），图中上方符号对应同名端相连，

下方符号对应异名端相连。

【例 7-3】 在图 7-9（a）电路中，已知 $U=20V$，$R_1=2\Omega$，$R_2=4\Omega$，$\omega L_1=2\Omega$，$\omega L_2=4\Omega$，$\omega M=1\Omega$。试求电流 $\dot I_1$ 和 $\dot I_2$。

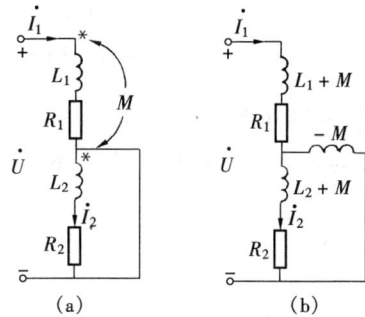

图 7-9 例 7-3 图
(a) 原电路；(b) 去耦电路

解 根据 KVL 以支路电流为变量列方程如下

$$\begin{cases}(R_1+j\omega L_1)\,\dot I_1+j\omega M\dot I_2=\dot U\\ j\omega M\dot I_1+(R_2+j\omega L_2)\,\dot I_2=0\end{cases}$$

解得 $\dot I_1=\dfrac{(R_2+j\omega L_2)\,\dot U}{(R_1+j\omega L_1)(R_2+j\omega L_2)-(j\omega M)^2}=7.1\angle-41.4°$（A）

将 $\dot I_1$ 代入第二个方程得

$$\dot I_2=\frac{-j\omega M\dot I_1}{R_2+j\omega L_2}=1.25\angle-176.4°\ (A)$$

由于耦合线圈有一个公共点，故可用去耦电路求解，其等效电路如图 7-3(b)所示，得

$$\dot I_1=\cfrac{\dot U}{R_1+j\omega(L_1+M)+\cfrac{-j\omega M[R_2+j\omega(L_2+M)]}{-j\omega M+R_2+j\omega(L_2+M)}}$$

$$=\cfrac{\dot U}{(R_1+j\omega L_1)+j\omega M+\cfrac{-j\omega M(R_2+j\omega L_2+j\omega M)}{R_2+j\omega L_2}}$$

$$=\cfrac{(R_2+j\omega L_2)\,\dot U}{(R_1+j\omega L_1)(R_2+j\omega L_2)+j\omega M(R_2+j\omega L_2)-j\omega M(R_2+j\omega L_2+j\omega M)}$$

$$=\cfrac{(R_2+j\omega L_2)\,\dot U}{(R_1+j\omega L_1)(R_2+j\omega L_2)-(j\omega M)^2}$$

此式与解方程求得的 $\dot I_1$ 相同，代入数据得 $\dot I_1=7.1\angle-41.4°$（A）。

7.3 空 心 变 压 器

利用互感实现能量从一个电路传向另一个电路的器件称为变压器。变压器与电源相连的一侧称为一次绕组，与负载相连的一侧称为二次绕组。将变压器的一次、二次线圈绕在一个闭合的铁心上，称为铁心变压器，铁心变压器的耦合系数可以接近于 1，且有较大的功率损耗，这种变压器常用于电力系统中。如果变压器的一次、二次线圈绕在非铁磁物质上，则称为空心变压器。空心变压器的耦合系数虽然较低，但不会产生由铁心引起的能量损耗，广泛用于高频电路中或测量设备中。

7.3.1 空心变压器电路及方程

空心变压器的电路模型如图 7-10 所示。在正弦稳态下，有

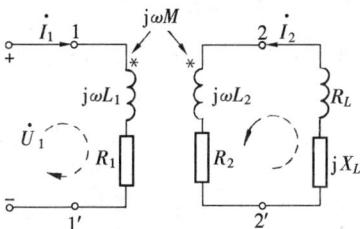

图 7-10 空心变压器

$$\begin{cases} (R_1+\mathrm{j}\omega L_1)\ \dot{I}_1+\mathrm{j}\omega M\dot{I}_2=\dot{U}_1 \\ \mathrm{j}\omega M\dot{I}_1+\ (R_2+\mathrm{j}\omega L_2+R_L+\mathrm{j}X_L)\ \dot{I}_2=0 \end{cases} \tag{7-12}$$

上述方程是在图 7-10 所示同名端及一次侧、二次侧电流参考方向下得出的。令 $Z_{11}=R_1+\mathrm{j}\omega L_1$ 为一次侧复阻抗，$Z_{22}=R_2+\mathrm{j}\omega L_2+R_L+\mathrm{j}\omega L_L$ 为二次侧复阻抗，$Z_M=\mathrm{j}\omega M$，则式（7-12）变为

$$\begin{cases} Z_{11}\dot{I}_1+Z_M\dot{I}_2=\dot{U}_1 \\ Z_M\dot{I}_1+Z_{22}\dot{I}_2=0 \end{cases} \tag{7-13}$$

解方程，得

$$\dot{I}_1=\frac{\dot{U}_1}{Z_{11}-Z_M^2Y_{22}}=\frac{\dot{U}_1}{Z_{11}+\ (\omega M)^2Y_{22}} \tag{7-14a}$$

$$\dot{I}_2=\frac{-Z_MY_{11}\dot{U}_1}{Z_{22}-Z_M^2Y_{11}}=\frac{-Z_MY_{11}\dot{U}_1}{Z_{22}+\ (\omega M)^2Y_{11}} \tag{7-14b}$$

其中 $Y_{11}=\dfrac{1}{Z_{11}}$，$Y_{22}=\dfrac{1}{Z_{22}}$。

7.3.2　空心变压器的等效电路、反映阻抗

根据一次侧电流 $\dot{I}_1$ 的表达式（7-14a）可以做出如图 7-11（a）所示的等效电路，称为一次侧等效电路。

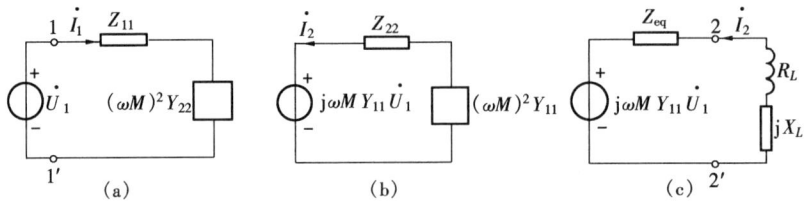

图 7-11　空心变压器等效电路

（a）一次侧等效电路；（b）二次侧等效电路；（c）戴维南等效电路

其中 $(\omega M)^2Y_{22}$ 称为反映阻抗，或引入阻抗。反映阻抗的性质与二次侧阻抗 Z_{22} 相反，即 Z_{22} 如果为感性（容性），则反映阻抗为容性（感性）。反映阻抗体现了二次侧对一次侧的影响，这种影响是通过二次侧电流 $\dot{I}_2$ 对一次侧的感应作用引起的，如果将二次侧断开，相当于 Z_{22} 为无穷大（或 Y_{22} 为零），则反映阻抗为零，二次侧对一次侧的影响消失。

从 $\dot{I}_1$ 表达式（7-14a）可以看出，Z_M 是以平方形式出现的，所以一次侧电流不受两线圈同名端位置的影响。

根据电流 $\dot{I}_2$ 的表达式（7-14b）可以做出如图 7-11（b）所示的等效电路，称为二次侧等效电路。由 $\dot{I}_2=-Z_M\dot{I}_1/Z_{22}$ 可知，$Z_M\dot{I}_1$ 是一次侧电流在二次侧产生的互感电压，它在二次侧的作用相当于一个电压源。当同名端的位置改变时，这个电源产生的二次侧电流相位改变 $180°$。$(\omega M)^2Y_{11}$ 称为一次侧对二次侧的反映阻抗。

如果将图 7-11（b）中 Z_{22} 内的负载阻抗 R_L+jX_L 作为外电路，则可得到图 7-11（c）所示的戴维南等效电路。其中开路电压为

$$\dot{U}_{OC}=j\omega MY_{11}\dot{U}_1$$

戴维南等效阻抗为

$$Z_{eq}=R_2+j\omega L_2+（\omega M)^2Y_{11}$$

【例 7-4】 空心变压器如图 7-12（a）所示，$U_1=10V$，$\omega=10^6\,rad/s$，$R_1=10\Omega$，$R_2=40\Omega$，$L_1=L_2=1mH$，$M=20\mu H$，$C_1=C_2=1000pF$，求电流 $\dot{I}_1$ 和 $\dot{I}_2$。

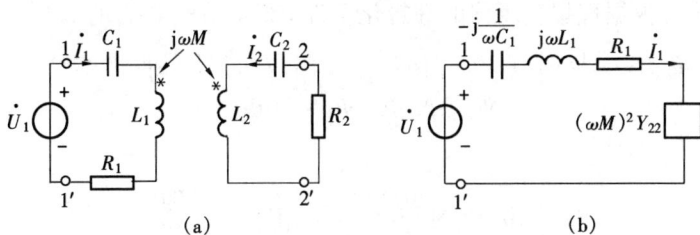

图 7-12　[例 7-4] 图

解 应用反映阻抗的概念得到一次侧等效电路如图 7-12（b）所示。一次侧阻抗、二次侧阻抗和反映阻抗分别为

$$Z_{11}=R_1+j\left(\omega L_1-\frac{1}{\omega C_1}\right)=10+j（10^3-10^3）=10（\Omega)$$

$$Z_{22}=R_2+j\left(\omega L_2-\frac{1}{\omega C_2}\right)=40+j（10^3-10^3）=40（\Omega)$$

$$（\omega M)^2Y_{22}=20^2/40=10（\Omega)$$

令 $\dot{U}_1=10\angle 0°V$，则一次侧电流 $\dot{I}_1$ 为

$$\dot{I}_1=\frac{\dot{U}_1}{Z_{11}+（\omega M)^2Y_{22}}=\frac{10\angle 0°}{10+10}=0.5\angle 0°（A)$$

按式（7-13）得二次侧电流 $\dot{I}_2$ 为

$$\dot{I}_2=-\frac{Z_M\dot{I}_1}{Z_{22}}=-\frac{j20\times 0.5\angle 0°}{40}=0.25\angle-90°（A)$$

二次侧电流 $\dot{I}_2$ 还可以用图 7-11（c）所示的戴维南等效电路求出，请读者自行完成。

7.4 理 想 变 压 器

理想变压器是实际变压器的一种理想化模型。图 7-13（a）为理想变压器的电路模型。相对于实际变压器，理想变压器具有三个理想化条件：（1）无能量损耗；（2）无漏磁通，即耦合系数 $k=1$；（3）L_1、L_2 和 M 均为无穷大，但比值 $\sqrt{L_1/L_2}=N_1/N_2=n$ 不变，N_1 和 N_2 分别为一次侧和二次侧的匝数。下面讨论理想变压器一次侧和二次侧的电压、电流关系。

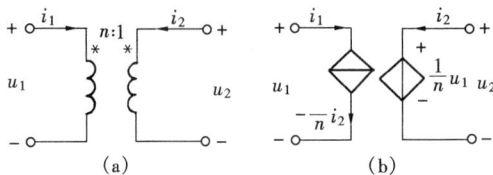

图 7-13　理想变压器

（a）理想变压器模型；（b）等效电路

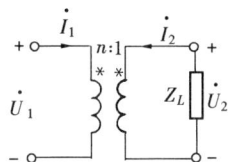

图 7-14　理想变压器
的阻抗变换

7.4.1　理想变压器的特性方程及阻抗变换

如图 7-14 所示，根据理想变压器的理想化条件（2），在全耦合时 $k=1$，则两个线圈的磁通相等，即 $\Phi_1=\Phi_2=\Phi$，同时有 $M=\sqrt{L_1 L_2}$。这时线圈 1 和线圈 2 的磁链分别为

$$\Psi_1=N_1\Phi \quad \Psi_2=N_2\Phi$$

因为

$$u_1=\frac{\mathrm{d}\Psi_1}{\mathrm{d}t}=N_1\frac{\mathrm{d}\Phi}{\mathrm{d}t}, \quad u_2=\frac{\mathrm{d}\Psi_2}{\mathrm{d}t}=N_2\frac{\mathrm{d}\Phi}{\mathrm{d}t}$$

所以有

$$\frac{u_1}{u_2}=\frac{N_1}{N_2}=n \tag{7-15}$$

由理想化条件（1），对于无损耗的空心变压器，线圈 1 上的电压为

$$u_1=L_1\frac{\mathrm{d}i_1}{\mathrm{d}t}+M\frac{\mathrm{d}i_2}{\mathrm{d}t}$$

即

$$\frac{\mathrm{d}i_1}{\mathrm{d}t}=\frac{u_1}{L_1}-\frac{M}{L_1}\frac{\mathrm{d}i_2}{\mathrm{d}t}$$

将 $M=\sqrt{L_1 L_2}$ 代入上式得

$$\frac{\mathrm{d}i_1}{\mathrm{d}t}=\frac{u_1}{L_1}-\sqrt{\frac{L_2}{L_1}}\frac{\mathrm{d}i_2}{\mathrm{d}t}=\frac{u_1}{L_1}-\frac{1}{n}\frac{\mathrm{d}i_2}{\mathrm{d}t}$$

最后由条件（3），令 $L_1\to\infty$ 有

$$\frac{\mathrm{d}i_1}{\mathrm{d}t}=-\frac{1}{n}\frac{\mathrm{d}i_2}{\mathrm{d}t}$$

两边积分，得

$$i_1=-\frac{1}{n}i_2 \tag{7-16}$$

式（7-15）和式（7-16）即为理想变压器的特性方程（VCR），现一并重写如下：

$$\begin{cases}\dfrac{u_1}{u_2}=\dfrac{N_1}{N_2}=n\\[2mm]\dfrac{i_1}{i_2}=-\dfrac{N_2}{N_1}=-\dfrac{1}{n}\end{cases} \tag{7-17a}$$

或

$$\begin{cases}u_1=nu_2\\[2mm]i_1=-\dfrac{1}{n}i_2\end{cases} \tag{7-17b}$$

式（7-17b）是根据图 7-13（a）中所示参考方向和同名端列出的。理想变压器是一个二端口元件，它只有一个参数 n，式（7-17）是代数方程，所以理想变压器不是动态元件。

由式（7-17b）可得理想变压器吸收的瞬时功率为

$$p=p_1+p_2=u_1i_1+u_2i_2=(nu_2)\left(-\frac{1}{n}i_2\right)+u_2i_2=0$$

在任何瞬时，理想变压器既不储能也不耗能，它将能量从一次侧全部传输到二次侧，即 $|u_1i_1|=|u_2i_2|$，在传输过程中按变比 n 改变电压、电流的数值。

理想变压器除了能变电压、变电流外还可以变阻抗。由式（7-17b）可得理想变压器 VCR 的相量形式为

$$\begin{cases}\dot{U}_1=n\dot{U}_2\\[2mm]\dot{I}_1=-\dfrac{1}{n}\dot{I}_2\end{cases}\tag{7-18}$$

图 7-14 中，当二次侧接入负载阻抗 Z_L 后，一次侧的输入阻抗为

$$Z_{\text{in}}=\frac{\dot{U}_1}{\dot{I}_1}=\frac{n\dot{U}_2}{-\dfrac{1}{n}\dot{I}_2}=-n^2\frac{\dot{U}_2}{\dot{I}_2}=n^2Z_L\tag{7-19}$$

式（7-19）表明：从一次侧看，二次侧原有负载 Z_L 被变换成了 Z_{in}，其值为 Z_L 的 n^2 倍。

7.4.2　理想变压器电路分析

理想变压器是一个二端口元件，端口的电压、电流关系由特性方程描述。对于理想变压器电路的分析，可以根据 KCL、KVL 或网络方程法建立端口外部的电压、电流关系，再与特性方程联立求解，也可以利用变阻抗的特性获得一次侧等效电路，再进行求解。

【例 7-5】　电路如图 7-15（a）所示。已知 $\dot{U}_s=10\angle0°\text{V}$，试求电压 $\dot{U}_2$。

解　方法一　由图 7-15（a）可列出变压器端口外部的电路方程为

$$1\times\dot{I}_1+\dot{U}_1=10\angle0°$$

$$50\times\dot{I}_2=\dot{U}_2$$

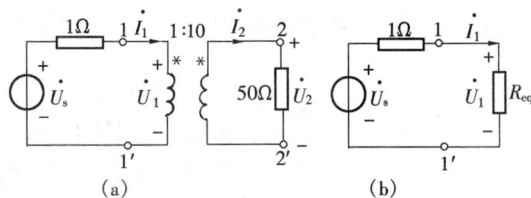

图 7-15　[例 7-5] 图
(a) 理想变压器电路；(b) 等效电路

再由理想变压器的特性方程

$$\dot{U}_1=\frac{1}{10}\dot{U}_2$$

$$\dot{I}_1=10\dot{I}_2$$

注意 $\dot{I}_2$ 的参考方向与图 7-13（a）相反，所以方程中无负号。联立这四个方程可得

$$\dot{U}_2=10\dot{U}_1=10(10-\dot{I}_1)=10(10-10\dot{I}_2)=10\left(10-10\times\frac{\dot{U}_2}{50}\right)$$

即 $3\dot{U}_2=100$，解得 $\dot{U}_2=33.3\text{V}$

方法二　利用阻抗变换可得到一次侧等效电路如图 7-15（b）所示，其中

$$R_{\text{eq}}=\left(\frac{1}{n}\right)^2 50=\frac{50}{100}=0.5\ (\Omega)$$

由一次侧等效电路得

$$\dot{U}_1 = 10\angle 0° \times \frac{0.5}{1+0.5} = 3.33 \ (\text{V})$$

故 $$\dot{U}_2 = n\dot{U}_1 = 10 \times 3.33 = 33.3 \ (\text{V})$$

方法三　应用戴维南定理求解。将原电路在 2-2′处断开，求其左侧部分的戴维南等效电路。先求开路电压。

由于 $\dot{I}_2 = 0$，所以 $\dot{I}_1 = 0$，得 $\dot{U}_1 = \dot{U}_s = 10\angle 0° \ (\text{V})$，故得开路电压为

$$\dot{U}_{oc} = 10\dot{U}_1 = 100\angle 0° \ (\text{V})$$

为求 2-2′端的等效电阻，可将 $\dot{U}_s$ 置零。根据阻抗特性，此时二次侧对一次侧的匝数比为 10：1，所以一次侧折合到二次侧的电阻为

$$R_{eq} = 10^2 \times 1 = 100 \ (\Omega)$$

故得

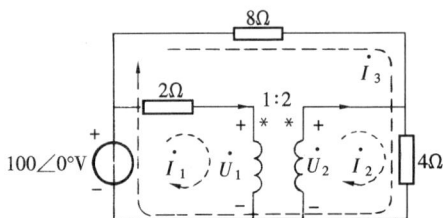

图 7-16　　[例 7-6] 图

$$\dot{U}_2 = \dot{U}_{oc} \frac{50}{100+50} = 100 \times \frac{1}{3} = 33.3 \ (\text{V})$$

【例 7-6】　电路如图 7-16 所示。试求电流 $\dot{I}_2$、$\dot{I}_3$ 和 4Ω 电阻的功率。

解　采用回路法进行求解。将理想变压器的端口电压看成未知电压。列出回路方程后，再把理想变压器的特性方程与回路方程联立，即可求出电流 $\dot{I}_2$ 和 $\dot{I}_3$。

设回路电流参考方向如图所示，列回路方程

$$\begin{cases} 2\dot{I}_1 + \dot{U}_1 = 100\angle 0° \\ 4\dot{I}_2 + 4\dot{I}_3 = \dot{U}_2 \\ (8+4)\dot{I}_3 + 4\dot{I}_2 = 100\angle 0° \end{cases}$$

变压器特性方程

$$\begin{cases} \dot{U}_1 = \frac{1}{2}\dot{U}_2 \\ \dot{I}_1 = 2\dot{I}_2 \end{cases}$$

上述方程联立解得

$$\dot{I}_2 = 15.625\angle 0°\text{A}, \quad \dot{I}_3 = 3.125\angle 0°\text{A}$$

流过 4Ω 电阻中的电流为

$$\dot{I} = \dot{I}_2 + \dot{I}_3 = 15.625\angle 0° + 3.125\angle 0° = 18.75\angle 0° \ (\text{A})$$

4Ω 电阻的功率为

$$P = RI^2 = 4 \times 18.75^2 = 1406.25 \ (\text{W})$$

【例 7-7】　电路如图 7-17（a）所示，试求 U_2/U_s。

解　由于 U_2 是理想变压器的二次侧电压，且变比已知，故可通过理想变压器的阻抗变换求出一次侧等效电路，解出 U_1 之后再求比值 U_2/U_s。一次侧等效电路如图 7-17（b）所示，其中二次侧折合到一次侧的阻抗 $R' = 12^2 \times 20 = 2880\Omega$。对左边网孔列 KVL 得

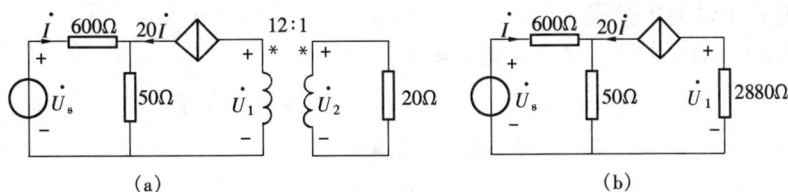

图 7-17 ［例 7-7］图

$$600\,\dot{I}+50\,(\dot{I}+20\,\dot{I})=\dot{U}_s$$

解得

$$\dot{I}=6.060\,6\times10^{-4}\dot{U}_s$$

由于 $\dot{U}_1=2880\times(-20\,\dot{I})=-34.85\dot{U}_s$，所以

$$U_2=\frac{1}{n}U_1=\frac{1}{12}U_1=2.904U_s$$

故

$$\frac{U_2}{U_s}=2.904$$

【例 7-8】 电路如图 7-18 所示，为了使负载电阻 R_L ＝200Ω 与信号源内阻 R_s＝90Ω 相匹配（即使 R_L 获得最大功率），在二者之间接一个理想变压器 Tr。已知电流源 i_s＝0.2sin（ωt）A，试求 Tr 的变比 n，一次侧电压 u_1 和二次侧电压 u_2。

图 7-18 ［例 7-8］图

解 当二次侧折算到一次侧的电阻 $n^2R_L=R_s$ 时可获得最大功率。所以变比

$$n=\sqrt{\frac{R_s}{R_L}}=0.67$$

在匹配状态下计算 u_1 和 u_2，得

$$u_1=\frac{R_s}{2}i_s=0.5\times90\times0.2\sin(\omega t)=9\sin\omega t\,(V)$$

$$u_2=u_1/n=13.43\sin\omega t\,(V)$$

小 结

1. 耦合电感元件

耦合电感元件中，每个元件的电压包括自感和互感电压两部分，即

$$\begin{cases}u_1=L_1\dfrac{\mathrm{d}i_1}{\mathrm{d}t}\pm M\dfrac{\mathrm{d}i_2}{\mathrm{d}t}\\[2mm]u_2=\pm M\dfrac{\mathrm{d}i_1}{\mathrm{d}t}+L_2\dfrac{\mathrm{d}i_2}{\mathrm{d}t}\end{cases}$$

互感电压的参考方向与引起该电压的另一线圈电流的参考方向对同名端取一致方向时，上式取正号，反之取负号。

2. 耦合电感元件的串并联

耦合电感元件串联时的电压、电流关系为

$$\dot{U} = \left[R_1 + R_2 + j\omega\ (L_1 + L_2 \pm 2M)\right]\ \dot{I}$$

互感 M 前的正号对应顺向串联、负号对应反向串联。

耦合电感元件并联时的电压、电流关系为

$$\begin{cases} \dot{U} = (R_1 + j\omega L_1)\ \dot{I}_1 \pm j\omega M \dot{I}_2 \\ \dot{U} = \pm j\omega M \dot{I}_1 + (R_2 + j\omega L_2)\ \dot{I}_2 \end{cases}$$

同名端相连时，$j\omega M$ 前取正号，异名端相连时，$j\omega M$ 前取负号。

3. 含有耦合电感元件电路的计算

含有耦合电感元件的电路中，每一个电感元件上通常有两个电压，一个为自感电压，另一个为互感电压。计及互感电压后，可用支路分析法，网孔分析法等列出含耦合电感电路的电路方程，然后求解。对于有一端相连耦合电感元件也可用去耦法求解。

去耦法适用于耦合电感的并联或有一个端相连的耦合电感。

4. 空心变压器

空心变压器可以看作是含有耦合电感元件电路的一种特殊形式，其回路电流方程为

$$\begin{cases} Z_{11} \dot{I}_1 + Z_M \dot{I}_2 = \dot{U}_1 \\ Z_M \dot{I}_1 + Z_{22} \dot{I}_2 = 0 \end{cases}$$

空心变压器一次侧等效电路可以采用引入反映阻抗的方法；反映阻抗体现了二次侧对一次侧的影响，这种影响是通过二次侧电流 $\dot{I}_2$ 对一次侧的感应作用引起的。反映阻抗的性质与二次侧阻抗 Z_{22} 相反，即 Z_{22} 如果为感性（容性），则反映阻抗为容性（感性）。如果将二次侧断开，相当于 Z_{22} 为无穷大（或 Y_{22} 为零），则反映阻抗为零，二次侧对一次侧的影响消失。

5. 理想变压器

理想变压器是一个具有两个端口的理想电路元件，它只有一个参数 n，它的端口电压、电流关系为

$$\begin{cases} u_1 = nu_2 \\ i_1 = -i_2/n \end{cases}$$

理想变压器除了可以变电压、变电流外还可以按如下关系进行阻抗变换，输入阻抗 Z_{in} 与负载阻抗 Z_L 的关系为

$$Z_{\text{in}} = \frac{\dot{U}_1}{\dot{I}_1} = n^2 Z_L$$

习　题　七

7-1　图 7-19 所示为耦合线圈电路，当 S 打开瞬间，试判断电压表是正偏还是反偏。

7-2　图 7-20 所示为一对耦合线圈，接到第一个线圈的正弦电源频率为 500Hz，电流表读数为 1A，第二个线圈所接电压表读数为 31.4V，求两线圈的互感 M。

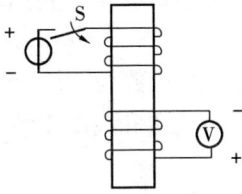

图 7-19　题 7-1 图　　　　　　　　　　　图 7-20　题 7-2 图

7-3　试求图 7-21 所示电路中标有问号的电压或电流的表达式。

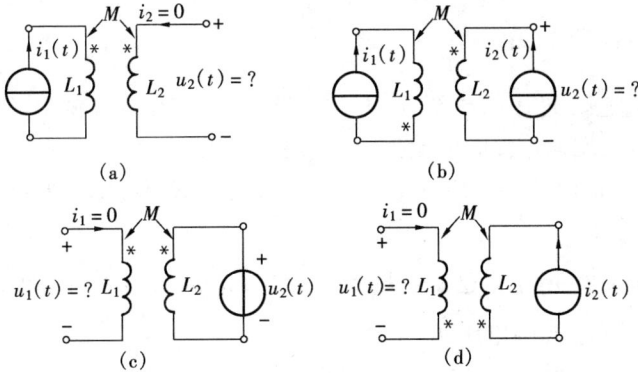

图 7-21　题 7-3 图

7-4　图 7-22 所示电路中，$L_1 = 6H$，$L_2 = 3H$，$M = 4H$，试求从 1-1′端看进去的等效电感。

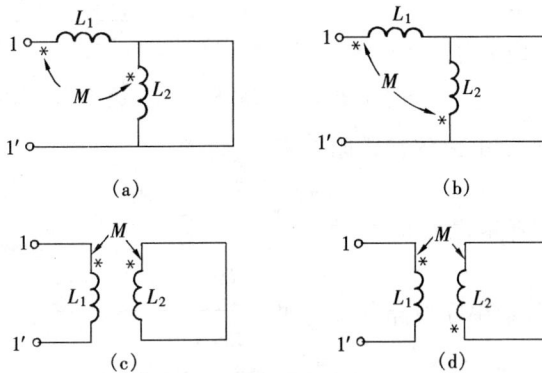

图 7-22　题 7-4 图

7-5　图 7-23（a）所示的耦合电感元件，可以用电流控制电压源 CCVS 表示互感电压的作用，其电路如图 7-23（b）所示，试说明理由。

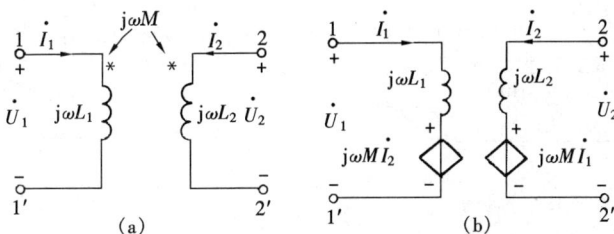

图 7-23　题 7-5 图

7-6 电路如图 7-24 所示，试画出用受控源表示的等效无互感电路（利用题 7-5 的结果）。

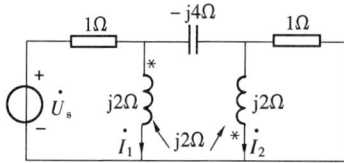

7-7 图 7-25 所示为两个耦合线圈的串联，已知两个线圈的参数为：$R_1 = 3\Omega$，$\omega L_1 = 4\Omega$，$R_2 = 3\Omega$，$\omega L_2 = 6\Omega$，$\omega M = 1\Omega$。电源电压为 $U = 10\text{V}$，求电流 I 和线圈 1 的电压 U_1。

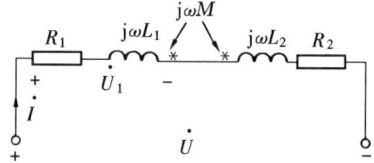

图 7-24 题 7-6 图

图 7-25 题 7-7 图

7-8 两个耦合电感元件串联接至 50Hz、220V 的正弦交流电源上，顺向连接时电流为 2.7A，功率为 219W；反向连接时电流为 7A，试求互感 M。

7-9 图 7-26 所示的电路中，$R_1 = 3\Omega$，$\omega L_1 = 7.5\Omega$，$R_2 = 5\Omega$，$\omega L_2 = 12.5\Omega$，$\omega M = 6\Omega$，$U = 50\text{V}$。求电流 $\dot{I}_1$ 和 $\dot{I}_2$。

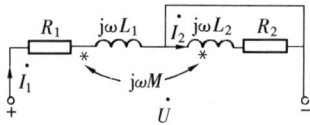

7-10 电路如图 7-27 所示，已知：$R_1 = R_2 = 30\Omega$，$\omega L_1 = \omega L_2 = 80\Omega$，$\omega M = 40\Omega$，电源电压 $\dot{U}_s = 100\angle 0°\text{V}$。试求开路电压 $\dot{U}_{ab}$。

图 7-26 题 7-9 图

图 7-27 题 7-10 图

7-11 试求图 7-28 所示电路的输入阻抗 Z（$\omega = 1\text{rad/s}$）。

7-12 试求图 7-29 所示电路的等效阻抗。

7-13 试求图 7-30 所示串联电路的谐振角频率。

7-14 图 7-31 所示电路中，已知 $C = 2\mu\text{F}$，$M = 2\text{mH}$，$i_s = \sqrt{2}\sin 5000t\,\text{A}$，求开路电压 $\dot{U}_1$ 和 $\dot{U}_2$ 的有效值。

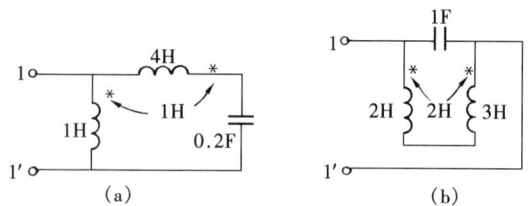

图 7-28 题 7-11 图

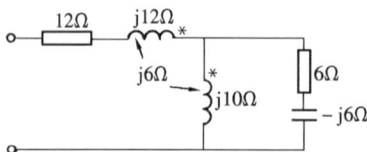

图 7-29 题 7-12 图

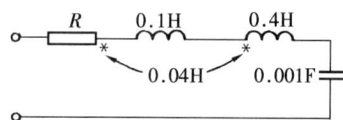

图 7-30 题 7-13 图

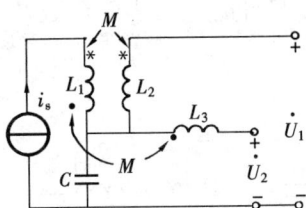

图 7-31 题 7-14 图

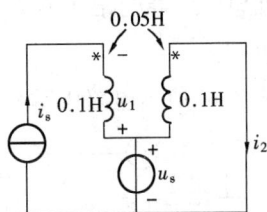

图 7-32 题 7-15 图

7-15 图 7-32 所示电路中，$i_s = \sin t \text{A}$，$u_s = \cos t \text{V}$，试求 u_1 和 i_2。

7-16 空心变压器电路如图 7-33 所示，$\dot{U}_s = 20\angle 0° \text{V}$，二次侧短路。试求电流 $\dot{I}_1$、$\dot{I}_2$ 及一次侧电压 $\dot{U}_1$。

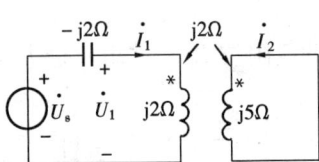

图 7-33 题 7-16 图

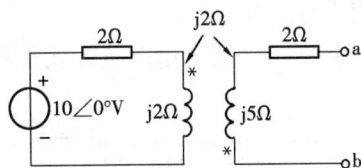

图 7-34 题 7-17 图

7-17 电路如图 7-34 所示，求 ab 端口处的戴维南等效电路。

7-18 试求图 7-35 所示电路中可获得最大功率的负载阻抗 Z_L。

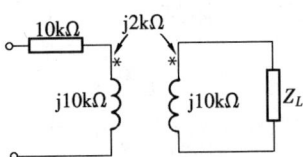

图 7-35 题 7-18 图

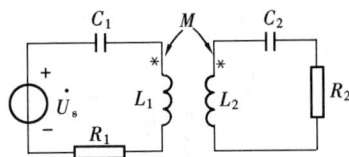

图 7-36 题 7-19 图

7-19 图 7-36 所示的电路中，已知 $U_s = 10\text{V}$，$\omega = 10^6 \text{rad/s}$，$L_1 = L_2 = 1\text{mH}$，$\dfrac{1}{\omega C_1} = \dfrac{1}{\omega C_2} = 1\text{k}\Omega$，$R_1 = 10\Omega$，$R_2 = 40\Omega$。试求使 R_2 上吸收的功率为最大时所需的 M 值及 R_2 吸收的功率。

7-20 试求图 7-37 所示电路的等效复阻抗 Z。

7-21 图 7-38 所示的电路，为使 5Ω 负载从电源获得最大功率，可在电源与负载间接入一台变压器（设为理想变压器），以达到匹配。试求变压器的匝数比。

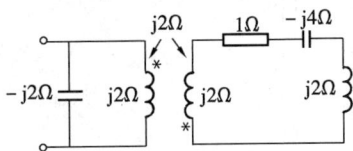

图 7-37 题 7-20 图

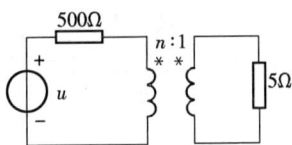

图 7-38 题 7-21 图

7-22　理想变压器电路如图 7-39 所示，试求开关 S 打开时电压表的读数及开关 S 闭合时电流表的读数。

7-23　图 7-40 所示电路中 $\dot{U}_s=100\angle0°\text{V}$，试求 $\dot{U}_3$。

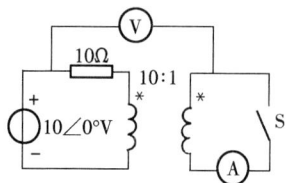

图 7-39　题 7-22 图

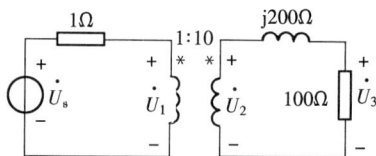

图 7-40　题 7-23 图

7-24　图 7-41 所示电路中，$u_s=\sin t\text{V}$。试求：（1）开关 S 打开时，ab 左端的等效阻抗；（2）开关 S 闭合时的电流 $\dot{I}_2$。

7-25　试求图 7-42 所示电路负载获得最大功率时的复阻抗 Z_L，并求此最大功率。

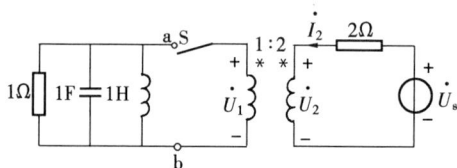

图 7-41　题 7-24 图

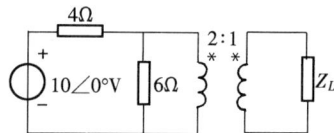

图 7-42　题 7-25 图

7-26　试求图 7-43 所示含理想变压器的二端网络的等效复阻抗。

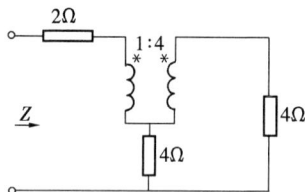

图 7-43　题 7-26 图

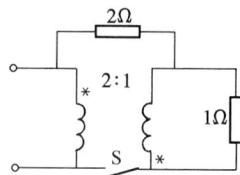

图 7-44　题 7-27 图

7-27　电路如图 7-44 所示，试求：（1）开关 S 打开时的输入阻抗；（2）开关 S 闭合时的输入阻抗。

7-28　试求图 7-45 所示电路的输入阻抗。

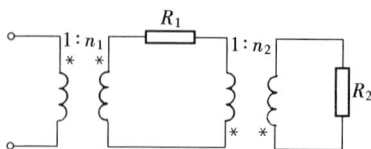

图 7-45　题 7-28 图

参 考 答 案

7-2　0.01H

7-3　$M\dfrac{\mathrm{d}i_1}{\mathrm{d}t}$；$L_2\dfrac{\mathrm{d}i_2}{\mathrm{d}t}-M\dfrac{\mathrm{d}i_1}{\mathrm{d}t}$；$\dfrac{M}{L_2}u_2\ (t)$；$M\dfrac{\mathrm{d}i_2}{\mathrm{d}t}$

7-4　均为 0.667H

7-7　1A，$3\sqrt{2}$V

7-8　0.053H

7-9　7.79$\angle-51.5°$A，3.47$\angle150°$A

7-10　$\dot{U}_{ab}=50\angle0°$V

第 8 章　正弦稳态三相电路

本章介绍三相电路及其连接方式；对称三相电路中的相电压与线电压、相电流与线电流的关系；对称三相电路的特点及计算；不对称三相电路的特点及计算；三相电路的功率及其测量。

8.1　三相电路的基本概念

电力系统在发电、输电和配电方面以及大功率的用电设备大多采用三相制。这是因为三相制在技术上和经济上具有重大优越性。例如在尺寸相同的情况下，三相发电机比单相发电机的输出功率大；在输电距离、输送功率、负载功率因数等电气指标相同的情况下，三相输电比单相输电节约 25% 的金属材料。

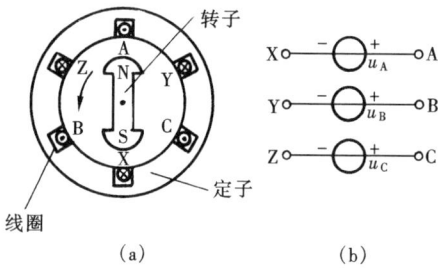

图 8-1　三相电源
(a) 三相发电机原理图；(b) 对称三相电源

8.1.1　三相电源

三相电力系统是由三相电源、三相负载和三相输电线路三部分组成。三相电源具有 A、B、C 三相，如图 8-1 所示。

对称三相电源是由三个频率相同、幅值相等和初相角依次相差 120°的正弦电压源按一定方式连接而成，依次称为 A、B、C 相，记为 u_A、u_B、u_C。其瞬时表达式为

$$u_A = \sqrt{2}U\sin\omega t$$
$$u_B = \sqrt{2}U\sin(\omega t - 120°)$$
$$u_C = \sqrt{2}U\sin(\omega t + 120°)$$

$$\tag{8-1}$$

相量表达式为

$$\dot{U}_A = U\angle 0°$$

$$\dot{U}_B = U\angle -120° = \alpha^2 \dot{U}_A \quad (8\text{-}2)$$

$$\dot{U}_C = U\angle 120° = \alpha \dot{U}_A$$

式中：$\alpha = 1\angle 120° = -1/2 + \text{j}\sqrt{3}/2$，对称三相电源的波形图和相量图如图 8-2 (a)、(b) 所示。

三相电源中，每相电源达到同一数值（例如正的最大值或零值）的先后次序称之为相序。上述三相电源的相序为 A-B-C，这种相序是 A 相超前 B 相，B

图 8-2　对称三相电压源的波形和相量图
(a) 三相电压源的波形；(b) 三相电压源的相量图

相超前 C 相，称为正序或顺序；如果 A 相滞后 B 相，B 相滞后 C 相，这种相序为负序或逆序。通常三相电源的相序均指正序。

对称三相电压满足：

$$u_A + u_B + u_C = 0 \text{ 或 } \dot{U}_A + \dot{U}_B + \dot{U}_C = 0$$

在三相电路中，三相电源有 Y 形（星形）和△形（三角形）两种连接方式。下面对这两种连接方式分别加以讨论。

8.1.2　Y 形连接的三相电源

三相电源的 Y 形连接方式如图 8-3（a）所示，它是将三个电压源的末端 X、Y、Z 连接在一起成为公共点 N（或 O），一般称为中点（或零点），由中点引出的线称为中线（或地线）。由始端 A、B、C 引出三根线与输电线相连接，引出的三根线称为端线（或火线）。

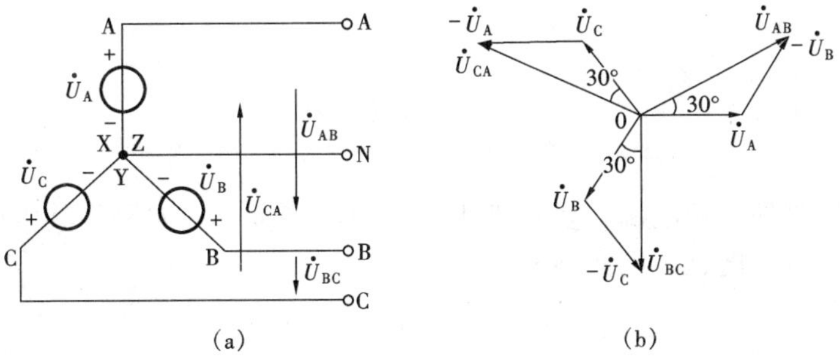

图 8-3　Y 形连接的对称三相电源

(a) Y 形连接的三相电源电压；(b) 电压相量图

观察图 8-3（a）电路可知，电压可以分为两种，一种是端线与中线之间的电压 u_{AN}、u_{BN} 和 u_{CN} 叫做相电压，通常记为 u_A、u_B 和 u_C。另一种是端线与端线之间的电压 u_{AB}、u_{BC} 和 u_{CA} 叫做线电压。根据 KVL，有

$$\dot{U}_{AB} = \dot{U}_A - \dot{U}_B = (1-\alpha^2)\dot{U}_A = \sqrt{3}\dot{U}_A \angle 30° \text{V}$$

$$\dot{U}_{BC} = \dot{U}_B - \dot{U}_C = (1-\alpha^2)\dot{U}_B = \sqrt{3}\dot{U}_B \angle 30° \text{V}$$

$$\dot{U}_{CA} = \dot{U}_C - \dot{U}_A = (1-\alpha^2)\dot{U}_C = \sqrt{3}\dot{U}_C \angle 30° \text{V}$$

(8-3)

图 8-3（b）画出了 Y 形连接方式时，电源的相电压和线电压的相量图，相量图与式（8-3）表明：在星形连接的电路中，当正弦相电压为对称时，线电压也是对称的，其有效值等于相电压有效值的 $\sqrt{3}$ 倍。若用 U_l 和 U_P 分别表示线电压和相电压的有效值，则有 $U_l = \sqrt{3}U_P$。

端线上的电流 i_A、i_B 和 i_C 称为线电流，而一相电源或负载上的电流叫做相电流，记为 i_{XA}、i_{YB} 和 i_{ZC}。对于星形连接，线电流显然等于相电流。在对称的情况下，用 I_l 和 I_P 分别表示线电流和相电流的有效值，则有 $I_l = I_P$。

8.1.3　△形连接的三相电源

三相电源的△形连接方式如图 8-4（a）所示，它是把三个电压源的始端和末端依次相接，即 X 接 B，Y 接 C，Z 接 A，再从各连接点引出端线。由于一般电源内阻抗极小，即使

三角形回路内的总电压很小，也会产生较大的回路电流，甚至有烧毁电源的危险。只有在三相电源绝对对称情况下，才能保证在没有负载（即端线开路）的情况下，电源内部不至于有循环电流，因为此时，在三角形回路中的总电压为：

$$\dot{U} = \dot{U}_A + \dot{U}_B + \dot{U}_C = 0$$

对应的电压相量图如图 8-4（b）所示。

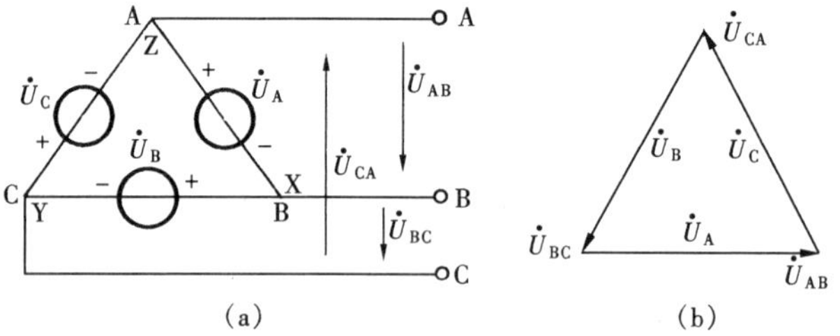

图 8-4　对称三相电源

(a) 三相电源三角形连接方式；(b) 电压相量图

对于三角形连接的三相电源，要特别小心电源不能接反，如果将其中的 C 相反接，连接方式成为 Y 接 Z，C 接 A，则回路电压为

$$\dot{U} = \dot{U}_A + \dot{U}_B - \dot{U}_C = -2\dot{U}_C$$

回路电压有效值为相电压有效值的二倍，会产生很大的回路电流，造成极大的危害，相应的电压相量图如图 8-5（a）、（b）所示。为避免上述危险的发生，通常用图 8-6 所示的方法进行检验，如果接法正确，图中电压表的读数为零。

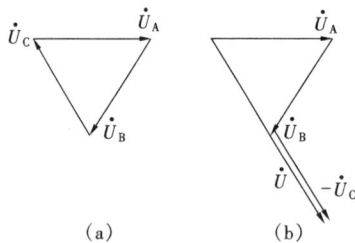

图 8-5　△形连接时电压相量图

(a) 正常时相量图；(b) C 接反时相量图

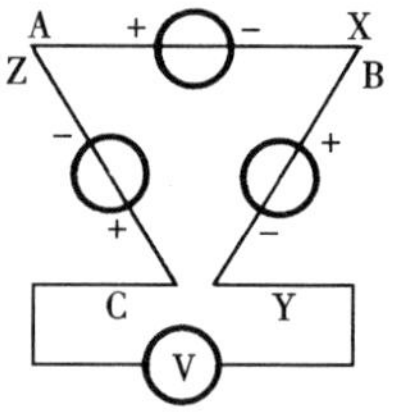

图 8-6　测量
三角形回路电压

对于三角形连接的电源，由图 8-3（a）可知线电压等于相电压，即

$$\dot{U}_{AB} = \dot{U}_A, \quad \dot{U}_{BC} = \dot{U}_B, \quad \dot{U}_{CA} = \dot{U}_C$$

当相电压对称时，线电压也一定对称。

由图 8-3（a）可以看到，线电流和相电流是不同的。为了更清晰地分析线电流和相电流的关系，将三角形连接的电源重新绘制，见图 8-7（a）所示。根据 KCL，有

$$\dot{I}_A = \dot{I}_{BA} - \dot{I}_{AC}$$

$$\dot{I}_B = \dot{I}_{CB} - \dot{I}_{BA} \qquad\qquad (8\text{-}4)$$

$$\dot{I}_C = \dot{I}_{AC} - \dot{I}_{CB}$$

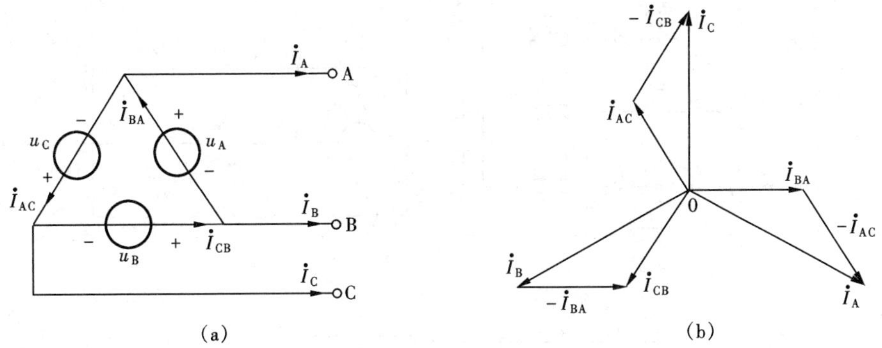

图 8-7　三角形连接的三相电源

(a) 三角形连接电源的电流；(b) 电流的相量图

如果三个相电流是对称的，则线电流与相电流的关系更为简明：

$$\dot{I}_A = \dot{I}_{BA} - \dot{I}_{AC} = (1-\alpha)\dot{I}_{BA} = \sqrt{3}\,\dot{I}_{BA}\angle -30°(A)$$

$$\dot{I}_B = \dot{I}_{CB} - \dot{I}_{BA} = (1-\alpha)\dot{I}_{CB} = \sqrt{3}\,\dot{I}_{CB}\angle -30°(A) \tag{8-5}$$

$$\dot{I}_C = \dot{I}_{AC} - \dot{I}_{CB} = (1-\alpha)\dot{I}_{AC} = \sqrt{3}\,\dot{I}_{AC}\angle -30°(A)$$

相电流对称时的相量图如图 8-7（b）所示。可见在三角形连接中，当正弦相电流对称时，线电流有效值等于相电流有效值的 $\sqrt{3}$ 倍，即 $I_l = \sqrt{3}I_P$。

通常情况下，三相电源对应于三相负载。三相负载的连接也分为星形连接和三角形连接两种，如图 8-8 所示。当三个负载的阻抗完全相等时，称之为对称三相负载，否则为不对称三相负载。

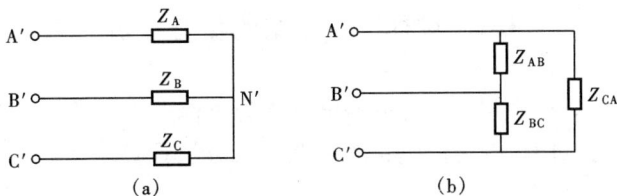

图 8-8　三相负载的连接

(a) 星形连接的负载；(b) 三角形连接的负载

上述有关电源的线电压与相电压、线电流与相电流的关系也适用于对称星形负载和三角形负载。

三相电路就是由上述形式的三相电源和三相负载连接起来组成的系统，如图 8-9 所示。其中有 Y-Y 连接，Y-△连接，△-Y 连接和△-△连接，图 8-9（a）为三相四线制连接方式，N 与 N′之间接有中线。除了图 8-9（a）以外，其余的连接方式均属三相三线制。如果三相电源，三相负载都对称，称为对称三相电路。只要有一部分不对称，对应的电路为不对称电路。

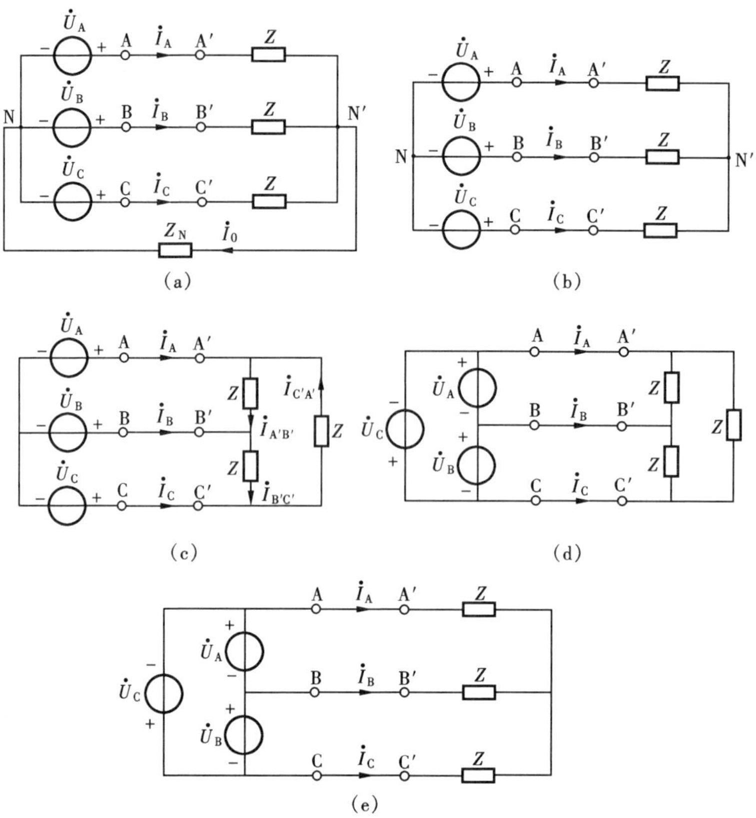

图 8-9 三相电路的连接方式

(a) 三相四线制；(b) Y-Y 接线；(c) Y-△接线；(d) △-△接线；(e) △-Y 接线

8.2 对称三相电路的稳态分析

由对称三相电源与对称三相负载构成的电路称为对称三相电路。对称三相电路是一种复杂的正弦交流电路，可以用正弦交流电路的一般分析方法计算求解。考虑到电路的对称性，可以寻求简单适用的计算方法。

对称三相四线制 Y-Y 系统的连接方式如图 8-10 (a) 所示，这是最为常见的供电系统。

在图 8-10 (a) 中，Z_1 为端线阻抗，Z_N 为中线阻抗，对称三相负载为 $Z_A = Z_B = Z_C = Z$。下面进一步研究对称三相电路的特点，并利用这些特点简化对称三相电路分析计算。取 N 为参考节点，由弥尔曼定理可知

$$\dot{U}_{N'N} = \frac{\frac{1}{Z+Z_1}(\dot{U}_A + \dot{U}_B + \dot{U}_C)}{\frac{3}{Z+Z_1} + \frac{1}{Z_N}} \tag{8-6}$$

由于 $\dot{U}_A + \dot{U}_B + \dot{U}_C = 0$，故有 $\dot{U}_{N'N} = 0$，即 N 和 N′点等电位。电源与负载中点之间没有电压，电源中点与负载中点可用短路线连接，中线阻抗 Z_N 被短接。各相负载电流为

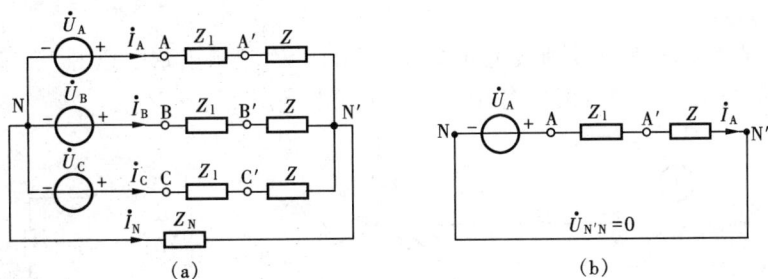

图 8-10　对称三相四线制 Y-Y 系统

（a）三相四线制；（b）A 相单相计算电路

$$\dot{I}_A = \frac{\dot{U}_A - \dot{U}_{N'N}}{Z + Z_1} = \frac{\dot{U}_A}{Z + Z_1}$$

$$\dot{I}_B = \frac{\dot{U}_B - \dot{U}_{N'N}}{Z + Z_1} = \frac{\dot{U}_B}{Z + Z_1} = \alpha^2 \dot{I}_A \tag{8-7}$$

$$\dot{I}_C = \frac{\dot{U}_C - \dot{U}_{N'N}}{Z + Z_1} = \frac{\dot{U}_C}{Z + Z_1} = \alpha \dot{I}_A$$

中线的电流为

$$\dot{I}_N = \dot{I}_A + \dot{I}_B + \dot{I}_C = 0 \tag{8-8}$$

由上面的分析可知，在中线电流为零的情况下，可以将中线断开。此时的对称三相四线制可用对称三相三线制来取代。由于式（8-7）表示了三相电流的独立性和对称的规律性，因此只要计算出其中一相的电流，其他两相电流可按照对称规律写出。

对称三相电路的各相独立性表明，三相电路中某一相电流的计算，只决定于该相的电压和负载阻抗，与其他两相无关；因此，对称三相电路的计算可归结为单独一相来计算。图 8-10（a）对称三相电路的单相计算电路（A 相）如图 8-10（b）所示，值得注意的是，在一相计算电路中，连接 N，N'的是短路线，与中线阻抗 Z_N 无关。

负载各相电压为

$$\dot{U}_{A'N'} = Z \dot{I}_A$$

$$\dot{U}_{B'N'} = Z \dot{I}_B = \alpha^2 \dot{I}_A$$

$$\dot{U}_{C'N'} = Z \dot{I}_C = \alpha \dot{I}_A \tag{8-9}$$

$$\dot{U}_{A'N'} + \dot{U}_{B'N'} + \dot{U}_{C'N'} = 0$$

负载各线电压为

$$\dot{U}_{A'B'} = \dot{U}_{A'N'} - \dot{U}_{B'N'} = \sqrt{3} \dot{U}_{A'N'} \angle 30°$$

$$\dot{U}_{B'C'} = \dot{U}_{B'N'} - \dot{U}_{C'N'} = \sqrt{3} \dot{U}_{B'N'} \angle 30°$$

$$\dot{U}_{C'A'} = \dot{U}_{C'N'} - \dot{U}_{A'N'} = \sqrt{3} \dot{U}_{C'N'} \angle 30° \tag{8-10}$$

$$\dot{U}_{A'B'} + \dot{U}_{B'C'} + \dot{U}_{C'A'} = 0$$

上述将三相归结为一相的计算方法，原则上可以推广到其他连接方式的对称三相系统中去。因为可以根据星形和三角形的等效互换，最终等效为对称 Y-Y 三相系统，然后用三相归为一相的计算方法。

【例 8-1】 Y 连接的负载接到线电压为 380V 的对称三相正弦电压源上，如图 8-11（a）所示。试求当负载 $Z=6+j8\Omega$ 时的各相电流和中线电流。

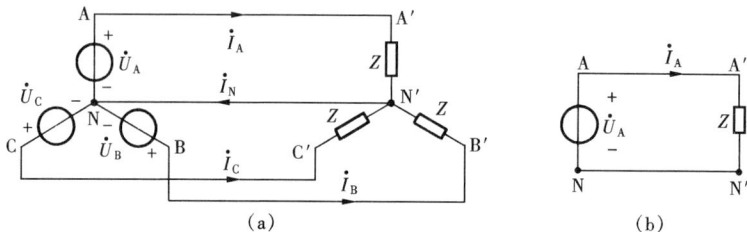

图 8-11　〔例 8-1〕图
(a) 连接 Y 负载的三相电路；(b) 单相计算电路

解　相电压 $U_P=U_l/\sqrt{3}=380/\sqrt{3}=220V$，单相计算电路如图 8-11（b）所示，设 $\dot{U}_A=220\angle0°$，则由对称性可得

$$\dot{I}_A=\frac{\dot{U}_A}{Z}=\frac{220\angle0°}{6+j8}=22\angle-53.13°\text{（A）}$$

$$\dot{I}_B=\alpha^2\dot{I}_A=22\angle-173.13°\text{（A）}$$

$$\dot{I}_C=\alpha\dot{I}_A=22\angle66.87°\text{（A）}$$

$$\dot{I}_N=\dot{I}_A+\dot{I}_B+\dot{I}_C=0$$

【例 8-2】 对称三相电路如图 8-12（a）所示。已知 $Z=12+j9\Omega$，$Z_l=j1\Omega$，电源线电压为 380V，试求负载的线电压和线电流。

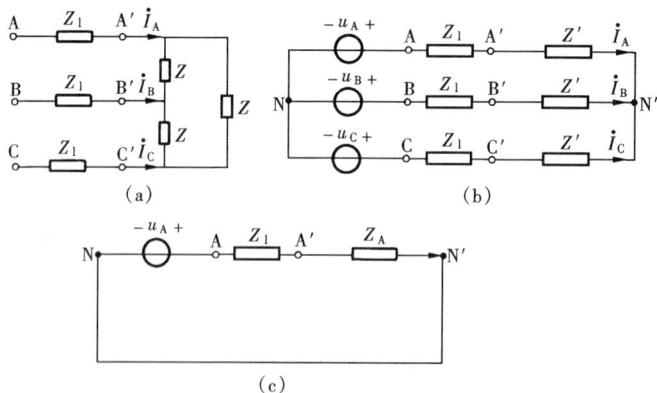

图 8-12　〔例 8-2〕图

解　可利用对称三相电路归结为单相的方法计算，首先将电路化为对称 Y-Y 系统，如图 8-12（b）所示，其中

$$Z'=\frac{1}{3}Z=4+j3\Omega$$

电源相电压 $U_P=380/\sqrt{3}=220V$，设 $\dot{U}_A=220\angle0°V$，A 相计算电路如图 8-12（c）所

示，计算该相的负载电流，并按照对称特点推出 B、C 两相电流。

$$\dot{I}_A = \frac{\dot{U}_A}{Z' + Z_1} = \frac{220\angle 0°}{4 + j4} = 38.9\angle -45° \ (\text{A})$$

$$\dot{I}_B = \alpha^2 \dot{I}_A = 38.9\angle -165° \ (\text{A})$$

$$\dot{I}_C = \alpha \dot{I}_A = 38.9\angle 75° \ (\text{A})$$

该电流也是负载端的线电流。负载端的相电压为

$$\dot{U}_{A'N'} = Z'\dot{I}_A = 5\angle 36.87° \times 38.9\angle -45° = 194.5\angle -8.13° \ (\text{V})$$

由式 (8-3)，Y 接线的线电压与相电压的关系，有

$$\dot{U}_{A'B'} = \sqrt{3}\dot{U}_{A'N'}\angle 30° = 336.87\angle 21.87° \ (\text{V})$$

由对称关系可推出

$$\dot{U}_{B'C'} = \alpha^2 \dot{U}_{A'B'} = 336.87\angle -98.13° \ (\text{V})$$

$$\dot{U}_{C'A'} = \alpha \dot{U}_{A'B'} = 336.87\angle 141.87° \ (\text{V})$$

8.3　不对称三相电路的稳态分析

如果三相电路中的三相电源和三相负载只要有一部分不对称，相应的电路就成为不对称三相电路。通常，三相电源都是比较接近于对称的，可以近似地作为对称来处理。所以，本节主要研究由于负载不对称引起的不对称三相电路的特点及其分析方法。

图 8-13 (a) 所示的 Y-Y 连接电路中三相电源是对称的，但负载不对称 $(Z_A \neq Z_B \neq Z_C)$。利用节点法，可以求得节点电压 $\dot{U}_{N'N}$ 为

$$\dot{U}_{N'N} = \frac{\dfrac{\dot{U}_A}{Z_A} + \dfrac{\dot{U}_B}{Z_B} + \dfrac{\dot{U}_C}{Z_C}}{\dfrac{1}{Z_A} + \dfrac{1}{Z_B} + \dfrac{1}{Z_C}} \quad (8\text{-}11)$$

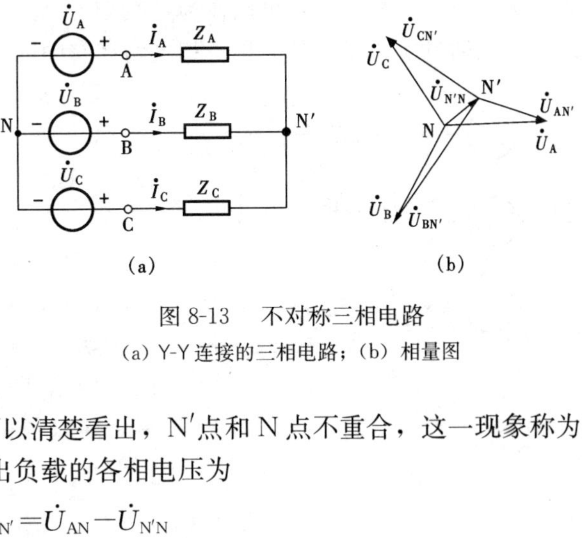

图 8-13　不对称三相电路
(a) Y-Y 连接的三相电路；(b) 相量图

式 (8-11) 中，由于负载不对称，一般情况下 $\dot{U}_{N'N} \neq 0$，即 N′ 点和 N 点电位不同了。从图 8-13 (b) 的相量关系可以清楚看出，N′ 点和 N 点不重合，这一现象称为中性点位移。根据基尔霍夫电压定律可写出负载的各相电压为

$$\dot{U}_{AN'} = \dot{U}_{AN} - \dot{U}_{N'N}$$

$$\dot{U}_{BN'} = \dot{U}_{BN} - \dot{U}_{N'N} \quad\quad (8\text{-}12)$$

$$\dot{U}_{CN'} = \dot{U}_{CN} - \dot{U}_{N'N}$$

式 (8-12) 和图 8-13 (b) 的相量图都表明，负载相电压 $\dot{U}_{AN'}$、$\dot{U}_{BN'}$、$\dot{U}_{CN'}$ 不对称的程度取决于中性点的电压 $\dot{U}_{N'N}$ 的量值和相位。中性点位移越大，负载相电压不对称越严重，造成

负载有的相电压过高，有的相电压却又太低，负载不能正常工作。例如在图 8-13（b）的相量图中，B 相电压 $\dot{U}_{BN'}$ 过高，可能造成该相负载烧毁，而 A 相电压 $\dot{U}_{AN'}$ 又过低，负载都不能正常工作。

由上述讨论可知，在不对称三相电路分析电流时，各相负载电流要分别计算如下

$$\dot{I}_A=\frac{\dot{U}_A-\dot{U}_{N'N}}{Z_A}$$

$$\dot{I}_B=\frac{\dot{U}_B-\dot{U}_{N'N}}{Z_B}$$

$$\dot{I}_C=\frac{\dot{U}_C-\dot{U}_{N'N}}{Z_C}$$

(8-13)

中线电流为

$$\dot{I}_N=\dot{I}_A+\dot{I}_B+\dot{I}_C\neq 0$$

为了解决由于负载不对称引起的中性点位移的问题，低压电网中广泛采用三相四线制，在电源与负载中点之间连接短路中线，强迫两个中点电位相等，使 $\dot{U}_{N'N}=0$。由式（8-12）可知各相负载电压对称，而且分别等于各相的电源电压。

在实际电力系统中，为避免因中线断开而造成负载相电压严重不对称，要求中线安装牢固，而且在中线上不安装开关和保险丝。

通过上述分析可见，不对称三相电路不再具有对称三相电路的那些特点，中性点之间的电压不再为零，负载中点出现了位移。由于中性点电压的存在，各相电压与电流之间不再存在对称关系，因而不对称三相电路不能应用三相归结为一相的计算方法。

对于不对称三相电路，可以作为复杂交流电路，应用前面学习过的线性电路分析方法来处理。下面通过例子说明不对称三相电路在有中线和无中线两种情况下的计算。

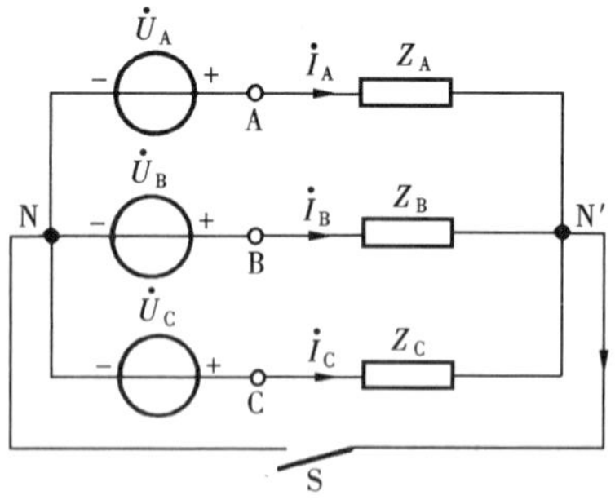

图 8-14　[例 8-3] 的电路图

【例 8-3】　如图 8-14 所示，不对称 Y 形连接负载 $Z_A=10\angle 30°\Omega$，$Z_B=20\angle 60°\Omega$，$Z_C=15\angle -45°\Omega$，由对称三相电源供电，已知电源线电压有效值为 220V。试求：

（1）开关 S 闭合时，负载的线电流和中线电流；

（2）开关 S 打开时，负载的线电流。

解　（1）开关 S 闭合，即 Y 形连接有中线。此时，各相负载电压为各相电源电压，但由于负载不对称，所以各相负载电流不对称，需要各相分别求解。

电源相电压

$$U_P=U_1/\sqrt{3}=220/\sqrt{3}=127\ (V)$$

设：$\dot{U}_A=127\angle 0°V$，则 $\dot{U}_B=127\angle -120°V$，$\dot{U}_C=127\angle 120°V$，各线电流为

$$\dot{I}_A=\frac{\dot{U}_A}{Z_A}=\frac{127\angle 0°}{10\angle 30°}=12.7\angle -30°\ (A)$$

$$\dot{I}_B=\frac{\dot{U}_B}{Z_B}=\frac{127\angle -120°}{20\angle 60°}=6.35\angle -180°\ (A)$$

$$\dot{I}_C = \frac{\dot{U}_C}{Z_C} = \frac{127\angle 120°}{15\angle -45°} = 8.47\angle 165° \text{ (A)}$$

因此可求得中线电流

$$\dot{I}_N = \dot{I}_A + \dot{I}_B + \dot{I}_C = 5.46\angle -130°$$

（2）开关 S 打开，即 Y 形连接无中线。此时，负载不对称引起中性点位移，可以按照以下步骤进行求解：

利用节点法求解电源中性点与负载中性点之间的电压 $\dot{U}_{N'N}$ 为

$$\dot{U}_{N'N} = \frac{\dfrac{\dot{U}_A}{Z_A} + \dfrac{\dot{U}_B}{Z_B} + \dfrac{\dot{U}_C}{Z_C}}{\dfrac{1}{Z_A} + \dfrac{1}{Z_B} + \dfrac{1}{Z_C}} = \frac{\dfrac{127\angle 0°}{10\angle 30°} + \dfrac{127\angle -120°}{20\angle 60°} + \dfrac{127\angle 120°}{15\angle -45°}}{\dfrac{1}{10\angle 30°} + \dfrac{1}{20\angle 60°} + \dfrac{1}{15\angle -45°}} = 32.9\angle -113.86° \text{ (V)}$$

由式（8-12）分别求解各相负载电压为

$$\dot{U}_{AN'} = \dot{U}_{AN} - \dot{U}_{N'N} = 143.5\angle 12° \text{ (V)}$$

$$\dot{U}_{BN'} = \dot{U}_{BN} - \dot{U}_{N'N} = 94\angle -122° \text{ (V)}$$

$$\dot{U}_{CN'} = \dot{U}_{CN} - \dot{U}_{N'N} = 148.6\angle 109.7° \text{ (V)}$$

由负载电压和负载确定各相负载电流，也要三相分别计算

$$\dot{I}_A = \frac{\dot{U}_{AN'}}{Z_A} = 14.35\angle -18° \text{ (A)}$$

$$\dot{I}_B = \frac{\dot{U}_{BN'}}{Z_B} = 4.7\angle -182° \text{ (A)}$$

$$\dot{I}_C = \frac{\dot{U}_{CN'}}{Z_C} = 9.9\angle 184.7° \text{ (A)}$$

8.4 三相电路的功率及其测量

在单相正弦交流电路中，从瞬时功率入手讨论了平均功率（有功功率）和无功功率的定义与计算。本节仍从瞬时功率入手研究三相电路的功率。

8.4.1 三相电路功率的计算

三相电路的瞬时功率应等于各相瞬时功率的代数和。以图 8-9（a）所示的对称三相电路为例，有

$$\begin{aligned}
p_A &= u_{AN}i_A = \sqrt{2}U_{AN}\sin(\omega t) \times \sqrt{2}I_A\sin(\omega t - \varphi) \\
&= U_{AN}I_A[\cos\varphi - \cos(2\omega t - \varphi)] \\
p_B &= u_{BN}i_B = \sqrt{2}U_{AN}\sin(\omega t - 120°) \times \sqrt{2}I_A\sin(\omega t - \varphi - 120°) \\
&= U_{AN}I_A[\cos\varphi - \cos(2\omega t - \varphi - 240°)] \\
p_C &= u_{CN}i_C = \sqrt{2}U_{AN}\sin(\omega t + 120°) \times \sqrt{2}I_A\sin(\omega t - \varphi + 120°) \\
&= U_{AN}I_A[\cos\varphi - \cos(2\omega t - \varphi + 240°)]
\end{aligned} \tag{8-14}$$

它们的和为

$$p = p_A + p_B + p_C = 3U_{AN}I_A\cos\varphi \tag{8-15}$$

式（8-15）表明，对称三相电路的瞬时功率是一个常量，其值等于平均功率。这是对称三相电路的一个优越的性能。习惯上把这一性能称为瞬时功率平衡。

三相电路的平均功率等于各相平均功率之和，即

$$P = P_A + P_B + P_C = U_A I_A \cos\varphi_A + U_B I_B \cos\varphi_B + U_C I_C \cos\varphi_C$$

对于对称三相电路，由式（8-15）平均功率

$$P = 3U_P I_P \cos\varphi \tag{8-16}$$

式（8-16）表明，对称三相电路的平均功率等于其中一相的平均功率的三倍。同理，对称三相电路的无功功率也等于一相的无功功率的三倍，即

$$Q = 3U_P I_P \sin\varphi \tag{8-17}$$

对于不对称三相电路，三相无功功率可通过各相无功功率相加得到，即

$$Q = Q_A + Q_B + Q_C = U_A I_A \sin\varphi_A + U_B I_B \sin\varphi_B + U_C I_C \sin\varphi_C$$

由于三相电源和三相负载的外部特性是用线电压和线电流表示的，所以通常用线电压和线电流来计算功率。在对称三相电路中，当电源或负载接成星形时，有 $I_P = I_l$ 和 $U_P = U_l / \sqrt{3}$，代入式（8-16）和式（8-17），有

$$P = \sqrt{3} U_l I_l \cos\varphi \tag{8-18}$$

$$Q = \sqrt{3} U_l I_l \sin\varphi \tag{8-19}$$

同理，当电源或负载接成三角形时，将 $I_l = \sqrt{3} I_P$ 和 $U_P = U_l$ 代入会有同样的结论。

8.4.2 三相电路功率的测量

三相电路的功率测量通常采用两种方法。对于三相四线制星形连接电路，无论对称或不对称，一般采用三只单相功率表进行测量。如图 8-15 所示，三只表分别测量每一相的功率，三相负载吸收的功率，为三只表的读数相加，即

$$P = P_A + P_B + P_C$$

这种测量方法通常称之为三瓦计法。

对于三相三线制的电路，无论它是否对称，可用两只功率表来测量。这种方法常称之为两瓦计法，如图 8-16 所示。应用两瓦计法测量三相功率连接时须注意。两个功率表的电流线圈分别串入两端线中（图示为 A，B 两端线中），它们的电压线圈的非电源端（即无 * 端）一起接到非电流线圈所在的第 3 条端线上（图示为 C 端线）。可以看出，这种测量方法中的功率表的接线只触及端线，而与负载和电源的连接方式无关。

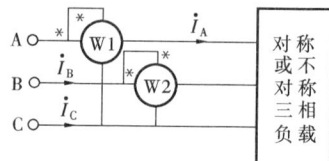

图 8-15 三瓦计法   图 8-16 两瓦计法

下面证明两瓦计法测量的是三相电路功率。因为无论负载采用哪种连接方式，总可以用星形负载等效表示。因此假定负载是星形连接，三相的瞬时功率为

$$p = p_A + p_B + p_C = u_{AN'} i_A + u_{BN'} i_B + u_{CN'} i_C \tag{8-20}$$

其中 N' 是星形负载的中点。由 KCL 有

$$i_A + i_B + i_C = 0$$

故

$$i_C = -(i_A + i_B)$$

上式代入式（8-20），得

$$p = u_{AN'}i_A + u_{BN'}i_B + u_{CN'}i_C = (u_{AN'} - u_{CN'})i_A + (u_{BN'} - u_{CN'})i_B = u_{AC}i_A + u_{BC}i_B$$

显然，这种推论结果与图 8-16 的接线相一致。因此，三相电路的平均功率为

$$P = \frac{1}{T}\int_0^T p\,dt = \frac{1}{T}\int_0^T u_{AC}i_A\,dt + \frac{1}{T}\int_0^T u_{BC}i_B\,dt$$

$$= U_{AC}I_A\cos\varphi_1 + U_{BC}I_B\cos\varphi_2 = P_1 + P_2$$

这里 P_1 和 P_2 为功率表 W1、W2 的读数，φ_1 和 φ_2 分别为 $\dot{U}_{AC}$ 与 $\dot{I}_A$ 之间，$\dot{U}_{BC}$ 与 $\dot{I}_B$ 之间的相位差。电压及相位关系见图 8-17。

值得注意的是：三相电路的总功率为两功率表的代数和，独立的无论哪一个瓦特表的读数都没有任何意义。

图 8-17 所示为感性对称星形连接负载的相量图，根据这个相量图可知图 8-16 中功率表 W1 的读数为

$$P_1 = U_{AC}I_A\cos(30° - \varphi)$$

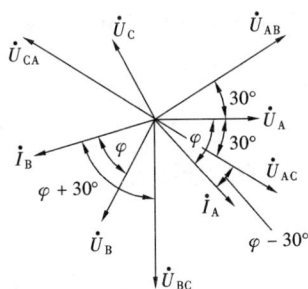

图 8-17 感性负载时的电压、
电流相量图

功率表 W2 的读数为

$$P_2 = U_{BC}I_B\cos(30° + \varphi)$$

当 $\varphi = 0°$ 时，$P_1 = P_2$，且为正值；当 $\varphi = 30°$ 时，P_1 与 P_2 不相等，但均为正值；当 $\varphi = 60°$ 时，P_1 为正值，P_2 为零；当 $\varphi > 60°$ 时，P_1 为正值，P_2 为负值。但无论在什么情况下，由于 $U_{AC} = U_{BC} = U_l$，$I_A = I_B = I_l$，总有

$$P_1 + P_2 = U_l I_l [\cos(30° - \varphi) + \cos(30° + \varphi)]$$

$$= 2U_l I_l \cos 30° \cos\varphi = \sqrt{3} U_l I_l \cos\varphi = P$$

三相四线制不用两瓦计法测量三相功率，这是因为在一般情况下，$i_A + i_B + i_C \neq 0$。

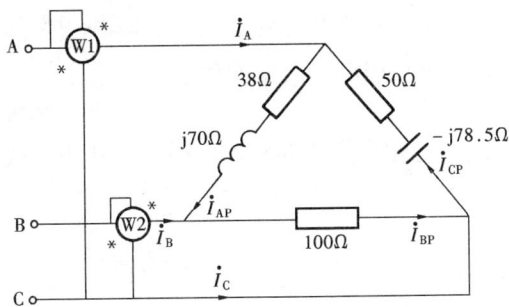

图 8-18 ［例 8-4］的电路图

【例 8-4】 对称三相电源接上一组接成三角形连接的负载，电源线电压是 380V。今用两表法测此三相负载功率（有功功率），如图 8-18 所示。试求出两功率表的读数及三相总有功功率。

解 求解所用的各电流如图中所示。设 $\dot{U}_{AB} = 380\angle 0°\text{V}$，则各负载的相电流分别为

$$\dot{I}_{AP} = \frac{380\angle 0°}{38 + j70} = 4.771\angle -61.5°\ (\text{A})$$

$$\dot{I}_{BP}=\frac{380\angle-120°}{100}=3.8\angle-120°\text{（A）}$$

$$\dot{I}_{CP}=\frac{380\angle120°}{50-j78.5}=4.083\angle177.5°\text{（A）}$$

线电流为

$$\dot{I}_A=\dot{I}_{AP}-\dot{I}_{CP}=2.277-j4.193+4.079-j0.177$$

$$=6.356-j4.370=7.713\angle-34.51°\text{（A）}$$

$$\dot{I}_B=\dot{I}_{BP}-\dot{I}_{AP}=-1.900-j3.291-2.277+j4.193$$

$$=-4.177+j0.902=4.273\angle167.8°\text{（A）}$$

所以功率表 W1 和 W2 的读数分别为

$$P_1=U_{AC}I_A\cos(\varphi_{uAC}-\varphi_{iA})=380\times7.713\cos(-25.49°)=2.65\text{（kW）}$$

$$P_2=U_{BC}I_B\cos(\varphi_{uBC}-\varphi_{iB})=380\times4.273\cos72.2°=0.496\text{（kW）}$$

三相总有功功率为

$$P=P_1+P_2=3.15\text{（kW）}$$

小 结

1. 对称三相电路的电压、电流

在 Y 形连接的三相对称电路中，线电流等于相电流，若相电压对称，线电压也是对称的，线电压有效值等于相电压有效值的 $\sqrt{3}$ 倍，即 $U_l=\sqrt{3}U_P$。

在△形连接的三相对称电路中，线电压等于相电压，若相电流对称，线电流也是对称的，线电流有效值等于相电流有效值的 $\sqrt{3}$ 倍，即 $I_l=\sqrt{3}I_P$。

2. 对称三相电路的计算

计算对称三相电路时，可用无阻抗中线将各中性点连接在一起，然后作单相计算电路进行计算。对于对称三相电路中的△形连接的部分，先将其等效为 Y 形连接后，再作单相计算电路计算。

3. 对称三相电路的功率

对称三相电路无论连接成 Y 形还是△形，其平均功率等于线电压、线电流和功率因数三者乘积的 $\sqrt{3}$ 倍，即 $P=\sqrt{3}U_lI_l\cos\varphi$，式中 φ 是相电压与相电流的相位角差。

4. 不对称三相电路的计算

不对称三相电路不能直接取出一相来计算，因为三相之间相互影响，因此应作为一般正弦交流电路来处理，选择适当的分析计算方法。

习 题 八

8-1 有一三相对称负载，其每相的电阻 $R=8\Omega$，感抗 $X_L=6\Omega$，如果将负载连成星形

接于线电压 $U_1=380V$ 三相电源上，试求负载相电压、相电流及线电流。

8-2　星形连接的对称三相负载 $Z=(12+j16)\Omega$，波接至对称三相电源，其线电压为 380V，端线阻抗 Z_1 为零，试求线电流及负载吸收的功率；若将负载改成三角形连接，其线电流及负载吸收的功率又为多少？

8-3　某一对称三角形连接的负载与一对称三相电源相连接。已知此负载每相的复阻抗为 $Z=(9-j6)\Omega$，线路端线复阻抗为 $Z_1=j2\Omega$，电源线电压为 $U_1=380V$。试求负载的相电流。

8-4　一对称三相负载与对称三相电源相连接，已知相电流 $\dot{I}_A=5\angle10°A$，线电压 $\dot{U}_{AB}=380\angle75°V$，试求负载的功率因数和吸收的平均功率。

8-5　对称三相电路如图 8-19 所示，电源线电压 $U_1=380V$，对称 Y 接负载 $Z_1=50\Omega$，对称△接负载 $Z_2=(90+j120)\Omega$，线路阻抗 $Z_1=j5\Omega$。求负载端线电压 U_1' 及各相负载电流。

8-6　两组对称负载并联如图 8-20 所示。其中一组连接成三角形，负载功率为 10kW，功率因数为 0.8（感性），另一组连接成星形，负载功率也是 10kW，功率因数为 0.855（感性），端线阻抗 $Z_1=(0.1+j0.2)\Omega$。要求负载端线电压有效值保持 380V，问电源线电压 U_1 应为多少？

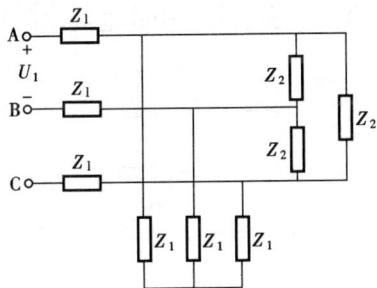

图 8-19　题 8-5 图

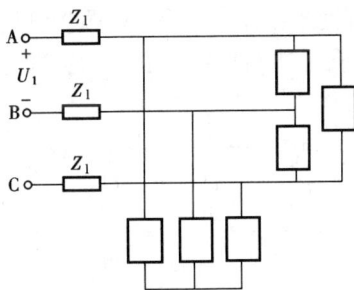

图 8-20　题 8-6 图

8-7　图 8-21 所示的三相四线制电路，电源线电压 $U_1=380V$。三个电阻性负载联成星形，其电阻为 $R_A=11\Omega$，$R_B=R_C=22\Omega$。试求：（1）负载相电压、相电流及中线电流，并作它们的相量图；（2）如无中线，求负载相电压及中性点电压；（3）如无中线，当 A 相短路时求各相电压和电流，并作它们的相量图；（4）如无中线，当 C 相断路时求各相电压和电流；（5）在（3）、（4）情况下加入中线，结果又如何？

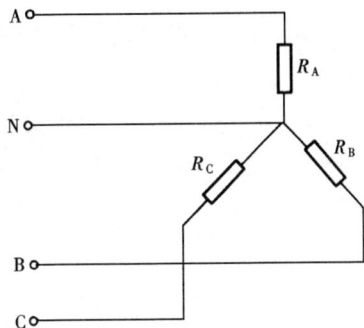

图 8-21　题 8-7 图

8-8　图 8-22 所示的电路中，对称负载连成三角形，已知电源线电压 $U_1=220V$，电流表读数为 $I_1=17.3A$，三相功率 $P=4.5kW$，试求：（1）每相负载的电阻和感抗；（2）当 AB 相断开时，图中各电流表的读数和总功率；（3）当 A 线断开时，图中各电流表的读数和总功率。

8-9　图 8-23 所示的对称三相电路，$U_{AB}=380V$，$Z=(27.5+j47.64)\Omega$。试求：（1）

图中功率表的读数及其代数和有无意义？（2）若开关 S 打开，再求（1）。

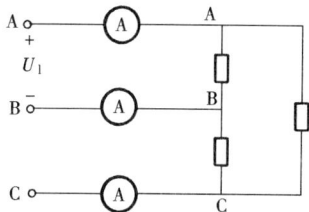

图 8-22　题 8-8 图

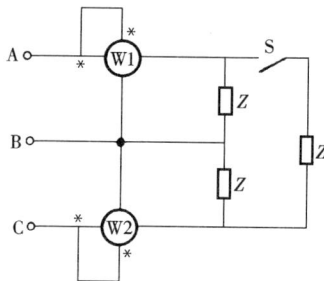

图 8-23　题 8-9 图

8-10　图 8-24 所示的电路，已知对称三相电源线电压 $\dot{U}_{AB}=380\angle 0°$ V，阻抗 $Z_1=(30+j25)$ Ω，$Z=(120+j54)$ Ω。（1）画出用两表法测三相总功率的接线图；（2）求出两块功率表的读数。

8-11　三相四线制电路仍如图 8-25 所示，三相负载为三层楼房中的单相照明灯，负载均匀接在三相四线制上，每层为一相，每相装有 220 V、40 W 的电灯 20 盏，电源为对称三相电源，线电压 $U_1=380$V。试求：（1）当灯泡全亮时的各相电流、线电流及中线电流；（2）当 A 相灯泡半数亮，而 B、C 两相灯泡全亮时，各相电流、线电流及中线电流；（3）当中线断开时，在上述两种情况下各相负载电压为多少？

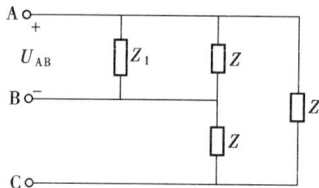

图 8-24　题 8-10 图

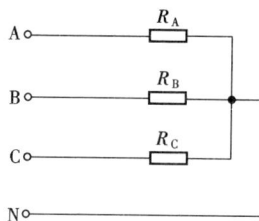

图 8-25　题 8-11 图

8-12　在某三相四线制供电线路中，电源线电压 $U_1=380$V，Y 形连接的对称三相负载阻抗 $Z_A=Z_B=Z_C=(10\sqrt{2}+j10\sqrt{2})$ Ω；试求：（1）各线电流和中线电流；（2）如 A 相负载断开，各端线电流与中线电流又是多少？（3）试作上述两种情况下的相量图。

8-13　电源电压、各相负载与上题相同，只是将负载由 Y 接线改接为△接线；试求：（1）各线电流；（2）如 A 相负载断开，各线电流又是多少？（3）试作上述两种情况下的相量图。

参 考 答 案

8-1　$U_P=220$V；$I_P=I_1=22$A

8-2　（1）11A，4356W；（2）32.9A，129 996W

8-3　42.22A

8-4　0.819，2.695kW

8-5　349.87V

8-6　393.5V

8-7　（1）$I_A=20A$，$I_B=I_C=10A$，$I_N=10A$，$U_P=220V$

　　（2）$U_A=165V$，$U_B=U_C=251V$

　　（3）$I_A=30A$，$I_B=I_C=17.3A$，$U_A=0V$，$U_B=U_C=380V$

　　（4）$I_A=I_B=17.3A$，$I_C=0A$，$U_A=127V$，$U_B=253V$

8-8　（1）$R=15\Omega$，$X_L=16.1\Omega$

　　（2）$I_A=I_B=10A$，$I_C=17.3A$，$P=3000W$

　　（3）$I_A=0A$，$I_B=I_C=15A$，$P=2250W$

8-9　（1）0W，3939W；（2）1313W，1313W

8-11　（1）$I_A=I_B=I_C=3.64A$，$I_L=I_P=3.64A$，$I_N=0A$

　　（2）$\dot{I}_A=1.82\angle0°A$，$\dot{I}_B=3.64\angle-120°A$，$\dot{I}_C=3.64\angle-240°A$，$\dot{I}_N=-1.82A$

　　（3）$\dot{U}_A=220\angle0°V$，$\dot{U}_B=220\angle-120°V$，$\dot{U}_C=220\angle-240°V$

　　　　$\dot{U}_A=264\angle0°V$，$\dot{U}_B=201.6\angle-109°V$，$\dot{U}_C=201.6\angle109°V$

8-12　（1）$I_A=I_B=I_C=11A$，$I_N=0A$

　　（2）$I_A=0A$，$I_B=I_C=11A$，$\dot{I}_N=11\angle135°A$

8-13　（1）$I_A=I_B=I_C=33A$

　　（2）$\dot{I}_A=-\dot{I}_{ca}=19\angle-75°A$，$\dot{I}_B=\dot{I}_{bc}=19\angle-135°A$，$\dot{I}_C=33\angle75°A$

第9章 非正弦周期电流电路的稳态分析

在线性电路中，当电路的各电源为相同频率的正弦激励时，电路的响应（电压和电流）是同频率的正弦量。但在具体的工程实践中，除了大量遇到正弦电流电路外，还会遇到电压、电流不按正弦规律变化的非正弦电流电路。另外还有许多按非正弦规律变化的信号，如电子计算机中经常用到的脉冲信号就是非正弦信号；收音机、电视机和因特网收到的信号通常都是非正弦信号。

本章在正弦电流电路稳态分析的基础上，应用傅里叶级数与电路中的叠加定理分析非正弦周期电流电路的稳态响应，这种分析方法称为谐波分析法。

9.1 非正弦周期信号

非正弦信号有周期的和非周期的两种，这里只讨论非正弦周期信号。

工程上将不按正弦规律变化的周期信号称为非正弦周期信号。图 9-1（a）所示的波形为半波整流电路中整流器输出的电压波形；图 9-1（b）则是全波整流波形；图 9-1（c）、图 9-1（d）所示的波形是脉冲电路中常遇到的尖顶脉冲和矩形脉冲。这些波形虽然形状各异，但其变化规律都是周期性的，故称非正弦周期信号。

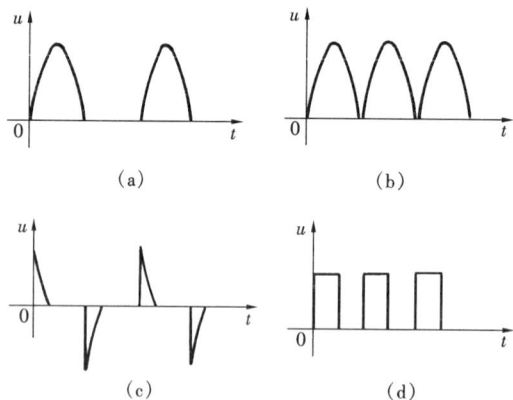

图 9-1 非正弦周期信号

(a) 半波波形；(b) 全波波形；(c) 尖顶脉冲；(d) 矩形脉冲

非正弦周期信号产生的原因有许多，例如，交流发电机实际发出的电动势波形，就不是理想的正弦曲线，从而导致电路中电流和电压的波形为非正弦波形；又如当电路中有不同频率的正弦电源同时作用时，电路中合成的电流和电压波形也将是非正弦波。例如：$y_1 = 10\sin t + 5\sin(3t)$ 的波形如图 9-2（a）所示，它是一个平顶波；而 $y_2 = 10\sin t - 5\sin(3t)$ 的波形如图 9-2（b）所示，它是一个尖顶波。

在自动控制和计算机技术中，广泛采用脉冲电路，其电流波形是周期性脉冲波。另外，当电路中含有非线性元件时，即使激励是理想的正弦波其响应波形也将是非正弦波。例如，在交流铁心线圈中，正弦电流作用下的磁通波形就是如图 9-2（a）所示的平顶波，正弦电压作用下的磁化电流波形就是如图 9-2（b）所示的尖顶波，它们都含有显著的三倍频率成分。因此，对非正弦电流电路的分析无论对于电路还是磁路都是很有必要的。

对于线性电路，当激励为非正弦周期电流或电压时，其稳态分析可采用如下步骤：首先将激励电压或电流通过傅里叶级数展开成一系列不同频率的正弦量之和，然后分别计算在各个频率正弦量单独作用下电路中产生的响应，该响应仅对应于该频率。最后根据线性电路的叠加定理，把所得的各个响应分量按瞬时值叠加，就可以得到非正弦激励下的稳态响应。这

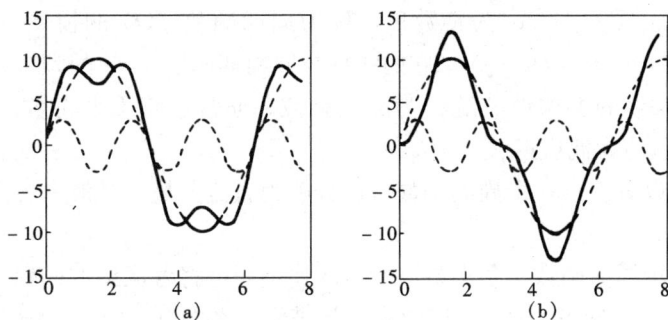

图 9-2　非正弦周期量中的平顶波与尖顶波
(a) 平顶波；(b) 尖顶波

种分析方法也称为谐波分析法。

9.2　周期函数的傅里叶级数

对于周期性非正弦信号，可以用傅里叶级数分解为一系列不同频率的正弦分量。对于非周期信号则可用傅里叶积分做类似的分析。这种将非正弦信号分解为一系列正弦分量的方法，通常称为信号分析。

9.2.1　傅里叶级数

设 $f(t)$ 为一个周期函数，周期为 T，角频率为 $\omega = 2\pi/T$，当这个周期函数满足狄里克莱（Dirichlet）条件时，它可以展开成一个收敛的三角级数（电工技术中遇到的周期函数通常都满足狄里克莱条件）。$f(t)$ 展开成的三角级数是

$$f(t) = a_0 + \sum_{k=1}^{\infty} \left[a_k \cos(k\omega\,t) + b_k \sin(k\omega\,t) \right] \tag{9-1}$$

式（9-1）还可以写成另一形式

$$f(t) = A_0 + \sum_{k=1}^{\infty} A_k \sin(k\omega\,t + \psi_k) \tag{9-2}$$

式中：

$$A_0 = a_0$$

$$A_k = \sqrt{a_k^2 + b_k^2}$$

$$\psi_k = \arctan\left(\frac{a_k}{b_k}\right)$$

式（9-1）称为傅里叶级数。a_0、a_k、b_k 为傅里叶系数，其计算公式如下

$$\begin{cases} a_0 = \dfrac{1}{T} \displaystyle\int_0^T f(t)\,\mathrm{d}t \\[2mm] a_k = \dfrac{2}{T} \displaystyle\int_0^T f(t)\cos(k\omega\,t)\,\mathrm{d}t \\[2mm] b_k = \dfrac{2}{T} \displaystyle\int_0^T f(t)\sin(k\omega\,t)\,\mathrm{d}t \end{cases} \tag{9-3}$$

在式（9-2）中，第一项 A_0 为常数项，称为周期函数 $f(t)$ 的恒定分量（或称直流分量）；$k=1$ 的分量为 $A_1\sin(\omega t+\psi_1)$，它的频率与原周期函数 $f(t)$ 的频率相同，称为一次谐波（或称基波）；$k\geqslant2$ 的各次谐波统称为高次谐波。通常还将 k 取奇数的分量称为奇次谐波，k 取偶数的分量称为偶次谐波。

由以上分析可以看出：一个周期函数可以分解为直流分量、基波和各次谐波之和，这一过程称为谐波分析。

为了直观地表示周期函数中各次谐波所占的比重，可将各次谐波的幅度与谐波的次数对应地画在一张图上，如图 9-3 所示，该图称为频谱图。在图 9-3 中，用横坐标表示各次谐波的角频率，纵坐标表示相对于各个角频率的正弦量的幅值，由于这个图表示的是各次谐波的幅度 A_k 与角频率 $k\omega$ 的关系，故称为幅值频谱。如果将图 9-3 的纵坐标改为各次谐波的相位 ψ_k，则称为相位频谱。在不特殊说明的情况下，信号的频谱通常指幅值频谱。

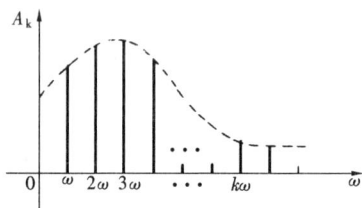

图 9-3　周期信号的频谱　　　　　　　　图 9-4　矩形波

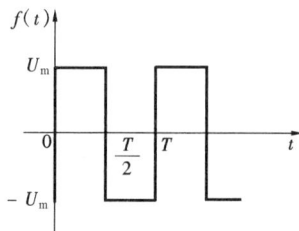

【例 9-1】　试求图 9-4 所示周期性矩形波的傅里叶展开式。

解　$f(t)$ 在一个周期内的表达式为

$$f(t)=\begin{cases}U_{\mathrm{m}} & 0<t<\dfrac{T}{2}\\ -U_{\mathrm{m}} & \dfrac{T}{2}<t<T\end{cases}$$

按傅里叶系数计算公式（9-3）得

$$a_0=\frac{1}{T}\int_0^T f(t)\mathrm{d}t=\frac{1}{T}\Big[\int_0^{\frac{T}{2}}U_{\mathrm{m}}\mathrm{d}t+\int_{\frac{T}{2}}^T(-U_{\mathrm{m}})\mathrm{d}t\Big]=0$$

$$a_k=\frac{2}{T}\int_0^T f(t)\cos(k\omega t)\mathrm{d}t=\frac{2}{T}\Big[\int_0^{\frac{T}{2}}U_{\mathrm{m}}\cos(k\omega t)\mathrm{d}t-\int_{\frac{T}{2}}^T U_{\mathrm{m}}\cos(k\omega t)\mathrm{d}t\Big]$$

$$=\frac{4}{T}\int_0^{\frac{T}{2}}U_{\mathrm{m}}\cos(k\omega t)\mathrm{d}t=0$$

$$b_k=\frac{2}{T}\int_0^T f(t)\sin(k\omega t)\mathrm{d}t=\frac{2}{T}\Big[\int_0^{\frac{T}{2}}U_{\mathrm{m}}\sin(k\omega t)\mathrm{d}t-\int_{\frac{T}{2}}^T U_{\mathrm{m}}\sin(k\omega t)\mathrm{d}t\Big]$$

$$=\frac{4}{T}\int_0^{\frac{T}{2}}U_{\mathrm{m}}\sin(k\omega t)\mathrm{d}t=\frac{2U_{\mathrm{m}}}{k\pi}\big[-\cos(k\omega t)\big]\Big|_0^{T/2}=\frac{2U_{\mathrm{m}}}{k\pi}\big[1-\cos(k\pi)\big]$$

当 k 为偶数时，有

$$\cos(k\pi)=1,\,b_k=0$$

当 k 为奇数时，有

$$\cos(k\pi) = -1, \ b_k = \frac{4U_{\mathrm{m}}}{k\pi}$$

由此求得

$$f(t) = \frac{4U_{\mathrm{m}}}{\pi}\left(\sin\omega t + \frac{1}{3}\sin3\omega t + \frac{1}{5}\sin5\omega t + \cdots\right)$$

图 9-5 所示为 $U_{\mathrm{m}} = 10\mathrm{V}$ 时的矩形波合成曲线。图 9-5（a）是取展开式前 4 项，即取到 7 次谐波时的合成曲线；图 9-5（b）是取到 29 次谐波时的合成曲线。

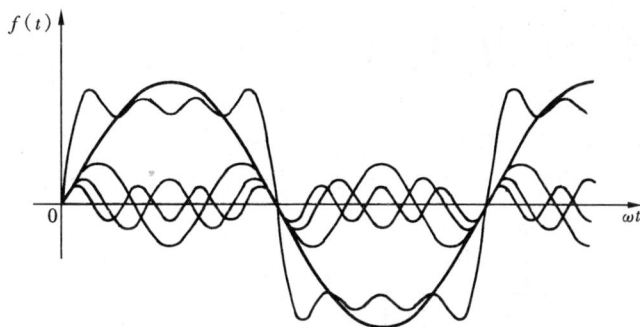

（a）

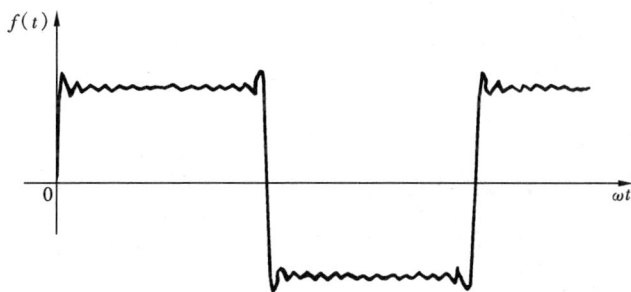

（b）

图 9-5　矩形波合成曲线
（a）$n=4$ 时的合成曲线；（b）$n=29$ 时的合成曲线

通过 [例 9-1] 可以看出，由于傅里叶级数是一个无穷级数，从理论上讲，必须取无穷多项才能准确代表原来的函数。从实际计算看，只能够取有限的项数，这就涉及到截取精度问题。取多少项合适要根据误差要求而定。一般来说，当级数收敛得较快时，只要取前面几项就足够了。表 9-1 列出了几种典型周期函数的傅里叶级数，从表 9-1 可以看出：函数的展开式中基波幅值大，高次谐波的幅值依次减小。而且，函数波形越光滑或越接近于正弦波，级数收敛的速度越快，这样，在工程计算中，5 次以上谐波通常可以略去。需要指出的是，[例 9-1] 中的周期函数是一个矩形波，它不具有光滑性，与正弦波相比仅在对称性上稍有近似，因此，它的收敛速度是很慢的。计算表明，即使取到 35 次谐波，仍有 2% 的误差。

表 9-1　　　　　　　　　　　　　　　几种典型周期函数的傅里叶级数

名称	函　数　波　形	傅　里　叶　级　数	有效值	平均值
半波整流		$f(t) = \frac{2}{\pi}A_{\mathrm{m}}\left[\frac{1}{2} + \frac{\pi}{4}\cos(\omega t) \right.$ $+ \frac{1}{1\times3}\cos(2\omega t)$ $\left. - \frac{1}{3\times5}\cos(4\omega t) + \cdots\right]$	$\dfrac{A_{\mathrm{m}}}{2}$	$\dfrac{A_{\mathrm{m}}}{\pi}$

名称	函 数 波 形	傅 里 叶 级 数	有效值	平均值
全波整流		$f(t) = \dfrac{4A_m}{\pi}\Big[\dfrac{1}{2} + \dfrac{1}{1\times 3}\cdot\cos(2\omega t)$ $-\dfrac{1}{3\times 5}\cos(4\omega t) + \dfrac{1}{5\times 7}\cos(6\omega t) - \cdots\Big]$	$\dfrac{A_m}{\sqrt{2}}$	$\dfrac{2A_m}{\pi}$
矩形脉冲波		$f(t) = A_m\Big\{\alpha + \dfrac{2}{\pi}\Big[\sin(\alpha\pi)\cos(\omega t)$ $+\dfrac{1}{2}\sin(2\alpha\pi)\cos(2\omega t)$ $+\dfrac{1}{2}\sin(3\alpha\pi)\cos(3\omega t) + \cdots\Big]\Big\}$	$\sqrt{\alpha}\,A_m$	αA_m
锯齿波		$f(t) = A_m\Big\{\dfrac{1}{2} - \dfrac{1}{\pi}\Big[\sin(\omega t) + \dfrac{1}{2}\sin(2\omega t)$ $+\dfrac{1}{3}\sin(3\omega t) + \cdots\Big]\Big\}$	$\dfrac{A_m}{\sqrt{3}}$	$\dfrac{A_m}{\sqrt{2}}$
梯形波		$f(t) = \dfrac{4A_m}{a\pi}\Big[\sin a\sin(\omega t) + \dfrac{1}{9}\sin(3a)\sin(3\omega t)$ $+\dfrac{1}{25}\sin(5a)\sin(5\omega t) +$ $\dfrac{1}{k^2}\sin(ka)\sin(k\omega t) + \cdots\Big]$ $\Big(式中\,a = \dfrac{2\pi t_0}{T},为奇数\Big)$	$A_m\sqrt{1-\dfrac{4a}{3\pi}}$	$A_m\Big(1-\dfrac{a}{\pi}\Big)$
三角波		$f(t) = \dfrac{8A_m}{\pi^2}\Big[\sin(\omega t) - \dfrac{1}{9}\sin(3\omega t)$ $+\dfrac{1}{25}\sin(5\omega t) - \cdots$ $+\dfrac{(-1)^{\frac{k-1}{2}}}{k^2}\sin(k\omega t) + \cdots\Big]\,(k\,为奇数)$	$\dfrac{A_m}{\sqrt{3}}$	$\dfrac{A_m}{2}$

9.2.2 几种对称周期函数的谐波分析

傅里叶级数的系数取决于周期函数的波形，电工技术中遇到的周期函数通常具有某种对称性，利用这种对称性可以简化傅里叶级数的计算过程。

（1）当周期函数的波形在横轴上、下部分包围的面积相等时，傅里叶级数中的 $A_0 = 0$，即直流分量不存在。

（2）当周期函数为偶函数，即 $f(t) = f(-t)$ 时，函数对称于纵轴，如图 9-6（a）所示，此时傅里叶级数中 $b_k = 0$。

（3）当周期函数为奇函数，即 $f(t) = -f(-t)$ 时，函数对称于原点，如图 9-6（b）所示。此时傅里叶级数中 $a_k = 0$。

（4）当周期函数为奇谐波函数，即满足 $f(t) = -f(t + T/2)$ 时，函数具有镜对称性质。就是说，将波形移动半个周期后与原波形关于横轴对称，如图 9-7 所示。此时傅里叶级数中仅含奇次谐波项，即 $a_{2k} = 0, b_{2k} = 0$。

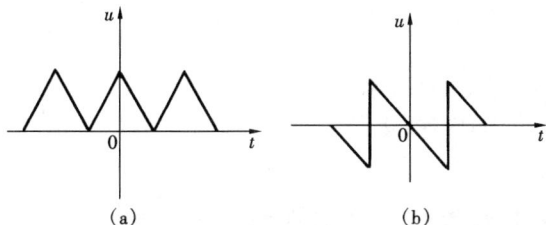

图 9-6　奇函数与偶函数
（a）函数对称于纵轴；（b）函数对称于原点

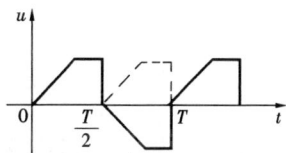

图 9-7　奇谐波函数

需要指出的是，式（9-2）中的系数 A_k 与计时起点无关，这是因为构成非正弦函数的各次谐波的幅值以及各次谐波对该函数波形的相对位置总是一定的，不会因计时起点的改变而改变，如同正弦波的有效值与计时起点无关。计时起点的改变只能使各次谐波的初相角发生变化。傅里叶系数 a_k、b_k 则与计时起点的选择有关，所以它们会随计时起点的改变而改变。

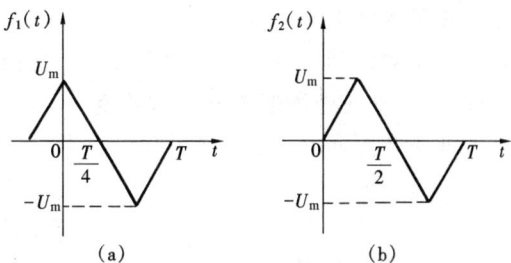

函数奇偶性与计时起点的选择有关，而函数的镜对称性与计时起点的选择无关（见图 9-7）。所以，适当选择计时起点可以使函数同时为奇谐波函数和奇函数。

图 9-8　［例 9-2］图
（a）三角波；（b）起点的选择不同的三角波

【例 9-2】 试求图 9-8（a）所示三角波 $f_1(t)$ 的傅里叶级数展开式。

解 由表 9-1 查得图 9-8（b）所示三角波 $f_2(t)$ 的傅里叶展开式为

$$f_2(t) = \frac{8U_m}{\pi^2}\left[\sin(\omega t) - \frac{1}{9}\sin(3\omega t) + \frac{1}{25}\sin(5\omega t) - \cdots\right]$$

由于 $f_1(t) = f_2(t + T/4)$，将上式中的 t 用 $t + T/4$ 代入即可得 $f_1(t)$ 的展开式，故

$$f_1(t) = \frac{8U_m}{\pi^2}\left\{\sin\left[\omega\left(t + \frac{T}{4}\right)\right] - \frac{1}{9}\sin\left[3\omega\left(t + \frac{T}{4}\right)\right] + \frac{1}{25}\sin\left[5\omega\left(t + \frac{T}{4}\right)\right] - \cdots\right\}$$

$$= \frac{8U_m}{\pi^2}\left[\cos(\omega t) + \frac{1}{9}\cos(3\omega t) + \frac{1}{25}\cos(5\omega t) + \cdots\right]$$

本例中的三角波既是奇谐波函数又是偶函数。

最后指出：有时上下平移横轴也会使谐波分析简化。如图 9-9（a）中的 $f(t)$ 并不具有任何对称性，但若将横轴向上平移 $U_m/2$ 后，则得到奇函数 $f_1(t)$，如图 9-9（b）所示。根据［例 9-1］的结果可得

$$f(t) = f_1(t) + f_2(t) = \frac{2U_m}{\pi}\left[\sin(\omega t) + \frac{1}{3}\sin(3\omega t) + \frac{1}{5}\sin(5\omega t) + \cdots\right] + \frac{U_m}{2}$$

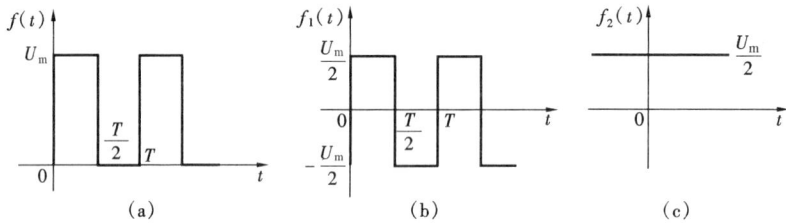

图 9-9 矩形波的横轴平移
（a）矩形波；（b）横轴平移；（c）平移量

9.3 非正弦周期性电量的有效值、平均值和平均功率

在正弦交流电路中已指出，周期电流 i 的有效值定义为它的均方根值，即

$$I = \sqrt{\frac{1}{T}\int_0^T i^2 \mathrm{d}t} \tag{9-4}$$

对于非正弦周期电流可以用式（9-4）直接求出有效值。如果一个非正弦周期电流已经展开为傅里叶级数，则可以通过各次谐波的有效值来计算非正弦周期电流的有效值。

9.3.1 非正弦周期电流的有效值

设非正弦周期电流 i 的傅里叶级数为

$$i = I_0 + \sum_{k=1}^{\infty} I_{km}\sin(k\omega t + \psi_k)$$

将 i 代入式（9-4）得

$$I = \sqrt{\frac{1}{T}\int_0^T i^2 \mathrm{d}t} = \sqrt{\frac{1}{T}\int_0^T \left[I_0 + \sum_{k=1}^{\infty} I_{km}\sin(k\omega t + \psi_k)\right]^2 \mathrm{d}t}$$

表达式中的根号内和的平方可以分为两种类型的积分。

一种类型是每项的平方的积分，它包括直流分量和各谐波分量的平方项，即

$$\frac{1}{T}\int_0^T I_0^2 \mathrm{d}t = I_0^2$$

$$\frac{1}{T}\int_0^T \left[I_{km}\sin(k\omega t + \psi_k)\right]^2 \mathrm{d}t = \frac{I_{km}^2}{2} = I_k^2$$

式中：$I_k = I_{km}/\sqrt{2}$，它是 k 次谐波电流的有效值。

另一种类型是两个不同次谐波乘积的 2 倍项的积分，它包括直流分量与各谐波分量的乘

积项和不同次谐波分量的乘积项，根据三角函数的正交性，它们的平均值为零

$$\frac{1}{T}\int_0^T 2I_0 I_{km}\sin(k\omega\, t+\psi_k)\mathrm{d}t = 0$$

$$\frac{1}{T}\int_0^T 2I_{km}\sin(k\omega\, t+\psi_k)I_{nm}\sin(n\omega\, t+\psi_n)\mathrm{d}t = 0 \quad (k\neq n)$$

于是，电流的有效值为

$$I = \sqrt{I_0^2+I_1^2+I_2^2+I_3^2+\cdots} = \sqrt{I_0^2+\sum_{k=1}^{\infty}I_k^2} \tag{9-5}$$

式（9-5）表明：周期量的有效值等于它各次谐波有效值的平方和的平方根。有效值与各次谐波的初相角无关。

9.3.2　平均值、整流平均值

除有效值外，非正弦周期量还引用平均值的概念，数学中的平均值在傅里叶级数中表现为恒定分量，即

$$I_0 = \frac{1}{T}\int_0^T i\mathrm{d}t \tag{9-6}$$

如果周期量在一个周期内有正、有负，其 I_0 可能会很小，甚至为零。因此工程上又引入整流平均值的定义，其形式如下

$$I_{\mathrm{av}} = \frac{1}{T}\int_0^T |\,i\,|\,\mathrm{d}t \tag{9-7}$$

即非正弦周期电流的整流平均值等于电流绝对值的平均值。整流平均值有时也简称为平均值。按式（9-7）可得正弦电流的平均值为

$$I_{\mathrm{av}} = \frac{1}{T}\int_0^T |\,I_{\mathrm{m}}\sin(\omega\, t)\,|\,\mathrm{d}t = \frac{2}{T}\int_0^{\frac{T}{2}} I_{\mathrm{m}}\sin(\omega\, t)\mathrm{d}t = \frac{2I_{\mathrm{m}}}{\omega\, T}[-\cos(\omega\, t)]_0^{\frac{T}{2}} = \frac{2}{\pi}I_{\mathrm{m}} = 0.898I$$

由结果可知，正弦电流有效值与平均值的比为 $I/I_{\mathrm{av}} = 1/0.898 = 1.11$，这个值也称为正弦波的波形因数。

对于同一个非正弦周期电流，当用不同类型的仪表进行测量时，所得的结果是不同的。磁电系仪表（直流仪表）的指针偏转角与被测量的平均值成正比，所以用磁电系仪表测量的结果将是电流的恒定分量；电磁系仪表的指针偏转角与被测量的均方根值成正比，所以测得的结果为电流的有效值；全波整流系仪表的指针偏转角与被测量的绝对平均值成正比，所以测得的结果是电流的整流平均值。

在测量非正弦周期电流时，要根据不同的测量要求选择合适的仪表。例如，万用表的交流挡中，一般为磁电系测量机构连接全波整流装置，指针偏转角与被测量的平均值成比例，由于正弦波的波形因数为 1.11，将万用表直流挡的刻度扩大 1.11 倍，即作为交流挡的刻度，在测量正弦量的有效值时，其读数是准确的。但用万用表的交流挡测量非正弦周期量的有效值时，由于其波形因数不是 1.11，所以测量将出现误差，此时应选用电磁系仪表来测量。

9.3.3　平均功率（有功功率）

一个无源二端网络，在端口电压、电流取关联方向下，设

$$u = U_0 + \sum_{k=1}^{\infty}U_{km}\sin(k\omega\, t+\psi_{ku})$$

$$i = I_0 + \sum_{k=1}^{\infty} I_{km} \sin(k\omega t + \psi_{ki})$$

则二端网络吸收的瞬时功率为

$$p = ui = \left[U_0 + \sum_{k=1}^{\infty} U_{km} \sin(k\omega t + \psi_{ku}) \right]\left[I_0 + \sum_{k=1}^{\infty} I_{km} \sin(k\omega t + \psi_{ki}) \right]$$

对瞬时功率取平均值，得平均功率为

$$P = \frac{1}{T}\int_0^T p \, dt = \frac{1}{T}\int_0^T ui \, dt$$

$$= \frac{1}{T}\int_0^T \left[U_0 + \sum_{k=1}^{\infty} U_{km} \sin(k\omega t + \psi_{ku}) \right]\left[I_0 + \sum_{k=1}^{\infty} I_{km} \sin(k\omega t + \psi_{ki}) \right] dt$$

在上式中，两个和式的乘积展开后有两种类型项，一种为同次谐波电压、电流的乘积项，另一种为不同次谐波电压、电流的乘积项。根据三角函数正交性，不同次谐波电压、电流乘积项的平均值为零。故平均功率为

$$P = \frac{1}{T}\int_0^T \left[U_0 I_0 + \sum_{k=1}^{\infty} U_{km} \sin(k\omega t + \psi_{ku}) I_{km} \sin(k\omega t + \psi_{ki}) \right] dt$$

$$= U_0 I_0 + U_1 I_1 \cos\varphi_1 + U_2 I_2 \cos\varphi_2 + \cdots + U_k I_k \cos\varphi_k + \cdots \tag{9-8}$$

式中：$U_k = U_{km}/\sqrt{2}$，$I_k = I_{km}/\sqrt{2}$，$\varphi_k = \psi_{ku} - \psi_{ki}$，$k = 1,2,3\cdots$

　　式（9-8）表明：非正弦周期电流电路中，不同次谐波电压、电流虽然可以构成瞬时功率，但不能构成平均功率；只有同次谐波电压、电流才能构成平均功率。电路的功率等于各次谐波（包括直流分量）产生的功率之和。

【例 9-3】　设无源二端网络在端口处的电压、电流为

$$u = 50 + 84.6\sin(\omega t + 30°) + 56.6\sin(2\omega t + 10°) + 22.4\sin(3\omega t + 5°)(V)$$

$$i = 1 + 0.707\sin(\omega t - 20°) + 0.424\sin(2\omega t + 50°)(A)$$

试求二端网络吸收的功率。

解　$P = 50 \times 1 + \dfrac{84.6}{\sqrt{2}} \times \dfrac{0.707}{\sqrt{2}} \cos(30° + 20°) + \dfrac{56.6}{\sqrt{2}} \times \dfrac{0.424}{\sqrt{2}} \cos(10° - 50°) = 78.5(W)$

9.4　非正弦周期电流电路的计算

　　线性电路在非正弦周期量激励下的稳态分析步骤如下：

　　（1）将给定的非正弦激励分解为傅里叶级数。高次谐波取到哪一项，视计算精度要求而定。

　　（2）分别求出恒定分量和各次谐波单独作用下产生的响应。当激励函数中的直流分量单独作用时，可按直流电阻电路计算。此时，电容元件相当于开路，电感元件相当于短路。当激励中的各次谐波单独作用时，可按正弦稳态电路计算。但必须注意，电感和电容对不同次

谐波激励表现出不同的感抗和容抗。对于基波频率 ω，感抗为 $X_{L(1)} = \omega L$，容抗为 $X_{C(1)} = 1/\omega C$，对于 k 次谐波频率 $k\omega$，则感抗为 $X_{L(k)} = k\omega L$，容抗为 $X_{C(k)} = 1/k\omega C$，即感抗与谐波频率成正比，容抗与谐波频率成反比。

（3）应用叠加定理，将第（2）步求得的恒定分量和各次谐波响应进行叠加。但必须注意，要把响应的各谐波分量化为瞬时值后才能进行叠加。不能用相量叠加，因为它们不属于同一频率，这样的叠加是没有意义的。

【例 9-4】　电子电路经常遇到的阻容耦合电路如图 9-10（b）所示。这种电路能够隔离输入信号中的直流分量。设 $R = 20\text{k}\Omega$，$C = 0.47\mu\text{F}$，输入电压是频率为 $f = 2\text{kHz}$ 的方波，试求输出电压 u_R（计算到三次谐波）。

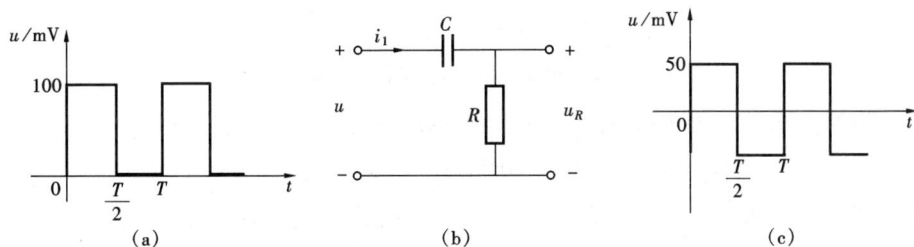

图 9-10　［例 9-4］图
(a) 输入电压方波；(b) 阻容耦合电路；(c) 输出电压的波形

解　（1）将给定方波分解为傅里叶级数

$$u(t) = 50 + \frac{2 \times 100}{\pi}\left(\sin\omega t + \frac{1}{3}\sin 3\omega t + \cdots\right) = (50 + 63.7\sin\omega t + 21.2\sin 3\omega t)(\text{mV})$$

（2）分别计算直流分量、基波和三次谐波单独作用时的输出电压。

直流分量作用时，电容相当于开路，输出电压为

$$U_{R(0)} = 0$$

基波单独作用时，采用相量法。根据分压公式有

$$\dot{U}_{mR(1)} = \frac{R}{R - j\dfrac{1}{\omega C}}\dot{U}_{m(1)} = \frac{20\,000}{20\,000 - j169.5}63.7\angle 0 = 63.7\angle 0.5°(\text{mV})$$

所以
$$u_{R(1)} = 63.7\sin(\omega t + 0.5°)\text{mV}$$

三次谐波作用时，容抗 $X_{C(3)} = \frac{1}{3}X_{C(1)}$，可得

$$\dot{U}_{mR(3)} = \frac{R}{R - j\dfrac{1}{3\omega C}}\dot{U}_{m(3)} = \frac{20\,000}{20\,000 - j56.5}21.2\angle 0° = 21.2\angle 0.2°(\text{mV})$$

所以
$$u_{R(3)} = 21.2\sin(3\omega t + 0.2°)\text{mV}$$

（3）根据叠加定理，输出电压是各次谐波按瞬时值相加，故得

$$u_R = U_{R(0)} + u_{R(1)} + u_{R(3)} = 63.7\sin(\omega t + 0.5°) + 21.2\sin(3\omega t + 0.2°)(\text{mV})$$

计算结果表明：输入电压中含直流分量而输出电压中不含直流分量，这是电容元件"隔直"作用的结果。另外，由于 $R \gg 1/\omega C$，且容抗随频率的增加而下降，使得输入电压中的基波和三次谐波分量几乎都降在电阻上（高次谐波成分更是如此）。输出电压的波形仍保持

方波，只有直流分量被滤除了，见图 9-10（c）。

【例 9-5】 图 9-11（a）所示为一全波整流器的滤波电路，它由 $L = 5\Omega$，$C = 10\mu F$ 组成，负载电阻 $R = 2000\Omega$。设输入电压波形如图 9-11(b) 所示，其中 $U_m = 157V$，$\omega = 314 rad/s$。试求负载两端电压的各谐波分量。

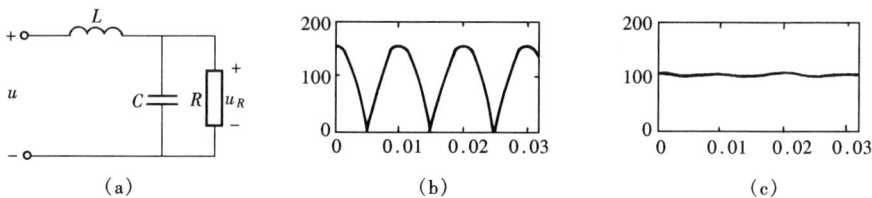

图 9-11　［例 9-5］图

(a) 滤波电路；(b) 输入波形；(c) 输出波形

解　将给定输入电压波形分解为傅里叶级数（取到 4 次谐波），得

$$u = [100 + 66.7\cos(2\omega t) - 13.33\cos(4\omega t)]V$$

设负载两端电压的 k 次谐波为 $\dot{U}_{Rm(k)}$，用节点法列方程，有

$$\left(\frac{1}{jk\omega L} + \frac{1}{R} + jk\omega C\right)\dot{U}_{Rm(k)} = \frac{1}{jk\omega L}\dot{U}_{m(k)}$$

$$\dot{U}_{Rm(k)} = \frac{\dot{U}_{m(k)}}{\left(\frac{1}{R} + jk\omega C\right)jk\omega L + 1}$$

令 $k=0$，2，4 代入上式，得负载两端各谐波分量的电压为

$$U_{R(0)} = 100V$$
$$U_{Rm(2)} = 3.53V$$
$$U_{Rm(4)} = 0.171V$$

计算结果表明，输入电压 u 中的直流分量 100V 全部输出到负载，u 中的二次谐波电压 66.7V 在负载上的输出为 3.53V，约有 3.5% 的二次谐波；u 中的四次谐波电压 13.33V 仅有 0.171V 到达输出端，只有约 0.17% 的四次谐波了。电路的作用与［例 9-4］相反，它是将输入信号中的直流成分全部输出，而将交流成分滤除，输出波形见图 9-11（c）。

由［例 9-4］和［例 9-5］可见，电感和电容对各次谐波的感抗和容抗是不同的。这种性质在工程上得到了广泛的应用。由 RL、RC 或 LC 组成不同的电路，接在输入和输出之间，可以让某些频率分量顺利通过，而抑制不需要的频率分量，这种电路称为滤波器。［例 9-4］电路是隔开直流、通高频的电路，称为高通滤波器；［例 9-5］电路是通直流、阻隔高频的电路，称为低通滤波器。

【例 9-6】 并联谐振电路如图 9-12（a）所示，电路参数为 $R = 20\Omega$，$L = 1mH$，$C = 1000pF$。设此电路输入的是一个幅度为 $I = 100\mu A$ 的周期性矩形脉冲电流 $i(t)$，如图 9-12(b) 所示，脉冲重复周期为 $T = 6.28\mu s$，脉冲持续时间 $\tau = T/3$。试求此并联谐振电路的端电压 $u(t)$。

解　将输入脉冲电流展开成傅里叶级数如下：

$$i(t) = 33.3 + 55\cos(\omega t) + 27.6\cos(2\omega t) - 13.8\cos(4\omega t) - \cdots(\mu A)$$

展开式中不含 $3k$ 次谐波项，其幅值谱如图 9-12(d)所示。计算电路对各次谐波的等效阻抗。

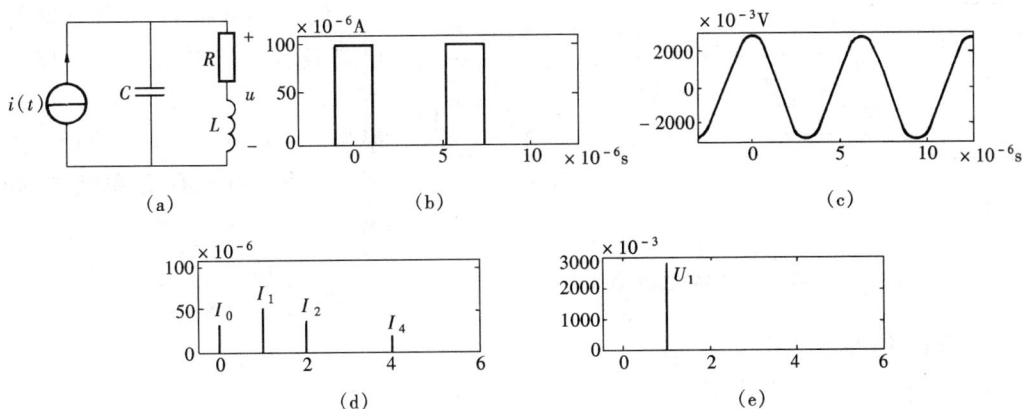

图 9-12 [例 9-6] 图

(a) 谐振电路；(b) 输入矩形脉冲；(c) 输出波；(d) 输入信号的幅值频谱波形；(e) 输出信号的幅值频谱

直流阻抗 $(\omega = 0)$

$$Z(0) = R = 20\Omega$$

交流阻抗

$$Z(k\omega) = \frac{(R + jk\omega L)\left(\dfrac{1}{jk\omega C}\right)}{R + j\left(k\omega L - \dfrac{1}{k\omega C}\right)} \tag{9-9}$$

$k = 1$ 时，由于 $\omega L = 1/\omega C = 1000\Omega$，且 $R \ll \omega L$，此电路近似地谐振于基波频率，由式 (9-9) 得

$$Z(\omega) = \frac{(20 + j1000)(-j1000)}{20} = 50(k\Omega)$$

当 $k = 2$ 和 $k = 4$ 时，代入式 (9-9) 得

$$Z(2\omega) = 0.667\angle -89.8°(k\Omega)$$
$$Z(4\omega) = 0.267\angle -90°(k\Omega)$$

于是，输出电压各次谐波分量为

$$U_{(0)} = 33.33 \times Z(0) = 0.666(mV)$$
$$\dot{U}_{m(1)} = 55 \times Z(0) = 2750(mV)$$
$$\dot{U}_{m(2)} = 27.6 \times Z(2\omega) = 18.3\angle -89.8°(mV)$$
$$\dot{U}_{m(4)} = -13.68 \times Z(4\omega) = -3.68\angle -90°(mV)$$

输出电压为

$$u(t) = 0.666 + 2750\cos\omega t + 18.3\cos(2\omega t - 89.8°) - 3.68\cos(4\omega t - 90°) - \cdots(mV)$$

输出电压的波形图和幅值频谱如图 9-12 (c)、图 9-12 (e) 所示。

该例结果表明：由于电路对基波频率发生谐振，输出电压中基波成分的幅值最大，而其他频率成分都很小，所以输出电压基本上为正弦电压。利用谐振从非正弦周期信号中获取某一频率的正弦信号，这种方法在电子工程中得到应用。

【例 9-7】 图 9-13 (a) 所示电路中，二端网络 N 由电阻和正弦电源组成，直流电流源 $I_s = 10A$，电阻 $R = 2\Omega$。已知 $u = 10 + 6\sin\omega t\,V$，试求网络 N 的戴维南等效电路。

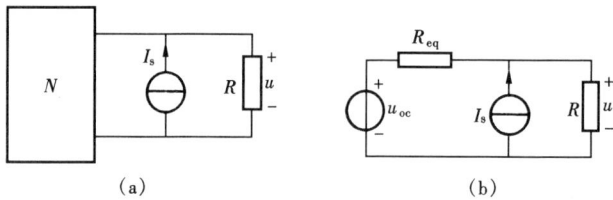

图 9-13　［例 9-7］图
（a）二端网络；（b）戴维南等效电路

解　将网络 N 用戴维南等效电路表示后的电路如图 9-13（b）所示，其中，开路电压 u_{oc} 是角频率为 ω 的正弦电压源。应用叠加定理，当直流电流源 I_s 单独作用时，响应为 $u'=10\text{V}$，于是有

$$\frac{R_{eq}R}{R_{eq}+R}\times I_s = 10$$

代入 $R=2\Omega$，得等效电阻 $R_{eq}=2\Omega$。

当正弦电压源 u_{oc} 单独作用时，响应为 $u''=6\sin\omega t\,\text{V}$，于是有

$$u_{oc}\times\frac{R}{R_{eq}+R} = 6\sin\omega t$$

由上式解出开路电压 $u_{oc}=12\sin\omega t\,\text{V}$。

9.5　对称三相非正弦周期电流电路

前面已经指出，三相发电机产生的电动势并不是理想的正弦波，在三相变压器中，由于铁心磁饱和的影响也会使电压或电流产生非正弦波。这种非正弦波的波形与理想正弦波形具有相似的对称性，其中主要是三次谐波的影响较大。所以，在分析对称三相非正弦周期电路时，可以认为三相电源兼有奇函数和奇谐波函数的对称性质。

9.5.1　对称三相非正弦周期电源

对称三相非正弦周期电源与单相非正弦周期电源有相同的变化规律，只是在时间上彼此相差 1/3 周期。设三相电源的相电压具有奇函数和奇谐波函数性质，相序为正序，则三相电源电压可分解为

$$u_A = U_{1m}\sin(\omega t+\varphi_1)+U_{3m}\sin(3\omega t+\varphi_3)+U_{5m}\sin(5\omega t+\varphi_5)+\cdots = u_{A1}+u_{A3}+u_{A5}+\cdots$$

$$u_B = U_{1m}\sin\left[\omega\left(t-\frac{T}{3}\right)+\varphi_1\right]+U_{3m}\sin\left[3\omega\left(t-\frac{T}{3}\right)+\varphi_3\right]+U_{5m}\sin\left[5\omega\left(t-\frac{T}{3}\right)+\varphi_5\right]+\cdots$$

$$=U_{1m}\sin\left[\omega t-\frac{2\pi}{3}+\varphi_1\right]+U_{3m}\sin(3\omega t+\varphi_3)+U_{5m}\sin\left[5\omega t+\frac{2\pi}{3}+\varphi_5\right]+\cdots$$

$$=u_{B1}+u_{B3}+u_{B5}+\cdots$$

$$u_C = U_{1m}\sin\left[\omega\left(t+\frac{T}{3}\right)+\varphi_1\right]+U_{3m}\sin\left[3\omega\left(t+\frac{T}{3}\right)+\varphi_3\right]+U_{5m}\sin\left[5\omega\left(t+\frac{T}{3}\right)+\varphi_5\right]+\cdots$$

$$=U_{1m}\sin\left[\omega t+\frac{2\pi}{3}+\varphi_1\right]+U_{3m}\sin(3\omega t+\varphi_3)+U_{5m}\sin\left[5\omega t-\frac{2\pi}{3}+\varphi_5\right]+\cdots$$

$$=u_{C1}+u_{C3}+u_{C5}+\cdots$$

由此可得对称三相电源各次谐波分量如下：
对于基波分量

$$u_{A1} = U_{1m}\sin(\omega t+\varphi_1)$$

$$u_{B1} =U_{1m}\sin\left(\omega t-\frac{2\pi}{3}+\varphi_1\right)$$

$$u_{C1} = U_{1m}\sin\left(\omega t + \frac{2\pi}{3} + \varphi_1\right)$$

它们构成正序对称组。同理，7 次、13 次等谐波分量也构成正序对称组。

对于三次谐波分量

$$u_{A3} = U_{1m}\sin(3\omega t + \varphi_3)$$
$$u_{B3} = U_{1m}\sin(3\omega t + \varphi_3)$$
$$u_{C3} = U_{1m}\sin(3\omega t + \varphi_3)$$

它们的相位相同，称为零序对称组。同理，9 次、15 次等谐波分量也构成零序对称组。

对于五次谐波分量

$$u_{A5} = U_{1m}\sin(5\omega t + \varphi_5)$$
$$u_{B5} = U_{1m}\sin\left(5\omega t + \frac{2\pi}{3} + \varphi_5\right)$$
$$u_{C5} = U_{1m}\sin\left(5\omega t - \frac{2\pi}{3} + \varphi_5\right)$$

它们构成负序对称组。同理，11 次、17 次等谐波分量也构成负序对称组。

对称三相电源有星形和三角形两种连接方法，对于非正弦周期量来说，对称三相电源的相电压和线电压的关系与正弦周期量的情形不尽相同。

1. 三相电源作 Y 形连接

为了方便讨论，可设三相电源仅含一次、三次、五次谐波。并记为

$$u_A = u_{A1} + u_{A3} + u_{A5}$$
$$u_B = u_{B1} + u_{B3} + u_{B5}$$
$$u_A = u_{C1} + u_{C3} + u_{C5}$$

它们的相量图如图 9-14 所示。

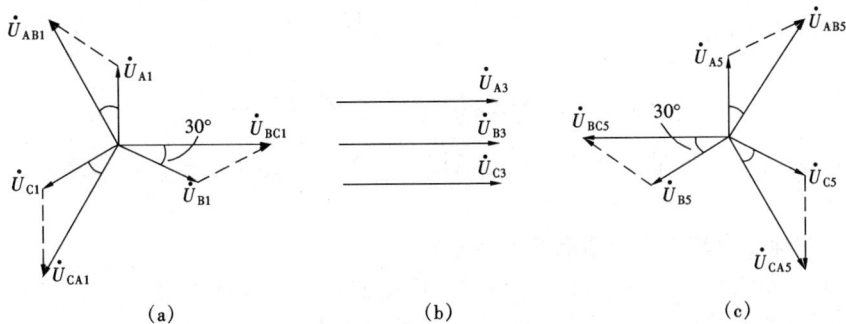

图 9-14　三相电源作 Y 连接

(a) 正序；(b) 零序；(c) 负序

设相电压各次谐波电压的有效值为 U_{p1}、U_{p3}、U_{p5}，则相电压有效值为

$$U_p = \sqrt{U_{p1}^2 + U_{p3}^2 + U_{p5}^2}$$

Y 形连接时，电源的线电压为对应的两个相电压之差，即

$$u_{AB} = u_A - u_B = (u_{A1} - u_{B1}) + (u_{A3} - u_{B3}) + (u_{A5} - u_{B5}) = u_{AB1} + u_{AB3} + u_{AB5}$$

由图 9-14（a）可见，对于正序的基波分量，$\dot{U}_{AB1} = \sqrt{3}\dot{U}_{A1}\angle 30°$；由图 9-14（b）可见，对于零序的三次谐波分量，$\dot{U}_{AB3} = 0$；由图 9-14（c）可见，对于负序的五次谐波分量，$\dot{U}_{AB5} =$

$\sqrt{3}\dot{U}_{A5}\angle-30°$。就是说，电源线电压中仅含有正序谐波分量和负序谐波分量，不含零序谐波分量。线电压的有效值为

$$U_l=\sqrt{U_{l1}^2+U_{l5}^2+\cdots}=\sqrt{3}\sqrt{U_{p1}^2+U_{p5}^2+\cdots}$$

因此有
$$U_l<\sqrt{3}U_p \tag{9-10}$$

可见，由于线电压中无零序谐波，线电压的有效值小于相电压有效值的$\sqrt{3}$倍。

2. 三相电源作△形连接

设三相电源未接负载，在电源极性连接正确的情况下，由于三个电动势相串联，每组基波、7 次等正序谐波电压之和为零；每组 5 次、11 次等负序谐波电压之和也为零；但是，每组 3 次、9 次等零序谐波电压之和不为零，而是单相电压的 3 倍，于是在电源回路将产生零序谐波电流，称为零序环流。以 3 次谐波为例，设电源中 3 次谐波电动势为$\dot{U}_3$，三次谐波电源内阻抗为Z_{03}，电源△形连接如图 9-15 所示。

按图 9-15 可求得 3 次谐波环流为

$$\dot{I}_3=\frac{3\dot{U}_3}{3Z_{03}}=\frac{\dot{U}_3}{Z_{03}}$$

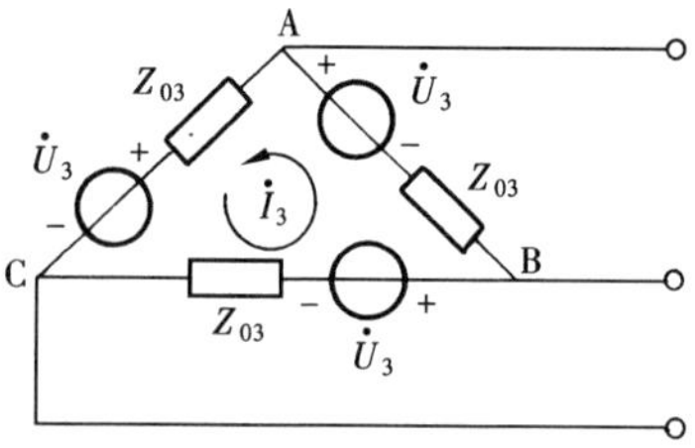

同理，9 次谐波环流为

$$\dot{I}_9=\frac{3\dot{U}_9}{3Z_{09}}=\frac{\dot{U}_9}{Z_{09}}$$

图 9-15 △形连接电源中的零序谐波

这些电流在电源内部将引起能量损耗，所以三相发电机一般不作△形连接。由于环流的存在，使线电压中的 3 次、9 次谐波为

$$\dot{U}_{AB3}=\dot{U}_3-Z_{03}\dot{I}_3=\dot{U}_3-Z_{03}\frac{\dot{U}_3}{Z_{03}}=0$$

$$\dot{U}_{AB9}=\dot{U}_9-Z_{09}\dot{I}_9=\dot{U}_9-Z_{09}\frac{\dot{U}_9}{Z_{09}}=0$$

即线电压中无零序谐波分量。可见，无论三相电源作 Y 形连接还是作△形连接，线电压中均不含 3 次、9 次等零序谐波分量。

9.5.2 对称三相非正弦周期电流电路分析

设三相对称负载作 Y 形连接并且无中线，电路如图 9-16（a）所示。当电源相电压中含有 1 次、3 次和 5 次谐波时，中性点电压为

$$\dot{U}_{N'Nk}=\frac{Y_k(\dot{U}_{Ak}+\dot{U}_{Bk}+\dot{U}_{Ck})}{3Y_k}$$

对于正序谐波（$k=1,7,13\cdots$）和负序谐波（$k=5,11,17\cdots$），因为$\dot{U}_{Ak}+\dot{U}_{Bk}+\dot{U}_{Ck}=0$，所以中性点电压为零，线电流无需中线也可以构成回路。以 1 次和 5 次谐波为例的单相计算电路如图 9-16（b）和（d）所示，可求得线电流为

$$\dot{I}_{A1}=\frac{\dot{U}_{A1}}{Z_1} \tag{9-11a}$$

$$\dot{I}_{A5}=\frac{\dot{U}_{A5}}{Z_5} \tag{9-11b}$$

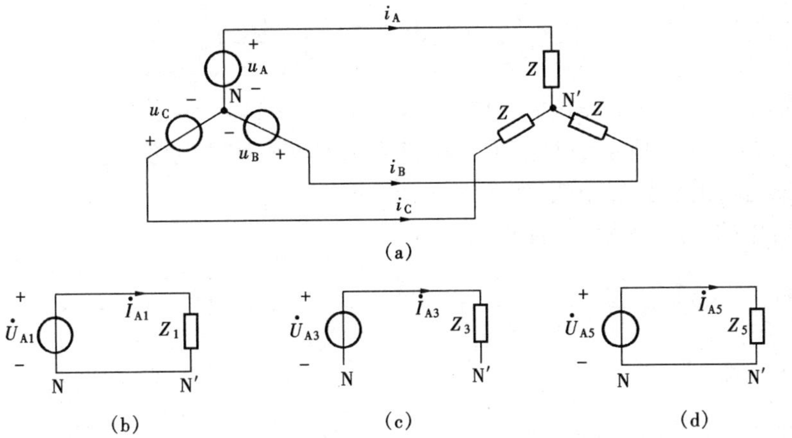

图 9-16 三相三线制电路及各次谐波的单相计算电路

(a) 三相三线制电路；(b) 基波等效电路；(c) 3 次谐波等效电路；(d) 5 次谐波等效电路

对于零序谐波 ($k = 3, 9, 15, \cdots$)，$\dot{U}_{Ak} + \dot{U}_{Bk} + \dot{U}_{Ck} = 3\dot{U}_{Ak}$，所以中性点电压为

$$\dot{U}_{N'Nk} = \dot{U}_{Ak} \qquad (9\text{-}12)$$

可见，中性点电压中仅含零序谐波分量，其有效值为

$$U_{N'N} = \sqrt{U_{A3}^2 + U_{A9}^2 + U_{A15}^2 + \cdots} \qquad (9\text{-}13)$$

由于中性点电压的存在，线电流不能构成回路，见图 9-16 (c)，所以三相三线制的线电流中不含零序谐波分量，因此负载的相电流、相电压中也不含零序谐波分量。所以，对于负载端来说，如果没有中线，线电压仍为相电压的 $\sqrt{3}$ 倍，即

$$U_1 = \sqrt{3} U_{pL} \qquad (9\text{-}14)$$

其中：U_{pL} 为负载相电压的有效值。

设三相负载作 Y 形连接并且有中线，电路如图 9-17 (a) 所示。

设电源相电压中含有 1 次、3 次、5 次等谐波，则中性点电压为

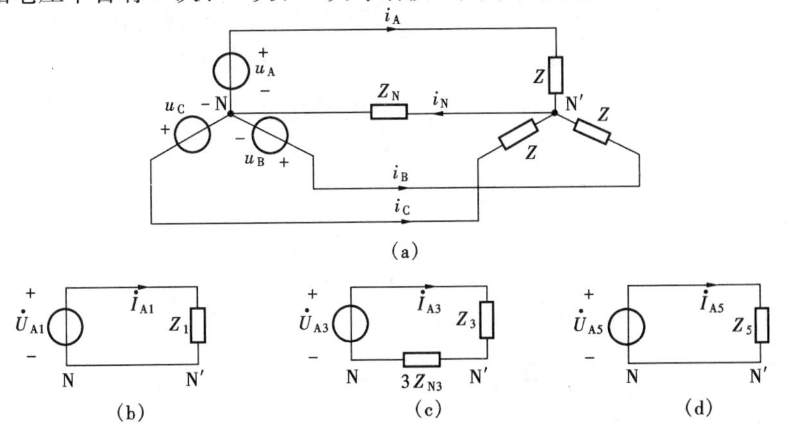

图 9-17 三相四线制及各次谐波的单相计算电路

(a) 三相四线制电路；(b) 基波等效电路；(c) 3 次谐波等效电路；(d) 5 次谐波等效电路

$$\dot{U}_{N'Nk} = \frac{Y_k(\dot{U}_{Ak} + \dot{U}_{Bk} + \dot{U}_{Ck})}{3Y_k + Y_{Nk}}$$

对于电源中的正序谐波和负序谐波，由于 $\dot{U}_{Ak} + \dot{U}_{Bk} + \dot{U}_{Ck} = 0$，故中性点电压为零，于是可得到图 9-17（b）、（d）所示的对应于正序和负序的单相计算电路，它与图 9-16（b）、（d）是相同的，线电流的计算仍用式（9-11）。

对于电源中的零序谐波，中性点电压为

$$\dot{U}_{N'Nk} = \frac{3Y_k\dot{U}_{Ak}}{3Y_k + Y_{Nk}} = \frac{3Z_{Nk}\dot{U}_{Ak}}{Z_k + 3Z_{Nk}} \quad (k = 3,9,15,\cdots)$$

所以零序谐波电流为

$$\dot{I}_{Ak} = \frac{1}{Z_k}(\dot{U}_{Ak} - \dot{U}_{N'Nk}) = \frac{\dot{U}_{Ak}}{Z_k + 3Z_{Nk}}(k = 3,9,15,\cdots) \tag{9-15}$$

由此可得零序谐波电流的单相计算电路（以 3 次谐波为例）如图 9-17（c）所示。因为每相零序谐波电流相量都为 $\dot{I}_{A3}$，所以中线电流为单相电流的 3 倍，即

$$I_N = 3\sqrt{I_{A3}^2 + I_{A9}^2 + I_{A15}^2 + \cdots} \tag{9-16}$$

这也就是图 9-17（c）中 Z_{N3} 前面乘 3 的原因。由此可见，中线为零序谐波电流提供了一个通路，没有中线就不会有零序谐波电流。中性点电压可按下式计算

$$\dot{U}_{N'N3} = Z_{N3}\dot{I}_N = Z_{N3} \times 3\dot{I}_{A3} = 3Z_{N3} \times \dot{I}_{A3} \tag{9-17}$$

由以上分析可知，中性点电压不为零是对称三相电路存在高次（主要是三次）谐波的一个标志。

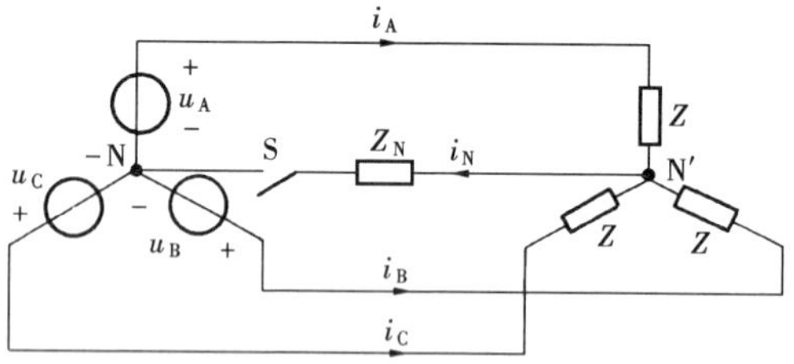

图 9-18　[例 9-8] 图

【例 9-8】对称三相电路如图 9-18 所示，已知三相电源中含有基波和三次谐波，测得电源相电压 $U_p = 125V$，线电压 $U_l = 208V$。对于基波而言，负载阻抗 $Z_1 = 4 + j1\Omega$，中线阻抗 $Z_{N1} = j1\Omega$，试求开关 S 打开和闭合时中性点电压 $U_{N'N}$ 的有效值。

解　因为线电压中不含三次谐波，所以

$$U_l = U_{l1} = 208V$$

且有

$$U_{p1} = \frac{U_{l1}}{\sqrt{3}} = \frac{208}{\sqrt{3}} = 120.1(V)$$

因为 $U_p = \sqrt{U_{p1}^2 + U_{p3}^2}$，所以 3 次谐波分量

$$U_{p3} = \sqrt{U_p^2 - U_{p1}^2} = \sqrt{125^2 - 120.1^2} = 34.66(V)$$

由式（9-12）得开关 S 打开时

$$U_{N'N} = 34.66V$$

当开关 S 闭合，可画出单相计算电路如图 9-17（c）所示，求得三次谐波电流

$$\dot{I}_{p3} = \frac{\dot{U}_{p3}}{Z_3 + 3Z_{N3}} = \frac{34.66}{4 + j3 + 3 \times j3} = 2.74\angle -71.57°(A)$$

再由式（9-17）得中性点电压为

$$U_{N'N} = 3Z_{N3} \times I_{p3} = 3 \times 3 \times 2.74 = 24.66(V)$$

9.6 傅里叶级数的指数形式及其频谱分析

9.6.1 傅里叶级数的指数形式

周期函数的傅里叶级数除了有式（9-1）的形式外，还可以用指数形式表示。根据欧拉公式

$$\begin{cases} \cos(k\omega t) = \dfrac{e^{jk\omega t} + e^{-jk\omega t}}{2} \\ \sin(k\omega t) = \dfrac{e^{jk\omega t} - e^{-jk\omega t}}{2j} \end{cases}$$

式（9-1）可改写为

$$\begin{aligned} f(t) &= a_0 + \sum_{k=1}^{\infty}\left(a_k\frac{e^{jk\omega t} + e^{-jk\omega t}}{2} + b_k\frac{e^{jk\omega t} - e^{-jk\omega t}}{2j}\right) \\ &= a_0 + \sum_{k=1}^{\infty}\left(\frac{a_k - jb_k}{2}e^{jk\omega t} + \frac{a_k + jb_k}{2}e^{-jk\omega t}\right) \\ &= a_0 + \sum_{k=1}^{\infty}\frac{a_k - jb_k}{2}e^{jk\omega t} + \sum_{k=1}^{\infty}\frac{a_k + jb_k}{2}e^{-jk\omega t} \\ &= a_0 + \sum_{k=1}^{\infty}c_k e^{jk\omega t} + \sum_{k=1}^{\infty}c_k^* e^{-jk\omega t} \end{aligned}$$

其中

$$c_k = \frac{a_k - jb_k}{2}, \; c_k^* = \frac{a_k + jb_k}{2}$$

它们是共轭复数，如果令 k 可以取负值，则由式（9-3）可知 $a_{-k} = a_k$，$b_{-k} = -b_k$，于是有 $c_k^* = c_{-k}$，再令 $c_0 = a_0$，则上式可写为

$$f(t) = \sum_{k=-\infty}^{\infty}c_k e^{jk\omega t} \tag{9-18}$$

这就是傅里叶级数的指数形式。

傅里叶系数 c_k 的求法如下：

$$c_k = \frac{a_k - \mathrm{j}b_k}{2} = \frac{1}{T}\int_0^T f(t)\cos(k\omega t)\mathrm{d}t - \mathrm{j}\frac{1}{T}\int_0^T f(t)\sin(k\omega t)\mathrm{d}t$$

$$= \frac{1}{T}\int_0^T f(t)\left[\cos(k\omega t) - \mathrm{j}\sin(k\omega t)\right]\mathrm{d}t = \frac{1}{T}\int_0^T f(t)\mathrm{e}^{-\mathrm{j}k\omega t}\mathrm{d}t$$

需要注意的是，在推导傅里叶级数指数形式的过程中，将各次谐波化为复指数函数时，一个谐波是由两个同频率共轭复指数函数合成的，即一个为正频率、一个为负频率的成对的复指数函数之和。所以其幅度频谱图关于纵轴对称，一个位于 $k\omega$ 处，另一个位于 $-k\omega$ 处，而谱线的高度 $|c_k|$ 是傅里叶频谱的一半。由于谱线的轴对称性，通常只研究"半边"频谱即可，但一个谐波必须是由正、负频率的复指数函数成对构成，不能只用正或负频率代表谐波。

9.6.2　周期性非正弦函数的频谱分析

如前所述，周期信号的频谱图可以直观地表示一个信号中包含着哪些谐波分量，各谐波分量所占的比重及其相角关系。下面以矩形波为例说明周期信号的频谱及其特性。

【例 9-9】　试将［例 9-1］的矩形波展开为指数形式的傅里叶级数，并画出幅值频谱和相位频谱。

解

$$c_k = \frac{1}{T}\int_0^{\frac{T}{2}} U_{\mathrm{m}}\mathrm{e}^{-\mathrm{j}k\omega t}\mathrm{d}t - \frac{1}{T}\int_{\frac{T}{2}}^T U_{\mathrm{m}}\mathrm{e}^{-\mathrm{j}k\omega t}\mathrm{d}t = \frac{U_{\mathrm{m}}}{\mathrm{j}k\omega T}\left(1 - 2\mathrm{e}^{-\mathrm{j}k\omega\frac{T}{2}} + \mathrm{e}^{-\mathrm{j}k\omega T}\right)$$

由于 $\omega T = 2\pi$，因此有

$$c_k = \frac{U_{\mathrm{m}}}{\mathrm{j}k\omega T}(1 - 2\mathrm{e}^{-\mathrm{j}k\pi} + \mathrm{e}^{-\mathrm{j}2k\pi}) = \frac{U_{\mathrm{m}}}{\mathrm{j}2k\pi}(2 - 2\cos k\pi)$$

故

$$c_k = \begin{cases} \dfrac{2U_{\mathrm{m}}}{\mathrm{j}k\pi} & \text{当 } k \text{ 为奇数时} \\ 0 & \text{当 } k \text{ 为偶数时} \end{cases}$$

注意，c_0 仍用式（9-3）中 a_0 的公式来计算。由此可得指数形式的傅里叶级数为

$$f(t) = (c_{-1}\mathrm{e}^{-\mathrm{j}\omega t} + c_1\mathrm{e}^{\mathrm{j}\omega t}) + (c_{-3}\mathrm{e}^{-\mathrm{j}3\omega t} + c_3\mathrm{e}^{\mathrm{j}3\omega t}) + (c_{-5}\mathrm{e}^{-\mathrm{j}5\omega t} + c_5\mathrm{e}^{\mathrm{j}5\omega t}) + \cdots$$

$$= \frac{2U_{\mathrm{m}}}{\mathrm{j}\pi}(\mathrm{e}^{\mathrm{j}\omega t} - \mathrm{e}^{-\mathrm{j}\omega t}) + \frac{2U_{\mathrm{m}}}{\mathrm{j}3\pi}(\mathrm{e}^{\mathrm{j}3\omega t} - \mathrm{e}^{-\mathrm{j}3\omega t}) + \frac{2U_{\mathrm{m}}}{\mathrm{j}5\pi}(\mathrm{e}^{\mathrm{j}5\omega t} - \mathrm{e}^{-\mathrm{j}5\omega t}) + \cdots$$

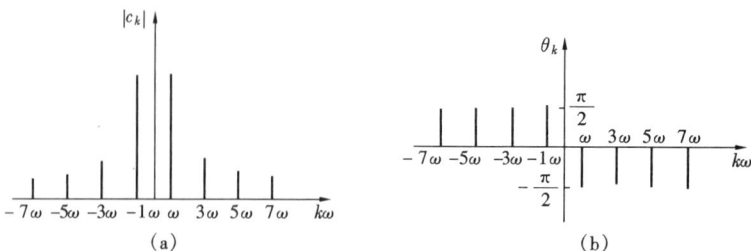

图 9-19　［例 9-9］图
(a) 幅值频谱；(b) 相位频谱

此结果与［例 9-1］完全相同。图 9-19（a）和图 9-19（b）分别为幅值频谱和相位频谱。

图 9-20 所示为一种重复性矩形脉冲波，它常用于电视、雷达、计算机等方面。下面以此波形为例，分析周期信号的频谱及其特性。

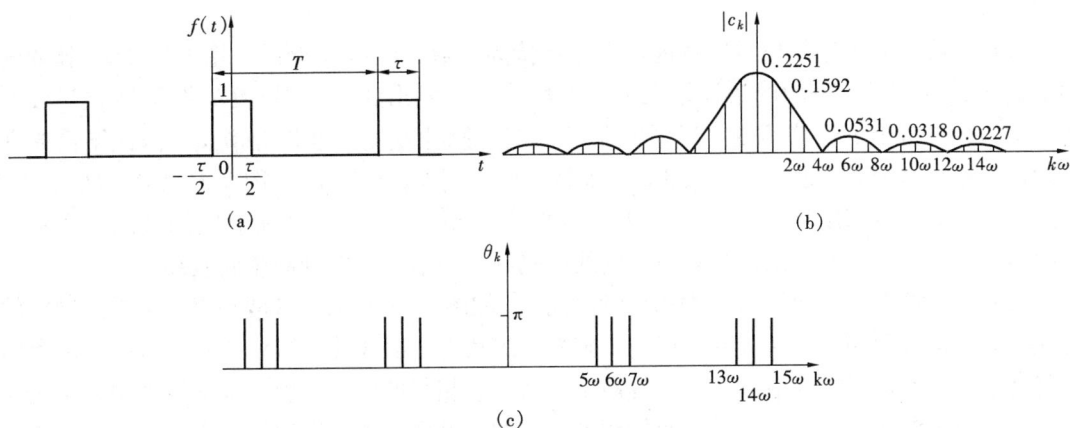

图 9-20　重复性矩形脉冲及其频谱
(a) 周期性矩形脉冲；(b) 幅值频谱；(c) 相角频谱

由傅里叶系数的指数形式，得

$$c_k = \frac{1}{T}\int_{-\frac{T}{2}}^{\frac{T}{2}} f(t)e^{-jk\omega t}\,dt = \frac{1}{T}\int_{-\frac{\tau}{2}}^{\frac{\tau}{2}} e^{-jk\omega t}\,dt = \frac{1}{T}\left(-\frac{1}{jk\omega}\right)(e^{-jk\omega\frac{\tau}{2}} - e^{jk\omega\frac{\tau}{2}}) = \frac{\tau}{T}\frac{\sin\left(k\frac{\omega\tau}{2}\right)}{k\frac{\omega\tau}{2}}$$

令 $p = T/\tau$，则 $\omega\tau/2 = \pi/p$，其中 τ 为脉冲宽度，则上式变为

$$c_k = \frac{1}{p}\frac{\sin(k\pi/p)}{k\pi/p}$$

$$(9\text{-}19)$$

得重复性矩形脉冲波的傅里叶级数为

$$f(t) = \sum_{k=-\infty}^{\infty}\frac{1}{p}\frac{\sin(k\pi/p)}{k\pi/p}e^{jk\omega t}$$

现在令 $p=4$，即脉冲宽度为周期的 1/4，可得如图 9-20（b）、（c）所示的频谱图。由图中可见，这种频谱是离散谱，相邻谱线的间隔为基波角频率的整数倍。幅值频谱中各谱线的高度，随着谐波频率的增大呈起伏变

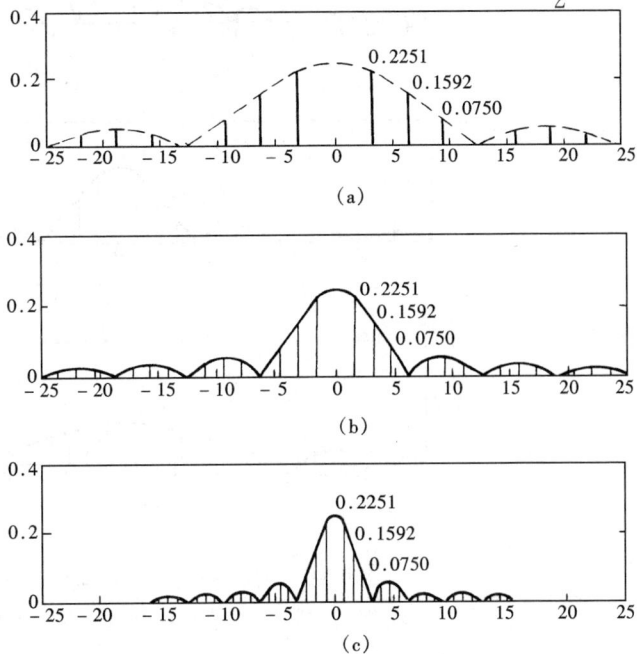

图 9-21　保持不变（$p=4$）时的幅值谱
(a) $T=2\text{s}$，$\tau=0.5\text{s}$（$p=4$）；(b) $T=4\text{s}$，$\tau=1\text{s}$（$p=4$）；
(c) $T=8\text{s}$，$\tau=2\text{s}$（$p=4$）

化，谱线的包络线大体上具有函数 $|\sin x/x|$ 的形式，包络线的最大值随着谐波次数的增大而成反比地减小，幅值频谱的这种特性称为频谱的收敛性。它是由傅里叶级数的收敛性所决定的。

脉冲持续时间 τ 和重复周期 T 的比例关系对频谱结构的影响可说明如下（仅说明幅值频谱）。

（1）如果重复周期 T 与脉冲宽度 τ 之比保持为常数，即 p 不变时，图 9-20 矩形脉冲的频谱如图 9-21 所示。图中的谱线是在 $p=4$ 时按 $|c_k|$ 画出的。4 次谐波及所有 $4k$ 次谐波的幅值均为零。由于 p 保持不变，当周期 T 增大时，脉冲宽度 τ 也相应增大，因此不论周期 T 如何变化，对于 k 次谐波的幅值 $|c_k|$ 保持不变。例如，$k=2$ 时，图 9-21（a）、（b）、（c）中二次谐波的谱线高度都是 0.1592，所不同的是三幅图中二次谐波所对应的基波频率随着 T 的增大而减小，至使各次谐波对应的谱线间隔减小，谱线沿横轴向中间收缩。

（2）设周期 T 不变而缩短脉冲的持续时间 τ，如图 9-22 所示，基波频率和由它所确定的各次谐波的谱线间隔就不会改变。但是，随着 τ 的减小，谱线的包络线的零值所在的位置向右移动了，即幅值为零的谐波角频率提高了。而且，相邻的两个幅值为零的谐波角频率之间的谱线数目也增加了。也就是说，幅值频谱收敛的速度变慢了。同时，随着的 τ 减小，谱线的高度也相应减小。

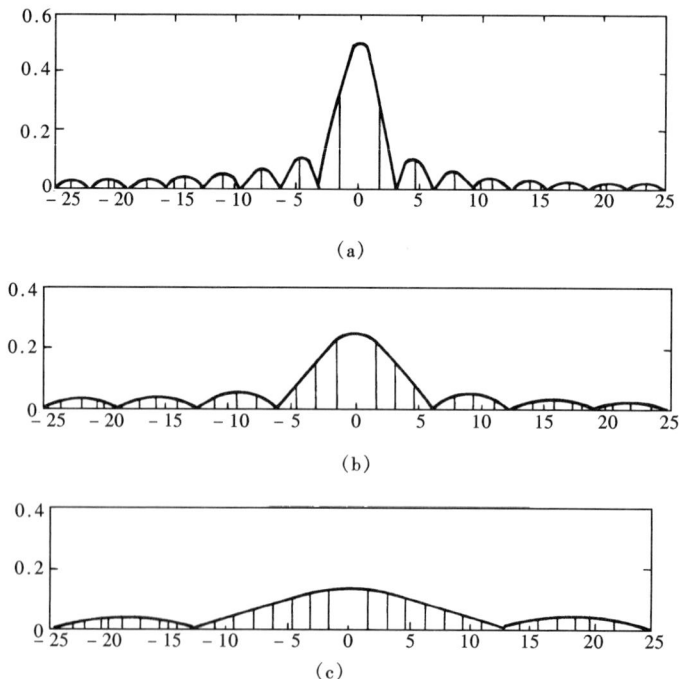

图 9-22　周期 T 不变，脉冲宽度 τ 减小时的频谱
(a) $T=4\text{s}$，$\tau=2\text{s}$（$p=2$）；(b) $T=4\text{s}$，$\tau=1\text{s}$（$p=4$）；(c) $T=4\text{s}$，$\tau=0.5\text{s}$（$p=8$）

（3）设脉冲宽度不变但重复次数减少，即重复周期 T 增大时，如图 9-23 所示。因为基波角频率减小，相邻谐波之间的频率差就越来越少，谱线就越来越靠近。由图中可见，谱线

包络线的零值所在的位置（如 ω_1 和 ω_2）虽然没有改变，但相邻的两个零值之间的谐波数目增多了。如图 9-23（a）中 ω_1 和 ω_2 之间只有一根谱线；但图 9-23（b）中 ω_1 和 ω_2 之间有三根谱线；图 9-23（c）中 ω_1 和 ω_2 之间有七根谱线。另一方面，随着周期的增大，即 p 增大，由公式（9-19）可见，同频率谐波分量的幅值 $|c_k|$ 也成反比地缩小。总之，随着重复周期的增大，谱线趋于密集，而谱线的高度逐渐减少。

可以设想，如果周期无限增大，周期信号将向非周期信号转化，相应地谱线将无限密集，离散谱将向连续谱转化，各谐波幅值将趋向无穷小，但仍保持确定的比例关系（包络线形状不变）。在这种极限条件下，傅里叶级数将不再适用，取而代之的是傅里叶积分。

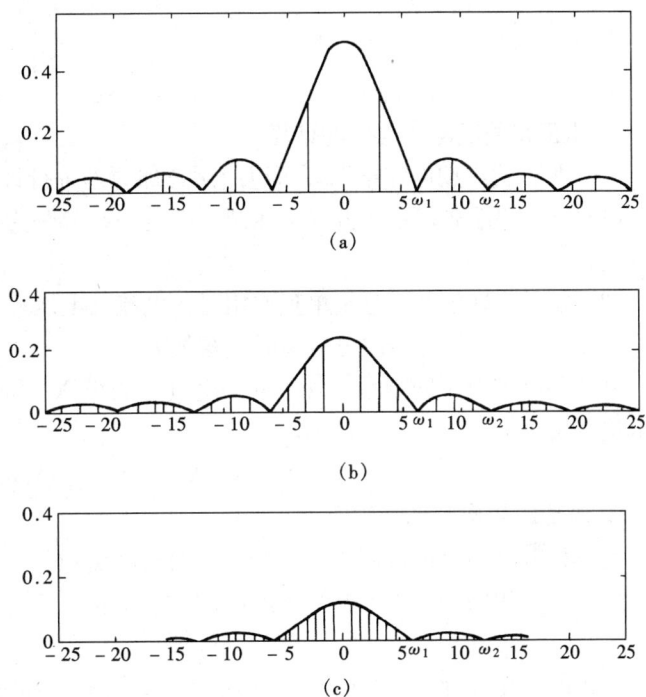

图 9-23　脉冲宽度 τ 不变，周期 T 增大时的频谱
(a) $\tau=1\text{s}$, $T=2\text{s}$（$p=2$）时的频谱；
(b) $\tau=1\text{s}$, $T=4\text{s}$（$p=4$）时的频谱；
(c) $\tau=1\text{s}$, $T=8\text{s}$（$p=8$）时的频谱

小　结

1. 非正弦周期量的分解
非正弦周期量可以分解为傅里叶级数

$$f(t) = A_0 + \sum_{k=1}^{\infty} A_k \sin(k\omega t + \psi_k)$$

表示各次谐波的幅度与谐波次数关系的图称为频谱图。

2. 非正弦周期量的对称性
根据非正弦周期量的对称性可直观判定傅里叶级数展开式中的谐波成分：
波形位于坐标的横轴上、下部分所包围的面积相等，则展开式中无直流分量；
波形对称于坐标原点（奇函数），展开式中无直流分量和余弦谐波分量；
波形对称于坐标纵轴（偶函数），展开式中无正弦谐波分量；
波形为镜像对称（奇谐波函数），展开式中无直流分量和偶次谐波，只有奇次谐波。

3. 非正弦周期量的有效值、平均值和平均功率
有效值：$I = \sqrt{I_0^2 + I_1^2 + I_2^2 + I_3^2 + \cdots} = \sqrt{I_0^2 + \sum_{k=1}^{\infty} I_k^2}$

平均值：$I_{av} = \dfrac{1}{T}\displaystyle\int_0^t |i| \, \mathrm{d}t$

平均功率：$P = U_0 I_0 + U_1 I_1 \cos\varphi_1 + U_2 I_2 \cos\varphi_2 + \cdots + U_k I_k \cos\varphi_k + \cdots$

4. 非正弦周期电流电路的计算

线性非正弦周期电流电路，可以应用叠加原理进行计算，具体步骤是：

（1）将周期性非正弦电源（电压源、电流源）分解为傅里叶级数，确定电源所含有的谐波分量；

（2）分别计算各谐波分量单独作用时的电流、电压；

（3）将待求量的各谐波分量瞬时值相加。

电感和电容对不同频率呈现不同的电抗，假设 X_{L1} 和 X_{C1} 为基波的电抗，则对 k 次谐波的电抗分别为

$$X_{Lk} = kX_{L1} \qquad X_{Ck} = X_{C1}/k$$

5. 对称三相电路的高次谐波

设三相电源为奇谐波函数时，分解为傅里叶级数后，三相的 1 次、7 次等谐波组成正序对称分量；三相的 3 次、9 次等谐波组成零序分量；三相的 5 次、11 次等谐波组成负序对称分量；

三相电源作 Y 形连接时有 $U_1 < \sqrt{3}U_p$，三相电源作△形连接时，线电压中无零序谐波分量。

含有高次谐波的三相电路，在分析中应注意：

（1）线电压中不含零序谐波，电源作△连接时，电源回路中可能会产生 3 次、9 次等零序谐波电流；

（2）对于三相三线制电路，因为没有中性线，线电流中零序谐波分量不构成回路，因此，中性点电压等于三相电源中的零序谐波电压。中性点电压不为零，是含有高次谐波的对称三相电路的标志。

（3）三相四线制电路中，因为中线是零序谐波电流的通路，故线电流中的零序谐波电流分量构成回路。中线电流等于线电流中零序谐波分量的三倍。

6. 傅里叶级数的指数形式

傅里叶级数的指数形式如下

$$f(t) = \sum_{k=-\infty}^{\infty} c_k \mathrm{e}^{\mathrm{j}k\omega t}$$

其中系数 c_k 为

$$c_k = \frac{1}{T}\int_0^T f(t)\mathrm{e}^{-\mathrm{j}k\omega t}\,\mathrm{d}t$$

指数形式的幅度频谱图是关于纵轴对称的双边谱，一个位于 $k\omega$ 处，另一个位于 $-k\omega$ 处，而谱线的高度 $|c_k|$ 是傅里叶频谱的一半。

习　题　九

9-1　试求图 9-24 所示波形的傅里叶级数展开式。

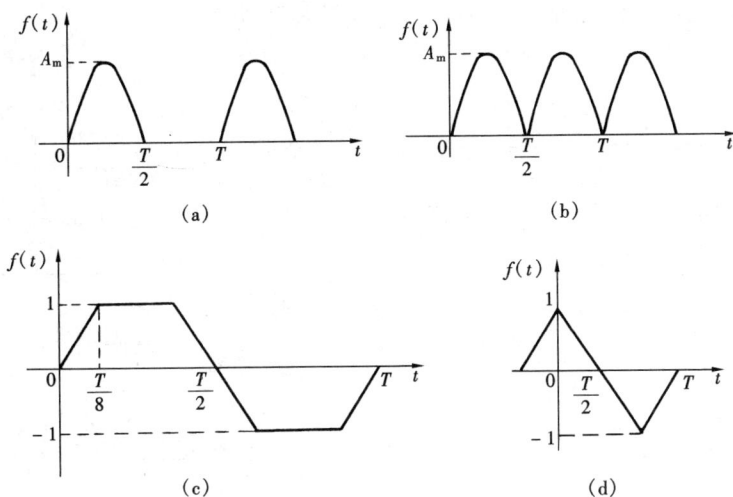

图 9-24　题 9-1 图

9-2　有一正弦电压 $U = 100\text{V}$ 加在一个电感的两端时电流 $I = 10\text{A}$，当电压中含有 3 次谐波分量且有效值仍为 100V 时，电流有效值为 8A，试求此电压的基波和 3 次谐波分量的有效值。

9-3　图 9-25 所示电路中，已知 $u_1 = 60\sin\omega t\text{V}$，$u_2 = 60\sin(\omega t + 60°) + 20\sin(3\omega t)\text{V}$，$i = 15\sin(\omega t - 30°) + 10\sin(3\omega t - 45°)\text{A}$，试求基波及三次谐波时电路的输入阻抗及电路消耗的平均功率。

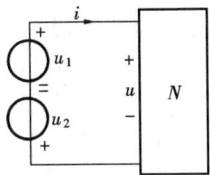

图 9-25　题 9-3 图

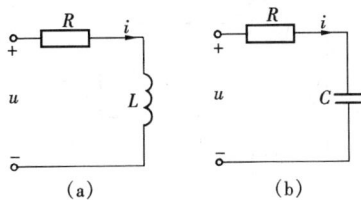

图 9-26　题 9-4 图

9-4　电路如图 9-26 所示，已知 $u = 100\sin(\omega t) + 20\sin(3\omega t)\text{V}$，$R = 60\Omega$，图（a）中，$\omega L = 60\Omega$，图（b）中 $1/\omega C = 60\Omega$，试求两个电路中的电流 i。

9-5　RLC 串联电路中，电源电压 $u_s = 10 + 30\cos(\omega t) + 15\sqrt{2}\cos(2\omega t)\text{V}$，$\omega = 100\text{rad/s}$，$R = 75\Omega$，$L = 0.5\text{H}$，$C = 200\mu\text{F}$，试求电流 i 及其有效值。

9-6　在 RLC 串联电路中，已知 $R = 6\Omega$，$\omega L = 2\Omega$，$1/\omega C = 18\Omega$，电路端口施加电压 $u = 10 + 30\sin(\omega t + 30°) + 18\sin 3\omega t\text{V}$。试求电流有效值及电路的平均功率。

9-7　电路图 9-27 所示，$u = 8 + 4\sin(\omega t)\text{V}$，当 $R = 40\Omega$，$\omega L = 1/\omega C = 40\Omega$ 时，求 $u_L(t)$ 和 $i_L(t)$ 的表达式。

9-8　图 9-28 所示电路为三极管放大器输入回路的等效电路。已知：$u_1 = \sin\omega t\text{V}$，$E = 12\text{V}$，$\omega = 1000\text{rad/s}$，求输出电压 u_2。

9-9　图 9-29 所示电路，已知 $u = 100 + 50\sin(\omega t)\text{V}$，$\omega = 10^3\text{rad/s}$，$R = 50\Omega$，$L =$

$25mH$，$C = 20\mu F$，求电流 i 的瞬时表达式和电路消耗的功率。

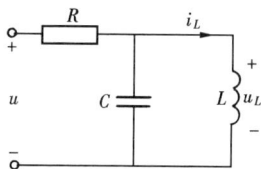

图 9-27　题 9-7 图

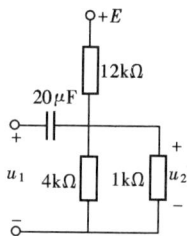

图 9-28　题 9-8 图

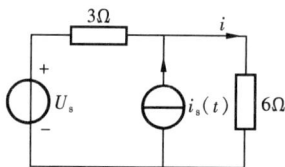

图 9-29　题 9-9 图

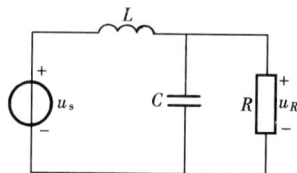

图 9-30　题 9-10 图

9-10　图 9-30 所示电路中，$u = 100 + 300\sin(\omega t) + 100\sin(3\omega t)V$，$R = 10\Omega$，$\omega L_1 = 3.75\Omega$，$\omega L_2 = 30\Omega$，$1/\omega C = 30\Omega$，求电流 i 和电压 u_C。

9-11　直流电压源 U_s 和正弦交流电流源 $i_s(t)$ 同时作用于图 9-31 所示电路中，产生的响应为 $i = 1 + \sin\omega t A$。试求 U_s 和 $i_s(t)$。

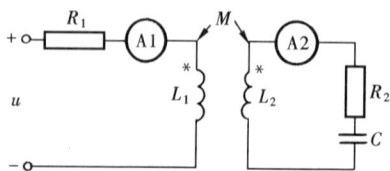

图 9-31　题 9-11 图

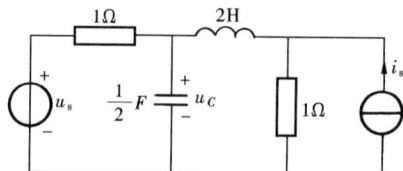

图 9-32　题 9-12 图

9-12　图 9-32 所示电路中，已知 $R = 100\Omega$，$L = 20mH$，$C = 40\mu F$，$f = 800Hz$，$u_R = 50 + 10\sqrt{2}\sin\omega t V$。试求：（1）电源电压的瞬时值和有效值；（2）电源提供的功率。

9-13　R、L 串联电路中，电源电压 $u = 6 + 10\sin 2t V$，电流 $i = 2 + I_m\sin(2t - 53.1°)A$，试用叠加定理计算：（1）$R$、$L$ 和 I_m；（2）若电压 $u = 10 + 5\sin t + 5\sin 2t V$ 时，电流 i 为多少？

9-14　图 9-33 所示电路中，$R_1 = 2\Omega$，$R_2 = 3\Omega$，$\omega L_1 = \omega L_2 = 4\Omega$，$\omega M = 1\Omega$，$1/\omega C = 6\Omega$，$u = 20 + 20\sin\omega t V$，求两电流表的读数。

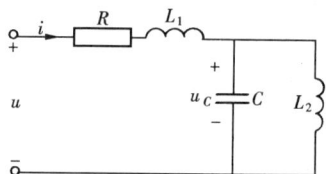

图 9-33　题 9-14 图

图 9-34　题 9-15 图

9-15　图 9-34 所示电路中，已知：$u_s = 5\sin3t\,\text{V}$，$i_s = 3\cos(4t-30°)\,\text{A}$，求电容电压 u_C。

9-16　滤波电路如图 9-35 所示，要求 4ω 的谐波电压传送至负载电阻 R，而阻断基波电压。如电容 $C = 1\mu\text{F}$，$\omega = 1000\text{rad/s}$，试求 L_1 和 L_2。

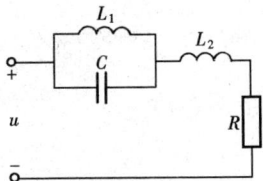

图 9-35　题 9-16 图

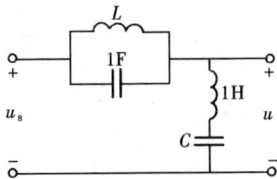

图 9-36　题 9-17 图

9-17　图 9-36 所示电路中，u_s 含有 3ω 及 7ω 的谐波分量，如果要求在输出端电压 $u(t)$ 中不含有这两个谐波分量，问 L 和 C 应为多少？

9-18　已知图 9-37 所示电路中，$u_s = 20 + 10\sqrt{2}\sin\omega t\,\text{V}$，$\omega = 10^4\text{rad/s}$，试求电流 i_1 和 i_2 以及它们的有效值。

9-19　对称三相星形连接电路中，电源的相电压为非正弦周期电压。无中线时线电流有效值为 24A，有中性线时线电流有效值为 25A，问有中线时中性线电流的有效值为多少？

9-20　对称三相电路中，Y 形连接的负载每相对基波的阻抗 $Z_1 = R + j\omega L = (90 + j30)\Omega$，Y 连接的对称三相电压源的 A 相电压 $u_A = [160\sqrt{2}\sin(\omega t) + 30\sqrt{2}\sin(3\omega t) + 20\sqrt{2}\sin(5\omega t)]\text{V}$，中性线对基波的阻抗 $Z_{N1} = R_N + j\omega L_N = (4 + j6)\Omega$。试求：(1) 有中线时的 i_A、i_N、$u_{N'N}$；(2) 中性线断开时的 i_C、i_N、$u_{N'N}$。

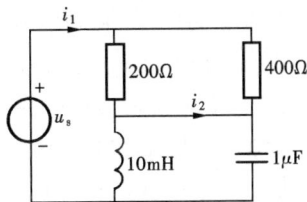

图 9-37　题 9-18 图

9-21　对称三相电路中，Y 形连接的负载在基波频率下阻抗为 $Z_1 = 6 + j3\Omega$，对称三相电源作 Y 形连接，A 相电压为 $u_A = [215\sqrt{2}\sin(\omega t) + 30\sqrt{2}\sin(3\omega t) + 10\sqrt{2}\sin(5\omega t)]\text{V}$，中线阻抗为 $Z_{N1} = 1 + j2\Omega$。试求：(1) 各相电流、中线电流和负载消耗的功率。(2) 将中性线断开，再求各相电流和负载消耗的功率。

9-22　如将题 9-21 中给出的对称三相电源连成如图 9-38 所示的开口三角形，试求两个电压表的读数（电压表为测量有效值的电磁系仪表）。

9-23　周期矩形脉冲序列如图 9-39 所示，脉冲宽度 $\tau = T/5$，试求：(1) 指数形式的傅里叶级数；(2) c_0 为多少？多少次谐波的幅值为零？

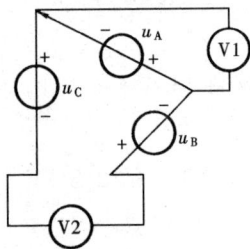

图 9-38　题 9-22 图

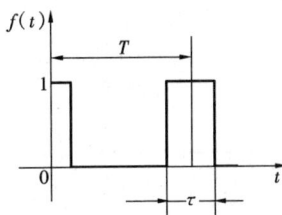

图 9-39　题 9-23 图

参　考　答　案

9-1　(a) $f(t) = \dfrac{A_m}{2}\sin\omega t + \dfrac{A_m}{\pi}\left[1 - \dfrac{2}{3}\cos(2\omega t) - \dfrac{2}{15}\cos(4\omega t) - \dfrac{2}{35}\cos(6\omega t) - \cdots\right]$

　　(b) $f(t) = \dfrac{2A_m}{\pi}\left[1 - \dfrac{2}{3}\cos(2\omega t) - \dfrac{2}{15}\cos(4\omega t) - \dfrac{2}{35}\cos(6\omega t) - \cdots\right]$

　　(c) $f(t) = \dfrac{16}{\pi^2}\Big[0.707\sin(\omega t) + 0.0786\sin(3\omega t) - 0.0283\sin(5\omega t) - $

　　　　　　$\cdots + \dfrac{1}{(2n-1)^2}\sin\dfrac{2n-1}{4}\pi \times \sin(2n-1)\omega t + \cdots\Big]$

　　(d) $\dfrac{8}{\pi^2}\left(-\cos\omega t + \dfrac{1}{9}\cos3\omega t - \dfrac{1}{25}\cos5\omega t - \cdots\right)$

9-2　$U_1 = 77.14\text{V}, U_3 = 63.64\text{V}$

9-3　$Z_1 = 4\angle-30°\Omega, Z_3 = 2\angle45°\Omega, P = 460\text{W}$

9-4　(a) $i = 1.178\sin(\omega t - 45°) + 0.105\sin(3\omega t - 71.6°)\text{A}$

　　(b) $i = 1.178\sin(\omega t + 45°) + 0.316\sin(3\omega t + 18.43°)\text{A}$

9-5　$i = 0.4\cos(\omega t) + 0.2\cos(2\omega t - 45°)\text{A}, 0.316\text{A}$

9-6　$2.45\text{A}, 36.23\text{W}$

9-7　$u_L = 4\sin(\omega t)\text{V}, i_L = 0.2 + 0.1\sin(\omega t - 90°)\text{A}$

9-8　$0.75 + 0.998\sin(1000t + 3.8°)\text{V}$

9-9　$i = 2 + 2\sin(\omega t)\text{A}, P = 250\text{W}$

9-10　$i = 10 + 10\sin(3\omega t)\text{A}, u_C = 300\sin(\omega t) + 112.5\sin(3\omega t - 90°)\text{V}$

9-11　$U_s = 9\text{V}, i_s = 3\sin\omega t\text{A}$

9-12　(1) $u_s = 50 + 191.8\sqrt{2}\sin(\omega t + 177°)\text{V}, U_s = 198.2\text{V}$; (2) 26W

9-13　(1) 3Ω、2H、2A；(2) $i = 3.33 + 1.387\sin(t - 33.7°) + \sin(2t - 53.1°)\text{A}$

9-14　$I_1 = 10.44\text{A}, I_2 = 0.83\text{A}$

9-15　$2.96\sin(3t - 52.5°) + 0.17\cos(4t - 174.5°)\text{V}$

9-16　$1\text{H}, 66.7\text{mH}$

9-17　$C = \dfrac{1}{9\omega^2}, L = \dfrac{1}{49\omega^2}$ 或 $L = \dfrac{1}{9\omega^2}, C = \dfrac{1}{49\omega^2}$

9-18　$i_1 = 0.15\text{A}, i_2 = 0.05 + \sqrt{2}\times0.1\sin(\omega t + 90°)\text{A}, 0.15\text{A}, 0.112\text{A}$

9-19　21A

9-20　(1) $i_A = 1.69\sqrt{2}\sin(\omega t - 18.4°) + 0.17\sqrt{2}\sin(3\omega t - 54.7°) + 0.11\sqrt{2}\sin(5\omega t$
　　　　$- 59°)\text{A}$

　　　　$i_N = 0.51\sqrt{2}\sin(3\omega t - 54.7°)\text{A}, u_{N'N} = 9.4\sqrt{2}\sin(3\omega t + 22.8°)\text{V}$

　　(2) $i_C = 1.69\sqrt{2}\sin(\omega t + 101.6°) + 0.11\sqrt{2}\sin(5\omega t - 179°)\text{A}$,

　　　　$u_{N'N} = 30\sqrt{2}\sin(3\omega t)\text{V}$

9-21　(1) $i_A = 32.1\sqrt{2}\sin(\omega t - 26.6°) + 1.05\sqrt{2}\sin(3\omega t - 71.6°) + 0.619\sqrt{2}\sin(5\omega t -$

68. 2°)A,

$i_N = 3.16\sqrt{2}\sin(3\omega t - 71.6°)A$, $P = 18.5kW$;

(2) $i_A = 32.1\sqrt{2}\sin(\omega t - 26.6°) + 0.619\sqrt{2}\sin(5\omega t - 68.2°)A$

$P = 18.55kW$

9-22 $U_1 = 217.3V$, $U_2 = 90V$

9-23 (1) $\sum_{k=-\infty}^{\infty} \frac{1}{k\pi}\sin\left(\frac{k\pi}{5}\right)e^{jk\omega t}$; (2) $c_0 = \frac{1}{5}$, $5k$ 次谐波

第 10 章 二 端 口 网 络

在第 4 章中曾讨论了戴维南定理，它是线性含源一端口网络（也称单口网络）对外部电路的一种等效，通过开路电压和输入电阻确定了含源一端口的电压、电流关系。

在一些网络分析中，关心的问题仅仅是输入信号与输出信号或激励与响应之间的关系，而不计网络内部环节时，可将网络视为一个整体。将所关心的输入端口与输出端口引出，构成二端口网络。二端口网络按其内部是否含有电源，分为含源和无源二端口网络，若网络内部含有非线性元件，则称为非线性二端口网络。

本章主要讨论线性无源二端口网络的端口电压、电流关系以及相应的四种参数，二端口网络的连接以及二端口网络的等效电路等内容。

10.1　二端口网络与多端口网络

如果一个复杂的电路只有两个端子与外电路相连，而且仅对外电路感兴趣，则该电路可以作为一端口网络，并经常应用戴维南等效电路等效替代。如果复杂电路有两对端子与外电路相连，例如变压器、滤波器等，对这样的电路，可以把两对端子之间的电路概括在一个方框内，形成二端口网络。

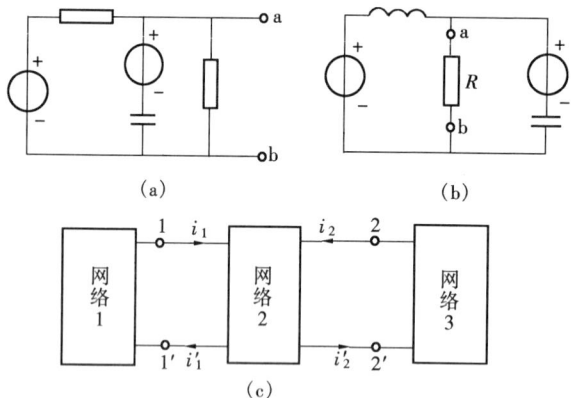

图 10-1　端口的概念

（a）引出两个端子形成端口；（b）元件两端形成端口；（c）网络端口

10.1.1　端口概念

端口是指网络与外部一个二端元件或一个二端网络连接的一对端钮。端口可以从网络中直接引出两个端线形成，如图 10-1（a）所示；也可以将网络内部某一个二端元件的两端视为端钮形成端口，如图 10-1（b）所示，将其中的电阻 R 移到网络之外，其两端即构成一个端口；或者将网络一分为二形成一个端口，如图 10-1（c）所示，将网络分成三个部分，网络 1 与网络 2 之间形成端口 $1-1'$，网络 2 与网络 3 之间形成一个端口 $2-2'$。

10.1.2　二端口网络与四端网络

当一个网络有四个引出端时，称为四端网络，如图 10-2 所示。四端网络中的四个电流可以是独立的，因此四端网络不一定构成二端口网络。在任何瞬间，每一个端口两个端钮的电流量值必须相等，而且电流从一个端口流入而从另一个端钮流出，这条件称为端口条件，四端网络只有满足端口条件时才称为二端口网络（也称双口网络）。

图 10-1（c）中，$i_1 = i_1'$、$i_2 = i_2'$，故网络 2 为一个二端口网络。第 7 章讨论的互感耦合元件和理想变压器也是一种二端口网络。工程实际中常见的二端口网络如图 10-3（a）、图

10-3 (b)、图 10-3 (c) 所示,可以把两对端钮之间的部分概括在一个方框中,如图 10-3 (d) 所示,其中,一对端钮 $1-1'$ 称为输入端钮;另一对端钮 $2-2'$ 称为输出端钮。

本章讨论的二端口网络只限于:网络内部没有独立源,各元件均为线性元件,储能元件处于零状态,网络内部没有与外电路耦合的互感元件和受控源。二端口网络的分析可以采用相量法,也可以采用运算法,本章主要采用相量法。

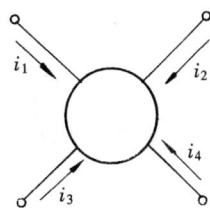

图 10-2　四端网络

10.1.3　二端口网络的端口特性方程

在电路理论中,二端口网络研究的一个主要内容是分析端口处的电压、电流关系。二端口网络在端口处共有四个变量,端口 $1-1'$ 的 $\dot{U}_1$、$\dot{I}_1$ 和端口 $2-2'$ 的 $\dot{U}_2$、$\dot{I}_2$。当两个端口与外电路相连时,每一个端口的电压、电流都有一个与外电路相连接的约束关系。所以二端口网络内部只要有两个约束关系就可以确定上述四个变量。采用相量法,这两个约束关系可表示如下

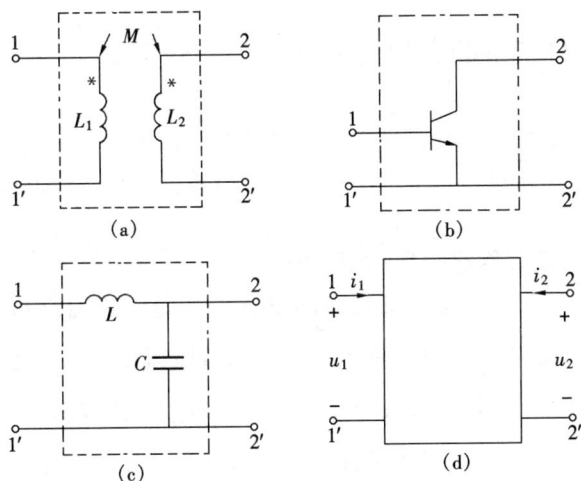

图 10-3　二端口网络

(a) 互感元件;(b) 普通晶体管;(c) L、C 电路;(d) 二端口网络

$$\begin{cases} f_1(\dot{U}_1, \dot{U}_2, \dot{I}_1, \dot{I}_2) = 0 \\ f_2(\dot{U}_1, \dot{U}_2, \dot{I}_1, \dot{I}_2) = 0 \end{cases}$$

对于线性定常二端口网络,上述两个约束关系可具体化为如下两个方程

$$\begin{cases} P_{11}\dot{U}_1 + P_{12}\dot{U}_2 + Q_{11}\dot{I}_1 + Q_{12}\dot{I}_2 = 0 \\ P_{21}\dot{U}_1 + P_{22}\dot{U}_2 + Q_{21}\dot{I}_1 + Q_{22}\dot{I}_2 = 0 \end{cases} \tag{10-1}$$

其矩阵形式为

$$\begin{bmatrix} P_{11} & P_{12} \\ P_{21} & P_{22} \end{bmatrix} \begin{bmatrix} \dot{U}_1 \\ \dot{U}_2 \end{bmatrix} + \begin{bmatrix} Q_{11} & Q_{12} \\ Q_{21} & Q_{22} \end{bmatrix} \begin{bmatrix} \dot{I}_1 \\ \dot{I}_2 \end{bmatrix} = 0 \tag{10-2}$$

式 (10-1) 或式 (10-2) 是描述二端口网络外特性的方程,这是以隐式形式给出的,故称为一般形式的二端口方程。

如果二端口网络是确定的,则端口的特性方程由网络本身的性质所决定,与外接电路无关。在这两个方程中,可以取端口四个变量中的任意两个作为已知量(自变量),另外两个作为待求量(自变量的函数),共有六种选法。对应每一种选法,都能从式 (10-1) 或式 (10-2) 得出一种表示已知量与待求量之间关系的显式方程。例如,以 $\dot{U}_1$, $\dot{U}_2$ 为已知量,$\dot{I}_1$, $\dot{I}_2$ 为待求量,由式 (10-2) 可得

$$\begin{bmatrix} \dot{I}_1 \\ \dot{I}_2 \end{bmatrix} = -\begin{bmatrix} Q_{11} & Q_{12} \\ Q_{21} & Q_{22} \end{bmatrix}^{-1} \begin{bmatrix} P_{11} & P_{12} \\ P_{21} & P_{22} \end{bmatrix} \begin{bmatrix} \dot{U}_1 \\ \dot{U}_2 \end{bmatrix} = \begin{bmatrix} Y_{11} & Y_{12} \\ Y_{21} & Y_{22} \end{bmatrix} \begin{bmatrix} \dot{U}_1 \\ \dot{U}_2 \end{bmatrix}$$

这就是描述二端口电压、电流关系的显式方程。一般地，设 $\dot{X}_1$、$\dot{X}_2$ 为已知量，$\dot{Y}_1$，$\dot{Y}_2$ 为待求量，则显式方程可表示为

$$\begin{bmatrix} \dot{Y}_1 \\ \dot{Y}_2 \end{bmatrix} = \begin{bmatrix} C_{11} & C_{12} \\ C_{21} & C_{22} \end{bmatrix} \begin{bmatrix} \dot{X}_1 \\ \dot{X}_2 \end{bmatrix}$$

其中，C_{11}、C_{12}、C_{21}、C_{22} 称为方程的参数。显然，已知量的取法不同，得到的特性方程虽然仍具有上述形式，但参数的意义不同。

10.2　二端口网络的方程与参数

当二端口网络确定后，选取端口四个变量中的任意两个作为已知量，由式（10-2）确定的参数电路方程有六种，这里只讨论常用的阻抗（Z）、导纳（Y）、传输（T）、混合（H）四种参数方程。

10.2.1　二端口网络的导纳型参数

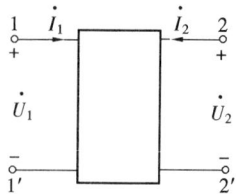

图 10-4　线性无源二端口网络

图 10-4 为一个线性无源二端口网络（以下简称二端口），端口电压、电流的参考方向如图所示。假设端口电压 $\dot{U}_1$，$\dot{U}_2$ 为已知量，建立端口电流 $\dot{I}_1$，$\dot{I}_2$ 与端口电压的关系。应用替代定理把两个端口电压 $\dot{U}_1$，$\dot{U}_2$ 用独立电压源替代，如图 10-5（a）所示。因为网络内无独立源，根据叠加定理，端口电流 $\dot{I}_1$，$\dot{I}_2$ 分别等于两个电压源单独作用时产生的电流之和。

当电压源 $\dot{U}_1$ 单独作用时，由图 10-5（b）电路得 $\dot{I}'_1 = Y_{11}\dot{U}_1$ 及 $\dot{I}'_2 = Y_{21}\dot{U}_1$；当电压源 $\dot{U}_2$ 单独作用时，由图 10-5(c) 电路得 $\dot{I}''_1 = Y_{12}\dot{U}_2$ 及 $\dot{I}''_2 = Y_{22}\dot{U}_2$。于是有

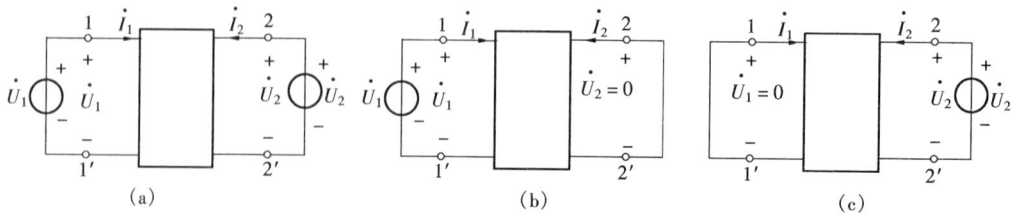

图 10-5　导纳参数方程的推导

(a) 原网络；(b) $\dot{U}_1$ 作用时的网络；(c) $\dot{U}_2$ 作用时的网络

$$\dot{I}_1 = \dot{I}'_1 + \dot{I}''_1 = Y_{11}\dot{U}_1 + Y_{12}\dot{U}_2$$

$$\dot{I}_2 = \dot{I}'_2 + \dot{I}''_2 = Y_{21}\dot{U}_1 + Y_{22}\dot{U}_2$$

将上两式联立，即得方程组

$$\left.\begin{array}{l} \dot{I}_1 = Y_{11}\dot{U}_1 + Y_{12}\dot{U}_2 \\ \dot{I}_2 = Y_{21}\dot{U}_1 + Y_{22}\dot{U}_2 \end{array}\right\} \tag{10-3}$$

式（10-3）称为二端口的导纳参数方程。方程的矩阵形式如下

$$\begin{bmatrix} \dot{I}_1 \\ \dot{I}_2 \end{bmatrix} = \begin{bmatrix} Y_{11} & Y_{12} \\ Y_{21} & Y_{22} \end{bmatrix} \begin{bmatrix} \dot{U}_1 \\ \dot{U}_2 \end{bmatrix} = Y \begin{bmatrix} \dot{U}_1 \\ \dot{U}_2 \end{bmatrix} \tag{10-4a}$$

或

$$\dot{I} = Y\dot{U} \tag{10-4b}$$

$$Y = \begin{bmatrix} Y_{11} & Y_{12} \\ Y_{21} & Y_{22} \end{bmatrix}$$

式中：Y 称为二端口的导纳参数矩阵或 Y 参数矩阵，$Y_{11}, Y_{12}, Y_{21}, Y_{22}$ 称为二端口的导纳参数，它们具有导纳的量纲。二端口的参数由其内部结构、元件的参数及电源频率决定，与二端的外部连接和外加激励的数值无关。

Y 参数可以用计算或测量的方法得到。在二端口的 $1-1'$ 端加激励电压 $\dot{U}_1$，而将 $2-2'$ 短路，见图 10-5（b）。由式（10-1）得

$$Y_{11} = \frac{\dot{I}_1}{\dot{U}_1}\bigg|_{\dot{U}_2=0} \qquad Y_{21} = \frac{\dot{I}_2}{\dot{U}_1}\bigg|_{\dot{U}_2=0}$$

Y_{11} 表示端口 $2-2'$ 短路时 $1-1'$ 端口的输入导纳，Y_{21} 表示端口 $2-2'$ 短路时，端口 $2-2'$ 与端口 $1-1'$ 之间的转移导纳。它表示一个端口的电流与另一个端口的电压之间的关系。同理，在二端口的 $2-2'$ 端加激励电压 $\dot{U}_2$，而将 $1-1'$ 短路，如图 10-5（c）。由式（10-1）得

$$Y_{12} = \frac{\dot{I}_1}{\dot{U}_2}\bigg|_{\dot{U}_1=0} \qquad Y_{22} = \frac{\dot{I}_2}{\dot{U}_2}\bigg|_{\dot{U}_1=0}$$

Y_{12} 是端口 $1-1'$ 与端口 $2-2'$ 之间的转移导纳，Y_{22} 是端口 $2-2'$ 的输入导纳。由于 Y 参数是在一个端口短路的情况下，通过计算或测量得出的，所以又称为短路参数。

【例 10-1】 试求图 10-6（a）所示二端口的 Y 参数。

解 用前面导出的 Y 参数计算公式求解。

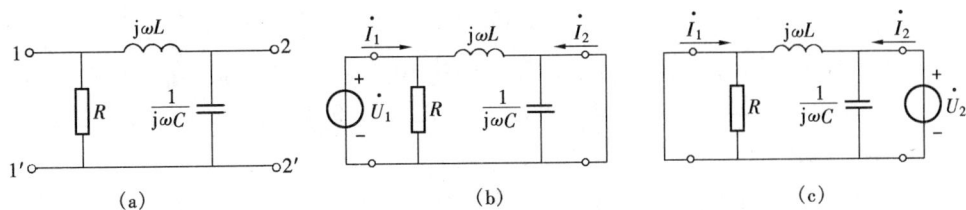

图 10-6 ［例 10-1］图

(a) 二端口网络；(b) 端口的 $1-1'$ 加电压 $\dot{U}_1$；(c) 端口的 $2-2'$ 加电压 $\dot{U}_2$

在图 10-6（a）的端口 $1-1'$ 上加电压 $\dot{U}_1$ 并短接端口 $2-2'$，得到图 10-6（b）。由此图得

$$\dot{I}_1 = \left(\frac{1}{R} + \frac{1}{j\omega L}\right)\dot{U}_1, \quad \dot{I}_2 = -\frac{1}{j\omega L}\dot{U}_1$$

得
$$Y_{11} = \left.\frac{\dot{I}_1}{\dot{U}_1}\right|_{\dot{U}_2=0} = \frac{1}{R} + \frac{1}{j\omega L}, \ Y_{21} = \left.\frac{\dot{I}_2}{\dot{U}_1}\right|_{\dot{U}_2=0} = -\frac{1}{j\omega L}$$

在图 10-6（a）的端口 $2-2'$ 上加电压 $\dot{U}_2$ 并短接端口 $1-1'$，见图 10-6（c）。由此图得

$$Y_{12} = \left.\frac{\dot{I}_1}{\dot{U}_2}\right|_{\dot{U}_1=0} = -\frac{1}{j\omega L}, \ Y_{22} = \left.\frac{\dot{I}_2}{\dot{U}_2}\right|_{\dot{U}_1=0} = \frac{1}{j\omega L} + j\omega C$$

本例结果中有 $Y_{12} = Y_{21}$。由互易定理不难证明，对于不含独立源和受控源的线性二端口网络，$Y_{12} = Y_{21}$ 总是成立的，这一结果称为二端口网络的互易性。对于由线性 R、$L(M)$、C 元件构成的任何无源互易二端口，4 个 Y 参数中，只有三个是独立的。就是说，只用三个参数就足可以表征二端口本身的性能。如果互易二端口还满足条件 $Y_{11} = Y_{22}$ 则称此二端口在电气上具有对称性，这时将网络的端口 $1-1'$ 与端口 $2-2'$ 对调后，对外电路的特性不变。显然，这种二端口只有两个参数是独立的。

【例 10-2】　二端口如图 10-7（a）所示，试求其 Y 参数。

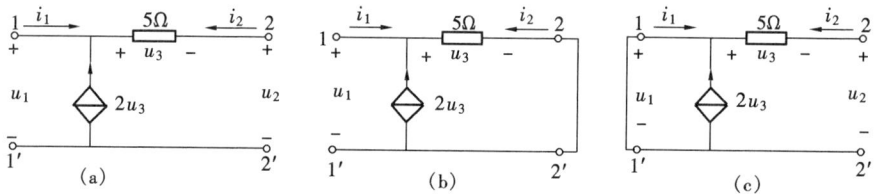

图 10-7　［例 10-2］图

(a) 二端口网络；(b) 端口的 $1-1'$ 加电压 u_1；(c) 端口的 $2-2'$ 加电压 u_2

解　对于纯电阻网络，可以用电压、电流的瞬时值来计算网络参数。令端口 $2-2'$ 短路，在端口 $1-1'$ 加电压 u_1，如图 10-7（b）所示。注意到 $u_1 = u_3$，有

$$i_1 = -2u_3 - i_2 = -2u_3 + \frac{u_3}{5} = -\frac{9}{5}u_3 = -\frac{9}{5}u_1$$

所以

$$Y_{11} = \left.\frac{i_1}{u_1}\right|_{u_2=0} = -\frac{9}{5}\text{S}, \ Y_{21} = \left.\frac{i_2}{u_1}\right|_{u_2=0} = \frac{i_2}{u_3} = -\frac{1}{5}\text{S}$$

令端口 $1-1'$ 短路，在端口 $2-2'$ 加电压 u_2，如图 10-7（c）所示。注意到 $u_2 = -u_3$，有

$$i_1 = -2u_3 + \frac{u_3}{5} = -\frac{9}{5}u_3 = \frac{9}{5}u_2$$

所以

$$Y_{12} = \left.\frac{i_1}{u_2}\right|_{u_1=0} = \frac{9}{5}\text{S}, \ Y_{22} = \left.\frac{i_2}{u_2}\right|_{u_1=0} = \frac{-u_3/5}{-u_3} = \frac{1}{5}\text{S}$$

故得短路导纳矩阵为

$$Y = \frac{1}{5}\begin{bmatrix} -9 & 9 \\ -1 & 1 \end{bmatrix}$$

该例也可以由图 10-7（a）直接推导出形如式（10-3）的 Y 参数方程，再通过系数比较得出 Y 参数。首先从图中可求得电流 i_2 为

$$i_2 = \frac{u_2 - u_1}{5} = -\frac{1}{5}u_1 + \frac{1}{5}u_2$$

电流 i_1 为 $i_1 = -2u_3 - i_2$,又因为 $u_3 = u_1 - u_2$,将 u_3 和 i_2 代入 i_1 中得

$$i_1 = -2(u_1 - u_2) - \left(-\frac{1}{5}u_1 + \frac{1}{5}u_2\right) = -\frac{9}{5}u_1 + \frac{9}{5}u_2$$

将两式联立,得

$$\begin{cases} i_1 = -\dfrac{9}{5}u_1 + \dfrac{9}{5}u_2 \\ i_2 = -\dfrac{1}{5}u_1 + \dfrac{1}{5}u_2 \end{cases}$$

与式(10-3)比较可得 $Y_{11} = -\dfrac{9}{5}$,$Y_{12} = \dfrac{9}{5}$,$Y_{21} = -\dfrac{1}{5}$,$Y_{22} = \dfrac{1}{5}$。

由结果可见,因为网络中含有受控源,导致 $Y_{12} \neq Y_{21}$,这是一个非互易网络。

10.2.2　二端口网络的阻抗型参数

设图 10-4 所示二端口网络的端口电流 $\dot{I}_1$ 和 $\dot{I}_2$ 为已知量,端口电压 $\dot{U}_1$ 和 $\dot{U}_2$ 为待求量,应用替代定理,将两个端口电流用等值的电流源替代,见图 10-8。根据叠加定理,$\dot{U}_1$ 和 $\dot{U}_2$ 应等于两个电流源单独作用时产生的电压之和,即

$$\begin{cases} \dot{U}_1 = Z_{11}\dot{I}_1 + Z_{12}\dot{I}_2 \\ \dot{U}_2 = Z_{21}\dot{I}_1 + Z_{22}\dot{I}_2 \end{cases} \tag{10-5}$$

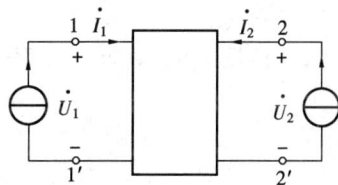

图 10-8　用电流源替代的二端口网络

式中 Z_{11},Z_{12},Z_{21},Z_{22} 称为二端口的 Z 参数,它们具有阻抗的量纲。Z 参数可按下述方法计算或测量得到:将端口 2－2′开路,在端口 1－1′加电流源 $\dot{I}_1$。由式(10-5)得:

$$Z_{11} = \left.\frac{\dot{U}_1}{\dot{I}_1}\right|_{i_2=0} , \quad Z_{21} = \left.\frac{\dot{U}_2}{\dot{I}_1}\right|_{i_2=0}$$

再将端口 1－1′开路,在端口 2－2′加电流源 $\dot{I}_2$。由式(10-5)得:

$$Z_{12} = \left.\frac{\dot{U}_1}{\dot{I}_2}\right|_{i_1=0} , \quad Z_{22} = \left.\frac{\dot{U}_2}{\dot{I}_2}\right|_{i_1=0}$$

式中:Z_{11} 称为端口 2－2′开路时,端口 1－1′的输入阻抗,Z_{21} 称为端口 2－2′与端口 1－1′之间的转移阻抗。Z_{12} 称为端口 1－1′开路时,端口 1－1′与端口 2－2′之间的转移阻抗,Z_{22} 称为端口 1－1′开路时,端口 2－2′的输入阻抗。将式(10-5)写成矩阵形式,有

$$\begin{bmatrix} \dot{U}_1 \\ \dot{U}_2 \end{bmatrix} = \begin{bmatrix} Z_{11} & Z_{12} \\ Z_{21} & Z_{22} \end{bmatrix} \begin{bmatrix} \dot{I}_1 \\ \dot{I}_2 \end{bmatrix} = \mathbf{Z}\begin{bmatrix} \dot{I}_1 \\ \dot{I}_2 \end{bmatrix} \tag{10-6a}$$

或

$$\dot{\mathbf{U}} = \mathbf{Z}\dot{\mathbf{I}} \tag{10-6b}$$

$$\mathbf{Z} = \begin{bmatrix} Z_{11} & Z_{12} \\ Z_{21} & Z_{22} \end{bmatrix}$$

式中:Z 称为二端口网络的 Z 参数矩阵或开路阻抗矩阵,因为它是通过将网络的两个端口分别开路而测得的。

如果 Y 参数矩阵 Y 为非奇异阵,由式(10-4b)可得

$$\dot{U} = Y^{-1}\dot{I} = Z\dot{I}$$

表明开路阻抗矩阵 Z 与短路导纳矩阵 Y 存在着互为逆矩阵的关系

$$Z = Y^{-1} \quad 或 \quad Y = Z^{-1}$$

对于不含受控源的线性二端口网络，$Z_{12} = Z_{21}$ 总是成立的，这是二端口网络用 Z 参数描述时的互易条件，此时 Z 参数中只有三个是独立的。如果互易二端口网络的 Z 参数还满足 $Z_{11} = Z_{22}$ 的关系，二端口网络在电气上是对称的，这时 Z 参数中只有两个参数是独立的。

【例 10-3】 试求图 10-9 所示二端口网络的 Z 参数。

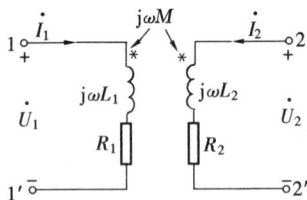

图 10-9　［例 10-3］图

解 列写一次侧和二次侧回路电压方程如下

$$\dot{U}_1 = (R_1 + j\omega L_1)\dot{I}_1 + j\omega M\dot{I}_2$$

$$\dot{U}_2 = j\omega M\dot{I}_1 + (R_2 + j\omega L_2)\dot{I}_2$$

与式（10-5）比较，可得 Z 参数矩阵

$$Z = \begin{bmatrix} R_1 + j\omega L_1 & j\omega M \\ j\omega M & R_2 + j\omega L_2 \end{bmatrix}$$

【例 10-4】 含受控源的二端口网络如图 10-10 所示，求它的 Z 参数。

解 根据 KVL 列电压方程

$$\dot{U}_1 = 3\dot{I}_3 + 3\dot{I}_3 = 6(\dot{I}_1 + \dot{I}_2) = 6\dot{I}_1 + 6\dot{I}_2$$

$$\dot{U}_2 = 3\dot{I}_2 + 3\dot{I}_3 = 3\dot{I}_2 + 3(\dot{I}_1 + \dot{I}_2) = 3\dot{I}_1 + 6\dot{I}_2$$

Z 参数矩阵为

$$Z = \begin{bmatrix} 6 & 6 \\ 3 & 6 \end{bmatrix} \Omega$$

可见，由于网络中含有受控源，$Z_{12} \neq Z_{21}$，网络不具有互易性。虽然 $Z_{11} = Z_{22}$，由于二端口网络在电气上是不对称的，因此它并不是对称网络。

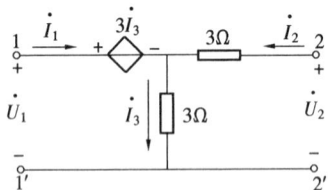

图 10-10　［例 10-4］图

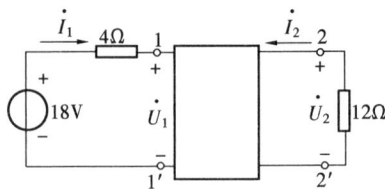

图 10-11　［例 10-5］图

【例 10-5】 二端口网络如图 10-11 所示，已知它的 Z 参数为 $Z = \begin{bmatrix} 6 & 4 \\ 5 & 8 \end{bmatrix} \Omega$，试求电流 $\dot{I}_1$ 和电压 $\dot{U}_2$。

解 由已知的 Z 参数矩阵，二端口网络的 Z 参数方程为

$$\dot{U}_1 = 6\dot{I}_1 + 4\dot{I}_2$$

$$\dot{U}_2 = 5\dot{I}_1 + 8\dot{I}_2$$

虽然二端口网络内部是不可见的，但通过上述两个方程，网络已经完全确定了。网络的两个

端口与外部的约束关系为

$$\dot U_1 = 18 - 4\dot I_1$$

$$\dot U_2 = -12\dot I_2$$

联立上述四个方程，得

$$\dot I_1 = 2\text{A}, \dot U_2 = 6\text{V}$$

可见，只要网络的参数方程已知，加上两个端口与外电路的约束关系，就可完全确定 $\dot U_1$，$\dot U_2, \dot I_1, \dot I_2$ 四个变量。

10.2.3　二端口网络的传输型参数

工程应用中的某些问题，常常需要研究一个端口电压、电流和另一个端口电压、电流之间的关系。例如，变压器、放大器、滤波器的输入、输出之间的关系；信号传输中始端、终端之间的关系。为此，将 Y 参数方程式（10-3）中的 $\dot U_1$，$\dot I_1$ 作为待求量，以 $\dot U_2, \dot I_2$ 作为自变量。由式（10-3）的第二式得

$$\dot U_1 = -\frac{Y_{22}}{Y_{21}}\dot U_2 + \frac{1}{Y_{21}}\dot I_2$$

将上式代入式（10-3）的第一式并整理，得

$$\dot I_1 = \left(Y_{12} - \frac{Y_{11}Y_{22}}{Y_{21}}\right)\dot U_2 + \frac{Y_{11}}{Y_{21}}\dot I_2$$

将以上两式联立写成

$$\left.\begin{array}{l} \dot U_1 = A\dot U_2 + B(-\dot I_2) \\ \dot I_1 = C\dot U_2 + D(-\dot I_2) \end{array}\right\} \tag{10-7}$$

其中

$$\left.\begin{array}{ll} A = -\dfrac{Y_{22}}{Y_{21}} & D = -\dfrac{Y_{11}}{Y_{21}} \\ C = Y_{12} - \dfrac{Y_{11}Y_{22}}{Y_{21}} & B = -\dfrac{1}{Y_{21}} \end{array}\right\} \tag{10-8}$$

式（10-7）称为二端口网络的传输参数方程，A、B、C、D 称为传输参数，也称 T 参数，注意方程中电流前面是负号，它表达了二端口网络的传输意义。T 参数可通过下列各式得到。

$$A = \frac{\dot U_1}{\dot U_2}\bigg|_{-\dot i_2=0}, \quad B = \frac{\dot U_1}{-\dot I_2}\bigg|_{\dot U_2=0}$$

$$C = \frac{\dot I_1}{\dot U_2}\bigg|_{-\dot i_2=0}, \quad D = \frac{\dot I_1}{-\dot I_2}\bigg|_{\dot U_2=0}$$

由以上各式可见，A 是端口 $2-2'$ 开路时两个端口电压之比，称为转移电压比，是一个无量纲的量。B 是端口 $2-2'$ 短路时的转移阻抗，由式（10-8）可知，B 与 Y_{21} 的关系是 $BY_{21} = -1$；C 是端口 $2-2'$ 开路时的转移导纳，它与 Z_{21} 的关系是 $CZ_{21}=1$；D 是端口 $2-2'$ 短路时两端口电流之比，称为转移电流比，也是一个无量纲的量。

对于互易二端口网络，A、B、C、D 四个参数中只有三个是独立的。在式（10-8）中，注意到 $Y_{12}=Y_{21}$，则有

$$AD - BC = \frac{Y_{11}Y_{22}}{Y_{21}^2} + \frac{1}{Y_{21}} \frac{Y_{12}Y_{21} - Y_{11}Y_{22}}{Y_{21}} = \frac{Y_{12}}{Y_{21}} = 1$$

$AD - BC = 1$ 就是二端口网络用 T 参数描述时的互易条件。如果二端口在电气上是对称的，可将对称条件 $Y_{11} = Y_{22}$ 代入式(10-8)中，得出 $A = D$。此时，T 参数中只有两个是独立的。

将式（10-7）写成矩阵形式，则有

$$\begin{bmatrix} \dot{U}_1 \\ \dot{I}_1 \end{bmatrix} = \begin{bmatrix} A & B \\ C & D \end{bmatrix} \begin{bmatrix} \dot{U}_2 \\ -\dot{I}_2 \end{bmatrix} = \mathbf{T} \begin{bmatrix} \dot{U}_2 \\ -\dot{I}_2 \end{bmatrix}$$

式中

$$\mathbf{T} = \begin{bmatrix} A & B \\ C & D \end{bmatrix} \tag{10-9}$$

$\mathbf{T}$ 称为传输参数矩阵（T 参数矩阵）。

传输参数在电路分析中是很重要的，对于某些网络，如传输线、理想变压器等，其 Y 参数与 Z 参数均不存在，但 T 参数却是存在的。由此说明，对于一个给定的二端口网络，并不是各种参数都存在。

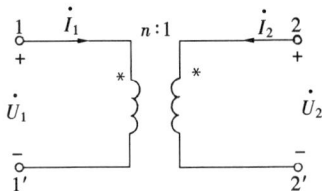

图 10-12 ［例 10-6］图

【例 10-6】 理想变压器如图 10-12 所示，试求 T 参数矩阵。

解 在图示参考方向下，理想变压器的电压、电流关系为

$$\dot{U}_1 = n\dot{U}_2$$

$$\dot{I}_1 = -\dot{I}_2/n$$

与式（10-7）相比较，得 $A = n$，$B = 0$，$C = 0$，$D = 1/n$，T 参数矩阵为

$$\mathbf{T} = \begin{bmatrix} n & 0 \\ 0 & 1/n \end{bmatrix}$$

由于 $AD - BC = 1$，该网络是互易的。由于参数 $B = -1/Y_{21} = 0$，即有 $Y_{21} \to \infty$，所以 Y 参数不存在，作为其逆矩阵的 Z 参数也不存在。

【例 10-7】 图 10-13 所示电阻性二端口网络，已知 $R = \infty$ 时，$U_2 = 7.5\text{V}$，$R = 0$ 时，$I_1 = 3\text{A}$，$I_2 = -1\text{A}$。求二端口的 T 参数。

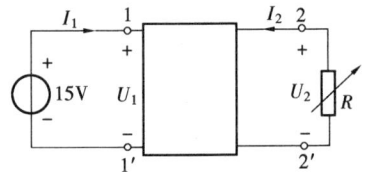

图 10-13 ［例 10-7］图

解 当 $R = \infty$，$U_2 = 7.5\text{V}$ 时，则 $I_2 = 0$，所以有

$$A = \left. \frac{U_1}{U_2} \right|_{-I_2 = 0} = \frac{15}{7.5} = 2$$

当 $R = 0$，$I_1 = 3\text{A}$，$I_2 = -1\text{A}$ 时，则 $U_2 = 0$，因此有

$$B = \left. \frac{U_1}{-I_2} \right|_{U_2 = 0} = \frac{15}{1} = 15\Omega, \quad D = \left. \frac{I_1}{-I_2} \right|_{U_2 = 0} = \frac{3}{1} = 3$$

电阻网络是互易网络，只有三个参数独立，由互易条件得

$$AD - BC = 1$$

$$C = (AD - 1)/B = 0.333\text{S}$$

10.2.4　二端口网络的混合型参数

二端口网络的混合参数方程是以 $\dot{I}_1$、$\dot{U}_2$ 为自变量，以 $\dot{U}_1$、$\dot{I}_2$ 为待求量得到的一种方程，即

$$\left.\begin{array}{l} \dot{U}_1 = H_{11}\dot{I}_1 + H_{12}\dot{U}_2 \\ \dot{I}_2 = H_{21}\dot{I}_1 + H_{22}\dot{U}_2 \end{array}\right\} \tag{10-10}$$

式中：$H_{11},H_{12},H_{21},H_{22}$ 称为 H 参数，由于参数的定义是端口电压、电流之比的混合组合，所以 H 参数也称混合参数。H 参数在描述如晶体管一类的电子器件时是非常有用的，对于这类器件，用实验的方法测量 H 参数要比测量 Z 或 Y 参数容易得多。H 参数的值可按下式确定：

$$\left.\begin{array}{ll} H_{11} = \dfrac{\dot{U}_1}{\dot{I}_1}\bigg|_{\dot{U}_2=0}, & H_{21} = \dfrac{\dot{I}_2}{\dot{I}_1}\bigg|_{\dot{U}_2=0} \\[3mm] H_{12} = \dfrac{\dot{U}_1}{\dot{U}_2}\bigg|_{\dot{I}_1=0}, & H_{22} = \dfrac{\dot{I}_2}{\dot{U}_2}\bigg|_{\dot{I}_1=0} \end{array}\right\} \tag{10-11}$$

式中：H_{11} 为端口 $2-2'$ 短路时端口 $1-1'$ 的输入阻抗，它是短路导纳 Y_{11} 的倒数，即 $H_{11}=1/Y_{11}$；H_{12} 为端口 $1-1'$ 开路时两个端口的电压之比；H_{21} 为端口 $2-2'$ 短路时输出端口与输入端口电流之比；H_{22} 为端口 $1-1'$ 开路时，端口 $2-2'$ 的输入导纳，它是开路阻抗 Z_{11} 的倒数，即 $H_{22}=1/Z_{11}$。

混合参数方程的矩阵形式如下

$$\begin{bmatrix} \dot{U}_1 \\ \dot{I}_2 \end{bmatrix} = \begin{bmatrix} H_{11} & H_{12} \\ H_{21} & H_{22} \end{bmatrix} \begin{bmatrix} \dot{I}_1 \\ \dot{U}_2 \end{bmatrix} = \boldsymbol{H}\begin{bmatrix} \dot{I}_1 \\ \dot{U}_2 \end{bmatrix} \tag{10-12}$$

$$\boldsymbol{H} = \begin{bmatrix} H_{11} & H_{12} \\ H_{21} & H_{22} \end{bmatrix} \tag{10-13}$$

式中：$\boldsymbol{H}$ 称为 H 参数矩阵或混合参数矩阵。

根据 H 参数方程式（10-10）可得到用受控源表示的二端口的混合参数模型如图 10-14 所示。

由二端口 Y 参数的互易条件 $Y_{12}=Y_{21}$，可得到二端口用 H 参数描述时的互易条件为 $H_{12}=-H_{21}$，此时 H 参数中只有 3 个是独立的。对于对称二端口，由于 $Y_{11}=Y_{22}$，则有 $H_{11}H_{22}-H_{12}H_{21}=1$，此时只有两个参数是独立的。

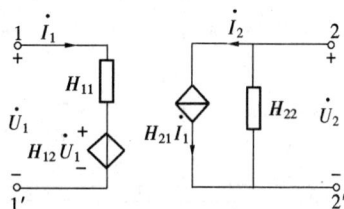

图 10-14　二端口的
H 参数模型

【例 10-8】　图 10-15 中，二端口 N 的 H 参数为 $\boldsymbol{H}=\begin{bmatrix} 5 & 1 \\ -1 & 0.5 \end{bmatrix}$，试求输入阻抗 Z。

解　设端口电压和电流的参考方向如图所示，由 H 参数矩阵可写出 H 参数方程为

$$\begin{cases} \dot{U}_1 = 5\dot{I}_1 + \dot{U}_2 \\ \dot{I}_2 = -\dot{I}_1 + 0.5\dot{U}_2 \end{cases}$$

在网络 N 的端口 $1-1'$ 处加电压 $\dot{U}_1$，则在端口 $2-2'$ 处有

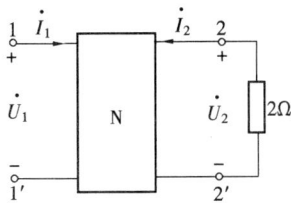

图 10-15 ［例 10-8］图

$$\dot{I}_2 = -0.5\dot{U}_2$$

代入第二个方程中，有

$$-0.5\dot{U}_2 = -\dot{I}_1 + 0.5\dot{U}_2$$

解得 $\dot{U}_2 = \dot{I}_1$，再代入第一个方程中，有 $\dot{U}_1 = 5\dot{I}_1 + \dot{I}_1 = 6\dot{I}_1$，故

$$Z = \frac{\dot{U}_1}{\dot{I}_1} = 6\Omega$$

同一个二端口网络的 Y、Z、T、H 四种参数是可以相互换算的。也就是说，可以由一种参数方程推导出其他参数方程。表 10-1 列出了它们之间的转换关系。

表 10-1 Y、Z、T、H 四种参数的转换关系

	Z 参 数	Y 参 数	H 参 数	$T(A)$ 参 数
Z 参 数	$Z_{11}\ Z_{12}$ $Z_{21}\ Z_{22}$	$\dfrac{Y_{22}}{\Delta_Y}\ -\dfrac{Y_{12}}{\Delta_Y}$ $-\dfrac{Y_{21}}{\Delta_Y}\ \dfrac{Y_{11}}{\Delta_Y}$	$\dfrac{\Delta_H}{H_{22}}\ \dfrac{H_{12}}{H_{22}}$ $-\dfrac{H_{21}}{H_{22}}\ \dfrac{1}{H_{22}}$	$\dfrac{A}{C}\ \dfrac{\Delta_T}{C}$ $\dfrac{1}{C}\ \dfrac{D}{C}$
Y 参 数	$\dfrac{Z_{22}}{\Delta_Z}\ -\dfrac{Z_{12}}{\Delta_Z}$ $-\dfrac{Z_{21}}{\Delta_Z}\ \dfrac{Z_{11}}{\Delta_Z}$	$Y_{11}\ Y_{12}$ $Y_{21}\ Y_{22}$	$\dfrac{1}{H_{11}}\ -\dfrac{H_{12}}{H_{11}}$ $\dfrac{H_{21}}{H_{11}}\ \dfrac{\Delta_H}{H_{11}}$	$\dfrac{D}{B}\ -\dfrac{\Delta_T}{B}$ $-\dfrac{1}{B}\ \dfrac{A}{B}$
H 参 数	$\dfrac{\Delta_Z}{Z_{22}}\ \dfrac{Z_{12}}{Z_{22}}$ $-\dfrac{Z_{21}}{Z_{22}}\ \dfrac{1}{Z_{22}}$	$\dfrac{1}{Y_{11}}\ -\dfrac{Y_{12}}{Y_{11}}$ $\dfrac{Y_{21}}{Y_{11}}\ \dfrac{\Delta_Y}{Y_{11}}$	$H_{11}\ H_{12}$ $H_{21}\ H_{22}$	$\dfrac{B}{D}\ \dfrac{\Delta_T}{D}$ $-\dfrac{1}{D}\ \dfrac{C}{D}$
$T(A)$ 参数	$\dfrac{Z_{11}}{Z_{21}}\ \dfrac{\Delta_Z}{Z_{21}}$ $\dfrac{1}{Z_{21}}\ \dfrac{Z_{22}}{Z_{21}}$	$-\dfrac{Y_{22}}{Y_{21}}\ -\dfrac{1}{Y_{21}}$ $-\dfrac{\Delta_Y}{Y_{21}}\ -\dfrac{Y_{11}}{Y_{21}}$	$-\dfrac{\Delta_H}{H_{21}}\ -\dfrac{H_{11}}{H_{21}}$ $-\dfrac{H_{22}}{H_{21}}\ -\dfrac{1}{H_{21}}$	$A\ B$ $C\ D$

其中

$$\Delta_Z = \begin{vmatrix} Z_{11} & Z_{12} \\ Z_{21} & Z_{22} \end{vmatrix}, \ \Delta_Y = \begin{vmatrix} Y_{11} & Y_{12} \\ Y_{21} & Y_{22} \end{vmatrix}$$

$$\Delta_H = \begin{vmatrix} H_{11} & H_{12} \\ H_{21} & H_{22} \end{vmatrix}, \ \Delta_T = \begin{vmatrix} A & B \\ C & D \end{vmatrix}$$

并非所有二端口网络都同时存在四种参数矩阵。表 10-2 给出了一些常用简单二端口的参数矩阵，从中可以看出这一点。

表 10-2　　　　　　　　　　　　简单二端口的参数矩阵

二端口网络	Y 矩 阵	Z 矩 阵	T 矩 阵	H 矩 阵
			$\begin{bmatrix} 1 & 0 \\ 0 & 1 \end{bmatrix}$	$\begin{bmatrix} 0 & 1 \\ -1 & 0 \end{bmatrix}$
			$\begin{bmatrix} -1 & 0 \\ 0 & -1 \end{bmatrix}$	$\begin{bmatrix} 0 & -1 \\ 1 & 0 \end{bmatrix}$
	$\begin{bmatrix} \dfrac{1}{Z} & -\dfrac{1}{Z} \\ -\dfrac{1}{Z} & \dfrac{1}{Z} \end{bmatrix}$		$\begin{bmatrix} 1 & Z \\ 0 & 1 \end{bmatrix}$	$\begin{bmatrix} Z & 1 \\ -1 & 0 \end{bmatrix}$
		$\begin{bmatrix} Z & Z \\ Z & Z \end{bmatrix}$	$\begin{bmatrix} 1 & 0 \\ \dfrac{1}{Z} & 1 \end{bmatrix}$	$\begin{bmatrix} 0 & 1 \\ -1 & \dfrac{1}{Z} \end{bmatrix}$
			$\begin{bmatrix} n & 0 \\ 0 & \dfrac{1}{n} \end{bmatrix}$	$\begin{bmatrix} 0 & n \\ -n & 0 \end{bmatrix}$
		$\begin{bmatrix} 0 & 0 \\ 0 & 0 \end{bmatrix}$		
	$\begin{bmatrix} 0 & 0 \\ 0 & 0 \end{bmatrix}$			
	$\begin{bmatrix} \dfrac{1}{Z_1} & 0 \\ 0 & \dfrac{1}{Z_2} \end{bmatrix}$	$\begin{bmatrix} Z_1 & 0 \\ 0 & Z_2 \end{bmatrix}$		$\begin{bmatrix} Z_1 & 0 \\ 0 & \dfrac{1}{Z_2} \end{bmatrix}$

　　一个二端口是否具有 Y、Z、T、H 四种参数矩阵，可根据二端口的一般方程式（10-1）构造相应的矩阵进行判别，具体判别方法为

（1）当 $\begin{bmatrix} Q_{11} & Q_{12} \\ Q_{21} & Q_{22} \end{bmatrix}$ 奇异时，二端口无 Y 矩阵；

（2）当 $\begin{bmatrix} P_{11} & P_{12} \\ P_{21} & P_{22} \end{bmatrix}$ 奇异时，二端口无 Z 矩阵；

（3）当 $\begin{bmatrix} P_{11} & Q_{11} \\ P_{21} & Q_{21} \end{bmatrix}$ 奇异时，二端口无 T 矩阵；

（4）当 $\begin{bmatrix} P_{11} & Q_{12} \\ P_{21} & Q_{22} \end{bmatrix}$ 奇异时，二端口无 H 矩阵。

10.3　二端口网络的连接

一个大而复杂的网络可以分成若干个小的子网络来进行分析和设计，而这些小的子网络可视为二端口网络的模型，它们的相互连接可还原为原来的网络，所以二端口网络可认为是组成复杂网络的基本单元。一般来说，设计若干个子网络并加以连接要比直接设计一个复杂网络来得容易，所以讨论二端口网络的连接具有实际意义。

二端口网络的连接可以是级联、串联和并联，不同的连接通常要用不同的参数来描述，这样可使复合三端口网络的参数矩阵容易求得。

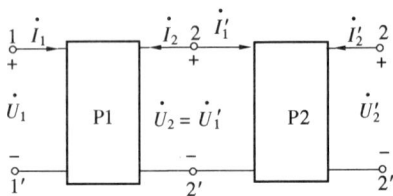

图 10-16　二端口网络的级联

10.3.1　二端口网络的级联

将一个二端口网络的输出端口与另一个二端网络的输入端口连接在一起，如图 10-16 所示，称为二端口网络的级联。

设两个二端口 P1、P2 的传输参数矩阵分别为

$$T_1 = \begin{bmatrix} A_1 & B_1 \\ C_1 & D_1 \end{bmatrix}, T_2 = \begin{bmatrix} A_2 & B_2 \\ C_2 & D_2 \end{bmatrix}$$

则二端口 P1、P2 的传输参数方程为

$$\begin{bmatrix} \dot{U}_1 \\ \dot{I}_1 \end{bmatrix} = T_1 \begin{bmatrix} \dot{U}_2 \\ -\dot{I}_2 \end{bmatrix}, \begin{bmatrix} \dot{U}'_1 \\ \dot{I}'_1 \end{bmatrix} = T_2 \begin{bmatrix} \dot{U}'_2 \\ -\dot{I}'_2 \end{bmatrix}$$

对于级联，按图中参考方向有 $\dot{U}_2 = \dot{U}'_1$，$-\dot{I}_2 = \dot{I}'_1$ 所以

$$\begin{bmatrix} \dot{U}_1 \\ \dot{I}_1 \end{bmatrix} = T_1 \begin{bmatrix} \dot{U}_2 \\ -\dot{I}_2 \end{bmatrix} = T_1 \begin{bmatrix} \dot{U}'_1 \\ \dot{I}'_1 \end{bmatrix} = T_1 T_2 \begin{bmatrix} \dot{U}'_2 \\ -\dot{I}'_2 \end{bmatrix} = T \begin{bmatrix} \dot{U}'_2 \\ -\dot{I}'_2 \end{bmatrix}$$

其中　　　　　　　　　　　　$T = T_1 T_2$　　　　　　　　　　　　　（10-14）

即　　　　　　　$T = \begin{bmatrix} A_1 A_2 + B_1 C_2 & A_1 B_2 + B_1 D_2 \\ C_1 A_2 + D_1 C_2 & C_1 B_2 + D_1 D_2 \end{bmatrix}$

T 称为复合二端口网络的传输参数矩阵。式（10-14）表明：由级联所构成的复合二端口的传输矩阵，等于组成级联的各个二端口传输参数矩阵的乘积。但是要注意它们乘积的顺序不能颠倒。

【例 10-9】　试求图 10-17（a）所示 T 型二端口网络的 T 参数矩阵。

解　图 10-17（a）二端口网络可看成三个简单二端口的级联，如图 10-17（b）所示，每一个二端

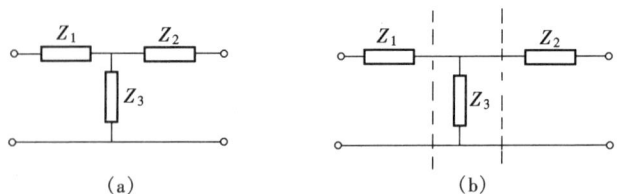

图 10-17　［例 10-9］图
(a) 二端口网络；(b) 二端口的级联

口的 T 矩阵按表 10-2 可得

$$T_1 = \begin{bmatrix} 1 & Z_1 \\ 0 & 1 \end{bmatrix}, T_2 = \begin{bmatrix} 1 & 0 \\ \dfrac{1}{Z_3} & 1 \end{bmatrix}, T_3 = \begin{bmatrix} 1 & Z_2 \\ 0 & 1 \end{bmatrix}$$

所以

$$T = T_1 T_2 T_3 = \begin{bmatrix} 1+Z_1 Y_3 & Z_1+Z_2+Z_1 Z_2 Y_3 \\ Y_3 & 1+Z_2 Y_3 \end{bmatrix}$$

10.3.2 二端口网络的并联

两个二端口网络连接成如图 10-18 所示的电路，称为二端口网络的并联。它们的输入端口和输出端口分别连在一起，所以电压被强制相同，即 $\dot{U}_1 = \dot{U}_1' = \dot{U}_1''$，$\dot{U}_2 = \dot{U}_2' = \dot{U}_2''$，写成矩阵形式为

$$\begin{bmatrix} \dot{U}_1 \\ \dot{U}_2 \end{bmatrix} = \begin{bmatrix} \dot{U}_1' \\ \dot{U}_2' \end{bmatrix} = \begin{bmatrix} \dot{U}_1'' \\ \dot{U}_2'' \end{bmatrix}$$

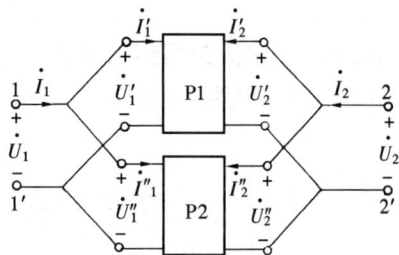

图 10-18 二端口网络的并联

如果两个二端口网络并联之后，端口条件没有被破坏，则复合网络仍按照二端口网络处理。由图 10-18 有 KCL，$\dot{I}_1 = \dot{I}_1' + \dot{I}_1''$，$\dot{I}_2 = \dot{I}_2' + \dot{I}_2''$，写成矩阵形式为

$$\begin{bmatrix} \dot{I}_1 \\ \dot{I}_2 \end{bmatrix} = \begin{bmatrix} \dot{I}_1' \\ \dot{I}_2' \end{bmatrix} + \begin{bmatrix} \dot{I}_1'' \\ \dot{I}_2'' \end{bmatrix}$$

两个二端口并联用 Y 参数描述是方便的，设 P1 和 P2 的 Y 参数矩阵分别为

$$Y' = \begin{bmatrix} Y_{11}' & Y_{12}' \\ Y_{21}' & Y_{22}' \end{bmatrix}, Y'' = \begin{bmatrix} Y_{11}'' & Y_{12}'' \\ Y_{21}'' & Y_{22}'' \end{bmatrix}$$

则有

$$\begin{bmatrix} \dot{I}_1' \\ \dot{I}_2' \end{bmatrix} = Y' \begin{bmatrix} \dot{U}_1' \\ \dot{U}_2' \end{bmatrix}, \begin{bmatrix} \dot{I}_1'' \\ \dot{I}_2'' \end{bmatrix} = Y'' \begin{bmatrix} \dot{U}_1'' \\ \dot{U}_2'' \end{bmatrix}$$

根据上述电流关系可得

$$\begin{bmatrix} \dot{I}_1 \\ \dot{I}_2 \end{bmatrix} = Y' \begin{bmatrix} \dot{U}_1' \\ \dot{U}_2' \end{bmatrix} + Y'' \begin{bmatrix} \dot{U}_1'' \\ \dot{U}_2'' \end{bmatrix} = (Y'+Y'') \begin{bmatrix} \dot{U}_1 \\ \dot{U}_2 \end{bmatrix} = Y \begin{bmatrix} \dot{U}_1 \\ \dot{U}_2 \end{bmatrix}$$

其中

$$Y = Y' + Y'' \tag{10-15}$$

式（10-15）表明：两个子二端口并联而成的复合二端口网络，其导纳矩阵等于两个子二端口导纳矩阵之和。

【例 10-10】 试求图 10-19（a）所示 Ⅱ 型二端口的 Y 参数矩阵。

解 图 10-19（a）所示 Ⅱ 型二端口网络可看作是两个简单二端口 P1 和 P2 的并联，如图 10-19（b）所示。由表 10-2 可知：

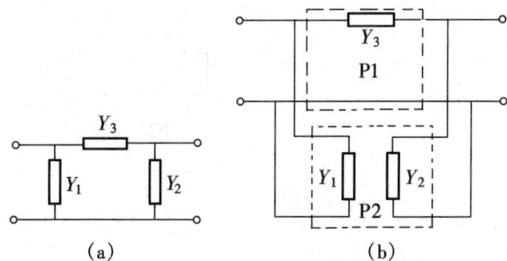

图 10-19 例 10-10 图

(a) Ⅱ 型二端口网络；(b) 网络的等效电路

P1 和 P2 的导纳参数矩阵分别为

$$\boldsymbol{Y}_1 = \begin{bmatrix} Y_3 & -Y_3 \\ -Y_3 & Y_3 \end{bmatrix}, \boldsymbol{Y}_2 = \begin{bmatrix} Y_1 & 0 \\ 0 & Y_2 \end{bmatrix}$$

根据式（10-15）得

$$\boldsymbol{Y} = \boldsymbol{Y}_1 + \boldsymbol{Y}_2 = \begin{bmatrix} Y_1 + Y_3 & -Y_3 \\ -Y_3 & Y_2 + Y_3 \end{bmatrix} \tag{10-16}$$

10.3.3　二端口网络的串联

两个二端口网络按图 10-20 所示方式连接称为串联。

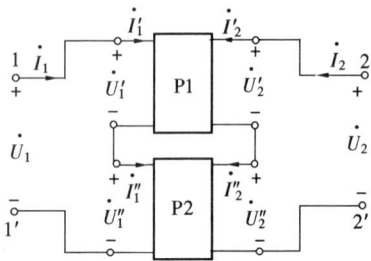

图 10-20　二端口网络的串联

设串联后每个二端口网络的端口条件仍然成立，则应有 $\dot{I}_1 = \dot{I}_1' = \dot{I}_1''$、$\dot{I}_2 = \dot{I}_2' = \dot{I}_2''$，即输入端口和输出端口分别流过的是同一个电流。对于端口电压则有 $\dot{U}_1 = \dot{U}_1' + \dot{U}_1''$，$\dot{U}_2 = \dot{U}_2' + \dot{U}_2''$，即端口电压为两个子端口电压之和。上述关系用矩阵表示则为

$$\begin{bmatrix} \dot{I}_1 \\ \dot{I}_2 \end{bmatrix} = \begin{bmatrix} \dot{I}_1' \\ \dot{I}_2' \end{bmatrix} = \begin{bmatrix} \dot{I}_1'' \\ \dot{I}_2'' \end{bmatrix}, \begin{bmatrix} \dot{U}_1 \\ \dot{U}_2 \end{bmatrix} = \begin{bmatrix} \dot{U}_1' \\ \dot{U}_2' \end{bmatrix} + \begin{bmatrix} \dot{U}_1'' \\ \dot{U}_2'' \end{bmatrix}$$

串联二端口的上述电压、电流关系适合于用阻抗参数 Z 描述。设两个二端口的 Z 参数矩阵分别为 $\boldsymbol{Z}'$、$\boldsymbol{Z}''$，则有

$$\begin{bmatrix} \dot{U}_1' \\ \dot{U}_2' \end{bmatrix} = \boldsymbol{Z}' \begin{bmatrix} \dot{I}_1' \\ \dot{I}_2' \end{bmatrix}, \begin{bmatrix} \dot{U}_1'' \\ \dot{U}_2'' \end{bmatrix} = \boldsymbol{Z}'' \begin{bmatrix} \dot{I}_1'' \\ \dot{I}_2'' \end{bmatrix}$$

于是有

$$\begin{bmatrix} \dot{U}_1 \\ \dot{U}_2 \end{bmatrix} = \begin{bmatrix} \dot{U}_1' \\ \dot{U}_2' \end{bmatrix} + \begin{bmatrix} \dot{U}_1'' \\ \dot{U}_2'' \end{bmatrix} = \boldsymbol{Z}' \begin{bmatrix} \dot{I}_1' \\ \dot{I}_2' \end{bmatrix} + \boldsymbol{Z}'' \begin{bmatrix} \dot{I}_1'' \\ \dot{I}_2'' \end{bmatrix} = \boldsymbol{Z} \begin{bmatrix} \dot{I}_1 \\ \dot{I}_2 \end{bmatrix}$$

其中

$$\boldsymbol{Z} = \boldsymbol{Z}' + \boldsymbol{Z}'' \tag{10-17}$$

式（10-17）表明：两个子二端口串联而成的总二端口网络，其阻抗矩阵等于两个子二端口阻抗矩阵之和。

【例 10-11】　试求［例 10-9］中图 10-17（a）所示 T 型二端口网络的 Z 参数矩阵。

解　图 10-17（a）所示 T 型网络可看成两个简单二端口的串联，见图10-21。由表10-2可得

$$\boldsymbol{Z}_1 = \begin{bmatrix} Z_1 & 0 \\ 0 & Z_2 \end{bmatrix}, \boldsymbol{Z}_2 = \begin{bmatrix} Z_3 & Z_3 \\ Z_3 & Z_3 \end{bmatrix}$$

根据式（10-17）可得此 T 型网络的 $\boldsymbol{Z}$ 矩阵

$$\boldsymbol{Z} = \boldsymbol{Z}_1 + \boldsymbol{Z}_2 = \begin{bmatrix} Z_1 + Z_3 & Z_3 \\ Z_3 & Z_2 + Z_3 \end{bmatrix} \tag{10-18}$$

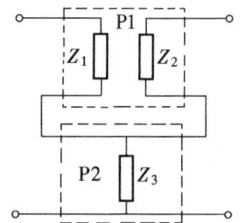

图 10-21　［例 10-11］图

由本例和例 10-9 可见，一个 T 型网络既可以看成是三个简单二端口的级联也可以看成是两个简单二端口的串联。将它看成串联是为了便于求 $\boldsymbol{Z}$ 矩阵，

将它看成级联是为了便于求 T 矩阵。同理，［例 10-10］中将 Ⅱ 型网络看成两个子二端口的并联是为了便于求 Y 矩阵。

10.4 二端口网络的等值电路

一个线性无源一端口网络，无论内部如何复杂，总可以用一个阻抗（或导纳）等效表示。那么，对于一个线性无源二端口网络，也可以用一个最简单的二端口与之等效，等效的条件是使这两个二端口网络具有相同的端口特性方程，或者说具有相同的网络参数。

10.4.1 二端口网络的一般等值电路

对于一个给定的线性无源二端口网络，如果它的 Z 参数或 Y 参数已知，可以分别用图 10-22（a）、（b）所示的电路等效。

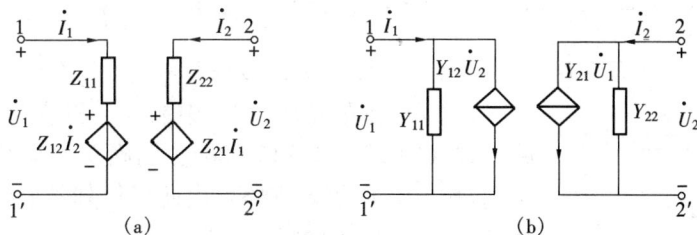

图 10-22 二端口网络的一般等效电路

（a）Z 参数等效电路；（b）Y 参数等效电路

由这两个电路可分别得到方程

$$\begin{cases} \dot U_1 = Z_{11}\dot I_1 + Z_{12}\dot I_2 \\ \dot U_2 = Z_{21}\dot I_1 + Z_{22}\dot I_2 \end{cases} \tag{10-19}$$

$$\begin{cases} \dot I_1 = Y_{11}\dot U_1 + Y_{12}\dot U_2 \\ \dot I_2 = Y_{21}\dot U_1 + Y_{22}\dot U_2 \end{cases} \tag{10-20}$$

这恰好是原二端口网络的 Z 参数和 Y 参数方程。如果二端口网络的 H 参数已知，其等效电路已在图 10-14 中给出。这些等效电路中均含有两个受控源，这种含有两个受控源的等效电路称为二端口网络的一般等效电路。工程实际中的许多二端口网络是具有公共端点的，即端点 $1'$ 和端点 $2'$ 处于同一电位或是直接相连，这种二端口网络称为三端双口网络，如图10-23所示。对于这种二端口网络，有

$$\dot U_{12} = \dot U_1 - \dot U_2,\ \dot I = \dot I_1 + \dot I_2$$

在互易条件下，这种二端口网络可以只用三个阻抗（或导纳）构成最简单的 T 型（或 Ⅱ 型）二端口等效表示。在非互易条件下，等效二端口中可以只包含一个受控源。

10.4.2 互易二端口网络的等值电路

设图 10-23 所示的二端口网络具有互易性，且它的 Z 参数已

图 10-23 三端二端口网络

知，即

$$\dot{U}_1 = Z_{11}\dot{I}_1 + Z_{12}\dot{I}_2$$

$$\dot{U}_2 = Z_{21}\dot{I}_1 + Z_{22}\dot{I}_2$$

由 $\dot{U}_{12} = \dot{U}_1 - \dot{U}_2$ 及 $Z_{21} = Z_{12}$ 有

$$\dot{U}_{12} = (Z_{11}\dot{I}_1 + Z_{12}\dot{I}_2) - (Z_{21}\dot{I}_1 + Z_{22}\dot{I}_2)$$

$$= (Z_{11} - Z_{12})\dot{I}_1 - (Z_{22} - Z_{12})\dot{I}_2 = Z_1\dot{I}_1 - Z_2\dot{I}_2 \tag{10-21}$$

同时，将 Z 参数方程改写成：

$$\dot{U}_1 = Z_{11}\dot{I}_1 + Z_{12}\dot{I}_2 = (Z_{11} - Z_{12})\dot{I}_1 + Z_{12}(\dot{I}_1 + \dot{I}_2)$$

$$= Z_1\dot{I}_1 + Z_3(\dot{I}_1 + \dot{I}_2) \tag{10-22}$$

$$\dot{U}_2 = Z_{21}\dot{I}_1 + Z_{22}\dot{I}_2 = Z_{12}\dot{I}_1 + Z_{12}\dot{I}_2 + Z_{22}\dot{I}_2 - Z_{12}\dot{I}_2$$

$$= Z_{12}(\dot{I}_1 + \dot{I}_2) + (Z_{22} - Z_{12})\dot{I}_2 = Z_3(\dot{I}_1 + \dot{I}_2) + Z_2\dot{I}_2 \tag{10-23}$$

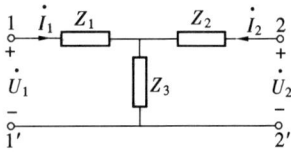

图 10-24　T 型等效电路

式（10-21）确立了图 10-23 中端点 1 和端点 2 之间的等效支路，式（10-22）和式(10-23)分别确立了输入端口 $1-1'$ 和输出端口 $2-2'$ 的等效支路，由此可得到等效的 T 型网络如图 10-24 所示。图中的阻抗值为

$$Z_1 = Z_{11} - Z_{12}, Z_2 = Z_{22} - Z_{12}, Z_3 = Z_{12} = Z_{21} \tag{10-24}$$

如果图 10-23 所示二端口网络的 Y 参数已知，在互易的条件下用类似的方法可得到用 Y 参数表示的等效电路。首先，由 Y 参数方程可得到下式（注意 $Y_{21} = Y_{12}$）

$$\dot{I} = \dot{I}_1 + \dot{I}_2 = (Y_{11}\dot{U}_1 + Y_{12}\dot{U}_2) + (Y_{12}\dot{U}_1 + Y_{22}\dot{U}_2)$$

$$= (Y_{11} + Y_{12})\dot{U}_1 + (Y_{22} + Y_{12})\dot{U}_2 = Y_1\dot{U}_1 + Y_2\dot{U}_2 \tag{10-25}$$

同时，将 Y 参数方程改写为

$$\dot{I}_1 = Y_{11}\dot{U}_1 + Y_{12}\dot{U}_1 + Y_{12}\dot{U}_2 - Y_{12}\dot{U}_1$$

$$= (Y_{11} + Y_{12})\dot{U}_1 - Y_{12}(\dot{U}_1 - \dot{U}_2) = Y_1\dot{U}_1 + Y_3(\dot{U}_1 - \dot{U}_2) \tag{10-26}$$

$$\dot{I}_2 = Y_{21}\dot{U}_1 + Y_{22}\dot{U}_2 + Y_{12}\dot{U}_2 - Y_{12}\dot{U}_2$$

$$= (Y_{22} + Y_{12})\dot{U}_2 - Y_{12}(\dot{U}_2 - \dot{U}_1) = Y_2\dot{U}_2 + Y_3(\dot{U}_2 - \dot{U}_1) \tag{10-27}$$

对照图 10-23 可见，式（10-25）中的电流 $\dot{I}$ 是两个导纳 Y_1 和 Y_2 中的电流之和，两导纳分别属于输入回路（$\dot{U}_1$）和输出回路（$\dot{U}_2$），它们有一端连在公共端点 0 上，见图 10-25（a）；式（10-26）和式（10-27）右端第一项分别是 Y_1 和 Y_2 中的电流，第二项是

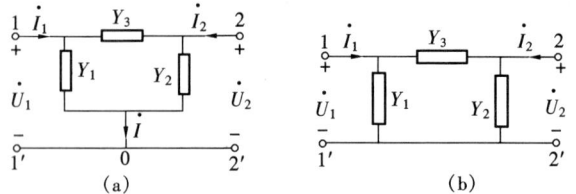

(a)   (b)

图 10-25　Π型等效电路

(a) 等效 Y 参数电路；(b) Π 型等效电路

导纳 Y_3（$= -Y_{12}$）中的电流，由电流表达式 Y_3（$\dot{U}_1 - \dot{U}_2$）知，导纳 Y_3 跨接在端点 1 和端点

2 之间。由此得到 Π 型等效电路如图10-25（b）所示。图中导纳值为

$$Y_1 = Y_{11} + Y_{12}, Y_2 = Y_{22} + Y_{12}, Y_3 = -Y_{12} = -Y_{21} \tag{10-28}$$

如果给定二端口网络的其他参数，则可查表 10-1，把其他参数转化为 Z 参数或 Y 参数，然后再由式（10-24）或式（10-28）求得 T 型等效电路或 Π 型等效电路。例如，给定二端口网络的传输参数，它与 T 型等效电路中 Z_1、Z_2、Z_3 的关系为

$$Z_1 = \frac{A-1}{C}, Z_2 = \frac{D-1}{C}, Z_3 = \frac{1}{C} \tag{10-29}$$

与 Π 型等效电路中 Y_1、Y_2、Y_3 的关系为

$$Y_1 = \frac{D-1}{B}, Y_2 = \frac{A-1}{B}, Y_3 = \frac{1}{B} \tag{10-30}$$

如果二端口网络是对称的，由于 $Y_{11}=Y_{22}$，$Z_{11}=Z_{22}$，$A=D$，则它的等效 T 型电路或等效 Π 型电路也一定是对称的。

【例 10-12】 已知双口网络的短路导纳参数 $Y = \begin{bmatrix} 1 & -0.25 \\ -0.25 & 0.5 \end{bmatrix}$S，若该网络输入端接电压源，输出端接电阻 R，如图 10-26（a）所示，则 R 为多少时其上获得最大功率?

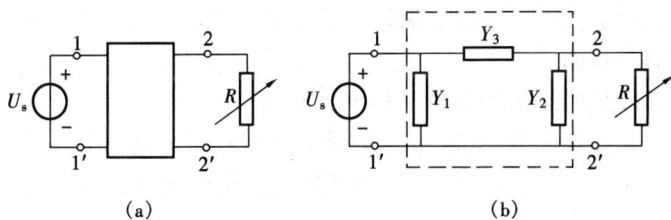

图 10-26　［例 10-12］图

(a) 二端口网络；(b) Π 型等效电路

解　为使 R 获得最大功率，应使 R 的值等于从输出端口看进去的等效电阻 R_{eq}。为此将双口网络用 Π 型等效电路表示为图 10-26（b）所示。其中

$$Y_1 = Y_{11} + Y_{12} = 1 - 0.25 = 0.75(\text{S})$$

$$Y_2 = Y_{22} + Y_{12} = 0.5 - 0.25 = 0.25(\text{S})$$

$$Y_3 = -Y_{12} = -Y_{21} = 0.25(\text{S})$$

令电压源为零，求出 R_{eq}

$$R_{eq} = \frac{1}{Y_3 + Y_2} = \frac{1}{0.25 + 0.25} = 2(\Omega)$$

10.4.3　非互易二端口网络的等值电路

如果二端口网络含有受控源，则通常情况下二端口网络为非互易网络，网络的四个参数都是独立的。设二端口网络的 Z 参数已知，则 Z 参数方程式（10-19）可写为

$$\dot{U}_1 = Z_{11}\dot{I}_1 + Z_{12}\dot{I}_2$$

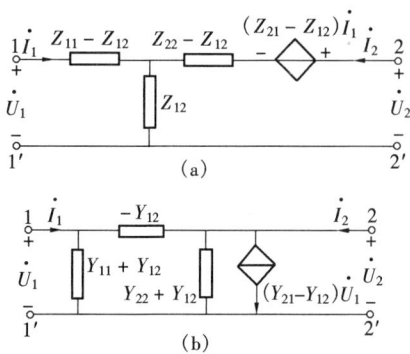

图 10-27 非互易二端口的等效电路

（a）T 型等效电路；（b）Ⅱ型等效电路

$$\dot{U}_2 = Z_{12}\dot{I}_1 + Z_{22}\dot{I}_2 + (Z_{21} - Z_{12})\dot{I}_1$$

上述第 2 个方程右边最后一项是一个电流控制电压源，由此得到非互易二端口网络的 T 型等效电路如图 10-27（a）所示。同理，如果这二端口网络的 Y 参数已知，则 Y 参数方程式（10-20）可写为

$$\dot{I}_1 = Y_{11}\dot{U}_1 + Y_{12}\dot{U}_2$$

$$\dot{I}_2 = Y_{12}\dot{U}_1 + Y_{22}\dot{U}_2 + (Y_{21} - Y_{12})\dot{U}_1$$

上述第二个方程右边最后一项是一个电压控制电流源，由此得到它的Ⅱ型等效电路如图10-27（b）所示。等效电路的构成可参照前面互易二端口等效电路的说明，在此不赘述。

10.5 有载二端口网络

前面几节对二端口网络本身的特性进行了讨论，如果一个二端口的参数已知，无论内部情况如何，这个二端口对外电路来说就已经确定了。在实际电路问题中，二端口网络往往是电路中的一部分，它的输入端口和输出端口都要接上一个元件、一个支路甚至一个网络，这样的二端口称为具有端接的二端口。

10.5.1 有载二端口网络的输入阻抗和输出阻抗

一个简单的接法是在输入端口接电源、输出端口接负载，这样的二端口网络称为有载二端口网络，如图 10-28 所示。下面讨论它的输入阻抗、输出阻抗和特性阻抗。

对于图 10-28 所示二端口网络 P，其传输参数方程为

$$\dot{U}_1 = A\dot{U}_2 - B\dot{I}_2$$

$$\dot{I}_1 = C\dot{U}_2 - D\dot{I}_2$$

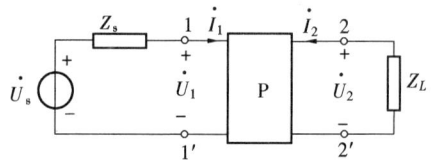

图 10-28 有载二端口网络

输入阻抗 Z_{in}（也称策动点阻抗）等于 $1-1'$ 端口上的电压 $\dot{U}_1$ 与电流 $\dot{I}_1$ 的比值，如图 10-29（a）所示，考虑到 $\dot{U}_2 = -Z_L\dot{I}_2$，有

$$Z_{in} = \frac{\dot{U}_1}{\dot{I}_1} = \frac{A\dot{U}_2 - B\dot{I}_2}{C\dot{U}_2 - D\dot{I}_2} = \frac{AZ_L + B}{CZ_L + D} \tag{10-31}$$

式（10-31）表明：输入阻抗 Z_{in} 不仅与网络有关，还与所接的负载有关，网络及其端接的负载一起构成了信号源的负载，这一负载就是 Z_{in}。显然，对于同一个负载 Z_L，不同的网络会得到不同的输入阻抗，就是说二端口网络有变阻抗的作用。

对端口 $2-2'$ 而言，由于 P 为无源二端口，根据戴维南定理，从端口 $2-2'$ 向左看去的电路可等效为一个电压源和一个阻抗的串联，这阻抗就是输出阻抗 Z_0。为求 Z_0 可将电压源置零并保留内阻抗 Z_s［见图 10-29（b）］，在 $2-2'$ 端口加电压 $\dot{U}_2$，则 $Z_0 = \dot{U}_2/\dot{I}_2$，考虑到

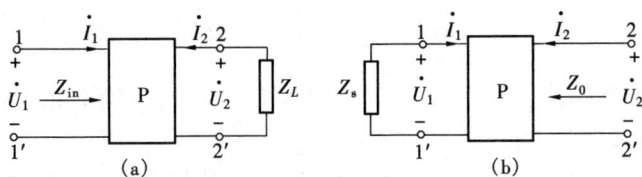

图 10-29　输入阻抗和输出阻抗

(a) 计算输入阻抗的等效电路；(b) 计算输出阻抗的等效电路

$-Z_s = \dot{U}_1/\dot{I}_1$，由于

$$\frac{\dot{U}_1}{\dot{I}_1} = \frac{A\dot{U}_2 - B\dot{I}_2}{C\dot{U}_2 - D\dot{I}_2}$$

代入 $Z_0 = \dfrac{\dot{U}_2}{\dot{I}_2}$ 和 $\dfrac{\dot{U}_1}{\dot{I}_1} = -Z_s$，有

$$-Z_s = \frac{AZ_0 - B}{CZ_0 - D}$$

由上式解出输出阻抗

$$Z_0 = \frac{\dot{U}_2}{\dot{I}_2} = \frac{DZ_s + B}{CZ_s + A} \tag{10-32}$$

可见，Z_0 既与二端口有关也与激励源内阻有关。一般情况下，$Z_{in} \neq Z_s$，$Z_0 = Z_L$。

如果二端口网络用其他参数描述，可用类似的方法求得输入阻抗和输出阻抗。也可根据表 10-1 将其他参数转换为传输参数后再用式（10-31）、式（10-32）求 Z_{in} 和 Z_0。例如，用 Z 参数表示的输入阻抗和输出阻抗分别为

$$Z_{in} = Z_{11} - \frac{Z_{12}Z_{21}}{Z_{22} + Z_L} \tag{10-33}$$

$$Z_0 = Z_{22} - \frac{Z_{12}Z_{21}}{Z_{11} + Z_s} \tag{10-34}$$

10.5.2　有载二端口网络的特性阻抗

对于有载二端口网络，如果负载与二端口的输出阻抗相等，即 $Z_L = Z_0$，称为输出端匹配；如果电源内阻抗与二端口的输入阻抗相等，即 $Z_{in} = Z_s$，称为输入端匹配，如果同时具有 $Z_L = Z_0$，$Z_{in} = Z_s$，则称为完全匹配。

对于一个二端口网络，可以找到特定的 Z_{c1} 和 Z_{c2}，使得在 $Z_s = Z_{c1}$ 且 $Z_L = Z_{c2}$ 的情况下做到完全匹配。Z_{c1} 和 Z_{c2} 称为这个二端口网络的特性阻抗，由式（10-31）和式（10-32）可得

$$Z_{c1} = \frac{AZ_{c2} + B}{CZ_{c2} + D}$$

$$Z_{c2} = \frac{DZ_{c1} + B}{CZ_{c1} + A}$$

解得

$$Z_{c1} = \sqrt{\frac{AB}{CD}}, \quad Z_{c2} = \sqrt{\frac{DB}{CA}} \tag{10-35}$$

特性阻抗仅由网络本身的参数决定。当二端口对称时，因为 $A = D$，故有

$$Z_{c1} = Z_{c2} = Z_c = \sqrt{\frac{B}{C}} \tag{10-36}$$

式（10-36）表明，当终端接负载 $Z_L = Z_c$ 时，输入阻抗 Z_{in} 恰好等于 Z_L。所以，对称二端口的特性阻抗又称为重复阻抗。

由于测量或计算一个二端口的开路阻抗和短路阻抗比较容易，所以常用开路阻抗和短路阻抗来表示特性阻抗。

终端开路时 $Z_L \to \infty$，由式（10-31）得输入阻抗

$$Z_{io} = \frac{A}{C}$$

终端短路时 $Z_L = 0$，得输入阻抗

$$Z_{is} = \frac{B}{D}$$

故特性阻抗为

$$Z_{c1} = \sqrt{\frac{AB}{CD}} = \sqrt{Z_{io} Z_{is}} \tag{10-37}$$

同理，始端开路时 $Z_s \to \infty$，由式（10-32）得输出阻抗

$$Z_{\infty} = \frac{D}{C}$$

$Z_s = 0$ 时，输出阻抗

$$Z_{os} = \frac{B}{A}$$

故得

$$Z_{c2} = \sqrt{\frac{DB}{CA}} = \sqrt{Z_{\infty} Z_{os}} \tag{10-38}$$

10.5.3 有载二端口网络的分析

有载二端口网络的分析一般采用联立方程组的方法。首先根据给定参数列出二端口的参数方程，再补充两个端口处的特性方程，解此联立方程组即可求出两个端口的电压、电流。如果应用戴维南定理，将输出端口等效为一个电压源 $\dot{U}_{oc}$ 与 Z_o 的串联，可求输出端口 $2-2'$ 处的电压、电流。同理，利用 Z_{in} 将输入端口化为一个单回路，可求出输入端口 $1-1'$ 处的电压、电流。

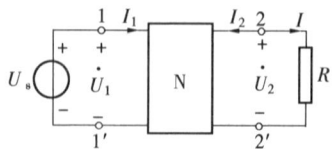

图 10-30　［例 10-13］图

【**例 10-13**】　图 10-30 中，N 为一线性电阻网络，已知当 $U_s = 8V$，$R = 3\Omega$ 时，$I = 0.5A$；$U_s = 18V$，$R = 4\Omega$ 时，$I = 1A$，问当 $U_s = 25V$，$R = 6\Omega$ 时，I 为多少？

解　设网络 N 的传输参数方程为

$$U_1 = AU_2 - BI_2 \tag{10-39}$$
$$I_1 = CU_2 - DI_2 \tag{10-40}$$

将端口关系：$U_1 = U_s$，$U_2 = RI$，$I_2 = -I$，代入式（10-39）得

$$U_s = A(RI) - B(-I) \tag{10-41}$$

将两组已知条件分别代入式（10-41）得

$$8 = 1.5A + 0.5B$$
$$18 = 4A + B$$

由以上两个方程解出参数 A 和 B 为：$A=2$，$B=10$，所以当 $U_s=25\text{V}$，$R=6\Omega$ 时，由式 (10-41) 有

$$25 = 2(6I) - 10(-I)$$

所以

$$I = 25/22 = 1.136(\text{A})$$

【例 10-14】　图 10-31 所示二端口 P 的传输参数 $A=0.25$，$B=4.8\Omega$，$C=0.5\text{S}$，$D=1.6$。试问：

（1）R 为多少时可获得最大功率，其功率值为多少？

（2）电源输出的功率。

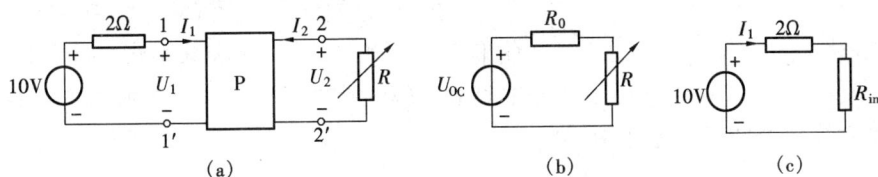

图 10-31　［例 10-14］图

(a) 有载二端口网络；(b) 戴维南等效电路；(c) 输入端等效电路

解　（1）由 10-5 节的讨论可知，当 R 等于二端口的输出阻抗 R_0 时，可获得最大功率。为此先求端口 $2-2'$ 的戴维南等效电路，见图 10-31（b）所示。根据已知条件可列出传输参数方程如下

$$U_1 = 0.25U_2 - 4.8I_2 \tag{10-42}$$

$$I_1 = 0.5U_2 - 1.6I_2 \tag{10-43}$$

对于端口 $1-1'$ 有

$$U_1 = 10 - 2I_1 \tag{10-44}$$

令方程式（10-42）、式（10-43）中的 $I_2=0$，代入方程式（10-44）中，解出 U_2（开路电压）为

$$U_{OC} = U_2 = \frac{U_s}{0.25 + R_s \times 0.5} = 8(\text{V})$$

由式（10-32）得

$$R_0 = \frac{DR_s + B}{CR_s + A} = \frac{1.6 \times 2 + 4.8}{0.5 \times 2 + 0.25} = 6.4(\Omega)$$

即 $R=6.4\Omega$ 时获得最大功率，其值为

$$P_m = \frac{U_{OC}^2}{4R_0} = \frac{8^2}{4 \times 6.4} = 2.5(\text{W})$$

（2）电源提供的功率可由输入端等效电路图 10-31（c）求得。图中 R_{in} 为二端口的输入电阻，由式（10-31）得

$$R_{in} = \frac{AR_0 + B}{CR_0 + D} = \frac{0.25 \times 6.4 + 4.8}{0.5 \times 6.4 + 1.6} = 1.33(\Omega)$$

所以电源提供的功率为

$$P_s = I_1 U_s = \frac{U_s}{R_s + R_{in}} U_s = \frac{10}{2 + 1.33} \times 10 = 30(\text{W})$$

【例 10-15】　求图 10-32 所示二端口的特性阻抗。

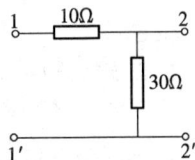

图 10-32　［例 10-15］图

解 将双口网络的 $2-2'$ 端开路和短路，得输入电阻分别为

$$Z_{io} = 10 + 30 = 40\Omega, Z_{is} = 10\Omega$$

再将端口 $1-1'$ 开路和短路，分别得输出电阻为

$$Z_{oo} = 30\Omega, Z_{os} = \frac{10 \times 30}{10 + 30} = 7.5\Omega$$

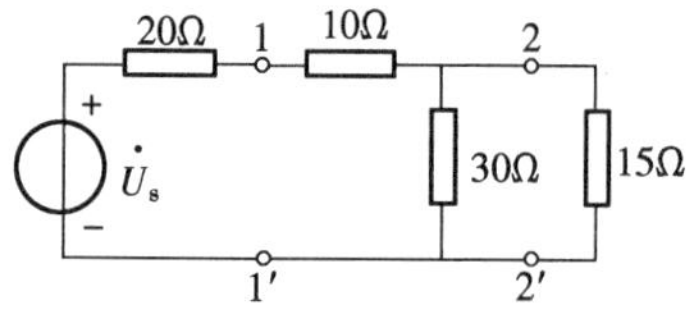

图 10-33 完全匹配网络

由式（10-37）得输入端特性阻抗为

$$Z_{c1} = \sqrt{Z_{io}Z_{is}} = \sqrt{40 \times 10} = 20\Omega$$

由式（10-38）得输出端特性阻抗为

$$Z_{c2} = \sqrt{Z_{oo}Z_{os}} = \sqrt{30 \times 7.5} = 15\Omega$$

如果将内阻为 $Z_s = 20\Omega$ 的激励接于 $1-1'$ 端口，将 $Z_L = 15\Omega$ 的负载接于 $2-2'$ 端口，则 $Z_{in} = 20\Omega$，$Z_0 = 15\Omega$，即做到了完全匹配，见图 10-33。

小 结

1. 二端口网络

满足端口条件的四端网络称为二端口网络。不含独立源的线性二端口网络可以用两个独立方程表示端口电压、电流关系，方程的一般形式为

$$\begin{cases} P_{11}\dot{U}_1 + P_{12}\dot{U}_2 + Q_{11}\dot{I}_1 + Q_{12}\dot{I}_2 = 0 \\ P_{21}\dot{U}_1 + P_{22}\dot{U}_2 + Q_{21}\dot{I}_1 + Q_{22}\dot{I}_2 = 0 \end{cases}$$

2. 二端口网络的四种常用参数方程

（1）导纳参数方程：

$$\begin{cases} \dot{I}_1 = Y_{11}\dot{U}_1 + Y_{12}\dot{U}_2 \\ \dot{I}_2 = Y_{21}\dot{U}_1 + Y_{22}\dot{U}_2 \end{cases}$$

（2）阻抗参数方程：

$$\begin{cases} \dot{U}_1 = Z_{11}\dot{I}_1 + Z_{12}\dot{I}_2 \\ \dot{U}_2 = Z_{21}\dot{I}_1 + Z_{22}\dot{I}_2 \end{cases}$$

（3）传输参数方程：

$$\begin{cases} \dot{U}_1 = A\dot{U}_2 + B(-\dot{I}_2) \\ \dot{I}_1 = C\dot{U}_2 + D(-\dot{I}_2) \end{cases}$$

（4）混合参数方程：

$$\begin{cases} \dot{U}_1 = H_{11}\dot{I}_1 + H_{12}\dot{U}_2 \\ \dot{I}_2 = H_{21}\dot{I}_1 + H_{22}\dot{U}_2 \end{cases}$$

二端口网络的四种参数可以通过实验或计算确定，也可以由一种参数推导出另一种参数。注意：一个二端口网络并不一定同时具有这四种参数。

3. 二端口网络的互易性和对称性

不含独立源和受控源的二端口网络具有互易性。满足下列条件的二端口网络具有互易性，此时网络参数只有三个是独立的

$$Y_{12} = Y_{21}$$

$$Z_{12} = Z_{21}$$

$$AD - BC = 1$$

$$H_{12} = -H_{21}$$

互易二端口网络满足下列条件时具有对称性，对称二端口网络的输入端口和输出端口互换位置后，对外电路的输出特性不变，或是在结构上对称的二端口网络。此时网络参数只有两个是独立的。

$$Y_{11} = Y_{22}$$

$$Z_{11} = Z_{22}$$

$$A = D$$

$$H_{11}H_{22} - H_{12}H_{21} = 1$$

4. 二端口网络的连接

二端口网络可以有级联、串联、并联、串并联和并串联，后两种本书没有讨论。为了方便复合网络参数的求解，不同的连接采用不同的参数来描述。

级联用传输参数描述：$T = T_1 \cdot T_2$

并联用 Y 参数描述：$Y = Y_1 + Y_2$

串联用 Z 参数描述：$Z = Z_1 + Z_2$

5. 二端口网络的等效电路

有一个公共端的二端口网络称为三端二端口网络，本书讨论这样的二端口等效电路。

如果互易二端网络的 Y 参数已知，可以用三个导纳组成 Ⅱ 型等效电路，其中

$$Y_1 = Y_{11} + Y_{12}, Y_2 = Y_{22} + Y_{12}, Y_3 = -Y_{12} = -Y_{21}$$

如果互易二端网络的 Z 参数已知，可以用三个阻抗组成 T 型等效电路，其中

$$Z_1 = Z_{11} - Z_{12}, Z_2 = Z_{22} - Z_{12}, Z_3 = Z_{12} = Z_{21}$$

如果互易二端网络的 T 参数已知，可以用三个导纳组成 Ⅱ 型等效电路，也可以用三个阻抗组成 T 型等效电路，其中

$$Z_1 = \frac{A-1}{C}, Z_2 = \frac{D-1}{C}, Z_3 = \frac{1}{C} \quad 或 \quad Y_1 = \frac{D-1}{B}, Y_2 = \frac{A-1}{B}, Y_3 = \frac{1}{B}$$

非互易二端口网络的等效电路要在 T 型或 Ⅱ 型等效电路的基础上加一个受控源。

6. 有载二端口网络

二端口网络的输入端连接电源、输出端连接负载即构成有载二端口网络。一般来说，当三个以上二端口网络级联时，处于中间的二端口称为具有端接的二端口。

二端口的输入阻抗：
$$Z_{in} = \frac{\dot{U}_1}{\dot{I}_1} = \frac{A\dot{U}_2 - B\dot{I}_2}{C\dot{U}_2 - D\dot{I}_2} = \frac{AZ_L + B}{CZ_L + D}$$

二端口的输出阻抗：
$$Z_0 = \frac{\dot{U}_2}{\dot{I}_2} = \frac{DZ_s + B}{CZ_s + A}$$

二端口完全匹配时的特性阻抗：
$$Z_{c1} = \sqrt{\frac{AB}{CD}}, Z_{c2} = \sqrt{\frac{DB}{CA}}$$

有载二端口网络的分析可采用解联立方程组的方法。首先根据给定参数列出二端口的两个参

数方程，再补充两个端口处的特性方程，解此四个联立方程即可求出两个端口的电压、电流。

利用输入阻抗可得到输入端口的等效电路，利用输出阻抗可得到输出端口的戴维南等效电路。这种等效方法曾应用于空心变压器的分析。

习　题　十

10-1　试求图 10-34 所示各二端网络的 Y 参数矩阵。

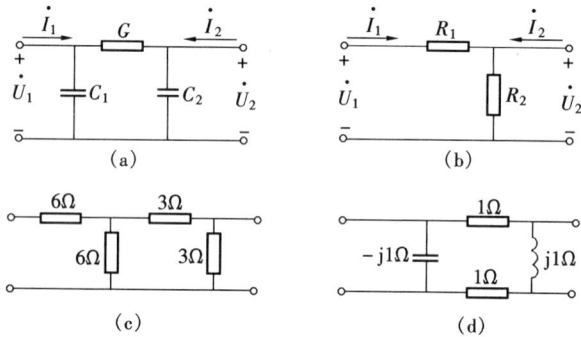

图 10-34　题 10-1 图

10-2　试求图 10-35 所示二端口网络的 Y 参数。

图 10-35　题 10-2 图

10-3　对某二端口网络测试结果如下：输入端口开路时，$U_2 = 5\text{V}$，$U_1 = 10\text{V}$，$I_2 = 30\text{A}$；输入端口短路时，$U_2 = 10\text{V}$，$I_2 = 4\text{A}$，$I_1 = -5\text{A}$。试求该二端口网络的 Y 参数。

图 10-36　题 10-4 图

10-4　求图 10-36 所示二端口网络的 Y 参数矩阵。

10-5　试求图 10-37 所示各二端口网络的开路阻抗矩阵。

10-6　图 10-38 所示的二端口网络中，已知：$1/\omega C = 40\Omega$，$\omega L = 50\Omega$，$R_1 = 20\Omega$，$R_2 = 10\Omega$，试求 Z 参数。

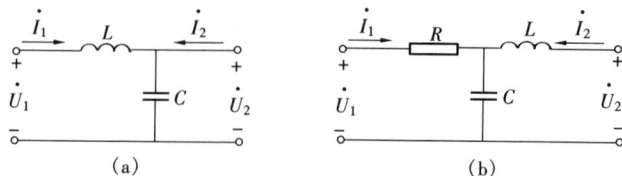

图 10-37　题 10-5 图

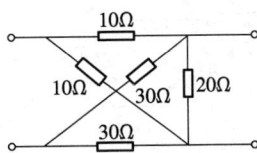

图 10-38 题 10-6 图   图 10-39 题 10-7 图

10-7 试求图 10-39 所示二端口网络的 Z 参数。

10-8 试求图 10-40 所示二端口网络的 Y、Z、T 参数。

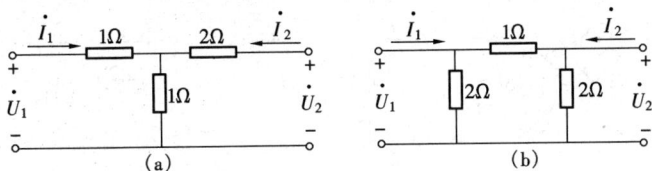

图 10-40 题 10-8 图

10-9 试求图 10-41 所示二端口网络的 Y 和 Z 参数。

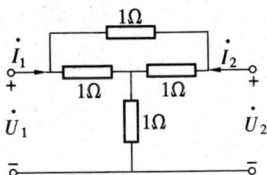

图 10-41 题 10-9 图   图 10-42 题 10-10 图

10-10 试求图 10-42 所示二端口网络的 Z 参数和 Y 参数。

10-11 试求图 10-43 所示二端口网络的 T 参数矩阵。

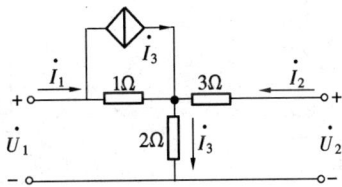

图 10-43 题 10-11 图

10-12 试求图 10-44 所示二端口网络（a）、（b）的 T 参数矩阵。

10-13 试求图 10-45 所示二端口网络的传输参数矩阵。

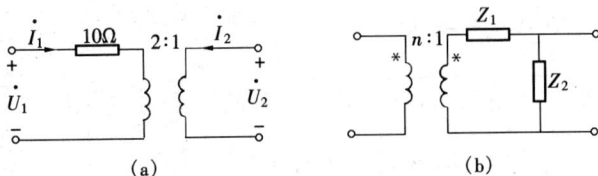

图 10-44 题 10-12 图

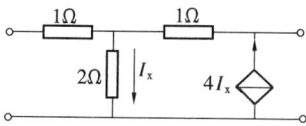

图 10-45　题 10-13 图

10-14　已知一个二端口网络的方程为：

$$\begin{cases} U_1 = I_1 + 2U_2 \\ I_2 = -2I_1 + 0.4U_2 \end{cases}$$

求：（1）导纳参数；（2）传输参数。

10-15　试求图 10-46 所示二端口网络的 H 参数矩阵。

10-16　求题 10-47 所示二端口网络的 Y、Z、T、H 参数。指出哪一种参数不存在。

10-17　试求图 10-48 所示二端口网络的 Z 参数和 H 参数矩阵。

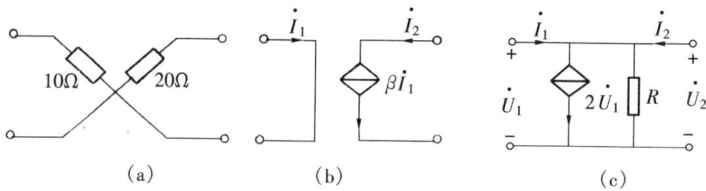

（a）　　　　　（b）　　　　　（c）

图 10-46　题 10-15 图

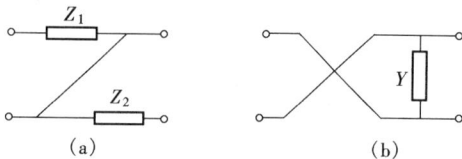

（a）　　　　　（b）

图 10-47　题 10-16 图

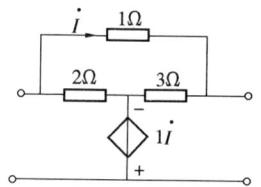

图 10-48　题 10-17 图

10-18　已知某二端口网络的 Y 参数矩阵为 $\boldsymbol{Y} = \begin{bmatrix} 1.5 & -1.2 \\ -1.2 & 1.8 \end{bmatrix}$ S，试求 $\boldsymbol{H}$ 参数矩阵。

10-19　已知某二端口网络的 $\boldsymbol{Y} = \begin{bmatrix} 0.6 & -0.2 \\ -0.1 & 0.5 \end{bmatrix}$ S，试求它的 $\boldsymbol{Z}$ 参数矩阵、$\boldsymbol{H}$ 参数矩阵和 $\boldsymbol{T}$ 参数矩阵。

10-20　已知二端口网络的 Z 参数矩阵为 $\boldsymbol{Z} = \begin{bmatrix} \dfrac{60}{9} & \dfrac{40}{9} \\ \dfrac{40}{9} & \dfrac{100}{9} \end{bmatrix}$ Ω，试问该二端口网络是否有受控源，并求它的 Π 型等效电路。

10-21　某二端口网络的传输参数矩阵为 $\boldsymbol{T} = \begin{bmatrix} 1.2 & 4.8 \\ \dfrac{1}{15} & \dfrac{11}{10} \end{bmatrix}$，试求其 T 型等效电路。

10-22　试用二端口网络的级联方法求图 10-49 所示网络的 T 参数。

10-23　图 10-50 所示的二端口网络，设网络 P 的 T 参数矩阵为 $\boldsymbol{T} = \begin{bmatrix} A & B \\ C & D \end{bmatrix}$，试求二端口网络的 T 参数矩阵。

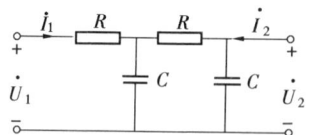

图 10-49　题 10-22 图

10-24 利用二端口网络的串联求图 10-51 所示二端口网络的 Z 参数。

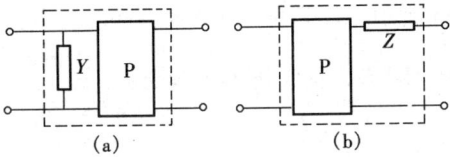

图 10-50 题 10-23 图

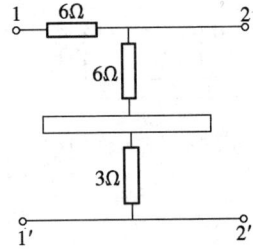

图 10-51 题 10-24 图

10-25 图 10-52 所示的二端口网络，设网络 P 的 Y 参数矩阵为 $\boldsymbol{Y}=\begin{bmatrix} Y_{11} & Y_{12} \\ Y_{21} & Y_{22} \end{bmatrix}$S，试求二端口网络的 Y 参数矩阵。

10-26 试求图 10-53（a）所示二端口网络的 Y 参数。将图 10-53（a）处理成图 10-53（b）的并联形式，重求 Y 参数。

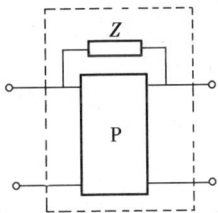

图 10-52 题 10-25 图

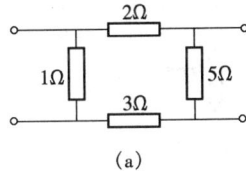

图 10-53 题 10-26 图

10-27 试求图 10-54（a）所示二端口网络的 $\boldsymbol{H}$ 参数矩阵，图 10-54（a）二端口可处理成图 10-54（b）所示两个二端口 P1 和 P2 的串并联。试分别求两个二端口的参数矩阵 $\boldsymbol{H}_1$、$\boldsymbol{H}_2$，并验证：

$$\boldsymbol{H}=\boldsymbol{H}_1+\boldsymbol{H}_2$$

10-28 试用二端口网络的串联求图 10-55 所示网络的 Z 参数，这一结果与直接求网络的 Z 参数所得结果是否相同，本题说明了什么？

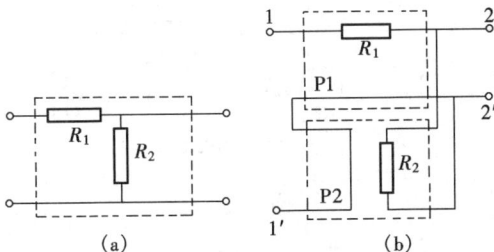

图 10-54 题 10-27 图

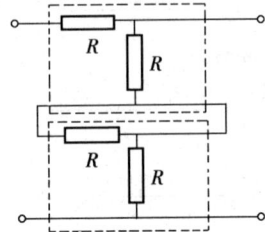

图 10-55 题 10-28 图

10-29 接有负载的二端口网络，其传输参数为 $A=5\times10^{-4}$，$B=-10\Omega$，$C=-10^{-6}$S，

$D=-10^{-2}$。当负载电阻 $R_L=40\text{k}\Omega$ 时，求输入阻抗 Z_{in}。

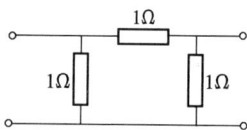

图 10-56　题 10-31 图

10-30　一个二端口网络 T 参数为 $A=4$，$B=30\Omega$，$C=0.1\text{S}$，$D=1.5$。计算下列情况下的输入阻抗 $Z_{\text{in}}=U_1/I_1$。（1）输出端短路；（2）输出端开路；（3）输出端接 10Ω 电阻。

10-31　求图 10-56 所示二端口网络的特性阻抗。

10-32　一个二端口网络，其阻抗参数为 $\boldsymbol{Z}=\begin{bmatrix}12 & 4\\ 4 & 6\end{bmatrix}\Omega$，若该网络的终端电阻是 2Ω，求电压比 $\dfrac{\dot{U}_2}{\dot{U}_1}$。

10-33　图 10-57 所示二端口网络的 Z 参数为 $\boldsymbol{Z}=\begin{bmatrix}50 & 10\\ 30 & 20\end{bmatrix}\Omega$，计算传送到 100Ω 电阻上的功率。

10-34　图 10-58 所示二端口网络中，已知：$U_s=6\text{V}$，$R_1=3\Omega$，无源双口网络的传输参数为 $A=\dfrac{3}{2}$，$B=\dfrac{33}{2}\Omega$，$C=\dfrac{1}{6}\text{S}$，$D=\dfrac{5}{2}$。试求输出端口的戴维南等效电路。

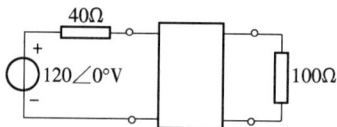

图 10-57　题 10-33 图

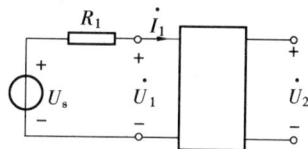

图 10-58　题 10-34 图

10-35　图 10-59 所示二端口网络中，已知 $Z_{11}=10\Omega$，$Z_{12}=Z_{21}=\text{j}6\Omega$，$Z_{22}=4\Omega$。试求 a、b 端的戴维南等效电路。

10-36　已知题图 10-60 所示二端口网络的 Z 参数矩阵为 $\boldsymbol{Z}=\begin{bmatrix}\text{j}4 & \text{j}2\\ \text{j}2 & 3+\text{j}5\end{bmatrix}\Omega$，电源电压有效值为 $U_s=12\text{V}$，试求可变负载 Z_L 获得的最大功率。

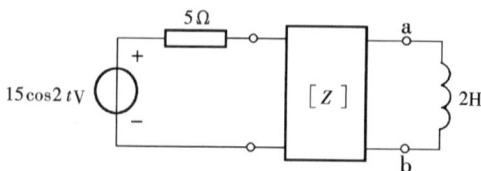

图 10-59　题 10-35 图

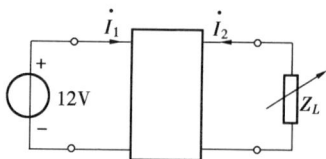

图 10-60　题 10-36 图

10-37　互易二端口网络的输入电流为 2A 时，输入端电压为 10V 而输出端电压为 5V。如果把电流源移到输出端，同时在输入端跨接 5Ω 电阻，求 5Ω 电阻中的电流（提示：应用互易定理和戴维南定理）。

参 考 答 案

10-1　(a) $\begin{bmatrix} G+j\omega C_1 & -G \\ -G & G+j\omega C_2 \end{bmatrix}$　　　(b) $\begin{bmatrix} \dfrac{1}{R_1} & -\dfrac{1}{R_1} \\ -\dfrac{1}{R_1} & \dfrac{1}{R_1}+\dfrac{1}{R_2} \end{bmatrix}$

(c) $\boldsymbol{Y}=\begin{bmatrix} \dfrac{1}{8} & -\dfrac{1}{12} \\ -\dfrac{1}{12} & \dfrac{1}{2} \end{bmatrix}$　　　(d) $Y=\begin{bmatrix} 0.5+j & -0.5 \\ -0.5 & 0.5-j \end{bmatrix}$

10-2　(a) $\begin{bmatrix} \dfrac{1}{R} & -\dfrac{3}{R} \\ -\dfrac{1}{R} & \dfrac{3}{R} \end{bmatrix}$　　　(b) $Y=\begin{bmatrix} 0.4 & 0 \\ -0.2 & 0.1 \end{bmatrix}$

10-3　0.25S；-0.5S；2.8S；0.4S

10-4　$\begin{bmatrix} 5/12 & -1/12 \\ -1/4 & 1/4 \end{bmatrix}$

10-5　(a) $\begin{bmatrix} j\omega L+\dfrac{1}{j\omega C} & \dfrac{1}{j\omega C} \\ \dfrac{1}{j\omega C} & \dfrac{1}{j\omega C} \end{bmatrix}$　　(b) $\begin{bmatrix} R+\dfrac{1}{j\omega C} & \dfrac{1}{j\omega C} \\ \dfrac{1}{j\omega C} & j\omega L+\dfrac{1}{j\omega C} \end{bmatrix}$

10-6　$Z_{11}=30-j40\Omega$, $Z_{12}=Z_{21}=-j40\Omega$, $Z_{22}=j10\Omega$

10-7　$Z_{11}=20\Omega$, $Z_{12}=Z_{21}=0$, $Z_{22}=8.57\Omega$

10-8　(a) $\begin{bmatrix} 2 & 1 \\ 1 & 3 \end{bmatrix}$；$\begin{bmatrix} 0.6 & -0.2 \\ -0.2 & 0.4 \end{bmatrix}$；$\begin{bmatrix} 2 & 5 \\ 1 & 3 \end{bmatrix}$　　(b) $\begin{bmatrix} 1.2 & 0.8 \\ 0.8 & 1.2 \end{bmatrix}$；

$\begin{bmatrix} 1.5 & -1 \\ -1 & 1.5 \end{bmatrix}$；$\begin{bmatrix} 1.5 & 1 \\ 1.25 & 1.5 \end{bmatrix}$

10-9　$Y=\begin{bmatrix} \dfrac{5}{3} & -\dfrac{4}{3} \\ -\dfrac{4}{3} & \dfrac{5}{3} \end{bmatrix}$, $Z=\begin{bmatrix} \dfrac{5}{3} & \dfrac{4}{3} \\ \dfrac{4}{3} & \dfrac{5}{3} \end{bmatrix}$

10-10　$Z=\begin{bmatrix} 2 & 1 \\ 2 & 5 \end{bmatrix}$, $Y=\begin{bmatrix} \dfrac{5}{8} & -\dfrac{1}{8} \\ -\dfrac{1}{4} & \dfrac{1}{4} \end{bmatrix}$

10-12　（a）$\begin{bmatrix} 2 & 5 \\ 0 & 0.5 \end{bmatrix}$　　（b）$\begin{bmatrix} n+\dfrac{nZ_1}{Z_2} & nZ_1 \\ \dfrac{1}{nZ_2} & \dfrac{1}{n} \end{bmatrix}$

10-13　$T=\begin{bmatrix} -\dfrac{1}{6} & \dfrac{5}{6} \\ -0.5 & 0.5 \end{bmatrix}$

10-14　$Y=\begin{bmatrix} 1 & -2 \\ -2 & 4.4 \end{bmatrix}$S, $T=\begin{bmatrix} 2.2 & 0.5\Omega \\ 0.2S & 0.5 \end{bmatrix}$

10-15　（a）30Ω, -1, 1, 0

　　　　（b）0, 0, β, 0

　　　　（c）$\begin{bmatrix} 0 & 1 \\ -1 & (2R+1)/R \end{bmatrix}$

10-16　（a）$Y=\begin{bmatrix} \dfrac{1}{Z_1} & 0 \\ 0 & \dfrac{1}{Z_2} \end{bmatrix}$, $Z=\begin{bmatrix} Z_1 & 0 \\ 0 & Z_2 \end{bmatrix}$, T 参数不存在, $H=\begin{bmatrix} Z_1 & 0 \\ 0 & \dfrac{1}{Z_2} \end{bmatrix}$

　　　　（b）Y 参数不存在, $Z=\begin{bmatrix} \dfrac{1}{Y} & -\dfrac{1}{Y} \\ -\dfrac{1}{Y} & \dfrac{1}{Y} \end{bmatrix}$, $T=\begin{bmatrix} -1 & 0 \\ -Y & -1 \end{bmatrix}$, $H=\begin{bmatrix} 0 & -1 \\ 1 & Y \end{bmatrix}$

10-17　$\begin{bmatrix} 1 & 1.5 \\ \dfrac{2}{3} & 2 \end{bmatrix}$, $\begin{bmatrix} 0.5 & 0.75 \\ -\dfrac{1}{3} & 0.5 \end{bmatrix}$

10-18　$\begin{bmatrix} 0.667 & 0.8 \\ -0.8 & 0.84 \end{bmatrix}$

10-19　$Z=\begin{bmatrix} 1.786 & 0.7143 \\ 0.3571 & 2.143 \end{bmatrix}\Omega$, $H=\begin{bmatrix} 1.667 & 0.3333 \\ -0.1667 & 0.4667 \end{bmatrix}$, $T=\begin{bmatrix} 5 & 10 \\ 2.8 & 6 \end{bmatrix}$

10-20　$Y_1=0.1227$, $Y_2=0.0818$, $Y_3=0.0409$, 无受控源。

10-21　$Z_1=3\Omega$, $Z_2=15\Omega$, $Z_3=1.5\Omega$。

10-22　$\begin{bmatrix} 1-\omega^2C^2R^2+j3\omega CR & 2R+j\omega CR^2 \\ -\omega^2C^2R+j2\omega C & 1+j\omega CR \end{bmatrix}$

10-23　（a）$\begin{bmatrix} A & B \\ YA+C & YB+D \end{bmatrix}$; （b）$\begin{bmatrix} A & ZA+B \\ C & ZC+D \end{bmatrix}$

10-24　$Z_{11}=15\Omega$, $Z_{12}=Z_{21}=Z_{22}=9\Omega$

10-25　$Y=\begin{bmatrix} Y_{11}+\dfrac{1}{Z} & Y_{12}-\dfrac{1}{Z} \\ Y_{21}-\dfrac{1}{Z} & Y_{22}+\dfrac{1}{Z} \end{bmatrix}$

10-26 $Y_{11}=1.2S$; $Y_{12}=-0.2S$; $Y_{21}=-0.2S$; $Y_{22}=0.4S$

10-27 (a) $\boldsymbol{H}=\begin{bmatrix} R_1 & 1 \\ -1 & \dfrac{1}{R_2} \end{bmatrix}$; (b) $\boldsymbol{H_1}=\begin{bmatrix} R_1 & 1 \\ -1 & 0 \end{bmatrix}$, $\boldsymbol{H_2}=\begin{bmatrix} 0 & 0 \\ 0 & \dfrac{1}{R_2} \end{bmatrix}$

10-28 $Z_1=Z_2=\begin{bmatrix} 2R & R \\ R & R \end{bmatrix}$, $Z=\begin{bmatrix} 3R & 2R \\ 2R & 2R \end{bmatrix}$; $\boldsymbol{Z}\neq\boldsymbol{Z_1}+\boldsymbol{Z_2}$

10-29 -200Ω，电阻为负，说明网络中含有受控源。

10-30 (1) 20Ω, (2) 40Ω, (3) 28Ω

10-31 $1/\sqrt{3}\ \Omega$

10-32 0.1

10-33 11.75kW

10-34 3V，12Ω

10-35 $Z_0=6.4\Omega$, $\dot{U}_{OC}=3\sqrt{2}\angle 90°\text{V}$

10-36 3W

10-37 0.5A

第 11 章　线性动态电路的时域分析

　　在前面几章分析的直流电路和周期电流电路中，电路的响应是稳定的，即直流信号激励下响应的瞬时值不随时间变化；周期信号激励下响应的有效值不随时间变化。电路的这种工作状态称为稳态，对稳态电路的分析称为稳态分析。

　　如果系统是一个稳定系统，那么，当系统的结构或参数发生改变时，系统就会由一个稳定状态向另一个稳定状态转化。两个稳定状态之间的转化一般不能即时完成，需要一个过程，称为动态过程。对电路的动态过程分析也称为暂态分析。

　　在电路的稳态分析中，元件的约束关系（VCR）表现为代数关系，因此，根据 KCL、KVL 和 VCR 得到的电路方程是一组代数方程（或复代数方程）。但是在电路的暂态分析中，由于储能元件的 VCR 是用微分或积分形式描述的，因此，得到的电路方程是关于电压或电流的一组微分方程。当电路中的无源元件是线性时不变元件时（称为线性定常电路），描述电路的方程是常系数线性常微分方程。因此，研究线性电路过渡过程的问题就归结为建立和求解电路的微分方程。

　　通过直接列写和求解电路的微分方程得到电路的响应，是动态过程分析的一种方法，称为经典法。经典法中电路的响应是以时间 t 作为自变量的，故称为时域分析。动态过程的另一种分析方法是运算法，这种方法不是直接对电路列微分方程，而是通过拉普拉斯变换在复频域中求解电路的响应，故称为复频域分析。

11.1　动态电路的动态过程及初始值的计算

11.1.1　动态电路与动态元件

　　电容元件和电感元件的 VCR 是微分关系，即动态关系，因此称电容元件和电感元件为动态元件，含有动态元件的电路称为动态电路。

　　假设电路已经处于一种稳定状态，这时如果电路的条件发生改变，比如电路参数的改变或电路结构的改变，都会使电路的稳定状态发生改变。动态电路与电阻电路的一个区别是：

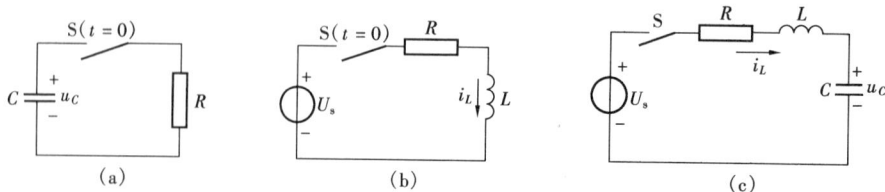

图 11-1　动态电路

(a) 电容放电；(b) 电感充电；(c) R、L、C 串联电路接通电压源

电路从一个稳定状态到另一个稳定状态的改变，对于电阻电路是即时完成的，而动态电路通常要经历一段时间。例如，已充电的电容通过电阻放电，如图 11-1 (a) 所示。开关 S 闭合

后，电路最终的状态应该是电容电荷放尽，电容电压等于零。但要达到这一状态是需要一定时间的。又如，将电感线圈与直流电源接通，如图 11-1（b）所示，开关 S 接通后，电路最终状态应该是电感电流 $I_L = U_s/R$，但是电感电流从零值上升到这一值也是需要时间的。

通过以上示例可见，动态电路发生过渡过程的原因是由于电路的接通、切断、电路参数的改变或电路结构的改变等，在动态过程分析中，将这些改变统称为换路。换路是动态电路产生动态过程的外因。

在直流电路的稳态和周期电流电路的稳态分析中，描述电路的方程是一组代数方程和相量形式的复代数方程。但是在电路的暂态分析中，由于动态元件的电压、电流关系（VCR）是用微分或积分形式来表示。因此，描述电路的方程是一组微分方程。在线性定常电路的情况下，此方程式（组）是常系数线性微分方程组。例如，图 11-1（c）是 R、L、C 串联电路接通电压源的情况，根据 KVL 可得电路方程为

$$Ri_L + L\frac{di_L}{dt} + \frac{1}{C}\int i_L dt = u_s(t)$$

将上式两端对 t 求导，可得到以电感电流 i_L 为变量的微分方程

$$L\frac{d^2 i_L}{dt^2} + R\frac{di_L}{dt} + \frac{i_L}{C} = \frac{du_s}{dt}$$

同理，若以电容电压 u_C 为变量，根据 KVL 有

$$L\frac{di_L}{dt} + Ri_L + u_C = u_s(t)$$

将 $i_L = C\frac{du_C}{dt}$ 代入上式，得

$$LC\frac{d^2 u_C}{dt^2} + RC\frac{du_C}{dt} + u_C = u_s$$

由此可得到以电容电压为变量的微分方程。

一般情况下，线性定常电路中的过渡过程可以用 n 阶线性微分方程式

$$a_n\frac{d^n y}{dt^n} + a_{n-1}\frac{d^{n-1}y}{dt^{n-1}} + \cdots + a_1\frac{dy}{dt} + a_0 y = x(t) \tag{11-1}$$

来描述，式中 $y(t)$ 为待求的时间函数，一般为支路电流、支路电压、电容器上的电荷或电感线圈中的磁通。$x(t)$ 为电路中的已知函数，它由电压源、电流源或者它的线性组合构成。$a_n, a_{n-1}, \cdots, a_1, a_0$ 为常系数。微分方程的解 $y(t)$ 称为电路的响应，而 $x(t)$ 称为电路的激励。

由此可见，在时域分析中，关于确定电路响应 $y(t)$ 的问题，就其本质而言，就是解微分方程的问题。

11.1.2　换路定律和电路变量初始值的计算

用经典法求解电路的微分方程时，必须根据电路的初始条件来确定微分方程通解中的积分常数。所谓初始条件就是指电路响应 $y(t)$（一般为电压或电流）及其 $n-1$ 阶导数在换路瞬间的初始值。因此，确定电路变量的初始值是用经典法分析动态过程不可缺少的步骤。

设动态电路在 $t=0$ 瞬间换路，把换路前的最终时刻记为 $t=0_-$，换路后的最初时刻记为 $t=0_+$，则换路前后瞬间电路变量的值可记为 $f(0_-)$ 和 $f(0_+)$。对于动态电路来说，换路后，电路中电压和电流的建立或其量值的改变，必然伴随着电容中电场能量和电感中磁场能量的改变，一般而言，这种改变只能是渐变，而不能跃变，就是说能量不会即时地从一个量

值变到另一个量值，否则将导致功率 $p = \mathrm{d}W/\mathrm{d}t$ 为无穷大。因此，动态电路产生过渡过程的内因是能量的改变需要时间（即能量不能跃变）。

对于线性电容和线性电感元件，在任意时刻，电容的电场能量为 $W_C = \frac{1}{2}Cu_C^2$ ，电感的磁场能量为 $W_L = \frac{1}{2}Li_L^2$ ，能量不能跃变就意味着：电容电压 u_C 不跃变，电感电流 i_L 不跃变。否则，将导致 $i_C = C\frac{\mathrm{d}u_C}{\mathrm{d}t}$ 和 $u_L = L\frac{\mathrm{d}i_L}{\mathrm{d}t}$ 变为无穷大，这在通常情况下也是不可能的。上述情况用数学语言描述就是：在一定条件下，电容电压和电感电流是时间的连续函数。此结论在电路中体现为换路定律。

换路定律：在换路瞬间，如果电容电流保持为有限值，则电容电压不能跃变；如果电感电压保持为有限值，则电感电流不能跃变。

设 $t=0$ 为换路瞬间，则换路定律可表示为

$$\begin{aligned} u_C(0_+) &= u_C(0_-) \\ i_L(0_+) &= i_L(0_-) \end{aligned} \tag{11-2}$$

由于电荷 $q = Cu_C$ ，磁链 $\Psi_L = Li_L$，所以换路定律又可表示为

$$\begin{aligned} q(0_+) &= q(0_-) \\ \Psi_L(0_+) &= \Psi_L(0_-) \end{aligned} \tag{11-3}$$

对于线性电容，设 $t=0_-$ 时的电压为 u_C（0_-），则对任何 $t>0_-$ 时刻，有

$$u_C(t) = u_C(0_-) + \frac{1}{C}\int_{0_-}^{t} i(t)\mathrm{d}t$$

令 $t=0_+$，则得

$$u_C(0_+) = u_C(0_-) + \frac{1}{C}\int_{0_-}^{0_+} i(t)\mathrm{d}t$$

从上式可以看出，如果换路前后，即 0_- 到 0_+ 的瞬间，电流 $i(t)$ 为有限值，则上式右端的积分将为零，于是有 u_C（0_+）$=u_C$（0_-）。可用类似的方法证明 i_L（0_+）$=i_L$（0_-）。

电路变量的初始值就是 $t=0_+$ 瞬间电路变量的值，记为 f（0_+），由式（11-2）可知，电容电压和电感电流的初始值在换路之前即已确定，故称为独立初始值，其他的初始值称为非独立初始值或相关初始值。

为了求出相关初始值，可将电容视为电压值为 u_C（0_+）的电压源；将电感视为电流值为 i_L（0_+）的电流源。如果在换路瞬间 u_C（0_+）为零，则电容相当于短路；如果在换路瞬间 i_L（0_+）为零，则电感相当于开路。按这种等效方法得到的电路，称为 0_+ 等效电路。不难看出，此电路的获得是替代定理的直接应用，它只适合 $t=0_+$ 这一瞬间，由 0_+ 等效电路所确定的电路变量的值均为初始值。

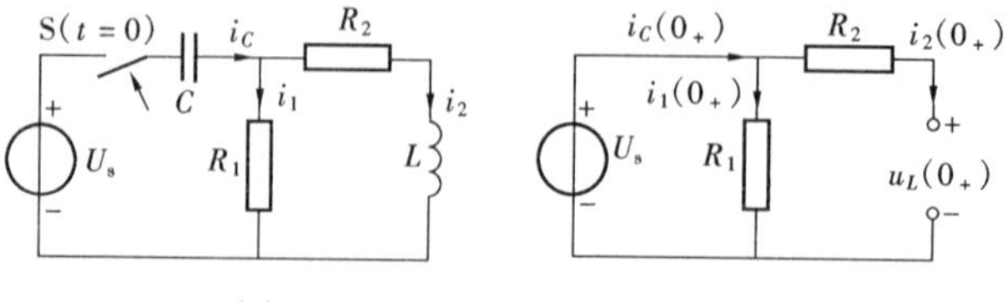

图 11-2 ［例 11-1］图
(a) 原电路；(b) 0_+ 等效电路

【例 11-1】 图 11-2 中，开关 S 闭合前电路处于稳态，电容上无电压。试求开关闭合后的初始值 i_1（0_+）、i_2（0_+）、i_C（0_+）、u_L（0_+）。

解 换路前电路处于直流稳态，这种稳态一直保持到 $t=0_-$，由于电路

中电压、电流已为恒定值，故电容相当于开路，电感相当于短路。所以，$u_C(0_-)=0$、$i_L(0_-)=0$。 根据换路定律有

$$u_C(0_+)=u_C(0_-)=0 \quad i_2(0_+)=i_2(0_-)=0$$

由此得到 0_+ 等效电路如图 11-2（b）所示。求得相关初始值为

$$i_C(0_+)=i_1(0_+)=U_s/R_1$$

$$u_L(0_+)=i_1(0_+)R_1=U_s$$

由结果可见，相关初始值不受换路定律约束，它可以跃变，也可以不跃变。

【例 11-2】 电路如图 11-3 所示，开关 S 闭合前处于稳态，$t=0$ 时开关闭合。已知：$U_s=10\text{V}$，$R_1=6\Omega$，$R_2=2\Omega$ 及 $R_3=4\Omega$。试求开关闭合瞬间 i_1、i_2 和 u_L 的值。

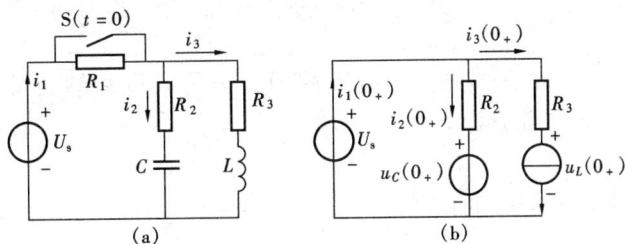

图 11-3 ［例 11-2］图
(a) 原电路；(b) 0_+ 等效电路

解 首先确定独立初始值。因为开关闭合前电路已处于稳态，电容相当于开路，电感相当于短路。故根据换路定律，有

$$i_3(0_+)=i_3(0_-)=\frac{U_s}{R_1+R_3}=\frac{10}{6+4}=1(\text{A})$$

$$u_C(0_+)=u_C(0_-)=\frac{R_3 U_s}{R_1+R_3}=\frac{4\times10}{6+4}=4(\text{V})$$

为了计算相关初始值，将电感视为 1A 电流源，电容视为 4V 电压源，得到图 11-3（b）所示的 0_+ 等效电路。由图求得

$$i_2(0_+)=\frac{U_s-u_C(0_+)}{R_2}=\frac{10-4}{2}=3(\text{A})$$

$$i_1(0_+)=i_2(0_+)+i_3(0_+)=3+1=4(\text{A})$$

$$u_L(0_+)=U_s-R_3 i_3(0_+)=10-4\times1=6(\text{V})$$

11.2　一阶电路的零输入响应

如果一个动态电路可以用一阶微分方程描述，这种电路称为一阶电路。对于只含有一个储能元件（电容或电感）的线性定常电路，描述它的方程将是一阶常系数线性常微分方程。

动态电路在没有外施激励时，由电路中储能元件的初始储能引起的响应称为零输入响应。

换路瞬间，设电容电压 $u_C(0_+)=U_0$，电感电流 $i_L(0_+)=I_0$，则电容和电感元件的初始储能分别为 $W_C(0_+)=\frac{1}{2}CU_0^2$ 及 $W_L(0_+)=\frac{1}{2}LI_0^2$，零输入响应就是由这两种能量产生。电容电压和电感电流不等于零的初始状态称为非零状态。

11.2.1　RC 电路的零输入响应

在图 11-4（a）电路中，电容被充电到 $u_C=U_0$，在 $t=0$ 时，将开关 S 闭合，使电容 C 和电阻 R 构成一个回路，如图 11-4（b）所示。此时电路的输入激励为零，电路中的响应只

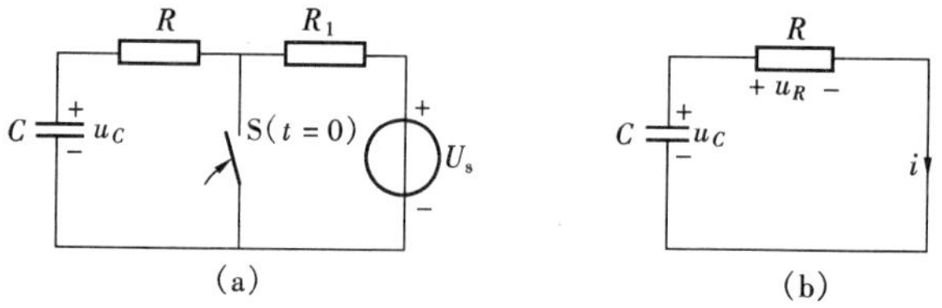

图 11-4　零输入响应

(a) 原电路；(b) 换路后的电路

是由电容的初始电压引起，所以称为零输入响应。

对于图 11-4（b），根据 KVL 可得

$u_C - u_R = 0$，而 $u_R = Ri$，$i = -C\dfrac{\mathrm{d}u_C}{\mathrm{d}t}$，代入上面方程，得

$$RC\frac{\mathrm{d}u_C}{\mathrm{d}t} + u_C = 0 \qquad (11\text{-}4)$$

式（11-4）是常系数一阶齐次微分方程，设它的通解为 $u_C = Ae^{pt}$，将通解代入式（11-4）中，得特征方程为

$$RCp + 1 = 0$$

解得特征方程的特征根为

$$p = -1/RC$$

将初始条件 $u_C(0_+) = U_0$ 代入 $u_C = Ae^{pt}$ 中，解得积分常数

$$A = u_C(0_+) = U_0$$

于是，满足初始条件的微分方程的解为

$$u_C = u_C(0_+)e^{-\frac{t}{RC}} = U_0 e^{-\frac{t}{RC}} \qquad (11\text{-}5)$$

电路中的电流可以通过电容的 VCR 求解，考虑到电压、电流的方向相反，故有

$$i = -C\frac{\mathrm{d}u_C}{\mathrm{d}t} = -C\frac{\mathrm{d}}{\mathrm{d}t}(U_0 e^{-\frac{t}{RC}}) = \frac{U_0}{R}e^{-\frac{t}{RC}}$$

电阻上的电压

$$u_R = u_C = U_0 e^{-\frac{t}{RC}}$$

由以上结果可见：电路中的各个变量（u_C、i、u_R）都是按照相同的指数规律衰减，开始时衰减的速度较快，随着时间的增长，衰减的速度逐渐减慢，波形如图 11-5 所示。

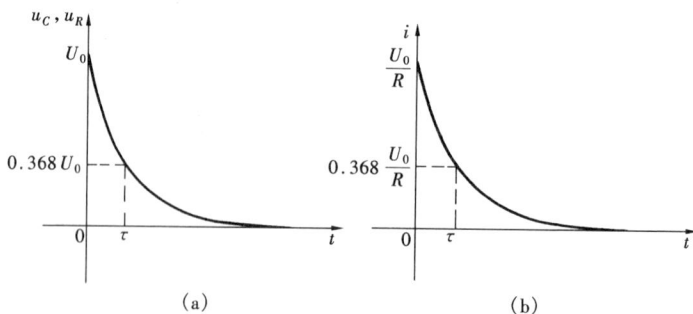

图 11-5　零输入响应波形

(a) 电压波形；(b) 电流波形

零输入响应的物理过程是：已充电的电容不断放出能量，电阻则消耗能量，到放电结束，电容中原先储存的电场能量全部被电阻转换成热能而消耗掉。即

$$W_R = \int_0^\infty Ri^2(t)\mathrm{d}t = \int_0^\infty R\left(\frac{U_0}{R}e^{-\frac{t}{RC}}\right)^2 \mathrm{d}t = \frac{1}{2}CU_0^2$$

电容释放能量的速度（即电容电压衰减的速度），取决于衰减指数 $1/RC$，它是特征方程的根，其数值仅由电路结构和元件参数决定，当 R 的单位用 Ω，C 的单位用 F 时，RC 的

单位为 s（秒），称为电路的时间常数，用 τ 表示。即

$$\tau = RC \tag{11-6}$$

引入时间常数后，电路变量可表示为

$$u_C = U_0 \mathrm{e}^{-\frac{t}{\tau}} \tag{11-7}$$

$$u_R = U_0 \mathrm{e}^{-\frac{t}{\tau}}$$

$$i = \frac{U_0}{R} \mathrm{e}^{-\frac{t}{\tau}}$$

在式（11-7）中令 $t = \tau$，则有

$$u_C(\tau) = U_0 \mathrm{e}^{-1} = 0.368 U_0 = 36.8\% U_0$$

就是说：按指数规律衰减的量，衰减到初始值的 36.8% 所需的时间就是时间常数。

时间常数是表征过渡过程特性的一个重要参数。时间常数越大，一阶电路过渡过程持续的时间越长。$u_C(t)$ 的瞬时值与 τ 的关系见表 11-1。

表 11-1

t	0	τ	2τ	3τ	4τ	5τ	$\cdots$	∞
$u_C(t)$	U_0	$0.368U_0$	$0.135U_0$	$0.05U_0$	$0.018U_0$	$0.0067U_0$	$\cdots$	0

理论上，只有 $t \to \infty$ 时，指数函数才能衰减到零，但从表上可以看出，经过 5τ 的时间，电压已经衰减到初始值的千分之七，所以工程上认为经过 3τ ～5τ 动态过程即为结束。

时间常数还具有如下几何意义：在图 11-6 的曲线上任取一点 A，在该点作切线 AC，则次切距的长度 BC 就等于 τ。

在图 11-6 中，设 B 点坐标为 $(t_0，0)$，则

$$BC = \frac{u_C(t_0)}{-\left.\dfrac{\mathrm{d}u_C}{\mathrm{d}t}\right|_{t=t_0}} = \frac{U_0 \mathrm{e}^{-\frac{t_0}{\tau}}}{\frac{1}{\tau}U_0 \mathrm{e}^{-\frac{t_0}{\tau}}} = \tau$$

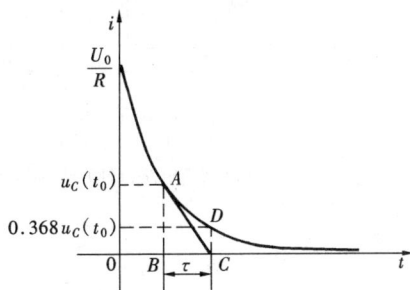

图 11-6　时间常数的几何意义

零输入响应中，如果电路变量的初始值不为零，则响应的变化规律都是由初始值衰减到零。所以，计算零输入响应的一般公式如下：

$$f(t) = f(0_+)\mathrm{e}^{-\frac{t}{\tau}} \tag{11-8}$$

式中 $f(0_+)$ 为变量的初始值，对于 RC 电路，$\tau = RC$，其中 R 为电容两端的等效电阻。

【**例 11-3**】 图 11-7（a）所示电路在换路前已处于稳态，$t=0$ 时开关闭合。试求 $t \geqslant 0$ 时的 u_C 和 i。

解 开关 S 闭合前电路处于稳态，故电容相当于开路，电容电压的初始值为

$$u_C(0_+) = u_C(0_-) = \frac{10 \times 2}{6+2+2} = 2(\mathrm{V})$$

换路后的电路如图 11-7（b）

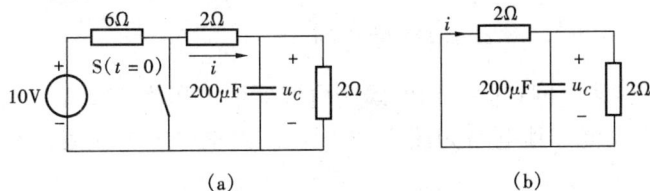

图 11-7　［例 11-3］图
(a) 换路前的电路；(b) 换路后的电路

所示，外加激励被去除，且电容上有初始电压，故为零输入响应。电容两端的等效电阻为

$$R = \frac{2 \times 2}{2 + 2} = 1(\Omega)$$

电路的时间常数

$$\tau = RC = 1 \times 200 = 200(\mu s)$$

根据式（11-8）得

$$u_C = u_C(0_+) e^{-\frac{t}{\tau}} = 2e^{-5000t}(V)$$

$$i = -\frac{u_C}{2} = -\frac{1}{2} \times 2e^{-5000t} = -e^{-5000t}(A)$$

电流的计算可以采用同样的方法，电流的初始值为

$$i(0_+) = -\frac{u_C(0_+)}{2} = -1(A)$$

代入式（11-8），得

$$i = -e^{-5000t}(A)$$

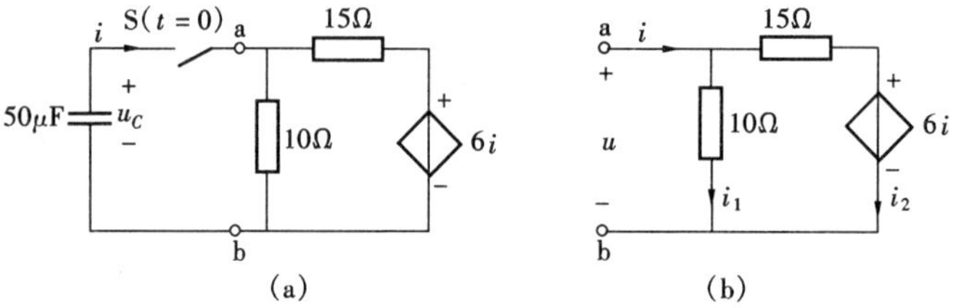

图 11-8　［例 11-4］图
(a) 换路前的电路；(b) 求时间常数 τ 的电路

【例 11-4】　图 11-8 电路中，已知 $u_C(0_-) = 9V$，$t = 0$ 时开关闭合，试求开关闭合后的响应 u_C 和 i。

解　由换路定律得 $u_C(0_+) = u_C(0_-) = 9V$。为了求时间常数 τ，需要求 ab 两端的等效电阻 R_{eq}。由图 11-8 (b) 可得

$$i_1 = \frac{u}{10}, i_2 = i - \frac{u}{10}$$

所以

$$u = 15\left(i - \frac{u}{10}\right) + 6i$$

解得 $u = 8.4i$，ab 两端的等效电阻

$$R_{eq} = \frac{u}{i} = 8.4(\Omega)$$

$$\tau = R_{eq}C = 8.4 \times 50(\mu F)$$

由式（11-8）得

$$u_C = u(0_+) e^{-\frac{t}{\tau}} = 9e^{-2381t}(V)$$

$$i = -C\frac{du_C}{dt} = -50 \times 10^{-6} \times 9 \times (-2381)e^{-2381t} = 1.07e^{-2381t}(A)$$

【例 11-5】　一组 $40\mu F$ 的高压电容从电网切除，切除瞬间电容器的电压为 3500V，以后电容通过自身的漏电阻 $R = 100M\Omega$ 放电，其电路如图 11-9 所示。试求电容电压衰减到 700V 所需时间。

解　电路的时间常数为

$$\tau = RC = 100 \times 10^6 \times 40 \times 10^{-6} = 4000(s)$$

设 $t=0$ 时电容器从电网切除，则电容电压为

$$u_C(t) = 3500\mathrm{e}^{-\frac{t}{\tau}}\,\mathrm{V}$$

若 $u_C(t)=700\mathrm{V}$，则 $\mathrm{e}^{-\frac{t}{\tau}}=\dfrac{700}{3500}=0.2$，从而求得

$$t = -\tau\ln 0.2 = 4000 \times 1.609 = 6436(\mathrm{s})$$

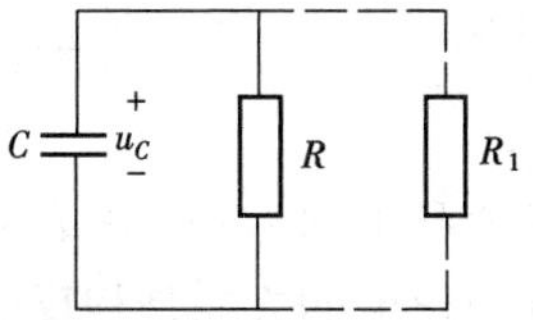

由计算结果可知：经 6436s（约 1.8h）在电容两端尚有 700V 的

图 11-9　［例 11-5］图

高电压，这对人身是危险的。因此高压电容器从电网切除后需自动并联一个较小的电阻 R_1（图中虚线），以减小电路的时间常数，使电容器迅速放电。

11.2.2　*RL* 电路的零输入响应

图 11-10（a）电路换路前处于稳态，$t=0$ 时开关闭合，电路如图 11-10（b）所示，由于电源不再作用于电路，故为零输入响应。

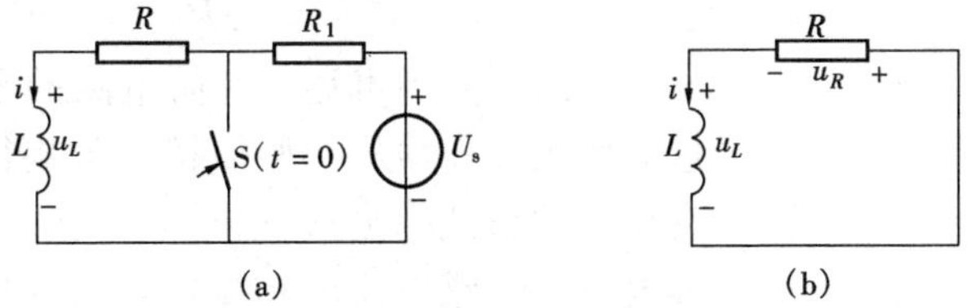

图 11-10　*RL* 电路的零输入响应

(a) 换路前的电路；(b) 换路后的电路

换路前，电感中的电流

$$i(0_-) = I_0 = \frac{U_s}{R+R_1}$$

换路后，在图示参考方向下根据 KVL 有

$$L\frac{\mathrm{d}i_L}{\mathrm{d}t} + Ri_L = 0$$

这是一个一阶齐次微分方程，设通解为

$$i_L = A\mathrm{e}^{pt}$$

其中 p 是特征方程 $Lp+R=0$ 的根，即

$$p = -R/L$$

令 $\tau=L/R$，则

$$i = A\mathrm{e}^{-\frac{t}{\tau}}$$

代入初始条件 $i(0_+)=i(0_-)=I_0$，得

$$A = i(0_+) = I_0$$

于是换路后电感中的电流为

$$i = I_0\mathrm{e}^{-\frac{t}{\tau}} \tag{11-9}$$

电阻和电感电压分别为

$$u_R = Ri = RI_0\mathrm{e}^{-\frac{t}{\tau}}$$

$$u_L = L \frac{\mathrm{d}i}{\mathrm{d}t} = LI_0\left(-\frac{1}{\tau}\right)\mathrm{e}^{-\frac{t}{\tau}} = -RI_0\mathrm{e}^{-\frac{t}{\tau}}$$

或直接根据 KVL 得 $u_L = -u_R = -RI_0\mathrm{e}^{-\frac{t}{\tau}}$。电感电压为负，说明 RL 电路电感放电时，电压、电流的方向是相反的，此时电感释放能量。

　　RL 电路的响应与 RC 电路相似，电路变量都按相同的指数规律衰减。波形如图 11-11 所示。

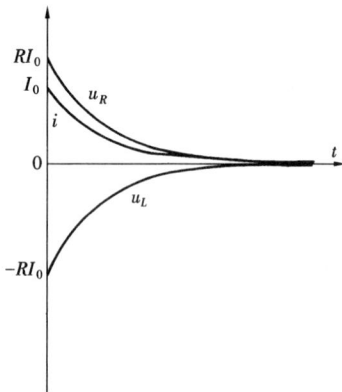

图 11-11　RL 零输入响应波形

　　RL 电路零输入响应的物理过程是电感的初始能量全部被电阻消耗的过程，即

$$W_R = \int_0^\infty Ri^2(t)\mathrm{d}t = \int_0^\infty R(I_0\mathrm{e}^{-\frac{R}{L}})^2\mathrm{d}t$$

$$= RI_0^2\left(-\frac{L}{2R}\right)\left[\mathrm{e}^{-\frac{2R}{L}}\right]_0^\infty = \frac{1}{2}LI_0^2$$

　　从以上分析可见，一阶电路的零输入响应中所有变量的变化过程均从初始值按指数规律衰减到零，它们具有相同的形式［见式（11-8）］。$f(0_+)$ 正比于电路中电容电压或电感电流的初始值，若这些初始值增大 K 倍，则零输入响应也同时增大 K 倍。这种线性关系类似于齐性定理，称为零输入线性。

　　【例 11-6】　图 11-12 是直流发电机励磁电路，绕组参数为 $R = 40\Omega$，$L = 1.5\mathrm{H}$，电源电压 120V，VD 为理想二极管，正向导通时电阻为零。电压表内阻 $R_V = 10\mathrm{k}\Omega$，试求：（1）$t = 0$ 时开关断开后励磁绕组中的电流；（2）若不接二极管，重求电流及电压表承受的最大电压。

　　解　（1）换路前二极管不导通，电路电流为

$$I_0 = \frac{U_s}{R} = \frac{120}{40} = 3(\mathrm{A})$$

换路后二极管导通，它将励磁绕组短路，故时间常数

$$\tau = \frac{L}{R} = \frac{1.5}{40} = 0.0375(\mathrm{s})$$

所以，换路后绕组中电流为

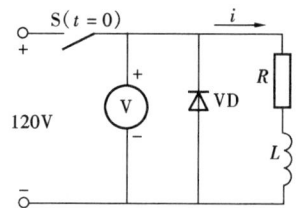

图 11-12　［例 11-6］图

$$i(t) = 3\mathrm{e}^{-\frac{t}{\tau}}\mathrm{A}$$

这个电流经过二极管 VD，因为 VD 的正向电阻为零，电压表上无电压。

　　（2）不接二极管，换路后绕组中的电流以电压表为通路形成回路，故时间常数为

$$\tau = \frac{L}{R + R_V} = \frac{1.5}{40 + 10 \times 10^3} = 1.5 \times 10^{-4}(\mathrm{s})$$

绕组中电流为

$$i(t) = 3\mathrm{e}^{-\frac{t}{\tau}}\mathrm{A}$$

电压表承受的最大反向电压为

$$U_V = -R_V i(0_+) = -30(\mathrm{kV})$$

　　这样高的电压将造成电压表和励磁绕组的损坏。因此，切断电感电流时，必须考虑磁场

能量的释放，二极管的作用就是给电感电流提供一个通路，起到保护电压表的作用，称为续流二极管。

11.3　一阶电路的零状态响应

动态电路中，如果电容元件的初始电压为零或电感元件的初始电流为零，则称电路处于零初始状态。外施激励作用于零状态电路产生的响应称为零状态响应。外施激励按类型不同可以是直流激励、阶跃信号激励、冲激信号激励及正弦激励。

11.3.1　RC 电路的零状态响应

直流电压源通过电阻对电容充电的电路如图 11-13（a）所示。开关闭合前，u_C（0_-）$=0$，故为零状态。开关闭合瞬间，u_C（0_+）$=u_C$（0_-）$=0$，电源电压全部加到电阻两端，充电电流达到最大值 i（0_+）$=U_s/R$，随着充电过程的进行，电容电压不断提高，电阻两端电压不断下降，充电电流就不断减小，当充电电流下降到零时，充电过程结束，电容电压达到稳态值 U_s。

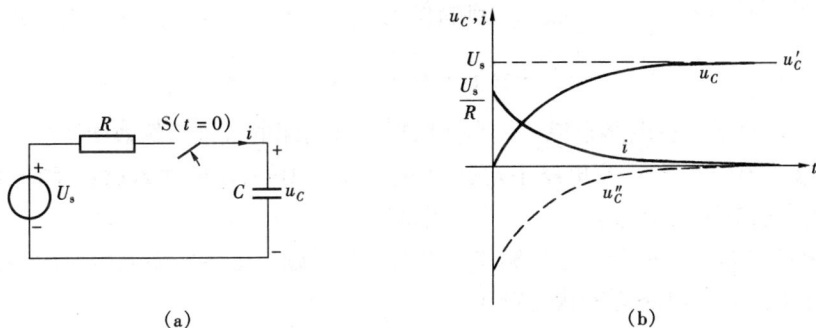

图 11-13　RC 电路零状态响应及波形
（a）RC 电路的零状态响应；（b）u_C，i 的波形

根据 KVL，在图 11-13（a）所示参考方向下，有

$$u_R + u_C = U_s$$

将 $u_R = Ri$ 和 $i = C\dfrac{\mathrm{d}u_C}{\mathrm{d}t}$ 代入上式，得

$$RC\frac{\mathrm{d}u_C}{\mathrm{d}t} + u_C = U_s \tag{11-10}$$

此方程为一阶线性非齐次方程，由微分方程解的结构可知，u_C 的通解为

$$u_C = u_C' + u_C''$$

其中：u_C' 为式（11-10）的一个特解，u_C'' 为与式（11-10）对应的齐次方程通解。由于式（11-10）适用于换路后的所有时刻，故可以将电路处于稳态时的电容电压 U_s 作为式（11-10）的一个特解，即

$$u_C' = U_s$$

对应齐次方程的通解为

$$u_C'' = Ae^{-\frac{t}{\tau}}$$

式中：$\tau = RC$，于是电容电压的通解为

$$u_C = U_s + Ae^{-\frac{t}{\tau}}$$

代入初始值 $u_C(0_+) = 0$，可求得 $A = -U_s$，故

$$u_C = U_s - U_s e^{-\frac{t}{\tau}} = U_s(1 - e^{-\frac{t}{\tau}}) \tag{11-11}$$

电流

$$i = C\frac{\mathrm{d}u_C}{\mathrm{d}t} = \frac{U_s}{R}e^{-\frac{t}{\tau}}$$

电容电压及电流的波形如图 11-13（b）所示。

电源向电容充电时，电流要流过电阻，所以电源提供的能量一方面存储在电容中，使电容电压提高，另一方面也被电阻消耗。充电结束时，电阻消耗的能量为

$$W_R = \int_0^\infty Ri^2 \mathrm{d}t = \int_0^\infty R\left(\frac{U_s}{R}e^{-\frac{t}{\tau}}\right)^2 \mathrm{d}t = \frac{U_s^2}{R}\left(-\frac{RC}{2}\right)e^{-\frac{2}{RC}t}\bigg|_0^\infty = \frac{1}{2}CU_s^2$$

可见，整个充电过程中电阻消耗的能量与电容存储的能量相等，即电源的充电效率只有 50%。这一结论与 R 和 C 的量值无关。

直流激励的 RC 零状态响应中，电容电压的特解是在电路到达稳态时求得的，如果用 $u_C(\infty)$ 表示稳态值（$t \to \infty$ 到达稳态），则特解为 $u'_C = u_C(\infty)$，式（11-11）改写为

$$u_C = u_C(\infty)(1 - e^{-\frac{t}{\tau}}) \tag{11-12}$$

式中：$\tau = RC$，对于一般电路来说，R 为换路后电容两端的戴维南等效电阻。

【例 11-7】　图 11-14（a）电路中，已知 $R_1 = R_2 = 100\Omega$，$R_3 = 200\Omega$，$C = 20\mu F$，$U_s = 10V$。开关闭合前电路处于稳态，试求开关闭合后的 u_C 和 i。

解　换路前电路处于稳态，电容回路中没有外加激励，电容两端电压为零。换路后电压源支路作用于电路，故电路为零状态响应。

首先求电容电压的特解 $u_C(\infty)$。换路后电路到达稳态时，电容相当于开路，由分压公式，有

$$u_C(\infty) = \frac{R_2}{R_1 + R_2}U_s = \frac{10}{2} = 5(\mathrm{V})$$

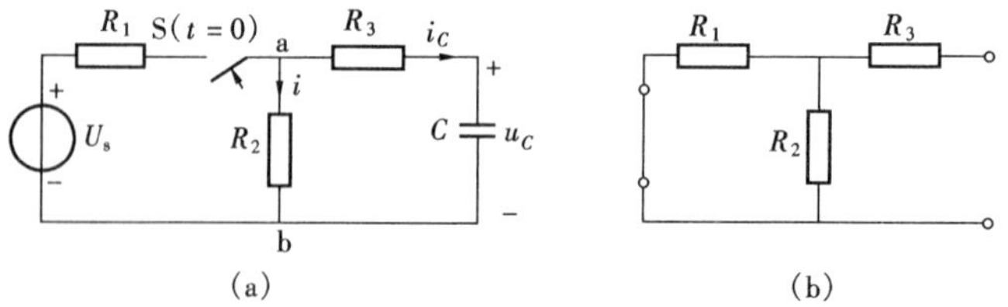

图 11-14　［例 11-7］图
(a) 零初始状态电路；(b) 用戴维南定理求等效电阻

用图 11-14（b）所示的电路，求电容两端的戴维南等效电阻，为

$$R_{eq} = \frac{R_1 R_2}{R_1 + R_2} + R_3 = 250(\Omega)$$

所以时间常数为

$$\tau = R_{eq}C = 250 \times 20 \times 10^{-6} = 5(\mathrm{ms})$$

由式（11-12）得　　　$u_C = u_C(\infty)(1 - e^{-\frac{t}{\tau}}) = 5(1 - e^{-200t})(\mathrm{V})$

解出电容电压后，电流 i 可在电路中直接求解。因为

$$i_C = C\frac{\mathrm{d}u_C}{\mathrm{d}t} = 20 \times 10^{-6} \times (-5)(-200)\mathrm{e}^{-200t} = 20\mathrm{e}^{-200t}(\mathrm{mA})$$

所以

$$i = \frac{u_{\mathrm{ab}}}{R_2} = \frac{1}{R_2}(R_3 i_C + u_C) = \frac{1}{100}(200 \times 20 \times 10^{-3}\mathrm{e}^{-200t} + 5 - 5\mathrm{e}^{-200t}) = 50 - 10\mathrm{e}^{-200t}(\mathrm{mA})$$

11.3.2　RL 电路的零状态响应

图 11-15（a）电路中，$t=0$ 时开关 S 闭合，换路前电感电流为零，电路的响应为零状态响应，换路后 $i_L(0_+) = i_L(0_-) = 0$。

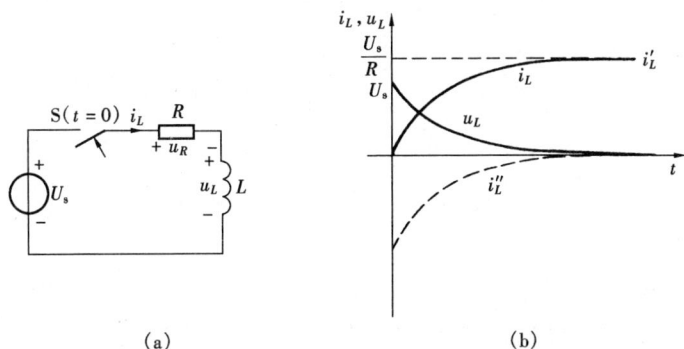

图 11-15　RL 电路的零状态响应及波形
(a) RL 电路的零状态响应；(b) i_L 和 u_L 的波形

由 KVL，有

$$u_R + u_L = U_s$$

$u_R = Ri_L, u_L = L\frac{\mathrm{d}i_L}{\mathrm{d}t}$，得到关于电流 i_L 的微分方程为

$$L\frac{\mathrm{d}i_L}{\mathrm{d}t} + Ri_L = U_s \tag{11-13}$$

电流 i_L 的通解为

$$i_L = i_L' + A\mathrm{e}^{-\frac{t}{\tau}}$$

式中：i_L' 为式（11-13）的特解，$\tau = L/R$ 为 RL 电路的时间常数。特解 i_L' 可以取电流的稳态值，$f(\infty)$，即 $i_L' = i_L(\infty) = U_s/R$，由 $i_L(0_+) = i_L(0_-) = 0$，确定积分常数 $A = -U_s/R$，于是

$$i_L = \frac{U_s}{R} - \frac{U_s}{R}\mathrm{e}^{-\frac{t}{\tau}} = \frac{U_s}{R}(1 - \mathrm{e}^{-\frac{t}{\tau}}) \tag{11-14}$$

$$u_L = L\frac{\mathrm{d}i_L}{\mathrm{d}t} = L\left(-\frac{U_s}{R}\right)\left(-\frac{1}{\tau}\right)\mathrm{e}^{-\frac{t}{\tau}} = U_s\mathrm{e}^{-\frac{t}{\tau}}$$

$$u_R = Ri_L = U_s(1 - \mathrm{e}^{-\frac{t}{\tau}})$$

如果将式（11-14）中的 U_s/R 用 $i_L(\infty)$ 代替，可得到与式（11-12）相似的形式

$$i_L = i(\infty)(1 - \mathrm{e}^{-\frac{t}{\tau}}) \tag{11-15}$$

式中：$\tau = L/R$。对于一般电路，R 为换路后电感两端的戴维南等效电阻。

【例 11-8】　图 11-16 中，$i_s = 2\text{A}$，$R_1 = R_2 = 10\Omega$，$L = 0.2\text{H}$，开关打开已久。试求开关闭合后的电感电流 i_L 和电压 u_{ab}。

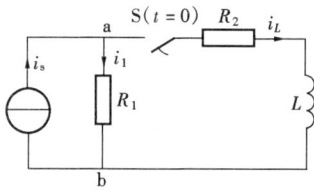

解　换路前开关打开已久，电感中无电流，$i_L(0_+) = i_L(0_-) = 0$，电路为零状态响应。换路后，电感电流的特解（稳态值）为

$$i'_L = i_L(\infty) = 2 \times \frac{10}{10 + 10} = 1(\text{A})$$

电感两端的戴维南等效电阻为

$$R_{eq} = 10 + 10 = 20(\Omega)$$

图 11-16　　[例 11-8] 电路图

时间常数为

$$\tau = \frac{L}{R_{eq}} = \frac{0.2}{20} = 0.01(\text{s})$$

故电感电流为

$$i_L = i(\infty)(1 - e^{-\frac{t}{\tau}}) = 1 - e^{-100t}(\text{A})$$

电压 u_{ab} 从电路中求得为

$$u_{ab} = R_1(i_s - i_L) = 10(2 - 1 + e^{-100t}) = 10 + 10e^{-100t}(\text{V})$$

从以上 RC 电路和 RL 电路的分析可以看出，处理一阶电路的零状态响应首先是要求出 $u_C(t)$ 或 $i_L(t)$，这两个量求解的一般式已分别由式（11-12）和式（11-15）给出。一旦求得 $u_C(t)$，便可以将电容视为电压源；同理，求得了 $i_L(t)$，便可以将电感视为电流源。这样，原电路就变成一个电阻电路，运用电阻电路的分析方法就可以求得 $t \geqslant 0$ 时其他支路的电压和电流。

另外，从零状态响应的表达式中还可以看出，若外施激励增大 K 倍，则其零状态响应也增大 K 倍。这种外施激励与零状态响应之间的线性关系称为零状态线性。

11.3.3　一阶电路零状态响应的分解

RC 电路和 RL 电路的零状态响应中，电容电压 u_C 和电感电流 i_L 的解在形式上是相同的，它们都由两部分组成，以电容电压为例

$$u_C = u'_C + u''_C = u'_C + Ae^{-\frac{t}{\tau}}$$

其中：u'_C 为非齐次方程的特解，它可以在电路处于稳态时求出，此特解称为稳态分量。由于稳态分量的变化规律与外施激励相同，故又称为强制分量，就是说这一分量体现了外施激励对电路的作用。当激励为直流量时，稳态分量也是直流量；当激励为正弦交流量时，稳态分量将是同频率的正弦交流量；当激励为衰减的指数函数时，

图 11-17　时间常数的计算
(a) $\tau = R_{eq}C$；(b) $\tau = L/R_{eq}$

u'_C 也是按相同的指数规律变化的指数函数，此时的响应只能称为强制分量而不再称稳态分量。τ 为时间常数，计算方法如图 11-17 所示。

u''_C 是对应齐次方程的通解，它是外施激励均为零值（即电压源短路，电流源开路）时的解，它与激励的函数形式无关，不受激励的约束，称为自由分量。这一分量具有确定的函

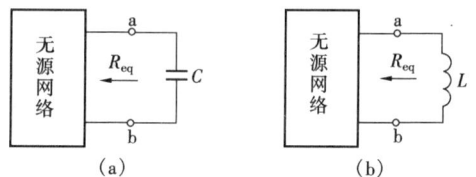

数形式 $Ae^{-\frac{t}{\tau}}$，随着过渡过程的结束它将趋于零，故称为暂态分量。事实上，电路的暂态分析就体现在这一分量上，没有暂态分量电路就没有过渡过程，暂态分量随时间消失的过程表现为电路的过渡过程。

由于自由分量对应于齐次方程，并通过特征方程 $\tau p + 1 = 0$ 确定了电路的时间常数（$\tau = -1/p$），所以，时间常数仅取决于电路的结构和参数而与外施激励的量值无关，电路的各个响应具有相同的时间常数。因此，在求电路的时间常数时，可直接令全部外施激励为零（如图 11-17 所示），通过求等效电阻 R_{eq} 来求时间常数，这样，就可直接从电路中求出时间常数而不必列微分方程和特征方程。

11.4　一阶电路的全响应

外施激励作用于非零初始状态的电路所产生的响应称为电路的全响应。

11.4.1　应用叠加定理的全响应分析

图 11-18 电路为已充电的电容通过电阻与直流电源接通。设电容的初始电压为 U_0，开关 S 闭合后根据 KVL 有

$$RC \frac{\mathrm{d}u_C}{\mathrm{d}t} + u_C = U_s$$

方程的通解为

$$u_C = u'_C + u''_C = U_s + Ae^{-\frac{t}{\tau}}$$

图 11-18　一阶电路的全响应

其中：特解 u'_C 取电路到达稳态时的电容电压 U_s，u''_C 为与上述方程对应的齐次方程的通解。代入初始条件 $u_C(0_+) = u_C(0_-) = U_0$，得积分常数 $A = U_0 - U_s$，电容电压为

$$u_C = U_s + (U_0 - U_s)e^{-\frac{t}{\tau}} \tag{11-16}$$

这就是电容电压的全响应。将式（11-16）改写为

$$u_C = U_0 e^{-\frac{t}{\tau}} + U_s(1 - e^{-\frac{t}{\tau}})$$

可以看出，第一项对应于电路的零输入响应，第二项对应于电路的零状态响应。即

全响应＝零输入响应＋零状态响应

对线性动态电路来说，这是一个普遍规律。零输入响应是由非零初始状态产生的；零状态响应是由外施激励产生的。如果将电容的非零初始电压和电感的非零初始电流也看作是一个"激励"的话，则线性电路的全响应就是独立电源和储能元件分别作用电路时产生的响应的代数和。这是叠加定理在线性动态电路中的体现。图 11-19（a）画出了这种分解。

全响应还可以作另一种分解，即

全响应 ＝ 暂态响应 ＋ 稳态响应

这种分解与 11.3.3 节讨论的零状态响应的分解相似，仍以 RC 电路为例，式（11-16）本身就是由对应齐次方程的通解和特解组成，即

$$u_C = U_s + (U_0 - U_s)e^{-\frac{t}{\tau}} \tag{11-17}$$

其中：U_s 称为稳态响应（强制分量），$(U_0 - U_s)e^{-\frac{t}{\tau}}$ 称为暂态响应（自由分量），响应的曲线如图 11-19（b）所示，水平直线 u'_C 即稳态响应，曲线 u''_C 对应式（11-17）第二项，即暂

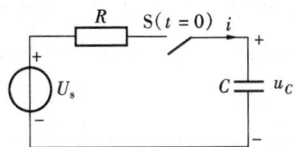

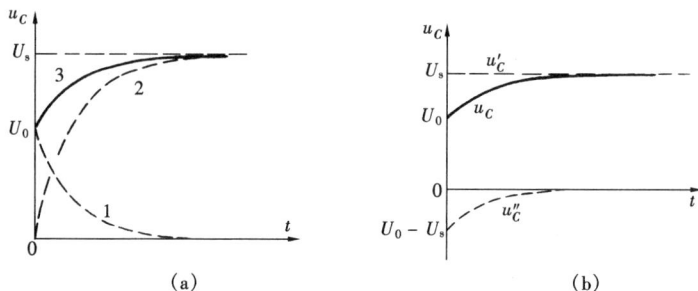

图 11-19　全响应的两种分解

(a) 零输入响应（曲线 1）零状态响应（曲线 2）；(b) 稳态响应（u'_C）暂态响应（u''_C）

态响应。

由此可见，直流激励作用于 RC 电路响应会出现两个分量，暂态与稳态分量。响应的暂态分量持续时间就是电路的动态过程，这期间电路要从原有状态过渡到与直流激励相适应的直流稳态（即 u_C 要从 U_0 变为 U_s）。由于储能元件的存在，稳定状态不会瞬间达到，暂态响应分量 $(U_0 - U_s) \mathrm{e}^{-\frac{t}{\tau}}$ 的作用就是调整初始状态与直流稳态之间的差距。调整过程与电路固有性质有关，体现在以自然数为底的指数函数 $\mathrm{e}^{-\frac{t}{\tau}}$ 上，其指数项 $-1/\tau$ 由电路的时间常数决定。经 $3\tau \sim 5\tau$ 后，暂态分量消失，电路由过渡状态进入到稳定状态，此时电路的响应便完全由响应的稳态分量决定。把全响应分解为暂态响应和稳态响应之和正是为了反映动态电路这种工作状态。

【例 11-9】　图 11-20 电路中，已知 $U_s = 100\mathrm{V}$，$R_1 = 6\Omega$，$R_2 = 4\Omega$，$L = 20\mathrm{mH}$，开关 S 闭合前电路已稳定。试求开关闭合后电流 i 和电感电压 u_L。

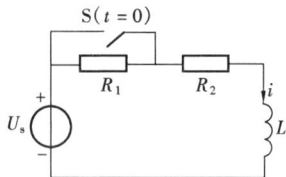

图 11-20　［例 11-9］图

解　(1) 利用全响应是零输入响应 i_1 与零状态响应 i_2 之和的方式求解。

零输入响应：换路瞬间电流不能跃变，所以

$$i_1(0_+) = i_1(0_-) = \frac{U_s}{R_1 + R_2} = \frac{100}{6+4} = 10(\mathrm{A})$$

换路后电感两端的戴维南等效电阻为 $R_{eq} = R_2$，故时间常数为 $\tau = L/R_2 = 20/4 = 5\mathrm{ms}$，所以零输入响应为

$$i_1 = i(0_+)\mathrm{e}^{-\frac{t}{\tau}} = 10\mathrm{e}^{-200t}(\mathrm{A})$$

零状态响应：开关闭合后，电路处于稳态时电感相当于短路，故

$$i_2(\infty) = \frac{U_s}{R_2} = \frac{100}{4} = 25(\mathrm{A})$$

零状态响应为　　　　$i_2 = i_2(\infty)(1 - \mathrm{e}^{-\frac{t}{\tau}}) = 25(1 - \mathrm{e}^{-200t})(\mathrm{A})$

因此全响应为

$$i = i_1 + i_2 = 10\mathrm{e}^{-200t} + 25(1 - \mathrm{e}^{-200t}) = 25 - 15\mathrm{e}^{-200t}(\mathrm{A})$$

(2) 利用全响应的两种分量，即稳态响应 i_3 加暂态响应 i_4 的方式求解。

稳态响应：电路处于稳态时，可求得 $i_3(t) = i_2(\infty) = 25\mathrm{A}$，设暂态响应为 $i_4 = A\mathrm{e}^{-200t}$，则有

$$i = i_3(t) + i_4(t) = i_3(t) + A\mathrm{e}^{-200t}$$

代入 $i\ (0_+)\ =10A$，则 $A=i\ (0_+)\ -i_3\ (0_+)\ =10-25=-15A$，全响应为

$$i = 25 - 15\mathrm{e}^{-200t}\,A$$

11.4.2　应用积分方法的全响应分析

对于一阶线性定常电路，描述电路的方程是一阶常系数线性微分方程。以电流 $i\ (t)$ 为例，则微分方程的一般形式为

$$\frac{\mathrm{d}i}{\mathrm{d}t} + pi = f(t)$$

其中 p 为常数，$f\ (t)$ 为外施激励。这是一个非齐次方程，为了求解这个方程，在等式两端乘以 e^{pt}，得

$$\frac{\mathrm{d}i}{\mathrm{d}t}\mathrm{e}^{pt} + ip\mathrm{e}^{pt} = \mathrm{e}^{pt}f(t)$$

上述方程的左边恰是 $i\mathrm{e}^{pt}$ 的微分，即

$$\frac{\mathrm{d}}{\mathrm{d}t}(i\mathrm{e}^{pt}) = \mathrm{e}^{pt}f(t)$$

两边积分，得

$$i\mathrm{e}^{pt} = \int \mathrm{e}^{pt}f(t)\mathrm{d}t + A$$

其中 A 为任意常数，于是有通解

$$i = \mathrm{e}^{-pt}\left(\int \mathrm{e}^{pt}f(t)\mathrm{d}t + A\right)$$

代入初始条件确定出常数 A，即求得电流的全响应。

这种方法是通过直接解微分方程求解全响应，响应结果表现为一个积分，被积函数中的指数项 p 是电路固有性质的反映（$p=-1/\tau$），$f\ (t)$ 为外施激励。该方法属于公式化方法，仅涉及变量的初始值 $f\ (0_+)$ 和 p，不计响应的物理过程，这一点与下一节介绍的三要素法相类似。由于该方法避免了从电路中求解强制分量（特解），所以可用来求解直流以外的连续函数激励下的响应。

【例 11-10】　电路如图 11-21（a）所示，已知电源电压为 $u_\mathrm{s}=2\mathrm{e}^{-t}\,V$，在 $t=0$ 时作用于电路，电容电压的初始值为 $u\ (0_-)\ =1V$，试求 $t\geqslant0$ 时的 $u\ (t)$。

解　图 11-21（a）的戴维南等效电路如图 11-21（b）所示，其中 $u_\mathrm{OC}=\mathrm{e}^{-t}\,V$，$R_\mathrm{eq}=0.5\Omega$。于是得电路的微分方程为

$$R_\mathrm{eq}C\frac{\mathrm{d}u}{\mathrm{d}t} + u = u_\mathrm{OC}$$

代入数据并整理，得

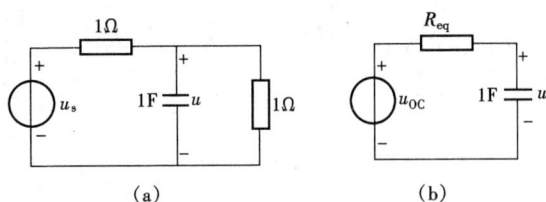

图 11-21　［例 11-10］图
(a) 全响应电路；(b) 戴维南等效电路

$$\frac{\mathrm{d}u}{\mathrm{d}t} + 2u = 2\mathrm{e}^{-t}$$

令 $p=2$，$f\ (t)\ =2\mathrm{e}^{-t}$ 代入积分公式，得响应为

$$u = \mathrm{e}^{-2t}\left(\int \mathrm{e}^{2t}\cdot 2\mathrm{e}^{-t}\mathrm{d}t + A\right) = \mathrm{e}^{-2t}(2\mathrm{e}^{t} + A) = 2\mathrm{e}^{-t} + A\mathrm{e}^{-2t}$$

代入初始条件 $u\ (0)\ =1V$，得 $A=-1$。于是得到电容电压的全响应为

$$u = -\mathrm{e}^{-2t} + 2\mathrm{e}^{-t}\,V$$

11.5　求解一阶电路的三要素法

一阶电路的全响应可以分解为零输入响应与零状态响应之和，也可以分解为稳态响应与暂态响应之和。在直流激励下，无论是哪一种分解，全响应都只与三个要素有关，即电路变量的初始值 $f(0_+)$、稳态值 $f(\infty)$ 和电路的时间常数 τ。由前面的讨论可知：$f(\infty)$ 对应非齐次方程的特解，τ 对应齐次方程的特征根（$\tau=-1/p$）。因此，根据微分方程解的结构，一阶电路的全响应具有下面的一般形式

$$f(t) = f(\infty) + A\mathrm{e}^{-\frac{t}{\tau}}$$

令 $t=0_+$，有 $f(0_+)=f(\infty)+A$，解得 $A=f(0_+)-f(\infty)$，故

$$f(t) = f(\infty) + [f(0_+) - f(\infty)]\mathrm{e}^{-\frac{t}{\tau}} \qquad (11\text{-}18\mathrm{a})$$

此式表明，只要求得 $f(0_+)$、$f(\infty)$、τ 这三个要素，就可以直接写出直流激励下的一阶电路全响应，这种方法称为三要素法。

一阶电路在正弦激励下，特解 $f(\infty)$ 应为正弦激励下的稳态响应，它是时间的正弦函数，可记为 $f_\infty(t)$，故上式可写为

$$f(t) = f_\infty(t) + [f(0_+) - f_\infty(0_+)]\mathrm{e}^{-\frac{t}{\tau}} \qquad (11\text{-}18\mathrm{b})$$

其中，$f_\infty(0_+)$ 是 $t=0_+$ 时稳态响应的初始值。

时间常数的求解与零状态响应中的方法相同，将储能元件视为外电路，求它两端的戴维南等效电阻 R_{eq}。对于 RC 电路，$\tau=R_{\mathrm{eq}}C$；对于 RL 电路，$\tau=L/R_{\mathrm{eq}}$。

【例 11-11】　图 11-22（a）所示电路，$t=0$ 时开关由 1 投向 2（开关是瞬时切换），设换路前电路已处于稳态，试求电流 i 和 i_L。

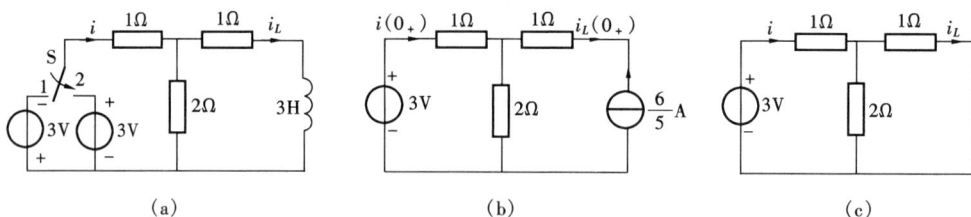

图 11-22　［例 11-11］图
(a) 换路前；(b) 0_+ 等效电路；(c) 换路后的稳态电路

解　首先求电流 i 和 i_L 的初始值。换路前电路已处于稳态，电感相当于短路，故得

$$i_L(0_+) = i_L(0_-) = -\frac{3}{1+\dfrac{1\times 2}{1+2}} \times \frac{2}{1+2} = -\frac{6}{5}\mathrm{A}$$

换路后的 0_+ 等效电路如图 11-22（b）所示。对于左侧网孔，根据 KVL 得

$$1\times i(0_+) + 2\times\left[i(0_+) + \frac{6}{5}\right] = 3$$

可以求得

$$i(0_+) = 0.2\mathrm{A}$$

再求换路后的稳态分量。换路后的稳态电路如图 11-22（c）所示，其中电感代之以短路。由图可得稳态分量

$$i(\infty) = \frac{3}{1 + \dfrac{2 \times 1}{2 + 1}} = \frac{9}{5}(\text{A})$$

$$i_L(\infty) = \frac{9}{5} \times \frac{2}{2 + 1} = \frac{6}{5}(\text{A})$$

换路后电感两端的戴维南等效电阻为 $R_{eq} = 1 + \dfrac{2 \times 1}{2 + 1} = \dfrac{5}{3}$，故得时间常数为

$$\tau = \frac{L}{R_{eq}} = 1.8(\text{s})$$

将上述结果代入三要素公式得

$$i = i(\infty) + [i(0_+) - i(\infty)]\mathrm{e}^{-\frac{t}{\tau}} = \frac{9}{5} + \left(\frac{1}{5} - \frac{9}{5}\right)\mathrm{e}^{-\frac{t}{1.8}} = \frac{9}{5} - \frac{8}{5}\mathrm{e}^{-\frac{t}{1.8}} = 1.8 - 1.6\mathrm{e}^{-0.56t}(\text{A})$$

$$i_L(t) = i_L(\infty) + [i_L(0_+) - i_L(\infty)]\mathrm{e}^{-\frac{t}{\tau}} = \frac{6}{5} + \left(-\frac{6}{5} - \frac{6}{5}\right)\mathrm{e}^{-\frac{t}{1.8}} = 1.2 - 2.4\mathrm{e}^{-0.56t}(\text{A})$$

【例 11-12】 图 11-23（a）所示电路中，当 $t = 0$ 时将开关 S 合上，求零状态响应 u_C。

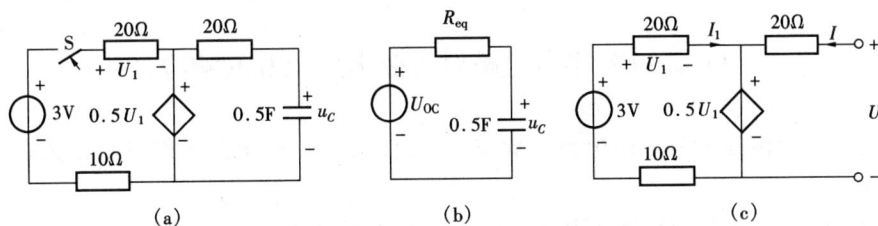

图 11-23　［例 11-12］图

(a) 换路前；(b) 换路后的戴维南等效电路；(c) 求 U_{OC} 和 R_{eq} 的电路

解　电容电压的初始值 $u_C(0_+) = 0$。换路后，应用戴维南定理可将图 11-23（a）化成图 11-23（b）。为了求开路电压 U_{OC} 和等效电阻 R_{eq}，在图 11-23（c）的 ab 端加电压 U，求电压 U 和电流 I 的伏安关系。对两个回路列 KVL 方程得

$$U = 20I + 0.5U_1$$

$$U = 20I - (20 + 10)I_1 + 3$$

将 $I_1 = U_1/20$ 代入第二个方程，并与第一个方程联立消去 U_1，得伏安关系为

$$U = 20I + 0.75$$

可见

$$U_{OC} = 0.75\text{V}, R_{eq} = 20\Omega$$

电路的时间常数

$$\tau = R_{eq}C = 20 \times 0.5 = 10(\text{s})$$

电容电压的零状态响应

$$u_C = U_{OC}(1 - \mathrm{e}^{-\frac{t}{\tau}}) = 0.75(1 - \mathrm{e}^{-0.1t})\text{V}$$

【例 11-13】 在图 11-24 电路中，开关 S 闭合前电路处于稳定状态。$t = 0$ 时闭合 S，求通过开关 S 的电流 $i_s(t)$。已知 $R_1 = 100\Omega$，$R_2 = 200\Omega$，$L = 0.5\text{H}$，$C = 20\mu\text{F}$，$U_s = 100\text{V}$。

解　计算初始值

$$u_C(0_-) = U_s = 100\text{V}, i_L(0_-) = 0$$

换路后，闭合开关形成通路将电路分为两个一阶电路，应

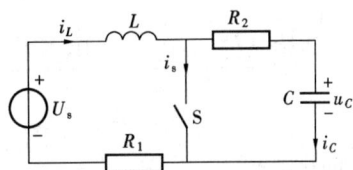

图 11-24　［例 11-13］电路图

用三要素法计算

$$u_C(0_+) = u_C(0_-) = 100\text{V}, u_C(\infty) = 0$$
$$\tau_1 = R_2 C = 4 \times 10^{-3}(\text{s})$$

可求得右侧 RC 零输入响应

$$u_C = u_C(0_+)\text{e}^{-\frac{t}{\tau_1}} = 100\text{e}^{-250t}(\text{V})$$

$$i_C = C\frac{\text{d}u_C}{\text{d}t} = -0.5\text{e}^{-250t}(\text{A})$$

对于左侧 RL 部分为零状态响应，应用三要素法有

$$i_L(0_+) = i_L(0_-) = 0, \ i_L(\infty) = U_s/R_1 = 1(\text{A})$$
$$\tau_2 = L/R_1 = 5 \times 10^{-3}(\text{s})$$

所以
$$i_L = 1 - \text{e}^{-200t}(\text{A})$$

由 KCL 得出
$$i_s = i_L - i_C = 1 - \text{e}^{-200t} + 0.5\text{e}^{-250t}(\text{A})$$

11.6　RL 串联电路对正弦电压激励的响应

前面讨论了直流激励时一阶电路的响应，下面以 RL 串联电路为例讨论正弦激励下的零状态响应。

图 11-25 中，外施激励为正弦电压，$t=0$ 时电压源与电路接通。设开关 S 接通瞬间电压的初相角为 ψ，则正弦激励可表示为 $u_s = U_m\sin(\omega t + \psi)$，由于 ψ 的大小取决开关的接通时刻，故称为接通角。

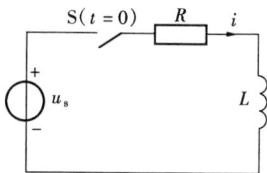

图 11-25　正弦激励
下的 RL 电路

开关闭合后，由 KVL 电路的方程为

$$L\frac{\text{d}i}{\text{d}t} + Ri = U_m\sin(\omega t + \psi) \tag{11-19}$$

方程的通解为

$$i = i' + A\text{e}^{-\frac{t}{\tau}}$$

其中 i' 为非齐次方程式（11-19）的特解，可在电路处于稳态时求得。由相量法知电路的复阻抗为

$$Z = R + \text{j}\omega L = \sqrt{R^2 + (\omega L)^2} \angle\arctan\left(\frac{\omega L}{R}\right) = |Z|\angle\varphi$$

于是稳态分量（方程的特解）为

$$i' = \frac{U_m}{|Z|}\sin(\omega t + \psi - \varphi)$$

所以

$$i = i' + A\text{e}^{-\frac{t}{\tau}} = \frac{U_m}{|Z|}\sin(\omega t + \psi - \varphi) + A\text{e}^{-\frac{t}{\tau}}$$

代入初始条件 $i(0_+) = 0$，得

$$A = -\frac{U_m}{|Z|}\sin(\psi - \varphi)$$

因而电流 i 为

$$i = \frac{U_\mathrm{m}}{|Z|}\sin(\omega t + \psi - \varphi) - \frac{U_\mathrm{m}}{|Z|}\sin(\psi - \varphi)\mathrm{e}^{-\frac{t}{\tau}}$$

由上式可见，稳态分量是与外施激励同频率的正弦量，暂态分量随时间的增长而趋于零。但暂态分量的初始值（即 A 值）与开关 S 闭合的时刻有关，下面讨论两个特殊情况。

（1）当开关 S 闭合瞬间，接通角恰好等于 RL 电路的阻抗角时，即 $\psi = \varphi$ 时，有

$$A = -\frac{U_\mathrm{m}}{|Z|}\sin(\psi - \varphi) = 0$$

这种情况下的电流为

$$i = i' = \frac{U_\mathrm{m}}{|Z|}\sin(\omega t)$$

此时电路中不发生过渡过程，立即进入稳定状态。

（2）当开关 S 闭合瞬间，接通角与阻抗角之差为 90°（或 −90°时）时，即 $\psi - \varphi = 90°$此时暂态分量的初始值 A 为最大，其值为

$$A = -\frac{U_\mathrm{m}}{|Z|}$$

这种情况下的电流为

$$i = i' + i'' = \frac{U_\mathrm{m}}{|Z|}\sin(\omega t + 90°) - \frac{U_\mathrm{m}}{|Z|}\mathrm{e}^{-\frac{t}{\tau}}$$

电流的波形如图 11-26 所示。从图中可以看出，换路后约经过半个周期时，电流 $i(t)$ 达到最大值。假如电路的时间常数较大时，暂态分量衰减较慢，电流的最大值几乎为稳态振幅的两倍。图 11-26 中的波形是在 $U_\mathrm{m}/|Z| = 50\mathrm{A}$，$\tau = 0.5\mathrm{s}$，$T = 0.2\mathrm{s}$ 时绘出的，时间常数 τ 为正弦量周期 T 的 2.5 倍，图中显示的时间范围为 $t = 0 \sim 3\tau$。

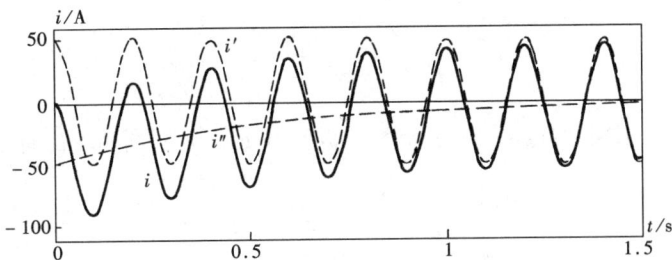

图 11-26　i、i' 和 i'' 随时间变化的波形

【例 11-14】　RL 串联电路接通正弦电压源 $u_\mathrm{s} = \sqrt{2} \times 220\sin(314t + 30°)$ V，见图 11-25。已知 $R = 50\Omega$，$L = 0.2\mathrm{H}$，在 $t = 0$ 时合上开关 S。求 $t > 0$ 时的电流 i。

解　初始值 $i(0_+) = 0$。稳态分量用相量法计算，于是有

$$Z = R + \mathrm{j}\omega L = 50 + \mathrm{j}314 \times 0.2 = 80.3\angle 51.5°(\Omega)$$

$$\dot{I} = \frac{\dot{U}}{Z} = \frac{220\angle 30°}{80.3\angle 51.5°} = 2.74\angle -21.5°(\mathrm{A})$$

稳态分量为
$$i_\infty(t) = \sqrt{2} \times 2.74\sin(314t - 21.5°)$$

时间常数
$$\tau = \frac{L}{R} = 4\mathrm{ms}$$

根据三要素法，可求得电流为

$$i(t) = i_\infty(t) + [i(0_+) - i_\infty(0_+)] e^{-\frac{t}{\tau}}$$
$$= \sqrt{2} \times 2.74 \sin(314t - 21.5°) - \sqrt{2} \times 2.74 \sin(-21.5°) e^{-250t}$$
$$= \sqrt{2} \times 2.74 \sin(314t - 21.5°) + 1.42 e^{-250t}$$

11.7　一阶电路的阶跃响应

电路对阶跃函数输入的零状态响应称为阶跃响应。阶跃函数是一种奇异函数，其定义为

$$f(t) = \begin{cases} 0 & t \leqslant 0_- \\ K & t \geqslant 0_+ \end{cases} \tag{11-20}$$

当 $K=1$ 时，称为单位阶跃函数，记为 $\varepsilon(t)$，见图 11-27。单位阶跃函数是一个单位为 1 的函数，由式（11-20）可知阶跃函数 $f(t) = K\varepsilon(t)$，阶跃函数的单位取决于阶跃量 K。

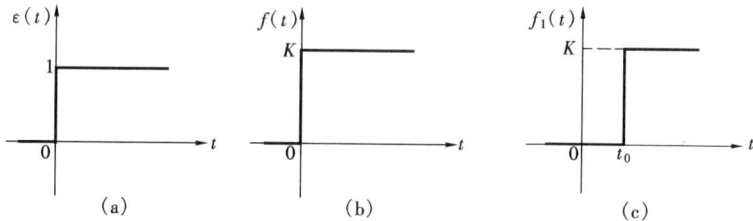

图 11-27　阶跃函数
（a）单位阶跃函数；（b）阶跃函数；（c）延迟阶跃函数

将阶跃函数的波形向右平移 t_0，得到如图 11-27（c）所示波形，称为延迟阶跃函数，其表达式为

$$f_1(t) = K\varepsilon(t - t_0) = \begin{cases} 0 & t \leqslant t_{0-} \\ K & t \geqslant t_{0+} \end{cases} \tag{11-21}$$

单位阶跃函数可用来"起始"一个函数，设函数 $g(t)$ 对所有 t 都有定义，则

$$g(t)\varepsilon(t - t_0) = \begin{cases} g(t) & t \geqslant t_{0+} \\ 0 & t \leqslant t_{0-} \end{cases} \tag{11-22}$$

波形如图 11-28（a）所示。"起始"性的意义在于它可以代表电路在 $t = t_0$ 时通过闭合开关 S 将激励 $g(t)$ 接入电路这样一个动作。因此，以阶跃函数作为激励的电路图中通常不画开关，如图 11-28（b）电路中的开关可用图 11-28（c）中的阶跃函数表示。

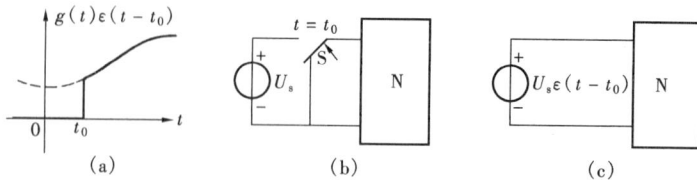

图 11-28　阶跃函数的"起始"作用
（a）$g(t)$ 函数波形；（b）开关的换路作用；（c）阶跃函数的换路作用

应用延迟阶跃函数概念还可以方便地表示一个矩形脉冲。如图 11-29（a）所示的脉冲波形可以看作由两个阶跃函数组成的，见图 11-29（b），其表达式为

$$f(t) = 10\varepsilon(t) - 10\varepsilon(t - t_0)$$

图 11-29（c）所示脉冲可写为

$$f(t) = 10\varepsilon(t - t_1) - 10\varepsilon(t - t_2)$$

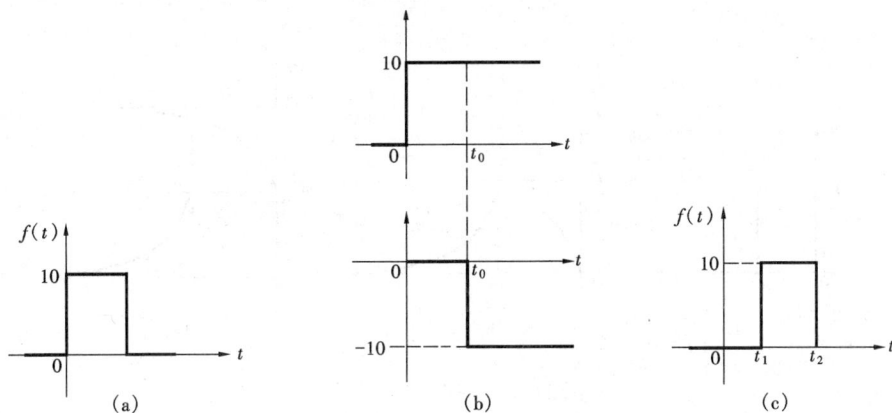

图 11-29　矩形脉冲的分解

(a) 脉冲波形；(b) 两个阶跃函数合成；(c) 延迟的矩形脉冲

一阶电路的激励为阶跃函数 $K\varepsilon(t)$ 时，相当于在 $t = 0$ 时将量值为 K 的直流激励作用于电路中。因此，阶跃响应与直流激励下的零状态响应没有本质区别。

【例 11-15】　图 11-30（a）所示为零状态电路，试求：（1）当 $u_s = U_s\varepsilon(t)$ 时的电压 u_C；（2）当 $u_s = U_s\varepsilon(t - t_0)$ 时的电压 u_C。

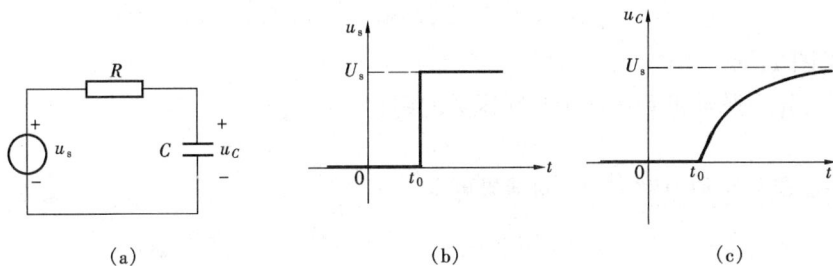

图 11-30　［例 11-15］图

(a) RC 零状态电路；(b) 激励波形；(c) 响应波形

解　（1）当 $u_s = U_s\varepsilon(t)$ 时，相当于在 $t = 0$ 时将直流电压 U_s 接入，故零状态响应为

$$u_C = U_s(1 - e^{-\frac{t}{\tau}})\varepsilon(t)\,\text{V} \tag{11-23}$$

其中 $\tau = RC$。若 $U_s = 1\text{V}$，则 $u_C = (1 - e^{-\frac{t}{\tau}})\varepsilon(t)$ V，称为单位阶跃响应。式（11-23）仅在换路后（$t \geqslant 0$）成立，由于式（11-23）中包含有单位阶跃函数 $\varepsilon(t)$，故表达式后面就不必再注明 $t \geqslant 0$ 了。

（2）当 $u_s = U_s\varepsilon(t - t_0)$ 时，相当于在 $t = t_0$ 时将直流电压源 U_s 接入，由于输入延迟了 t_0［见图 11-30（b）］，所以响应也相应地向后延迟 t_0［见图 11-30（c）］，故将式（11-23）中的 t 都变为 $t - t_0$ 就是所求的响应，即

$$u_C = U_s(1 - e^{-\frac{t - t_0}{\tau}})\varepsilon(t - t_0) \tag{11-24}$$

由图 11-30（c）可见：当激励延迟 t_0 时，响应除在时间上相应地延迟 t_0 外，波形并不改变，这是线性定常电路在零状态响应中的固有性质，称为时移不变性。

【例 11-16】   在［例 11-15］所示电路中，当激励如图 11-31（a）所示脉冲波形时，试求响应 u_C。

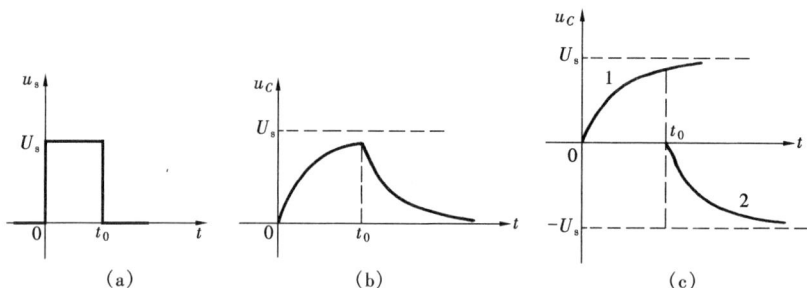

图 11-31   ［例 11-16］图

(a) 激励波形；(b) u_C 响应波形；(c) 响应波形分解

解   方法一   在 $0 \leqslant t \leqslant t_0$ 时，电路为零状态响应，这时有

$$u_C = U_s(1 - e^{-\frac{t}{\tau}})   \qquad (0 \leqslant t \leqslant t_0)$$

当 $t \geqslant t_0$ 时，外施激励 $u_s = 0$，电路为零输入响应，u_C 的初始值为

$$u_C(t_{0-}) = U_s(1 - e^{\frac{t_0}{\tau}}) = u_C(t_{0+})$$

所以，

$$u_C(t) = u_C(t_{0+}) e^{-\frac{t-t_0}{\tau}} = U_s(1 - e^{-\frac{t_0}{\tau}}) e^{-\frac{t-t_0}{\tau}}   \quad (t \geqslant t_0)$$

u_C 的波形见图 11-31（b）。

方法二   矩形脉冲可看作两个阶跃函数的组合，即

$$u_s = U_s \varepsilon(t) - U_s \varepsilon(t - t_0)$$

根据叠加定理并利用例 11-15 的结果可得

$$u_C = u_{C1} + u_{C2} = U_s(1 - e^{-\frac{t}{\tau}})\varepsilon(t) - U_s(1 - e^{-\frac{t-t_0}{\tau}})\varepsilon(t - t_0)$$

u_{C1} 的波形见图 11-31（c）中曲线 1，u_{C2} 的波形见图 11-31（c）中曲线 2，两条曲线的合成即为 u_C 的波形，见图 11-31（b）。

11.8   一阶电路的冲激响应

一阶电路在冲激函数激励作用下的零状态响应称为冲激响应。

11.8.1   冲激函数

冲激函数也是一种奇异函数，当冲激强度为 1 时，称为单位冲激函数，其定义如下：

$$\begin{cases} \delta(t) = 0 & t \neq 0 \\ \int_{-\infty}^{\infty} \delta(t)\mathrm{d}t = 1 \end{cases} \tag{11-25}$$

单位冲激函数又称为获拉克函数，波形如图 11-32（a）所示，它在 $t \neq 0$ 处为零，且沿整个时间轴的积分为 1，即它的冲激强度为 1。强度为 K 的冲激函数可表示为 $K\delta(t)$，波形如图

11-32（b）所示。

　　单位冲激函数可以看作是图 11-32（c）所示单位脉冲函数的极限。单位脉冲函数是宽度为 τ，高度为 $1/\tau$ 的矩形波。当保持矩形面积 $\tau \cdot 1/\tau = 1$ 不变并不断缩小矩形宽度 τ 时，矩形的高度 $1/\tau$ 就不断增加。令 $\tau \to 0$，则脉冲幅值 $1/\tau \to \infty$，但其面积仍保持为 1，由此得到单位冲激函数。

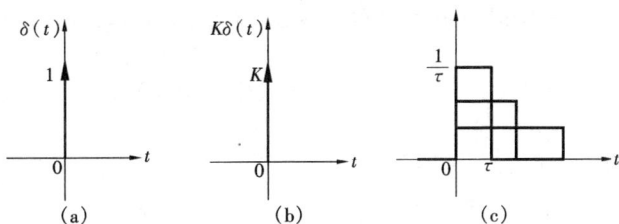

图 11-32　冲激函数

(a) 单位冲激函数；(b) 强度为 K 的冲激函数；(c) 单位脉冲函数的极限

　　强度为 K，发生在 t_0 时的冲激函数称为延时冲激函数，可表示为 $K\delta(t-t_0)$。总之，冲激函数是对瞬时值非常大，但作用时间非常短的物理现象的理想化描述。

　　冲激函数有如下两个性质：

　　（1）单位冲激函数的积分等于单位阶跃函数，即

$$\int_{-\infty}^{t} \delta(\xi)\mathrm{d}\xi = \varepsilon(t) \tag{11-26a}$$

或

$$\frac{\mathrm{d}}{\mathrm{d}t}\varepsilon(t) = \delta(t) \tag{11-26b}$$

　　（2）单位冲激函数的"筛分"性质。

　　对于任意在 $t=0$ 时连续的函数 $f(t)$，由于 $t \neq 0$ 时，$\delta(t)=0$，所以

$$\delta(t)f(t) = \delta(t)f(0)$$

因此

$$\int_{-\infty}^{\infty} \delta(t)f(t)\mathrm{d}t = f(0)\int_{-\infty}^{\infty} \delta(t)\mathrm{d}t = f(0) \tag{11-27a}$$

同理，对于在 $t=t_0$ 时连续的函数，有

$$\int_{-\infty}^{\infty} \delta(t-t_0)f(t)\mathrm{d}t = f(t_0)\int_{-\infty}^{\infty} \delta(t-t_0)\mathrm{d}t = f(t_0) \tag{11-27b}$$

式（11-27）表明：冲激函数具有把函数 $f(t)$ 在 t_0 时刻的值"筛"出来的本领，故此性质也称为取样性质。

11.8.2　电容电压和电感电流的跃变

　　冲激函数在电路中表现为冲激电压或冲激电流。在换路定律中曾说明，当电容电流和电感电压保持为有限值时，电容电压和电感电流均不能跃变。但有了冲激电压和冲激电流的概念之后，电容电压和电感电流就有了跃变的可能。

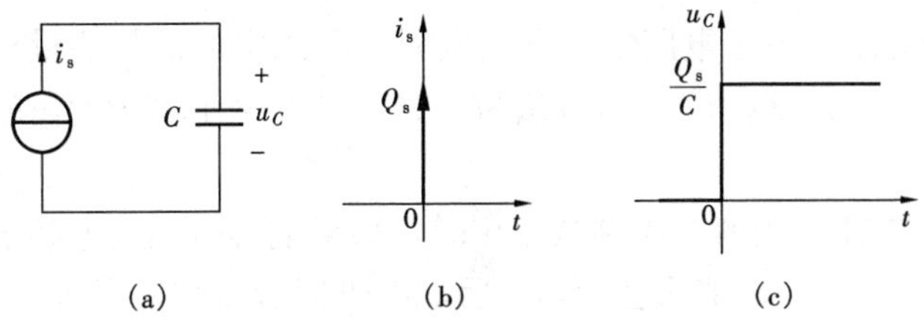

图 11-33　电容电压的跃变

(a) 冲激电流源电路；(b) 激励波形；(c) 响应波形

　　在图 11-33（a）中，冲激电流源 $i_s = Q_s\delta(t)$ 作用于电容 C，电容

的初始电压为 $u_C(0_-)$，下面分析电容电压 u_C。

由于冲激电流源仅在 0_- 到 0_+ 作用于电容，所以电容两端电压为

$$u_C(t) = u_C(0_-) + \frac{1}{C}\int_{0_-}^{t} Q_s\delta(t)\mathrm{d}t$$

当 $t=0_+$ 时

$$u_C(0_+) = u_C(0_-) + \frac{1}{C}\int_{0_-}^{0_+} Q_s\delta(t)\mathrm{d}t = u_C(0_-) + \frac{Q_s}{C}$$

即

$$u_C(0_+) = u_C(0_-) + \frac{Q_s}{C} \qquad (11\text{-}28)$$

式（11-28）表明：当冲激电流流过电容时，电容电压可以出现跃变，跃变的幅度等于电流的冲激量 Q_s 除以电容 C。若电容中没有冲激电流流过（相当于 $Q_s=0$），则电容电压不能跃变，即有 $u_C(0_+) = u_C(0_-)$，这就是式（11-2）的换路定律第一式。

图 11-33（a）中 $u_C(0_-)=0, t>0_+$ 时冲激量消失，电流源相当于开路，电容极板上的电荷量不再变化，电容电压保持为 Q_s/C，波形如图 11-33（c）。

在图 11-34（a）中，冲激电压源 $u_s = \psi_s\delta(t)$ 作用于电感 L，电感的初始电流为 $i_L(0_-)$。

当 $t=0_+$ 时，依照电容电压的分析方法可得电感电流的初始值为

$$i_L(0_+) = i_L(0_-) + \frac{1}{L}\int_{0_-}^{0_+} \psi_s\delta(t)\mathrm{d}t = i_L(0_-) + \frac{\psi_s}{L}$$

即

$$i_L(0_+) = i_L(0_-) + \frac{\psi_s}{L} \qquad (11\text{-}29)$$

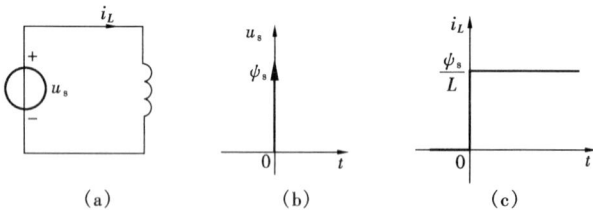

图 11-34　电感电流的跃变

(a) 冲激电压源电路；(b) 激励波形；(c) 响应波形

式（11-29）表明：当电感两端有冲激电压作用时，电感电流可以发生跃变，跃变幅度等于电压的冲激量 ψ_s 除以电感 L。若没有冲激电压作用（相当于 $\psi_s=0$），则电感电流不能跃变，即有 $i_L(0_+) = i_L(0_-)$，这就是式（11-2）的换路定律第二式。

图 11-34（a）中 $i_L(0_-)=0, t$ $>0_+$ 后，冲激量消失，电压源相当于短路，由于电路中不存在电阻，电感中的磁场能量保持不变，电感电流保持为 ψ_s/L，波形如图 11-34（c）。可以认为，式（11-28）和式（11-29）是换路定律的一般形式。

对于零状态的一阶 RC 电路或 RL 电路，当有冲激函数作用时，如果电容电压或电感电流产生跃变，获得初始值 $u_C(0_+)$ 和 $i_L(0_+)$，那么在 $t>0_+$ 后，由于冲激函数已经消失，电路中的响应就是仅由储能元件的初始状态产生的零输入响应。所以，一阶电路冲激响应的求解，可归解为计算冲激函数作用下电容电压和电感电流的初始值 $u_C(0_+)$ 或 $i_L(0_+)$。

图 11-35（a）为一个零状态的 RC 电路受单位冲激电流源 $i_s = \delta(t)$ 的激励，下面求它的冲激响应。

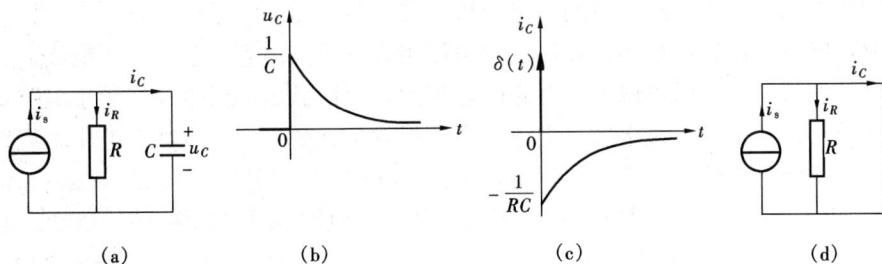

图 11-35　RC 电路的冲激响应

(a) RC 电路；(b) 电压响应波形；(c) 电流响应波形；(d) $t=0$ 时的等效电路

根据 KCL，有

$$C\frac{\mathrm{d}u_C}{\mathrm{d}t} + \frac{u_C}{R} = \delta(t), \quad t \geqslant 0_-$$

由于 $u_C(0_-) = 0$，为了求 $u_C(0_+)$，对微分方程两端从时间 0_- 到 0_+ 积分，得

$$\int_{0_-}^{0_+} C\frac{\mathrm{d}u_C}{\mathrm{d}t}\mathrm{d}t + \int_{0_-}^{0_+} \frac{u_C}{R}\mathrm{d}t = \int_{0_-}^{0_+} \delta(t)\mathrm{d}t$$

上式第二个积分仅在 u_C 为冲激函数时才不为零，但是 u_C 若为冲激函数，则 $i_R = u_C/R$ 也为冲激函数，i_C 则为冲激函数的导数，这样 KCL 就不能成立。因此，u_C 不可能是冲激函数，所以其积分为零，故有

$$C[u_C(0_+) - u_C(0_-)] = 1$$

于是

$$u_C(0_+) = u_C(0_-) + \frac{1}{C} = \frac{1}{C}$$

$t \geqslant 0_+$ 时，冲激电流源相当于开路，电路为零输入响应，故得电容电压为

$$u_C = \frac{1}{C}\mathrm{e}^{-\frac{t}{\tau}} \quad t \geqslant 0_+$$

式中 $\tau = RC$。上式还可以表示为

$$u_C = \frac{1}{C}\mathrm{e}^{-\frac{t}{\tau}}\varepsilon(t)$$

电容电流为

$$i_C = C\frac{\mathrm{d}u_C}{\mathrm{d}t} = -\frac{1}{\tau}\mathrm{e}^{-\frac{t}{\tau}}\varepsilon(t) + \mathrm{e}^{-\frac{t}{\tau}}\frac{\mathrm{d}}{\mathrm{d}t}\varepsilon(t) = \delta(t) - \frac{1}{RC}\mathrm{e}^{-\frac{t}{\tau}}\varepsilon(t)$$

电容电流中的冲激分量，致使电容电压发生了跃变。u_C 和 i_C 的波形见图 11-35（b）、（c）所示。

冲激函数作用下电容电压和电感电流的初始值还可以按如下方法求解：

当电路中有冲激电源作用时，会使电容中的电流出现冲激分量，致使电容电压产生跃变，但电容电压仍为有限值而不会出现冲激电压（除非电容跨接在冲激电压源两端）。这就是说，在冲激激励作用于电路的瞬间，电容可以看成是短路的。

类似地，电感电流在冲激函数作用下也可以出现跃变，但它不会是冲激电流，在冲激激励作用于电路的瞬间，电感可以看成开路的。据此，可以做出冲激电源作用于电路瞬间的等效电路，如果有冲激电流流过电容，则电容电压将发生跃变；如果有冲激电压出现在电感两端，则电感电流将发生跃变。由式（11-28）或式（11-29）便可确定 $u_C(0_+)$ 及 $i_L(0_+)$。

对于图 11-35（a），$t=0$ 时电容看作短路，其等效电路如图 11-35（d）所示。冲激激励产生的冲激电流全部流过电容，即 $i_C = i_s = \delta(t)$。将 $Q=1$ 和 $u_C(0_-) = 0$ 代入式（11-28），有

$$u_C(0_+) = u_C(0_-) + \frac{Q}{C} = \frac{1}{C}$$

对于线性的动态电路，描述电路性状的微分方程是常系数线性的方程。如果设电路激励为 $e(t)$ 时的响应为 $r(t)$，则当激励为 $e(t)$ 的导数或积分时，响应也必为 $r(t)$ 的导数或积分。冲激函数是阶跃函数的一阶导数，因此冲激响应可以通过对阶跃响应取一阶导数求得。设 $s(t)$ 为电路的阶跃响应，$h(t)$ 为同一电路的冲激响应，则有

$$h(t) = \frac{\mathrm{d}s(t)}{\mathrm{d}t}$$

图 11-36（a）为 RL 零状态电路，冲激激励为 $u_s = \delta(t)$；下面用冲激响应与阶跃响应导数关系来求这个电路的冲激响应 $i_L(t)$ 和 $u_L(t)$。

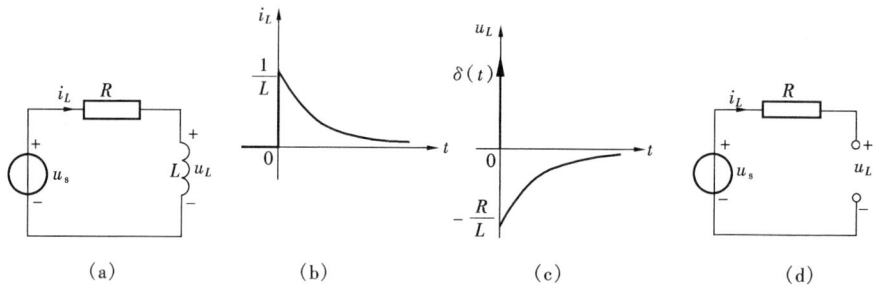

图 11-36　RL 电路的冲激响应
(a) RL 电路；(b) 电流响应波形；(c) 电压响应波形；(d) $t=0$ 时的等效电路

电路中，电感电流的单位阶跃响应为

$$s(t) = \frac{1}{R}(1 - e^{-\frac{t}{\tau}})\varepsilon(t)$$

电感电流的冲激响应为

$$i_L(t) = \frac{\mathrm{d}s(t)}{\mathrm{d}t} = \frac{1}{R}\frac{1}{\tau}e^{-\frac{t}{\tau}}\varepsilon(t) + \frac{1}{R}(1 - e^{-\frac{t}{\tau}})\delta(t) = \frac{1}{L}e^{-\frac{t}{\tau}}\varepsilon(t)$$

电感电压为

$$u_L = L\frac{\mathrm{d}i_L}{\mathrm{d}t} = \delta(t) - \frac{R}{L}e^{-\frac{t}{\tau}}\varepsilon(t)$$

由于电感电压中含有冲激分量，所以电感电流发生了跃变。i_L 和 u_L 的波形见图 11-36（b）、图 11-36（c）所示。

电感电流的初始值还可以用 $t=0$ 时的等效电路求得，把电感看作开路，如图 11-36（d）所示。冲激电源的电压全部加在电感两端，即 $u_L = u_s = \delta(t)$，将 $\psi=1, i_L(0_-)=0$ 代入式（11-29）得

$$i_L(0_+) = i_L(0_-) + \frac{\psi}{L} = \frac{1}{L}$$

【例 11-17】 电路如图 11-37（a）所示，试求电路在零状态下的 u_C 和 i_C。

解 方法一 将电容以外的电路用戴维南定理变为如图 11-37（b）所示的电路。其中

$$R_{eq} = \frac{20 \times (8+12)}{20+8+12} = 10 \text{k}\Omega$$

图 11-37 [例 11-17] 图
(a) 冲激响应电路；(b) 戴维南等效电路；
(c) $t=0$ 时的等效电路；(d) 稳态电路

$$u_{OC} = \frac{8}{20+8+12}\delta(t) \times 20 = 4\delta(t)\text{kV}$$

根据 KVL 有

$$R_{eq}C\frac{\mathrm{d}u_C}{\mathrm{d}t} + u_C = 4\delta(t)$$

对方程两边从 0_- 到 0_+ 积分得

$$\int_{0_-}^{0_+} R_{eq}C\frac{\mathrm{d}u_C}{\mathrm{d}t}\mathrm{d}t + \int_{0_-}^{0_+} u_C\mathrm{d}t = \int_{0_-}^{0_+} 4\delta(t)\mathrm{d}t$$

由于 u_C 不可能为冲激函数，所以上式左端第二项积分为零，得

$$R_{eq}C[u_C(0_+) - u_C(0_-)] = 4$$

电容电压初始值为

$$u_C(0_+) = \frac{4}{R_{eq}C} = 80(\text{kV})$$

时间常数

$$\tau = R_{eq}C = 5 \times 10^{-2}(\text{s})$$

故电容电压的冲激响应为

$$u_C = u_C(0_+)\mathrm{e}^{-\frac{t}{\tau}}\varepsilon(t) = 80\mathrm{e}^{-20t}\varepsilon(t)(\text{kV})$$

电容电流的冲激响应为

$$i_C = C\frac{\mathrm{d}u_C}{\mathrm{d}t} = C \times 80 \times 10^3(-20)\mathrm{e}^{-20t}\varepsilon(t) + C \times 80 \times 10^3\mathrm{e}^{-20t}\delta(t)$$

$$= -8\mathrm{e}^{-20t}\varepsilon(t) + 0.4\delta(t)(\text{A})$$

方法二 为求电容电压的初始值，把电容看作短路，作出 $t=0$ 时的等效电路如图 11-37

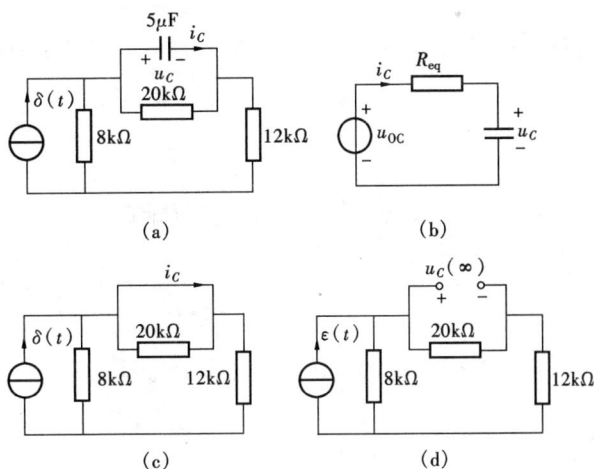

（c）所示。电容电流

$$i_C = \frac{8}{12+8}\delta(t) = 0.4\delta(t)(\text{A})$$

这一冲激电流使电容电压产生跃变，由式（11-28）得

$$u_C(0_+) = u_C(0_-) + \frac{0.4}{C} = \frac{0.4}{5 \times 10^{-6}} = 80(\text{kV})$$

所以

$$u_C = u_C(0_+)e^{-\frac{t}{\tau}}\varepsilon(t) = 80e^{-20t}\varepsilon(t)(\text{kV})$$

方法三　先求电容电压的单位阶跃响应。将激励设为 $\varepsilon(t)$，电路到达稳态时，电容相当于开路，见图 11-37（d），由图得

$$u_C(\infty) = \frac{8}{20+8+12}\varepsilon(t) \times 20 = 4\varepsilon(t)(\text{kV})$$

则由三要素法求得电容电压的单位阶跃响应为

$$s(t) = u_C(\infty)(1 - e^{-\frac{t}{\tau}}) = 4(1 - e^{-20t})\varepsilon(t)(\text{kV})$$

于是，电容电压的冲激响应为

$$u_C = \frac{\mathrm{d}}{\mathrm{d}t}s(t) = 4 \times (20)e^{-20t}\varepsilon(t) + 4(1 - e^{-20t})\delta(t) = 80e^{-20t}\varepsilon(t)(\text{kV})$$

电容电流的冲激响应为

$$i_C = -8e^{-20t}\varepsilon(t) + 0.4\delta(t)(\text{A})$$

【例 11-18】　图 11-38 所示电路已处于稳态，$t=0$ 时开关闭合，试求电容电压的初始值。

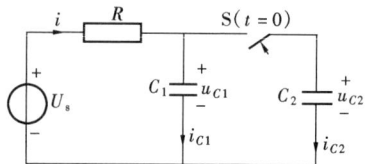

图 11-38　［例 11-18］图

解　换路前，电路处于稳态 $u_{C1}(0_-) = U_s$，$u_{C2}(0_-) = 0$。换路瞬间，根据 KVL 应有 $u_{C1}(0_+) = u_{C2}(0_+)$，即两个电容的电压将出现跃变，电容中的电流含有冲激分量。由于电路中没有冲激电源，所以电阻中的电流 i 不可能是冲激电流，否则违背 KVL，因此 C_1、C_2 极板上总电荷量在换路瞬间不能发生变化，根据电荷守恒原理 $q(0_-) = q(0_+)$，有

$$C_1 U_s = C_1 u_{C1}(0_+) + C_2 u_{C2}(0_+) = (C_1 + C_2)u_{C1}(0_+)$$

于是，电容电压的初始值为

$$u_{C1}(0_+) = u_{C2}(0_+) = \frac{C_1}{C_1 + C_2}U_s$$

可见，由于换路形成了纯电容回路，使得两个电容 C_1、C_2 上的电压都发生了跃变，因此两个电容中的电流必定含有冲激电流分量。设 $i_{C1} = Q_1\delta(t)$，$i_{C2} = Q_2\delta(t)$，则由式（11-28）得

$$u_{C1}(0_+) = u_{C1}(0_-) + \frac{Q_1}{C_1}$$

即

$$\frac{C_1}{C_1 + C_2}U_s = U_s + \frac{1}{C_1}Q_1$$

求得

$$Q_1 = -\frac{C_1 C_2}{C_1 + C_2} U_s$$

所以

$$i_{C1}(0) = -\frac{C_1 C_2}{C_1 + C_2} U_s \delta(t)$$

同理

$$u_{C2}(0_+) = u_{C2}(0_-) + \frac{Q_2}{C_2}$$

即

$$\frac{C_1}{C_1 + C_2} U_s = \frac{1}{C_2} Q_2$$

解得

$$Q_2 = \frac{C_1 C_2}{C_1 + C_2} U_s$$

所以

$$i_{C2}(0) = \frac{C_1 C_2}{C_1 + C_2} U_s \delta(t)$$

由求得的结果可见，两个冲激电流大小相等，方向相反。$i_{C1}(0)$ 是负冲激，它使 u_{C1} 从 U_s 降到 $u_{C1}(0_+)$；$u_{C2}(0)$；是正冲激，它使 u_{C2} 从零上升到 $u_{C2}(0_+)$。两个冲激电流相抵消使电阻中的电流不含冲激分量。

【例 11-19】　图 11-39 所示电路处于稳态，$t = 0$ 时开关 S 打开，试求电感电流的初始值。

解　换路前电路处于稳态，电感相当于短路，$i_{L1}(0_-) = U_s/R_1$、$i_{L2}(0_-) = 0$。换路后应有 $i_{L1}(0_+) = i_{L2}(0_+)$，即两个电感电流都将发生跃变，所以两个电感电压都将出现冲激量。但由于没有外加冲激电源，所以两个串联电感的总电压 $u_{L1} + u_{L2}$ 不能出现冲激量，否则将违背 KVL。因此与 L_1，L_2 有关的总磁链在换路瞬间不能发生变化。根据磁链守恒原理有

图 11-39　［例 11-19］图

$$\psi(0_-) = \psi(0_+)$$

即

$$L_1 \frac{U_s}{R_1} = L_1 i_1(0_+) + L_2 i_2(0_+)$$

由 $i_{L1}(0_+) = i_{L2}(0_+)$，得

$$i_{L1}(0_+) = i_{L2}(0_+) = \frac{L_1 U_s}{(L_1 + L_2) R_1}$$

可见，换路后由于形成了纯电感结点，使得换路瞬间 i_{L1}、i_{L2} 都发生了跃变。因此在换路瞬间，两个电感的端电压必是冲激电压。设 $u_{L1} = \psi_1 \delta(t)$，$u_{L2} = \psi_2 \delta(t)$，则由式（11-29）得

$$i_{L1}(0_+) = i_{L1}(0_-) + \frac{\psi_1}{L_1}$$

即

$$\frac{L_1 U_s}{(L_1 + L_2) R_1} = \frac{U_s}{R_1} + \frac{\psi_1}{L_1}$$

解得

$$\psi_1 = -\frac{L_1 L_2 U_s}{(L_1 + L_2) R_1}$$

所以

$$u_{L1}(0) = -\frac{L_1 L_2 U_s}{(L_1 + L_2) R_1} \delta(t)$$

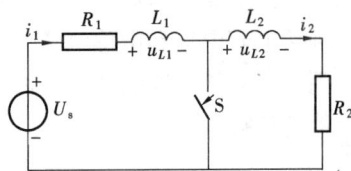

同理
$$u_{L2}(0) = \frac{L_1 L_2 U_s}{(L_1 + L_2)R_1}\delta(t)$$

与电容的情形相同，换路瞬间电感中的两个冲激电压大小相等，方向相反，使得 $u_{L1} + u_{L2}$ 中不含冲激分量。

以上两例分别讨论了电容电压和电感电流的跃变问题，由于电路中没有冲激激励，所以电路的响应不属于冲激响应。但电容电压的跃变说明在换路瞬间电容中有冲激电流，由于电路中没有外施冲激激励，所以两个电容中冲激电流的幅度（Q_1 和 Q_2）大小相等、符号相反，即 $Q_1 + Q_2 = 0$，使电容支路与外部支路构成的结点满足 KCL；同理，两个电感中冲激电压的幅度也是大小相等、符号相反，即 $\psi_1 + \psi_2 = 0$，使串联电感的总电压与外部支路构成的回路满足 KVL。

由 $Q_1 + Q_2 = 0$，结合式（11-28）得
$$C_1[u_{C1}(0_+) - u_{C1}(0_-)] + C_2[u_{C2}(0_+) - u_{C2}(0_-)] = 0 \tag{11-30}$$
由 $\psi_1 + \psi_2 = 0$，结合式（11-29）得
$$L_1[i_{L1}(0_+) - i_{L1}(0_-)] + L_2[i_{L2}(0_+) - i_{L2}(0_-)] = 0 \tag{11-31}$$

如果 $u_{C1}(0_+) = u_{C2}(0_+)$，则由式（11-30）可求出电容电压的初始值；同理，如果 $i_{L1}(0_+) = i_{L2}(0_+)$，则由式（11-31）可求出电感电流的初始值。

判断电容电压和电感电流是否跃变并求出其跃变值（初始值），对时域分析来说是一个复杂问题。对于一般的动态电路可采用复频域分析（参见第十二章），这种分析方法可避免初始值的计算。

11.9　任意波形激励下的零状态响应——卷积积分

本节将讨论应用冲激响应计算电路在任意激励下的零状态响应的方法，这是动态电路的一般分析方法，称为卷积积分法。由上节讨论可知，电路的冲激响应就其本质而言与电路的零输入响应相同，而零输入响应是齐次方程的解，响应的形式只与电路本身的性质有关而与外施激励无关。因此，冲激响应也是电路本身固有性质的反映，只要得到了冲激响应，就可以不依赖电路而求得它对任意激励的响应。

设线性定常网络 N 处于零状态，见图 11-40。激励为 $x(t)$，波形见图 11-41。为了求出网络的响应 $y(t)$，可将激励 $x(t)$ 的波形分成 n 等份，并用一系列矩形窄脉冲表示。设 $t = \lambda_i$ 处脉冲的幅度为 $x(\lambda_i)$，脉冲的宽度为 $\Delta\lambda$，则该脉冲可用阶跃函数表示为

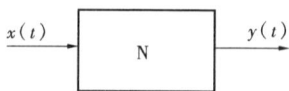

图 11-40　线性定常网络

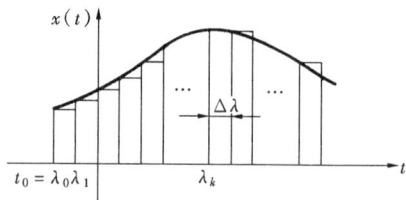

图 11-41　激励波形

$$p_i(t) = x(\lambda_i)[\varepsilon(t - \lambda_i) - \varepsilon(t - \lambda_i - \Delta\lambda)]$$

这样，激励 $x(t)$ 可以用系列矩形脉冲之和近似表示为

$$x(t) = \sum_{i=0}^{n} p_i = \sum_{i=0}^{n} x(\lambda_i)[\varepsilon(t-\lambda_i) - \varepsilon(t-\lambda_i-\Delta\lambda)]$$

若网络 N 的单位阶跃响应为 $s(t)$，由零状态线性和时移不变性可得单一脉冲 p_i 作用下网络的响应为

$$x(\lambda_i)[s(t-\lambda_i) - s(t-\lambda_i-\Delta\lambda)]$$

根据叠加定理得系列脉冲 $x_a(t)$ 作用下的响应为

$$y_a(t) = \sum_{i=0}^{n} x(\lambda_i)[s(t-\lambda_i) - s(t-\lambda_i-\Delta\lambda)]$$

$$= \sum_{i=0}^{n} \frac{x(\lambda_i)[s(t-\lambda_i) - s(t-\lambda_i-\Delta\lambda)]}{\Delta\lambda}\Delta\lambda$$

令 $\Delta\lambda\to0$ 对上式取极限，注意到

$$\lim_{\Delta\lambda\to0} \frac{[s(t-\lambda_i) - s(t-\lambda_i-\Delta\lambda)]}{\Delta\lambda} = \frac{\mathrm{d}}{\mathrm{d}t}s(t-\lambda_i) = h(t-\lambda_i)$$

其中 $h(t-\lambda_i)$ 为与阶跃响应对应的冲激响应，则网络 N 的响应 $y(t)$ 为

$$y(t) = \lim_{\Delta\lambda\to0} y_a(t) = \lim_{\Delta\lambda\to0}\sum_{i=0}^{n} x(\lambda_i)h(t-\lambda_i)\Delta\lambda = \int_{t_0}^{\infty} x(\lambda)h(t-\lambda)\mathrm{d}\lambda \tag{11-32}$$

上式所表示的关系称为卷积积分。这一关系表明，电路在任意激励下的响应是冲激响应与激励的卷积。上式可简记为

$$y(t) = x(t) * h(t)$$

由于 $t<0$ 时 $\delta(t)=0$，冲激响应 $h(t)=0$，式（11-32）的上限可改为 t，这是由于当 $\lambda>t$ 时，$h(t-\lambda)=0$；若认为激励是在 $t=0$ 时作用于网络，即认为 $t<0$ 时，$x(t)=0$，则式（11-32）的下限可改为 0，这是由于当 $\lambda<0$ 时，$x(\lambda)=0$。修正后的卷积公式为

$$y(t) = \int_0^t x(\lambda)h(t-\lambda)\mathrm{d}\lambda \tag{11-33}$$

通过变量代换，还可以得到卷积公式的另一形式

$$y(t) = \int_0^t x(t-\lambda)h(\lambda)\mathrm{d}\lambda \tag{11-34}$$

可见，在卷积积分中，冲激响应 $h(t)$ 和激励 $x(t)$ 可以交换，实际计算中常利用这一性质。

【例 11-20】 求图 11-42（a）、图 11-42（b）所示两个信号 $x_1(t)$ 和 $x_2(t)$ 的卷积。

解 $x_1(t)$ 的表达式为

$$x_1(t) = \begin{cases} t & 0<t<1 \\ 0 & 其他时间 \end{cases}$$

$x_2(t)$ 为单位阶跃函数

$$x_2(t) = \varepsilon(t)$$

由式（11-33）得 $x_1(t)$ 与 $x_2(t)$ 的卷积为

$$x_1(t) * x_2(t) = \int_0^t x_1(\lambda)x_2(t-\lambda)\mathrm{d}\lambda \tag{11-35}$$

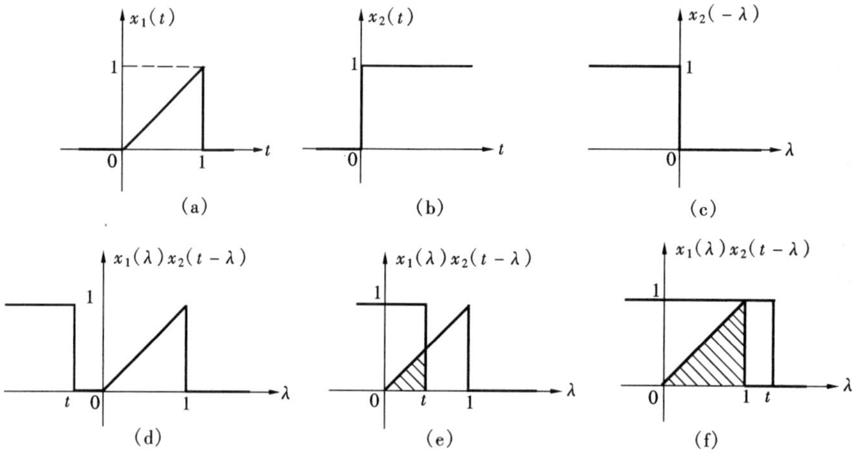

图 11-42　［例 11-20］图

(a) 斜波函数；(b) 阶跃函数；(c) 相反的阶跃函数；(d) $t<0$；(e) $0<t<1$；(f) $t>1$

上式积分是对变量 λ 进行的，t 为参变量，在积分时看成常数。为了确定积分的上、下限和卷积结果的时域范围，可用图解的方法辅助分析。

图 11-42（c）是 $x_2(-\lambda)$ 的波形，它是 $x_2(t)$ 相对于纵轴的镜像，积分变量改用 λ 表示，$x_2(t-\lambda)$ 就是以 t 为参变量将 $x_2(-\lambda)$ 波形向右平移 t 个单位。

当 $t<0$ 时，$x_2(t-\lambda)$ 位于坐标原点左侧，见图 11-42（d）。此时乘积 $x_1(\lambda)x_2(t-\lambda)$ 因无相交部分而为零，故式（11-35）的积分结果为零，即

$$x_1(t)*x_2(t)=0 \qquad t<0$$

当 $0<t<1$ 时，$x_2(t-\lambda)$ 平移的位置见图 11-42（e），积分区间为从 0 到 t，即

$$x_1(t)*x_2(t)=\int_0^t x_1(\lambda)x_2(t-\lambda)\mathrm{d}\lambda=\int_0^t \lambda\mathrm{d}\lambda=\frac{1}{2}\lambda^2\Big|_0^t=\frac{1}{2}t^2 \quad 0<t<1$$

当 $t>1$ 时，$x_2(t-\lambda)$ 平移的位置见图 11-42（f），此时积分区间为 0 到 1，即

$$x_1(t)*x_2(t)=\int_0^1 x_1(\lambda)x_2(t-\lambda)\mathrm{d}\lambda=\int_0^1 \lambda\mathrm{d}\lambda=\frac{1}{2}\lambda^2\Big|_0^1=\frac{1}{2} \quad t>1$$

最后得到卷积结果为

$$x_1(t)*x_2(t)=\begin{cases}0 & t<0 \\ \dfrac{1}{2}t^2 & 0<t<1 \\ \dfrac{1}{2} & t>1\end{cases}$$

卷积积分中，积分上、下限及时域范围的确定除了用上述的图解法外，还可以用下面的脉冲函数（也称闸门函数或窗函数）法。

图 11-43（a）所示是一个幅度为 1 的脉冲函数，t_1 为起始时间，t_2 为终止时间。

此脉冲函数既可以表示为延迟阶跃函数差的形式：$f(t)=\varepsilon(t-t_1)-\varepsilon(t-t_2)$，也可以表示为图 11-43（b）和图 11-43（c）两个函数的乘积形式，即

$$f(t)=\varepsilon(t-t_1)\varepsilon(-t+t_2)$$

将上式中的 t 换为 λ，t_2 换为 t，则有

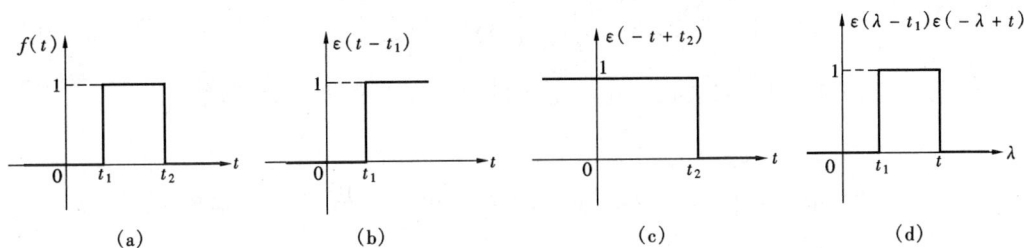

图 11-43　脉冲函数

(a) 脉冲函数；(b) $\varepsilon(t-t_1)$ 延迟函数；(c) $\varepsilon(-t+t_2)$ 延迟函数；(d) $f(\lambda)$ 波形

$$f(\lambda) = \varepsilon(\lambda - t_1)\varepsilon(-\lambda + t) \tag{11-36}$$

$f(\lambda)$ 波形见图 11-43（d）。式（11-36）表明：计算卷积 $x_1(t) * x_2(t)$ 时，如果卷积积分中含有乘积项 $x_1(\lambda) x_2(t-\lambda)\varepsilon(\lambda - t_1)\varepsilon(-\lambda + t)$ 时，积分上下限可确定为从 t_1 到 t。由于 $t_1 < \lambda < t$，故积分结果的时域范围为 $t > t_1$，这一范围用阶跃函数表示则为 $\varepsilon(t-t_1)$。这样处理后，$\varepsilon(\lambda - t_1)\varepsilon(-\lambda + t)$ 可从被积函数中省去，即

$$\int_0^t x_1(\lambda) x_2(t-\lambda)\varepsilon(\lambda - t_1)\varepsilon(-\lambda + t)\mathrm{d}t$$

$$= \left[\int_{t_1}^t x_1(\lambda) x_2(t-\lambda)\mathrm{d}t\right]\varepsilon(t-t_1) \tag{11-37}$$

卷积积分就是用脉冲函数的起、止时间作为积分的下限和上限，再用上限减去下限确定结果的时域范围。

例 11-20 中，$x_1(t)$ 和 $x_2(t)$ 分别表示为 $x_1(t) = t[\varepsilon(t) - \varepsilon(t-1)]$，$x_2(t) = \varepsilon(t)$，求其卷积积分。

解　卷积积分为

$$x_1(t) * x_2(t) = \int_0^t x_1(\lambda) x_2(t-\lambda)\mathrm{d}\lambda = \int_0^t \lambda[\varepsilon(\lambda) - \varepsilon(\lambda-1)]\varepsilon(t-\lambda)\mathrm{d}\lambda$$

$$= \int_0^t \lambda\varepsilon(\lambda)\varepsilon(t-\lambda)\mathrm{d}\lambda - \int_0^t \lambda\varepsilon(\lambda-1)\varepsilon(t-\lambda)\mathrm{d}\lambda$$

上式第一个积分相当于式（11-37）中 $t_1 = 0$，第二个积分相当于 $t_1 = 1$，所以

$$x_1(t) * x_2(t) = \left(\int_0^t \lambda\mathrm{d}\lambda\right)\varepsilon(t) - \left(\int_1^t \lambda\mathrm{d}\lambda\right)\varepsilon(t-1)$$

$$= \frac{1}{2}t^2\varepsilon(t) - \left(\frac{1}{2}t^2 - \frac{1}{2}\right)\varepsilon(t-1) \tag{11-38}$$

上述结果与例 11-20 中的计算结果是相同的。由式（11-38）可以看出：当 $t < 0$ 时，$\varepsilon(t) = 0$，$\varepsilon(t-1) = 0$，卷积为 0；当 $0 < t < 1$ 时，$\varepsilon(t) = 1$，$\varepsilon(t-1) = 0$，卷积为 $t^2/2$；当 $t > 1$ 时，$\varepsilon(t) = 1$，$\varepsilon(t-1) = 1$，卷积为 $t^2/2 - (t^2/2 - 1/2) = 1/2$。

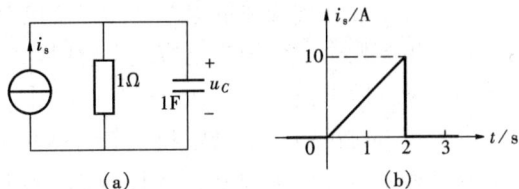

图 11-44　［例 11-21］图

(a) RC 电路；(b) 电流源波形

【例 11-21】　图 11-44（a）电路中电流源波形如图 11-44（b）所示。试用卷积法求电容两端的电压。

解　本电路与图 11-35RC 电路完全相同，可求得电容电压的冲激响应为

$$h(t) = \frac{1}{C} e^{-\frac{t}{\tau}} \varepsilon(t) = e^{-t} \varepsilon(t)$$

当激励为图 11-44（b）波形时，电容电压可采用分段积分的方法计算

$$u_C(t) = \int_0^t i_s(\lambda) h(t-\lambda) \mathrm{d}\lambda = \begin{cases} 0 & t < 0 \\ \displaystyle\int_0^t 5\lambda e^{-(t-\lambda)} \mathrm{d}\lambda & 0 \leqslant t \leqslant 2 \\ \displaystyle\int_0^2 5\lambda e^{-(t-\lambda)} \mathrm{d}\lambda & t \geqslant 2 \end{cases}$$

由于

$$\int_0^t 5\lambda e^{-(t-\lambda)} \mathrm{d}\lambda = 5e^{-t} \int_0^t \lambda e^{\lambda} \mathrm{d}\lambda = 5e^{-t} + 5t - 5 (\mathrm{V})$$

$$\int_0^2 5\lambda e^{-(t-\lambda)} \mathrm{d}\lambda = 5e^{-t} [e^2 + 1] = 41.94 e^{-t} (\mathrm{V})$$

所以

$$u_C(t) = \begin{cases} 0 & t < 0 \\ 5e^{-t} + 5t - 5 & 0 \leqslant t \leqslant 2 \\ 41.94 e^{-t} & t \geqslant 2 \end{cases}$$

写成一个表达式为

$$\begin{aligned} u_C(t) &= (5e^{-t} + 5t - 5)[\varepsilon(t) - \varepsilon(t-2)] + 5e^{-t}(e^2 + 1)\varepsilon(t-2) \\ &= (5e^{-t} + 5t - 5)\varepsilon(t) + (5e^{-(t-2)} - 5t + 5)\varepsilon(t-2) \end{aligned} \tag{11-39}$$

本例若采用脉冲函数分析法，则将输入表示为 $i_s(t) = 5t[\varepsilon(t) - \varepsilon(t-2)]$，卷积积分得

$$\begin{aligned} u_C(t) &= \int_0^t i_s(\lambda) h(t-\lambda) \mathrm{d}\lambda = \int_0^t 5\lambda[\varepsilon(\lambda) - \varepsilon(\lambda-2)] e^{-(t-\lambda)} \varepsilon(t-\lambda) \mathrm{d}\lambda \\ &= \int_0^t 5\lambda e^{-(t-\lambda)} \varepsilon(\lambda)\varepsilon(t-\lambda) \mathrm{d}\lambda - \int_0^t 5\lambda e^{-(t-\lambda)} \varepsilon(\lambda-2)\varepsilon(t-\lambda) \mathrm{d}\lambda \\ &= \left(\int_0^t 5\lambda e^{-(t-\lambda)} \mathrm{d}\lambda \right) \varepsilon(t) - \left(\int_2^t 5\lambda e^{-(t-\lambda)} \mathrm{d}\lambda \right) \varepsilon(t-2) \\ &= 5(e^{-t} + t - 1)\varepsilon(t) + 5(e^{-t+2} - t + 1)\varepsilon(t-2) \end{aligned}$$

此式与式（11-39）完全相同。

11.10　二阶电路的暂态过程

用二阶微分方程描述的电路称为二阶电路，二阶电路中应含有两个独立的储能元件，所谓独立是指当两个元件同为电容或电感时，它们不能通过串、并联等效为一个电容或电感，否则仍属于一阶电路。

本节重点讨论由一个电感和一个电容组成的二阶电路，与一阶电路不同的是，这类电路在过渡过程中可能会出现电容与电感之间的电场能量与磁场能量的往返转换，即响应以振荡形式出现。

11.10.1　二阶电路的零输入响应

图 11-45 为 R、L、C 串联电路，$t=0$ 时开关 S 闭合，设 $u_C(0_+) = U_0$，$i_L(0_+) = I_0$，由于换路后电路中无外施激励，响应由电容和电感的初始储能产生，故为零输入响应。

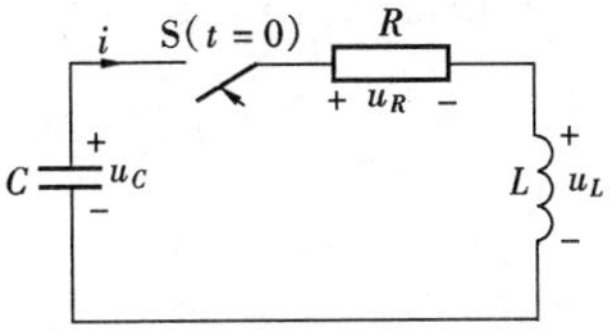

在图示参考方向下，根据 KVL 得

$$-u_C + u_R + u_L = 0$$

将 $i = -C\dfrac{\mathrm{d}u_C}{\mathrm{d}t}$，电压 $u_R = Ri = -RC\dfrac{\mathrm{d}u_C}{\mathrm{d}t}$、$u_L = L\dfrac{\mathrm{d}i}{\mathrm{d}t} = -LC$

$\dfrac{\mathrm{d}^2 u_C}{\mathrm{d}t^2}$，代入上式得

图 11-45　R、L、C 串联
电路的零输入响应

$$LC\frac{\mathrm{d}^2 u_C}{\mathrm{d}t^2} + RC\frac{\mathrm{d}u_C}{\mathrm{d}t} + u_C = 0$$

或
$$\frac{\mathrm{d}^2 u_C}{\mathrm{d}t^2} + \frac{R}{L}\frac{\mathrm{d}u_C}{\mathrm{d}t} + \frac{1}{LC}u_C = 0 \tag{11-40}$$

这是一个线性常系数二阶齐次微分方程，其解仍为 $u_C = A\mathrm{e}^{pt}$，代入式（11-40）得特征方程为

$$p^2 + \frac{R}{L}p + \frac{1}{LC} = 0$$

解出特征根（即电路的固有频率）为

$$p_1 = -\frac{R}{2L} + \sqrt{\left(\frac{R}{2L}\right)^2 - \frac{1}{LC}} = -\delta + \sqrt{\delta^2 - \omega_0^2}$$

$$p_2 = -\frac{R}{2L} - \sqrt{\left(\frac{R}{2L}\right)^2 - \frac{1}{LC}} = -\delta - \sqrt{\delta^2 - \omega_0^2} \tag{11-41}$$

式中：$\delta = R/2L$ 称为衰减系数或阻尼系数，$\omega_0 = 1/\sqrt{LC}$ 称为无阻尼振荡频率。

由式（11-41）可见，特征根仅由电路参数 R、L、C 决定，与激励和初始值无关。由于参数取值不同，固有频率 p_1、p_2 会出现三种不同情况：

(1) 当 $R > 2\sqrt{L/C}$ 时，p_1，p_2 为不相等的负实根；

(2) 当 $R < 2\sqrt{L/C}$ 时，p_1，p_2 为一对共轭复根，其实部为负数；

(3) 当 $R = 2\sqrt{L/C}$ 时，p_1，p_2 为相等的负实根。

特征根的三种情况决定了零输入响应的三种形式。

1. $R > 2\sqrt{L/C}$，非振荡过程

此时 p_1，p_2 为两个不相等的负实根，根据微分方程解的结构，电容电压的通解应为

$$u_C = A_1\mathrm{e}^{p_1 t} + A_2\mathrm{e}^{p_2 t} \tag{11-42}$$

电容电流　　　　　$i = -C\dfrac{\mathrm{d}u_C}{\mathrm{d}t} = -C(A_1 p_1\mathrm{e}^{p_1 t} + A_2 p_2\mathrm{e}^{p_2 t})$

为求 A_1 和 A_2，代入初始条件 $u_C(0_+) = U_0$，$i_L(0_+) = I_0$，得方程

$$\begin{cases} A_1 + A_2 = U_0 \\ A_1 p_1 + A_2 p_2 = -\dfrac{I_0}{C} \end{cases}$$

解得

$$\begin{cases} A_1 = \dfrac{1}{p_2 - p_1}\left(p_2 U_0 + \dfrac{I_0}{C}\right) \\ A_2 = -\dfrac{1}{p_2 - p_1}\left(p_1 U_0 + \dfrac{I_0}{C}\right) \end{cases}$$

本节只讨论 $U_0 \neq 0, I_0 = 0$ 的情况，即已充电的电容 C 通过 R、L 放电情况。这时有

$$\begin{cases} A_1 = \dfrac{p_2}{p_2 - p_1} U_0 \\[3mm] A_2 = -\dfrac{p_1}{p_2 - p_1} U_0 \end{cases}$$

将 A_1、A_2 代入式（11-42）得电容电压为

$$u_C = \frac{U_0}{p_2 - p_1}(p_2 \mathrm{e}^{p_1 t} - p_1 \mathrm{e}^{p_2 t}) \tag{11-43}$$

$$i = -\frac{U_0}{L(p_2 - p_1)}(\mathrm{e}^{p_1 t} - \mathrm{e}^{p_2 t}) \tag{11-44}$$

这里用到了关系 $p_1 p_2 = 1/LC$。电感电压为

$$u_L = L\frac{\mathrm{d}i}{\mathrm{d}t} = -\frac{U_0}{p_2 - p_1}(p_1 \mathrm{e}^{p_1 t} - p_2 \mathrm{e}^{p_2 t}) \tag{11-45}$$

u_C、u_L、i 的波形如图 11-46 所示。

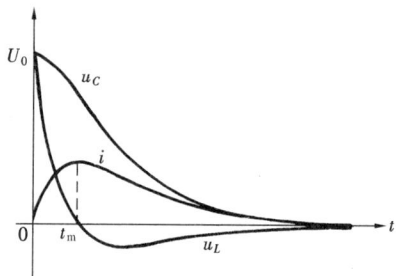

图 11-46　非振荡放电波形

u_C 表达式中，p_1、p_2 均为负数，且 $|p_1| < |p_2|$，因而 u_C 始终大于零，说明放电过程中电容电压的极性没有改变，电容一直处于放电状态，直到电压衰减为零，因此称为非振荡放电过程，或称过阻尼过程。因为 $p_2 - p_1 < 0$，所以 $i \geqslant 0$，即整个过渡过程中，电流方向不变，这也说明电容一直处于放电状态。由于 $i(0_+) = 0$，放电结束后，$i(\infty) = 0$，所以在放电过程中电流必有一个极大值，设极值在 $t = t_m$ 时刻取得，令 $\mathrm{d}i/\mathrm{d}t = 0$，得

$$t_m = \frac{\ln(p_2/p_1)}{p_1 - p_2}$$

在 $0 < t < t_m$ 时，电流上升，电感吸收能量；当 $t > t_m$ 时，电流下降，电感释放能量，当 $t = t_m$ 时，电流变化率为零，电感电压过零点。在放电过程中，电阻始终消耗能量，图 11-47 示意了能量转换过程。

【例 11-22】　图 11-45 所示电路中，已知电容电压的初始值为 $U_0 = 10\mathrm{V}$，$R = 100\Omega$，$L = 1\mathrm{H}$，$C = 625\mu\mathrm{F}$，$t = 0$ 时开关 S 闭合。试求 (1) u_C、i 和 u_L；(2) $i_{\max}$。

解　首先判断特征根的情况，已知 $R = 100\Omega$，$2\sqrt{L/C} = 80\Omega$，所以 $R > 2\sqrt{L/C}$，故响应是非振荡过程。

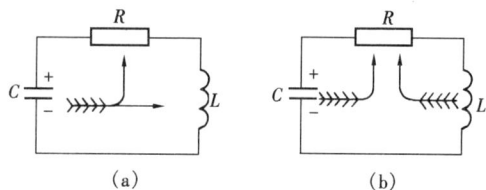

图 11-47　能量转换示意图

(a) $0 < t < t_m$ 能量转换过程；(b) $t > t_m$ 能量转换过程

(1) 按式（11-41）求出特征根为

$$p_1 = -\frac{R}{2L} + \sqrt{\left(\frac{R}{2L}\right)^2 - \frac{1}{LC}} = -50 + 30 = -20$$

$$p_2 = -\frac{R}{2L} - \sqrt{\left(\frac{R}{2L}\right)^2 - \frac{1}{LC}} = -50 - 30 = -80$$

根据式（11-43）、式（11-44）和式（11-45）可得电容电压

$$u_C = 1.67(8e^{-20t} - 2e^{-80t})V$$

电流

$$i = 0.167(e^{-20t} - e^{-80t})A$$

电感电压

$$u_L = 1.67(-2e^{-20t} + 8e^{-80t})V$$

（2）电流最大值发生在时刻，即

$$t_m = \frac{\ln(p_2/p_1)}{p_1 - p_2} = 23.1\text{ms}$$

$$i_{max} = 0.167(e^{-20\times23.1\times10^{-3}} - e^{-80\times23.1\times10^{-3}}) = 78.8\text{mA}$$

2. $R < 2\sqrt{L/C}$，振荡过程

这种情况的特征根为一对共轭复根，由式（11-41）得

$$p_1 = -\frac{R}{2L} + \sqrt{\left(\frac{R}{2L}\right)^2 - \frac{1}{LC}} = -\delta + \sqrt{\delta^2 - \omega_0^2} = -\delta + j\omega$$

$$p_2 = -\frac{R}{2L} - \sqrt{\left(\frac{R}{2L}\right)^2 - \frac{1}{LC}} = -\delta - \sqrt{\delta^2 - \omega_0^2} = -\delta - j\omega$$

式中 $\omega = \sqrt{\omega_0^2 - \delta^2}$ 为衰减振荡频率，不难看出：δ、ω、ω_0 构成一个直角三角形，这个三角形由 R、L、C 惟一确定，见图 11-48。且有

$$\tan\beta = \frac{\omega}{\delta} \tag{11-46}$$

电容电压的通解为

$$u_C = C_1 e^{(-\delta+j\omega)t} + C_2 e^{(-\delta-j\omega)t} = e^{-\delta t}(C_1 e^{j\omega t} + C_2 e^{-j\omega t})$$

令 $C_1 = C_2 = 1/2$，得 u_C 的一个特解为

$$u_{C1} = e^{-\delta t}\cos\omega t$$

令 $C_1 = 1/2j, C_2 = -1/2j$，得 u_C 的另一个特解为

$$u_{C2} = e^{-\delta t}\sin\omega t$$

图 11-48 表示 δ、ω、ω_0 关系的三角形

由线性齐次微分方程解的叠加性可知，$u_C = A_1 u_{C1} + A_2 u_{C2}$ 也是式（11-40）的解，又因为 u_{C1}、u_{C2} 线性无关，所以这个解是方程式（11-40）的通解，即

$$u_C = A_1 u_{C1} + A_2 u_{C2} = e^{-\delta t}(A_1\cos\omega t + A_2\sin\omega t)$$

令 $A = \sqrt{A_1^2 + A_2^2}, \theta = \arctan\frac{A_1}{A_2}$，则上式可写为

$$u_C = Ae^{-\delta t}\sin(\omega t + \theta) \tag{11-47}$$

上式即为振荡放电过程中电容电压的通解，A 和 θ 为待定常数。

电流为

$$i = -C\frac{du_C}{dt} = -CAe^{-\delta t}[\omega\cos(\omega t + \theta) - \delta\sin(\omega t + \theta)]$$

$$= CAe^{-\delta t}\omega_0\left[\frac{\delta}{\omega_0}\sin(\omega t + \theta) - \frac{\omega}{\omega_0}\cos(\omega t + \theta)\right] \tag{11-48a}$$

由图 11-48 中 δ、ω、ω_0 的三角形关系，有 $\delta/\omega_0 = \cos\beta, \omega/\omega_0 = \sin\beta$ 所以

$$i = CAe^{-\delta t}\omega_0\sin(\omega t + \theta - \beta) \tag{11-48b}$$

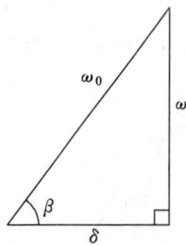

将初始条件 $u_C(0_+) = U_0$ 和 $i(0_+) = 0$ 代入式（11-47）和式（11-48b）中得

$$\begin{cases} A\sin\theta = U_0 \\ \sin(\theta - \beta) = 0 \end{cases} \tag{11-49}$$

由第二式解得 $\theta = \beta$，此结果表明：只要电流的初始值为零，就有 $\theta = \beta$ 成立，而 β 由 R、L、C 惟一确定，这相当于电容电压的通解式（11-47）中，仅有一个常数 A 需要确定。A 的值为

$$A = \frac{U_0}{\sin\beta} = \frac{\omega_0}{\omega}U_0$$

于是电容电压的解为

$$u_C = \frac{\omega_0}{\omega}U_0 \mathrm{e}^{-\delta t}\sin(\omega t + \beta) \tag{11-50}$$

由式（11-48b）得电流为（注意 $\omega_0^2 = 1/LC$ ）

$$i = C\frac{\omega_0}{\omega}U_0 \mathrm{e}^{-\delta t}\omega_0\sin(\omega t) = \frac{U_0}{\omega L}\mathrm{e}^{-\delta t}\sin(\omega t) \tag{11-51}$$

电感电压为

$$u_L = L\frac{\mathrm{d}i}{\mathrm{d}t} = L\frac{U_0}{\omega L}\mathrm{e}^{-\delta t}\left[-\delta\sin(\omega t) + \omega\cos(\omega t)\right]$$

$$= -\frac{\omega_0}{\omega}U_0 \mathrm{e}^{-\delta t}\sin(\omega t - \beta) \tag{11-52}$$

u_C、i 和 u_L 的波形见图 11-49。

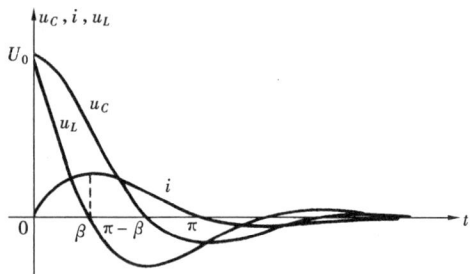

图 11-49　u_C、i 和 u_L 的波形

从波形可以看出，u_C、i 和 u_L 均呈现衰减振荡。由于 $R < 2\sqrt{L/C}$，电阻消耗的能量比过阻尼时要小，致使电容释放的能量大部分被电感吸收并储存其中。当电容能量释放完毕，电感会将所得到能量的大部分又回馈给电容（除一小部分被电阻消耗外），形成了储能元件之间能量往返交换的振荡过程。当 $\omega t = 0, \pi, 2\pi, 3\pi,\cdots$ 时，电流 i 经过零点，电压 u_C 达到极值点；当 $\omega t = \beta, \pi+\beta, 2\pi+\beta,\cdots$ 时，电感电压 u_L 经过零点，电流 i 达到极值点；当 $\omega t = \pi-\beta, 2\pi-\beta,\cdots$ 时，电容电压 u_C 经过零点。

按上述电压、电流波形的零点划分各个时间段，可以得到每个时间段中，元件之间的能量交换情况，图 11-50 为前半个周期（ωt 从 0 到 π 期间）的能量转换示意图。

在 $0 < \omega t < \beta$ 区间，电容电压下降，释放电场能量；回路电流从零开始增大，电感吸收

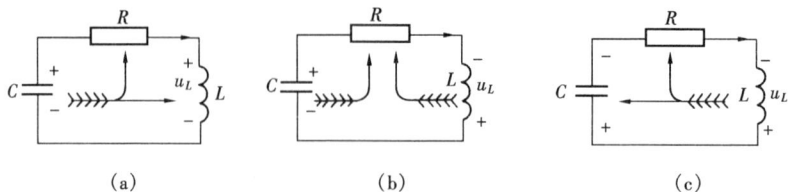

(a)　　　　　　　　(b)　　　　　　　　(c)

图 11-50　振荡放电过程中的能量转换

(a) $0 < \omega t < \beta$；(b) $\beta < \omega t < \pi - \beta$；(c) $\pi - \beta < \omega t < \pi$

电场能量并转化为磁场能量存储，见图 11-50（a）。电流上升的速度是逐渐减慢的，所以电感电压逐渐下降，在 $\omega t = \beta$ 瞬间，电流上升到最大值，电感电压下降到零。

在 $\beta < \omega t < \pi - \beta$ 区间，电容电压继续下降，释放电场能量，回路电流从最大值开始下降，此时电感也开始释放能量，电容和电感释放的能量被电阻消耗，见图 11-50（b）。由于电流减小，所以电感电压方向逆转，即 $u_L < 0$。在 $\omega t = \pi - \beta$ 瞬间，电容电压下降到零，电场能量全部放完，但此时回路电流并不为零，即电感中仍存有足够的磁场能量。

在 $\pi - \beta < t < \pi$ 区间，回路电流继续减少，即电感继续释放能量，但由于电阻消耗的能量小，所以电感的能量除一小部分被电阻消耗外，仍有能量回馈给电容，由于电流方向没有变，所以对电容的充电是反向的，电容电压反向增大，见图 11-50（c）。在 $\omega t = \pi$ 瞬间，电流减小到零，电感的磁场能量全部放完，而电容电压已经充电到一定数值。至此，振荡过程经历了半个周期。下半个周期重复上述过程，电容重新开始释放能量，所不同的仅是电容电压的极性与前半个周期相反。

【例 11-23】 R、L、C 串联电路如图 11-45 所示，已知 $U_0 = 100\text{V}$，$C = 1\mu\text{F}$，$R = 1000\Omega$，$L = 1\text{H}$。求开关闭合后的 u_C、i 和 u_L。

解 $2\sqrt{L/C} = 2000\Omega$，而 $R = 1000\Omega$，所以 $R < 2\sqrt{L/C}$，电路属于振荡放电过程。

$$\omega_0 = \frac{1}{\sqrt{LC}} = \frac{1}{\sqrt{1 \times 10^{-6}}} = 1000(\text{rad/s})$$

$$\delta = \frac{R}{2L} = 500(1/\text{s})$$

$$\omega = \sqrt{\omega_0^2 - \delta^2} = \sqrt{1000^2 - 500^2} = 866(\text{rad/s})$$

$$\beta = \arctan\left(\frac{\omega}{\delta}\right) = \arctan\left(\frac{866}{500}\right) = \frac{\pi}{3}(\text{rad})$$

由式（11-50）得电容电压为

$$u_C = \frac{\omega_0}{\omega} U_0 e^{-\delta t} \sin(\omega t + \beta) = \frac{1000}{866} \times 100 e^{-500t} \sin\left(866t + \frac{\pi}{3}\right)$$

$$= 115 e^{-500t} \sin\left(866t + \frac{\pi}{3}\right)(\text{V}) \qquad t \geqslant 0$$

由式（11-51）得电流为

$$i = \frac{U_0}{\omega L} e^{-\delta t} \sin(\omega t) = \frac{100}{866 \times 1} e^{-500t} \sin(866t) = 0.115 e^{-500t} \sin(866t)(\text{A})$$

由式（11-52）得电感电压为

$$u_L = -\frac{\omega_0}{\omega} U_0 e^{-\delta t} \sin(\omega t - \beta) = -\frac{1000}{866} \times 100 e^{-500t} \sin\left(866t - \frac{\pi}{3}\right)$$

$$= -115 e^{-500t} \sin\left(866t - \frac{\pi}{3}\right)(\text{V}) \qquad t \geqslant 0$$

【例 11-24】 图 11-51 电路中，$U_s = 20\text{V}$，$R = r = 10\Omega$，$L = 1\text{mH}$，$C = 10\mu\text{F}$。电路稳定后开关断开，求电容电压 u_C。

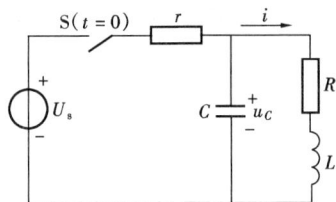

图 11-51　［例 11-24］图

解　开关断开前

$$i(0_-) = \frac{U_s}{R+r} = 1\text{A}$$

$$u_C(0_-) = i(0_-)R = 10\text{V}$$

开关断开后，电容通过 R、L 构成的回路放电，此时 $2\sqrt{L/C} = 20\Omega$，而 $R=10\Omega$，所以放电是振荡性的。求得衰减系数和衰减振荡频率为

$$\delta = \frac{R}{2L} = 5 \times 10^3$$

$$\omega_0 = \frac{1}{\sqrt{LC}} = 10^4 (\text{rad/s})$$

$$\omega = \sqrt{\omega_0^2 - \delta^2} = 8.66 \times 10^3 (\text{rad/s})$$

$$\beta = \arccos\left(\frac{\delta}{\omega_0}\right) = \frac{\pi}{3}$$

根据换路定律有

$$u_C(0_+) = u_C(0_-) = 10(\text{V})$$

$$i(0_+) = i(0_-) = 1(\text{A})$$

由于初始条件中电流不为零，故不能直接用式（11-50）求电压 u_C，应根据式（11-47）和式（11-48a）重新确定常数 A 与 θ。以 $u_C(0_+)$ 和 $i(0_+)$ 代入得

$$A\sin\theta = 10$$

$$-10 \times 10^{-6} A(8.66 \times 10^3 \cos\theta - 5 \times 10^3 \sin\theta) = 1$$

联立解得

$$A\cos\theta = \frac{-100 + 5 \times 10}{8.66} = -5.774$$

于是

$$\tan\theta = \frac{A\sin\theta}{A\cos\theta} = -1.732$$

解得

$$\theta = 120°$$

$$A = \frac{10}{\sin 120°} = 11.55$$

电容电压为

$$u_C = 11.55e^{-5000t}\sin(8660t + 120°)\text{V}$$

作为振荡过程的一个特例，当 $R=0$ 时，$\delta=0$，则 $\omega = \omega_0 = 1/\sqrt{LC}$，$\beta = \pi/2$，所以这时 u_C，i，u_L 的表达式为

$$u_C = U_0 \sin\left(\omega_0 t + \frac{\pi}{2}\right)$$

$$i = \frac{U_0}{\omega L}\sin(\omega_0 t) = U_0\sqrt{\frac{C}{L}}\sin(\omega_0 t)$$

$$u_L = -U_0 \sin\left(\omega_0 t - \frac{\pi}{2}\right) = U_0 \sin\left(\omega_0 t + \frac{\pi}{2}\right) = u_C$$

此时的放电过程为等幅振荡过程。讨论二阶电路的过渡过程，其主要内容就是分析 L、C 之间的能量交换过程，即振荡过程，等幅振荡是振荡过程的理想情况。

3. $R = 2\sqrt{L/C}$，临界过程

当 $R = 2\sqrt{L/C}$ 时，$p_1 = p_2 = -\delta = -R/2L$ 是一对负重根，电路的过渡过程界于振荡与非振荡之间，故称为临界过程。此时的电阻称为临界电阻。

方程式 (11-40) 的特征根为重根时只有一个解 $u_{C1} = e^{p_1 t}$，为了得到方程式 (11-40) 的通解，还需要求出另一个线性无关的解 u_{C2}，采用常数变易法，设 $u_{C2} = f(t)e^{p_1 t}$。将其代入方程式 (11-40)，消去 $e^{p_1 t}$ 并整理得

$$\frac{d^2 f}{dt^2} + \left(2p_1 + \frac{R}{L}\right)\frac{df}{dt} + \left(p_1^2 + \frac{R}{L}p_1 + \frac{1}{LC}\right)f = 0$$

由于 p_1 是特征方程的二重根，因此，$p_1^2 + \dfrac{R}{L}p_1 + \dfrac{1}{LC} = 0$ 且，$2p_1 + \dfrac{R}{L} = 0$（韦达定理），于是得

$$\frac{d^2 f}{dt^2} = 0$$

为了得到一个不为常数的解，不妨设 $f(t) = t$，由此得到微分方程式 (11-40) 的另一个解 $u_{C2} = te^{p_1 t}$，从而方程式 (11-40) 的通解为

$$u_C = A_1 u_{C1} + A_2 u_{C2} = (A_1 + A_2 t)e^{-\delta t}$$

电流

$$i = -C\frac{du_C}{dt} = -C[A_2 e^{-\delta t} - \delta(A_1 + A_2 t)e^{-\delta t}]$$

将初始条件 $u_C(0_+) = U_0, i(0_+) = 0$ 代入得：$A_1 = U_0$，$A_2 = \delta U_0$，因此，可求得

$$u_C = U_0(1 + \delta t)e^{-\delta t}$$

$$i = -C\frac{du_C}{dt} = \frac{U_0}{L}te^{-\delta t}$$

$$u_L = L\frac{di}{dt} = U_0(1 - \delta t)e^{-\delta t}$$

从以上表达式可以看出：临界过程不产生振荡，其波形与非振荡过程相似，波形见图 11-52。

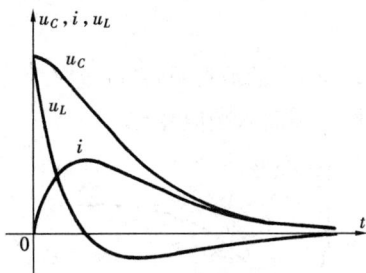

图 11-52　临界过程

有时将 R 大于临界电阻的电路称为过阻尼电路，小于临界电阻的电路称为欠阻尼电路。

11. 10. 2　二阶电路接通直流电源的响应

图 11-53 电路中，设 L、C 元件上无初始储能。$t = 0$ 时开关 S 闭合，直流电源对电容充电。

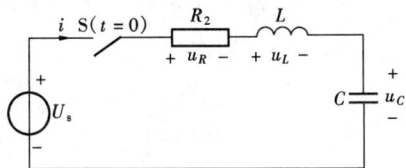

图 11-53　二阶电路接通直流电源

电路的微分方程为

$$LC\frac{d^2 u_C}{dt^2} + RC\frac{du_C}{dt} + u_C = U_s \tag{11-53}$$

充电结束后，电路到达稳态，电容相当于开路，电容电压的稳态解 $u_C(\infty) = U_s$。方程的通解为

$$u_C = U_s + u''_C \tag{11-54}$$

其中 u''_C 为与方程式 (11-53) 对应的齐次方程的通解，它的形式与前节讨论的零输入响应相同，根据特征根的不同分三种情况讨论。

1.$R > 2\sqrt{L/C}$，非振荡过程

将齐次方程的通解表达式（11-42）代入式（11-54）得非齐次方程式（11-53）的通解

$$u_C = U_s + A_1 e^{p_1 t} + A_2 e^{p_2 t} \tag{11-55}$$

电容电流

$$i = C \frac{du_C}{dt} = C(A_1 p_1 e^{p_1 t} + A_2 p_2 e^{p_2 t}) \tag{11-56}$$

代入零初始条件，得

$$\begin{cases} A_1 + A_2 = -U_s \\ A_1 p_1 + A_2 p_2 = 0 \end{cases}$$

解得

$$\begin{cases} A_1 = \dfrac{-p_2}{p_2 - p_1} U_s \\ A_2 = \dfrac{p_1}{p_2 - p_1} U_s \end{cases}$$

将积分常数代入式（11-55）和式（11-56），得

$$u_C = U_s - \frac{U_s}{p_2 - p_1}(p_2 e^{p_1 t} - p_1 e^{p_2 t}) \tag{11-57}$$

$$i = C \frac{du_C}{dt} = \frac{U_s}{L(p_1 - p_2)}(e^{p_1 t} - e^{p_2 t}) \tag{11-58}$$

$$u_L = L \frac{di}{dt} = \frac{U_s}{p_1 - p_2}(p_1 e^{p_1 t} - p_2 e^{p_2 t}) \tag{11-59}$$

u_C，i，u_L 的波形见图 11-54。由图可见，电容电压从零上升到稳态值 U_s，电流和电感电压波形与零输入响应相似。

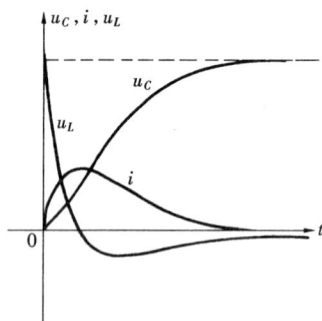

图 11-54 u_C，i，u_L 的波形

2. $R < 2\sqrt{L/C}$，振荡过程

电容电压的通解为

$$u_C = U_s + A e^{-\delta t} \sin(\omega t + \theta)$$

$$i = C \frac{du_C}{dt} = CA e^{-\delta t}[\omega\cos(\omega t + \theta) - \delta\sin(\omega t + \theta)]$$

代入初始条件，即得

$$U_s + A\sin\theta = 0$$
$$\omega\cos\theta - \delta\sin\theta = 0 \tag{11-60}$$

前面说过，ω_0，ω，δ 组成一个直角三角形（见图 11-48），$\tan\beta = \omega/\delta$，只要电流的初始值为零，就一定有 $\theta = \beta$，这一点与式（11-60）中的第二式相符合。所以有

$$A = -\frac{U_s}{\sin\theta} = -\frac{\omega_0}{\omega}U_s$$

$$\theta = \arctan\frac{\omega}{\delta}$$

故

$$u_C = U_s - \frac{\omega_0}{\omega}U_s e^{-\delta t}\sin(\omega t + \beta)$$

$$i = \frac{U_s}{\omega L} e^{-\delta t} \sin \omega t$$

$$u_L = -\frac{\omega_0}{\omega} U_s e^{-\delta t} \sin(\omega t - \beta)$$

u_C，i，u_L 的波形如图 11-55 所示。

3. $R = 2\sqrt{L/C}$，临界过程

电容电压和电流的通解为

$$u_C = U_s + (A_1 + A_2 t) e^{-\delta t}$$

$$i = C \frac{\mathrm{d}u_C}{\mathrm{d}t} = C[A_2 e^{-\delta t} - \delta(A_1 + A_2 t)e^{-\delta t}]$$

代入零初始条件，得

$$U_s + A_1 = 0$$

$$C(A_2 - A_1 \delta) = 0$$

联立解得

$$A_1 = -U_s$$

$$A_2 = A_1 \delta = -U_s \delta$$

于是

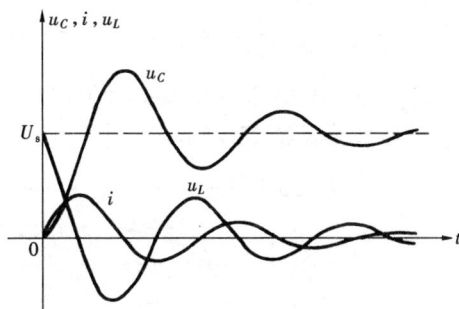

图 11-55 振荡过程中的 u_C，i，u_L 的波形

$$u_C = U_s - U_s(1 + \delta t) e^{-\delta t}$$

$$i = C \frac{\mathrm{d}u_C}{\mathrm{d}t} = \frac{U_s}{L} t e^{-\delta t} \tag{11-61}$$

$$u_L = L \frac{\mathrm{d}i}{\mathrm{d}t} = U_s(1 - \delta t) e^{-\delta t}$$

临界过程中 u_C，i，u_L 的曲线与非振荡过程相似，不再画出。

上面的讨论是基于零状态的，随着电路中电阻小于、等于和大于临界电阻，RLC 串联电路的充电过程也会有振荡、临界非振荡，非振荡三种形式。

【例 11-25】 在图 11-53 所示电路中，已知 $U_s = 100\mathrm{V}$，$L = 1\mathrm{H}$，$C = 1\mu\mathrm{F}$，电路为零状态。$t = 0$ 时将开关闭合，试求（1）$R = 3000\Omega$ 时的 u_C；（2）$R = 1500\Omega$ 时的 u_C。

解 （1）$2\sqrt{L/C} = 2000\Omega$，而 $R = 3000\Omega$，所以电路为过阻尼状态。特征根为

$$p_{1,2} = -\frac{R}{2L} \pm \sqrt{\left(\frac{R}{2L}\right)^2 - \frac{1}{LC}} = -1500 \pm 1120$$

即

$$p_1 = -380, p_2 = -2620$$

电容电压为

$$u_C = U_s - \frac{U_s}{p_2 - p_1}(p_2 e^{p_1 t} - p_1 e^{p_2 t})$$

$$= 100 - \frac{100}{-2620 + 380}(-2620 e^{-380t} + 380 e^{-2620t})$$

$$= 100 - 117 e^{-380t} + 17 e^{-2620t} \quad (\mathrm{V})$$

（2）$R = 1500\Omega$ 时，电路为欠阻尼状态，特征根为

$$p_{1,2} = -\frac{R}{2L} \pm \mathrm{i}\sqrt{\frac{1}{LC} - \left(\frac{R}{2L}\right)^2} = -750 \pm \mathrm{j}661.4$$

$$\omega_0 = \frac{1}{\sqrt{LC}} = 1000(\text{rad/s})$$

$$\beta = \arctan\left(\frac{\omega}{\delta}\right) = \arctan\left(\frac{661.4}{750}\right) = 41.4°$$

于是，电容电压为

$$u_C = U_s - \frac{\omega_0}{\omega}U_s e^{-\delta t}\sin(\omega t + \beta) = 100 - \frac{1000}{661.4} \times 100 e^{-750t}\sin(661.4t + 41.4°)$$

$$= 100 - 151 e^{-750t}\sin(661.4t + 41.4°)(\text{V})$$

电容电压波形见图 11-56（a）、（b）。

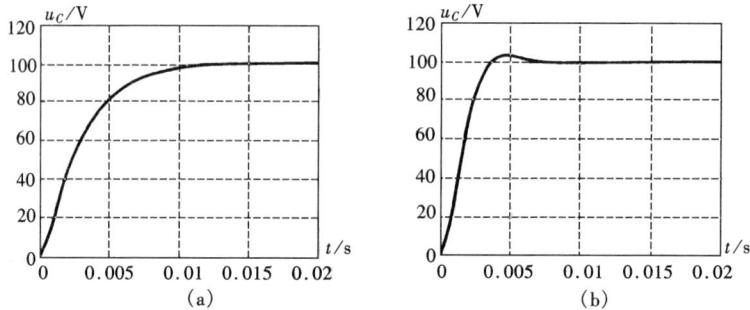

图 11-56　　［例 11-25］电容电压波形图

(a) 过阻尼电路的响应；(b) 欠阻尼电路的响应

电路在过阻尼状态下响应速度是较慢的，从图 11-56（a）可见，大约经 15ms 左右电压才趋于稳态值 100V。如果电路工作在欠阻尼附近则可以显著提高电压的响应速度，从图 11-56（b）可见，电压在 100V 附近振荡不到一个周期就趋于稳态值，也即经 7.5ms 左右电路就进入了稳态，响应速度提高了近一倍。电压上升超过 100V 所呈现的突出部分称为"上冲"。

如果二阶电路具有初始储能，又接入外施激励，则电路的响应称为全响应。

【例 11-26】　图 11-57 电路原已稳定，$t = 0$ 时开关断开，设 $U_s = 20\text{V}$，$R = 3\text{k}\Omega$，$L = 1\text{H}$，$C = 1\mu\text{F}$，$r = 2\text{k}\Omega$。试求开关断开后的电容电压。

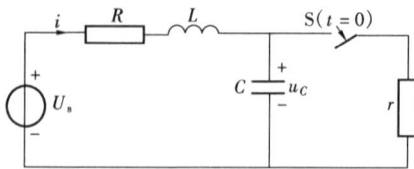

图 11-57　　［例 11-26］图

解　开关断开前电路已经稳定，故

$$u_C(0_-) = \frac{U_s}{R+r}r = 8\text{V}, i(0_-) = \frac{U_s}{R+r} = 4 \times 10^{-3}\text{A}$$

开关断开后，R、L、C 电路充电，因为 $2\sqrt{L/C} = 2 \times 10^3 \Omega$，$R > 2\sqrt{L/C}$，所以电路为非振荡过程。特征根 p_1，p_2 可由式（11-41）求得

$$p_1 = -380, p_2 = -2620$$

故电容电压的通解为

$$u_C = U_s + A_1 e^{p_1 t} + A_2 e^{p_2 t}$$

电流为

$$i = C\frac{\mathrm{d}u_C}{\mathrm{d}t} = C(A_1 p_1 e^{p_1 t} + A_2 p_2 e^{p_2 t})$$

由于电路处于非零初始状态，而电容电压表达式（11-57）是在零初始条件下得出的，不能

直接应用。故积分常数 A_1 和 A_2 要由非零初始条件重新确定。将 $u_C(0_+)=8\text{V}$, $i(0_+)=4\times10^{-3}\text{A}$ 代入 u_C 和 i 中得

$$\begin{cases} 8 = 20 + A_1 + A_2 \\ 4\times10^{-3} = -380\times10^{-6}A_1 - 2620\times10^{-6}A_2 \end{cases}$$

解得

$$\begin{cases} A_1 = -12.25 \\ A_2 = 0.25 \end{cases}$$

于是电容电压为

$$u_C = 20 - 12.25\mathrm{e}^{-380t} + 0.1\mathrm{e}^{-2620t}\ (\text{V})$$

11.10.3　二阶电路的阶跃响应

二阶电路在阶跃激励下的零状态响应称为二阶电路的阶跃响应，其求解方法与零状态响应的求解方法相同。

图 11-58 所示为处于零状态的 GCL 并联电路，处施激励为电流源 $i_s=\varepsilon(t)$，下面讨论电路的单位阶跃响应。

根据 KCL 有

$$i_G + i_C + i_L = i_s$$

以 i_L 为变量列出的微分方程为

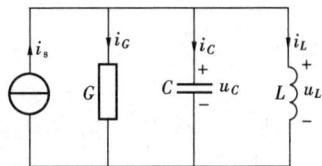

图 11-58　二阶电路的阶跃响应

$$LC\frac{\mathrm{d}^2 i_L}{\mathrm{d}t^2} + GL\frac{\mathrm{d}i_L}{\mathrm{d}t} + i_L = i_s \qquad (11\text{-}62)$$

特征根方程为

$$p^2 + \frac{G}{C}p + \frac{1}{LC} = 0 \qquad (11\text{-}63)$$

解得

$$p_{1,2} = -\frac{G}{2C} \pm \sqrt{\left(\frac{G}{2C}\right)^2 - \frac{1}{LC}} \qquad (11\text{-}64)$$

当 $(G/2C)^2 > 1/LC$，即 $G > 2\sqrt{C/L}$ 时，特征根为两个不相等的负实数；当 $G < 2\sqrt{C/L}$ 时，特征根为一对实部为负的共轭复数；当 $G = 2\sqrt{C/L}$ 时，特征根为一对相等的负实数。

当电路处于稳态时，电感相当于短路，其稳态解（特解）为 $i'_L = i_s = \varepsilon(t)$，于是 i_L 的通解为

$$i_L = i'_L + i''_L = \varepsilon(t) + i''_L = 1 + i''_L$$

其中 i''_L 为与方程式（11-62）对应的齐次方程的通解，通解的具体形式与前面讨论的非振荡、振荡、临界三种解的形式相似，下面举例说明。

【例 11-27】　图 11-58 电路处于零状态，$L=1\text{H}$，$C=1\text{F}$，G 分别取：（1）$G=10\text{S}$；（2）$G=2\text{S}$；（3）$G=0.1\text{S}$。试求零状态响应。

解　电路的初始条件为

$$i_L(0_+) = 0,\ \left.\frac{\mathrm{d}i_L}{\mathrm{d}t}\right|_{0_+} = \frac{u_L(0_+)}{L} = \frac{u_C(0_+)}{L} = 0$$

（1）$2\sqrt{C/L} = 2\text{S}, G = 10\text{S}$ 时，$G > 2\sqrt{C/L}$，电路为非振荡过程。由式（11-64）得

$$p_1 = -5 + 2\sqrt{6} = -0.1,\ p_2 = -5 - 2\sqrt{6} = -9.89$$

电流通解为

$$i_L = 1 + A_1\mathrm{e}^{p_1 t} + A_2\mathrm{e}^{p_2 t}$$

代入条件 $i_L(0_+) = 0, (\mathrm{d}i_L/\mathrm{d}t)_{0_+} = 0$ 得

$$\begin{cases} 1 + A_1 + A_2 = 0 \\ p_1 A_1 + p_2 A_2 = 0 \end{cases}$$

解得

$$\begin{cases} A_1 = \dfrac{p_2}{p_1 - p_2} = -1.01 \\ A_2 = \dfrac{p_1}{p_2 - p_1} = 0.01 \end{cases}$$

$$i_L(t) = [1 - 1.01\mathrm{e}^{-0.1t} + 0.01\mathrm{e}^{-9.89t}]\varepsilon(t)$$

（2）$G = 2\mathrm{S}$ 时，$G = 2\sqrt{C/L}$ 电路属于临界过程，特征根为 $p_1 = p_2 = -1$，电流的通解为

$$i_L(t) = 1 + A_1\mathrm{e}^{p_1 t} + A_2 t\mathrm{e}^{p_1 t}$$

并且有

$$\begin{cases} i_L(0_+) = 1 + A_1 \\ \left(\dfrac{\mathrm{d}i_L}{\mathrm{d}t}\right)_{0_+} = A_1 p_1 + A_2 \end{cases}$$

由 $i_L(0_+) = 0$ 和 $(\mathrm{d}i_L/\mathrm{d}t)_{0_+} = 0$ 解出 A_1、A_2 为

$$\begin{cases} A_1 = -1 \\ A_2 = p_1 = -1 \end{cases}$$

故得

$$i_L(t) = [1 - (1+t)\mathrm{e}^{-t}]\varepsilon(t)$$

（3）$G = 0.1\mathrm{S}$ 时，$G < 2\sqrt{C/L}$，电路属于欠阻尼过程。特征根为

$$p_{1,2} = -\frac{G}{2C} \pm \mathrm{j}\sqrt{\frac{1}{LC} - \left(\frac{G}{2C}\right)^2} = -\frac{1}{20} \pm \mathrm{j}\sqrt{1 - \frac{1}{400}} = -0.05 \pm \mathrm{j}1$$

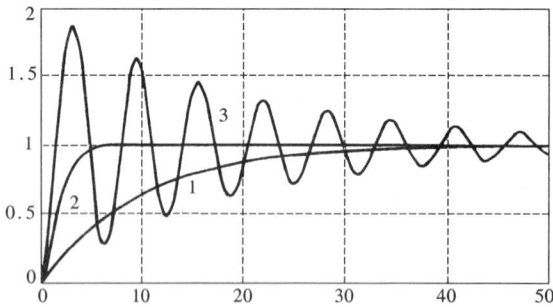

图 11-59　阶跃响应 i_L 的波形

固有角　$\beta = \arctan\left(\dfrac{\omega}{\delta}\right) = \arctan(20)$

$= 87.1°$

电流的通解为

$$i_L = 1 + A\mathrm{e}^{-\delta t}\sin(\omega t + \theta)$$

当电流导数的初始值为零时，即 $(\mathrm{d}i_L/\mathrm{d}t)_{0_+} = 0$ 时，必有 $\theta = \beta = 87.1°$，这一点还可通过如下推导来验证：对 i_L 求导并令 $t = 0$，得

$$(\mathrm{d}i_L/\mathrm{d}t)_{0_+} = A(-\delta\sin\theta + \omega\cos\theta)$$

如果 $(\mathrm{d}i_L/\mathrm{d}t)_{0_+} = 0$，则有 $-\delta\sin\theta + \omega\cos\theta = 0$，可求得 $\tan\theta = \omega/\delta$，所以 $\theta = \beta$。由

$$i_L(0_+) = 1 + A\sin\theta = 0$$

可求得

$$A = \frac{-1}{\sin\theta} = -\frac{1}{\sin(87.1°)} = -1.0013$$

故

$$i_L(t) = [1 - 1.0013\mathrm{e}^{-0.05t}\sin(\omega t + 87.1°)]\varepsilon(t)$$

三种形式的 $i_L(t)$ 波形如图 11-59 所示，曲线 1 为过阻尼波形；曲线 2 为临界阻尼波形；曲线 3 为欠阻尼波形。

11.10.4　二阶电路的冲激响应

冲激激励作用于零状态的二阶电路产生的响应称为二阶电路的冲激响应。

设 RLC 串联电路在 $t<0$ 时处于零状态，并与冲激电压 $\delta(t)$ 接通，如图 11-60（a）所示。

若以 u_C 为变量，根据 KVL 可列出方程

$$\begin{cases} LC\dfrac{\mathrm{d}^2 u_C}{\mathrm{d}t^2} + RC\dfrac{\mathrm{d}u_C}{\mathrm{d}t} + u_C = \delta(t) \\ u_C(0_-) = 0,\ i(0_-) = 0 \end{cases} \quad t \geqslant 0_- \tag{11-65}$$

冲激电压 $\delta(t)$ 仅在 $t=0$ 瞬间作用于电路，使电路获得能量，在 $t>0$ 时激励消失，方程式（11-64）变为齐次方程

$$LC\frac{\mathrm{d}^2 u_C}{\mathrm{d}t^2} + RC\frac{\mathrm{d}u_C}{\mathrm{d}t} + u_C = 0$$

电路的响应是由储能元件的初始能量引起，属于零输入响应。那么，L 和 C 中哪一个元件获得了初始能量？或者说，u_C 和 i 中，哪一个量发生了跃变，如何求出跃变值（即初始值）$u_C(0_+)$ 和 $i(0_+)$，是求解冲激响应的关键。

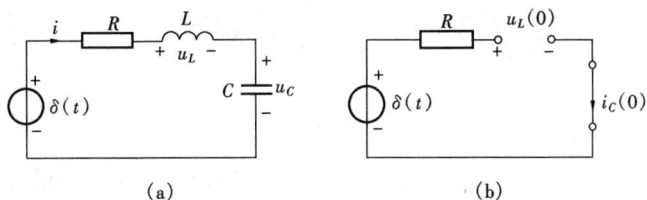

图 11-60　二阶电路的冲激响应
(a) 二阶电路；(b) 初始时刻的等效电路

由式（11-65）可知，电容电压 u_C 不能跃变，否则，$\mathrm{d}^2 u_C/\mathrm{d}t^2$ 将是冲激函数的导数，至使式（11-65）不能成立，因此有 $u_C(0_+) = u_C(0_-) = 0$。为求出跃变值 $i(0_+)$，对式（11-65）从 $t=0_-$ 到 0_+ 积分，得

$$LC\left[\left.\frac{\mathrm{d}u_C}{\mathrm{d}t}\right|_{t=0_+} - \left.\frac{\mathrm{d}u_C}{\mathrm{d}t}\right|_{t=0_-}\right] + RC[u_C(0_+) - u_C(0_-)] + \int_{0_-}^{0_+} u_C\mathrm{d}t = 1$$

由 $i(0_-) = 0$，得 $\left.\dfrac{\mathrm{d}u_C}{\mathrm{d}t}\right|_{t=0_-} = \dfrac{i(0_-)}{C} = 0$。由于 u_C 不能跃变，于是有

$$LC\left.\frac{\mathrm{d}u_C}{\mathrm{d}t}\right|_{t=0_+} = 1$$

即

$$C\left.\frac{\mathrm{d}u_C}{\mathrm{d}t}\right|_{t=0_+} = \frac{1}{L} = i(0_+)$$

上式的意义是冲激电压源在 $t=0_-$ 到 0_+ 瞬间使电感电流跃变，电感得到了磁场能量，冲激响应就是在这一能量作用下产生。

冲激响应的初始值 $u_C(0_+)$、$i(0_+)$ 也可以由一阶电路冲激响应一节中介绍的 $t=0$ 时的等效电路求得。在冲激电源作用瞬间（$t=0_-$ 到 0_+），令 L 开路，C 短路得到 $t=0$ 时的等效电路如图 11-60（b）所示。电感电压和电容电流为

$$u_L(0) = \delta(t),\ i_C(0) = 0$$

即在冲激电压作用瞬间，电感电压为冲激量，冲激强度 $\Psi_\mathrm{s}=1$，所以电感电流发生跃变，其值为

$$i(0_+) = i(0_-) + \frac{\Psi_\mathrm{s}}{L} = \frac{1}{L}$$

电容电流的冲激强度为零，所以电容电压不跃变。

$t>0$ 时电路为零输入响应，电容电压的通解为

$$\begin{cases} u_C = A_1 e^{p_1 t} + A_2 e^{p_2 t} & R > 2\sqrt{L/C} \\ u_C = A e^{-\alpha t} \sin(\omega t + \theta) & R < 2\sqrt{L/C} \\ u_C = (A_1 + A_2 t) e^{-\alpha t} & R = 2\sqrt{L/C} \end{cases}$$

冲激响应除上述两种求解方法外，还可以利用冲激响应与阶跃响应的关系，先求出电路的单位阶跃响应，再对时间求导得到单位冲激响应，最后根据零状态线性，用冲激强度 K 乘以单位冲激响应即得到冲激源 $K\delta$（t）作用下的冲激响应。

【例 11-28】　试求图 11-61 电路的单位冲激响应 i_L（t）。

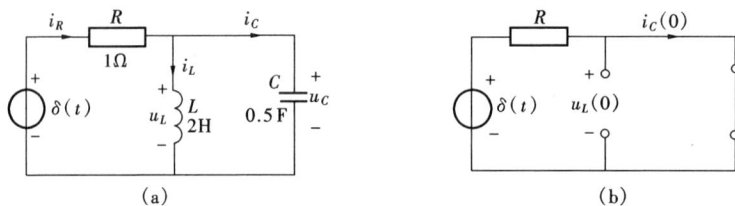

图 11-61　［例 11-28］图
(a) 二阶电路；(b) 初始时刻的等效电路

解　本题可分三个步骤求解。

第一步　列电路的微分方程。以 i_L 为变量，由 KVL 有

$$R(i_L + i_C) + u_L = \delta(t) \tag{11-66}$$

按元件特性及电路结构有 $u_L = L\dfrac{\mathrm{d}i_L}{\mathrm{d}t}$，$i_C = C\dfrac{\mathrm{d}u_C}{\mathrm{d}t} = C\dfrac{\mathrm{d}u_L}{\mathrm{d}t} = LC\dfrac{\mathrm{d}^2 i_L}{\mathrm{d}t^2}$ 代入式（11-66），得

$$R\left(i_L + LC\dfrac{\mathrm{d}^2 i_L}{\mathrm{d}t^2}\right) + L\dfrac{\mathrm{d}i_L}{\mathrm{d}t} = \delta(t)$$

代入元件参数得

$$\dfrac{\mathrm{d}^2 i_L}{\mathrm{d}t^2} + 2\dfrac{\mathrm{d}i_L}{\mathrm{d}t} + i_L = \delta(t) \tag{11-67}$$

第二步　求初始值 $u_C(0_+)$、$i_L(0_+)$ 和 $\left.\dfrac{\mathrm{d}i_L}{\mathrm{d}t}\right|_{t=0_+}$

电路为零状态，有 $u_C(0_-) = 0$，$i_L(0_-) = 0$。因为激励为冲激源，在冲激源作用瞬间，电容电压或电感电流至少有一个要发生跃变，为求出其跃变值，作 $t=0$ 的电路如图 11-61（b）所示。由此图得

$$i_C(0) = \dfrac{1}{R}\delta(t), \quad u_L(0) = 0$$

由于电容电流为冲激量，所以电容电压发生跃变

$$u_C(0_+) = u_C(0_-) + \dfrac{1}{RC} = 2(\mathrm{V})$$

$$i_L(0_+) = i_L(0_-) = 0$$

同时求出 $\mathrm{d}i_L/\mathrm{d}t$ 的初始值为

$$\frac{\mathrm{d}i_L}{\mathrm{d}t}\bigg|_{t=0_+} = \frac{u_L(0_+)}{L} = \frac{u_C(0_+)}{L} = \frac{2}{2} = 1$$

第三步　根据特征根的形式求冲激响应

$t>0$ 时，$\delta(t)=0$，冲激响应实际上是由电容储能引起的零输入响应，式（11-67）的特征方程为 $p^2+2p+1=0$，解出特征根为 $p_1=p_2=1$，方程的通解为

$$i_L = (A_1 + A_2 t)\mathrm{e}^{-t} \tag{11-68}$$

对 i_L 求导得

$$\frac{\mathrm{d}i_L}{\mathrm{d}t} = A_2\mathrm{e}^{-t} - (A_1 + A_2 t)\mathrm{e}^{-t} \tag{11-69}$$

将初始条件 $i_L(0_+)=0$ 和 $\dfrac{\mathrm{d}i_L}{\mathrm{d}t}\bigg|_{t=0_+}=1$ 代入式（11-68）、式（11-69），得

$$A_1 = 0,\ A_2 = 1$$

所以，冲激响应 $i_L(t)$ 为

$$i_L(t) = t\mathrm{e}^{-t}\ \ \mathrm{A}\ \ \ t \geqslant 0$$

或写为

$$i_L(t) = t\mathrm{e}^{-t}\varepsilon(t)\mathrm{A}$$

　　本节讨论的二阶电路，采用的是直接列微分方程、解微分方程的时域分析法（也称经典法）。这些分析方法原则上适用于高阶电路，但是对于一般电路来说，即使是二阶电路，列微分方程、确定变量的初始值以及电路变量对时间导数的初始值不是一件容易的事。这时，可采用复频域分析法（也称运算法）进行分析（见第十二章）。

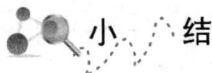

小　结

1. 动态元件与动态电路

在实际电路中，除了电阻元件外，还包括电感元件和电容元件，这些元件称为动态元件，含有动态元件的电路称为动态电路。动态电路的一个重要特征是，当电路的状态发生改变时，电路会从一个稳定状态向另一个稳定状态转化，发生动态过程。

2. 换路定律

在换路瞬间，如果电容元件的电流保持为有限值，则电容电压不能跃变；如果电感电压保持为有限值，则电感电流不能跃变。即

$$u_C(0_+) = u_C(0_-) \qquad \text{或} \qquad q(0_+) = q(0_-)$$
$$i_L(0_+) = i_L(0_-) \qquad\qquad \Psi_L(0_+) = \Psi_L(0_-)$$

3. 一阶电路的响应

可用一阶微分方程描述的电路称为一阶电路。

（1）零输入响应：换路后电路中无外加激励，仅由储能元件的初始储能引起的响应。零输入响应由初始值 $f(0_+)$ 和时间常数 τ 决定，响应表达式为

$$f(t) = f(0_+)\mathrm{e}^{-\frac{t}{\tau}}$$

（2）零状态响应：储能元件无初始储能（称为零状态），仅由外加激励引起的响应。零

状态响应由稳态值 $f(\infty)$ 和时间常数 τ 决定，储能元件的零状态响应为

$$u_C(t) = u_C(\infty)(1 - \mathrm{e}^{-\frac{t}{\tau}})$$

$$i_L(t) = i_L(\infty)(1 - \mathrm{e}^{-\frac{t}{\tau}})$$

其他变量的零状态响应可从电路中直接求解。

（3）全响应：储能元件的初始储能与外加激励共同作用产生的响应。全响应的分解：

全响应＝零输入响应＋零状态响应   或   全响应＝稳态响应＋暂态响应

稳态响应由外加激励决定，且与激励具有相同的变化规律。暂态响应与激励无关，它是电路的固有特性。

时间常数 τ 是决定响应进程的一个物理量。对于一阶电路，动态元件为 C 时，$\tau = RC$；动态元件为 L 时，$\tau = L/R$。电阻 R 为储能元件两端的戴维南等效电阻。

4. 一阶电路全响应的三要素法

直流激励时的全响应：$f(t) = f(\infty) + [f(0_+) - f(\infty)]\mathrm{e}^{-\frac{t}{\tau}}$

正弦激励时的全响应：$f(t) = f_\infty(t) + [f(0_+) - f_\infty(0_+)]\mathrm{e}^{-\frac{t}{\tau}}$

其中：$f(\infty)$ 为稳态值，$f(0_+)$ 为初始值，τ 为时间常数，合称三要素。

5. 一阶电路的阶跃响应

电路对阶路函数的零状态响应称为阶跃响应。单位阶跃函数定义为

$$\varepsilon(t) = \begin{cases} 0 & t \leqslant 0_- \\ 1 & t \geqslant 0_+ \end{cases}$$

线性定常电路具有零状态线性和时移不变性。因此，如果电路对单位阶跃函数 $\varepsilon(t)$ 的响应为 $s(t)$，则当激励为阶跃函数的合成（如阶梯信号）

$$x(t) = \Sigma A_k \varepsilon(t - t_k)$$

时，响应则为

$$y(t) = \Sigma A_k s(t - t_k)$$

6. 一阶电路的冲激响应

一阶电路对冲激激励的零状态响应为冲激响应。单位冲激函数定义为

$$\begin{cases} \delta(t) = 0 & t \neq 0 \\ \displaystyle\int_{-\infty}^{\infty} \delta(t)\mathrm{d}t = 1 \end{cases}$$

$k\delta(t)$ 为一般冲激函数，k 为冲激量。

冲激函数是阶跃函数的导数，冲激响应是阶跃响应的导数。一阶电路冲激响应的求解方法：（1）确定初始值 $u_C(0_+)$ 或 $i_L(0_+)$，然后按零输入响应求解；（2）先求出阶跃响应，再通过求导数求出冲激响应。

7. 电容电压和电感电流的跃变

当冲激电流 $i_C = Q_s\delta(t)$ 流过电容 C 时，电容电压可以出现跃变，跃变的幅度为

$$u_C(0_+) = u_C(0_-) + Q_s/C$$

当冲激电压 $u_L = \psi_s\delta(t)$ 作用于电感 L 两端时，电感电流出现跃变，跃变幅度为

$$i_L(0_+) = i_L(0_-) + \psi_s/L$$

初始值 $u_C(0_+)$、$i_L(0_+)$ 的确定（$t=0$ 电路画法）：在冲激函数作用瞬间，有 $\int_{0_-}^{0_+} u_C \mathrm{d}t = 0$ 和 $\int_{0_-}^{0_+} i_L \mathrm{d}t = 0$，故可令电容元件短路、电感元件开路，求出电容中的电流 $i_C = Q_s\delta(t)$ 和电感中电压 $u_L = \psi_s\delta(t)$，只要它们不为零，即可按上述两个公式求出初始值 $u_C(0_+)$ 和 $i_L(0_+)$。

8. 卷积积分

已知电路的冲激响应，通过卷积积分可以求得电路在任意激励下的零状态响应。冲激响应的实质是零状态响应，它是电路固有性质的反映。设电路的冲激响应为 $h(t)$，外加激励为 $x(t)$，则响应 $y(t)$ 为 $x(t)$ 与 $h(t)$ 的卷积，即

$$y(t) = x(t) * h(t)$$

写成积分形式为

$$y(t) = \int_0^t x(\lambda)h(t-\lambda)\mathrm{d}\lambda$$

或

$$y(t) = \int_0^t x(t-\lambda)h(\lambda)\mathrm{d}\lambda$$

9. 二阶电路的暂态过程

可用二阶微分方程描述的电路称为二阶电路。线性定常二阶电路的微分方程为

$$a\frac{\mathrm{d}^2 f}{\mathrm{d}t^2} + b\frac{\mathrm{d}f}{\mathrm{d}t} + cf = x(t)$$

其中 a、b、c 为常数，$x(t)$ 为外加激励。方程的解为

$$f = f_1(t) + f_2(t)$$

其中 $f_1(t)$ 为稳态分量（原方程的一个特解），可在电路处于稳态时求得。$f_2(t)$ 为对应齐次方程的通解，它与激励无关，是电路固有性质的反映。$f_2(t)$ 的具体形式由微分方程特征根 p 决定。

根据二阶微分方程特征根的不同，响应 $f_2(t)$ 有三种形式，以 RLC 串联为例，有

（1）当 $R > 2\sqrt{L/C}$ 时，p_1，p_2 为不相等的负实根，响应为非振荡过程。

$$f_2(t) = A_1 \mathrm{e}^{p_1 t} + A_2 \mathrm{e}^{p_2 t}$$

（2）当 $R < 2\sqrt{L/C}$ 时，p_1，p_2 为一对共轭复根，响应为振荡过程。

$$f_2(t) = A\mathrm{e}^{-\alpha t}\sin(\omega t + \theta)$$

（3）当 $R = 2\sqrt{L/C}$ 时，p_1，p_2 为相等的负实根，响应为临界过程。

$$f_2(t) = (A_1 + A_2 t)\mathrm{e}^{-\alpha t}$$

最后，由初始值 $f(0_+)$ 和 $\left.\dfrac{\mathrm{d}f}{\mathrm{d}t}\right|_{0+}$ 确定积分常数 A_1 和 A_2，二阶电路的各种响应都可以按这种方式求解。

习　题　十　一

11-1　图 11-62 所示的电路中，$u_C(0_-) = 0V$，开关 S 闭合前处于稳定状态，$t=0$ 时将开关 S 闭合，试求开关 S 闭合后的 $i_C(0_+)$ 和 $i(0_+)$。

11-2　图 11-63 所示的电路在开关 S 断开前已处于稳态，$t=0$ 时开关 S 断开。试求开关 S 断开后的 $i(0_+)$、$u_C(0_+)$ 和 $i_C(0_+)$。

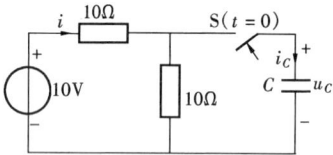

图 11-62　题 11-1 图

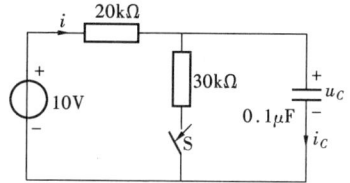

图 11-63　题 11-2 图

11-3　图 11-64 所示的电路原先处于稳态，$t=0$ 时将开关 S 断开，试求开关 S 断开后的 $u_C(0_+), i_C(0_+), \mathrm{d}u_C/\mathrm{d}t \big|_{t=0_+}$。

11-4　图 11-65 所示的电路处于稳态，已知：$U_s=10V$，$R=10\Omega$，$C_1=3\mu F$，$C_2=2\mu F$。试求：（1）开关换接瞬间电容回路中的电流和电容电压；（2）开关换接电路达到新的稳态后，两个电容的电压。

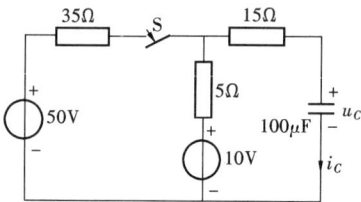

图 11-64　题 11-3 图

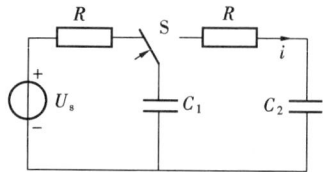

图 11-65　题 11-4 图

11-5　图 11-66 所示的电路中，$U_s=100V$，$R=100\Omega$，$R_1=50\Omega$，$R_3=100\Omega$，$C=10\mu F$，$L=0.1H$，$t=0$ 时开关 S 打开。试求开关 S 打开后的 $i_1(0_+), i_2(0_+), u_C(0_+)$。

图 11-66　题 11-5 图

11-6　图 11-67 所示的（a）、（b）两个电路均处于稳态，$t=0$ 时开关断开。试求 $t>0$ 时的电压 $u(t)$。

11-7　一个电感线圈被短接后，经过 0.1s 线圈中电流衰减到初值的 36.8%；如果经过 5Ω 的串联电阻短路时，经 0.05s 后，电流衰减到初值的 36.8%。试求线圈的电阻。

11-8　图 11-68 所示的电路原已稳定，$t=0$ 时开关由 a 投向 b，试求开关投到 b 处后的 i_L、u_{ab}、u_{cd}。

11-9　图 11-69 所示的两个电路中，已知：（a）图的 $i(0)=2A$；（b）图的 $u(0)=6V$，试求换路后的电流 $i(t)$。

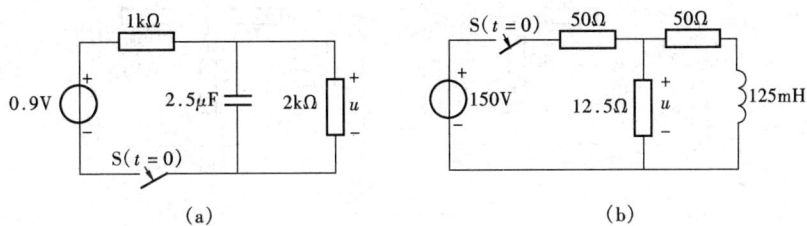

图 11-67 题 11-6 图

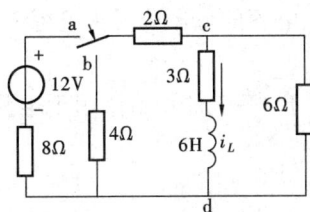

图 11-68 题 11-8 图

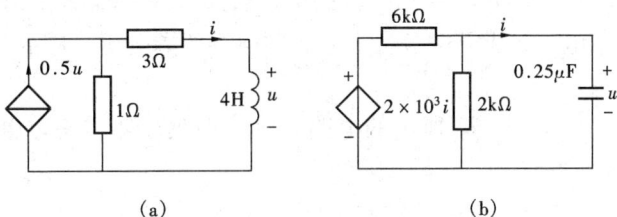

图 11-69 题 11-9 图

11-10 $100\mu F$ 的电容器对电阻放电时，电阻消耗的总能量为 $2J$，电容器放电 $0.06s$ 时电容电压为 $10V$，试求电容上电压的初始值和电阻 R。

11-11 图 11-70 所示为电机励磁绕组的电路模型，$R=30\Omega$，$L=2H$，接于 $U_s=200V$ 直流电源。VD 为理想二极管。要求断电时绕组电压不超过正常工作电压的 3 倍，且使电流在 $0.1s$ 内衰减至初始值的 5%。试计算并联在绕组上的放电电阻 R_f 的值。

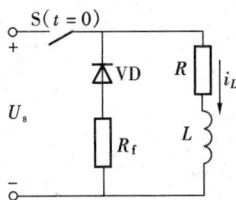

图 11-70 题 11-11 图

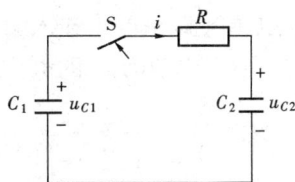

图 11-71 题 11-12 图

11-12 图 11-71 所示的电路，已知 $C_1=10\mu F$，$C_2=2C_1$，$R=150\Omega$，$u_{C1}(0_-)=100V$，$u_{C2}(0_-)=70V$，$t=0$ 时将开关 S 闭合。试求开关闭合后的 u_{C1}、u_{C2} 和 i。（提示：利用电荷守恒原理求电容电压的稳态值）

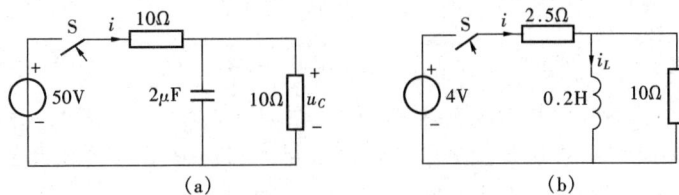

图 11-72 题 11-13 图

11-13 图 11-72 所示的 (a)、(b) 两电路在开关 S 闭合前均已达稳态，$t=0$ 时将开关 S 合上。试求开关闭合后，(a) 图中的 u_C 和 i；(b) 图中的 i_L 和 i。

11-14 图 11-73 所示的 (a)、(b) 两个电路中，开关 S 原是闭合的，电路已处于稳态，$t=0$ 时将开关 S 打开，试求开关 S 打开后的和 u 和 i。

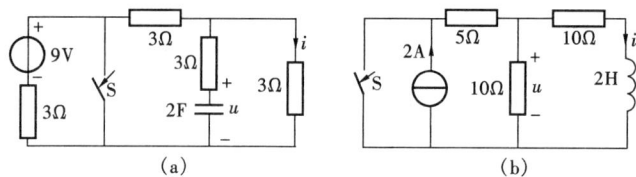

图 11-73　题 11-14 图

11-15　图 11-74 所示的电路中，已知 $U_s=5\text{V}$，$R=2\text{k}\Omega$，$C_1=2\mu\text{F}$，$C_2=3\mu\text{F}$ 两电容原先均未带电。试求开关 S 合上后，两电容的端电压 (提示：利用电容的分压公式求电容电压的稳态值)。

11-16　图 11-75 所示的电路，$t<0$ 时处于零状态，电压源于 $t=0$ 时开始作用于电路，试求 $t\geqslant0$ 时的 $i(t)$。

图 11-74　题 11-15 图

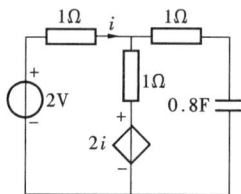

图 11-75　题 11-16 图

11-17　图 11-76 所示电路中的开关打开时处于稳态，$t=0$ 时开关 S 闭合，开关闭合后，试求：(1) 电感电流 i_L 的零输入响应和零状态响应；(2) 电流 i_L 的全响应；(3) 利用 (2) 的结果，将电感看作值为 i_L 的电流源，求电阻中的电流 i。

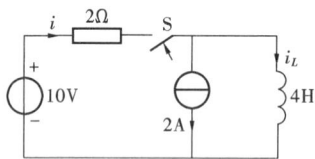

图 11-76　题 11-17 图

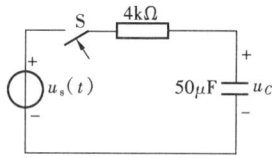

图 11-77　题 11-18 图

11-18　图 11-77 所示的电路中，已知 $u_C(0_-)=80\text{V}$，$u_s(t)=100\text{e}^{-3t}$，$t=0$ 时将开关合上。试求：(1) 列出 $t\geqslant0$ 时以 u_C 为变量的微分方程；(2) 利用 (1) 的结果确定方程的特解 (强制分量)，用 "全响应＝强制分量＋自由分量" 的方法求全响应 u_C；(3) 利用 (1) 的结果，用 "积分法" 求全响应 u_C。

11-19　图 11-78 所示的电路中，$i_s(t)=3.3\text{e}^{-400t}(t\geqslant0)\text{A}$，$i_L(0)=20\text{A}$，试求 $t\geqslant0$ 时的 $i_L(t)$。

11-20　图 11-79 所示的电路中，$C_1=1\text{F}$，$C_2=2\text{F}$，$R=2\Omega$，$U_s=3\text{V}$，开关 S 闭合前，电路已处于稳定状态，$t=0$ 时将开关闭合。(1) 证明：换路后以 u_{C2} 为变量的微分方程为 $(C_1+C_2)\dfrac{\text{d}u_{C2}}{\text{d}t}+\dfrac{u_{C2}}{R}=0$；(2) 求换路后 u_R 的表达式。

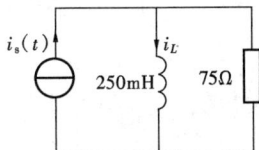

图 11-78　题 11-19 图

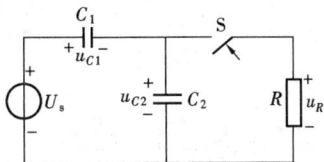

图 11-79　题 11-20 图

11-21　图 11-80 所示的（a）、（b）电路在开关闭合前已处于稳态，$t=0$ 时开关 S 闭合。试求开关 S 闭合后的（a）图中的电流 i_L 和（b）图中的 u_C、i。

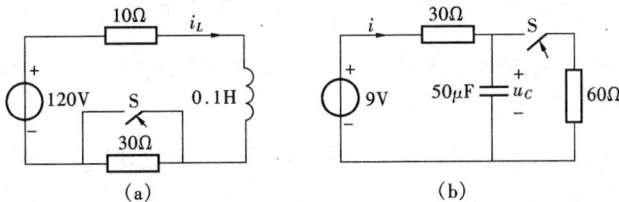

图 11-80　题 11-21 图

11-22　图 11-81 所示的电路中，已知 $U_s=150$V，$R_1=R_2=R_3=100\Omega$，$L=0.1$H，设开关在 $t=0$ 时接通，电感电流初始值为零，试求 i_1 和 i_2。

11-23　图 11-82 所示的图示电路中的开关 S 合在 1 端已久，在 $t=0$ 时 S 合向 2 端，试求 $t\geqslant0$ 时的 $u_C(t)$ 和 $i_C(t)$。

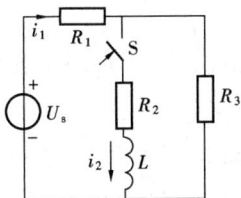

图 11-81　题 11-22 图

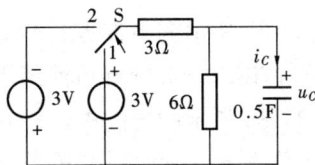

图 11-82　题 11-23 图

11-24　图 11-83 所示的（a）、（b）两个电路原已稳定，$t=0$ 时开关闭合。试求开关闭合后，电容端电压的表达式。

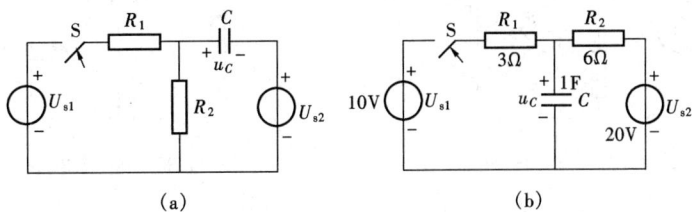

图 11-83　题 11-24 图

11-25　图 11-84 所示电路，已知 $U_s=80$V，$R_1=R_2=10\Omega$，$C=10\mu$F，当 S1 闭合后经 0.1ms 再将 S2 断开，试求 S2 断开以后的电容电压变化规律。

11-26　图 11-85 所示的电路，开关 S 闭合前电路已经稳定。试求 S 闭合后，2Ω 电阻中的电流 i_R。

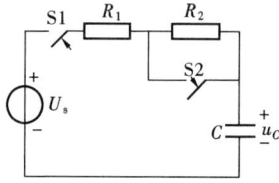

图 11-84　题 11-25 图　　　　图 11-85　题 11-26 图

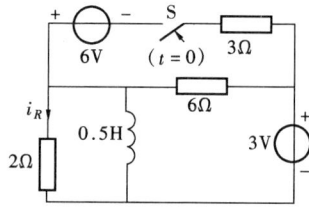

11-27　图 11-86 所示的电路已达稳态。$t=0$ 时开关 S 闭合，试求开关 S 闭合后，流经开关的电流 i。

11-28　图 11-87 所示的电路中，开关 S 闭合前电路已达稳态，试求 S 闭合后电感电流 i_L 和电容电压 u_C 随时间的变化规律。

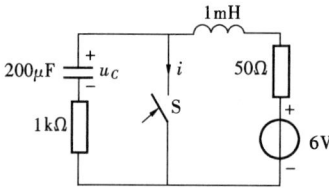

图 11-86　题 11-27 图　　　　图 11-87　题 11-28 图

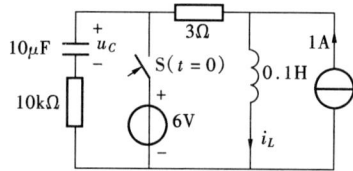

11-29　图 11-88 所示的电路原已稳定，已知：$U_s=30V$，$C_1=20\mu F$，$R_1=10\Omega$，$C_2=0.5C_1$，$R_2=2R_1$，试求开关断开后流经电源支路中的电流。

11-30　图 11-89 所示的电路中，已知 $U_s=5V$，$R=2k\Omega$，$C_1=2\mu F$，$C_2=3\mu F$，开关闭合前电路已处于稳态。$t=0$ 时将开关 S 闭合，试求 S 闭合后，两电容电压随时间的变化规律。（提示：利用电容的分压公式求电容电压的稳态值）

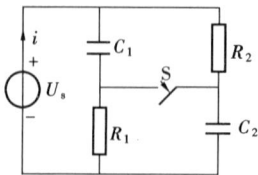

图 11-88　题 11-29 图　　　　图 11-89　题 11-30 图

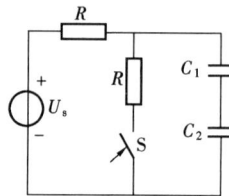

11-31　图 11-90 所示的电路原处于稳态，$6\mu F$ 电容原未充电，$t=0$ 时开关从 a 投向 b，试求 $t>0$ 时两个电容的端电压。（提示：利用电荷守恒，求电容电压的稳态值）

11-32　图 11-91 所示的 RL 零状态电路中，$u_s=\sqrt{2}\,220\sin(314t+\psi_u)$，在合闸角 $\psi_u=0$、$\psi_u=81°$、$\psi_u=171°$ 三种情况下求电流 i。

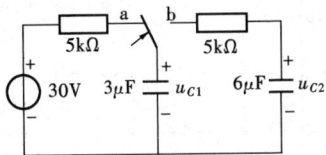

图 11-90　题 11-31 图

图 11-91　题 11-32 图

11-33　图 11-92 所示的三相电路原为空载，激励为对称三相正弦电源每相电压为 $10500/\sqrt{3}$V，频率为 50Hz。运行中 K 处突然发生三相短路，设电源端电压保持不变，线路电阻 $R=3.3\Omega$，电感 $L=12$mH，如故障瞬间 u_A 初相角为 $30°$，试求三相短路电流的变化规律。

11-34　一个电流源 $0.2\varepsilon(t)$ A 与 RL 并联电路接通，$R=100\Omega$，$L=0.4$H，分别求 $t=0_+$，$t=\infty$，$t=4$ms 时的电感电流。

11-35　图 11-93 所示的电路，已知 $L=1$H，$R=1\Omega$，图（b）为电源的脉冲电压波形，试求在该激励作用下图（a）的零状态响应电流 $i(t)$。

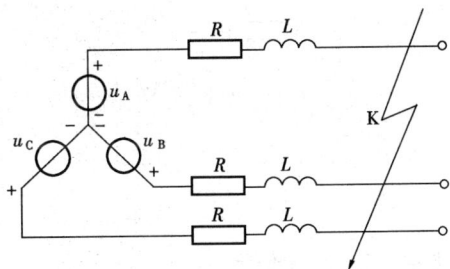

图 11-92　题 11-33 图

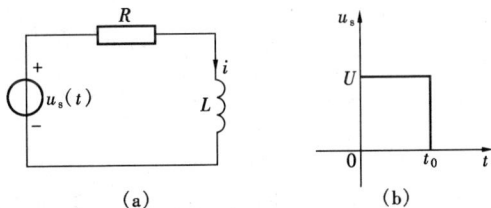

图 11-93　题 11-35 图

11-36　图 11-94 所示的电路原先处于零状态。若 $u_s(t)=\varepsilon(t)$V，写出该电路的单位阶跃响应 $i(t)$；若电源电压的波形如图（b），试求零状态响应 $i(t)$。

11-37　图 11-95 所示的图（a）电路中，外施激励 u_s 如图（b）所示，试求电阻电压 $u(t)$。

11-38　图 11-96 所示的电路处于零状态，输入电压为单一矩形波，幅度为 1V。试求矩形波宽度为 $t_p=20\mu$s 和 $t_p=200\mu$s 两种情况下的电容电压 u_C。

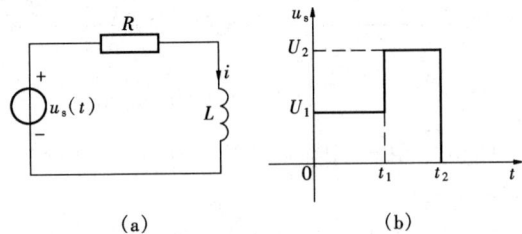

图 11-94　题 11-36 图

11-39　RC 电路如图 11-97 所示，已知电源为 $u_s=5\varepsilon(t-2)$V，$u_C(0_-)=10$V，试求电流 $i(t)$ 并绘出波形（提示：将全响应化为零输入响应与零状态响应之和）。

11-40　图 11-98 所示的电路中，电容电压初始值 $u_C(0_-)=7.5$V，试求电流的阶跃响应 $i(t)$，并绘 $i(t)$ 的曲线。

11-41　图 11-99 所示的（a）、（b）两个电路，已知 $i_1(0_-)=i_2(0_-)=0$A，试分别求其初始电流 $i_1(0_+)$ 和 $i_2(0_+)$。

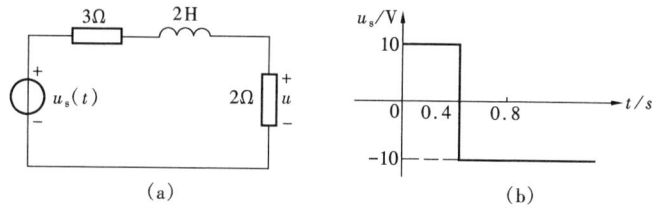

图 11-95　题 11-37 图

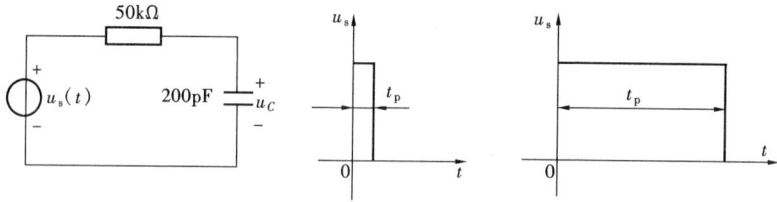

图 11-96　题 11-38 图

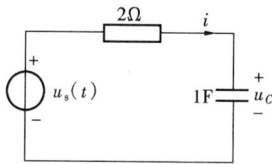

图 11-97　题 11-39 图

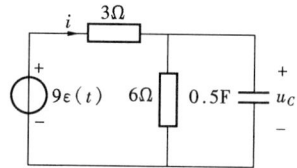

图 11-98　题 11-40 图

11-42　图 11-100 所示的电路在 $t=0_-$ 时为零状态，试求初始值 $u_1(0_+)$ 和 $u_2(0_+)$。

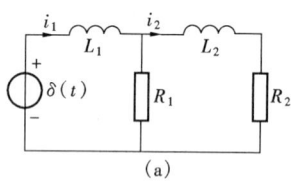

图 11-99　题 11-41 图

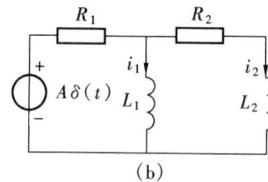

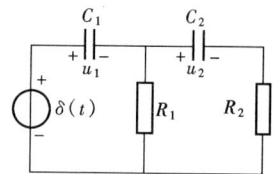

图 11-100　题 11-42 图

11-43　电路如图 11-101 (a)、(b) 所示，试用阶跃响应与冲激响应的关系求两图中的冲激响应 $i(t)$。

11-44　图 11-102 所示的电路如图 (a)、(b) 所示；试求 (a) 图的冲激响应 $i_L(t)$ 和 (b) 图的冲激响应 $u_C(t)$。

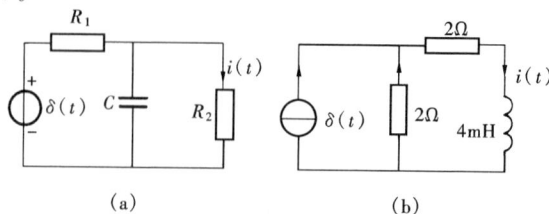

图 11-101　题 11-43 图

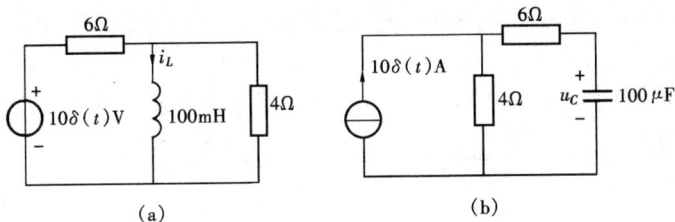

图 11-102　题 11-44 图

11-45　图 11-103 所示的电路如图（a）、（b）所示，试求两电路的冲激响应 i_L 和 u_L。

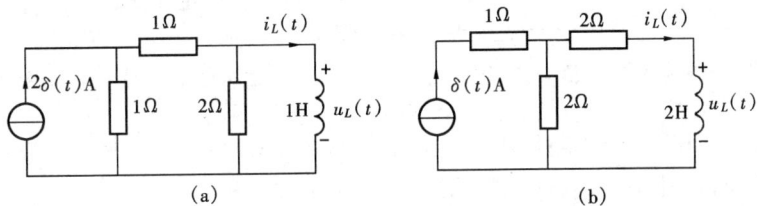

图 11-103　题 11-45 图

11-46　电路如图 11-104（a）、（b）所示，试求：（1）图（a）电路中的电压冲激响应 $u(t)$；（2）图（b）电路中的电流冲激响应 $i(t)$。

11-47　图 11-105 所示的线性时不变网络 N，它的零输入响应为 $3\mathrm{e}^{-t}(t \geqslant 0)$；单位冲激响应为 $h(t) = \mathrm{e}^{-t}\varepsilon(t)$，试求当激励为单位阶跃函数 $i(t) = \varepsilon(t)$ 时的全响应 $u(t)$。

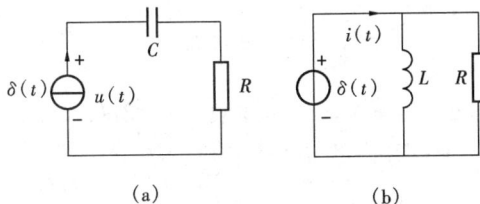

图 11-104　题 11-46 图

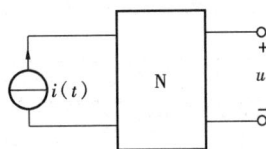

图 11-105　题 11-47 图

11-48　图 11-106 所示的电路在开关 S 打开前处于稳态，试求开关断开后的电感电流 $i_{L1}(t)$。

11-49　图 11-107 所示的电路原已稳定，试求开关 S 闭合后的电容端电压的表达式。

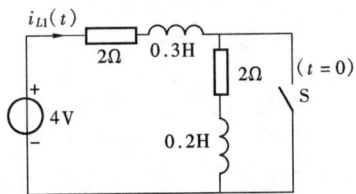

图 11-106　题 11-48 图

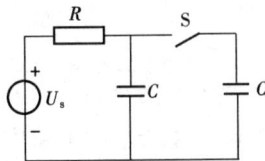

图 11-107　题 11-49 图

11-50 在图 11-108 所示的电路中，C_1 已充电至 U_{10}，C_2 原未带电。试求开关闭合后电容端电压的表达式。

11-51 已知系统的冲激响应 $f_1(t) = e^{-t}\varepsilon(t)$，试求激励为 $f_2(t)$ 时的响应 $f(t)$。$f_2(t)$ 的波形如图 11-109 所示。

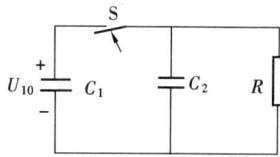

图 11-108 题 11-50 图

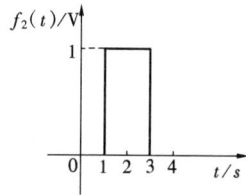

图 11-109 题 11-51 图

11-52 图 11-110 所示的电路中，电容已充电，$u_C(0_-) = 20V$，$R = 1000\Omega$，$L = 2H$，$C = 2\mu F$，在 $t = 0$ 时将开关 S 闭合，试求 S 闭合后的 $u_C(t)$ 和 $i(t)$。

11-53 电路图 11-111（a）所示，试求以下三种情况的电流响应 $i(t)$；（1）单位冲激响应；（2）利用（1）的结果通过卷积求单位阶跃响应；（3）图（b）激励下的响应。

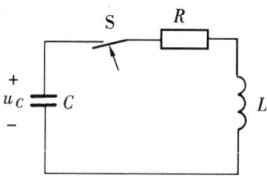

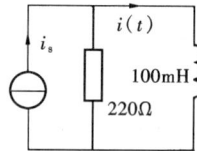

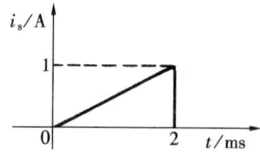

（a）   （b）

图 11-110 题 11-52 图

图 11-111 题 11-53 图

11-54 图 11-112 所示的电路中，已知 $U_s = 100V$，$R = 100\Omega$，$L = 2H$，$C = 2500\mu F$，电路原处于稳态，$t = 0$ 时打开开关 S，试求开关打开后的 $u_C(t)$。

11-55 图 11-113 所示的电路中，已知 $C = \frac{1}{2\pi} \times 10^{-4}F$，$R = 100\Omega$，$L = \frac{1}{4\pi}H$，电容电压的初始值为 $U_0 = 100V$，开关 S1 接通经 0.01s 后将开关 S2 断开，试求电路电流。

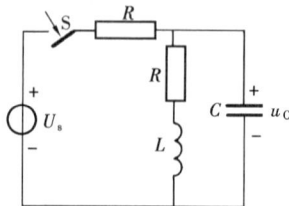

图 11-112 题 11-54 图

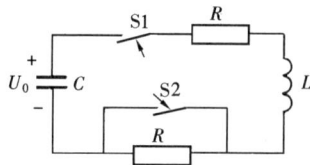

图 11-113 题 11-55 图

11-56 图 11-114 所示的电路中，$R = 3000\Omega$，$L = 1H$，$C = 1\mu F$，$U_s = 100V$，初始条件为零。开关 S 在 $t = 0$ 时闭合，试求电路中的电流 $i(t)$ 及电容电压 $u_C(t)$。

11-57 试求图 11-115 所示电路的冲激响应 $u_C(t)$。

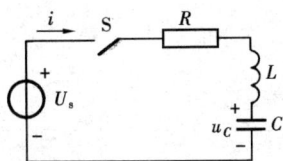

图 11-114　题 11-56 图

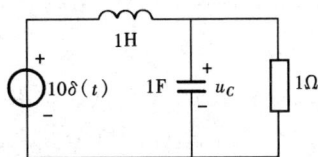

图 11-115　题 11-57 图

参 考 答 案

11-1　1A，1A

11-2　0.2mA，6V，0.2mA

11-3　15V，−0.25A　−2500V/s

11-4　(1) $i(0_+) = 1$A，$u_C(0_+) = 10$V；(2) $u_{C1} = u_{C2} = 0$V

11-5　−0.4A，1A，0V

11-6　(a) $0.6e^{-200t}$V；(b) $-6.25e^{-500t}$V

11-7　5Ω

11-8　$i_L = 0.667e^{-t}$A，$u_{ab} = 12 + 1.33e^{-t}$V，$u_{ad} = -2e^{-t}$V

11-9　(a) $i = 2e^{-2t}$A，(b) $i = -6e^{-4\times10^3 t}$mA

11-10　200V，200Ω

11-11　$30\Omega \leqslant R_f \leqslant 90\Omega$

11-12　$u_{C1} = 80 + 20e^{-1000t}$V，$u_{C2} = 80 - 10e^{-1000t}$V，$i = 0.2e^{-1000t}$A

11-13　(a) $25 - 25e^{-10^5 t}$V，$2.5 + 2.5e^{-10^5 t}$A；(b) $1.6(1 - e^{-10t})$A，$1.6 - 1.28e^{-10t}$A

11-14　(a) $u = 3(1 - e^{-0.1t})$V，$i = 1 - 0.4e^{-0.1t}$A；(b) $i = 1 - e^{-10t}$A，$u = 10 + 10e^{-10t}$V

11-15　$u_{C1} = 3(1 - e^{-\frac{t}{\tau}})$V，$u_{C1} = 2(1 - e^{-\frac{t}{\tau}})$V，$\tau = 2.4$ms

11-16　$0.5 + 0.3e^{-t}$A

11-17　$i_L = 3 - 5e^{-0.5t}$A，$i = 5 - 5e^{-0.5t}$A

11-18　$u_C = 250e^{-3t} - 170e^{-5t}$V

11-19　$30e^{-300t} - 10e^{-400t}$A

11-20　$u_R = u_{C2} = e^{-\frac{t}{6}}$V

11-21　(a) $12 - 9e^{-100t}$A；(b) $u_C = 6 + 3e^{-1000t}$V，$i = 0.1(1 - e^{-1000t})$A

11-22　$i_1 = 1 - 0.25e^{-1500t}$A，$i_2 = 0.5(1 - e^{-1500t})$A

11-23　$u_C = -2 + 4e^{-t}$V　$i_C = -2e^{-t}$A

11-24　(a) $\left(\dfrac{R_2}{R_1+R_2}U_{S1} - U_{S2}\right) + \left(-\dfrac{R_2}{R_1+R_2}U_{S1}\right)e^{-\frac{t}{\tau}}$，$\tau = C(R_1 /\!/ R_2)$

　　　(b) $u_C = 6.67(2 + e^{-0.5t})$V

11-25　$u_C = 80 - 29.5e^{-5\times10^3(t-t_1)}$V，$t_1 > 0.1$ms

11-26　$i_R = 1.5e^{-2t}$A

11-27　$i = 6\times10^{-3}e^{-5t} + 0.12 - 0.12e^{-5\times10^4 t}$A

11-28　$u_C = 6(1 - e^{-10t})$ V　$i_L = 3 - 2e^{-30t}$ A

11-29　$i = 2e^{-5 \times 10^3 t}$ A

11-30　$u_{C1} = 1.5(1 + e^{-\frac{t}{\tau}})$ V，$u_{C2} = (1 + e^{-\frac{t}{\tau}})$ V，$\tau = 1.2 \times 10^{-3}$ s

11-31　$u_{C1}(t) = 10 + 20e^{100t}$ V，$u_{C2}(t) = 10 - 10e^{100t}$ V

11-32　$i = 2.45\sin(314t - 81°) - 2.42e^{-50t}$ A；$i = 2.45\sin(314t)$ A

　　　　$i = 2.45\sin(314t + 90°) + 2.45e^{-50t}$ A

11-33　$i_A = \dfrac{2100}{\sqrt{3}}\sqrt{2}[\sin(\omega t - 18.8°) - e^{-275t}\sin 18.8°]$ A

　　　　$i_B = \dfrac{2100}{\sqrt{3}}\sqrt{2}[\sin(\omega t - 18.8° - 120°) - e^{-275t}\sin(18.8° + 120°)]$ A

　　　　$i_C = \dfrac{2100}{\sqrt{3}}\sqrt{2}[\sin(\omega t - 18.8° + 120°) - e^{-275t}\sin(18.8° - 120°)]$ A

11-34　0，0.2A，0.1264A

11-35　$i(t) = U(1 - e^{-t})\varepsilon(t) - U(1 - e^{-(t-t_0)})\varepsilon(t - t_0)$ A

11-36　$s(t) = \dfrac{1}{R}(1 - e^{-\frac{R}{L}t})\varepsilon(t)$

　　　　$i(t) = \dfrac{U_1}{R}(1 - e^{-\frac{t}{\tau}})\varepsilon(t) + \dfrac{U_2 - U_1}{R}(1 - e^{-\frac{t-t_1}{\tau}})\varepsilon(t - t_1) - \dfrac{U_2}{R}(1 - e^{-\frac{t-t_2}{\tau}})\varepsilon(t - t_2)$，

　　　　$\tau = \dfrac{L}{R}$

11-37　$4(1 - e^{-2.5t})\varepsilon(t) - 8[1 - e^{-2.5(t-0.4)}]\varepsilon(t - 0.4)$

11-38　(1) $0 \leqslant t \leqslant t_p$ 时，$u_C = 1 - e^{-10^5 t}$ V；$t \geqslant t_p$ 时，$u_C = 0.865e^{-10^5(t-t_p)}$

　　　　(2) $t \geqslant t_p$ 时，$u_C = e^{-10^5(t-t_p)}$

11-39　$i(t) = -5e^{-0.5t}\varepsilon(t) + 2.5e^{-0.5(t-2)}\varepsilon(t - 2)$ A

11-40　$i(t) = (1 - 0.5e^{-t})\varepsilon(t)$

11-41　(1) $1/L_1$，0 (2) A/L_1，A/L_2

11-42　$\dfrac{1}{C_1}\dfrac{R_1 + R_2}{R_1 R_2}$，$\dfrac{1}{R_2 C_2}$

11-43　(a) $\dfrac{1}{R_1 R_2 C}e^{-\frac{t}{\tau}}\varepsilon(t)$，$\tau = C(R_1 /\!/ R_2)$；(b) $500e^{-1000t}\varepsilon(t)$ A

11-44　(a) $i_L = 40e^{-24t}\varepsilon(t)$ A；(b) $u_C = 4 \times 10^4 e^{-10^3 t}$ V

11-45　(a) $i_L = e^{-t}\varepsilon(t)$ A，$u_L = \delta(t) - e^{-t}\varepsilon(t)$ V

　　　　(b) $i_L(t) = e^{-2t}\varepsilon(t)$ A，$u_L(t) = 2\delta(t) - 4e^{-2t}\varepsilon(t)$ V

11-46　(1) $R\delta(t) + \dfrac{1}{C}\varepsilon(t)$　(2) $\dfrac{1}{R}\delta(t) + \dfrac{1}{L}\varepsilon(t)$

11-47　$(1 + 2e^{-t})\varepsilon(t)$

11-48　$i_L(t) = 1 + 0.2\,e^{-8t}$ A

11-49　$u_C = U_s - \dfrac{C_1 U_s}{C_1 + C_2}e^{-\frac{t}{\tau}}$，$\tau = R(C_1 + C_2)$

11-50　$u_C = \dfrac{C_1 U_{10}}{C_1 + C_2}e^{-\frac{t}{\tau}}$，$\tau = R(C_1 + C_2)$

11-51　$t < 1\mathrm{s}$ 时，$f(t) = 0$；

$\qquad$ $1 \leqslant t < 3\mathrm{s}$，$f(t) = 1 - 2.718\mathrm{e}^{-t}$；

$\qquad$ $t \geqslant 3\mathrm{s}$，$f(t) = 17.36\mathrm{e}^{-t}$

11-52　$u_C = 23.1\mathrm{e}^{-250t}\sin\left(433t + \dfrac{\pi}{3}\right)\mathrm{V}$，$i = 2.31 \times 10^{-3}\mathrm{e}^{-250t}\sin 433t$　A

11-53　(1) $2200\mathrm{e}^{-2200t}\varepsilon(t)\mathrm{A}$

$\qquad$ (2) $(1 - \mathrm{e}^{-2200t})\varepsilon(t)\mathrm{A}$

$\qquad$ (3) $0.114(\mathrm{e}^{-2.2t} - 1) + 0.251t\ \mathrm{A}(0 \leqslant t \leqslant 2\mathrm{ms})$　$0.389\mathrm{e}^{-2.2(t-2)}\ \mathrm{A}(t > 2\mathrm{ms})$

11-54　$u_C(t) = 60\ \mathrm{e}^{-10t} - 10\mathrm{e}^{-40t}\mathrm{V}$

11-55　$0 \leqslant t < t_1$ 时，$i = 2\mathrm{e}^{-200\pi t}\sin 200\pi t\mathrm{A}$

$\qquad$ $t \geqslant t_1$ 时，$i = 1.3 \times 10^{-3}\left[\mathrm{e}^{-683\pi(t-t_1)} - \mathrm{e}^{-117\pi(t-t_1)}\right]\mathrm{A}$

11-56　$u_C(t) = 100 - 117\mathrm{e}^{-382t} + 17.1\mathrm{e}^{-2618t}\mathrm{V}$，$i(t) = 0.045(\mathrm{e}^{-382t} - \mathrm{e}^{-2618t})\mathrm{A}$

11-57　$u_C(t) = 11.6\mathrm{e}^{-0.5t}\sin(0.886t)\varepsilon(t)\mathrm{V}$

第 12 章　线性动态电路的复频域分析

　　动态过程的时域分析方法，通过解微分方程直接求得电压、电流随时间变化的表达式，这种方法物理概念清楚，因此是分析简单电路的重要方法。但是，对具有多个动态元件的复杂电路，不仅需要列高阶微分方程，求解时还要确定变量及各阶导数在初始时刻的值（初始值）。而电路中给定的初始值只有电容电压和电感电流，用这些值确定其他变量的初始条件是很繁琐的。

　　借助于拉普拉斯变换（拉氏变换）这一数学工具，可以把时域函数变换为复频域函数，把时域中建立的微分方程变换为复频域中的代数方程，而且电路的初始条件可以直接反映在方程中。通过解方程求出复频域函数后，再经过拉氏反变换返回到时域，得到了电压、电流的时域解，这些解是已包含初始条件的完全解，不需要再确定积分常数。

　　动态电路的复频域分析，就是通过拉氏变换把时域电路模型转化为复频域的运算模型（称为运算电路），把时域的微分方程转化为复频域的代数方程；在分析高阶动态电路时，复频域方法比时域方法简便，因此它是动态电路分析的一种重要方法。

12.1　拉 普 拉 斯 变 换

　　拉普拉斯变换和傅里叶变换都是积分变换，但拉普拉斯变换比傅里叶变换具有更广泛的适用性。拉普拉斯变换是由时域到复频域的变换，拉普拉斯反变换则是由复频域到时域的变换。

12.1.1　拉普拉斯变换的定义

　　一个定义在 $[0, \infty]$ 区间的函数 $f(t)$，它的拉氏变换式 $F(s)$ 定义为

$$F(s) = \int_{0^-}^{\infty} f(t) \mathrm{e}^{-st} \, \mathrm{d}t \tag{12-1}$$

　　式中：$s = \sigma + \mathrm{j}\omega$ 是一个复数量，其量纲与频率的量纲相同，故称为复频率。$F(s)$ 称为 $f(t)$ 的象函数，$f(t)$ 称为 $F(s)$ 的 原函数。拉氏变换是一种积分变换，式（12-1）可积的条件是：$t < 0$ 时，$f(t) = 0$；$t > 0$ 时，$f(t)$ 分段连续，且对所有的 t 满足条件

$$| f(t) | \leqslant M\mathrm{e}^{ct} \quad (M > 0, c > 0)$$

则称 $f(t)$ 的拉氏变换 $F(s)$ 存在，式（12-1）中的 e^{-st} 就是使 $f(t)$ 绝对可积的收敛因子，电路中的变量 $f(t)$ 一般都满足收敛条件。

　　从式（12-1）可见，时域函数 $f(t)$ 经过拉氏变换以后，不再是 t 的函数，而是 s 的函数，可见拉氏变换把一个时间域函数 $f(t)$ 变换为对应的复频域函数 $F(s)$。

　　从拉氏变换中应该注意到，时域变量是实际存在的变量，比如电压 $u(t)$ 和电流 $i(t)$ 都是时间的函数，它们是可以测量的，也可以用示波器观测到。而它们的拉氏变换 $U(s)$ 和 $I(s)$ 则是抽象的变量。这样做的目的是为了便于分析和计算电路问题，计算出响应后还要再反变换为相应的时域变量。前面讨论的正弦电路的稳态分析，用的就是这种方法。把正弦

量（时域）变换为相量（频域），根据电路的相量模型对电路进行分析，解出响应后，再把相量反变换为正弦量。

电路分析中，拉氏变换的定义式（12-1）的积分下限是从 $t=0_-$ 开始，这样可以计及 $t=0$ 时 $f(t)$ 可能包含的冲激函数 $\delta(t)$。

已知 $F(s)$，要求出与它对应的原函数 $f(t)$，可通过拉氏反变换得到。由 $F(s)$ 到 $f(t)$ 的变换称为拉普拉斯反变换，它的定义为

$$f(t) = \frac{1}{2\pi j}\int_{c+j\infty}^{c-j\infty} F(s)e^{st}\,ds \tag{12-2}$$

式中：c 为正的有限常数。

拉氏变换和拉氏反变换可简记为

$$F(s) = \mathscr{L}[f(t)]$$
$$f(t) = \mathscr{L}^{-1}[F(s)]$$

符号 $\mathscr{L}[\ ]$ 表示对方括号里的 $f(t)$ 作拉氏变换，符号 $\mathscr{L}^{-1}[\ ]$ 表示对方括号里的 $F(s)$ 作拉氏反变换。

12.1.2 几个典型函数的拉普拉斯变换

下面以几个典型函数为例，根据定义求它们的象函数。

【例 12-1】 试求以下函数的象函数。（1）单位阶跃函数 $\varepsilon(t)$；（2）单位冲激函数 $\delta(t)$；（3）指数函数 $f(t) = e^{at}$。

解 按照拉氏变换的定义，分别对三个函数进行拉氏变换。

（1）单位阶跃函数 $f(t) = \varepsilon(t)$，代入拉氏变换式（12-1），有

$$F(s) = \mathscr{L}[f(t)] = \int_{0_-}^{\infty} \varepsilon(t)e^{-st}\,dt = \int_{0_-}^{\infty} e^{-st}\,dt = -\frac{1}{s}e^{-st}\Big|_{0_-}^{\infty} = \frac{1}{s}$$

（2）单位冲激函数 $f(t) = \delta(t)$，代入拉氏变换式（12-1），有

$$F(s) = \mathscr{L}[f(t)] = \int_{0_-}^{\infty} \delta(t)e^{-st}\,dt = e^{-s(0)}\int_{0_-}^{0+} \delta(t)\,dt = \int_{0_-}^{0+} \delta(t)\,dt = 1$$

（3）指数函数 $f(t) = e^{at}$，代入拉氏变换式（12-1），有

$$F(s) = \mathscr{L}[f(t)] = \int_{0_-}^{\infty} e^{at}e^{-st}\,dt = -\frac{1}{s-a}e^{-(s-a)t}\Big|_{0_-}^{\infty} = \frac{1}{s-a}$$

由式（12-1）定义的拉氏变换式是惟一的，就是说由原函数 $f(t)$ 可以求出与之对应的惟一的象函数 $F(s)$。可以证明由式（12-2）定义的拉氏反变换也是惟一的，即由象函数 $F(s)$ 通过反变换可求出惟一的原函数 $f(t)$（$t>0$）。这样，原函数 $f(t)$ 与象函数 $F(s)$ 之间存在着一一对应关系，这是拉氏变换的惟一性。

12.2 拉普拉斯变换的基本性质

利用拉氏变换的性质可以由已知函数的象函数求出另一些函数的象函数，而不必用定义式（12-1）去求解。

1. 线性性质

线性性质是拉氏变换的一个重要性质，表明拉氏变换是时域与复频域间的线性变换。

设 $f_1(t)$ 和 $f_2(t)$ 的象函数分别为 $F_1(s)$ 和 $F_2(s)$，A_1 和 A_2 是两个任意常数，则

$$\mathscr{L}[A_1 f_1(t) + A_2 f_2(t)] = A_1 F_1(s) + A_2 F_2(s)$$

证：
$$\mathscr{L}[A_1 f_1(t) + A_2 f_2(t)] = \int_{0_-}^{\infty} [A_1 f_1(t) + A_2 f_2(t)] \mathrm{e}^{-st} \mathrm{d}t$$
$$= A_1 \int_{0_-}^{\infty} f_1(t) \mathrm{e}^{-st} \mathrm{d}t + A_2 \int_{0_-}^{\infty} f_2(t) \mathrm{e}^{-st} \mathrm{d}t$$
$$= A_1 F_1(s) + A_2 F_2(s)$$

【例 12-2】 求 $f(t) = \sin(\omega t)$ 和 $f(t) = A(1 - \mathrm{e}^{-at})$ 的象函数。

解 (1) $\mathscr{L}[\sin(\omega t)] = \mathscr{L}\left[\dfrac{1}{2\mathrm{j}}(\mathrm{e}^{\mathrm{j}\omega t} - \mathrm{e}^{-\mathrm{j}\omega t})\right] = \dfrac{1}{2\mathrm{j}}\left(\dfrac{1}{s - \mathrm{j}\omega} - \dfrac{1}{s + \mathrm{j}\omega}\right) = \dfrac{\omega}{s^2 + \omega^2}$

同理，由
$$\cos(\omega t) = \frac{\mathrm{e}^{\mathrm{j}\omega t} + \mathrm{e}^{-\mathrm{j}\omega t}}{2}$$

得
$$\mathscr{L}[\cos(\omega t)] = \frac{1}{2}\left[\frac{1}{s - \mathrm{j}\omega} + \frac{1}{s + \mathrm{j}\omega}\right] = \frac{s}{s^2 + \omega^2}$$

(2) $\mathscr{L}[A(1 - \mathrm{e}^{-at})] = \mathscr{L}[A] - \mathscr{L}[A\mathrm{e}^{-at}] = \dfrac{A}{s} - \dfrac{A}{s + a} = \dfrac{Aa}{s(s + a)}$.

2. 微分性质

若函数 $f(t)$ 的象函数为 $F(s)$，则其导数 $\dfrac{\mathrm{d}f(t)}{\mathrm{d}t}$ 的象函数为
$$\mathscr{L}\left[\frac{\mathrm{d}}{\mathrm{d}t}f(t)\right] = sF(s) - f(0_-)$$

证：
$$\mathscr{L}\left[\frac{\mathrm{d}f(t)}{\mathrm{d}t}\right] = \int_{0_-}^{\infty} \frac{\mathrm{d}f(t)}{\mathrm{d}t}\mathrm{e}^{-st}\mathrm{d}t$$

设 $\mathrm{e}^{-st} = u$，$f'(t)\mathrm{d}t = \mathrm{d}v$，则 $\mathrm{d}u = -s\mathrm{e}^{-st}\mathrm{d}t$，$v = f(t)$。由于 $\int u\mathrm{d}v = uv - \int v\mathrm{d}u$，所以
$$\int_{0_-}^{\infty} f'(t)\mathrm{e}^{-st}\mathrm{d}t = f(t)\mathrm{e}^{-st}\Big|_{0_-}^{\infty} - \int_{0_-}^{\infty} f(t)(-s\mathrm{e}^{-st})\mathrm{d}t$$
$$= -f(0_-) + s\int_{0_-}^{\infty} f(t)\mathrm{e}^{-st}\mathrm{d}t = sF(s) - f(0_-)$$

对于 $f(t)$ 的二阶导数，有
$$\mathscr{L}\left[\frac{\mathrm{d}^2 f(t)}{\mathrm{d}t^2}\right] = s[sF(s) - f(0_-)] - f'(t)\big|_{t=0_-} = s^2 F(s) - sf(0_-) - f'(0_-)$$

如果 $f(t)$ 的初始条件及各阶导数的初始值均为零时，有
$$\mathscr{L}[f'(t)] = sF(s)$$
$$\mathscr{L}[f''(t)] = s^2 F(s)$$
$$\vdots$$
$$\mathscr{L}[f^{(n)}(t)] = s^n F(s)$$

【例 12-3】 利用微分性质，试求：(1) $f(t) = \cos(\omega t)$；(2) $f(t) = \delta(t)$ 两个函数的象函数。

解 (1) $\dfrac{\mathrm{d}\sin(\omega t)}{\mathrm{d}t} = \omega\cos(\omega t)$，所以

$$\cos(\omega t) = \frac{1}{\omega}\frac{\mathrm{d}\sin(\omega t)}{\mathrm{d}t}$$

而 $\mathscr{L}[\sin(\omega t)] = \dfrac{\omega}{s^2+\omega^2}$，故

$$\mathscr{L}[\cos(\omega t)] = \mathscr{L}\left[\frac{1}{\omega}\frac{\mathrm{d}\sin(\omega t)}{\mathrm{d}t}\right] = \frac{1}{\omega}\left(s\frac{\omega}{s^2+\omega^2}-0\right) = \frac{s}{s^2+\omega^2}$$

（2）由于 $\delta(t) = \dfrac{\mathrm{d}}{\mathrm{d}t}\varepsilon(t)$，而 $\mathscr{L}[\varepsilon(t)] = \dfrac{1}{s}$，所以

$$\mathscr{L}[\delta(t)] = \mathscr{L}\left[\frac{\mathrm{d}}{\mathrm{d}t}\varepsilon(t)\right] = s\cdot\frac{1}{s}-0 = 1$$

此结果和［例 12-1］完全相同。

　　需要注意的是：对一个函数 $f(t)$ 取拉氏变换，是在 $t>0$ 的范围内进行的，所以，只要两个函数在 $t>0$ 时的表达式相同，它们的拉氏变换就相同。但对 $f(t)$ 的导数取拉氏变换时，由微分性质可知，它与 $f(0_-)$ 的值有关。两个 $t>0$ 时相同的函数，如果 $f(0_-)$ 的值不同，虽然它们的象函数相同，但它们导数的象函数是不同的。图 12-1 所示两个函数 $f_1(t)$ 和 $f_2(t)$ 它们的象函数相同，但它们微分后的象函数是不同的。

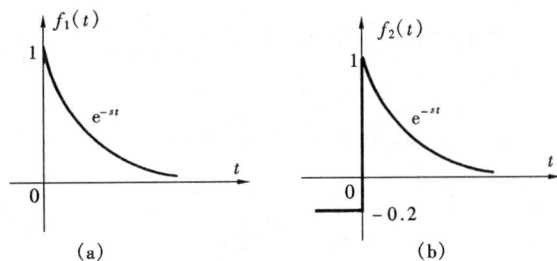

图 12-1　$t>0$ 时两个时域曲线相同的函数
(a) $f_1(t)$ 的曲线；(b) $f_2(t)$ 的曲线

3. 积分性质

　　若函数 $f(t)$ 的象函数为 $F(s)$，则其积分 $\displaystyle\int_{0_-}^{t}f(\xi)\mathrm{d}\xi$ 的象函数为

$$\mathscr{L}\left[\int_{0_-}^{t}f(\xi)\mathrm{d}\xi\right] = \frac{F(s)}{s}$$

证：令 $u = \displaystyle\int f(t)\mathrm{d}t$，$\mathrm{d}v = \mathrm{e}^{-st}\mathrm{d}t$，则 $\mathrm{d}u = f(t)\mathrm{d}t$，$v = -\mathrm{e}^{-st}/s$，利用分部积分公式 $\displaystyle\int u\mathrm{d}v = uv - \int v\mathrm{d}u$，有

$$\int_{0_-}^{\infty}\left[\int_{0_-}^{t}f(\xi)\mathrm{d}\xi\right]\mathrm{e}^{-st}\mathrm{d}t = \left(\int_{0_-}^{t}f(\xi)\mathrm{d}\xi\right)\frac{\mathrm{e}^{-st}}{-s}\bigg|_{0_-}^{\infty} - \int_{0_-}^{\infty}f(t)\left(-\frac{\mathrm{e}^{-st}}{s}\right)\mathrm{d}t$$

$$= \left(\int_{0_-}^{t}f(\xi)\mathrm{d}\xi\right)\frac{\mathrm{e}^{-st}}{-s}\bigg|_{0_-}^{\infty} + \frac{1}{s}\int_{0_-}^{\infty}f(t)\mathrm{e}^{-st}\mathrm{d}t$$

只要 s 的实部 σ 足够大，当 $t\to\infty$ 及 $t\to 0_-$ 时，上式等号右边第一项都为零，所以有

$$\mathscr{L}\left[\int_{0_-}^{t}f(\xi)\mathrm{d}\xi\right] = \frac{F(s)}{s}$$

【例 12-4】　求单位斜坡函数 $f(t) = t$ 的象函数。

　　解　单位阶跃函数的积分等于单位斜坡函数，即 $\displaystyle\int_{0_-}^{t}\varepsilon(\xi)\mathrm{d}\xi = t$，且有

$$\mathscr{L}[\varepsilon(t)] = \frac{1}{s}$$

根据积分性质，有

$$\mathscr{L}[t] = \mathscr{L}[\varepsilon(t)]\frac{1}{s} = \frac{1}{s^2}$$

4. 频域平移性质（频移性质）

若函数 $f(t)$ 的象函数为 $F(s)$，则有

$$\mathscr{L}[e^{-at}f(t)] = F(s+a)$$

证： $$\mathscr{L}[e^{-at}f(t)] = \int_{0_-}^{\infty} e^{-at}f(t)e^{-st}dt = \int_{0_-}^{\infty} f(t)e^{-(s+a)t}dt = F(s+a)$$

可见 $f(t)$ 与指数函数 e^{-at} 乘积的拉氏变换，其结果是 $f(t)$ 的拉氏变换 $F(s)$ 在频域上位移 a 个单位。

【例 12-5】   利用频移性质，试求：(1) $f(t) = e^{-at}t$；(2) $f(t) = e^{-at}\sin(\omega t)$ 两个函数的象函数。

解   (1) 因为 $\mathscr{L}[t] = \dfrac{1}{s^2}$，所以

$$\mathscr{L}[te^{-at}] = \frac{1}{(s+a)^2}$$

(2) 因为 $\mathscr{L}[\sin(\omega t)] = \dfrac{\omega}{s^2+\omega^2}$，所以

$$\mathscr{L}[e^{-at}\sin(\omega t)] = \frac{\omega}{(s+a)^2+\omega^2}$$

5. 时域平移性质（延迟性质）

若函数 $f(t)$ 的象函数为 $F(s)$，则

$$\mathscr{L}[f(t-t_0)] = e^{-st_0}F(s)$$

当 $t < t_0$ 时，$f(t-t_0) = 0$。

证：令 $\tau = t - t_0$，则

$$\mathscr{L}[f(t-t_0)] = \int_{0_-}^{\infty} f(t-t_0)e^{-st}dt = \int_{0_-}^{\infty} f(\tau)e^{-s(\tau+t_0)}d\tau$$

$$= e^{-st_0}\int_{0_-}^{\infty} f(\tau)e^{-s\tau}d\tau = e^{-st_0}F(s)$$

【例 12-6】   试求图 12-2 所示矩形脉冲的象函数。

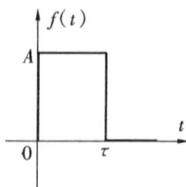

图 12-2 ［例 12-6］图

解   图 12-2 中的矩形脉冲的解析式为

$$f(t) = A[\varepsilon(t) - \varepsilon(t-\tau)]$$

根据延迟性质，有

$$\mathscr{L}[\varepsilon(t-\tau)] = \frac{1}{s}e^{-s\tau}$$

再由线性性质有

$$\mathscr{L}[f(t)] = \mathscr{L}[A(\varepsilon(t) - \varepsilon(t-\tau))] = \frac{A}{s} - \frac{A}{s}e^{-s\tau} = \frac{A}{s}(1-e^{-s\tau})$$

根据拉氏变换的定义和上面介绍的基本性质，可以方便地求得一些常用时域函数的象函数。表 12-1 列出了电路分析中常用函数的拉氏变换。

表 12-1　　　　　　　　　　　　　　　常用函数的拉氏变换

原函数 $f(t)$	象函数 $F(s)$	原函数 $f(t)$	象函数 $F(s)$
$A\delta(t)$	A	$1-\mathrm{e}^{-at}$	$\dfrac{a}{s(s+a)}$
$\varepsilon(t)$	$\dfrac{1}{s}$	e^{-at}	$\dfrac{1}{s+a}$
t	$\dfrac{1}{s^2}$	$t\mathrm{e}^{-at}$	$\dfrac{1}{(s+a)^2}$
$\dfrac{t^{n-1}}{(n-1)!}$	$\dfrac{1}{s^n}$	$\dfrac{t^{n-1}}{(n-1)!}\mathrm{e}^{-at}$	$\dfrac{1}{(s+a)^n}$
$\sin(\omega t)$	$\dfrac{\omega}{s^2+\omega^2}$	$\mathrm{e}^{-at}\sin\omega t$	$\dfrac{\omega}{(s+a)^2+\omega^2}$
$\cos(\omega t)$	$\dfrac{s}{s^2+\omega^2}$	$\mathrm{e}^{-at}\cos\omega t$	$\dfrac{s+a}{(s+a)^2+\omega^2}$
$\sin(\omega t+\phi)$	$\dfrac{s\sin\phi+\omega\cos\phi}{s^2+\omega^2}$	$\dfrac{1}{2}t^2$	$\dfrac{1}{s^3}$
$\cos(\omega t+\phi)$	$\dfrac{s\cos\phi-\omega\sin\phi}{s^2+\omega^2}$	$2\,\lvert k\rvert\,\mathrm{e}^{-at}\cos(\omega t+\phi)$	$\dfrac{\lvert k\rvert\,\angle\phi}{s+a-\mathrm{j}\omega}+\dfrac{\lvert k\rvert\,\angle-\phi}{s+a+\mathrm{j}\omega}$

12.3　拉普拉斯反变换

用复频域方法分析线性电路的动态过程时，计算的结果是响应的象函数 $F(s)$，为了得到电路的时域响应，必须进行拉普拉斯反变换，将象函数 $F(s)$ 变换为与之对应的原函数 $f(t)$。

拉氏反变换可根据式（12-2）进行求解，但这是一个复变函数的积分问题，一般不易直接求解。对于比较简单的函数，大部分拉氏反变换是通过查表得到的。但是，电路中所求得的象函数往往不能从表中直接查到，这就需要用数学的方法将象函数 $F(s)$ 进行分解，使得分解后的每一个象函数都能从表中查出对应的原函数，然后再通过线性组合得到 $F(s)$ 的原函数 $f(t)$。

在集总参数电路中，响应的象函数通常是一个关于 s 的有理分式

$$F(s)=\frac{N(s)}{D(s)}=\frac{a_0s^m+a_1s^{m-1}+\cdots+a_m}{b_0s^n+b_1s^{n-1}+\cdots+b_n} \tag{12-3}$$

式中：m 和 n 为正整数，且 $n\geqslant m$。电路分析时，通常不会出现 $n<m$ 的情况。

按分母多项式的次数，把 $F(s)$ 分解成若干个真分式之和（最多为 n 项之和）的方法称为部分分式展开法。在应用部分分式法时，首先要把 $F(s)$ 化为真分式，即要求 $n>m$。若 $m=n$，将 $F(s)$ 化为一个常数与一个真分式之和，即

$$F(s)=A+\frac{N_0(s)}{D(s)}$$

与常数 A 对应的拉氏反变换是冲激函数 $A\delta(t)$，后一项 $N_0(s)/D(s)$ 是真分式，它的拉氏变换中将不含冲激函数。

用部分分式法分解 $F(s)$ 时，需对分母 $D(s)$ 进行因式分解，为此要先求 $D(s)=0$ 的根。式（12-3）是有理分式，所以 $D(s)=0$ 的根可以是单根、共轭复根、重根。下面分别讨论。

1. 实数单根

设 $D(s) = 0$ 有 n 个单根，分别为 p_1、p_2、$\cdots$、p_n，于是有理分式 $F(s)$ 可以展开为部分分式如下：

$$F(s) = \frac{K_1}{s - p_1} + \frac{K_2}{s - p_2} + \cdots + \frac{K_n}{s - p_n} \tag{12-4}$$

式中：K_1、K_1、$\cdots$、K_n 是待定常数。

为求出第 1 项的常数 A_1，将式（12-4）两边同乘 $(s - p_1)$，得

$$(s - p_1)F(s) = K_1 + (s - p_1)\left(\frac{K_2}{s - p_2} + \cdots + \frac{K_n}{s - p_n}\right)$$

令 $s = p_1$，则等式右边除第一项外，其余都变为零，得

$$K_1 = \left[(s - p_1)F(s)\right]\big|_{s = p_1}$$

用同样的方法可求得 K_2、$\cdots$、K_n。求第 i 项常数 K_i 的公式为

$$K_i = \left[(s - p_i)F(s)\right]\big|_{s = p_i} \quad (i = 1, 2, 3, \cdots, n) \tag{12-5}$$

因为 $\dfrac{K_i}{s - p_i}$ 的拉氏反变换为 $K_i e^{p_i t}$，所以

$$f(t) = \mathscr{L}^{-1}\left[F(s)\right] = K_1 e^{p_1 t} + K_2 e^{p_2 t} + \cdots + K_n e^{p_n t} = \sum_{i=1}^{n} K_i e^{p_i t}$$

确定待定系数还可以用另一公式，事实上，在 $(s - p_i)N(s)/D(s)$ 中，令 $s \to p_i$ 时，$D(s) \to 0$，这是一个 $0/0$ 不定式，应用求极限法则可得

$$K_i = \lim_{s \to p_i}(s - p_i)F(s) = \lim_{s \to p_i}\frac{(s - p_i)N(s)}{D(s)}$$

$$= \lim_{s \to p_i}\frac{(s - p_i)N'(s) + N(s)}{D'(s)} = \frac{N(p_i)}{D'(p_i)} \tag{12-6}$$

故原函数为

$$f(t) = \mathscr{L}^{-1}\left[F(s)\right] = \sum_{i=1}^{n} K_i e^{p_i t} = \sum_{i=1}^{n} \frac{N(p_i)}{D'(p_i)} e^{p_i t} \tag{12-7}$$

式（12-7）也称分解定理。

【例 12-7】 试求 $f(s) = \dfrac{s^2 + 4s + 11}{s^3 + 9s^2 + 23s + 15}$ 的原函数 $f(t)$。

解　$D(s) = 0$，的根为 -1、-3 和 -5。$D'(s) = 3s^2 + 18s + 23$，由式（12-6）得

$$K_1 = \frac{s^2 + 4s + 11}{3s^2 + 18s + 23}\bigg|_{s = -1} = 1$$

$$K_2 = \frac{s^2 + 4s + 11}{3s^2 + 18s + 23}\bigg|_{s = -3} = -2$$

$$K_3 = \frac{s^2 + 4s + 11}{3s^2 + 18s + 23}\bigg|_{s = -5} = 2$$

或由式（12-5）得

$$K_1 = \left[(s + 1)F(s)\right]_{s = -1} = \left[\frac{s^2 + 4s + 11}{(s + 3)(s + 5)}\right]\bigg|_{s = -1} = 1$$

$$K_2 = \left[(s + 3)F(s)\right]_{s = -3} = \left[\frac{s^2 + 4s + 11}{(s + 1)(s + 5)}\right]\bigg|_{s = -3} = -2$$

$$K_3 = \left[(s+5)F(s)\right]_{s=-5} = \left[\frac{s^2+4s+11}{(s+1)(s+3)}\right]\Big|_{s=-5} = 2$$

所以

$$F(s) = \frac{1}{s+1} + \frac{-2}{s+3} + \frac{2}{s+5}$$

$$f(t) = \mathscr{L}^{-1}\left[F(s)\right] = e^{-t} - 2e^{-3t} + 2e^{-5t} \quad (t>0)$$

2. 共轭复根

设：$D(s)=0$ 具有共轭复根 $p_1 = -\alpha + j\omega$，$p_2 = -\alpha - j\omega$ 则

$$K_1 = \left[(s+\alpha-j\omega)F(s)\right]\big|_{s=-\alpha+j\omega} = \frac{N(s)}{D'(s)}\Big|_{s=-\alpha+j\omega}$$

$$K_2 = \left[(s+\alpha+j\omega)F(s)\right]\big|_{s=-\alpha-j\omega} = \frac{N(s)}{D'(s)}\Big|_{s=-\alpha-j\omega}$$

由于 $F(s)$ 是实系数多项式之比，故常数 K_1、K_2 为共轭复数。设 $K_1 = |K_1|\,e^{j\theta_1}$，那么 $K_2 = |K_1|\,e^{-j\theta_1}$，因此有

$$f(t) = K_1 e^{(-\alpha+j\omega)t} + K_2 e^{(-\alpha-j\omega)t} = |K_1|\,e^{j\theta_1}e^{(-\alpha+j\omega)t} + |K_1|\,e^{-j\theta_1}e^{(-\alpha-j\omega)t}$$

$$= |K_1|\,e^{-\alpha t}\left[e^{j(\omega t+\theta_1)} + e^{-j(\omega t+\theta_1)}\right] = 2|K_1|\,e^{-\alpha t}\cos(\omega t + \theta_1) \tag{12-8}$$

【例 12-8】　试求 $F(s) = \dfrac{3s+4}{s^2+10s+125}$ 的原函数 $f(t)$。

解　$D(s)=0$ 的根为 $p_1 = -5+j10$、$p_2 = -5-j10$，则

$$K_1 = \frac{N(s)}{D'(s)}\Big|_{s=p_1} = \frac{3s+4}{2s+10}\Big|_{s=-5+j10} = 1.6e^{j20.1°}$$

$$K_2 = |K_1|\,e^{-j\theta} = 1.6e^{-j20.1°}$$

由式(12-8)得

$$f(t) = 2|K_1|\,e^{-5t}\cos(10t+20.1°) = 3.2e^{-5t}\cos(10t+20.1°)$$

3. 重根

如果 $D(s)=0$ 具有 m 重根，说明它含有因式 $(s-p)^m$，下面讨论三重根的情况。

设 $D(s)=0$ 的三重根为 p_1，则 $F(s)$ 可分解为

$$F(s) = \frac{K_{13}}{s-p_1} + \frac{K_{12}}{(s-p_1)^2} + \frac{K_{11}}{(s-p_1)^3} + \sum_{i=2}\frac{K_i}{s-p_i} \tag{12-9}$$

为了确定 K_{11}、K_{12}、K_{13}，可将式(12-9)两端同乘 $(s-p_1)^3$，得

$$(s-p_1)^3 F(s) = (s-p_1)^2 K_{13} + (s-p_1)K_{12} + K_{11} + (s-p_1)^3 \sum_{i=2}\frac{K_i}{s-p_i} \tag{12-10}$$

常数 K_{11} 被分离出来

$$K_{11} = (s-p_1)^3 F(s)\big|_{s=p_1} \tag{12-11}$$

为了分离出 K_{12}，对式(12-10)两边求导一次，得

$$\frac{d}{ds}\left[(s-p_1)^3 F(s)\right] = 2(s-p_1)K_{13} + K_{12} + \frac{d}{ds}\left[(s-p_1)^3 \sum_{i=2}\frac{K_i}{s-p_i}\right]$$

所以

$$K_{12} = \frac{d}{ds}\left[(s-p_1)^3 F(s)\right]\big|_{s=p_1} \tag{12-12}$$

用同样的方法，对式(12-10)再求导一次，可得常数 K_{13} 为

$$K_{13} = \frac{1}{2}\frac{\mathrm{d}^2}{\mathrm{d}s^2}\big[(s-p_1)^3 F(s)\big]\big|_{s=p_1} \tag{12-13}$$

以上分析方法还可以推广到 $D(s)=0$ 具有 n 重根情况，在电路的复频域分析中常见的重根情况是二重根，高阶重根情况较少。

【例 12-9】　试求 $F(s) = \dfrac{s^2+700s+40000}{s(s+200)^2}$ 的原函数 $f(t)$。

解　令 $D(s)=0$，解得 $p_1=0$ 为单根，$p_2=-200$ 为二重根。所以

$$F(s) = \frac{K_1}{s} + \frac{K_{21}}{s+200} + \frac{K_{22}}{(s+200)^2}$$

由式(12-5)得

$$K_1 = sF(s)\big|_{s=0} = \frac{s^2+700s+40000}{(s+200)^2}\bigg|_{s=0} = 1$$

依据式(12-11)、式(12-12)，可得

$$K_{22} = (s+200)^2 F(s)\big|_{s=-200} = \frac{s^2+700s+40000}{s}\bigg|_{s=-200} = 300$$

$$K_{21} = \frac{\mathrm{d}}{\mathrm{d}s}\big[(s+200)^2 F(s)\big]\big|_{s=-200} = \frac{\mathrm{d}}{\mathrm{d}s}\left(\frac{s^2+700s+40000}{s}\right)\bigg|_{s=-200}$$

$$= \left[\frac{2s+700}{s} - \frac{s^2+700s+40000}{s^2}\right]\bigg|_{s=-200} = -1.5+1.5 = 0$$

因此有

$$F(s) = \frac{1}{s} + \frac{300}{(s+200)^2}$$

对应的原函数 $f(t)$ 为　　　　　　$f(t) = 1 + 300te^{-200t}$

【例 12-10】　试将 $F(s) = \dfrac{s^2+4}{s(s+2)}$ 展成部分分式，并求其原函数 $f(t)$。

解　$F(s)$ 是一个假分式，先化为真分式与余式之和再进行分解，得

$$F(s) = \frac{s^2+2s-2s+4}{s(s+2)} = 1 - \frac{2s-4}{s(s+2)} = 1 - \left(\frac{K_1}{s} + \frac{K_2}{s+2}\right)$$

$$K_1 = \frac{2s-4}{(s+2)}\bigg|_{s=0} = -2$$

$$K_2 = \frac{2s-4}{s}\bigg|_{s=-2} = 4$$

即　　　　　　$$F(s) = 1 + \frac{2}{s} - \frac{4}{s+2}$$

所以，原函数为

$$f(t) = \delta(t) + 2 - 4e^{-2t}$$

可见，当象函数为假分式时，原函数中将包含冲激分量。

12.4　电路基本规律的复频域形式

分析动态电路问题时，首先列写关于电路变量 $u(t)$［或 $i(t)$］的微分方程，然后通过拉氏变换在复频域中求解方程，得到复频域解 $U(s)$［或 $I(s)$］，最后再通过拉氏反变换将复频

域的解变为时域解 $u(t)$［或 $i(t)$］。下面通过一个简单实例说明这种方法。

【**例 12-11**】　图 12-3 为 RC 串联电路，已知 $u_C(0_-)=0$，开关 S 闭合前电路处于稳定状态，$t=0$ 时将开关 S 闭合，试求开关 S 闭合后的电容电压 $u_C(t)$。

解　电路在 $t>0$ 时，关于电路变量 $u_C(t)$ 的微分方程为

$$RC\frac{du_C(t)}{dt}+u_C(t)=U_s$$

对上述方程两边取拉氏变换，得

$$RC[sU_C(s)-u_C(0_-)]+U_C(s)=\frac{U_s}{s}$$

图 12-3　［例 12-11］电路图

这是一个关于变量 $U_C(s)$ 的代数方程，因为 $u_C(0_-)=0$，解上述方程得 $u_C(t)$ 的象函数，即复频域解 $U_C(s)$ 为

$$U_C(s)=\frac{U_s/s}{sRC+1}=\frac{U_s}{s(sRC+1)}=\frac{U_s/RC}{s(s+1/RC)}=\frac{K_1}{s}+\frac{K_2}{s+1/RC}$$

式中：

$$K_1=\left.\frac{U_s/RC}{(s+1/RC)}\right|_{s=0}=U_s$$

$$K_2=\left.\frac{U_s/RC}{s}\right|_{s=-1/RC}=-U_s$$

于是

$$U_C(s)=\frac{U_s}{s}+\frac{-U_s}{s+1/RC}$$

最后，对 $U_C(s)$ 取拉氏反变换得

$$u_C(t)=U_s-U_se^{-\frac{t}{RC}}V\ (t>0)$$

该例说明了如何应用拉氏变换的方法分析电路的动态过程，这是用拉氏变换求解电路问题的通常方法，任何用线性常微分方程描述的系统都可以这样去求解。

在正弦电路的稳态分析一章中曾引入了相量法，把 R、L、C 元件分别用对应的相量形式 R、$j\omega L$、$1/j\omega C$ 替换后得到了相量形式的电路模型，从电路的相量模型直接列写相量形式的电路方程。与此相同，在复频域中也可以建立一个复频域形式的电路模型，模拟该模型直接列写复频域形式的电路方程，然后进行求解，使电路分析得以简化。因此需要从时域形式的两类约束导出复频域形式的两类约束，并在此基础上建立电路的复频域模型。

12.4.1　KCL、KVL 的复频域形式

时域中的基尔霍夫定律表示为：对任一结点，$\Sigma i(t)=0$，对任一回路 $\Sigma u(t)=0$。设 $i(t)$ 和 $u(t)$ 的拉氏变换分别为 $I(s)$ 和 $U(s)$，根据拉氏变换的线性性质，对时域的 KCL、KVL 式取拉氏变换，有

$$\begin{cases}\displaystyle\sum_{k=1}^{n}U_k(s)=0\\[3mm]\displaystyle\sum_{k=1}^{m}I(s)=0\end{cases} \tag{12-14}$$

这就是基尔霍夫定律的复频域形式。

12.4.2　电路元件特性方程的复频域形式

根据电路元件电压、电流的时域关系，推导各元件电压、电流关系的复频域形式。

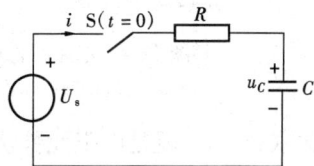

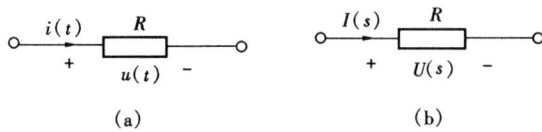

图 12-4　电阻元件的电路模型
(a) 时域模型；(b) 复频域模型

1. 电阻元件的复频域模型

在时域中，电阻元件模型如图 12-4 (a) 所示，在关联参考方向下，电阻元件的伏安关系为 $u(t) = Ri(t)$，两边取拉氏变换，得

$$U(s) = RI(s) \qquad (12\text{-}15)$$

式（12-15）就是电阻元件伏安关系的复频域形式，相应的复频域模型（也称运算模型）如图 12-4（b）所示。

2. 电感元件的复频域模型

在时域中，电感元件的电路模型如图 12-5（a）所示。设电感元件中电流的初始值为 $i(0_-)$，在关联方向下，电感元件的电压、电流关系为

$$u(t) = L\frac{\mathrm{d}i(t)}{\mathrm{d}t} \text{ 或 } i(t) = i(0_-) + \frac{1}{L}\int_{0_-}^{t} u(\xi)\mathrm{d}\xi$$

对上两式分别取拉氏变换，则分别有

$$U(s) = sLI(s) - Li(0_-) \qquad (12\text{-}16a)$$

或

$$I(s) = \frac{1}{sL}U(s) + \frac{i(0_-)}{s} \qquad (12\text{-}16b)$$

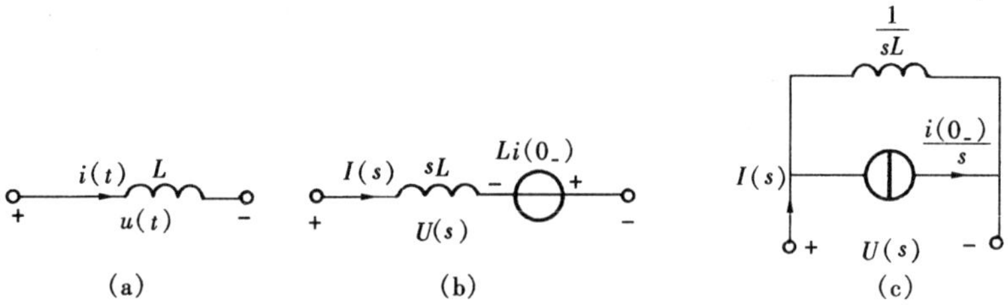

图 12-5　电感元件的电路模型
(a) 时域模型；(b) 复频域串联模型；(c) 复频域并联模型

式（12-16）是电感元件的复频域形式，其复频域模型如图 12-5（b）、图 12-5（c）所示。图 12-5（b）中，sL 称为电感的复频域阻抗或称运算阻抗，而时域中电感电流的初始值 $i(0_-)$，变为复频域中的电压源 $Li(0_-)$，称为附加电压源，它的负极至正极的方向与初始电流 $i(0_-)$ 的方向一致。图 12-5(c) 中，$1/sL$ 称为电感的复频域导纳或称运算导纳，$i(0_-)/s$ 表示附加电流源的电流。

3. 电容元件的复频域模型

在时域中，电容元件的电路模型如图 12-6（a）所示。设电容元件的初始电压为 $u(0_-)$，在关联方向下，有

$$u(t) = u(0_-) + \frac{1}{C}\int_{0_-}^{t} i(t)\mathrm{d}t \quad \text{或} \quad i(t) = C\frac{\mathrm{d}u}{\mathrm{d}t}$$

对上两式同取拉氏变换，分别得

$$U(s) = \frac{1}{sC}I(s) + \frac{u(0_-)}{s} \qquad (12\text{-}17a)$$

$$I(s) = sCU(s) - Cu(0_-) \qquad (12\text{-}17b)$$

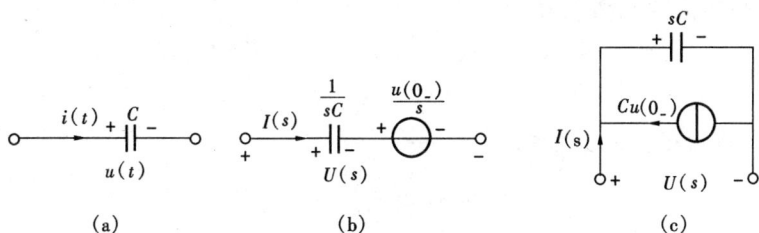

图 12-6　电容元件的电路模型
(a) 时域模型；(b) 复频域串联模型；(c) 复频域并联模型

式（12-17）是电容元件伏安关系的复频域形式，相应的复频域模型如图 12-6（b）、图 12-6（c）所示。其中，$1/sC$ 和 sC 分别称为电容的复频域阻抗和复频域导纳，电容的初始电压在图 12-6（b）中表现为附加电压源 $u(0_-)/s$，它的极性与初始电压 $u(0_-)$ 的极性相同；在图 12-6（c）中则表现为附加电流源源 $Cu(0_-)$。

12.4.3　运算电路

图 12-7（a）为 RLC 串联电路时域模型，设 $t=0$ 时与电压源 $u(t)$ 接通。电感中电流的初始值为 $i(0_-)$，电容电压的初始值为 $u_C(0_-)$。换路后根据 RLC 元件的运算模型可以画出如图 12-7（b）所示的复频域电路模型，称为运算电路。

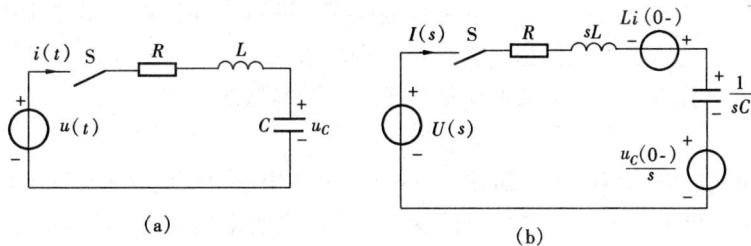

图 12-7　RLC 串联电路
(a) 时域电路；(b) 运算电路

根据 KVL，得

$$U(s) = RI(s) + sLI(s) - Li(0_-) + \frac{1}{sC}I(s) + \frac{u_C(0_-)}{s}$$

$$= \left(R + sL + \frac{1}{sC}\right)I(s) - Li(0_-) + \frac{u_C(0_-)}{s} = Z(s)I(s) - Li(0_-) + \frac{u_C(0_-)}{s}$$

式中：

$$Z(s) = R + sL + \frac{1}{sC}$$

$Z(s)$ 称为 RLC 串联电路的复频域阻抗或运算阻抗，它与正弦稳态电路中的复阻抗 $Z(\mathrm{j}\omega) = R + \mathrm{j}\omega L + 1/\mathrm{j}\omega C$ 相似。它的倒量

$$Y(s) = \frac{1}{Z(s)}$$

称为该电路的复频域导纳或运算导纳。

由方程中解得电流的象函数为

$$I(s) = \frac{U(s) + Li(0_-) - \dfrac{u_C(0_-)}{s}}{Z(s)}$$

当电路处于零状态时，上式变为

$$I(s) = \frac{U(s)}{Z(s)} \tag{12-18}$$

或

$$I(s) = Y(s)U(s) \tag{12-19}$$

式（12-18）和式（12-19）称为欧姆定律的复频域形式或运算形式。需要说明的是，$Z(s)$ 和 $Y(s)$ 虽然也是复频域中的量，但它不是时域中某一变量的象函数，没有对应的拉氏反变换。

由上述分析可见，用拉普拉斯变换分析电路的动态过程，不需要建立电路的时域微分方程，也不必在计算中考虑初始值，因为在建立电路复频域模型的过程中，初始条件已经计入，它是以附加电源的形式表现出来。因此，在复频域中求出象函数 $F(s)$ 后，经过拉氏反变换得出的原函数 $f(t)$，就是满足初始条件的完全解。

12.5　用拉普拉斯变换分析线性电路的动态过程

将拉普拉斯变换应用于电路定律，得到复频域形式的 KCL、KVL；应用于 R、L、C 元件，得到复频域形式的伏安关系。它们分别提供了电路的拓扑约束关系和元件约束关系。对于运算电路，这两类约束关系仍是电路分析的理论依据。因此，当运算电路建立之后，可以将直流电路中网络分析的一般方法及网络定理沿用到复频域分析中。

用运算法分析线性动态电路的一般步骤如下：

（1）计算换路前各电容电压的初始值 $u_C(0_-)$ 和各电感电流的初始值 $i_L(0_-)$。

（2）换路后，对电路的激励进行拉氏变换，并将电容电压和电感电流的初始值作为附加电源计入，做出运算电路。

（3）根据运算电路，应用线性电路的分析方法，计算响应的象函数。

（4）将响应的象函数进行拉氏反变换，求出响应的时域函数。

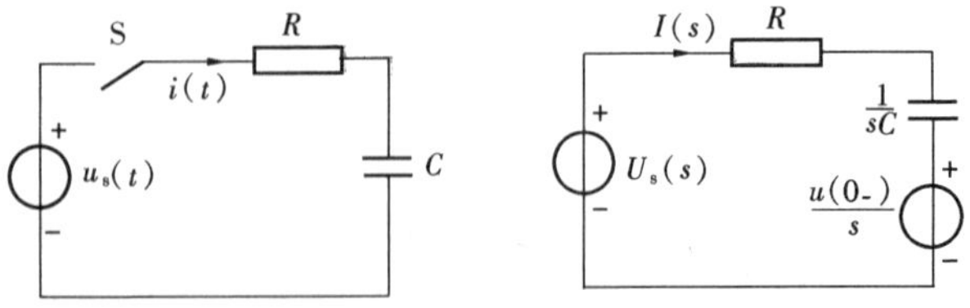

图 12-8　[例 12-12] 图
(a) 时域电路；(b) 运算电路

【例 12-12】　图 12-8（a）电路中，已知 $u_C(0_-) = 10\text{V}$，$R = 5\text{k}\Omega$，$C = 10\mu\text{F}$，$u_s(t) = 5e^{-25t}\text{ V}$，在 $t = 0$ 时开关 S 闭合，试求开关 S 闭合后的电流 $i(t)$。

解　换路前电容电压初始值已知，换路后激励的象函数为

$$U_s(s) = \frac{5}{s + 25}$$

作运算电路如图 12-8（b）所示，求出

$$I(s) = \frac{U_s(s) - u_C(0_-)/s}{R + 1/sC} = \frac{5/(s+25) - 10/s}{R + 1/sC} = \frac{5s}{R(s+25)(s+20)} - \frac{10}{R(s+20)}$$

$$= \left(\frac{5}{s+25} - \frac{4}{s+20} - \frac{2}{s+20}\right) \times 10^{-3}$$

进行反变换，得 $t>0$ 时

$$i(t) = 5\mathrm{e}^{-25t} - 4\mathrm{e}^{-20t} - 2\mathrm{e}^{-20t}\,(\mathrm{mA})\ t \geqslant 0$$

式中：第一、二项是由外施激励 $5\mathrm{e}^{-25t}\,\mathrm{V}$ 产生的零状态响应，第三项是由初始状态 $u_C(0_-)$ 产生的零输入响应。零状态响应中第一项的变化规律决定于输入信号 $5\mathrm{e}^{-25t}$ 的规律，是响应中的强制分量（此处不能称稳态分量），第二、三项的变动规律决定于电路本身的结构和参数，是响应中的自由分量。

【例 12-13】　RC 电路如图 12-9（a）所示，其中激励 $u_\mathrm{s}(t)$ 的波形如图 12-9（c）所示，试求零状态响应 $u_C(t)$。

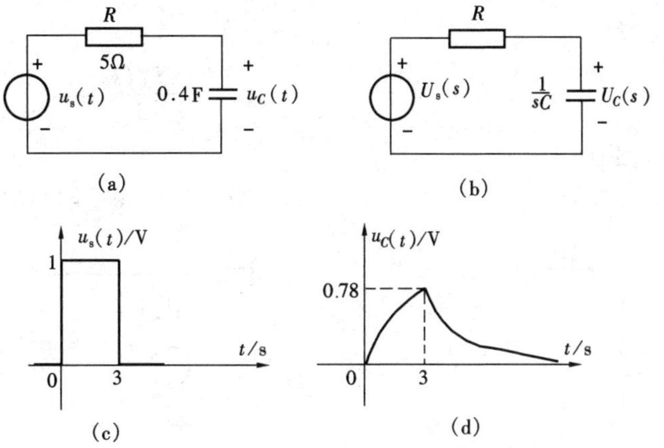

解　激励 $u_\mathrm{s}(t)$ 用延迟阶跃函数的组合表示为 $u_\mathrm{s}(t) = [\varepsilon(t) - \varepsilon(t-3)]\,\mathrm{V}$，根据拉氏变换的延迟性质求出它的象函数为 $U_\mathrm{s}(s) = \dfrac{1}{s} - \dfrac{\mathrm{e}^{-3s}}{s}$，运算电路如图 12-9（b）所示。

图 12-9　［例 12-13］图
(a) 时域电路；(b) 运算电路；(c) 激励波形；(d) 响应波形

对图 12-9（b）应用分压公式求得

$$U_C(s) = \frac{1/sC}{R + 1/sC} U_\mathrm{s}(s) = \frac{U_\mathrm{s}(s)}{sRC + 1} = \frac{1}{sRC(s + 1/RC)}(1 - \mathrm{e}^{-3s})$$

代入数据，并进行部分分式展开得

$$U_C(s) = \frac{1}{2s(s + 0.5)}(1 - \mathrm{e}^{-3s}) = \left(\frac{1}{s} - \frac{1}{s + 0.5}\right)(1 - \mathrm{e}^{-3s})$$

对上式取拉氏反变换，得

$$u_C(t) = (1 - \mathrm{e}^{-0.5t})\varepsilon(t) - [1 - \mathrm{e}^{-0.5(t-3)}]\varepsilon(t-3)$$

上式还可按时间分段表示

$$u_C(t) = \begin{cases} 1 - \mathrm{e}^{-0.5t}\,(\mathrm{V}) & 0 < t \leqslant 3 \\ 0.777\mathrm{e}^{-0.5(t-3)}\,(\mathrm{V}) & t > 3 \end{cases}$$

响应 $u_C(t)$ 的波形如图 12-9（d）所示。

通过该例题的分析可知，当激励是脉冲信号时，需要借助延迟阶跃函数的组合来表示，利用拉氏变换的延迟性质可方便地求出激励的象函数，进而求得这类激励下的响应。

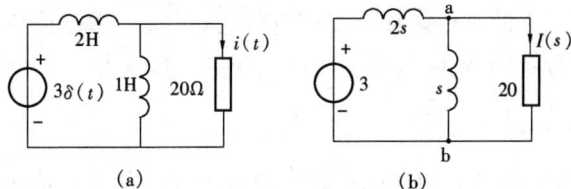

图 12-10　［例 12-14］图
(a) 时域电路；(b) 运算电路

【例 12-14】　图 12-10 所示电路处于零状态，求它的冲激响应 $i(t)$。

解　冲激电源作用下的全响应问题，用运算法求解比经典法容易，在拉氏变换定义式中的积分下限取 0_- 就是考虑了冲激函数的定义区间。因此，分析时无须像时域那样考虑在 $\delta(t)$ 作用下

$u_C(t)$、$i_L(t)$ 的跃变问题。图 12-10（a）电路的运算电路如图 12-10（b）所示。

由弥尔曼定理得出

$$U_{ab}(s) = \frac{3/2s}{\dfrac{1}{2s} + \dfrac{1}{s} + \dfrac{1}{20}} = \frac{3 \times 20}{2s + 60}$$

电流为

$$I(s) = \frac{U_{ab}(s)}{20} = \frac{1.5}{s + 30}$$

取反变换得

$$i(t) = 1.5 e^{-30t} \varepsilon(t) \text{ A}$$

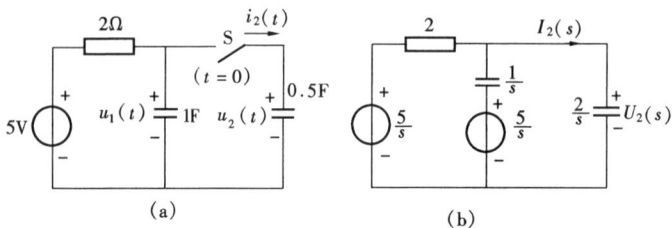

图 12-11　［例 12-15］图
(a) 时域电路；(b) 运算电路

【例 12-15】　求图 12-11（a）所示电路中，已知 $u_2(0_-) = 0$，开关 S 闭合前，电路已经稳定，在 $t = 0$ 时闭合开关 S，试求开关 S 闭合后的 $i_2(t)$ 和 $u_2(t)$。

解　换路前由图 12-11（a）求得 $u_1(0_-) = 5$ V，运算电路如图 12-11（b）所示。

应用节点法，有

$$\left(\frac{1}{2} + s + \frac{s}{2} \right) U_2(s) = \frac{5}{2s} + 5$$

解得

$$U_2(s) = \frac{10s + 5}{3s\left(s + \dfrac{1}{3}\right)} = \frac{5}{s} - \frac{\dfrac{5}{3}}{s + \dfrac{1}{3}}$$

$$I_2(s) = \frac{s}{2} U_2(s) = \frac{5}{3} + \frac{5}{18\left(s + \dfrac{1}{3}\right)}$$

取拉氏反变换得

$$u_2(t) = \left(5 - \frac{5}{3} e^{-\frac{1}{3}t} \right) \varepsilon(t)$$

$$i_2(t) = \frac{5}{3} \delta(t) + \frac{5}{18} e^{-\frac{1}{3}t} \varepsilon(t)$$

由计算结果知，在 $t = 0_+$ 时，$u_2(0_+) = 10/3$V，而 $u_2(0_-) = 0$，即电容电压 u_2 在 $t = 0$ 时发生了跃变。当开关闭合后 C_1、C_2 成为并联，按 KVL 它们的电压应该相等，而换路前 $u_1(0_-) \neq u_2(0_-)$，这就要求 C_1 和 C_2 的电压立即进行调整。即有电荷从 C_1 向 C_2 瞬间转移，因而出现了瞬间的冲激电流，其强度为 5/3，该电流使电容电压产生跃变，其值为

$$u_C(0_+) = u_C(0_-) + \frac{1}{0.5} \int_{0_-}^{0_+} \frac{5}{3} \delta(t) \mathrm{d}t = \frac{10}{3}$$

如果电路中出现由纯电容（或纯电容与电压源）组成的回路，或者出现纯电感（或电感与电流源）组成的割集时，往往会发生电容电压和电感电流的强迫跃变。用拉氏变换求解此类问题比用经典法简便。因为前者不需要确定 $t = 0_+$ 瞬间 $u_C(t)$ 和 $i_L(t)$ 的跃变数值。

【**例 12-16**】　电路如图 12-12 所示，已知：$R=1\Omega$，$L=0.2\mathrm{H}$，$C=0.5\mathrm{F}$，$U_s=10\mathrm{V}$，电容电压 $u_C(0_-)=0$。开关 S 闭合之前电路处于稳定状态，在 $t=0$ 时闭合开关。试求 $t>0$ 时的电流 $i(t)$。

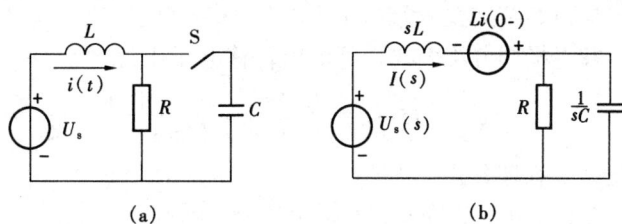

图 12-12　［例 12-16］图
(a) 时域电路；(b) 运算电路

解　电感电流初始值

$$i(0_-)=\frac{U_s}{R}=10\mathrm{A}$$

电源的象函数为 $U_s=10/s$，作运算电路如图 12-12 (b) 所示。

电路输入端运算阻抗为

$$Z(s)=sL+\frac{R\cdot 1/sC}{R+1/sC}=\frac{0.1s^2+0.2s+1}{0.5s+1}$$

电流为

$$I(s)=\frac{U_s(s)+Li(0_-)}{Z(s)}=10\frac{s^2+7s+10}{s(s^2+2s+10)}=10\left(\frac{1}{s}+\frac{\frac{5}{6}\angle-\frac{\pi}{2}}{s+1-\mathrm{j}3}+\frac{\frac{5}{6}\angle\frac{\pi}{2}}{s+1+\mathrm{j}3}\right)$$

求其反变换得

$$i(t)=10\left[1+\frac{5}{3}\mathrm{e}^{-t}\cos\left(3t-\frac{\pi}{2}\right)\right]=10+\frac{50}{3}\mathrm{e}^{-t}\sin 3t\quad\mathrm{A}\quad t\geqslant 0$$

12.6　网　络　函　数

在正弦稳态电路中，曾经定义了网络函数 $H(\mathrm{j}\omega)$，它是输出相量与输入相量之比。本节将在复频域中定义网络函数 $H(s)$，网络函数 $H(s)$ 在理论和实践应用中都具有价值。

对于线性网络，一旦确定了网络函数 $H(s)$，就可以确定电路对任意激励作用下所产生的零状态响应。$H(s)$ 与 $H(\mathrm{j}\omega)$ 及冲激响应 $h(t)$ 之间具有确定的关系，通过分析 $H(s)$ 的极点，还可以分析和判断响应的类型以及电路的稳定性等问题。

12.6.1　网络函数的定义

当网络处于零状态并且仅有一个激励时，若激励 $e(t)$ 的象函数为 $E(s)$，响应 $r(t)$ 的象函数为 $R(s)$，则将 $R(s)$ 与 $E(s)$ 之比定义为网络函数，即

$$H(s)=\frac{R(s)}{E(s)}\qquad\qquad(12\text{-}20)$$

网络函数是零状态下网络输出的象函数与输入的象函数之比。若激励和响应属于同一端口时，网络函数称为策动点函数；若激励和响应不属于同一端口时，网络函数称为转移函数。

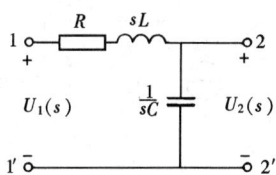

图 12-13　［例 12-17］的电路图

激励可以是电压源或电流源，响应可以是电压或电流，因此网络函数可以是策动点阻抗、策动点导纳、转移阻抗、转移导纳、转移电压比、转移电流比。需要注意的是转移阻抗和转移导纳并不互为倒量。

【**例 12-17**】　图 12-13 电路中，若输出端口 2-2′ 开路，求

输出端口 2-2′ 与输入端口 1-1′ 之间的转移电压比。

解 根据分压公式，可求出转移电压比为

$$H(s) = \frac{U_2(s)}{U_1(s)} = \frac{1/sC}{R + sL + 1/sC} = \frac{1}{s^2LC + sRC + 1}$$

它是一个有理分式。

若以 $u_C(t)$ 为变量列写微分方程，则有

$$LC \frac{\mathrm{d}^2 u_C}{\mathrm{d}t^2} + RC \frac{\mathrm{d}u_C}{\mathrm{d}t} + u_C = u_1$$

它的特征方程为

$$LCp^2 + RCp + 1 = 0$$

可见，若令网络函数 $H(s)$ 的分母为零，得到的正是微分方程的特征方程。

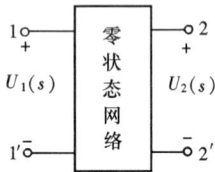

图 12-14 [例 12-18] 图

【例 12-18】 已知图 12-14 的转移电压比为

$$H(s) = \frac{U_2(s)}{U_1(s)} = \frac{1}{s^2 + 3s + 2}$$

且在 $t = 0$ 时加入输入电压 $u_1(t) = 2e^{-3t} \text{V}$，求输出电压的零状态响应 $u_2(t)$。

解 $u_1(t)$ 的象函数为

$$U_1(s) = E(s) = \frac{2}{s + 3}$$

响应为
$$U_2(s) = H(s)E(s) = \frac{1}{s^2 + 3s + 2} \times \frac{2}{s + 3}$$
$$= \frac{1}{s + 1} - \frac{2}{s + 2} + \frac{1}{s + 3}$$

反变换后，得 $t > 0$ 时的输出为

$$u_2(t) = e^{-t} - 2e^{-2t} + e^{-3t} \text{V}$$

式中：e^{-3t} 是由激励 $u_1(t) = 2e^{-3t}$ 产生的强制分量，其余两项是由网络函数决定的自由分量，自由分量的变化规律（振荡、非振荡）是由网络函数分母多项式的根，即特征方程的特征根决定的，与外施激励无关。

12.6.2 网络函数 $H(s)$ 与单位冲激响应 $h(t)$ 的关系

在式(12-20)中，当激励为单位冲激函数 $\delta(t)$ 时，象函数 $E(s) = 1$，此时 $R(s) = H(s)$，反变换可得单位冲激响应的数值

$$h(t) = \mathscr{L}^{-1}[R(s)] = \mathscr{L}^{-1}[H(s)] \tag{12-21a}$$

或
$$H(s) = \mathscr{L}[h(t)] \tag{12-21b}$$

上式说明，网络函数 $H(s)$ 在数值上就是单位冲激响应的象函数。或者说，对于零状态网络，单位冲激响应的拉氏变换在数值上就是网络函数。这是网络函数与单位冲激响应的关系。

【例 12-19】 图 12-15(a) 电路激励为 $i_s(t) = \delta(t)\text{A}$，求冲激响应 $h(t) = u_2(t)$。

解 图 12-15 (b) 为其运算电路，由于响应为电容电压，激励为电流源，且不在同一端

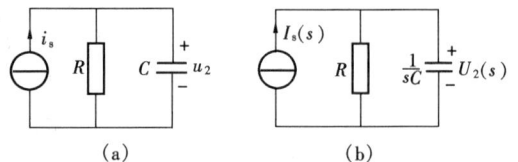

图 12-15 [例 12-19] 的电路图
(a) 时域电路；(b) 运算电路

口，所以网络函数为转移阻抗，即

$$H(s) = \frac{R(s)}{E(s)} = \frac{U_2(s)}{1} = Z(s) = \frac{R(1/sC)}{R + 1/sC} = \frac{1}{C} \times \frac{1}{s + 1/RC}$$

$$h(t) = u_2(t) = \mathscr{L}^{-1}[H(s)] = \mathscr{L}^{-1}\left[\frac{1}{C} \times \frac{1}{s + 1/RC}\right] = \frac{1}{C}\mathrm{e}^{-\frac{t}{RC}}\varepsilon(t)$$

结果与第十一章的结果相同。

12.6.3　极点与冲激响应的关系

在线性定常网络中，网络函数 $H(s)$ 是 s 的实系数有理分式，即

$$H(s) = \frac{N(s)}{D(s)} = \frac{a_0 s^m + a_1 s^{m-1} + \cdots + a_m}{b_0 s^n + b_1 s^{n-1} + \cdots + b_n} = H_0\frac{(s - z_1)(s - z_2)\cdots(s - z_m)}{(s - p_1)(s - p_2)\cdots(s - p_n)}$$

$$= H_0\frac{\prod\limits_{i=1}^{m}(s - z_i)}{\prod\limits_{j=1}^{n}(s - p_j)} \tag{12-22}$$

式中：H_0 为一常数，当 $s = z_i(i = 1,2,\cdots,m)$ 时，$H(s) = 0$，故称 z_i 为网络函数的零点，当 $s = p_i(i = 1,2,\cdots,n)$ 时，$D(s) = 0$，$H(s)$ 将趋于无穷大，故称 p_i 为网络函数的极点。

以复数 s 的实部为横轴，虚部为纵轴建立一个复平面（称 s 平面），$H(s)$ 的零点和极点分别用"0"和"×"表示，这样可得到一个网络函数的零、极点分布图。

【例 12-20】　绘出 $H(s) = \dfrac{2s^2 - 7s + 5}{s^3 + 5s^2 + 17s + 13}$ 的零、极点分布图。

解　分子分解为　$N(s) = (s - 1)(2s - 5)$

　　　　分母分解为　$D(s) = (s + 1)(s^2 + 4s + 13)$

　　　　　　　　　　$= (s + 1)(s + 2 + \mathrm{j}3)(s + 2 - \mathrm{j}3)$

所以 $H(s)$ 有 2 个零点：$z_1 = 1$，$z_2 = 2.5$；3 个极点：$p_1 = -1$，$p_2 = -2 + \mathrm{j}3$，$p_3 = -2 - \mathrm{j}3$。其零、极点分布如图 12-16 所示。

设网络函数为真分式且只具有单根，则

$$H(s) = \frac{K_1}{s - p_1} + \frac{K_2}{s - p_2} + \cdots + \frac{K_n}{s - p_n}$$

冲激响应为

$$h(t) = K_1\mathrm{e}^{p_1 t} + K_2\mathrm{e}^{p_2 t} + \cdots + K_n\mathrm{e}^{p_n t} = \sum_{i=1}^{n}K_i\mathrm{e}^{p_i t}$$

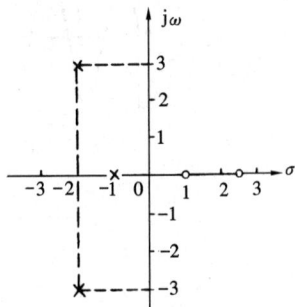

图 12-16　［例 12-20］的零、极点图

可见，网络函数的极点决定了冲激响应的形式，由［例 12-17］的结论可知：网络函数的极点和特征方程的根是一致的。因此，网络函数的极点也就决定了在任意激励下，网络响应中自由分量的性质（如非振荡、临界、振荡等）。所以，分析网络函数的极点与冲激响应的关系，就可以推断时域响应的特性，这就是研究网络函数的意义所在。

网络响应中的强制分量，它受制于外施激励 $E(s)$，由 $R(s) = H(s)E(s)$ 可知 $E(s)$ 的极点的性质与外施激励相同，反变换之后，这一部分对应于强制分量（参见［例 12-18］及其说明）。

为了直观表示网络函数的极点与冲激响应的关系，可用极点的分布对应冲激响应的波形来说明。

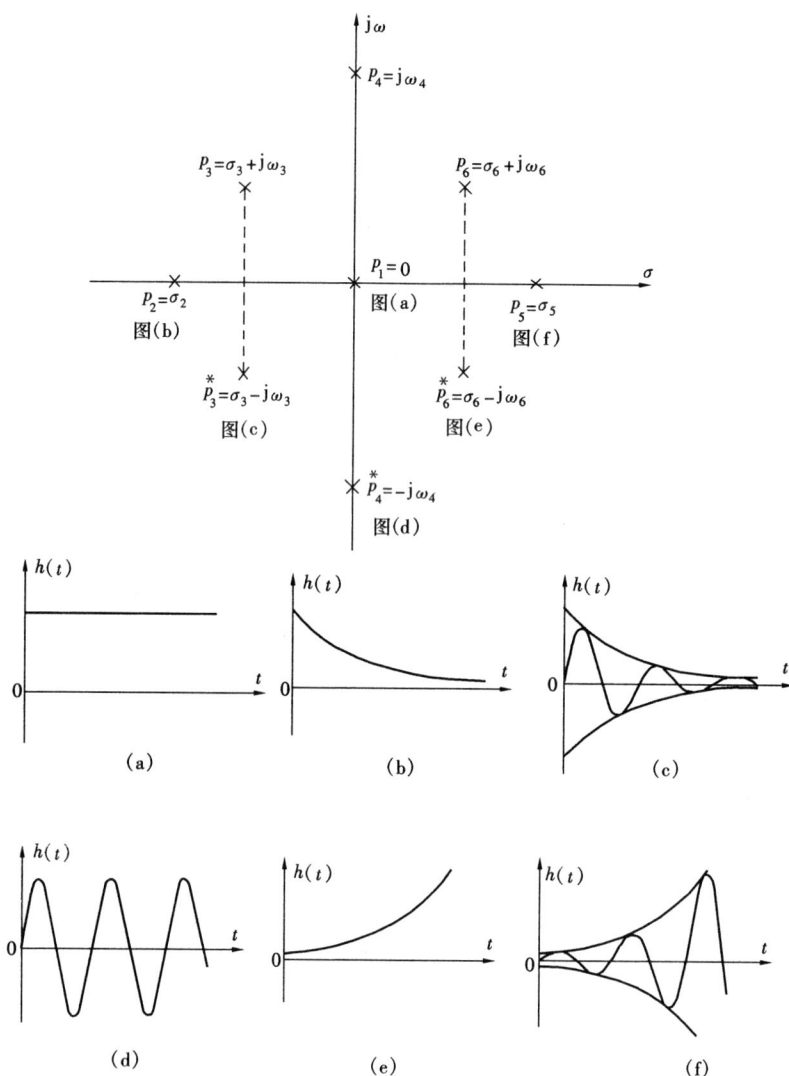

图 12-17　网络函数的极点分布图

(a) 极点 p_1；(b) 极点 p_2；(c) 极点 p_3 和 p_3^*；

(d) 极点 p_4 和 p_4^*；(e) 极点 p_5；(f) 极点 p_6 和 p_6^*

　　网络函数的极点分布如图 12-17 所示，对应的冲激响应波形如图 12-17(a)～(f)所示。

　　当极点 $p_1=0$，如图 12-17（a）所示，冲激响应包含常数项（即直流量）；当 $p_2=\sigma_2<0$，如图 12-17（b）所示，冲激响应为衰减指数函数；当 $p_3=\sigma_3+j\omega_3$、$p_3^*=\sigma_3-j\omega_3$（$\sigma_3<0$）时，如图 12-17（c）所示，冲激响应是以衰减指数曲线为包络线的正弦函数，即为衰减振荡；当 $p_4=j\omega_4$、$p_4^*=-j\omega_4$ 时，如图 12-17（d）所示，冲激响应为等幅振荡；网络函数的极点分布在 s 平面的左半部或虚轴上，即 $\sigma\leqslant0$，当时间 $t\to\infty$ 时，冲激响应是有限值或趋于零，这样的网络是稳定的；若网络函数中有一个极点分布在 s 平面的右半部，即 $\sigma>0$，则冲激响应为增长指数函数或增幅振荡函数，如图 12-17（e）、图 12-17（f）所示，当 $t\to\infty$ 时，冲激响应将是无限值，这样的网络是不稳定的。

由以上分析可知，网络动态过程的稳定性与网络函数的极点分布有着密切关系。网络函数的极点与激励无关，只决定于电路的结构和参数，因而也将极点称为网络的自然频率或固有频率。

12.6.4　$H(j\omega)$ 与 $H(s)$ 的关系

设 [例 12-17] 电路处于正弦稳态，如图 12-18 所示，下面用相量法求该电路在正弦稳态下的转移电压比 $\dot{U}_2/\dot{U}_1$。

由分压公式可得

$$\frac{\dot{U}_2}{\dot{U}_1} = \frac{1/j\omega C}{R + j\omega L + 1/j\omega C} = \frac{1}{(j\omega)^2 LC + j\omega RC + 1} \quad (12\text{-}23)$$

可见，若把 [例 12-17] 的网络函数 $H(s)$ 中的 s 用 $j\omega$ 代替，则有 $H(j\omega) = \dot{U}_2/\dot{U}_1$，就是说，在正弦稳态下输出相量与输入相量（激励）之比就是网络函数在 $s = j\omega$ 处的值。这个结论对于一般电路同样成立，这就是 $H(j\omega)$ 与 $H(s)$ 的关系。如同分析极点与冲激响应的关系一样，分析 $H(j\omega)$ 随 ω 的变化就可以推断相应的策动点函数或转移函数在正弦稳态下随 ω 的变化情况。

图 12-18　图 12-13
电路的正弦稳态

12.6.5　零点、极点与频率响应的关系

由式 (12-23) 可知，对于某一确定的角频率，$H(j\omega)$ 通常是一个复数，可表示为

$$H(j\omega) = |H(j\omega)| e^{j\phi} = |H(j\omega)| \angle \phi(j\omega)$$

式中 $|H(j\omega)|$ 为复数的模，$\phi = \arg[H(j\omega)]$ 为其幅角，前者随 ω 的变化规律称为幅频特性；后者随 ω 的变化规律称为相频特性，幅频特性和相频特性统称为频率响应。据式 (12-22) 有

$$|H(j\omega)| = H_0 \frac{\prod\limits_{i=1}^{m} |(j\omega - z_i)|}{\prod\limits_{j=1}^{n} |(j\omega - p_j)|} \quad (12\text{-}24a)$$

$$\theta(\omega) = \arg[H(j\omega)] = \sum_{i=1}^{m} \arg(j\omega - z_i) - \sum_{j=1}^{n} \arg(j\omega - p_i) \quad (12\text{-}24b)$$

若已知网络函数的极点和零点，则按式 (12-24) 就可以计算对应的频率响应，频率响应也可以通过作图的方法在 s 平面上定性绘出。

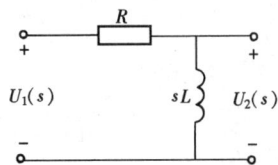

【例 12-21】　图 12-19 为 RL 串联电路，以 u_2 为输出，试定性分析电路的频率响应。

解　以 u_2 为输出变量的网络函数为

$$H(s) = \frac{U_2(s)}{U_1(s)} = \frac{sL}{sL + R} = H_0 \frac{s}{s + R/L}$$

图 12-19　[例 12-21] 图

式中：$H_0 = 1$，其极点和零点分别为 $p_1 = -R/L$，$z_1 = 0$，见图12-20（a）。

将 $H(s)$ 中的 s 用 $j\omega$ 代替，得

$$H(j\omega) = H_0 \frac{j\omega}{j\omega + R/L}$$

幅频特性为

$$|H(\mathrm{j}\omega)| = H_0 \frac{|\mathrm{j}\omega|}{|\mathrm{j}\omega - p_1|} = H_0 \frac{\omega}{\sqrt{\omega^2 + p_1^2}}$$

相频特性为

$$\theta(\omega) = \arg[H(\mathrm{j}\omega)] = \arg(\mathrm{j}\omega) - \arg(\mathrm{j}\omega - p_1) = \frac{\pi}{2} - \arg(\mathrm{j}\omega - p_1)$$

下面用作矢量图的方法分析上述频率特性。当 $\omega = \omega_1$ 时，$|\mathrm{j}\omega|$ 为图 12-20（a）中线段 N_1 的长度、$|\mathrm{j}\omega - p_1|$ 为线段 M_1 的长度，所以，模值可表示为 $|H(\mathrm{j}\omega_1)| = N_1/M_1$，同理，当 $\omega = \omega_2$、ω_3 时的模值为 $\dfrac{N_2}{M_2}$、$\dfrac{N_3}{M_3}$。对应的相位 $\theta(\omega)$ 则分别为 $\dfrac{\pi}{2} - \theta_1$、$\dfrac{\pi}{2} - \theta_2$、$\dfrac{\pi}{2} - \theta_3$。当 ω 沿虚轴从 0 趋于无穷大时，幅频特性 $|H(\mathrm{j}\omega)|$ 从 0 趋于 H_0，相频特性 $\theta(\omega)$ 从 $\pi/2$ 趋于零，见图 12-20（b）、图 12-20（c）。

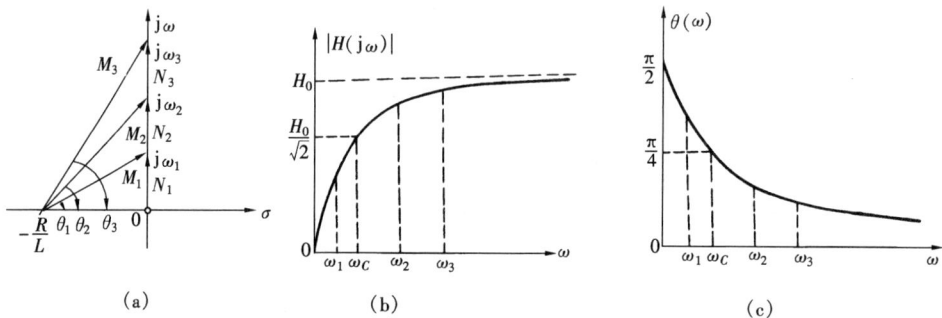

图 12-20　RL 电路的频率响应
(a) 矢量图；(b) 幅频特性；(c) 相频特性

从幅频特性中可以看出，该电路具有高通特性。当 $\omega = 0$ 时，$H(\mathrm{j}\omega) = \dot{U}_2/\dot{U}_1 = 0$；当 $\omega = |p_1| = \dfrac{R}{L}$ 时，$H(\mathrm{j}\omega) = H_0 \dfrac{\mathrm{j}}{1+\mathrm{j}} = \dfrac{H_0}{\sqrt{2}} \angle \dfrac{\pi}{4}$，即 $|H(\mathrm{j}\omega)| = 0.707 H_0$，相当于高频时模值 H_0 的 0.707 倍，此频率称为高通滤波器的截止频率，用 ω_C 表示。$\omega_C < \omega$，$< \infty$ 的频率范围称为通频带，用 B 表示。

由本例可见，一阶高通特性网络函数的一般形式如下

$$H(s) = H_0 \frac{s}{s + \omega_C} \tag{12-25}$$

式中：H_0 称为通带增益，ω_C 为截止角频率。令 $s = \mathrm{j}\omega$，得到

$$H(\mathrm{j}\omega) = H_0 \frac{\mathrm{j}\omega}{\mathrm{j}\omega + \omega_C} = \frac{H_0}{1 - \mathrm{j}\omega_C/\omega} \tag{12-26}$$

幅频特性和相频特性分别为

$$|H(\mathrm{j}\omega)| = \frac{H_0}{\sqrt{1 + (\omega_C/\omega)^2}}$$

$$\theta(\omega) = \arctan \frac{\omega_C}{\omega} \tag{12-27}$$

以上讨论了由 RL 元件构成的一阶高通电路，由 RC 元件构成的简单一阶高通电路如图

12-21 所示，其网络函数与式（12-25）相似，为

$$H(s) = \frac{R}{R + 1/sC} = \frac{s}{s + 1/RC}$$

对比式（12-25）可知通带增益为 $H_0 = 1$，截止角频率为 $\omega_C = 1/RC$。

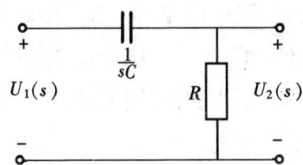

图 12-21　一阶 RC 高通电路

一阶低通特性的网络函数具有如下形式

$$H(s) = H_0 \frac{\omega_C}{s + \omega_C} \tag{12-28}$$

式中：ω_C 是截止角频率。当 $s = j\omega$ 时

$$H(j\omega) = H_0 \frac{\omega_C}{j\omega + \omega_C} = \frac{H_0}{1 + j\omega/\omega_C} \tag{12-29}$$

其幅频特性和相频特性分别为

$$|H(j\omega)| = \frac{H_0}{\sqrt{1 + (\omega/\omega_C)^2}}, \quad \theta(\omega) = -\arctan\frac{\omega}{\omega_C} \tag{12-30}$$

低通特性有一个极点 $p_1 = -\omega_C$，不含零点，见图 12-22（a）。从零极点分布图不难得到图 12-22（b）、（c）所示的频率特性曲线。

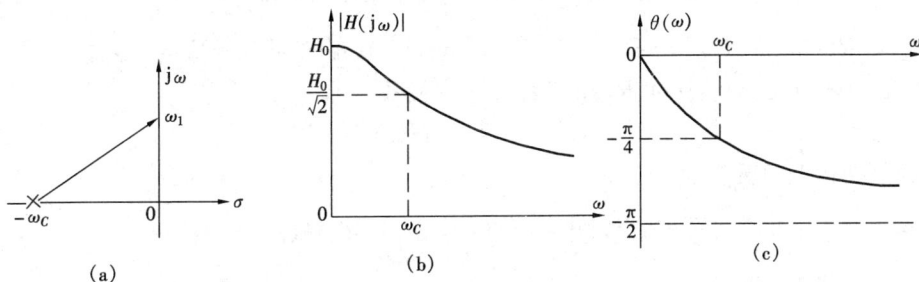

图 12-22　一阶低通频率特性
（a）极点分布图；（b）幅频特性；（c）相频特性

从幅频特性曲线可以看出，输入信号角频率 $\omega \ll \omega_C$ 的信号以增益 H_0 传递到输出端，而 $\omega \gg \omega_C$ 的高频成分在输出端受到很大衰减。在截止角频率处，$H(\omega_C) = H_0/\sqrt{2}$。由 RC 或 RL 元件组成的最简单的一阶低通电路如图 12-23（a）和图 12-23（b）所示。

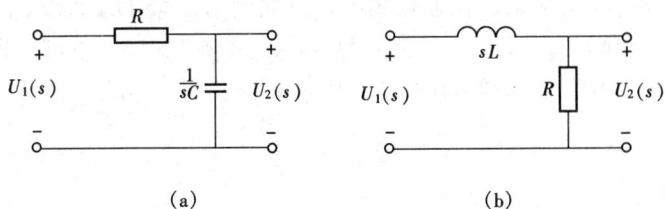

图 12-23　简单的一阶低通电路
（a）RC 低通电路；（b）RL 低通电路

其网络函数分别为

$$H(s) = \frac{1/sC}{R + 1/sC} = \frac{1/RC}{s + 1/RC}$$
$$= \frac{\omega_C}{s + \omega_C}$$

和

$$H(s) = \frac{R}{R + sL} = \frac{R/L}{s + R/L}$$
$$= \frac{\omega_C}{s + \omega_C}$$

由以上两式可知，两电路的通带增益 $H_0 = 1$，RC 电路的截止角频率为 $\omega_C = 1/RC$；RL 电路的截止角频率为 $\omega_C = R/L$。

【例 12-22】 RC 串联电路，在其输入端所加信号为 $u_s = 100\sin10^{-3}t + 10\sin10^5 t$ V，$R = 1\Omega$，$C = 1$F，试求电容元件和电阻元件上的电压。

解　此例用来说明一阶电路的低通和高通性能。利用叠加定理可求出

$$u_C(t) \approx 100\sin10^{-3}t + \frac{10}{10^5}\sin(10^5 t - 90°)\,\text{V}$$

$$u_R \approx \frac{100}{10^3}(\sin10^{-3}t + 90°) + 10\sin10^5 t\ \text{V}$$

由结果可知：以电容两端作输出时，电路具有低通特性，输入信号的低频分量几乎无衰减，而高频分量衰减到原来的十万分之一；以电阻两端作为输出时，电路具有高通特性，低频分量幅值衰减到原来的千分之一。

12.7　卷　积　定　理

在第 11 章的 11.9 节中曾证明，线性动态电路对任意激励 $e(t)$ 所产生的响应 $r(t)$，等于激励 $e(t)$ 与网络冲激响应 $h(t)$ 的卷积，即

$$r(t) = e(t) * h(t) = \int_0^t e(\lambda)h(t-\lambda)\mathrm{d}\lambda \tag{12-31}$$

若 $\mathscr{L}[r(t)] = R(s)$，$\mathscr{L}[e(t)] = E(s)$，$\mathscr{L}[h(t)] = H(s)$，由于冲激响应的象函数就是网络函数，所以在复频域中，$E(s)$、$H(s)$、$R(s)$ 三者有如下关系

$$R(s) = E(s)H(s) \tag{12-32}$$

将式（12-31）两边取拉氏变换，得

$$\mathscr{L}[r(t)] = \mathscr{L}[e(t) * h(t)] = \mathscr{L}\left[\int_0^t e(\lambda)h(t-\lambda)\mathrm{d}\lambda\right]$$

再将式（12-32）代入，得

$$\mathscr{L}[e(t) * h(t)] = \mathscr{L}\left[\int_0^t e(\lambda)h(t-\lambda)\mathrm{d}\lambda\right] = E(s)H(s) \tag{12-33}$$

此式表明：两个函数卷积的拉氏变换等于这两个函数象函数的乘积，式（12-33）称为卷积定理。卷积定理也可写成下面的形式

$$r(t) = \int_0^t e(\lambda)h(t-\lambda)\mathrm{d}\lambda = \mathscr{L}^{-1}[E(s)H(s)]$$

卷积定理把时域分析与复频域分析联系起来。在复频域中，已知网络函数 $H(s)$ 和激励的象函数 $E(s)$，可通过拉氏反变换求得响应 $r(t) = \mathscr{L}^{-1}[E(s)H(s)]$，如［例 12-18］；也可以将 $E(s)$ 和 $H(s)$ 分别取反变换得到 $e(t)$ 和 $h(t)$（冲激响应）后，通过式（12-31）时域卷积求得响应。

例如在［例 12-18］中

$$e(t) = 2e^{-3t}$$

$$h(t) = \mathscr{L}^{-1}\left[\frac{1}{s^2+3s+2}\right] = \mathscr{L}^{-1}\left[\frac{1}{s+1} - \frac{1}{s+2}\right] = e^{-t} - e^{-2t}$$

求 $e(t)$ 与 $h(t)$ 的卷积，得

$$r(t) = \int_0^t h(\lambda)e(t-\lambda)\mathrm{d}\lambda = 2\int_0^t (e^{-\lambda} - e^{-2\lambda})e^{-3(t-\lambda)}\mathrm{d}\lambda$$

$$=2\mathrm{e}^{-3t}\big[0.5\mathrm{e}^{2\lambda}-\mathrm{e}^{\lambda}\big]_0^t=2\mathrm{e}^{-3t}(0.5\mathrm{e}^{2t}-\mathrm{e}^t+0.5)=\mathrm{e}^{-t}-2\mathrm{e}^{-2t}+\mathrm{e}^{-3t}$$

结果与［例 12-18］相同。

小　结

1. 拉普拉斯变换

拉普拉斯变换的正变换定义为

$$F(s)=\int_{0_-}^{\infty}f(t)\mathrm{e}^{-st}\mathrm{d}t$$

一些常用函数的拉氏变换可查表获得。

拉普拉斯变换的反变换一般采用部分分式展开后，通过查表求出原函数。

2. 拉普拉斯变换的性质

线性性质：

$$\mathscr{L}\big[A_1 f_1(t)+A_2 f_2(t)\big]=A_1 F_1(s)+A_2 F_2(s)$$

微分性质：

$$\mathscr{L}\Big[\frac{\mathrm{d}}{\mathrm{d}t}f(t)\Big]=sF(s)-f(0_-)$$

积分性质：

$$\mathscr{L}\Big[\int_{0_-}^{t}f(\xi)\mathrm{d}\xi\Big]=\frac{F(s)}{s}$$

频域平移性质（频移性质）：

$$\mathscr{L}\big[\mathrm{e}^{-at}f(t)\big]=F(s+a)$$

时域平移性质（延迟性质）：

$$\mathscr{L}\big[f(t-t_0)\big]=\mathrm{e}^{-st_0}F(s)$$

3. 拉普拉斯反变换

在集中参数电路中，响应的象函数通常是一个关于 s 的有理分式

$$F(s)=\frac{N(s)}{D(s)}=\frac{a_0 s^m+a_1 s^{m-1}+\cdots+a_m}{b_0 s^n+b_1 s^{n-1}+\cdots+b_n}$$

将 $D(s)$ 分解因式后，用部分分式展开。$D(s)=0$ 的根 p 可以是单根、共轭复根、重根，所以反变换有三种形式。

（1）p 为单根，反变换为

$$f(t)=\sum_{i=1}^{n}K_i \mathrm{e}^{p_i t}$$

（2）p 为共轭复根 $p_1=-\alpha+\mathrm{j}\omega$，$p_2=-\alpha-\mathrm{j}\omega$，反变换为

$$f(t)=2\,|\,K_1\,|\,\mathrm{e}^{-\alpha t}\cos(\omega t+\theta_1)$$

（3）p 为二重根 $p_1=p_2=-\delta$，反变换为

$$f(t)=(K_1+K_2 t)\mathrm{e}^{-\delta t}$$

p 为三重根 $p_1=p_2=p_3=-\delta$，反变换为

$$f(t) = \left(K_1 + K_2 t + \frac{1}{2}K_3 t^2\right)e^{-\delta t}$$

4. 动态电路的复频域分析

通过拉氏变换分析动态电路响应的方法称为复频域分析法，其步骤为

（1）计算电容电压、电感电流的初始值；

（2）建立电路的运算电路；

（3）根据运算电路列写电路方程；

（4）求解电路方程，解出响应的象函数 $R(s)$；

（5）对 $R(s)$ 求拉氏反变换，解出电路的时域响应 $r(t)$。

5. 网络函数

网络函数是零状态下网络输出的象函数与输入的象函数之比，即

$$H(s) = \frac{R(s)}{E(s)}$$

网络函数与单位冲激响应的关系是：单位冲激响应的象函数是网络函数。

网络函数的极点分布与冲激响应有密切关系，它决定了网络本身的固有性质。

$H(j\omega)$ 为网络的频率响应，它是令网络函数中的 $s=j\omega$ 而得到。零点和极点决定了网络的频率响应。

6. 卷积定理

两个函数卷积的拉氏变换等于这两个函数象函数的乘积，即

$$\mathscr{L}[e(t)*h(t)] = \mathscr{L}\left[\int_0^t e(\lambda)h(t-\lambda)d\lambda\right] = E(s)H(s)$$

上式为卷积定理，卷积定理也可写成下面的形式

$$r(t) = \int_0^t e(\lambda)h(t-\lambda)d\lambda = \mathscr{L}^{-1}[E(s)H(s)]$$

该式表明：复频域中两个象函数乘积后的原函数 $r(t)$，可通过两个象函数各自的原函数 $e(t)$ 和 $h(t)$ 的卷积得到。如果 $e(t)$ 是激励、$h(t)$ 是单位冲激响应，则卷积 $e(t)*h(t)$ 就是激励 $e(t)$ 下的响应。

习　题　十　二

12-1　试求下列各函数的象函数：

（1）$f(t) = 1 - e^{-at}$；

（2）$f(t) = (1-at)e^{-at}$；

（3）$f(t) = t^2$；

（4）$f(t) = \sin(\omega t + \varphi)$；

（5）$f(t) = t + 2 + 3\delta(t)$；

（6）$f(t) = \sin\omega t \cos\omega t$；

（7）$f(t) = \sin^2 t$；

（8）$f(t) = t\sin\omega t$；

（9）$f(t) = t[\varepsilon(t-1) - \varepsilon(t-2)]$；

（10）$f(t) = \delta(t) + (a-b)e^{-bt}\varepsilon(t)$。

12-2　试求图 12-24 所示波形的象函数。

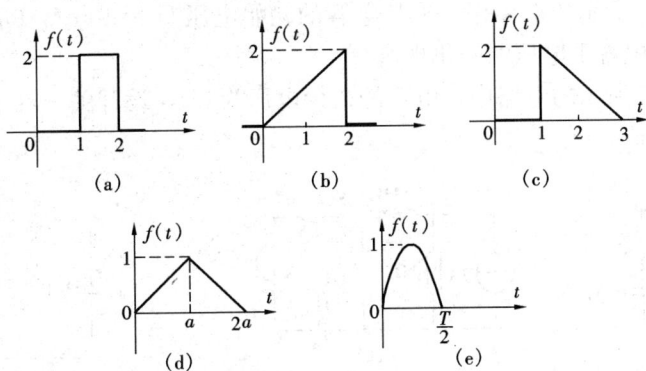

图 12-24 题 12-2 图

12-3 试求下列象函数的原函数：

(1) $\dfrac{1}{s^2+4s+3}$；

(2) $\dfrac{600}{s(s+10)(s+30)}$；

(3) $\dfrac{s+4}{s(s+2)(s+12)}$；

(4) $\dfrac{\mathrm{e}^{-3(s+1)}}{s+1}$。

12-4 试求下列象函数的原函数：

(1) $\dfrac{1}{s^2+6s+13}$；

(2) $\dfrac{s^2+6s+5}{s(s^2+4s+5)}$；

(3) $\dfrac{2s+4}{(s+3)(s+1)^2}$；

(4) $\dfrac{12s}{(s+3)(s^2+9)}$。

12-5 试求下列象函数的原函数：

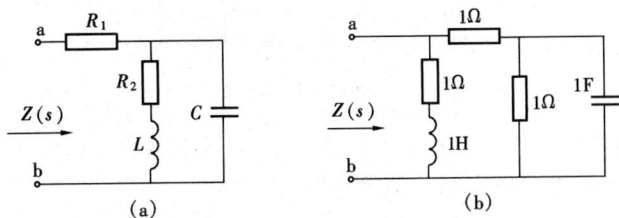

图 12-25 题 12-6 图

(1) $\dfrac{4s^2+9s+1}{2s^2+4s}$；

(2) $\dfrac{s\mathrm{e}^{-2s}}{s+3}$；

(3) $\dfrac{s}{(s^2+1)^2}$；

(4) $\dfrac{5s^3+20s^2+25s+40}{(s^2+4)(s^2+2s+5)}$。

12-6 试求图 12-25 所示电路的运算阻抗。

12-7 图 12-26 所示的 (a)、(b) 两个电路原已处于稳态，$t=0$ 时开关 S 闭合，试分别画出运算电路。

12-8 图 12-27 所示的电路中，$3\mu F$ 电容的初始电压 $U_0 = 100V$，$6\mu F$ 电容不带电。试求开关闭合后两个电容上电压的变化规律。

12-9 图 12-28 所示的电路中，电容的初始电压为 U_0，设开关 S 在 $t=0$ 时闭合，试求开关 S 闭合后的电流 $i(t)$。

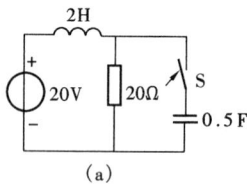

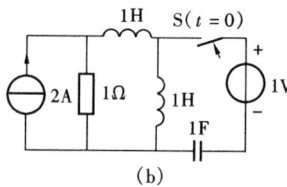

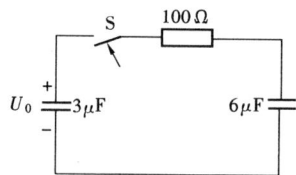

图 12-26 题 12-7 图

图 12-27 题 12-8 图

12-10 RC 一阶电路如图 12-29（a）所示，试求电阻电压的零状态响应。激励分别如下：(1) $u_s = U_s\varepsilon(t)$；(2) $u_s = U_s e^{-t}\varepsilon(t)$；(3) $u_s = \psi_s\delta(t)$；(4) u_s 如图 12-29（b）所示；(5) u_s 如图 12-29（c）所示。

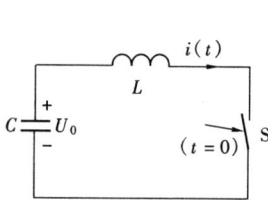

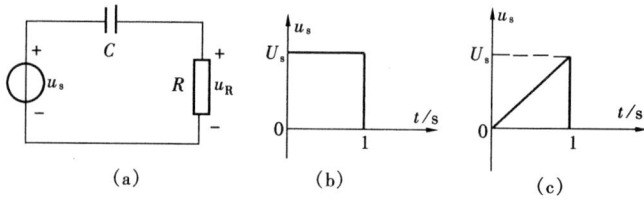

图 12-28 题 12-9 图

图 12-29 题 12-10 图

12-11 图 12-30 所示的电路中，已知激励 $u_s = 1 \cdot \varepsilon(t)$ V，$i_s = 1 \cdot \varepsilon(t)$ mA。试求阶跃响应 $i(t)$。

12-12 图 12-31 所示的电路中，已知电源电压为 $u_s(t) = U e^{-at}$（$a > 0$），电路处于稳态；$t=0$ 时将开关 S 闭合，试求开关闭合后流经电源的电流。

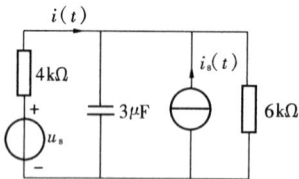

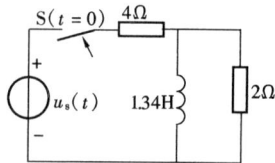

图 12-30 题 12-11 图

图 12-31 题 12-12 图

12-13 图 12-32 所示电路的初始状态为零。$u_s(t) = 0.1 e^{-5t}\varepsilon(t)$V，试求电流 $i_2(t)$。

12-14 试求图 12-33 所示电路的戴维南等效电路（运算电路）。

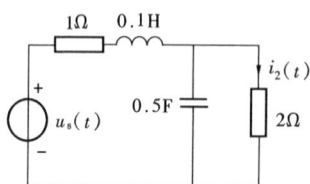

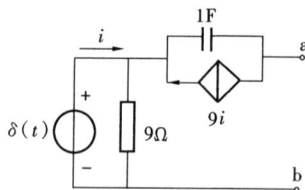

图 12-32 题 12-13 图

图 12-33 题 12-14 图

12-15　图 12-34 所示的电路中，已知 $u_C(0_-)=0$，$t=0$ 时将开关 S 闭合，试求开关 S 闭合后的 $u_C(t)$。

12-16　图 12-35 所示的 (a)、(b) 两个电路，已知：(a) 电路换路前已达到稳态；(b) 电路的初始条件为 $i_{L1}(0_-)=I_0$，$i_{L2}(0_-)=0$。在 $t=0$ 时合上开关 S，试求流过两个电感中的电流 $i_{L1}(t)$、$i_{L2}(t)$。

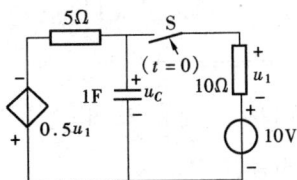

图 12-34　题 12-15 图

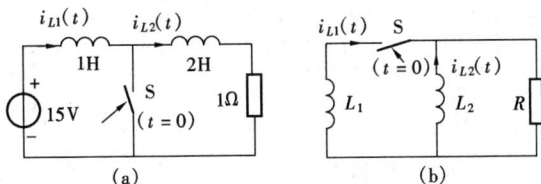

图 12-35　题 12-16 图

12-17　求图 12-36 所示电路的冲激响应 $u_C(t)$。

12-18　在图 12-37 所示的电路中，已知：$R=1\Omega$，$C=0.5\text{F}$，$L=1\text{H}$，$u_C(0_-)=2\text{V}$，$i_L(0_-)=1\text{A}$，$i_s(t)=\delta(t)\text{ A}$。试求 R、L、C 并联电路的响应 $u_C(t)$。

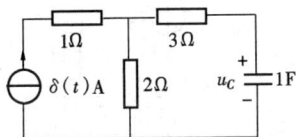

图 12-36　题 12-17 图

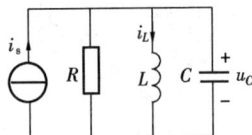

图 12-37　题 12-18 图

12-19　图 12-38 (a) 所示电路的激励波形如题图 12-38 (b) 所示，电路动态元件的初始状态为零，试求零状态响应 $i_L(t)$。

12-20　图 12-39 所示的电路中，已知 $R_1=R_2=200\Omega$，$L=2\text{H}$，$C=100\mu\text{F}$，$U_s=100\text{V}$，电路已经稳定。若在 $t=0$ 时断开开关 S，试求开关 S 断开后的电流 $i_L(t)$。

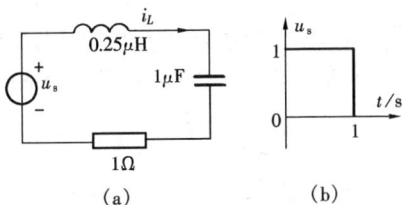

图 12-38　题 12-19 图

12-21　在图 12-40 所示的电路中，已知：$R=\dfrac{2}{5}\Omega$，$C=\dfrac{1}{2}\text{F}$、$L=\dfrac{1}{3}\text{H}$，电源电压 $u(t)=2t\text{V}(t>0)$，电路为零初始条件。试求电容 C 两端的电压 $u_C(t)$。

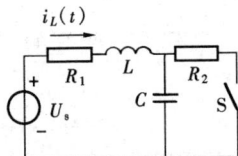

图 12-39　题 12-20 图

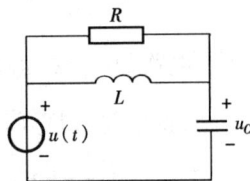

图 12-40　题 12-21 图

12-22　在图 12-41 所示的电路中，已知：$U_s=200\text{V}$，$R_1=R_2=10\Omega$，$L=0.1\text{H}$，$C=10^3\mu\text{F}$，电容电压初始值 $U_0=100\text{V}$。$t=0$ 时将开关 S 闭合，试求开关闭合后电容中的电流和端电压。

12-23 题图 12-42 所示的电路，已知 $R_1=R_2=2\Omega$、$C=0.2F$、$L=5/6H$，$u_s(t)=\varepsilon(t)V$。初始条件为 $u_C(0_-)=-2V$，$i_L(0_-)=1A$，试求图示电路中电阻两端的电压 $u(t)$。

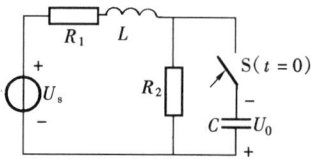

图 12-41 题 12-22 图

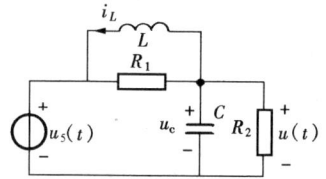

图 12-42 题 12-23 图

12-24 电路如图 12-43 所示，试求开关闭合后流经开关的电流。

12-25 图 12-44 所示的电路中，已知 $U_s=10V$，$R_1=R_2=100\Omega$，$L_1=2H$，$L_2=3H$；开关 S 原为闭合，电路已达稳态，$t=0$ 时打开开关 S，试求 $i(t)$ 和 $u_L(t)$。

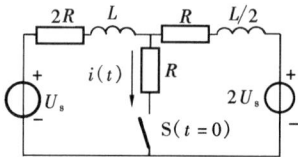

图 12-43 题 12-24 图

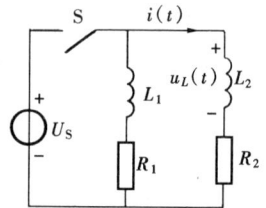

图 12-44 题 12-25 图

12-26 图 12-45 所示的电路在 $t=0$ 时合上开关 S，用运算法求 $i(t)$ 和 $u_C(t)$。

12-27 在图 12-46 所示的电路中，已知 $U_s=10V$，$R=5\Omega$，$C_1=2F$，$C_2=3F$，两电容原来未充电；在 $t=0$ 时将开关 S 闭合，试求开关 S 闭合后的 u_{C1}、u_{C2} 和 i_1。

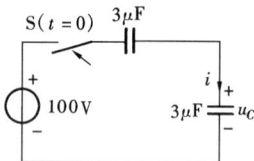

图 12-45 题 12-26 图

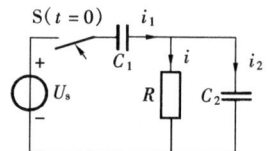

图 12-46 题 12-27 图

12-28 图 12-47 所示的电路原已稳定，$t=0$ 时合上开关 S，试求开关 S 闭合后的各支路电流。

12-29 电路如图 12-48 所示，已知 $u_s=20\sin\left(2t+\dfrac{\pi}{2}\right)V$，原来开关是闭合的，电路已稳定；$t=0$ 时将开关 S 打开，试求换路后电容电压 $u_C(t)$。

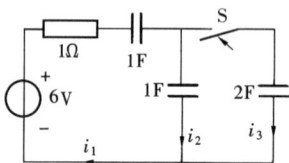

图 12-47 题 12-28 图

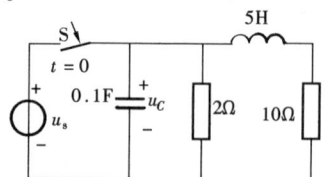

图 12-48 题 12-29 图

12-30 已知网络的单位响应为 $h(t) = 7\mathrm{e}^{-2t} - 2\mathrm{e}^{-t}\sin 3t$，求网络函数及其所有极点。

12-31 某网络的单位阶跃响应为 $(1-\mathrm{e}^{-t})$，求其网络函数 $H(s)$。

12-32 试求图 12-49 电路的网络函数 $H(s) = I(s)/I_s(s)$ 和单位冲激响应 $h(t)$。

12-33 二端口网络如图 12-50 所示，已知：$R = 10\mathrm{k\Omega}$，$C_1 = C_2 = 2\mu\mathrm{F}$，试求网络输出端开路时的网络函数 $H_A(s) = \dfrac{U_2(s)}{U_1(s)}$，$H_B(s) = \dfrac{I_1(s)}{U_1(s)}$，$H_C(s) = \dfrac{U_2(s)}{I_1(s)}$。

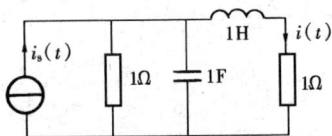

图 12-49　题 12-32 图　　　　　图 12-50　题 12-33 图

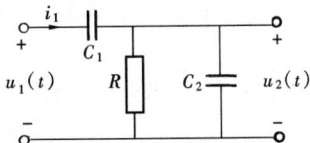

12-34 图 12-51（a）所示无源二端网络，施加单位冲激电压 $e(t) = \delta(t)$ V 时得到的响应为 $i(t) = \mathrm{e}^{-2t}\cos t (t > 0)$，试求网络函数 $H(s) = I(s)/E(s)$（策动点导纳），根据 $H(s)$ 验证网络的内部结构如题图 12-51（b）所示。

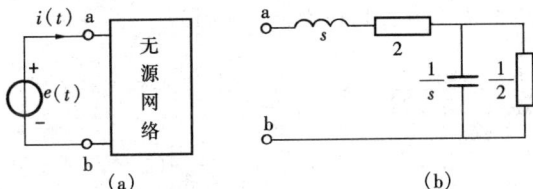

图 12-51　题 12-34 图

12-35 已知网络函数 $\dfrac{U_2(s)}{U_1(s)} = \dfrac{1}{(s+4)(s+1)}$，当 $u_1(t) = 6\mathrm{e}^{-2t}\varepsilon(t)$ V 时，试用卷积定理求 $u_2(t)$。

12-36 RC 串联电路图 12-52 所示，试求网络函数 $H(s) = U_2(s)/U_1(s)$，定性画出幅频特性和相频特性，求截止角频率 ω_C。

12-37 图 12-53 所示的电路，输出变量为 i_C，试求频率响应 $H(\mathrm{j}\omega)$ 并指出其类型。

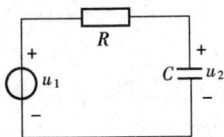

图 12-52　题 12-36 图　　　　　图 12-53　题 12-37 图

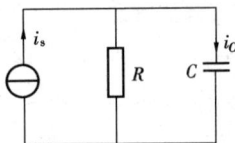

参 考 答 案

12-1　（1）$\dfrac{a}{s(s+a)}$；（2）$\dfrac{s}{(s+a)^2}$；（3）$\dfrac{2}{s^3}$；（4）$\dfrac{\omega\cos\varphi + s\sin\varphi}{s^2+\omega^2}$；

(5) $\dfrac{3s^2+2s+1}{s^2}$; (6) $\dfrac{\omega}{s^2+4\omega^2}$; (7) $\dfrac{2}{s(s^2+4)}$; (8) $\dfrac{2\omega s}{(s^2+\omega^2)^2}$;

(9) $\dfrac{\mathrm{e}^{-s}}{s^2}(1+s-\mathrm{e}^{-s}-2s\mathrm{e}^{-s})$; (10) $\dfrac{s+a}{s+b}$

12-2 (a) $\dfrac{2}{s}(\mathrm{e}^{-1s}-\mathrm{e}^{-2s})$; (b) $[1-(2s+1)\mathrm{e}^{-2s}]/s^2$;

(c) $[(2s-1)\mathrm{e}^{-s}+\mathrm{e}^{-3s}]/s^2$; (d) $\dfrac{(1-\mathrm{e}^{-as})^2}{as^2}$; (e) $\dfrac{1+\mathrm{e}^{-\frac{T}{2}s}}{s^2+1}$

12-3 (1) $0.5\mathrm{e}^{-t}-0.5\mathrm{e}^{-3t}$; (2) $2-3\mathrm{e}^{-10t}+\mathrm{e}^{-30t}$; (3) $\dfrac{1}{6}-\dfrac{1}{10}\mathrm{e}^{-2t}-\dfrac{1}{15}\mathrm{e}^{-12t}$;

(4) $\mathrm{e}^{-t}\varepsilon(t-3)$

12-4 (1) $\dfrac{1}{2}\mathrm{e}^{-3t}\sin2t$; (2) $1+2\mathrm{e}^{-2t}\sin t$;

(3) $t\mathrm{e}^{-t}+0.5\mathrm{e}^{-t}-0.5\mathrm{e}^{-3t}$; (4) $(-2\mathrm{e}^{-3t}+2\cos3t+2\sin3t)$

12-5 (1) $2\delta(t)+\dfrac{1}{4}(1+\mathrm{e}^{-2t})$; (2) $\delta(t-2)-3\mathrm{e}^{-3(t-2)}\varepsilon(t-2)$;

(3) $\dfrac{t}{2}\sin t$; (4) $f(t)=5\cos2t+5\mathrm{e}^{-t}\sin2t$

12-6 (a) $R_1+\dfrac{R_2+sL}{1+sR_2C+s^2LC}$; (b) $\dfrac{s^2+3s+2}{s^2+3s+3}$

12-8 $u_{C1}(t)=\dfrac{100}{3}(1+2\mathrm{e}^{-5000t})\mathrm{V}$; $u_{C2}(t)=\dfrac{100}{3}(1-\mathrm{e}^{-5000t})\mathrm{V}$

12-9 $\dfrac{U_0}{\rho}\sin\omega_0 t$, $\omega_0=\dfrac{1}{\sqrt{LC}}$, $\rho=\sqrt{\dfrac{L}{C}}$

12-10 (1) $U_s\mathrm{e}^{-2t}$; (2) $U_s(-\mathrm{e}^{-t}+2\mathrm{e}^{-2t})$; (3) $u_s=\psi_s\delta(t)-2\psi_s\mathrm{e}^{-2t}$

(4) $U_s\mathrm{e}^{-2t}\varepsilon(t)-U_s\mathrm{e}^{-2(t-1)}\varepsilon(t-1)$;

(5) $\dfrac{U_s}{2}(1-\mathrm{e}^{-2t})\varepsilon(t)-\dfrac{U_s}{2}(1+\mathrm{e}^{-2(t-1)})\varepsilon(t-1)$

12-11 $-0.5+0.75\mathrm{e}^{-138.9t}\mathrm{mA}$

12-12 $i=\dfrac{U}{12(1-a)}[(3-2a)\mathrm{e}^{-at}-\mathrm{e}^{-t}]\mathrm{A}$

12-13 $\mathrm{e}^{-6t}+t\mathrm{e}^{-5t}-\mathrm{e}^{-5t}\mathrm{A}$

12-14 $U_{ab}=1-\dfrac{1}{s}$ 　 $Z(s)=\dfrac{10}{s}$

12-15 $5-5\mathrm{e}^{-0.4t}\mathrm{V}$

12-16 (a) $i_{L1}(t)=15t+15\mathrm{A}$; $i_{L2}(t)=15\mathrm{e}^{-0.5t}(\mathrm{A})$;

(b) $i_{L1}(t)=0.5I_0(1+\mathrm{e}^{-\frac{2R}{L}t})\mathrm{A}$; $i_{L2}(t)=0.5I_0(-1+\mathrm{e}^{-\frac{2R}{L}t})\mathrm{A}$

12-17 $u_C=0.4\mathrm{e}^{-0.2t}\mathrm{V}$

12-18 $(4\mathrm{e}^{-t}\cos t+6\mathrm{e}^{-t}\sin t)\mathrm{V}$

12-19 $4\times10^6[t\mathrm{e}^{-2\times10^6 t}\varepsilon(t)]-(t-1)\mathrm{e}^{-2\times10^6(t-1)}\varepsilon(t-1)]$ 　 A

12-20 $0.25\mathrm{e}^{-50t}\cos(50t-45°)\mathrm{A}$

12-21 $2t+2\mathrm{e}^{-3t}-2\mathrm{e}^{-2t}$ 　 V

12-22 $\quad i_C = 20\sqrt{2}\,\mathrm{e}^{-100t}\cos\,(100t-45°)\ \mathrm{A}$

12-23 $\quad (1-1.5\mathrm{e}^{-2t}-1.5\mathrm{e}^{-3t})\varepsilon(t)\,\mathrm{V}$

12-24 $\quad i = \dfrac{U_s}{R}(1-\mathrm{e}^{-\frac{5R}{L}t})$

12-25 $\quad i(t) = 0.02\mathrm{e}^{-40t}\,\mathrm{A},u_L(t) = -0.24\delta(t)-2.4\mathrm{e}^{-40t}\,\mathrm{V}$

12-26 $\quad i\ (t)=1.5\times10^{-4}\delta\ (t)\ \mathrm{A},\ u_C\ (t)=50\varepsilon\ (t)\quad\mathrm{V}$

12-27 $\quad (10-4\mathrm{e}^{-0.04t})\ \mathrm{V},\ 4\mathrm{e}^{-0.04t}\mathrm{V},\ [12\delta\ (t)\ +0.32\mathrm{e}^{-0.04t}]\ \mathrm{A}$

12-28 $\quad i_1=2\mathrm{e}^{-1.33t}\mathrm{A},\ i_2=-2\delta\ (t)\ +0.667\mathrm{e}^{-1.33t}\mathrm{A},\ i_3=2\delta\ (t)\ +1.33\mathrm{e}^{-1.33t}\mathrm{A}$

12-29 $\quad u_C=-30\mathrm{e}^{-3t}+50\mathrm{e}^{-4t}\quad\mathrm{V}$

12-30 $\quad \dfrac{7s^2+8s+58}{s^3+4s^2+14s+20},\ -2,\ -1\pm\mathrm{j}3$

12-31 $\quad H\ (s)\ =\dfrac{1}{s+1}$

12-32 $\quad H\ (s)\ =\dfrac{1}{(s+1)^2+1},\ h\ (t)\ =\mathrm{e}^{-t}\sin t$

12-33 $\quad \dfrac{0.5s}{s+25};\ \dfrac{10^{-6}s\ (s+50)}{s+25};\ \dfrac{0.5\times10^6}{s+50}$

12-34 $\quad H\ (s)\ =\dfrac{s+2}{(s+2)^2+1}=\dfrac{1}{s+2+\dfrac{1}{s+2}}$

12-35 $\quad u_2\ (t)\ =2\mathrm{e}^{-t}-3\mathrm{e}^{-2t}+\mathrm{e}^{-4t}\mathrm{V}$

12-36 $\quad H\ (s)\ =\dfrac{\dfrac{1}{RC}}{s+\dfrac{1}{RC}},\ \omega_C=\dfrac{1}{RC}$

12-37 $\quad H\ (\mathrm{j}\omega)\ =\dfrac{1}{1-\mathrm{j}\dfrac{1}{\omega RC}},\ H_0=1,\ \omega_C=\dfrac{1}{RC}$

第 13 章　网络的状态变量分析法

动态网络的分析方法，按照描述网络的微分方程来分类，可分为输入—输出法与状态变量法两类。

输入—输出法有时域分析法和复频域分析法，该方法着眼于建立输出变量（响应）与输入量（激励）之间的关系，并由此关系解出输出变量。状态变量分析法是借助于一组称为状态变量的辅助变量，来建立关于状态变量与输入量的一阶微分方程组（状态方程）和状态变量与输入量、输出变量的方程或方程组（输出方程），通过求解状态方程和输出方程来分析动态网络的。

状态变量法有以下几方面的特点：

（1）状态变量法建立的是一阶微分方程组，求解比高阶微分方程容易；

（2）状态变量法不仅适用于线性网络，也适用于非线性、时不变与时变网络；

（3）一阶微分方程组的求解易于编程，可对复杂网络进行计算机辅助分析；

（4）状态变量法在计算网络响应的同时，还可以对网络的稳定性、可控制性和可观测性等特性进行分析。

13.1　网络的状态与状态变量

网络在任意时刻 t_0 的状态，可理解为它是一组最少信息（数据）的集合，如 $X(t_0) = \{x_1(t_0), x_2(t_0), \cdots, x_n(t_0)\}$，若 $t \geqslant t_0$ 时加在网络的激励已知，则对于确定网络 $t = t_0$ 及 $t > t_0$ 时的任何响应，$X(t_0)$ 这组信息是必要的、充分的，而且数目最少。构成这组最少信息的变量 $x_1(t)$、$x_2(t)$、$\cdots$、$x_n(t)$ 称为网络的状态变量。这是一组线性无关的变量，它在任意时刻的值即是网络在该时刻的状态。

对于线性时不变的动态网络，独立的电容电压、独立的电感电流就是能够满足上述条件的一组变量，因此可作为网络的状态变量。而非线性或时变网络，独立的电容电荷、独立的电感磁通链也可作为网络的状态变量。下面给出网络状态概念的精确定义。

一组数据如果满足下述两个条件就可以被称为是网络的状态：

（1）对于某一任意时刻比如 t_1，可以根据 t_1 时刻的状态及输入波形（从 t_1 时刻开始的波形为给定）来惟一地确定在 $t > t_1$ 的任一时刻的状态；

（2）根据在时刻 t 的状态及时刻 t 的输入（有时候还根据输入的某些导数）能够惟一地决定在时刻 t 的任一网络变量的值。

当把状态看作为一个向量时，其分量则称为状态变量。在线性定常网络的情况下，如果状态方程能写成如下的形式：

$$\dot{x}(t) = Ax(t) + Bv(t) \tag{13-1}$$

则向量 x 自然满足条件（1）。同样，只要任一输出 y 能写成如下形式：

$$y(t) = Cx(t) + Dv(t) \tag{13-2}$$

则条件（2）也自然满足。

由于状态变量之间必须线性无关，因此，在选择电容电压作为状态变量时，这些电压必须是相互独立的变量。网络中可能出现仅由电容元件或由电容元件与独立电压源构成的回路，这类回路称为纯电容回路，如图 13-1（a）所示。纯电容回路中各元件电压要满足 KVL 的约束条件，因此其中一个电容元件的电压可由其他元件的电压线性表示，该电容电压不能作为状态变量。

选择电感元件的电流作为状态变量时，电感电流之间必须是相互独立的变量。但网络中可能会出现仅由电感元件或由电感元件与独立电流源构成的割集，此类割集称为纯电感割集，如图 13-1（b）所示。电感割集中各元件的电流要满足 KCL 的约束条件，其中一个电感元件的电流

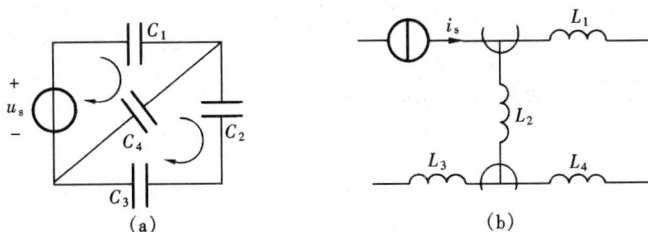

图 13-1　纯电容回路与纯电感割集
(a) 纯电容回路；(b) 纯电感割集

可由其他元件的电流线性表示，该电感电流不能作为状态变量。

不含有纯电容回路和纯电感割集的网络，称为常态网络。在常态网络中，各电容元件的电压、各电感元件的电流都是相互独立的变量，这些变量都可选为状态变量，因此状态变量的个数应等于网络中动态元件的个数。含有纯电容回路或纯电感割集或两者兼有的网络，称为非常态网络。在非常态网络中，因为存在非独立的电容电压和电感电流，状态变量的个数应小于网络中动态元件的总数。

由于出现一个独立的纯电容回路，就意味着有一个电容电压不独立，同理出现一个独立的纯电感割集，就意味着有一个电感电流不独立。若网络的状态变量的个数用 n 表示，动态元件的总数用 d 表示，非独立电容电压的个数用 p 表示，非独立电感电流的个数用 q 表示，则有

$$n = d - p - q \tag{13-3}$$

在含有纯电容回路的电路中，式（13-3）中的 p 可用电容子网络来决定，具体做法是将网络中除电容元件和独立电压源以外的其他元件均断开，形成一个只含电容元件和独立电压源的子网络，该子网络称为电容子网络。电容子网络的独立回路数就是非独立电容电压个数 p。

在含有纯电感割集的电路中，式（13-3）中的 q 可用电感子网络来确定，将网络中除电感元件和独立电流源以外的其他元件均短接，形成一个只含电感元件和独立电流源的子网络，称之为电感子网络。电感子网络的独立节点数就是非独立的电感电流的个数 q。

13.2　状态方程与输出方程

对于给定的网络，在确定网络的状态变量和给定输入的情况下，任何时刻的输出都可以求得。因此，状态变量法应包括两个基本的步骤，首先，确定并求解状态变量；其次，根据这些状态变量求输出。在数学上可用两组方程来表示：

（1）状态方程，它表示状态变量和输入量的关系；

（2）输出方程，它表示输出量与状态变量和输入量的关系。

状态变量法就是列出并求解状态方程和输出方程的方法。

13.2.1　状态方程

在输入—输出法中，总是用高阶微分方程来描述一个系统。所以从高阶微分方程开始，经过变换引出状态方程。先看一个二阶常微分方程的例子，设二阶微分方程为

$$\frac{\mathrm{d}^2 x(t)}{\mathrm{d}t^2} + a_1 \frac{\mathrm{d}x(t)}{\mathrm{d}t} + a_0 x(t) = u(t) \tag{13-4}$$

定义两个状态变量 x_1 和 x_2 为

$$\left. \begin{array}{c} x(t) = x_1(t) \\ \dfrac{\mathrm{d}x(t)}{\mathrm{d}t} = x_2(t) \end{array} \right\} \tag{13-5}$$

故有

$$\frac{\mathrm{d}x_1(t)}{\mathrm{d}t} = x_2(t) \tag{13-6}$$

将式（13-5）代入式（13-4），得

$$\frac{\mathrm{d}x_2(t)}{\mathrm{d}t} + a_1 x_2(t) + a_0 x_1(t) = u(t) \tag{13-7}$$

于是一个二阶微分方程就变成为两个一阶微分方程

$$\left. \begin{array}{l} \dfrac{\mathrm{d}x_1(t)}{\mathrm{d}t} = x_2(t) \\[2mm] \dfrac{\mathrm{d}x_2(t)}{\mathrm{d}t} = -a_0 x_1(t) - a_1 x_2(t) + u(t) \end{array} \right\} \tag{13-8}$$

可用矩阵形式表示为

$$\begin{bmatrix} \dot{x}_1(t) \\ \dot{x}_2(t) \end{bmatrix} = \begin{bmatrix} 0 & 1 \\ -a_0 & -a_1 \end{bmatrix} \begin{bmatrix} x_1(t) \\ x_2(t) \end{bmatrix} + \begin{bmatrix} 0 \\ 1 \end{bmatrix} u(t) \tag{13-9}$$

式（13-8）或式（13-9）就是对应于式（13-4）所表示系统的状态方程。可以看出状态方程有如下几个特点：

（1）它表示状态变量和输入量间的关系；

（2）它是一阶微分方程，每个方程只含有一个状态变量的一阶导数项；

（3）它是一组联立方程，方程个数等于状态变量个数。

对于多状态变量的线性系统，可给出其状态方程的一般表达式。令系统有 n 个状态变量为 $x_1(t), x_2(t), \cdots, x_n(t)$，$m$ 个输入量 $u_1(t), u_2(t), \cdots, u_m(t)$，$k$ 个输出量 $y_1(t), y_2(t), \cdots, y_k(t)$，则矩阵形式的状态方程为

$$\begin{bmatrix} \dot{x}_1(t) \\ \dot{x}_2(t) \\ \vdots \\ \dot{x}_n(t) \end{bmatrix} = \begin{bmatrix} a_{11} & a_{12} & \cdots & a_{1n} \\ a_{21} & a_{22} & \cdots & a_{2n} \\ \vdots & \vdots & & \vdots \\ a_{n1} & a_{n2} & \cdots & a_{nn} \end{bmatrix} \begin{bmatrix} x_1(t) \\ x_2(t) \\ \vdots \\ x_n(t) \end{bmatrix} + \begin{bmatrix} b_{11} & b_{12} & \cdots & b_{1m} \\ b_{21} & b_{22} & \cdots & b_{2m} \\ \vdots & \vdots & & \vdots \\ b_{n1} & b_{n2} & \cdots & b_{nm} \end{bmatrix} \begin{bmatrix} u_1(t) \\ u_2(t) \\ \vdots \\ u_m(t) \end{bmatrix} \tag{13-10}$$

为简便起见，引入状态矢量的概念。如果一个网络有 n 个状态变量，那么可将这些状态变量看作矢量 $\boldsymbol{X}(t)$ 的 n 个分量，$\boldsymbol{X}(t)$ 就叫作状态矢量。一旦给定了 $t \geqslant t_0$ 时的输入 $u(t)$，那

么状态矢量 $\boldsymbol{X}$（t）就惟一地确定了任何 $t \geqslant t_0$ 时网络的状态。把状态矢量记为

$$\boldsymbol{X}(t) = \begin{bmatrix} x_1(t) \\ x_2(t) \\ \vdots \\ x_n(t) \end{bmatrix} \tag{13-11}$$

则状态矢量的导数为

$$\dot{\boldsymbol{X}}(t) = \begin{bmatrix} \dot{x}_1(t) \\ \dot{x}_2(t) \\ \vdots \\ \dot{x}_n(t) \end{bmatrix} \tag{13-12}$$

再将式（13-10）中两个系数矩阵分别用 $\boldsymbol{A}$ 和 $\boldsymbol{B}$ 表示，即

$$\boldsymbol{A} = \begin{bmatrix} a_{11} & a_{12} & \cdots & a_{1n} \\ a_{21} & a_{22} & \cdots & a_{2n} \\ \vdots & \vdots & & \vdots \\ a_{n1} & a_{n2} & \cdots & a_{nn} \end{bmatrix} \qquad \boldsymbol{B} = \begin{bmatrix} b_{11} & b_{12} & \cdots & b_{1m} \\ b_{21} & b_{22} & \cdots & b_{2m} \\ \vdots & \vdots & & \vdots \\ b_{n1} & b_{n2} & \cdots & b_{nn} \end{bmatrix} \tag{13-13}$$

再定义输入矢量 $\boldsymbol{V}$（t）为

$$\boldsymbol{V}(t) = \begin{bmatrix} u_1(t) \\ u_2(t) \\ \vdots \\ u_n(t) \end{bmatrix} \tag{13-14}$$

因此，状态方程（13-10）可以写成更简单的形式，也就是状态方程的标准型：

$$\dot{\boldsymbol{X}}(t) = \boldsymbol{A}\boldsymbol{X}(t) + \boldsymbol{B}\boldsymbol{V}(t) \tag{13-15}$$

式中 $\boldsymbol{X}$（t）为 n 维的状态向量，$\dot{\boldsymbol{X}}$（t）为状态向量的一阶导数，$\boldsymbol{V}$（t）为 m 维的激励向量，$\boldsymbol{A}$ 与 $\boldsymbol{B}$ 均为仅由网络结构与参数决定的系数矩阵，分别为 $n \times n$ 与 $n \times m$ 阶矩阵。式（13-15）是一阶矢量矩阵微分方程，x（t）是 n 维状态空间中的一个矢量。一阶微分方程表达法比高阶微分方程有如下优点：

（1）可用多种分析技术求解一阶微分方程组；

（2）一阶微分方程表达法可推广到时变和非线性系统，而对高阶微分方程这种推广是困难的。对大多数时变和非线性网络而言，一阶微分方程可能是惟一有效的分析方法；

（3）一阶微分方程表达法用计算机求解十分方便。

13.2.2　输出方程

对于线性网络而言，输出方程是一次线性方程。它的一般表达式为

$$y_1 = c_{11}x_1(t) + c_{12}x_2(t) + \cdots + c_{1n}x_n(t) + d_{11}u_1(t) + d_{12}u_2(t) + \cdots + d_{1m}u_m(t)$$
$$y_2 = c_{21}x_1(t) + c_{22}x_2(t) + \cdots + c_{2n}x_n(t) + d_{21}u_1(t) + d_{22}u_2(t) + \cdots + d_{2m}u_m(t)$$
$$\vdots$$
$$y_k = c_{k1}x_1(t) + c_{k2}x_2(t) + \cdots + c_{kn}x_n(t) + d_{k1}u_1(t) + d_{k2}u_2(t) + \cdots + d_{kn}u_m(t)$$

或写成

$$\begin{bmatrix} y_1(t) \\ y_2(t) \\ \vdots \\ y_k(t) \end{bmatrix} = \begin{bmatrix} c_{11} & c_{12} & \cdots & c_{1n} \\ c_{21} & c_{22} & \cdots & c_{2n} \\ \vdots & \vdots & & \vdots \\ c_{k1} & c_{k2} & \cdots & c_{kn} \end{bmatrix} \begin{bmatrix} x_1(t) \\ x_2(t) \\ \vdots \\ x_n(t) \end{bmatrix} + \begin{bmatrix} d_{11} & d_{12} & \cdots & d_{1m} \\ d_{21} & d_{22} & \cdots & d_{2m} \\ \vdots & \vdots & & \vdots \\ d_{k1} & d_{k2} & \cdots & d_{kn} \end{bmatrix} \begin{bmatrix} u_1(t) \\ u_2(t) \\ \vdots \\ u_m(t) \end{bmatrix} \qquad (13\text{-}16)$$

如果引入输出矢量 $\boldsymbol{Y}(t)$ 和系数矩阵 $\boldsymbol{C}$，$\boldsymbol{D}$，则上式可写为

$$\boldsymbol{Y}(t) = \boldsymbol{CX}(t) + \boldsymbol{DV}(t) \qquad (13\text{-}17)$$

式中：$\boldsymbol{Y}(t)$ 为 k 维的输出向量，系数矩阵 $\boldsymbol{C}$ 与 $\boldsymbol{D}$ 仅由电路的结构与参数决定，分别为 $k \times n$ 和 $k \times m$ 阶矩阵。可见，网络的任何可能的输出都可以用状态变量和输入量来表示。有了式（13-15）和式（13-17）的状态方程和输出方程，状态变量法作为一种新的分析方法也就初步确立了。

13.2.3　状态空间与状态轨迹

状态变量法也称为状态空间法。状态空间就是以系统的 n 个状态变量 $x_1(t), x_2(t), \cdots,$ $x_n(t)$ 组成 n 维空间。网络的任意状态都可用状态空间中的一个点来表示，即用一个状态矢量来表示。因此，状态方程和输出方程也就是网络的状态空间描述，不管网络多么复杂，它的状态空间描述总是具有这种统一的简洁形式，有利于在计算机上做数值分析。

网络的状态变量是一组线性无关的变量，以状态变量 $x_1(t), x_2(t), \cdots, x_n(t)$ 为基底可以构成 n 维的空间，称之为状态空间。

状态向量 $\boldsymbol{X}(t)$ 是随时间 t 变化的，它反映了电路的工作状态随时间 t 的变化情况，而 $\boldsymbol{X}(t)$ 在某一时刻 t_0 的值，状态空间中有相应的点与其对应。当时间从 t_0 变化到 ∞ 时，这些点就连成了曲线，称为状态轨迹。状态轨迹形象地描述了电路状态随时间的变化规律，并且还能反映出电路的稳定性。如图 13-2（a）所示电路，初始条件 $u_C(0_-) = 1\mathrm{V}$，$i_L(0_-) = 0$，当 $R = 3\Omega$，$L = 1\mathrm{H}$，$C = 0.5\mathrm{F}$ 时，求得状态变量为

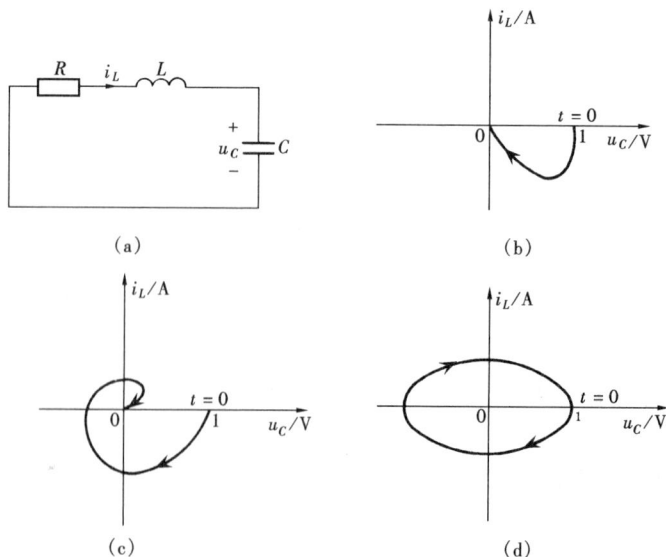

(a)　　　　　　　　　　(b)

(c)　　　　　　　　　　(d)

图 13-2　状态轨迹

(a) R、L、C 串联电路；(b) 稳定状态；(c) 稳定状态；(d) 临界稳定状态

$$u_C(t) = 2e^{-t} - e^{-2t}\,\mathrm{V}$$

$$i_L(t) = -e^{-t} + e^{-2t}\,\mathrm{A}$$

其状态轨迹如图 13-2（b）所示，状态轨迹是渐近地趋近于坐标原点，网络在这种参数条件下是稳定的。若 $R = 2\Omega$，其他参数不变，则

$$u_C(t) = \sqrt{2}\,e^{-t}\sin(t + 45°)\,\mathrm{V}$$

$$i_L(t) = -e^{-t}\sin t\,\mathrm{A}$$

其状态轨迹为图 13-2（c）所示，它螺旋式地旋入坐标原点，网络仍是稳定的。当 $R = 0$ 时，有

$$u_C(t) = \cos\sqrt{2}\,t \quad \mathrm{V}$$

$$i_L(t) = -\frac{\sqrt{2}}{2}\sin\sqrt{2}\,t \quad \mathrm{A}$$

状态轨迹如图 13-2（d）所示，轨迹为椭圆形封闭曲线，网络处于临界稳定状态。以上三种情况分别对应于网络的过阻尼、欠阻尼和无阻尼工作状态。

13.3　状态方程的列写

　　利用网络图论的知识，通过对网络的观察，有规律地列写网络的 KCL 及 KVL 方程，这种列写状态方程的方法称为状态方程的观察法列写。

　　对于线性时不变网络，一般总是选择独立的电容电压与独立的电感电流作为状态变量。根据电容元件的伏安关系 $i_C = C\dfrac{du_C}{dt}$ 和电感元件的伏安关系 $u_L = L\dfrac{di_L}{dt}$，若列写只含一个电容元件的割集的 KCL 方程，或只含一个电感元件的回路的 KVL 方程，每一个方程均只含一项状态变量的一阶导数，然后通过非状态变量的代换，就可得到状态方程。这就是状态方程的观察法列写的基本思路。

13.3.1　状态方程的直观列写

　　观察状态方程的标准形式（13-15），在以独立的电容电压与独立的电感电流作为状态变量的情况下，状态变量的一阶导数 du_C/dt 与 di_L/dt 分别对应着电容元件所在割集的 KCL 方程和含电感元件回路的 KVL 方程，因此，直观列写法的步骤为：

　　（1）确定状态变量；

　　（2）对含有电容元件的割集列写 KCL 方程，方程中应包括尽可能少的非状态变量；

　　（3）对含有电感元件的回路列写 KVL 方程，方程中应包括尽可能少的非状态变量；

　　（4）消去（2）、（3）步骤中出现的非状态变量；

　　（5）整理成标准型。

　　【例 13-1】　用直观列写法列写出图13-3所示电路的状态方程标准型。

　　解　节点 b 含有电容元件，列写节点 b 的 KCL 方程，即

$$C\frac{du_C}{dt} = i_L - i_3 \qquad (13\text{-}18)$$

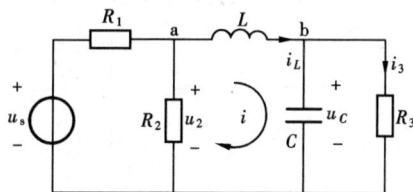

图 13-3　［例 13-1］的电路图

对含有电感元件的回路 l 列写 KVL 方程

$$L\frac{\mathrm{d}i_L}{\mathrm{d}t}=-u_C+u_2 \tag{13-19}$$

消去其中的非状态变量 i_3 和 u_2，由电路有

$$i_3=\frac{1}{R_3}u_C \tag{13-20}$$

由节点 a 有

$$\frac{(u_s-u_2)}{R_1}-\frac{u_2}{R_2}-i_L=0$$

$$u_2=-\frac{R_1R_2}{R_1+R_2}i_L+\frac{R_2}{R_1+R_2}u_s \tag{13-21}$$

将式（13-20）、式（13-21）分别代入式（13-18）和式（13-19），并整理有

$$\begin{cases}\dfrac{\mathrm{d}u_C}{\mathrm{d}t}=-\dfrac{1}{R_3C}u_C+\dfrac{1}{C}i_L\\[2ex]\dfrac{\mathrm{d}i_L}{\mathrm{d}t}=-\dfrac{1}{L}u_C-\dfrac{R_1R_2}{(R_1+R_2)L}i_L+\dfrac{R_2}{(R_1+R_2)L}u_s\end{cases}$$

整理成矩阵形式

$$\begin{bmatrix}\dot{u}_C\\\dot{i}_L\end{bmatrix}=\begin{bmatrix}-\dfrac{1}{R_3C}&\dfrac{1}{C}\\[2ex]-\dfrac{1}{L}&-\dfrac{R_1R_2}{(R_1+R_2)L}\end{bmatrix}\begin{bmatrix}u_C\\i_L\end{bmatrix}+\begin{bmatrix}0\\\dfrac{R_2}{(R_1+R_2)L}\end{bmatrix}\begin{bmatrix}u_s\end{bmatrix}$$

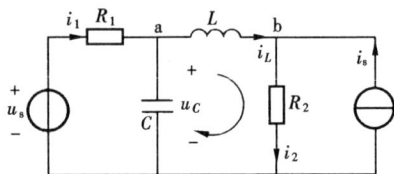

图 13-4　　［例 13-2］的电路

【例 13-2】　用直观列写法列写出图 13-4 所示电路的状态方程标准型。

　　解　节点 a 含有电容元件，列写节点 a 的 KCL 方程，即

$$C\frac{\mathrm{d}u_C}{\mathrm{d}t}=-i_L+i_1 \tag{13-22}$$

对含有电感元件的回路 l 列写 KVL 方程

$$L\frac{\mathrm{d}i_L}{\mathrm{d}t}=u_C-R_2i_2 \tag{13-23}$$

消去其中的非状态变量 i_1 和 i_2，由电路有

$$\left.\begin{array}{c}i_1=\dfrac{u_s-u_C}{R_1}\\[2ex]i_2=i_L+i_s\end{array}\right\} \tag{13-24}$$

将式（13-24）分别代入式（13-22）和式（13-23），并整理得

$$\begin{cases}\dfrac{\mathrm{d}u_C}{\mathrm{d}t}=-\dfrac{1}{R_1C}u_C-\dfrac{1}{C}i_L+\dfrac{1}{R_1C}u_s\\[2ex]\dfrac{\mathrm{d}i_L}{\mathrm{d}t}=\dfrac{1}{L}u_C-\dfrac{R_2}{L}i_L-\dfrac{R_2}{L}i_s\end{cases}$$

表示成矩阵形式

$$
\begin{bmatrix} \dot{u}_C \\ \dot{i}_L \end{bmatrix} = \begin{bmatrix} -\dfrac{1}{R_1 C} & -\dfrac{1}{C} \\ \dfrac{1}{L} & -\dfrac{R_2}{L} \end{bmatrix} \begin{bmatrix} u_C \\ i_L \end{bmatrix} + \begin{bmatrix} \dfrac{1}{R_1 C} & 0 \\ 0 & -\dfrac{R_2}{L} \end{bmatrix} \begin{bmatrix} u_s \\ i_s \end{bmatrix}
$$

13.3.2　状态方程的专用树列写法

在常态网络中，所有的电容电压与电感电流都应选作状态变量，在这种情况下，可以选择一种包含所有的电容元件、电压源和一些必要的电阻元件，而不包含任何电流源与电感元件的树，这种树称为专用树。

选好网络的专用树后，分别列写电容树支对应的基本割集（单树支割集）的 KCL 方程及电感连支对应的基本回路（单连支回路）的 KVL 方程，这样的方程接近状态方程的形式，但含有非状态变量，必须予以消除，通过适当列写其余的基本割集的 KCL 方程和基本回路的 KVL 方程可以消除非状态变量。

【例 13-3】 列写出图 13-5（a）所示电路的状态方程。

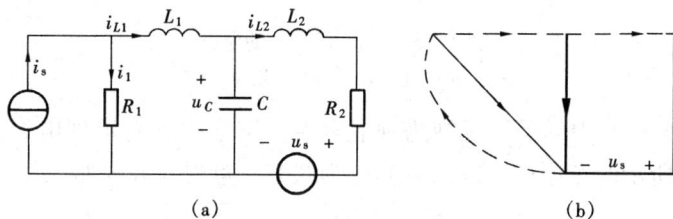

图 13-5　［例 13-3］的电路
（a）电路图；（b）专用树

解　选取专用树如图 13-5（b）所示，选择 u_C、i_{L1} 和 i_{L2} 为状态变量，其电容树支所对应的基本割集的 KCL 方程为

$$
C \frac{\mathrm{d}u_C}{\mathrm{d}t} = i_{L1} - i_{L2}
$$

电感连支对应的基本回路的 KVL 方程为

$$
L_1 \frac{\mathrm{d}i_{L1}}{\mathrm{d}t} = R_1 i_1 - u_C
$$

$$
L_2 \frac{\mathrm{d}i_{L2}}{\mathrm{d}t} = u_C - u_s - R_2 i_{L2}
$$

对于非状态变量 i_1，其对应的基本割集的 KCL 方程为 $i_1 = i_s - i_{L1}$，将 i_1 代入上面的方程中，并整理成状态方程的矩阵形式为

$$
\begin{bmatrix} \dot{u}_C \\ \dot{i}_{L1} \\ \dot{i}_{L2} \end{bmatrix} = \begin{bmatrix} 0 & \dfrac{1}{C} & \dfrac{1}{C} \\ -\dfrac{1}{L_1} & -\dfrac{R_1}{L_1} & 0 \\ \dfrac{1}{L_2} & 0 & -\dfrac{R_2}{L_2} \end{bmatrix} \begin{bmatrix} u_C \\ i_{L1} \\ i_{L2} \end{bmatrix} + \begin{bmatrix} 0 & 0 \\ 0 & \dfrac{R_1}{L_1} \\ -\dfrac{1}{L_2} & 0 \end{bmatrix} \begin{bmatrix} u_s \\ i_s \end{bmatrix}
$$

在线性常态网络中，建立状态方程，有时消除非状态变量的工作量较大，电路越复杂出现的非状态变量越多，消除就越困难。另外专用树选取不合理也可能使得消除非状态变量的

工作量加大。

13.3.3　含有受控源网络状态方程的观察法列写

当电路中含有受控源时，受控源的存在可能使得状态向量的维数下降。在列写含受控源网络的状态方程时，首先，将受控源视为独立电源，按照正常的列写方法列写状态方程；然后，将受控源的控制量用状态变量和激励表示。若在列写过程中出现不独立的状态变量，则是受控源的影响所致，应将不独立的状态变量消除。

【例 13-4】 列写图 13-6（a）所示含受控源网络的状态方程。

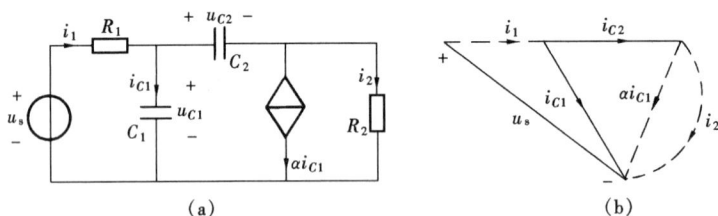

图 13-6　［例 13-4］的电路

(a) 电路图；(b) 专用树

解　将图 13-6（a）中的受控源视为独立电源，网络中没有出现电容回路和电感割集，选取图 13-6（b）所示的专用树，以 u_{C1} 和 u_{C2} 为状态变量列写方程如下

$$\begin{cases} C_1 \dot{u}_{C1} = i_1 - \alpha i_{C1} - i_2 \\ C_2 \dot{u}_{C2} = \alpha i_{C1} + i_2 \end{cases} \tag{13-25}$$

对式（13-25）中的非状态变量 i_1、i_2 和 i_{C1} 列写以下方程

$$\begin{cases} i_1 = (u_s - u_{C1})/R_1 \\ i_2 = (u_{C1} - u_{C2})/R_2 \\ i_{C1} = C_1 \dot{u}_{C1} \end{cases} \tag{13-26}$$

将式（13-26）代入式（13-25）可推得

$$\begin{bmatrix} \dot{u}_{C1} \\ \dot{u}_{C2} \end{bmatrix} = \frac{1}{(C_1 + \alpha C_1)C_2} \begin{bmatrix} \dfrac{R_1 + R_2}{R_1 R_2} C_2 & \dfrac{C_2}{R_2} \\ \dfrac{R_1 - \alpha R_2}{R_1 R_2} C_1 & -\dfrac{C_1}{R_2} \end{bmatrix} \begin{bmatrix} u_{C1} \\ u_{C2} \end{bmatrix} + \frac{1}{(C_1 + \alpha C_1)C_2} \begin{bmatrix} \dfrac{C_2}{R_1} \\ \dfrac{\alpha C_1}{R_1} \end{bmatrix} [u_s]$$

上式是 $\alpha \neq -1$ 时的状态方程。若 $\alpha = -1$ 时，则 $C_1 + \alpha C_1 = 0$，上式中的两个方程是线性相关的，只能选择 u_{C1} 和 u_{C2} 中的一个作为状态变量。具体做法如下：

当 $\alpha = -1$ 时，式（13-25）中的第一式变为

$$C_1 \dot{u}_{C1} = i_1 + i_{C1} - i_2 = i_1 + C_1 \dot{u}_{C1} - i_2$$

即

$$i_1 - i_2 = 0 \tag{13-27}$$

将式（13-26）中 i_1 和 i_2 代入式（13-27），有

$$\frac{u_s - u_{C1}}{R_1} - \frac{u_{C1} - u_{C2}}{R_2} = 0$$

故有

$$(R_1 + R_2) u_{C1} - R_1 u_{C2} = R_2 u_s \tag{13-28}$$

式（13-28）表明 u_{C1} 和 u_{C2} 线性相关，若选择 u_{C1} 作为状态变量，u_{C2} 用 u_{C1} 及 u_s 表示为

$$u_{C2} = \frac{R_1 + R_2}{R_1} u_{C1} - \frac{R_2}{R_1} u_s \tag{13-29}$$

将 $\alpha = -1$ 及式（13-27）所得 $i_1 = i_2$ 代入式（13-25）的第二式，得

$$C_2 \dot{u}_{C2} = -i_{C1} + i_1 \tag{13-30}$$

将式（13-26）及式（13-29）代入上式，可得

$$\frac{C_2 \, (R_1 + R_2)}{R_1} \dot{u}_{C1} - \frac{C_2 R_2}{R_1} \dot{u}_s = -C_1 \dot{u}_{C1} + \frac{u_s - u_{C1}}{R_1} \tag{13-31}$$

最后整理成状态方程为

$$\dot{u}_{C1} = \frac{1}{(C_1 + C_2) \, R_1 + C_2 R_2} \, (-u_{C1} + u_s + C_2 R_2 \dot{u}_s)$$

若电路是线性时变的，则电容、电感元件的特性方程可表示为

$$\begin{cases} q(t) = C(t) u_C(t) \\ \psi(t) = L(t) i_L(t) \end{cases}$$

列写状态方程时，一般选择独立的电容电荷、独立的电感磁链作为状态变量。

【例 13-5】　电路如图13-7（a)所示，电容和电感元件为线性时变，列写其状态方程。

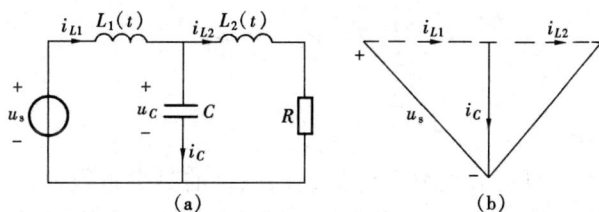

图 13-7　［例 13-5］的电路
(a) 电路图；(b) 专用树

解　选择电容电荷 $q\,(t)$、电感磁链 $\psi_1\,(t)$、$\psi_2\,(t)$ 为状态变量，专用树如图 13-7（b）所示。列写电容树支的基本割集的 KCL 方程及电感连支的基本回路的 KVL 方程

$$\begin{cases} i_C = \dfrac{\mathrm{d}q}{\mathrm{d}t} = i_{L1} - i_{L2} = \dfrac{\psi_1}{L_1(t)} - \dfrac{\psi_2}{L_2(t)} \\[2mm] u_{L1} = \dfrac{\mathrm{d}\psi_1}{\mathrm{d}t} = u_s - u_C = u_s - \dfrac{q}{C(t)} \\[2mm] u_{L2} = \dfrac{\mathrm{d}\psi_2}{\mathrm{d}t} = u_C - R i_{L2} = \dfrac{q}{C(t)} - R\dfrac{\psi_2}{L_2(t)} \end{cases} \tag{13-32}$$

整理成矩阵形式为

$$\begin{bmatrix} \dot{q} \\ \dot{\psi}_1 \\ \dot{\psi}_2 \end{bmatrix} = \begin{bmatrix} 0 & \dfrac{1}{L_1(t)} & -\dfrac{1}{L_2(t)} \\[3mm] -\dfrac{1}{C(t)} & 0 & 0 \\[3mm] \dfrac{1}{C(t)} & 0 & -\dfrac{R}{L_2(t)} \end{bmatrix} \begin{bmatrix} q \\ \psi_1 \\ \psi_2 \end{bmatrix} + \begin{bmatrix} 0 \\ 1 \\ 0 \end{bmatrix} \begin{bmatrix} u_s \end{bmatrix} \tag{13-33}$$

本例也可选择选择 u_C、i_{L1} 和 i_{L2} 为状态变量，式（13-33）为

$$\begin{cases} \dfrac{\mathrm{d}q}{\mathrm{d}t} = C(t)\dfrac{\mathrm{d}u_C}{\mathrm{d}t} + u_C\dfrac{\mathrm{d}C(t)}{\mathrm{d}t} = i_{L1} - i_{L2} \\[2mm] \dfrac{\mathrm{d}\psi_1}{\mathrm{d}t} = L_1(t)\dfrac{\mathrm{d}i_{L1}}{\mathrm{d}t} + i_{L1}\dfrac{\mathrm{d}L_1(t)}{\mathrm{d}t} = u_s - u_C \\[2mm] \dfrac{\mathrm{d}\psi_2}{\mathrm{d}t} = L_2(t)\dfrac{\mathrm{d}i_{L2}}{\mathrm{d}t} + i_{L2}\dfrac{\mathrm{d}L_2(t)}{\mathrm{d}t} = u_C - Ri_{L2} \end{cases}$$

整理成矩阵形式为

$$\begin{bmatrix} \dot{u}_C \\[2mm] \dot{i}_{L1} \\[2mm] \dot{i}_{L2} \end{bmatrix} = \begin{bmatrix} -\dfrac{\dot{C}(t)}{C(t)} & \dfrac{1}{C(t)} & -\dfrac{1}{C(t)} \\[3mm] -\dfrac{1}{L_1(t)} & -\dfrac{\dot{L}_1(t)}{L_1(t)} & 0 \\[3mm] \dfrac{1}{L_2(t)} & 0 & -\dfrac{R+\dot{L}_2(t)}{L_2(t)} \end{bmatrix} \begin{bmatrix} u_C \\[2mm] i_{L1} \\[2mm] i_{L2} \end{bmatrix} + \begin{bmatrix} 0 \\[2mm] \dfrac{1}{L_1(t)} \\[2mm] 0 \end{bmatrix} \begin{bmatrix} u_s \end{bmatrix}$$

式中　　$\dot{C}(t) = \dfrac{\mathrm{d}C(t)}{\mathrm{d}t}, \dot{L}_1(t) = \dfrac{\mathrm{d}L_1(t)}{\mathrm{d}t}, \dot{L}_2(t) = \dfrac{\mathrm{d}L_2(t)}{\mathrm{d}t}$。

小 结

1. 状态与状态变量

网络在任意时刻 t_0 的状态，就是一组描述该网络的最少量数据，根据这些最少量数据以及外加激励就能够惟一地确定 t_0 以后任意时刻网络的响应。在线性网络中，一般选取独立的电容电压 u_C、独立的电感电流 i_L 作为网络的状态变量。

2. 状态方程的标准形式

电路状态方程的标准形式为

$$\dot{\boldsymbol{X}}(t) = \boldsymbol{A}\boldsymbol{X}(t) + \boldsymbol{B}\boldsymbol{V}(t)$$

式中：$\boldsymbol{X}(t)$ 是状态矢量，它的分量就是状态变量，$\boldsymbol{V}(t)$ 是输入矢量，它由激励组成；$\boldsymbol{A}$ 和 $\boldsymbol{B}$ 是常数矩阵。

3. 状态方程的列写

在常态网络中，所有的电容电压与电感电流都应选作状态变量，在这种情况下，状态方程一般经常采用下面两种方法列写。

（1）状态方程的直观列写法；该方法是在确定状态变量的基础上，对含有电容元件的割集列写 KCL 方程，对含有电感元件的回路列写 KVL 方程，两种方程中应包括尽可能少的非状态变量，消去出现的非状态变量，整理成标准型。

（2）状态方程列写的专用树法；选择包含所有的电容元件、电压源和一些必要的电阻元件，但不包含任何电流源与电感元件的专用树，分别列写电容树支对应的基本割集（单树支割集）的 KCL 方程及电感连支对应的基本回路（单连支回路）的 KVL 方程，消除非状态变量，建立状态方程。

习 题 十 三

13-1 列写图 13-8 所示各电路的状态方程。

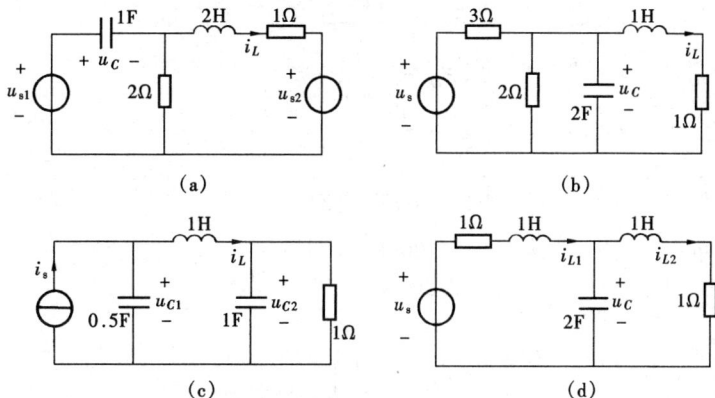

图 13-8 题 13-1 图

13-2 列写图 13-9 所示电路的状态方程。

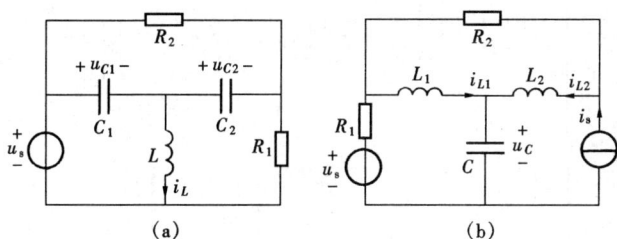

图 13-9 题 13-2 图

13-3 试写出图 13-10 所示的两个电路状态方程。

（1）以电容电压和电感电流为状态变量；

（2）以电容电荷和电感磁链为状态变量。

13-4 试写出图 13-11 所示电路的状态方程，设 $M=1\text{H}$。

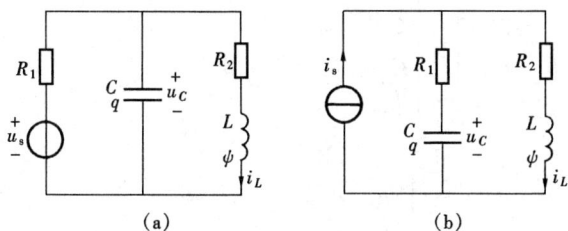

图 13-10 题 13-3 图

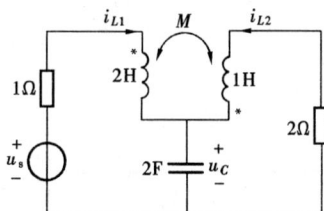

图 13-11 题 13-4 图

参　考　答　案

13-1　(a)　$\begin{bmatrix} \dot{u}_C \\ \dot{i}_L \end{bmatrix} = \begin{bmatrix} -0.5 & 1 \\ -0.5 & -0.5 \end{bmatrix} \begin{bmatrix} u_C \\ i_L \end{bmatrix} + \begin{bmatrix} 0.5 & 0 \\ 0.5 & -0.5 \end{bmatrix} \begin{bmatrix} u_{s1} \\ u_{s2} \end{bmatrix}$

(b)　$\begin{bmatrix} \dot{u}_C \\ \dot{i}_L \end{bmatrix} = \begin{bmatrix} -\dfrac{5}{12} & -\dfrac{1}{2} \\ 1 & -1 \end{bmatrix} \begin{bmatrix} u_C \\ i_L \end{bmatrix} + \begin{bmatrix} \dfrac{1}{6} \\ 0 \end{bmatrix} [u_s]$

(c)　$\begin{bmatrix} \dot{u}_{C1} \\ \dot{u}_{C1} \\ \dot{i}_L \end{bmatrix} = \begin{bmatrix} 0 & 0 & -2 \\ 0 & -1 & 1 \\ 1 & -1 & 0 \end{bmatrix} \begin{bmatrix} u_{C1} \\ u_{C2} \\ i_L \end{bmatrix} + \begin{bmatrix} 2 \\ 0 \\ 0 \end{bmatrix} [i_s]$

(d)　$\begin{bmatrix} \dot{u}_C \\ \dot{i}_{L1} \\ \dot{i}_{L2} \end{bmatrix} = \begin{bmatrix} 0 & 0.5 & -0.5 \\ -1 & -1 & 0 \\ 1 & 0 & -1 \end{bmatrix} \begin{bmatrix} u_C \\ i_{L1} \\ i_{L2} \end{bmatrix} + \begin{bmatrix} 0 \\ 1 \\ 0 \end{bmatrix} [u_s]$

13-2　(a)　$\begin{bmatrix} \dot{u}_{C1} \\ \dot{u}_{C2} \\ \dot{i}_L \end{bmatrix} = \begin{bmatrix} \dfrac{-1}{C_1}\left(\dfrac{1}{R_1}+\dfrac{1}{R_2}\right) & \dfrac{-1}{C_1}\left(\dfrac{1}{R_1}+\dfrac{1}{R_2}\right) & \dfrac{1}{C_1} \\ \dfrac{-1}{C_2}\left(\dfrac{1}{R_1}+\dfrac{1}{R_2}\right) & \dfrac{-1}{C_2}\left(\dfrac{1}{R_1}+\dfrac{1}{R_2}\right) & 0 \\ \dfrac{-1}{L} & 0 & 0 \end{bmatrix} \begin{bmatrix} u_{C1} \\ u_{C2} \\ i_L \end{bmatrix} + \begin{bmatrix} \dfrac{1}{R_1 C_1} \\ \dfrac{1}{R_1 C_2} \\ \dfrac{1}{L} \end{bmatrix} [u_s]$

(b)　$\begin{bmatrix} \dot{u}_C \\ \dot{i}_{L1} \\ \dot{i}_{L2} \end{bmatrix} = \begin{bmatrix} 0 & \dfrac{1}{C} & \dfrac{1}{C} \\ -\dfrac{1}{L_1} & -\dfrac{R_1}{L_1} & -\dfrac{R_1}{L_1} \\ -\dfrac{1}{L_2} & -\dfrac{R_1}{L_2} & -\dfrac{R_1+R_2}{L_2} \end{bmatrix} \begin{bmatrix} u_C \\ i_{L1} \\ i_{L2} \end{bmatrix} + \begin{bmatrix} 0 & 0 \\ \dfrac{1}{L_1} & \dfrac{R_1}{L_1} \\ \dfrac{1}{L_2} & \dfrac{R_1+R_2}{L_2} \end{bmatrix} \begin{bmatrix} u_s \\ i_s \end{bmatrix}$

13-3　(1)　(a)　$\begin{bmatrix} \dot{u}_C \\ \dot{i}_L \end{bmatrix} = \begin{bmatrix} -\dfrac{1}{R_1 C} & -\dfrac{1}{C} \\ \dfrac{1}{L} & -\dfrac{R_2}{L} \end{bmatrix} \begin{bmatrix} u_C \\ i_L \end{bmatrix} + \begin{bmatrix} \dfrac{1}{R_1 C} \\ 0 \end{bmatrix} [u_s]$

(b)　$\begin{bmatrix} \dot{u}_C \\ \dot{i}_L \end{bmatrix} = \begin{bmatrix} 0 & -\dfrac{1}{C} \\ \dfrac{1}{L} & -\dfrac{R_1+R_2}{L} \end{bmatrix} \begin{bmatrix} u_C \\ i_L \end{bmatrix} + \begin{bmatrix} \dfrac{1}{C} \\ \dfrac{R_1}{L} \end{bmatrix} [i_s]$

(2)　(a)　$\begin{bmatrix} \dot{q} \\ \dot{\psi} \end{bmatrix} = \begin{bmatrix} -\dfrac{1}{R_1 C} & -\dfrac{1}{L} \\ \dfrac{1}{C} & -\dfrac{R_2}{L} \end{bmatrix} \begin{bmatrix} q \\ \psi \end{bmatrix} + \begin{bmatrix} \dfrac{1}{R_1} \\ 0 \end{bmatrix} [u_s]$

(b) $\begin{bmatrix} \dot{q} \\ \dot{\psi} \end{bmatrix} = \begin{bmatrix} 0 & -\dfrac{1}{L} \\ \dfrac{1}{C} & -\dfrac{R_1 + R_2}{L} \end{bmatrix} \begin{bmatrix} q \\ \psi \end{bmatrix} + \begin{bmatrix} 1 \\ R_1 \end{bmatrix} [i_s]$

13-4　$\begin{bmatrix} \dot{u}_C \\ \dot{i}_{L1} \\ \dot{i}_{L2} \end{bmatrix} = \begin{bmatrix} 0 & 0.5 & 0.5 \\ -2 & -1 & -2 \\ -3 & -1 & -4 \end{bmatrix} \begin{bmatrix} u_C \\ i_{L1} \\ i_{L2} \end{bmatrix} + \begin{bmatrix} 0 \\ 1 \\ 1 \end{bmatrix} [u_s]$

第 14 章　均匀传输线的正弦稳态分析

在第 1 章中曾经指出，实际电路的电阻、电感和电容等参数都是连续分布的，但是在一定条件下，可以忽略电路参数的分布性而近似地用集中参数电路作为实际电路的模型。当电路的工作频率很高，其几何尺寸 l 与电路工作频率所对应的波长 λ 可以相比较（$l \geqslant 0.01\lambda$）时，就应考虑将它作为分布参数电路来处理。

例如，电力系统中的高压远距离交流输电线，由于工作频率很低（50Hz），但相对应的电磁波的波长 λ 却很长（6000km），输电线沿线的尺寸也很大（200km 以上），并且采用的电压很高（35kV 以上），沿线的分布电感、线间的分布电容和线间的泄漏电流等方面的影响都必须考虑，因此这样的电力传输线必须作为分布参数电路来研究。

在分布参数电路中，电压、电流是空间和时间的函数，它们既按空间分布又随时间变化。均匀传输线又称为均匀长线，是最典型的分布参数电路。

均匀传输线的正弦稳态分析，可以结合二端口网络的传输方程和二端口网络的级联来理解和认识。从二端口网络的角度来掌握均匀传输线在正弦稳态下的分析方程是方便的。对于均匀传输线的正弦稳态分析，主要讨论的是传输线上电压和电流的沿线分布特性。

14.1　均匀传输线及其微分方程

传输线是用以引导电磁能量从一处传递到另一处的一种装置。如果传输线由两根平行导线组成，每一导线沿线各处具有相同材料、相同截面，并且导线周围介质沿线均匀分布，则称之为二线均匀传输线或简称均匀线。

当在传输线二线间加上电压并有电流通过传输线时，在传输线上及其周围空间中便产生了电场和磁场。如果激励电压随时间变化，则上述电场和磁场也将随时间而变化。时变电磁场的普遍规律决定了传输线上的电压和电流随时间和空间变化的规律，因此分布参数电路理论和电磁场理论有较为密切的联系。

14.1.1　均匀传输线的原始参数

在分布参数电路理论中，用线间分布电容来反映沿传输线周围空间分布的电场的储能特性；用沿线的分布电感来反映沿传输线周围空间分布的磁场的储能特性。此外，因电流通过金属导体而引起发热损耗的现象存在于传输线的整个长度上，用以反映这一现象的电路参数是沿线的分布电阻；因绝缘不完善而引起的线间泄漏电流也是沿线分布的，用以反映这一现象的电路参数是线间的分布漏电导。

由于均匀传输线的几何尺寸及媒质的电磁性能的均匀性，上述用以反映传输线电磁过程的各个电路参数都是均匀地分布于传输线的全线上。故均匀传输线的原始参数是以每单位长度的电路参数来表示的，表示方法如下：

（1）单位长度线段上的电阻 R_0（包括来回线），其单位为 Ω/km；

（2）单位长度线段上的电感 L_0（包括来回线），其单位为 H/km；

（3）单位长度线段的两导线间的漏电导 G_0，其单位为 S/km；

（4）单位长度线段的两导线间的电容 C_0，其单位为 F/km。

这四个原始参数可以通过计算或测量来确定，并可被认为在相当宽的频率范围内都是恒定的，即认为这四个参数均为常量。

14.1.2　均匀传输线的偏微分方程

由于均匀传输线的参数均匀地分布于传输线的全线上，因而传输线上的电压和电流，不仅是时间 t 的函数，而且是空间坐标 x 的函数，即 $u(x,t)$ 和 $i(x,t)$，因此传输线的方程将是含有变量 t 和 x 的偏微分方程。

为了研究均匀传输线上各处电压、电流随时间变化的规律和在某一时刻电压、电流的沿线分布规律，首先需要建立在任意工作状态下均匀线的电压和电流都能满足的偏微分方程。

在距传输线始端 x 处取一长度为 Δx 的微分元来研究，如图 14-1 所示，整个均匀传输线可以视为由一系列这样的微分元电路段级联而成。当 Δx 足够小时，可以忽略该微分元上电路参数的分布性，仍可用 KCL 和 KVL 进行分析。

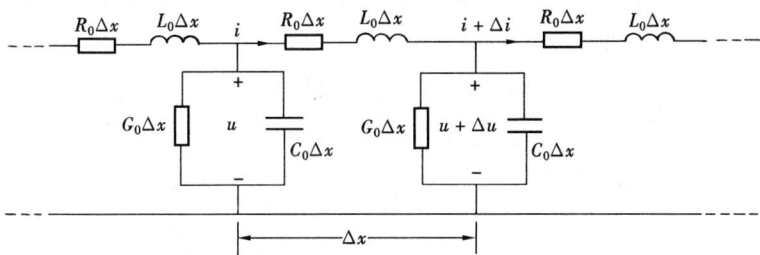

图 14-1　均匀传输线的微分元电路

对于图 14-1 所示的均匀传输线的微分元电路，建立如下的 KCL 和 KVL 方程

$$\begin{cases} -i+(i+\Delta i)+(u+\Delta u)G_0\Delta x+C_0\Delta x\dfrac{\partial(u+\Delta u)}{\partial t}=0 \\ -u+R_0\Delta xi+L_0\Delta x\dfrac{\partial i}{\partial t}+(u+\Delta u)=0 \end{cases} \tag{14-1}$$

由此可推得

$$\begin{cases} -\Delta i=\left[(u+\Delta u)G_0+C_0\dfrac{\partial(u+\Delta u)}{\partial t}\right]\Delta x \\ -\Delta u=\left(R_0i+L_0\dfrac{\partial i}{\partial t}\right)\Delta x \end{cases} \tag{14-2}$$

将式（14-2）两边除以此 Δx，并令 $\Delta x\to0$，且当 $\Delta x\to0$ 时，$\Delta i\to0$，$\Delta u\to0$，则有

$$\begin{cases} -\dfrac{\partial u}{\partial x}=R_0i+L_0\dfrac{\partial i}{\partial t} \\ -\dfrac{\partial i}{\partial x}=G_0u+C_0\dfrac{\partial u}{\partial t} \end{cases} \tag{14-3}$$

式（14-3）就是均匀传输线的偏微分方程组，简称为均匀线方程，有些文献上又称之为电报方程。

式（14-3）表明，由于均匀传输线上连续分布的电阻和电感引起的电压降，使传输线间电压沿线变化；由于均匀传输线上连续分布的漏电导和电容在线间引起的泄漏电流和位移电流，致使电流沿线变化。

14.2　均匀传输线方程的正弦稳态解

均匀线方程是一组偏微分方程，在给定的初始条件和边界条件下，可以得到惟一确定的 $u(x,t)$ 和 $i(x,t)$ 解。

14.2.1　均匀线方程的相量形式

在正弦稳态下，由于均匀传输线的参数 R_0、L_0、G_0 和 C_0 都是常数，因此均匀传输线上的电流及线间电压都是与电源同频率的时间变量 t 的正弦函数，而其幅值和相角则为空间变量 x 的函数。

设均匀传输线的激励是角频率为 ω 的正弦电压源，当电路达到稳定状态后，传输线上各处的电压、电流均为与激励同频率的正弦时间函数，可用电压相量 $\dot{U}$ 和电流相量 $\dot{I}$ 分别来表示 $u(x,t)$ 和 $i(x,t)$，即

$$\begin{cases} u(x,t) = \mathrm{Im}[\sqrt{2}\dot{U}\mathrm{e}^{\mathrm{j}\omega t}] \\ i(x,t) = \mathrm{Im}[\sqrt{2}\dot{I}\mathrm{e}^{\mathrm{j}\omega t}] \end{cases} \tag{14-4}$$

将式（14-4）代入式（14-3）可得

$$-\frac{\mathrm{d}\dot{U}(x)}{\mathrm{d}x} = R_0\dot{I}(x) + \mathrm{j}\omega L_0\dot{I}(x) = Z_0\dot{I}(x) \tag{14-5}$$

$$-\frac{\mathrm{d}\dot{I}(x)}{\mathrm{d}x} = G_0\dot{U}(x) + \mathrm{j}\omega C_0\dot{U}(x) = Y_0\dot{U}(x) \tag{14-6}$$

将式（14-5）两边对 x 分别求导，可得

$$-\frac{\mathrm{d}^2\dot{U}(x)}{\mathrm{d}x^2} = Z_0\frac{\mathrm{d}\dot{I}(x)}{\mathrm{d}x} \tag{14-7}$$

再将式（14-6）代入式（14-7），可得

$$-\frac{\mathrm{d}^2\dot{U}(x)}{\mathrm{d}x^2} = Z_0\frac{\mathrm{d}\dot{I}(x)}{\mathrm{d}x} = -Z_0Y_0\dot{U}(x) = -\gamma^2\dot{U}(x)$$

整理有　　　　　　　　　　$$\frac{\mathrm{d}^2\dot{U}(x)}{\mathrm{d}x^2} - \gamma^2\dot{U}(x) = 0 \tag{14-8}$$

二阶常微分方程式（14-8）的通解为

$$\dot{U}(x) = \dot{A}_1\mathrm{e}^{-\gamma x} + \dot{A}_2\mathrm{e}^{\gamma x} \tag{14-9}$$

式（14-5）又可以改写为

$$\dot{I}(x) = -\frac{1}{Z_0} \cdot \frac{\mathrm{d}\dot{U}(x)}{\mathrm{d}x} \tag{14-10}$$

再将式（14-9）代入式（14-10），可得

$$\dot{I}(x) = -\frac{1}{Z_0}(-\gamma\dot{A}_1\mathrm{e}^{-\gamma x} + \gamma\dot{A}_2\mathrm{e}^{\gamma x}) = \frac{\gamma}{Z_0}\dot{A}_1\mathrm{e}^{-\gamma x} + \frac{\gamma}{Z_0}\dot{A}_2\mathrm{e}^{\gamma x} \tag{14-11}$$

式(14-9) 和式(14-11) 中的 $\dot{A}_1$、$\dot{A}_2$ 可由均匀传输线的两个端口的边界条件来确定。

14. 2. 2　均匀传输线的副参数

均匀传输线在正弦稳态下的电压、电流相量解如式(14-9) 和式(14-11)。在这两个表达式中引出了描述相量解的两个重要的参数 γ 和 Z_c,它们统称为均匀传输线的副参数。

在式(14-8) 中,有

$$\gamma = \sqrt{Z_0 Y_0} = \sqrt{(R_0 + \mathrm{j}\omega L_0)(G_0 + \mathrm{j}\omega C_0)} = \alpha + \mathrm{j}\beta \tag{14-12}$$

式中:γ 是一个复数称为传播常数,它描述单位长度的均匀传输线的电压和电流的衰减和相位的变化。其实部 α 称为衰减常数,描述单位长度的均匀传输线的电压、电流幅值的衰减,单位是 Np/m(奈培 / 米);其虚部 β 称为相位常数,描述单位长度的均匀传输线的电压、电流相位的变化,单位是 rad/m(弧度 / 米)。γ 的角度在 $0° \sim 90°$ 之间,故其实部 α 和虚部 β 均为正值。

在式(14-11) 中,令

$$Z_c = \frac{Z_0}{\gamma} = \sqrt{\frac{Z_0}{Y_0}} = \sqrt{\frac{R_0 + \mathrm{j}\omega L_0}{G_0 + \mathrm{j}\omega C_0}} = Z_c \angle \theta_c \tag{14-13}$$

式中:Z_c 称为波阻抗或特性阻抗,它是描述电压与电流之间关系的重要参数,单位是 Ω。当 $\omega = 0$ 时,$Z_c = \sqrt{R_0/G_0}$;当 $\omega = \infty$ 时,$Z_c = \sqrt{L_0/C_0}$,都是纯电阻。

均匀传输线上的电压、电流相量形式为

$$\begin{cases} \dot{U}(x) = \dot{A}_1 \mathrm{e}^{-\gamma x} + \dot{A}_2 \mathrm{e}^{\gamma x} \\ \dot{I}(x) = \dfrac{1}{Z_c} \dot{A}_1 \mathrm{e}^{-\gamma x} - \dfrac{1}{Z_c} \dot{A}_2 \mathrm{e}^{\gamma x} \end{cases} \tag{14-14}$$

14. 2. 3　均匀传输线的电压、电流正弦稳态解

若以始端作为空间坐标的起点 $x = 0$,且已知始端的电压、电流相量分别为 $\dot{U}_1$ 和 $\dot{I}_1$,令式 (14-14) 中的 $x = 0$,有

$$\begin{cases} \dot{U}_1 = \dot{A}_1 + \dot{A}_2 \\ \dot{I}_1 = \dfrac{1}{Z_c} \dot{A}_1 - \dfrac{1}{Z_c} \dot{A}_2 \end{cases} \tag{14-15}$$

由此可求得

$$\begin{cases} \dot{A}_1 = \dfrac{1}{2}(\dot{U}_1 + Z_c \dot{I}_1) \\ \dot{A}_2 = \dfrac{1}{2}(\dot{U}_1 - Z_c \dot{I}_1) \end{cases} \tag{14-16}$$

将式 (14-16) 代入式 (14-14),可得

$$\begin{cases} \dot{U}(x) = \dfrac{1}{2}(\dot{U}_1 + Z_c \dot{I}_1) \mathrm{e}^{-\gamma x} + \dfrac{1}{2}(\dot{U}_1 - Z_c \dot{I}_1) \mathrm{e}^{\gamma x} \\ \dot{I}(x) = \dfrac{1}{2}\left(\dfrac{\dot{U}_1}{Z_c} + \dot{I}_1\right) \mathrm{e}^{-\gamma x} - \dfrac{1}{2}\left(\dfrac{\dot{U}_1}{Z_c} - \dot{I}_1\right) \mathrm{e}^{\gamma x} \end{cases} \tag{14-17}$$

考虑到

$$\text{ch}\gamma x = \frac{1}{2}\ (\text{e}^{\gamma x}+\text{e}^{-\gamma x})$$

$$\text{sh}\gamma x = \frac{1}{2}\ (\text{e}^{\gamma x}-\text{e}^{-\gamma x})$$

这样，均匀传输线的电压、电流相量形式，可以改写为双曲函数形式

$$\begin{cases}\dot{U}(x)=\dot{U}_1\text{ch}\gamma x-Z_c\dot{I}_1\text{sh}\gamma x\\[2mm]\dot{I}(x)=\dot{I}_1\text{ch}\gamma x-\dfrac{\dot{U}_1}{Z_c}\text{sh}\gamma x\end{cases}\tag{14-18}$$

这里，x 的起点是始端，其正方向由始端指向终端，如图 14-2（a）所示。

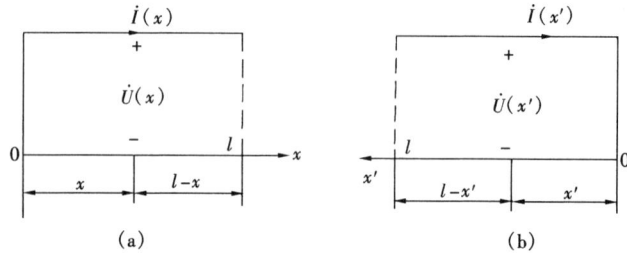

图 14-2　以始端及终端为空间坐标起点的传输线
（a）以始端为起点的传输线；（b）以终端为起点的传输线

　　同理，如果已知的是终端的电压、电流相量分别为 $\dot{U}_2$ 和 $\dot{I}_2$，设均匀传输线的全长为 l，将 $x=l$ 代入式（14-14），可得

$$\begin{cases}\dot{U}_2=\dot{A}_1\text{e}^{-\gamma l}+\dot{A}_2\text{e}^{\gamma l}\\[2mm]\dot{I}_2=\dfrac{1}{Z_c}\dot{A}_1\text{e}^{-\gamma l}-\dfrac{1}{Z_c}\dot{A}_2\text{e}^{\gamma l}\end{cases}\tag{14-19}$$

对以上两式联立求解

$$\begin{cases}\dot{A}_1=\dfrac{1}{2}(\dot{U}_2+Z_c\dot{I}_2)\text{e}^{\gamma l}\\[2mm]\dot{A}_2=\dfrac{1}{2}(\dot{U}_2-Z_c\dot{I}_2)\text{e}^{-\gamma l}\end{cases}\tag{14-20}$$

将式（14-20）代入式（14-14），可得

$$\begin{cases}\dot{U}(x')=\dfrac{1}{2}(\dot{U}_2+Z_c\dot{I}_2)\text{e}^{\gamma(l-x)}+\dfrac{1}{2}(\dot{U}_2-Z_c\dot{I}_2)\text{e}^{-\gamma(l-x)}\\[2mm]\dot{I}(x')=\dfrac{1}{2}\Big(\dfrac{\dot{U}_2}{Z_c}+\dot{I}_2\Big)\text{e}^{\gamma(l-x)}-\dfrac{1}{2}\Big(\dfrac{\dot{U}_2}{Z_c}-\dot{I}_2\Big)\text{e}^{-\gamma(l-x)}\end{cases}\tag{14-21}$$

令 $x'=l-x$，则在线路始端（$x=0$）$x'=l$，在线路终端（$x=l$）$x'=0$。显然，x' 是线路上任一处至终端的距离，也就是说，x' 的起点是终端，其正方向由终端指向始端，如图 14-2（b）所示。

　　因此可将式（14-21）表达成空间坐标 x' 的函数，即

$$\begin{cases} \dot{U}(x') = \dfrac{1}{2}(\dot{U}_2 + Z_c \dot{I}_2)\mathrm{e}^{\gamma x'} + \dfrac{1}{2}(\dot{U}_2 - Z_c \dot{I}_2)\mathrm{e}^{-\gamma x'} \\[2mm] \dot{I}(x') = \dfrac{1}{2}\left(\dfrac{\dot{U}_2}{Z_c} + \dot{I}_2\right)\mathrm{e}^{\gamma x'} - \dfrac{1}{2}\left(\dfrac{\dot{U}_2}{Z_c} - \dot{I}_2\right)\mathrm{e}^{-\gamma x'} \end{cases} \tag{14-22}$$

也可以改写为双曲函数形式

$$\begin{cases} \dot{U}(x') = \dot{U}_2 \mathrm{ch}\gamma x' + Z_c \dot{I}_2 \mathrm{sh}\gamma x' \\[2mm] \dot{I}(x') = \dot{I}_2 \mathrm{ch}\gamma x' + \dfrac{\dot{U}_2}{Z_c}\mathrm{sh}\gamma x' \end{cases} \tag{14-23}$$

式（14-18）和式（14-23）就是均匀线方程在给定始端或终端边界条件下的两种形式的正弦稳态解。

【例 14-1】 某三相远距离高压输电线的工作参数为：$f=50\mathrm{Hz}$，$l=600\mathrm{km}$，$R_0=0.021\Omega/\mathrm{km}$，$L_0=0.95\times10^{-3}\mathrm{H/km}$，$C_0=0.011\,2\mu\mathrm{F/km}$，在线电压 $U_l=500\mathrm{kV}$ 下绝缘物质和电晕损耗 P_k 为每相 $1.8\mathrm{kW/km}$。试求：（1）如果在线路终端接有三相总功率为 $P_2=850\mathrm{MW}$ 的负载，负载线电压 $U_{l2}=500\mathrm{kV}$，$\cos\varphi_2=1$；计算线路始端的电压、电流和功率以及传输效率。（2）若线路始端的电压 $U_{l1}=500\mathrm{kV}$，求终端的开路电压和此时始端电流。

解 输电线单位长度的电导为

$$G_0 = \frac{P_k}{(U_L/\sqrt{3})^2} = \frac{3\times1.8\times10^3}{(500\times10^3)^2} = 0.216\times10^{-7}\ (\mathrm{S/km})$$

输电线路单位长度的阻抗和导纳

$$\begin{aligned} Z_0 &= R_0 + \mathrm{j}\omega L_0 = 0.021 + \mathrm{j}314\times0.95\times10^{-3} \\ &= 0.021 + \mathrm{j}0.298 = 0.299\angle85.97°(\Omega/\mathrm{km}) \\ Y_0 &= G_0 + \mathrm{j}\omega C_0 = 0.216\times10^{-7} + \mathrm{j}314\times0.0112\times10^{-6} \\ &= (0.021\,6 + \mathrm{j}3.51)\times10^{-6} = 3.518\times10^{-6}\angle89.64°(\mathrm{S/km}) \end{aligned}$$

特性阻抗和传播常数

$$Z_c = \sqrt{\frac{Z_0}{Y_0}} = 10^3\sqrt{\frac{0.299\angle85.97°}{3.518\angle89.64°}} = 291\angle-1.8°(\Omega)$$

$$\begin{aligned} \gamma &= \sqrt{Z_0 Y_0} = \sqrt{0.299\times3.518\times10^{-6}\angle85.97°+89.64°} \\ &= 1.026\times10^{-3}\angle87.8° = (0.039\,3 + \mathrm{j}1.025)\times10^{-3}(1/\mathrm{km}) \\ \gamma l &= 23.6\times10^{-3} + \mathrm{j}615\times10^{-3} \\ \mathrm{e}^{\gamma l} &= \mathrm{e}^{0.023\,6}\angle0.615\times\frac{180°}{\pi} = 1.024\angle35.3° = 0.836 + \mathrm{j}0.592 \\ \mathrm{e}^{-\gamma l} &= 0.977\angle-35.3° = 0.797 - \mathrm{j}0.564 \\ \mathrm{ch}\gamma l &= \frac{1}{2}(\mathrm{e}^{\gamma l} + \mathrm{e}^{-\gamma l}) = 0.816\angle0.98° \\ \mathrm{sh}\gamma l &= \frac{1}{2}(\mathrm{e}^{\gamma l} - \mathrm{e}^{-\gamma l}) = 0.577\angle88.1° \end{aligned}$$

取负载相电压为基准电压，即

$$\dot{U}_2 = \frac{1}{\sqrt{3}}\times500\times10^3\angle0° = 289\times10^3\angle0°\ (\mathrm{V})$$

负载电流为

$$\dot{I}_2 = \frac{P_2}{\sqrt{3}U_{l2}\cos\varphi_2} = \frac{850\times10^6}{\sqrt{3}\times500\times10^3} = 0.981\times10^3\angle0° \text{ (A)}$$

始端的相电压为

$$\dot{U}_1 = \dot{U}_2\mathrm{ch}\gamma l + Z_c\dot{I}_2\mathrm{sh}\gamma l$$
$$= 289\times10^3\times0.816\angle0.98° + 0.918\times10^3\times291\angle-1.8°\times0.577\angle88.1°$$
$$= (236\angle0.98° + 164.7\angle86.3°)\times10^3$$
$$= (246.6 + \mathrm{j}168.9)\times10^3 = 298.9\times10^3\angle34.4°\text{(V)}$$

始端的线电压

$$U_{l1} = \sqrt{3}U_l = \sqrt{3}\times298.9 = 517.7 \text{ (kV)}$$

始端电流为

$$\dot{I}_1 = \dot{I}_2\mathrm{ch}\gamma l + \frac{\dot{U}_2}{Z_c}\mathrm{sh}\gamma l$$
$$= 0.981\times10^3\times0.816\angle0.98° + \frac{289\times10^3}{291\angle-1.8°}\times0.577\angle88.1°$$
$$= (0.801\angle0.98° + 0.573\angle89.9°)\times10^3 = 0.944\times10^3\angle36.2°\text{(A)}$$

电源输入三相功率

$$P_1 = \sqrt{3}U_{l1}I_1\cos\varphi_1$$
$$= \sqrt{3}\times517.7\times0.994\times10^6\times\cos(34.4°-36.2°)$$
$$= 891\times10^6 W = 891\times10^3\text{(kW)}$$

输电线效率

$$\eta = \frac{P_2}{P_1} = \frac{850}{891} = 0.954 = 95.4\%$$

终端开路时，$\dot{I}_2 = 0$，设

$$\dot{U}_1 = \frac{500\times10^3}{\sqrt{3}} = 289\times10^3\angle0° \text{ (V)}$$

终端开路时的电压

$$\dot{U}_2 = \frac{\dot{U}_1}{\mathrm{ch}\gamma l} = \frac{289\times10^3\angle0°}{0.816\angle0.98°} = 354.2\times10^3\angle-0.98° \text{ (V)}$$

空载时终端的电压升高

$$\Delta U\% = \frac{354.2-289}{289}\times100\% = 22.6\%$$

空载时始端的电流为

$$\dot{I}_1 = \frac{\dot{U}_2\mathrm{sh}\gamma l}{Z_c} = \frac{354.2\times10^3\times0.577\angle(88.1°-0.98°)}{291\angle-1.8°}$$
$$= 0.702\times10^3\angle88.9°\text{(A)}$$

从上面的计算结果看，空载时终端的电压升高了 22.6%，同时始端的电流达到额定负载时始端电流的 70%以上，这些都是由于输电线的 G_0 的位移电流所造成的。

传输线始端的三相复功率为

$$\widetilde{S} = 3\dot{U}_1 \dot{I}_1^* = 3 \times 289 \times 0.702 \times 10^6 \angle -88.9°$$
$$= 608.6 \times 10^6 \angle -88.9° (\text{VA})$$

有功功率为

$$P_1 = 608.6 \times 10^6 \times \cos 88.9° = 11.68 \times 10^6 = 11.68 \ (\text{MW})$$

无功功率为

$$Q_1 = 608.6 \times 10^6 \times \sin\ (-88.9°) = -608.5 \times 10^6 = -608.5 \ (\text{Mvar})$$

输电线在始端所吸收的基本上是容性无功功率，而 P_1 主要是输送这些无功功率时在参数 R_0 中所引起的有功功率损耗。

14.3　行波及均匀传输线的传播特性

14.3.1　行波

为了研究均匀线方程的正弦稳态解的意义，这里将再次讨论电压相量 $\dot{U}$ 和电流相量 $\dot{I}$ 的指数函数形式，即

$$\begin{cases} \dot{U}\ (x) = \dot{A}_1 e^{-\gamma x} + \dot{A}_2 e^{\gamma x} \\ \dot{I}\ (x) = \dfrac{1}{Z_c} \dot{A}_1 e^{-\gamma x} - \dfrac{1}{Z_c} \dot{A}_2 e^{\gamma x} \end{cases}$$

式中：x 是由始端算起的，由于 $\dot{A}_1$ 和 $\dot{A}_2$ 均为复数，故设

$$\begin{cases} \dot{A}_1 = A_1 e^{j\varphi_1} \\ \dot{A}_2 = A_2 e^{j\varphi_2} \end{cases}$$

传输线中距离始端 x 处的电压和电流与距离 x、时间 t 的关系为

$$u(x,t) = \sqrt{2} A_1 e^{-\alpha x} \sin(\omega t - \beta x + \varphi_1) + \sqrt{2} A_2 e^{\alpha x} \sin(\omega t + \beta x + \varphi_2)$$
$$= u^+\ (x,t) + u^-\ (x,t)$$
$$i(x,t) = \sqrt{2}\frac{A_1}{z_c} e^{-\alpha x} \sin(\omega t - \beta x + \varphi_1 - \theta_c) - \sqrt{2}\frac{A_2}{z_c} e^{\alpha x} \sin(\omega t + \beta x + \varphi_2 - \theta_c)$$
$$= i^+\ (x,t) - i^-\ (x,t) \tag{14-24}$$

瞬时表达式（14-24）的电压与电流都是由两个分量组成的，电压分量

$$u^+\ (x,t) = \sqrt{2} A_1 e^{-\alpha x} \sin(\omega t - \beta x + \varphi_1)$$

它既是距离 x 的函数，也是时间 t 的函数。当固定在传输线的某一点处 x，观察该点电压 u^+ 分量时，可得到一个随时间按正弦规律变化的电压，其最大值 $U_m^+ = \sqrt{2} A_1 e^{-\alpha x}$ 随着 x 增大而减小。u^+ 分量的相位是 $(\omega t - \beta x + \varphi_1)$，若在 $t = t_1$ 时在 $x = x_1$ 处出现 u^+ 的某一个相位 φ，经过 Δt 后，当 $t_2 = t_1 + \Delta t$ 时，u^+ 的相位为 φ 的点将出现在 x_2 而不是 x_1，且

$$\omega t_1 - \beta x_1 + \varphi_1 = \omega t_2 - \beta x_2 + \varphi_1$$

或

$$x_2 - x_1 = \frac{\omega\ (t_2 - t_1)}{\beta} = \frac{\omega \Delta t}{\beta} \tag{14-25}$$

若 $\Delta t > 0$，$\Delta x = x_2 - x_1$ 也大于零，即 u^+ 保持相位不变的点要随着时间沿线向 x 增大的方向移动。

作 $x = x_1$ 和 $x = x_2 = x_1 + \Delta x$ 两处 u^+ 随时间变化的曲线如图 14-3 所示。从图上看到 t_1 时 x_1 处的 u^+ 相位为 $\pi/2$，此时 $u^+(x_1, t_1) = \sqrt{2} A_1 \mathrm{e}^{-\alpha x_1}$ 为 x_1 处的 u^+ 最大值，经过 $\Delta t = \beta \Delta x / \omega$ 后，$t = t_2 = t_1 + \Delta t$ 时 u^+ 相位为 $\pi/2$ 的点移到了 x_2 处，此时 $u^+(x_2, t_2)$ 达到最大值，且有

$$u^+(x_2, t_2) = \sqrt{2} A_1 \mathrm{e}^{-\alpha x_2} = \sqrt{2} A_1 \mathrm{e}^{-\alpha x_1} \mathrm{e}^{-\alpha \Delta x} = u^+(x_1, t_1) \mathrm{e}^{-\alpha \Delta x} \tag{14-26}$$

式（14-26）不仅对于相位为 $\pi/2$ 的点成立，对于任意相位的点也同样成立。

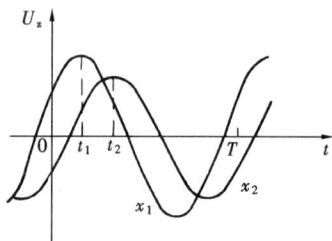

图 14-3　u_φ 随时间变化的曲线

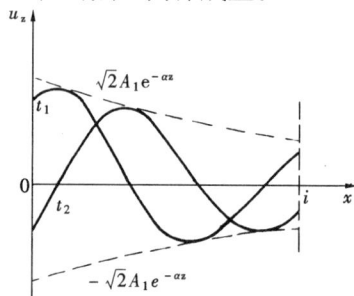

图 14-4　u_φ 沿线分布曲线

当 $t = t_1$ 和 $t = t_2 = t_1 + \Delta t$ 两个瞬时 u^+ 沿线分布情况为

$$u^+(x, t_1) = \sqrt{2} A_1 \mathrm{e}^{-\alpha x} \sin(\omega t_1 - \beta x + \varphi_1) = \sqrt{2} A_1 \mathrm{e}^{-\alpha x} \sin(\beta x - \omega t_1 - \varphi_1 + \pi)$$
$$= \sqrt{2} A_1 \mathrm{e}^{-\alpha x} \sin(\beta x + \varphi_1')$$
$$u^+(x, t_2) = \sqrt{2} A_1 \mathrm{e}^{-\alpha x} \sin(\beta x + \varphi_1' - \omega \Delta t)$$
$$= \sqrt{2} A_1 \mathrm{e}^{-\alpha x} \sin(\beta x + \varphi_2') \tag{14-27}$$

式（14-27）表示的电压 u^+ 沿线分布情况如图 14-4 所示。它们是以 $\pm\sqrt{2} A_1 \mathrm{e}^{-\alpha x}$ 两根曲线为包络线的衰减曲线。在 $t = t_2$ 时的 u^+ 分布曲线有如 $t = t_1$ 时曲线随时间向 x 增大的方向移动了 Δx 距离，但仍以 $\pm\sqrt{2} A_1 \mathrm{e}^{-\alpha x}$ 为包络线。

综上所述，$u^+(x, t)$ 是随时间的增大沿 x 增大的方向推进，并在推进方向逐渐衰减的行波。这种从电源向负载方向推进的行波称为正向行波。

行波的推进速度是用相位保持不变的点的移动速度来表示的，称为相位速度，也称为相速。根据式（14-25）正向行波的相位速度为

$$v = \lim_{\Delta t \to 0} \frac{\Delta x}{\Delta t} = \frac{\omega}{\beta} \tag{14-28}$$

架空传输线的相位速度接近于光速。

同一瞬时沿波推进方向相位相差 2π 的相邻两点间的距离称为波长 λ，波长可按下式求出

$$\omega t - \beta x + \varphi_1 = \omega t - \beta(x + \lambda) + \varphi_1 + 2\pi$$

解得

$$\lambda = \frac{2\pi}{\beta} = \frac{2\pi}{\frac{\omega}{v}} = \frac{v}{f} = vT \tag{14-29}$$

式中：T 是激励源（始端电压）的周期。对于 $50\,\text{Hz}$ 的电源来说，其在架空传输线中的波长约为 $6000\,\text{km}$。在高频传输线中波长却短得多，可能只有几十米、几米，甚至几厘米，频率越高波长就越短。

当传输线的长度与线上的电压、电流行波的波长接近于同一数量级时，传输线就应看成是分布参数电路，因此分布参数电路有时也称为长线。这里"长"是指与波长相比而言。几十公里长的架空电线还不到波长的 2%，按集中参数来考虑引起的误差不会太大，但几米长的 $5000\,\text{kHz}$ 的信号传输线与波长相比较就相当可观，就必须考虑参数的分布性。

根据与上面相同的分析，可知

$$u^-(x,t) = \sqrt{2}A_2 e^{\alpha x} \sin(\omega t + \beta x + \varphi_2)$$

也是行波，它的相位速度

$$v_2 = -\frac{\omega}{\beta} = -v$$

表示此行波是沿着 x 的减小方向推进，即自负载向电源方向推进，并在行进方向逐渐衰减。这种由负载向电源方向推进的行波称为反向行波，也叫回波。

用同样的方法，可以说明 $i^+(x,t)$ 和 $i^-(x,t)$ 为正向行波电流和反向行波电流。因此，均匀长线在一般负载情况下，可将线上的电压、电流分解成正向行波和反向行波两个分量，如式（14-24）所示，若用相量表示则可以写成

$$\begin{cases} \dot{U}(x) = \dot{U}^+(x) + \dot{U}^-(x) \\ \dot{I}(x) = \dot{I}^+(x) - \dot{I}^-(x) = \dfrac{1}{Z_c}[\dot{U}^+(x) - \dot{U}^-(x)] \end{cases} \tag{14-30}$$

从上面对行波的分析可以清楚地看出传输线的传播系数 γ 和特性阻抗 Z_c 的意义。

最后必须指出，在正弦稳态下把电压、电流分解成正向行波和反向行波两个分量只是为了分析上的方便，而输电线上存在的只是合成的电压 $u(x,t)$ 和 $i(x,t)$。

根据均匀传输线的电压、电流相量解，可知传输线 x 处的电压相量 $\dot{U}(x)$ 等于该处电压正向行波分量 $\dot{U}^+(x)$ 与电压反向行波分量 $\dot{U}^-(x)$ 相加。因此，电压正向行波分量 $\dot{U}^+(x)$ 与电压反向行波分量 $\dot{U}^-(x)$ 与该处的电压相量 $\dot{U}(x)$ 的假定方向一致。而均匀传输线 x 处的电流相量 $\dot{I}(x)$ 等于该处电流正向行波分量 $\dot{I}^+(x)$ 减去该处的电流反向行波分量 $\dot{I}^-(x)$，因此，电流正向行波分量 $\dot{I}^+(x)$ 的假定方向与该处的电流相量 $\dot{I}(x)$ 的假定方向一致，而电流反向行波分量 $\dot{I}^-(x)$ 的假定方向与该处的电流相量 $\dot{I}(x)$ 的假定方向相反。它们的假定方向如图 14-5 所示。

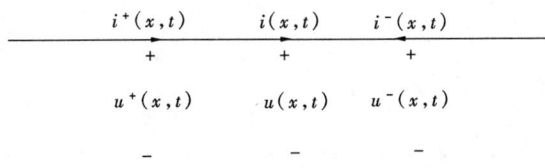

图 14-5 传输线上的电压、电流的假定方向

【例 14-2】 三相传输线长 $l=900\text{km}$，电源频率 $f=50\text{Hz}$，线电压 $U_l=400\text{kV}$，每相原始参数 $R_0=0.08\Omega/\text{km}$，$L_0=1.336\times10^{-3}\text{H/km}$，$C_0=8.6\times10^{-9}\text{F/km}$，在线电压为 400kV 时，测得输电线周围空气中一相的介质损耗 $P_0=2\text{kW/km}$，求其特性阻抗 Z_c，传播系数 γ 及波长 λ、波速 v 和衰减系数 β。

解　由 $P_0=U^2G_0$，可求得

$$G_0=\frac{3\times2\times10^3}{(400\times10^3)^2}=3.75\times10^{-8}\quad(\text{S/km})$$

单位长度传输线的原始阻抗及导纳参数

$$Z_0=R_0+\text{j}\omega L_0=(0.08+\text{j}0.4197)=0.4273\angle79.2°(\Omega/\text{km})$$

$$Y_0=G_0+\text{j}\omega C_0=(3.75\times10^{-8}+\text{j}2.702\times10^{-6})\approx\text{j}2.702\times10^{-6}(\text{S/km})$$

$$Z_c=\sqrt{\frac{Z_0}{Y_0}}=\sqrt{\frac{0.427\angle79.2°}{2.702\times10^{-6}\angle90°}}=397.6\angle-5.4°(\Omega)$$

$$\gamma=\sqrt{Z_0Y_0}=\sqrt{0.427\angle79.2°\times2.702\times10^{-6}\angle90°}$$

$$=(0.1011+\text{j}1.0697)\times10^{-3}=\alpha+\text{j}\beta$$

$$\alpha=0.1011\times10^{-3}\text{Np/km}\quad\beta=1.0697\times10^{-3}\text{rad/km}$$

$$\lambda=2\pi/\beta=5880(\text{km})\quad v=f\lambda=\omega/\beta=2.94\times10^5(\text{km/s})$$

14.3.2　均匀传输线的传播特性

由以上分析可知，传输线上的电压与电流均可看作是由两个反向行进的行波叠加而成的。因此，研究传输线的工作状态可以归结为研究这些行波的性质及其相互关系。均匀线的传播常数 γ 与特性阻抗 Z_c 将分别决定行波的性质以及沿同一方向传播的电压行波与电流行波之间的关系。

行波的传播特性归结为波的传播速度与波在行进过程中波幅衰减的程度。行波的传播速度，即相速 v，它是由电源频率 ω 与衰减常数 β 来确定；而正向电压行波的幅值 $\sqrt{2}A_1\text{e}^{-\alpha x}$ 在单位长度上的衰减，则由常数 α 来确定。因此，由 α 与 β 组成的复数导出参数 $\gamma=\alpha+\text{j}\beta$ 能反映波的传播特性，因此它被称为均匀线的传播常数。

由式（14-14）和式（14-30）可知，在距传输线始端 x 处的正向电压行波相量为

$$\dot{U}^+(x)=\dot{A}_1\text{e}^{-\gamma x}=A_1\text{e}^{\text{j}\varphi_1}\text{e}^{-\gamma x}$$

式中：$A_1\text{e}^{\text{j}\varphi_1}$ 为 $x=0$ 处（即始端）的正向电压行波相量。在距传输线始端 $x+1$ 处的正向电压行波相量为

$$\dot{U}^+(x+1)=\dot{A}_1\text{e}^{-\gamma(x+1)}=A_1\text{e}^{\text{j}\varphi_1}\text{e}^{-\gamma(x+1)}$$

即

$$\frac{\dot{U}^+(x+1)}{\dot{U}^+(x)}=\text{e}^{-\gamma}=\text{e}^{-(\alpha+\text{j}\beta)}$$

设：$\dot{U}^+(x)=U^+(x)\text{e}^{\text{j}\varphi_x}$，$\dot{U}^+(x+1)=U^+(x+1)\text{e}^{\text{j}\varphi_{x+1}}$，则有

$$\frac{\dot{U}^+(x+1)}{\dot{U}^+(x)}=\frac{U^+(x+1)}{U^+(x)}\text{e}^{\text{j}(\varphi_{x+1}-\varphi_x)}=\frac{1}{\text{e}^\alpha}\text{e}^{-\text{j}\beta}\tag{14-31}$$

由此可以看出传播常数 γ 的实部

$$\alpha = \ln \frac{U^+(x)}{U^+(x+1)}$$

即等于传输线上任意一处正向电压行波的幅值 $U^+(x)$ 除以波行推进一单位长度后的幅值 U^+ $(x+1)$，再取自然对数。也就是说，波每行进一单位长度，其幅值要减小到原有幅值的 e^α 分之一，这就是 α 称为波的衰减常数的原因。γ 的虚部 β 之值，等于在沿波行进方向相距一单位长度之处，波在相角上滞后的弧度数，故称 β 为波的相位常数。

由式（14-29）可知

$$\beta = \frac{2\pi}{\lambda} \tag{14-32}$$

即相位常数 β 的值又等于长度为 2π 的一段传输线上波的个数，故 β 又称之为波数。

在一条传输线上，电压的正向行波、反向行波和电流的正向行波、反向行波都具有相同的传播常数 γ，因而都具有相同的衰减常数 α 和相位常数 β，其值决定于均匀线的原始参数和电源频率。

下面分析沿同一方向传播的电压行波与电流行波之间的关系。由式（14-30）可以看出，均匀线的特性阻抗 Z_c 是联系沿同一方向行进的电压行波相量和电流行波相量的参数，即

$$Z_c = \frac{\dot{U}^+(x)}{\dot{I}^+(x)} = \frac{\dot{U}^-(x)}{\dot{I}^-(x)} \tag{14-33}$$

即均匀线的特性阻抗等于均匀线上任意一处沿同一方向行进的电压行波相量与电流行波相量之比。虽然传输线上沿同一方向传播的电压行波或电流行波都是距离 x 的函数，但此两个行波相量之比不随距离 x 而改变，且与传输线终端负载状况无关。特性阻抗仅由线路的原始参数和电源频率决定。

14.4　波的反射与终端匹配的均匀传输线

根据前面分析可知，均匀传输线的电压、电流相量，分别由其正向行波分量和反向行波分量组成，它们之间应该存在一定的关系。

14.4.1　反射系数

正弦稳态时，正向行波也称为入射波，反向行波则称为反射波，反射波被认为是入射波在线终端反射的结果。线上任一点的反向行波相量和正向行波相量之比称为该点的反射系数，用 $\dot{N}$ 表示。

根据式（14-14）和式（14-20），有

$$\dot{N}(x') = \frac{\dot{U}^-(x')}{\dot{U}^+(x)} = \frac{\dot{I}^-(x')}{\dot{I}^+(x')} = \frac{Z_2 - Z_c}{Z_2 + Z_c} e^{-2\gamma x'} \tag{14-34}$$

此处 x' 由末端算起。实际上反射系数只有在均匀传输线的均匀性受到破坏的地方，例如传输线的终端或分支点，才会需要计算反射系数。

对于线路终端，$x'=0$，终端的反射系数为

$$N_2 = \frac{\dot{U}_2^-}{\dot{U}_2^+} = \frac{\dot{I}_2^-}{\dot{I}_2^+} = \frac{Z_2 - Z_c}{Z_2 + Z_c} \tag{14-35}$$

式中：N_2 称为终端反射系数。

当终端开路时，$Z_2 = \infty$，$N_2 = 1$；当终端短路时，$Z_2 = 0$，$N_2 = -1$；当线路终端接任意负载 Z_2 时，均匀传输线上的电压、电流相量可用反射系数表示为

$$\begin{cases} \dot{U}(x') = \dot{U}^+(x') + \dot{U}^-(x') = \dot{U}^+(x') + \dot{N}(x')\dot{U}^+(x') = \dot{U}^+(x')[1 + \dot{N}(x')] \\ \dot{I}(x) = \dot{I}^+(x) - \dot{I}^-(x) = \dot{I}^+(x') - \dot{N}(x')\dot{I}^+(x') = \dot{I}^+(x')[1 - \dot{N}(x')] \end{cases}$$

当负载与传输线的特性阻抗不相等（$Z_2 \neq Z_c$）时，既有正向行波，又有反向行波，因此可以认为，反向行波的存在是由于正向行波在传输线终端受到不与线路相匹配的负载的反射而引起的。

14.4.2 终端匹配的均匀传输线

如果传输线终端所接的负载阻抗 Z_2 等于传输线的特性阻抗 Z_c，根据式（14-34）可知反射系数处处为零，线上就只有正向推进的电压和电流行波。这种正向行波在终端处不发生反射的传输线称为匹配线。由式（14-22），这时传输线上任意点的电压和电流为

$$\begin{cases} \dot{U}(x') = \dot{U}^+(x') = \dfrac{1}{2}(\dot{U}_2 + Z_c\dot{I}_2)e^{\gamma x'} = \dot{U}_2 e^{\gamma x'} \\ \dot{I}(x') = \dot{I}^+(x') = \dfrac{1}{2}\left(\dfrac{\dot{U}_2}{Z_c} + \dot{I}_2\right)e^{\gamma x'} = \dot{I}_2 e^{\gamma x'} = \dfrac{1}{Z_c}\dot{U}_2 e^{\gamma x'} \end{cases} \tag{14-36}$$

此处 x' 由终端算起的，线上任何点都有

$$\frac{\dot{U}(x')}{\dot{I}(x')} = \frac{\dot{U}_2}{\dot{I}_2} = Z_2 = Z_c$$

即传输线上任何点电压相量 $\dot{U}$ 和电流相量 $\dot{I}$ 之比都等于特性阻抗 Z_c，从传输线的始端来看，其入端阻抗也等于线路的特性阻抗。沿传输线在任意点将线路切断并接入一个与特性阻抗相等的集中阻抗元件，以代替线路被切去的部分，并不改变线路原来的运行状态。匹配线也可以看成是一个半无限长的传输线，即将其终端的负载阻抗 $Z_2 = Z_c$ 看成是另一具有相同特性阻抗匹配线的入端阻抗。

在匹配线中，设 $\dot{U}_2 = U_2\angle 0°$，则沿线任意点的电压和电流为

$$u(x', t) = U_{2m}e^{\alpha x'}\sin(\omega t + \beta x')$$

$$i(x', t) = \frac{U_{2m}}{Z_c}e^{\alpha x'}\sin(\omega t + \beta x' - \theta_c)$$

线路在匹配负载时，沿线传输的功率称为自然功率，在电力工业中常用自然功率来估算输电线的输送能力。自然功率是与所采用的额定电压的平方成正比，提高输电线的电压等级可以提高线路的自然功率，也就提高了线路的输送能力。

如果令式（14-36）中的 $x' = l$，得到始端的电压相量和电流相量，它们分别为

$$\begin{cases} \dot{U}_1 = \dot{U}_2 e^{\gamma l} \\ \dot{I}_1 = \dot{I}_2 e^{\gamma l} \end{cases} \tag{14-37}$$

说明匹配时传输线上任意处的电压、电流相量都可以用始端的电压、电流相量表示为

$$\begin{cases} \dot{U}(x) = U_2 e^{\gamma(l-x)} = \dot{U}_1 e^{-\gamma x} \\ \dot{I}(x) = I_2 e^{\gamma(l-x)} = \dot{I}_1 e^{-\gamma x} \end{cases} \tag{14-38}$$

由此可得无反射线上电压、电流有效值沿线的规律

$$\begin{cases} U = U_2 e^{\alpha x'} = U_1 e^{-\alpha x} \\ I = I_2 e^{\alpha x'} = I_1 e^{-\alpha x} \end{cases} \quad (14\text{-}39)$$

沿线电压、电流有效值按指数规律从始端到终端单调衰减，如图 14-6 所示。

　　当传输线在无反射条件下工作时，终端负载吸收的功率为

$$P_2 = U_2 I_2 \cos\varphi_2$$

由式（14-37）有 $U_1 = U_2 e^{\alpha l}$，$I_1 = I_2 e^{\alpha l}$，线路始端的输入功率为

$$P_1 = U_1 I_1 \cos\varphi_1 = U_2 e^{\alpha l} I_2 e^{\alpha l} \cos\varphi_1 = U_2 I_2 e^{2\alpha l} \cos\varphi_1$$

故传输线在传输自然功率时的输电效率为

$$\eta = \frac{P_2}{P_1} = e^{-2\alpha l}$$

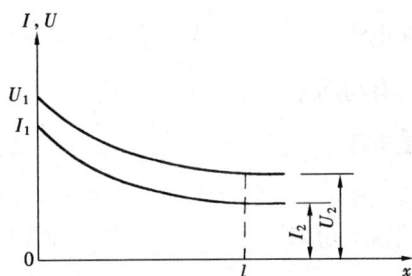

图 14-6　匹配时电压、电流
有效值沿线变化规律

　　最后顺便指出，无限长传输线与终端匹配的传输线的工作状态相同，因为在均匀传输线方程的解式（14-17）中，当 $x \to \infty$ 时，$|e^{\gamma x}| = e^{\alpha x} \to \infty$，但实际上传输线任何一处的电压、电流均为有限值，故必有 $\dot U_1 - Z_c \dot I_1 = 0$，即电压、电流无反射波存在。

　　【例 14-3】 已知线路参数如上例［例 14-2］，终端线电压 $U_{l2} = 220\sqrt{3}\,\mathrm{kV}$，负载功率因数 $\cos\varphi_2 = 1$，负载有功功率 $P_2 = 3 \times 10^5 \,\mathrm{kW}$。试求：（1）线路终端电流，线路始端电压、电流以及输电效率。（2）终端匹配时，再求上述内容。

　　解　设相电压 $\dot U_2 = 220\angle 0° \,\mathrm{kV}$，则终端相电流有效值

$$I_2 = \frac{P_2}{\sqrt{3}U_{l2}\cos\varphi_2} = 454.5 \,(\mathrm{A})$$

由线路终端等效星形电路的相电压 $\dot U_2$ 和相电流 $\dot I_2$，可求得线路始端等效星形电路的相电压 $\dot U_1$ 及相电流 $\dot I_1$，即

$$\mathrm{sh}\gamma l = \frac{e^{\gamma l} - e^{-\gamma l}}{2} = 0.824\angle 86.4° \quad \mathrm{ch}\gamma l = \frac{e^{\gamma l} + e^{-\gamma l}}{2} = 0.581\angle 7.4°$$

$$\begin{aligned} \dot U_1 &= \dot U_2 \mathrm{ch}\gamma l + Z_c \dot I_2 \mathrm{sh}\gamma l \\ &= 220 \times 0.581\angle 7.4° + 0.455 \times 397\angle -5.4° \times 0.824\angle 86.4° \\ &= 222\angle 47.5° \,(\mathrm{kV}) \end{aligned}$$

$$\begin{aligned} \dot I_1 &= \dot I_2 \mathrm{ch}\gamma l + \frac{\dot U_2}{Z_c}\mathrm{sh}\gamma l = 0.455 \times 0.581\angle 7.4° + \frac{220 \times 0.824\angle 86.4°}{397\angle -5.4°} \\ &= 0.548\angle 63.1° \,(\mathrm{kA}) \end{aligned}$$

线路始端线电压有效值　　　　$U_{l1} = \sqrt{3}U_1 = 222\sqrt{3} \,(\mathrm{kV})$

线路始端输出的有功功率　　　$P_1 = 3U_1 I_1 \cos(47.5° - 63.1°) = 3.515 \times 10^5 \,(\mathrm{kW})$

输电效率　　　　　　　　　　$\eta = \frac{P_2}{P_1} = 85.35\%$

　　若终端接匹配负载　　　$Z_2 = Z_c = 397.6\angle -5.4° \,(\Omega)$

终端电流　　　　　　　$\dot{I}_2=\dfrac{220\angle 0°}{397.6\angle -5.4°}=0.5533\angle 5.4°\ \text{(kA)}$

终端有功功率　　　　　$P_2=3U_2I_2\cos\varphi_2=3.636\times 10^5\ \text{(kW)}$

始端电流　　　　　　　$\dot{I}_1=\dot{I}_2\mathrm{e}^{\gamma l}=0.6060\angle 60.47°\ \text{(kA)}$

始端电压　　　　　　　$\dot{U}_1=\dot{U}_2\mathrm{e}^{\gamma l}=240.96\angle 55.07°\ \text{(kV)}$

始端输出功率　　　　　$P_1=3U_1I_1\cos\varphi_1=4.361\times 10^5\ \text{(kW)}$

此时的输电效率　　　　$\eta=\dfrac{P_2}{P_1}=\mathrm{e}^{-2\alpha l}=83.4\%$

14.5　均匀传输线与二端口网络

均匀线方程在给定终端边界条件下，求始端电压、电流正弦稳态解的表达式为

$$\begin{cases}\dot{U}_1=\dot{U}_2\mathrm{ch}\gamma l+\dot{I}_2 Z_c\mathrm{sh}\gamma l\\[2mm]\dot{I}_1=\dot{I}_2\mathrm{ch}\gamma l+\dfrac{\dot{U}_2}{Z_c}\mathrm{sh}\gamma l\end{cases}\tag{14-40}$$

观察式（14-40），可以看出均匀传输线的始端电压 $\dot{U}_1$、电流相量 $\dot{I}_1$，与其终端电压 $\dot{U}_2$、电流相量 $\dot{I}_2$ 的关系，构成了传输参数的正向传输二端口网络。反之，这种关系还可以组成一个反向传输的二端口网络。因此，可以从二端口网络的传输方程角度来理解和认识均匀传输线的电压、电流的相量关系，把均匀传输线作为二端口网络处理。

14.5.1　均匀传输线的二端口网络方程

1. 均匀传输线的正向传输方程

由式（14-18）写成矩阵形式可得

$$\begin{bmatrix}\dot{U}(x)\\[1mm]\dot{I}(x)\end{bmatrix}=\begin{bmatrix}\mathrm{ch}\gamma x&-Z_c\mathrm{sh}\gamma x\\[2mm]-\dfrac{\mathrm{sh}\gamma x}{Z_c}&\mathrm{ch}\gamma x\end{bmatrix}\begin{bmatrix}\dot{U}_1\\[1mm]\dot{I}_1\end{bmatrix}\tag{14-41}$$

对式（14-41）求逆，注意到 $\mathrm{ch}^2\gamma x-\mathrm{sh}^2\gamma x=1$ 可得

$$\begin{bmatrix}\dot{U}_1\\[1mm]\dot{I}_1\end{bmatrix}=\begin{bmatrix}\mathrm{ch}\gamma x&Z_c\mathrm{sh}\gamma x\\[2mm]\dfrac{\mathrm{sh}\gamma x}{Z_c}&\mathrm{ch}\gamma x\end{bmatrix}\begin{bmatrix}\dot{U}(x)\\[1mm]\dot{I}(x)\end{bmatrix}\tag{14-42}$$

式（14-42）就是以 $\dot{U}_1,\dot{I}_1$ 为输入端口，以 $\dot{U}(x),\dot{I}(x)$ 为输出端口的正向传输矩阵方程，其二端口网络如图 14-7 所示。值得注意的是：此处电流 $\dot{I}(x)$ 的参考方向与二端口网络 $\dot{I}_2$ 的参考方向相反。

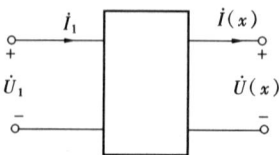

图 14-7　正向传输的二端口网络

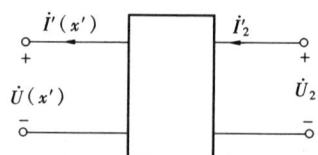

图 14-8　反向传输的二端口网络

2. 均匀传输线的反向传输方程

由式（14-23）可得

$$\begin{bmatrix} \dot{U}(x') \\ \dot{I}(x') \end{bmatrix} = \begin{bmatrix} \mathrm{ch}\gamma x' & Z_\mathrm{c}\mathrm{sh}\gamma x' \\ \dfrac{1}{Z_\mathrm{c}}\mathrm{sh}\gamma x' & \mathrm{ch}\gamma x' \end{bmatrix} \begin{bmatrix} \dot{U}_2 \\ \dot{I}_2 \end{bmatrix}$$

若取 $\dot{U}_2$、$\dot{I}_2$ 作为输入端口，$\dot{U}(x')$，$\dot{I}'(x')$ 作为输出端口，其假定正向如图 14-8 所示，假设 $\dot{I}'_2 = -\dot{I}_2$，$\dot{I}'(x') = -\dot{I}(x')$，则有

$$\begin{bmatrix} \dot{U}(x') \\ \dot{I}'(x') \end{bmatrix} = \begin{bmatrix} \mathrm{ch}\gamma x' & -Z_\mathrm{c}\mathrm{sh}\gamma x' \\ \dfrac{-1}{Z_\mathrm{c}}\mathrm{sh}\gamma x' & \mathrm{ch}\gamma x' \end{bmatrix} \begin{bmatrix} \dot{U}_2 \\ \dot{I}'_2 \end{bmatrix} \tag{14-43}$$

对式（14-43）求逆，可得

$$\begin{bmatrix} \dot{U}_2 \\ \dot{I}'_2 \end{bmatrix} = \begin{bmatrix} \mathrm{ch}\gamma x' & Z_\mathrm{c}\mathrm{sh}\gamma x' \\ \dfrac{1}{Z_\mathrm{c}}\mathrm{sh}\gamma x' & \mathrm{ch}\gamma x' \end{bmatrix} \begin{bmatrix} \dot{U}(x') \\ \dot{I}(x') \end{bmatrix} \tag{14-44}$$

式（14-44）就是以 $\dot{U}_2$，$\dot{I}'_2$ 为输入端口，$\dot{U}(x')$，$\dot{I}'(x')$ 为输出端口的反向传输矩阵方程。值得注意的是，此处 $\dot{I}'(x')$ 的参考方向与二端口网络的参考方向相反。显然，作为二端口网络的均匀传输线是对称的，当然也是互易的。

14.5.2　均匀传输线的输入阻抗

均匀传输线终端接任意负载 Z_2 时，从线路 x' 处看进去的入端阻抗 $Z_\mathrm{in}(x')$ 有不同的表现形式，但可以从二端口网络的角度去理解和掌握。

$$Z_\mathrm{in}(x') = \left. \frac{\dot{U}(x')}{\dot{I}(x')} \right|_{\dot{U}_2 = -\dot{I}'_2 Z_2}$$
$$= Z_\mathrm{c}\frac{\dot{U}_2\mathrm{ch}\gamma x' + \dot{I}_2 Z_\mathrm{c}\mathrm{sh}\gamma x'}{\dot{U}_2\mathrm{sh}\gamma x' + \dot{I}_2 Z_\mathrm{c}\mathrm{ch}\gamma x'} = Z_\mathrm{c}\frac{1+N(x')}{1-N(x')} \tag{14-45}$$

当终端开路时　　$Z_{\mathrm{OC}}(x') = Z_\mathrm{in}(x')\Big|_{-\dot{I}'_2=0} = \dfrac{Z_\mathrm{c}}{\mathrm{th}\gamma x'}$ 　　(14-46)

当终端短路时　　$Z_{\mathrm{SC}}(x') = Z_\mathrm{in}(x')\Big|_{\dot{U}_2=0} = Z_\mathrm{c}\mathrm{th}\gamma x'$ 　　(14-47)

当终端接匹配负载时　　$Z_\mathrm{in}(x')\Big|_{\dot{U}_2=-\dot{I}'_2 Z_\mathrm{c}} = Z_\mathrm{c}$ 　　(14-48)

此外，线路 x' 处的入端阻抗，还可以用线路终端开路及短路时该处的入端阻抗 $Z_{\mathrm{OC}}(x')$、$Z_{\mathrm{SC}}(x')$ 及终端的负载阻抗 Z_2 来表示

$$Z_\mathrm{in}(x') = \frac{Z_\mathrm{c}(Z_2 + Z_\mathrm{c}\mathrm{th}\gamma x')}{\mathrm{th}\gamma x'(Z_2 + Z_\mathrm{c}/\mathrm{th}\gamma x')} = Z_{\mathrm{OC}}(x')\frac{Z_2 + Z_{\mathrm{SC}}(x')}{Z_2 + Z_{\mathrm{OC}}(x')} \tag{14-49}$$

14.5.3　均匀传输线的等值电路

长度为 l 的均匀传输线，如果就其始端 $\dot{U}_1$，$\dot{I}_1$ 端口及终端 $\dot{U}_2$，$\dot{I}_2$ 端口的关系来看，

均匀传输线是可以用二端口网络表示的。

根据式（14-42），令 $x=l$，则 $\dot{U}_2 = \dot{U}(x)\big|_{x=l}$，$\dot{I}_2 = \dot{I}(x)\big|_{x=l}$，可得

$$\begin{bmatrix} \dot{U}_1 \\ \dot{I}_1 \end{bmatrix} = \begin{bmatrix} \mathrm{ch}\gamma l & Z_c\mathrm{sh}\gamma l \\ \dfrac{1}{Z_c}\mathrm{sh}\gamma l & \mathrm{ch}\gamma l \end{bmatrix} \begin{bmatrix} \dot{U}_2 \\ \dot{I}_2 \end{bmatrix}$$

$$(14\text{-}50)$$

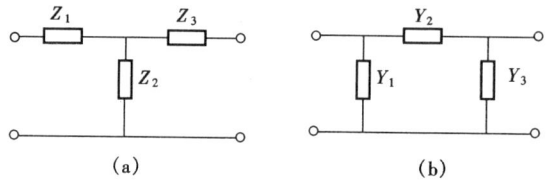

图 14-9　传输线的等值电路
(a) T 型；(b) π 型

其 T 型及 π 型等值电路分别如图 14-9（a）、（b）所示。

对于 T 型等值电路

$$\begin{cases} Z_2 = Z_{21} = \dfrac{\dot{U}_2}{\dot{I}_1}\bigg|_{\dot{I}_2=0} = \dfrac{Z_c}{\mathrm{sh}\gamma l} \\[3mm] Z_1 = Z_3 = Z_{11} - Z_{21} = \left(\dfrac{\dot{U}_1}{\dot{I}_1} - \dfrac{\dot{U}_2}{\dot{I}_1}\right)\bigg|_{\dot{I}_2=0} = Z_c\dfrac{\mathrm{ch}\gamma l - 1}{\mathrm{sh}\gamma l} \end{cases} \quad (14\text{-}51)$$

对于 π 型等值电路

$$\begin{cases} Y_2 = -Y_{21} = \dfrac{\dot{I}_2}{\dot{U}_1}\bigg|_{\dot{U}_2=0} = \dfrac{1}{Z_c\mathrm{sh}\gamma l} \\[3mm] Y_1 = Y_3 = Y_{11} + Y_{21} = \left(\dfrac{\dot{I}_1}{\dot{U}_1} - \dfrac{\dot{I}_2}{\dot{U}_1}\right)\bigg|_{\dot{i}_2=0} = \dfrac{\mathrm{ch}\gamma l - 1}{Z_c\mathrm{sh}\gamma l} \end{cases} \quad (14\text{-}52)$$

14.5.4　均匀传输线的链式结构

对于长度为 l 的均匀传输线，把它分成 n 小段，如果 n 选择足够大，使 $\Delta l = l/n \ll 1$，这样每一个小段就可以看作是一个二端口网络，用 T 型或 π 型等值电路来模拟。整个均匀传输线就是这 n 个二端口网络的级联，如图 14-10（a）、（b）所示。

由于 $\Delta l = \dfrac{1}{n} \ll 1$，$\mathrm{ch}\gamma\Delta l \approx 1 + \dfrac{1}{2}(\gamma\Delta l)^2$，$\mathrm{sh}\gamma\Delta l \approx \gamma\Delta l$，这样，对图 14-10(a) 有

$$\begin{cases} Z_a = Z_c = \dfrac{Z_c(\mathrm{ch}\gamma\Delta l - 1)}{\mathrm{sh}\gamma\Delta l} = \dfrac{Z_c\gamma\Delta l}{2} = \dfrac{1}{2}(R_0 + \mathrm{j}\omega L_0)\Delta l \\[3mm] Z_b = \dfrac{Z_c}{\mathrm{sh}\gamma\Delta l} = \dfrac{Z_c}{\gamma\Delta l} = \dfrac{1}{(G_0 + \mathrm{j}\omega C_0)\Delta l} \end{cases} \quad (14\text{-}53)$$

对图 14-10（b）有

$$\begin{cases} Y_a = Y_c = \dfrac{(\mathrm{ch}\gamma\Delta l - 1)}{Z_c\mathrm{sh}\gamma\Delta l} = \dfrac{\gamma\Delta l}{2Z_c} = \dfrac{1}{2}(G_0 + \mathrm{j}\omega C_0)\Delta l \\[3mm] Y_b = \dfrac{1}{Z_c\mathrm{sh}\gamma\Delta l} = \dfrac{1}{Z_c\gamma\Delta l} = \dfrac{1}{(R_0 + \mathrm{j}\omega L_0)\Delta l} \end{cases} \quad (14\text{-}54)$$

对于图 14-10（a）、（b）所示 n 个对称二端口网络级联而构成的复合二端口网络，若其中每一个子网络的特性阻抗及传播特性分别可以用二端口网络的 T 参数表示

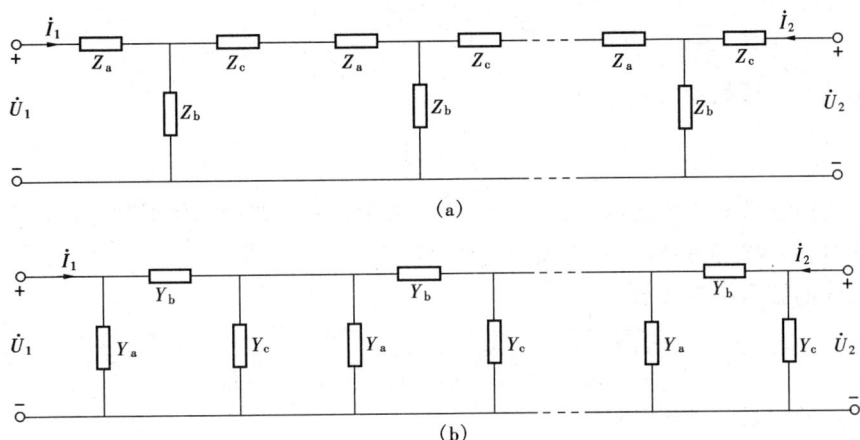

图 14-10 均匀传输线的链式电路

(a) T 型；(b) π 型

$$Z_c = \sqrt{B/C}, \quad \Gamma = \gamma \Delta l = \ln(A + \sqrt{BC})$$

则第 k 个子二端口网络的传播参数方程有如下的形式

$$
\begin{bmatrix} \dot{U}_k \\ \dot{I}_k \end{bmatrix} =
\begin{bmatrix} \mathrm{ch}\Gamma & Z_c \mathrm{sh}\Gamma \\ \dfrac{\mathrm{sh}\Gamma}{Z_c} & \mathrm{ch}\Gamma \end{bmatrix}
\begin{bmatrix} \dot{U}_{k+1} \\ \dot{I}_{k+1} \end{bmatrix}
\tag{14-55}
$$

这样，n 个对称二端口网络级联后复合的二端口网络的传播参数方程为

$$
\begin{bmatrix} \dot{U}_1 \\ \dot{I}_1 \end{bmatrix} =
\begin{bmatrix} \mathrm{ch}\Gamma & Z_c \mathrm{sh}\Gamma \\ \dfrac{\mathrm{sh}\Gamma}{Z_c} & \mathrm{ch}\Gamma \end{bmatrix}^n
\begin{bmatrix} \dot{U}_2 \\ \dot{I}_2 \end{bmatrix} =
\begin{bmatrix} \mathrm{ch}n\Gamma & Z_c \mathrm{sh}n\Gamma \\ \dfrac{\mathrm{sh}n\Gamma}{Z_c} & \mathrm{ch}n\Gamma \end{bmatrix}
\begin{bmatrix} \dot{U}_2 \\ \dot{I}_2 \end{bmatrix}
\tag{14-56}
$$

级联后复合的二端口网络的特性阻抗仍是 Z_c。

14.6 无畸变线与无损耗线

由于衰减系数 α 及相位系数 β 都是与频率有关的量。当沿线路传送非正弦波时，由于对各种频率谐波的衰减常数不同，就会造成畸变现象。换句话说，线路各处的单一波（例如电压的正向行波）对时间的变动规律会随所在位置的不同而有所改变。例如，设电压正向行波在某处含有 30% （对基波而言）的三次谐波，并设线路对三次谐波频率的衰减常数大于对基波的衰减常数，则当此行波进行到前方某处时，各谐波的振幅都会减弱，但三次谐波的减弱较基波为甚，故三次谐波已不足 30%。这样必然导致波形的畸变。

14.6.1 无畸变均匀传输线

畸变的产生原因是因为衰减系数 α 及传播速度 v 一般为角频率 ω 的函数，当传输线传播不同频率的信号时，由于不同频率的各次谐波的衰减和传播速度的不同，而造成信号幅值的畸变和相位的畸变，致使信号失真。

如果要求信号的传输不会失真，则要求衰减系数 α 及传播速度 v 不随角频率的变化而改变，即各次谐波的衰减一样，且各次谐波的传播速度相同。

由 $\mathrm{d}\alpha/\mathrm{d}\omega = 0$，可求得 $R_0/L_0 = G_0/C_0$，此时

$$\alpha=\sqrt{R_0 G_0}, \quad v=\frac{\omega}{\beta}=\frac{1}{\sqrt{L_0 C_0}} \tag{14-57}$$

如果均匀传输线的原始参数满足

$$\frac{R_0}{L_0}=\frac{G_0}{C_0} \tag{14-58}$$

各次谐波的衰减系数 α 及传播速度 v 与其角频率无关，从线路始端传播到终端不会失真。因此，满足式（14-58）的传输线称为无畸变线。

无畸变线的波阻抗为实数

$$Z_c=\sqrt{\frac{R_0+j\omega L_0}{G_0+j\omega C_0}}=\sqrt{\frac{R_0\ (1+j\omega L_0/R_0)}{G_0\ (1+j\omega C_0/G_0)}}=\sqrt{\frac{R_0}{G_0}}=\sqrt{\frac{L_0}{C_0}} \tag{14-59}$$

说明无畸变线的波阻抗是纯电阻性的。

14.6.2　无损耗均匀传输线

若均匀传输线的原始参数 $R_0=0$，$G_0=0$，则衰减系数 $\alpha=0$。这样的传输线称为无损耗传输线。信号在无损耗传输线的传播过程中，其幅值不会衰减，其传播速度也不随信号的角频率 ω 而发生变化。因此，无损耗线也是无畸变线。对于高频及超高频线路，$\omega L_0 \gg R_0$，$\omega C_0 \gg G_0$，因此，可以近似地认为它们是无损耗线。

无损耗均匀传输线的传播速度 v、波长 λ 及衰减系数 α、相位移系数 β 和波阻抗 Z_c 分别为

$$v=\frac{1}{\sqrt{L_0 C_0}}, \quad \lambda=\frac{2\pi}{\omega\sqrt{L_0 C_0}}, \quad \alpha=0, \quad \beta=\omega\sqrt{L_0 C_0}$$

$$Z_c=\sqrt{\frac{L_0}{C_0}}=|Z_c|=z_c$$

14.6.3　无损耗均匀传输线的电压与电流

将均匀线方程的正弦稳态解表达式（14-23）重写如下，将 $\gamma=j\beta$ 带入

$$\begin{cases} \dot{U}(x')=\dot{U}_2 \mathrm{ch}\gamma x'+Z_c\dot{I}_2 \mathrm{sh}\gamma x' \\ \dot{I}(x')=\dot{I}_2 \mathrm{ch}\gamma x'+\dfrac{\dot{U}_2}{Z_c}\mathrm{sh}\gamma x' \end{cases}$$

考虑到

$$\mathrm{ch}\gamma x'=\cos\beta x'$$
$$\mathrm{sh}\gamma x'=j\sin\beta x'$$

从而得到无损耗均匀传输线上距终端 x' 处的电压、电流相量解如下

$$\begin{cases} \dot{U}(x')=\dot{U}_2\cos\beta x'+jZ_c\dot{I}_2\sin\beta x' \\ \dot{I}(x')=\dot{I}_2\cos\beta x'+j\dfrac{\dot{U}_2}{Z_c}\sin\beta x' \end{cases} \tag{14-60}$$

在线长 l 等于 1/4 波长时，$\beta l=(2\pi/\lambda)(\lambda/4)=\pi/2$，则始端的电压和电流

$$\begin{cases} \dot{U}_1=j\dot{I}_2 Z_c \\ \dot{I}_1=j\dfrac{\dot{U}_2}{Z_c} \end{cases}$$

即始端电压相量 $\dot{U}_1$ 比 $\dot{I}_2$ 超前 $\pi/2$，并与 I_2 成正比；而相量 $\dot{I}_1$ 则比 $\dot{U}_2$ 超前 $\pi/2$ 相角，也

与 $\dot{U}_2$ 成正比。所以为使线路终端电压相量 $\dot{U}_2$ 维持恒定，只要保证在任何情况下都维持线路始端电流相量 $\dot{I}_1$ 不变就可以了，而与 $\dot{U}_1$ 是否改变无关。

对于线长等于半波长的无损耗线，$l=\lambda/2$，此时 $\beta l=\pi$，则根据式（14-60）可知，它在任何负载下都有

$$\begin{cases} \dot{U}_1 = -\dot{U}_2 \\ \dot{I}_1 = -\dot{I}_2 \end{cases}$$

说明始端的电压、电流和末端的电压、电流有效值相等，但相位是反相的。

无损耗均匀传输线距离终端 x' 处的输入阻抗为

$$Z_{in}(x') = \frac{\dot{U}(x')}{\dot{I}(x')} = \frac{\dot{U}_2\cos\beta x' + jZ_c\dot{I}_2\sin\beta x'}{\dot{I}_2\cos\beta x' + j\dfrac{\dot{U}_2}{Z_c}\sin\beta x'}$$

将上式的分子和分母同除 $\dot{I}_2\cos\beta x'$，$Z_2=\dot{U}_2/\dot{I}_2$ 为负载阻抗，再将 $\beta=2\pi/\lambda$ 代入，有

$$Z_{in}(x') = \frac{\dot{U}(x')}{\dot{I}(x')} = Z_c\frac{Z_2 + jZ_c\tan\dfrac{2\pi}{\lambda}x'}{Z_c + jZ_2\tan\dfrac{2\pi}{\lambda}x'} \tag{14-61}$$

下面研究无损耗线的几种特殊的工作状态。

1. 终端短路时

无损耗线终端短路时，$Z_2=0$，$\dot{U}_2=0$，由式（14-60）可知沿线电压相量和电流相量：

$$\begin{cases} \dot{U}(x') = jZ_c\dot{I}_2\sin\beta x' \\ \dot{I}(x') = \dot{I}_2\cos\beta x' \end{cases} \tag{14-62}$$

取 $\dot{I}_2=I_2\angle 0°$，并将沿线电压和电流写成瞬时表达式

$$\begin{cases} u(x',t) = \sqrt{2}I_2Z_c\sin\beta x'\cos\omega t = \sqrt{2}I_2Z_c\sin\dfrac{2\pi}{\lambda}x'\cos\omega t \\ i(x',t) = \sqrt{2}I_2\cos\beta x'\sin\omega t = \sqrt{2}I_2\cos\dfrac{2\pi}{\lambda}x'\sin\omega t \end{cases} \tag{14-63}$$

式（14-63）的电压和电流都表示为一个空间函数和一个时间函数的乘积，这是驻波的表达式，即沿线电压和电流的变化具有驻波特性。作某一瞬间 t_1 时电压和电流沿线分布的曲线，如图 14-11（a）所示，此时

$$\begin{cases} u(x',t_1) = \sqrt{2}I_2Z_c\cos\omega t_1\sin\beta x' \\ i(x',t_1) = \sqrt{2}I_2\sin\omega t_1\cos\beta x' \end{cases}$$

在 $t=0$ 或 KT 时，电压电流分布曲线如图 14-11（b）所示，有

$$\begin{cases} u(x',0) = \sqrt{2}I_2Z_c\sin\beta x' \\ i(x',0) = \sqrt{2}I_2\cos\beta x'\sin 2k\pi = 0 \end{cases}$$

这表示电流处处为零，而沿线各点的电压绝对值同时达到各自的最大值。

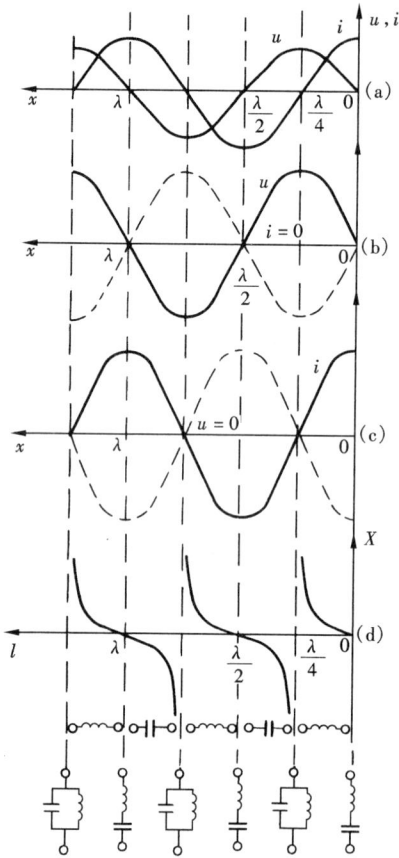

图 14-11　终端短路时的电压、
电流和输入阻抗

（a）电压、电流沿线分布；（b）$t=0$ 时沿线
电压的分布；（c）$t=(4k\pm1)T/4$ 时，沿线
电流的分布；（d）输入阻抗

当 $t=(2k+1)T/2$ 时，线上电流仍然处处为零，沿线电压分布如图 14-11（b）中的虚线所示。任何瞬时沿线电压分布必定是介于图 14-11（b）的两条曲线之间的某一正弦曲线。

同样，在 $t=(4k\pm1)T/4$ 时，沿线电流分布曲线如图 14-11（c）所示，线上电压处处为零，而沿线各点电流的绝对值则同时达到各自的最大值，任何瞬时的电流沿线分布曲线必定是介于图 14-11（c）的两条曲线之间的某一正弦曲线。

在图 14-11 的所有曲线中，$x'=k\lambda/2$ 各点的电压永远为零，而电流的绝对值则总是全线分布的最大值，即这些点为电压波节，同时也是电流的波腹。在 $x'=(2k+1)\lambda/4$ 各点则出现电流波节和电压波腹。

无损耗线终端短路时任一处 x' 的输入端阻抗为

$$Z_{is}(x') = \frac{\mathrm{j}\dot{I}_2 Z_c \sin\beta x'}{\dot{I}_2 \cos\beta x'} = \mathrm{j}Z_c \tan\frac{2\pi}{\lambda}x' = \mathrm{j}X_{is}$$

$$(14\text{-}64)$$

输入端阻抗是一个纯电抗，其值取决于线长 x' 和波长 λ 之比。输入端电抗 X_{is} 与线长 x' 的关系如图 14-11（d）所示。当 $x'=0$（或 $k\lambda/2$），$k=0$，1，2，…时，$\tan\beta x'=0$，$X_{is}=0$，全线相当于一个串联谐振电路；当 $0<x'<\lambda/4$，或 $k\lambda/2<x'<(2k+1)\lambda/4$，$k=0$，1，2，…时，$\beta x'$ 在第一象限或奇数象限，$\tan\beta x'>0$，$X_{is}>0$，全线相当于一个感性电抗元件；当 $x'=\lambda/4$，或 $l=(2k+1)\lambda/4$，$k=0$，1，2，…时，$\tan\beta x'\to\infty$，$X_{is}\to\infty$，全线相当于一并联谐振电路，当 $\lambda/4<x'<\lambda/2$ 时，或 $(2k+1)\lambda/4<x'<(2k+2)\lambda/4$，$k=0$，1，2，…时，$\beta x'$ 在第二象限或偶数象限，$\tan\beta x'<0$，$X_{is}<0$，全线相当于一个容性电抗元件。

2. 终端开路时

无损耗线终端开路时，$Z_2\to\infty$，$\dot{I}_2=0$，由式（14-60）可知沿线电压相量和电流相量

$$\begin{cases} \dot{U}(x') = \dot{U}_2 \cos\beta x' \\ \dot{I}(x') = \mathrm{j}\dfrac{\dot{U}_2}{Z_c}\sin\beta x' \end{cases}$$

$$(14\text{-}65)$$

若令 $\dot{U}_2=U_2\angle 0°$，其瞬时表达式为

$$\begin{cases} u(x',t) = \sqrt{2}U_2\cos\beta x'\sin\omega t = \sqrt{2}U_2\cos\dfrac{2\pi}{\lambda}x'\sin\omega t \\ i(x',t) = \dfrac{\sqrt{2}U_2}{Z_c}\sin\beta x'\cos\omega t = \dfrac{\sqrt{2}U_2}{Z_c}\sin\dfrac{2\pi}{\lambda}x'\cos\omega t \end{cases}$$

$$(14\text{-}66)$$

该式说明终端开路时的沿线电压、电流也具有驻波特性，在 $x'=k\lambda/2$ 处出现电压波腹和电流波节，而在 $x'=(2k+1)\lambda/4$ 处出电压波节和电流波腹。

终端开路时 $Z_2\to\infty$，则输入阻抗为

$$Z_{\text{io}}(x')=\frac{\dot{U}(x')}{\dot{I}(x')}=\frac{\dot{U}_2\cos\beta x'}{\text{j}\dfrac{\dot{U}_2}{Z_c}\sin\beta x'}=-\text{j}Z_c\cot\beta x'=-\text{j}X_{\text{io}} \tag{14-67}$$

也是纯电抗，由式（14-67）可知，当 $k\lambda/2<x'<(2k+1)\lambda/4$，$k=0,1,2,\cdots$时，$X_{\text{io}}<0$ 为容抗；当 $(2k+1)\lambda/4<x'<(k+1)\lambda/2$，$k=0,1,2,\cdots$时，$X_{\text{io}}>0$ 为感抗。当 $x'=k\lambda/2$，$k=0,1,2,\cdots$时，$X_{\text{io}}=\pm\infty$，相当于并联谐振；当 $x'=(2k+1)\lambda/4$，$k=0,1,2,\cdots$时，$X_{\text{io}}=0$，相当于串联谐振。无损耗线终端开路时的输入阻抗的值也取决于线长 x' 和波长 λ 的关系，也可以用图 14-11（d）来表示，只不过将坐标原点（$x'=0$）设置在原图的 $\lambda/4$ 处。

3. 终端接有纯电抗负载时

设负载为纯感性 $Z_2=\text{j}X_L$，$\dot{U}_2=\text{j}X_L\dot{I}_2$，此时沿线电压和电流仍然具有驻波的特性。终端接有纯电抗负载时，负载端的反射系数

$$\dot{N}_2=\frac{Z_2-Z_c}{Z_2+Z_c}=\frac{\text{j}X_L-Z_c}{\text{j}X_L+Z_c}=\frac{1+\text{j}\dfrac{Z_c}{X_L}}{1-\text{j}\dfrac{Z_c}{X_L}}=1\text{e}^{\text{j}2\arctan\frac{Z_c}{X_L}} \tag{14-68}$$

可见反射系数的模仍与开路和短路情况相同，即 $|N_2|=1$。

终端接有纯感性电抗负载 $Z_2=\text{j}X_L$ 时，纯感性负载可以等效地看成是原线延长 l_L 后的短接线，如图 14-12（a）所示，因有 $X_L=Z_c\tan\beta l_L$，故有

$$l_L=\frac{1}{\beta}\arctan\frac{X_L}{Z_c}$$

同理，所接负载为纯容性 $Z_2=-\text{j}X_C$，仍用同样的处理方法，但结果应是将所接的容性电抗 X_C 等效地看成延长 l_C 后的开路线，如图 14-12（b）所示，且有

$$l_C=\frac{1}{\beta}\text{arccot}\frac{X_C}{Z_c}$$

接有纯电抗负载的无损耗线的电压和电流沿线分布的情况仍可利用开路线和短接线来得到，只是此时在 $x'=0$ 处既非电压波节、电流波腹，也非电压波腹电流波节。只有当无损耗线末端接有非纯电抗负载，从电路获取能量时，沿线才有电压和电流的行波分量。

4. 终端接有匹配负载时

如果无损耗线的终端负载是匹配的（$Z_2=Z_c$），则 $\dot{U}_2=Z_c\dot{I}_2$，沿线各点电压和电流

$$\begin{cases}\dot{U}(x')=\dot{U}_2\cos\beta x'+\text{j}\dot{U}_2\sin\beta x'=\dot{U}_2\text{e}^{\text{j}\beta x'}\\ \dot{I}(x')=\dot{I}_2\cos\beta x'+\text{j}\dot{I}_2\sin\beta x'=\dot{I}_2\text{e}^{\text{j}\beta x'}\end{cases} \tag{14-69}$$

即沿线任何点的电压有效值和电流有效值都各自相等，同一点处电压和电流是同相的。

14.6.4　无损耗均匀传输线在工程上的应用

1. 用作电容及电感元件

根据式（14-64）和式（14-67），可知长度小于 $\lambda/4$、终端开路的无损耗均匀传输线，可

图 14-12　终端接有纯电抗负载时的无损耗线

(a) 终端短路；(b) 终端开路

作为电容元件；长度小于 $\lambda/4$、终端短路的无损耗均匀传输线，可作为电感元件。

2. 用作绝缘支柱

根据式 (14-64)，可知长度为 $\lambda/4$、终端短路的无损耗均匀传输线，$Z_{is}(x')\mid_{x'=\lambda/4}=$ $j\infty$，可用作高频电路的绝缘支柱，如图 14-13 所示。

3. 用于测量传输线上的电压有效值

在长度为 $\lambda/4$ 无损耗均匀传输线的终端接上毫安表，即其终端短接，令式 (14-60) 中，$\dot{U}_2=0$，$x'=\lambda/4$，则有 $\dot{U}_1=j\dot{I}_2Z_c$。因此，毫安表的读数 I_2 与被测的电压 U_1 的有效值成比例，滑动挂在传输线上的滑环，可测出传输线该处的电压有效值，如图 14-14 所示。

4. 用作阻抗变换器

长为 $\lambda/4$ 的无损耗均匀传输线，可用作阻抗变换器，如图 14-15 所示。

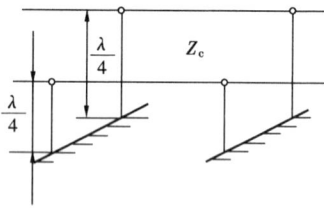

图 14-13　用作绝缘支柱　　图 14-14　测量传输线上的电压　　图 14-15　用作阻抗变换器

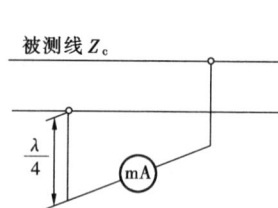

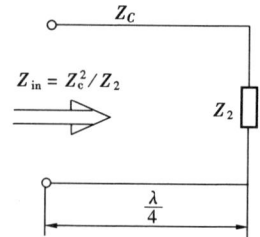

$$Z_{in}(x')\bigg|_{\substack{x'=\lambda/4\\ \dot{U}_2=Z_c\dot{I}_2}}=Z_c\frac{Z_2+jZ_c\tan\frac{\pi}{2}}{Z_c+jZ_2\tan\frac{\pi}{2}}=\frac{Z_c^2}{Z_2}=Z_2\left(\frac{Z_c}{Z_2}\right)^2 \tag{14-70}$$

说明长度为 $\lambda/4$、波阻抗为 Z_c 的无损耗均匀传输线，终端接有阻抗 Z_2 时，相当于变比 $n=Z_c/Z_2$ 的理想变压器，它将负载阻抗 Z_2 变换为 $Z_2'=n^2Z_2=Z_c^2/Z_2$。

【例 14-4】　长为 100m 的无损耗均匀传输线，特性阻抗 $Z_c=300\Omega$，波长 $\lambda=600m$。在正弦稳态下，终端开路时，始端电压 $U_1=100V$，求线路中点处的电压及电流有效值。

解　令 $\dot{U}_1=100\angle0°V$，则有

$$\dot{U}_1 = \dot{U}_2 \cos\beta l = \dot{U}_2 \cos\frac{2\pi}{\lambda}\frac{\lambda}{6} = \dot{U}_2 \cos\frac{\pi}{3}$$

$$\dot{U}_2 = \frac{\dot{U}_1}{\cos\frac{\pi}{3}} = 200\angle 0° (\text{V})$$

线路中点距终端50m，有

$$\dot{U}(x')\big|_{x'=50\text{m}} = 200\cos\frac{\pi}{6} = 100\sqrt{3}(\text{V})$$

$$\dot{I}(x')\big|_{x'=50\text{m}} = \text{j}\frac{200\sin\frac{\pi}{6}}{300} = \text{j}\frac{1}{3}(\text{A})$$

【例 14-5】 长为 1.5m 的无损耗均匀传输线，特性阻抗 Z_{c1} = 100Ω，波速 $v = 3\times10^8\text{m/s}$，终端接有负载阻抗 $Z_2 = 10Ω$，在距终端 0.75m 处接有另一特性阻抗 $Z_{c2} = 100Ω$ 的无损耗均匀传输线，其长度为 0.75m、终端短路，波速也是 $v = 3\times10^8\text{m/s}$，如图 14-16 所示。若在前一传输线的始端接电压源 $u_s(t) = 10\cos2\times10^8\pi t$V，试求稳态下的始端电流的最大值。

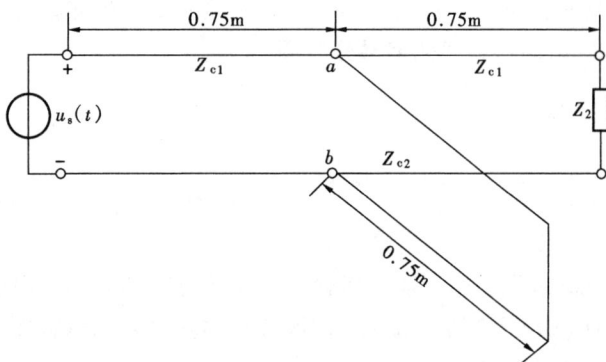

图 14-16 〔例 14-5〕无损耗均匀传输线

解

$$v = \frac{\omega}{\beta},\beta = \frac{\omega}{v} = \frac{2\pi\times10^8}{3\times10^8} = \frac{2\pi}{3}(\text{rad/s})$$

$$Z'_{\text{in}} = \text{j}Z_{c2}\tan\beta x' = \text{j}100\tan\frac{2\pi}{3}\cdot\frac{3}{4} = \infty$$

因为 Z'_{in} 无穷大，相当于开路，因此有

$$Z_{\text{in}} = Z_{c1}\frac{Z_2\cos\beta x' + \text{j}Z_{c1}\sin\beta x'}{Z_{c1}\cos\beta x' + \text{j}Z_2\sin\beta x'}\bigg|_{x'=1.5\text{m}} = Z_2 = 10(Ω)$$

$$\dot{I}_{\text{m1}} = \frac{\dot{U}_{\text{sm}}}{Z_{\text{in}}} = \frac{10}{10} = 1\angle0°(\text{A})$$

始端电流幅值 $I_{\text{m1}} = 1$A。

【例 14-6】 两段无损耗均匀传输线，连接如图 14-17 所示。其特性阻抗分别为 $Z_{c1} = 600Ω$，$Z_{c2} = 800Ω$，终端负载电阻 $R_2 = 800Ω$。为了在连接处 AB 不产生反射，则在 AB 处接一个集中参数电阻 R，试问 R 的值应为多少？

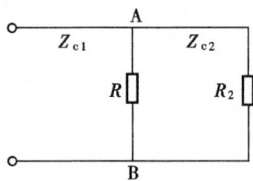

图 14-17 两段无损耗均匀传输线

解 因为 $R_2 = Z_{c2} = 800Ω$，故第二段传输线工作在匹配状态，从 AB 端口向负载方向看进去的入端阻抗 $Z'_{\text{AB}} = Z_{c2} = 800Ω$。

为了使连接处 AB 不产生反射，则要求 $Z_{\text{AB}} = Z_{c1}$，即

$$\frac{800R}{800+R}=600$$

解得 $R=2400\Omega$。

小　结

1. 分布参数电路

当电路的工作频率很高，其几何尺寸 l 与电路工作频率所对应的波长 λ 可以相比较（$l \geqslant 0.01\lambda$）时，就应考虑将它作为分布参数电路来处理。

在分布参数电路中，电压、电流是空间和时间的函数，它们既按空间分布，又随时间变化。均匀传输线又称为均匀长线，是最典型的分布参数电路。

2. 均匀传输线的偏微分方程

$$\begin{cases} -\dfrac{\partial u}{\partial x}=R_0 i+L_0 \dfrac{\partial i}{\partial t} \\[2mm] -\dfrac{\partial i}{\partial x}=G_0 u+C_0 \dfrac{\partial u}{\partial t} \end{cases}$$

该式表明，由于均匀传输线上连续分布的电阻和电感引起的电压降，使传输线间电压沿线变化；由于均匀传输线上连续分布的漏电导和电容在线间引起的泄漏电流和位移电流，致使电流沿线变化。

3. 均匀线方程的正弦稳态解

均匀传输线是典型的分布参数电路，以单位长度上的电阻 R_0、电感 L_0、电容 G_0 和电导 C_0 为参数。在正弦稳态下，沿线电压、电流相量分布为

$$\begin{cases} \dot{U}(x)=\dot{U}_1 \mathrm{ch}\gamma x-Z_c \dot{I}_1 \mathrm{sh}\gamma x \\[2mm] \dot{I}(x)=\dot{I}_1 \mathrm{ch}\gamma x-\dfrac{\dot{U}_1}{Z_c}\mathrm{sh}\gamma x \end{cases}$$

$$\begin{cases} \dot{U}(x')=\dot{U}_2 \mathrm{ch}\gamma x'+Z_c \dot{I}_2 \mathrm{sh}\gamma x' \\[2mm] \dot{I}(x')=\dot{I}_2 \mathrm{ch}\gamma x'+\dfrac{\dot{U}_2}{Z_c}\mathrm{sh}\gamma x' \end{cases}$$

其中：x 与 x' 分别表示从始端与从终端算起的距离；γ 为传播常数，Z_c 为特性阻抗，分别为

$$\gamma=\sqrt{Z_0 Y_0}=\sqrt{(R_0+\mathrm{j}\omega L_0)(G_0+\mathrm{j}\omega C_0)}=\alpha+\mathrm{j}\beta$$

$$Z_c=\sqrt{\frac{Z_0}{Y_0}}=\sqrt{\frac{R_0+\mathrm{j}\omega L_0}{G_0+\mathrm{j}\omega C_0}}=z_c\angle\theta_c$$

4. 行波

在正弦稳态下，沿线电压、电流的分布表现为正向行波和反向行波

$$\begin{cases} u(x,t)=u^+(x,t)+u^-(x,t) \\ i(x,t)=i^+(x,t)-i^-(x,t) \end{cases}$$

行波的波速（相速）v、频率 ω 和波长 λ 之间的关系是

$$v = \frac{\omega}{\beta} = \frac{\lambda}{T}$$

5. 波的反射

终端反射系数

$$N_2 = \frac{\dot{U}_2^-}{\dot{U}_2^+} = \frac{Z_2 - Z_c}{Z_2 + Z_c}$$

当 $Z_2 = Z_c$ 时，$N_2 = 0$，无反射，称为匹配。终端开路时，$N_2 = 1$ 为全反射；终端短路时，$N_2 = -1$ 为负全反射。

6. 无损耗线

如果均匀传输线的电阻 R_0 与电导 G_0 可以忽略，称为无损耗线；此时 $\alpha = 0$，$\gamma = \mathrm{j}\beta$，$Z_c = \sqrt{L_0/C_0}$。在正弦稳态下，沿线电压、电流相量分布为

$$\begin{cases} \dot{U}(x') = \dot{U}_2 \cos\beta x' + \mathrm{j} Z_c \dot{I}_2 \sin\beta x' \\ \dot{I}(x') = \dot{I}_2 \cos\beta x' + \mathrm{j} \dfrac{\dot{U}_2}{Z_c} \sin\beta x' \end{cases}$$

无损耗均匀传输线距离终端 x' 处的输入阻抗为

$$Z_{\mathrm{in}}(x') = \frac{\dot{U}(x')}{\dot{I}(x')} = Z_c \frac{Z_2 + \mathrm{j} Z_c \tan\dfrac{2\pi}{\lambda}x'}{Z_c + \mathrm{j} Z_2 \tan\dfrac{2\pi}{\lambda}x'}$$

无损耗线在正弦稳态下工作，当终端开路、短路或接纯电抗负载时，$|N_2| = 1$。此时正向行波与反向行波振幅相等，共同形成驻波，幅度按正弦分布，波腹与波节相间，没有功率传输。

习 题 十 四

14-1　已知双线架空线的分布参数 $R_0 = 0.3\Omega/\mathrm{km}$，$L_0 = 2.88 \times 10^{-3}\mathrm{H/km}$，$C_0 = 3.85 \times 10^{-3}\mu\mathrm{F/km}$，$G_0 = 0$，试求：$f_1 = 50\mathrm{Hz}$ 和 $f_2 = 10^4\mathrm{Hz}$ 时的波阻抗 Z_c、传播系数 γ、波的传播速度 v 和波长 λ。

14-2　某电信号的传播系数 $\gamma = 0.0637\mathrm{e}^{\mathrm{j}46.25°}\mathrm{km}^{-1}$，特性阻抗 $Z_c = 35.7\mathrm{e}^{\mathrm{j}11.8°}\Omega$。电缆始端的信号电压为 $u_1 = \sin 5000t\mathrm{V}$，终端负载阻抗 $Z_c = Z_2$，试求沿线电压、电流的分布函数 $u(x,t)$ 和 $i(x,t)$；若电缆的长度为 $100\mathrm{km}$，信号由始端到终端的时间延迟等于多少？

14-3　某高压三相输电线长度为 $300\mathrm{km}$，传输功率 $150\mathrm{MW}$，功率因数为 0.9（感性），传播系数 $\gamma = 1.06 \times 10^{-3}\mathrm{e}^{\mathrm{j}84.7°}\mathrm{km}^{-1}$，特性阻抗 $Z_c = 385\mathrm{e}^{\mathrm{j}5.3°}\Omega$。若要求输出端线电压保持在 $220\mathrm{kV}$，试计算输入端电压、电流和传输效率。

14-4　有传输线长度为 $50\mathrm{km}$，其终端接有匹配负载，若已测出始端电压、电流相量为 $\dot{U}_1 = 10\angle 0°\mathrm{V}$，$\dot{I}_1 = 0.2\angle 7.5°\mathrm{A}$，测得终端电压 $\dot{U}_2 = 6\angle -150°\mathrm{V}$，试求该传输线的特性阻抗和衰减系数。

14-5　已知无畸变传输线长度为 $100\mathrm{km}$，传播系数 $\gamma = (26.8 \times 10^{-3} + \mathrm{j}3.34 \times 10^{-6})$

km^{-1}，波阻抗 $Z_c=300\Omega$，输入电压 $U_1=100$ V，频率 $f=10^4$Hz，传输线终端接负载 $R_2=600\Omega$，试求传输线的中点处及终端处的电压、电流有效值。

14-6 某无损耗架空线的始端接有频率为 20kHz 的信号源，已知架空线的长度为信号波长的 4 倍；试求相位常数 β 及信号由始端传输到终端的延迟时间 t。

14-7 无损耗均匀传输线的波阻抗 $Z_c=300\Omega$，线路终端电压为 U_2，并接有电感 $L=2\mu$H，波长 $\lambda=60$m，试确定传输线上的电压、电流的有效值。

14-8 某无损耗双线均匀传输线由 75MHz 的电源供电，（1）若终端电压为 100 V，试求终端开路及接匹配负载两种情况下，距离终端 1m、2m、4m 处的电压。（2）若测得此传输线的特性阻抗 $Z_c=300\Omega$，试问其单位长度的电感和电容各是多少？

14-9 某无损耗线的特性阻抗 $Z_c=70\Omega$，终端负载 $Z_2=（35+j35）\Omega$；设线长为：（1）$\lambda/4$；（2）$\lambda/8$，试计算两种情况下线路始端的输入阻抗。

14-10 某无损耗双线均匀传输线的长度为 4.5m，特性阻抗 $Z_c=300\Omega$，介质为空气。在始端接有内阻为 100Ω，电压有效值为 10V，频率为 100MHz 的正弦交流电源；以激励电压为参考相量，设负载阻抗为：（1）300Ω；（2）500Ω；（3）$j500\Omega$，试计算这三种情况下，距离始端 1.0m 处的电压相量。

14-11 某信号源通过特性阻抗为 50Ω 的无损耗均匀线向 75Ω 负载电阻供电，为实现匹配，在均匀线与负载之间插入一段 $\lambda/4$ 的无损线，试求该线的特性阻抗。

14-12 图 14-18 所示特性阻抗为 Z_c 的无损耗均匀传输线，终端负载为 R_2，且有 $R_2=Z_c/2$。试证明存在一个距离为 l 处，该处 $1-1'$ 向终端看去的输入阻抗为 Z_c，求出 l 值。若在 $1-1'$ 处并联一段具有相同特性阻抗的短路线，使其长度为 l'，可以使线路在 $1-1'$ 段前得到匹配，试求出 l' 值。

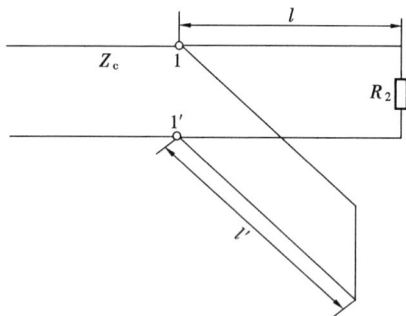

图 14-18 题 14-12 图

参 考 答 案

14-1 50Hz 时，$888\angle-0.16\Omega$，$1.074\times10^{-3}\angle1.41$rad/km，$2.96\times10^8$m/s，5926km

10^4 Hz 时，$865\angle-0.00083\Omega$，$0.209\angle1.57$rad/km，3×10^8m/s，30km

14-2 $u(x,t)=e^{-0.044x}\sin(5000t-0.046x)$V

$i(x,t)=28e^{-0.044x}\sin(5000t-0.046x+11.8°)$mA，0.92ms

14-3 273.7kV，383A，92.9%

14-4　$50\angle0.13\Omega$，$0.053\angle1.33\text{km}^{-1}$

14-5　50km 处，26.3V，0.085A；100km 处，7.34V，0.013A

14-6　$\dfrac{4\pi}{3}\times10^{-4}\text{rad/m}$，$2\times10^{-4}\text{s}$

14-7　$U(x') = 4.88U_2\cos\dfrac{2\pi(x'-13.03)}{\lambda}$

　　　$I(x') = 4.88\dfrac{U_2}{Z_c}\sin\dfrac{2\pi(x'-13.03)}{\lambda}$

14-8　终端开路时：0V，-100V，100V；匹配时：100V，100V，100V

14-9　$99\angle-45°\Omega$，$156.52\angle26.6°\Omega$

14-10　$7.5\angle-120°\Omega$，$6\angle226.1°\Omega$，$0.189\angle-11.3°\Omega$

14-11　61.2Ω

14-12　0.098λ，0.348λ

第 15 章　无损耗均匀传输线的暂态分析

前一章研究了均匀传输线在正弦电压激励下的稳定状态，本章将研究均匀传输线的暂态过程。当传输线发生换路（接通、切断或负载发生变化）或架空线遭受雷击时，就会出现暂态现象。此外，在电子技术中，当研究信号沿传输线传播时，也会遇到传输线的暂态问题。

由于传输线电路参数的分布性，线上的电压和电流既是时间的函数，又是距离的函数，传输线的微分方程是一阶偏微分方程组。因此，要研究传输线的暂态过程，就必须求解偏微分方程组。

分析无损耗均匀传输线的暂态过程的柏德生法则，它把波过程的求解，转化为求解传输线终端电压、电流时间波的等值集中参数电路，它是求解无损耗均匀传输线波过程的重要方法。如果无损耗均匀传输线上只含有一个集中参数储能元件，在运用柏德生法则求解波过程以及求电压、电流的发射波时，还可以结合一阶电路的三要素法来进行分析。在这里，要注意理解行波通过集中参数元件是不需要时间的，因为集中参数元件的几何尺寸忽略不计，近似认为零。

为分析简便起见，本章只讨论无损耗均匀传输线的暂态过程。实际上，具有良好绝缘的架空线的损耗是相当小的，因而可以近似地把它当作无损耗线来处理。在防雷方面，对雷电冲击只能作粗略的估计，严格考虑线路损耗的影响，会大大增加计算上的困难。对于高频传输线，线路参数通常满足条件 $\omega L_0 \gg R_0$，$\omega C_0 \gg G_0$，可以忽略其损耗而把它当作无损耗线来处理。

15.1　无损耗均匀传输线方程的通解

为了分析研究均匀传输线在暂态过程中所发生的现象，有必要求出均匀线方程的通解。在无损耗情况下，均匀线的微分方程为

$$\begin{cases} -\dfrac{\partial u}{\partial x} = L_0 \dfrac{\partial i}{\partial t} \\[2mm] -\dfrac{\partial i}{\partial x} = C_0 \dfrac{\partial u}{\partial t} \end{cases} \tag{15-1}$$

15.1.1　均匀线方程的通解

下面用拉普拉斯变换法求解式（15-1）的通解。由于电压 $u(x,t)$ 和电流 $i(x,t)$ 都是时间 t 和距离 x 的函数，在以 t 为自变量进行拉普拉斯变换时，应将 x 作为参变量，这样有

$$\mathscr{L}[u(x,t)] = \int_{0_-}^{\infty} u(x,t)\mathrm{e}^{-st}\mathrm{d}t = U(x,s) \tag{15-2a}$$

$$\mathscr{L}[i(x,t)] = \int_{0_-}^{\infty} i(x,t)\mathrm{e}^{-st}\mathrm{d}t = I(x,s) \tag{15-2b}$$

式中：$U(x,s)$ 和 $I(x,s)$ 分别为电压 $u(x,t)$ 和电流 $i(x,t)$ 的象函数，它们是复频域变量 s 和距离 x 的函数。

假定电路原处于零状态，初始值 $u(x,0_-)=0$ 和 $i(x,0_-)=0$，线路上各处的原始电压

和原始电流均为零，在此情况下，对式（15-1）以 x 为自变量进行拉普拉斯变换，利用拉普拉斯变换的微分性质，有

$$
\begin{cases}
-\dfrac{\mathrm{d}U(x,s)}{\mathrm{d}x} = sL_0 I(x,s) \\[2mm]
-\dfrac{\mathrm{d}I(x,s)}{\mathrm{d}x} = sC_0 U(x,s)
\end{cases}
\tag{15-3}
$$

经过拉普拉斯变换后，式（15-3）仅包含对 x 的导数，式（15-1）的偏微分方程变成了式（15-3）的常微分方程。

令上式中

$$
\begin{aligned}
Z_0(s) &= sL_0 \\
Y_0(s) &= sC_0
\end{aligned}
\tag{15-4}
$$

式（15-4）中的 $Z_0(s)$ 代表了无损线单位长度导线上的复频域阻抗，$Y_0(s)$ 代表了无损线单位长度导线间的复频域导纳。

将式（15-4）代入式（15-3），可得

$$
-\frac{\mathrm{d}U(x,s)}{\mathrm{d}x} = Z_0(s)I(x,s)
\tag{15-5}
$$

$$
-\frac{\mathrm{d}I(x,s)}{\mathrm{d}x} = Y_0(s)U(x,s)
\tag{15-6}
$$

将式（15-5）和式（15-6）表示的无损线的复频域方程与式（14-5）和式（14-6）表示的均匀线的时域相量方程相比较，显然两者是具有相同形式的常微分方程。

将均匀线的时域相量方程中的电压和电流相量换为同一变量的象函数，并用复频域阻抗和复频域导纳替换其中的阻抗和导纳，即可得到复频域方程。因此，按照求解相量方程式（14-5）和式（14-6）的步骤，就可以求得复频域方程式（15-5）和式（15-6）的通解。

仿照相量方程的求解方法，首先将式（15-5）对 x 求导，然后再将式（15-6）代入，得

$$
\frac{\mathrm{d}U^2(x,s)}{\mathrm{d}x^2} = Z_0(s)Y_0(s)U(x,s) = \gamma^2(s)U(x,s)
\tag{15-7}
$$

其中

$$
\gamma(s) = \sqrt{Z_0(s)Y_0(s)} = \sqrt{sL_0 sC_0}
\tag{15-8}
$$

式（15-7）所表示的二阶齐次常微分方程的特征方程为

$$
p^2 - \gamma^2(s) = 0
$$

特征根为

$$
p_1(s) = -\gamma(s) \text{ 和 } p_2(s) = \gamma(s)
$$

故方程式（15-7）的通解为

$$
U(x,s) = F^+(s)\mathrm{e}^{-\gamma(s)x} + F^-(s)\mathrm{e}^{\gamma(s)x}
\tag{15-9}
$$

式中：$F^+(s)$ 和 $F^-(s)$ 是待定的积分常数，也是复频域函数。

将式（15-9）代入式（15-5），得

$$
I(x,s) = -\frac{1}{Z_0(s)}\frac{\mathrm{d}U(x,s)}{\mathrm{d}x} = \frac{\gamma(s)}{Z_0(s)}\left[F^+(s)\mathrm{e}^{-\gamma(s)x} - F^-(s)\mathrm{e}^{\gamma(s)x}\right]
$$

将 $\gamma(s)$ 代入上式得

$$I(x,s) = \frac{F^+(s)}{Z_c(s)} e^{-\gamma(s)x} - \frac{F^-(s)}{Z_c(s)} e^{\gamma(s)x} \tag{15-10}$$

其中

$$Z_c(s) = \sqrt{\frac{Z_0(s)}{Y_0(s)}} = \sqrt{\frac{sL_0}{sC_0}} = \sqrt{\frac{L_0}{C_0}}$$

式中：$Z_c(s)$ 称为无损耗均匀传输线的复频域波阻抗，$\gamma(s)$ 称为复频域传播系数，$Z_c(s)$ 和 $\gamma(s)$ 也可称为均匀线的副参数。积分常数 $F^+(s)$ 和 $F^-(s)$ 可由边界条件 $U(0,s)$ 和 $I(0,s)$ 来确定。

设

$$\mathscr{L}^{-1}[F^+(s)] = f^+(t)$$
$$\mathscr{L}^{-1}[F^-(s)] = f^-(t)$$

利用拉普拉斯变换的时域位移性质，可知

$$\mathscr{L}^{-1}[F^+(s)e^{-\gamma(s)x}] = \mathscr{L}^{-1}[F^+(s)e^{-sx/v}] = f^+\left(t-\frac{x}{v}\right)$$

$$\mathscr{L}^{-1}[F^-(s)e^{\gamma(s)x}] = \mathscr{L}^{-1}[F^-(s)e^{sx/v}] = f^-\left(t+\frac{x}{v}\right)$$

其中

$$\gamma(s)x = \sqrt{Z_0(s)Y_0(s)} \cdot x = \sqrt{sL_0 sC_0} \cdot x = s\sqrt{L_0 C_0} \cdot x = sx/v$$

对复频域的通解式（15-9）和式（15-10）进行拉普拉斯反变换，就可以得到无损耗均匀传输线方程的时域通解

$$\begin{cases} u(x,t) = f^+\left(t-\dfrac{x}{v}\right) + f^-\left(t+\dfrac{x}{v}\right) \\ i(x,t) = \dfrac{1}{Z_c}f^+\left(t-\dfrac{x}{v}\right) - \dfrac{1}{Z_c}f^-\left(t+\dfrac{x}{v}\right) \end{cases} \tag{15-11}$$

15.1.2 均匀线方程的通解的意义

由无损耗均匀传输线方程的通解式（15-11）可知，无损耗均匀线上任意一处的电压、电流均可视为由两个分量叠加而成，即式（15-11）表示为以下形式

$$\begin{cases} u(x,t) = u^+(x,t) + u^-(x,t) \\ i(x,t) = i^+(x,t) - i^-(x,t) \end{cases} \tag{15-12}$$

其中

$$\begin{cases} u^+(x,t) = f^+\left(t-\dfrac{x}{v}\right) \\ u^-(x,t) = f^-\left(t+\dfrac{x}{v}\right) \end{cases}$$

$$\begin{cases} i^+(x,t) = \dfrac{1}{Z_c}f^+\left(t-\dfrac{x}{v}\right) = \dfrac{1}{Z_c}u^+(x,t) \\ i^-(x,t) = \dfrac{1}{Z_c}f^-\left(t+\dfrac{x}{v}\right) = \dfrac{1}{Z_c}u^-(x,t) \end{cases}$$

首先分析式（15-12）中电压的第一个分量 $u^+(x,t)$；令 $t=t_0$，得到在 t_0 瞬时电压分量 $u^+(x,t)$ 的沿线分布为

$$u^+ \left(x, t_0 \right) = f^+ \left(t_0 - \frac{x}{v} \right) \tag{15-13}$$

再令 $t = t_0 + \Delta t$，得到经过 Δt 瞬间后电压 $u^+ \left(x, t \right)$ 的沿线分布为

$$u^+ \left(x, t_0 + \Delta t \right) = f^+ \left(\left(t_0 + \Delta t \right) - \frac{x}{v} \right) = f^+ \left(t_0 - \frac{x - v\Delta t}{v} \right) \tag{15-14}$$

将式（15-14）与式（15-13）相比较，可以看出在两个不同的瞬时，电压分量沿线分布的函数形式相同，只须将 t_0 瞬时 $u^+ \left(x, t \right)$ 的沿线分布图形向 x 增加的方向移动距离 $\Delta x = v\Delta t$，就得到 $t_0 + \Delta t$ 瞬时 $u^+ \left(x, t \right)$ 的沿线分布。由此可知式（15-13）表示的电压是沿 x 增加方向移动的行波，行波行进的速度称为波速，其值为

$$v = \lim_{\Delta \to 0} \frac{\Delta x}{\Delta t} = \frac{1}{\sqrt{L_0 C_0}} \tag{15-15}$$

由于行波 $u^+ \left(x, t \right)$ 是沿着 x 增加的方向传播，故该行波是一个正向电压行波，如图 15-1 所示。

式（15-12）中电流的第一个分量

$$i^+ = \frac{1}{Z_c} u^+ \left(x, i \right)$$

其函数表达式与 $u^+ \left(x, t \right)$ 相似，二者的区别仅在于一个常数因子，因而其变化规律相同，即 $i^+ \left(x, t \right)$ 应为正向电流行波。

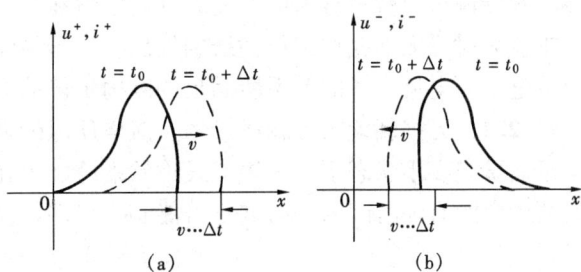

图 15-1　正向行波与反向行波

(a) u^+、i^+ 的沿线分布；(b) u^-、i^- 的沿线分布

根据同样的分析可知，电压和电流的第二个分量

$$u^- \left(x, t \right) = f^- \left(t + \frac{x}{v} \right) \tag{15-16}$$

$$i^- \left(x, t \right) = \frac{1}{\sqrt{L_0 / C_0}} f^- \left(t + \frac{x}{v} \right) \tag{15-17}$$

分别为沿 x 减小的方向以速度 v 传播的反向电压行波和反向电流行波，如图 15-1（b）所示。

由式（15-11）可知，同方向行进的电压行波与电流行波之间有正比关系，其比值

$$\frac{u^+ \left(x, t \right)}{i^+ \left(x, t \right)} = \frac{u^- \left(x, t \right)}{i^- \left(x, t \right)} = \sqrt{\frac{L_0}{C_0}} = Z_c \tag{15-18}$$

是一个仅由线路原始参数决定的正实常数，与无损耗线正弦稳态下的特性阻抗完全相同，称为无损耗线的暂态波阻抗。式（15-18）还说明正向电压、电流行波之间，以及反向电压、电流行波之间的关系具有欧姆定律的形式。

同理，由式（15-15）可知，无损耗线上暂态行波的传播速度 v 也是一个仅由线路原始参数决定的正实常数，其值与无损耗线上正弦稳态行波的相移速度相等。

又由式（15-12）可知，沿线任一处的电压的参考方向，与其正向行波分量、反向行波分量三者的参考方向是相同的；沿线任一处的电流的参考方向，与其正向行波分量参考方向

相同，与电流的反向行波分量的参考方向相反。

15.2 无损耗均匀传输线上的发出波

无损耗线方程的通解［式（15-11）］，只表明了无损耗线上的电压和电流是由两个以有限速度向相反方向传播的不衰减的行波叠加而成的。要得到无损耗线方程的确定解，还应根据具体问题的边界条件，来决定电压的正向行波分量 f^+ 与反向行波分量 f^- 的具体函数形式。

如果仍以线路始端为激励源端，则反向行波的产生是由于正向行波在终端的反射结果，故正向行波是向终端传播的入射波，反向行波是在终端产生的反射波。假设入射波尚未抵达终端，则传输线上就只有入射波而无反射波存在。

本节只讨论无损耗均匀传输线的发出波，即传输线上尚未出现反射波的情况，着重理解发出波电压、电流之间的关系所满足的欧姆定律的形式。

15.2.1 无损耗均匀传输线接通直流电压源的发出波

下面研究在零状态下，无损耗线由始端施加电压激励时波的发出。设传输线为无限长，则在所考察的有限时间内入射波不可能到达终端，线上无反射波存在，即

$$u^-(x,t)=0 \quad i^-(x,t)=0$$

因此，无损耗均匀传输线上的电压、电流均仅含入射波，即

$$u(x,t)=u^+(x,t)=f^+\left(t-\frac{x}{v}\right)$$
$$i(x,t)=i^+(x,t)=\frac{1}{Z_c}f^+\left(t-\frac{x}{v}\right) \tag{15-19}$$

设在 $t=0$ 时无限长均匀传输线的始端接入直流电压 $U_0\varepsilon(t)$，如图 15-2（a）所示，则始端边界条件为

$$u(0,t)=U_0\varepsilon(t)$$

令式（15-19）中 $x=0$，即可求得入射波电压 f^+ 的函数形式

$$u(0,t)=u^+(x,t)=f^+(t)=U_0\varepsilon(t) \tag{15-20}$$

式（15-20）代入式（15-19），即得电压、电流的解为

$$u(x,t)=u^+(x,t)=f^+\left(t-\frac{x}{v}\right)=U_0\varepsilon\left(t-\frac{x}{v}\right)$$
$$i(x,t)=i^+(x,t)=\frac{1}{Z_c}f^+\left(t-\frac{x}{v}\right)=\frac{U_0}{Z_c}\varepsilon\left(t-\frac{x}{v}\right) \tag{15-21}$$

上式表明，均匀传输线上的电压和电流是变量 $(t-x/v)$ 的函数，它代表沿 x 增加方向传播的正向行波。注意到在 $x>vt$ 处，$\varepsilon(t-x/v)=0$；在 $x\leqslant vt$ 处，$\varepsilon(t-x/v)=1$，因此，正向行波首先在线路始端（$t=0$，$x=0$）出现，经过时间 t，向 x 的正方向前进了距离 vt。均匀传输线上凡是行波经过的地方（$0<x<vt$），其电压为 U_0，电流为 $I=U_0/Z_c$；凡是行波尚未到达的地方（$x>vt$），电压和电流均为零。这样，在均匀传输线上就形成一个正向矩形发出波，并以速度 v 由始端向终端移动，如图 15-2（b）所示。

综上所述，无限长零状态的无损耗均匀传输线接通电源时，线路上只有发出的正向电压行波及正向电流行波，没有反射波电压及反射波电流。与集中参数电路不同，当始端接通电

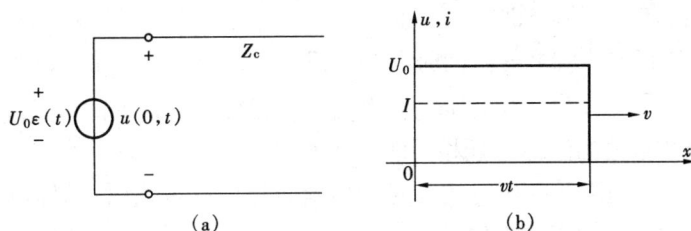

图 15-2 无损耗线上正向行波的发出

(a) 始端输入阶跃电压；(b) 矩形发出波

源时，传输线 x 处并不是即刻就有电压和电流，而是在 $t \geqslant x/v$ 后，才在该处建立电压及电流。也就是说，在 $t \geqslant x/v$ 后，从始端发出的电压及电流正向行波才能推进到线路的 x 处，在 x 处建立电压及电流。

在正向电压行波的传播过程中，线路的上方导线获得某一数量的正电荷，而下方导线各单元则失去等量的正电荷，行波所经过的部分电路的电压升至 U_0。设经过时间 Δt 后，其间的距离为 $\Delta x = v \Delta t$，这一段线路上的电容为 $C_0 \Delta x$，在这个电容上建立电压 U_0 所需的电荷量为 $\Delta q = C_0 U_0 \Delta x$。此电荷量给传输线充电，其充电电流为

$$i_C = \frac{\mathrm{d}q}{\mathrm{d}t} = C_0 U_0 \frac{\mathrm{d}x}{\mathrm{d}t} = C_0 U_0 v = C_0 U_0 \frac{1}{\sqrt{L_0 C_0}} = U_0 \frac{1}{Z_c} = I \qquad (15\text{-}22)$$

充电电流 i_C 恰好等于行波已到达地点传输线上的电流 I，满足基尔霍夫电流定律。由此可见，传输线上的正向电流行波与正向电压行波在推进过程中所产生的位移电流相连续。

此外，正向行波经过的线路上的电感为 $L_0 \Delta x$，在 Δt 时间内电流由零增至 I 而引起的磁链的增量为 $\Delta \psi = L_0 I \Delta x$，$\Delta \psi$ 产生的感应电压为

$$u_L = \frac{\mathrm{d}\psi}{\mathrm{d}t} = L_0 I \frac{\mathrm{d}x}{\mathrm{d}t} = L_0 I v = L_0 I \frac{1}{\sqrt{L_0 C_0}} = I \sqrt{\frac{L_0}{C_0}} = I Z_c = U_0 \qquad (15\text{-}23)$$

感应电压 u_L 恰好与行波所到之处的线间电压 U_0 相平衡，满足了基尔霍夫电压定律。由此可见，传输线上的正向电压行波，与正向电流行波在推进过程中所产生的感应电压相平衡。

在 Δt 时间内，正向行波电压、电流所传输的电场能量 ΔW_e 及磁场能量 ΔW_m 分别为

$$\Delta W_e = \frac{1}{2} C_0 U_0^2 \Delta x = \frac{1}{2} C_0 U_0^2 v \Delta t = \frac{1}{2} C_0 U_0^2 \frac{1}{\sqrt{L_0 C_0}} \Delta t = \frac{1}{2} U_0 I \Delta t$$

$$\Delta W_m = \frac{1}{2} L_0 I^2 \Delta x = \frac{1}{2} L_0 I^2 v \Delta t = \frac{1}{2} L_0 I^2 \frac{1}{\sqrt{L_0 C_0}} \Delta t = \frac{1}{2} U_0 I \Delta t$$

$$(15\text{-}24)$$

可见，在 Δt 时间内电源所产生的能量 $U_0 I \Delta t$，一半用于建立 Δx 处的电场能量，另一半用于建立 Δx 处的磁场能量。

以上分析是针对无限长无损耗均匀传输线进行的，但对实际的有限长无损耗线来说，只要由始端发出的行波尚未抵达终端，传输线上只有正向行波时，上述的讨论的结果均可适用。下面将所得结论归纳如下：

(1) 零状态无损耗均匀传输线的始端与电压源接通后，由激励源发出一个以有限速度 v

从始端向终端移动的正向电压行波。

（2）凡正向电压行波所到之处，同时在线上建立起正向行波电流，电流的大小仅由电压行波和波阻抗 $Z_c = \sqrt{L_0/C_0}$ 来决定，而与负载无关。因此沿同一方向以相同速度前进的正向电压行波和正向电流行波的波形也是相同的。

（3）由激励源发出的正向电压行波和正向电流行波沿线推进时，激励源所供给的能量，一半用以建立电场，一半用以建立磁场。

（4）传输线上任意一处电压、电流随时间变化的规律均与线路始端电压、电流的变化规律相同，但须推迟行波由始端传播至该处所需要的时间。

15.2.2　非零状态下无损耗均匀传输线的发出波

在非零状态下换路时，要有行波从换路处发出。正如线性电路的动态过程分析，电路的换路可用开关的闭合或断开来表示。非零状态下闭合任何开关所引起的变化，相当于在开关处接入一个理想电压源所引起的变化。接入的理想电压源的大小和方向都与开关没闭合的情况下开关间的电压的大小和方向相同，而且两者的变化规律也要一致。

设无损耗均匀传输线处于稳定状态，终端接有负载电阻 R，开关闭合前传输线上各处的电压为 U_0，电流为零。在 $t=0$ 时刻，终端开关 S 闭合将负载电阻 R 接入，如图 15-3（a）所示，分析传输线上的电压、电流。

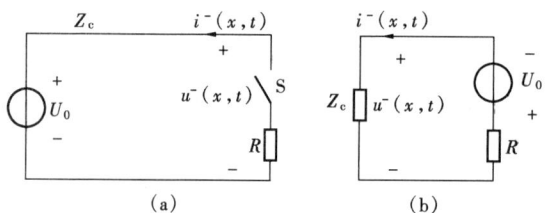

图 15-3　非零状态传输线终端接入电阻 R 的发出波
(a) 开关 S 闭合将负载电阻 R 接入；(b) S 闭合后的等效电路

开关 S 合上前，其两端的电压为 U_0，开关 S 合上后电压为零。因此，开关 S 合上可以等效为接入极性相反、电压为 U_0 的两个串联电压源。利用叠加原理分析，可以把传输线分解为原来的始端接电压源、终端开路状况，及将始端电压源"置零"并在零状态传输线终端开路处（开关断开处）接入一个电压为 U_0、极性与其开路时的电压极性相反的电压源，这两种情况的叠加。第一种情况为原来的稳态状况；第二种情况相当于在线路终端串入一个极性相反的电压源 U_0 的发出波。

根据发出波电压、电流之间的关系满足欧姆定律的形式，可以用图 15-3（b）所示的电路来分析终端的发出波电压及发出波电流。

线路终端的发出波电压、电流为

$$u^-(l,t) = -\frac{Z_c}{R+Z_c}U_0\varepsilon(t)$$

$$i^-(l,t) = -\frac{1}{R+Z_c}U_0\varepsilon(t)$$

这个终端的发出波电压、电流行进到传输线 x 处时，所行进的距离为 $l-x$，时间上需要延迟 $(l-x)/v$。因此传输线上的发出波电压、电流分别为

$$u^-(x,t) = -\frac{Z_c}{R+Z_c}U_0\varepsilon\left(t-\frac{l-x}{v}\right)$$

$$i^-(x,t) = -\frac{1}{R+Z_c}U_0\varepsilon\left(t-\frac{l-x}{v}\right)$$

因为，这个发出波电压、电流是从线路终端向始端推进，是反向行波，所以用 u^- 及 i^- 来表示。

在 $0 < t < l/v$ 时段内，非零状态下无损耗均匀传输线上的电压、电流分布分别如图 15-4（a）、图 15-4（b）所示。

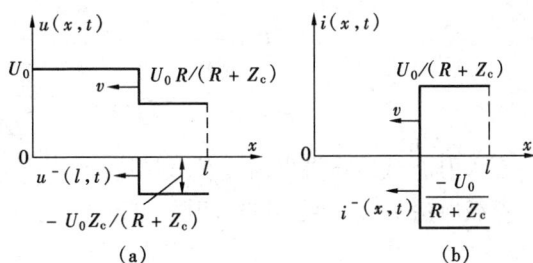

图 15-4　终端接电阻 R 时，传输线上的电压、电流分布

(a) 电压分布波形；(b) 电流分布波形

$$\begin{cases} u(x,t) = u^+(x,t) + u^-(x,t) = U_0 - \dfrac{Z_c}{R+Z_c}U_0\varepsilon\left(t-\dfrac{l-x}{v}\right) \\[3mm] i(x,t) = i^+(x,t) - i^-(x,t) = \dfrac{1}{R+Z_c}U_0\varepsilon\left(t-\dfrac{l-x}{v}\right) \end{cases}$$

15.3　无损耗均匀传输线波的反射

无损耗线始端接通激励源后，电压行波与电流行波由始端向终端推进。当上述发出波传播至线路终端时，就会产生反射，反射波所到之处的电压、电流是由入射波与反射波叠加而成。

当发出波传播至传输线的分支处，或传播至不同参数的传输线的连接处时，不仅在线路连接处要产生反射波返回原线路，而且将有电压、电流行波进入连接处以后的传输线。这种电压波与电流波称为折射波或透射波。使行波产生反射之处称为波的反射点，传输线上的反射点实际上就是线路均匀性被破坏之处。

15.3.1　求解反射波的柏德生法则

柏德生法则是求解无损耗均匀传输线波过程的一种分析方法，它以行波的概念来分析传输线的不均匀处的电压和电流，并以此来分析电压和电流的反射波，在此基础上求出无损耗均匀传输线上的电压及电流分布。

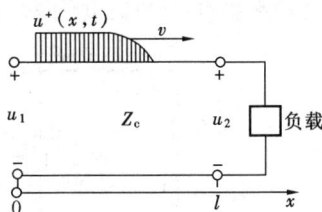

图 15-5　入射波向无损耗线终端行进

设无损耗均匀传输线上有矩形电压入射波，入射波以波速 v 从线路始端向终端推进，入射波行进到反射点以后所引起的反射波与折射波，可由式（15-11）所示的时域通解出发，从确定反射点的电压、电流着手，就可以求得传输线上电压、电流的反射波和折射波的解。

图 15-5 所示的是已知的电压入射波

$$u^+(x,t) = f^+\left(t-\frac{x}{v}\right) \tag{15-25}$$

沿波阻抗为 Z_c、线长为 l 的无损耗均匀传输线向线路终端行进，其对应的电流入射波为

$$i^+(x,t) = \frac{1}{Z_c}u^+(x,t) = \frac{1}{Z_c}f^+\left(t-\frac{x}{v}\right) \tag{15-26}$$

终端的入射波电压与入射波电流分别为

$$u_2^+ = u^+(x,t)\mid_{x=l} = f^+\left(t-\frac{l}{v}\right)$$

$$i_2^+ = i^+(x,t)\mid_{x=l} = \frac{1}{Z_c}f^+\left(t-\frac{l}{v}\right) = \frac{u_2^+}{Z_c} \tag{15-27}$$

在入射波抵达终端以后，负载端电压 u_2 等于终端的入射波电压 u_2^+ 与反射波电压 u_2^- 之和；负载电流 i_2 等于终端的入射波电流 i_2^+ 与反射波电流 i_2^- 之差。即

$$u_2 = u_2^+ + u_2^- \tag{15-28}$$

$$i_2 = i_2^+ - i_2^- = \frac{u_2^+}{Z_c} - \frac{u_2^-}{Z_c} \tag{15-29}$$

式（15-29）改写为

$$Z_c i_2 = u_2^+ - u_2^- \tag{15-30}$$

将式（15-28）与式（15-30）相加，消去 u_2^-，得

$$Z_c i_2 + u_2 = 2u_2^+ \tag{15-31}$$

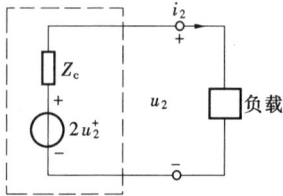

图 15-6　无损耗线终端的集中参数等效电路

式（15-31）就是柏德生法则的数学模型，它建立了终端电压 u_2 与终端电流 i_2 之间的关系，这种关系也可以用图 15-6 所示的集中参数等效电路表示出来。图中虚线框内部分是用来代替传输线及入射波的作用的戴维南等效电路，其中等效电压源的电压等于终端入射波电压的二倍，等效电阻等于传输线的波阻抗。图 15-6 所示的集中参数等效电路，用来计算反射点的电压、电流，等效电路的端口电压电流关系为

$$u_2 = 2u_2^+ - Z_c i_2 \tag{15-32}$$

根据柏德生法则，可用分析集中参数电路暂态的方法来确定反射点的电压 u_2 与电流 i_2。在 u_2、i_2 和 u_2^+、i_2^+ 已知的情况下，利用式（15-28）和式（15-29）就可以求得反射点的反射波电压 u_2^- 与反射波电流 i_2^-，从而写出反射电压波与反射电流波随距离 x 及时间 t 变化的函数式。

如果反射点以后还接有另外的传输线，则根据已经求得的 u_2 和 i_2，也可以确定进入此传输线的电压折射波与电流折射波。

15.3.2　终端接有电阻负载的波过程

假设高度为 U_s 的矩形入射波于 $t=0$ 时从无损耗线始端发出，无损耗线的长度为 l，波阻抗为 Z_c，终端接有阻值为 R_2 的电阻负载，如图 15-7（a）所示。分析入射波行进到终端后产生的反射波以及沿线电压、电流的分布情况。

从线路始端发出的入射波电压与入射波电流分别为

$$u^+(x,t) = U_s\varepsilon\left(t-\frac{x}{v}\right)$$

$$(15\text{-}33\text{a})$$

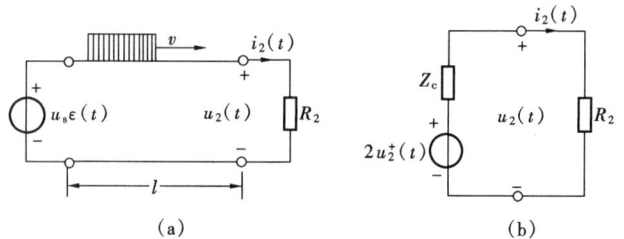

图 15-7　终端接电阻负载的无损耗线
(a) 无损耗线波的发出；(b) 集中参数等效电路

$$i^+(x,t) = \frac{1}{Z_c} U_s \varepsilon\left(t - \frac{x}{v}\right) \tag{15-33b}$$

因此，线路终端的入射波电压与入射波电流分别为

$$\begin{cases} u_2^+(t) = u^+(l,t) = U_s \varepsilon\left(t - \dfrac{l}{v}\right) \\[2mm] i_2^+(t) = i^+(l,t) = \dfrac{U_s}{Z_c} \varepsilon\left(t - \dfrac{l}{v}\right) \end{cases} \tag{15-34}$$

根据柏德生法则，可以做出图 15-7（b）所示的集中参数等效电路，由此求得终端电压与电流如下

$$\begin{cases} u_2(t) = \dfrac{R_2}{R_2 + Z_c} 2u_2^+(t) = \dfrac{R_2}{R_2 + Z_c} 2U_s \varepsilon\left(t - \dfrac{l}{v}\right) \\[2mm] i_2(t) = \dfrac{1}{R_2 + Z_c} 2u_2^+(t) = \dfrac{1}{R_2 + Z_c} 2U_s \varepsilon\left(t - \dfrac{l}{v}\right) \end{cases} \tag{15-35}$$

故终端的反射波电压与反射波电流分别为

$$u_2^-(t) = u_2(t) - u_2^+(t)$$
$$= \frac{R_2}{R_2 + Z_c} 2U_s \varepsilon\left(t - \frac{l}{v}\right) - U_s \varepsilon\left(t - \frac{l}{v}\right) = \frac{R_2 - Z_c}{R_2 + Z_c} U_s \varepsilon\left(t - \frac{l}{v}\right) \tag{15-36}$$

$$i_2^-(t) = i_2^+(t) - i_2(t)$$
$$= \frac{1}{Z_c} U_s \varepsilon\left(t - \frac{l}{v}\right) - \frac{1}{R_2 + Z_c} 2U_s \varepsilon\left(t - \frac{l}{v}\right) = \frac{R_2 - Z_c}{R_2 + Z_c} \cdot \frac{U_s}{Z_c} \varepsilon\left(t - \frac{l}{v}\right) \tag{15-37}$$

由式（15-34）与式（15-36）、式（15-37）可以看出，任何时刻终端的反射波电压与入射波电压之比均等于该处的反射波电流与入射波电流之比，其值为

$$\frac{u_2^-(t)}{u_2^+(t)} = \frac{i_2^-(t)}{i_2^+(t)} = \frac{R_2 - Z_c}{R_2 + Z_c} = N_2 \tag{15-38}$$

式中：N_2 为终端反射系数。

由式（15-36）和式（15-37）可以写出无损耗线上距始端任意距离 x 处的反射电压波与反射电流波的表达式，即

$$u^-(x,t) = \frac{R_2 - Z_c}{R_2 + Z_c} U_s \varepsilon\left(t - \frac{l}{v} - \frac{l-x}{v}\right) = N_2 U_s \varepsilon\left(t - \frac{2l-x}{v}\right)$$

$$i^-(x,t) = N_2 \frac{U_s}{Z_c} \varepsilon\left(t - \frac{2l-x}{v}\right) \tag{15-39}$$

将入射波与反射波相叠加，即可求得沿线电压、电流的分布函数

$$u(x,t) = u^+(x,t) + u^-(x,t) = U_s \varepsilon\left(t - \frac{x}{v}\right) + N_2 U_s \varepsilon\left(t - \frac{2l-x}{v}\right)$$

$$i(x,t) = i^+(x,t) - i^-(x,t) = \frac{U_s}{Z_c} \varepsilon\left(t - \frac{x}{v}\right) - N_2 \frac{U_s}{Z_c} \varepsilon\left(t - \frac{2l-x}{v}\right) \tag{15-40}$$

式（15-40）中 $t < 2l/v$，当 $t \geqslant 2l/v$ 时，终端产生的反射波已到达始端，又将在始端引起反射。

当 $R_2 = Z_c$ 时，即负载与传输线相匹配时，由式（15-38）可知，$N_2 = 0$，无反射波发生，入射波到达终端后，立刻建立起稳定状态。

当 $R_2 > Z_c$ 时，$N_2 > 0$，反射波不改变符号，入射波行进到终端时遇到大于波阻抗的电

阻，在同一瞬间内流过 R_2 的电荷少于入射波携带至终端的电荷，因而在终端产生电荷的堆积，使线路终端电压升高，$u_2 = U_s(1+N_2) > U_s$。

当 $R_2 < Z_c$ 时，$N_2 < 0$，反射波改变符号，入射波行进到终端时遇到小于波阻抗的电阻，在同一瞬间内流过 R_2 的电荷多于入射波携带至终端的电荷，这就需要从已充电的导线上获得补偿，因而使线路电压降低，$u_2 = U_s(1-|N_2|) < U_s$。

当 $R_2 = \infty$ 时，即终端开路时，$N_2 = 1$，终端发生全反射，且不带符号变化，终端电压加倍，而电流则降至零。

当 $R_2 = 0$ 时，即终端短路时，$N_2 = -1$，终端发生全反射且带符号变化，终端电流加倍，而电压则降至零。

图 15-8 绘出了在不同电阻负载（包括开路和短路）情况下，当 $l/v < t < 2l/v$ 时，沿无损耗线电压、电流的分布图（图中实线表示电压波、虚线表示电流波）。

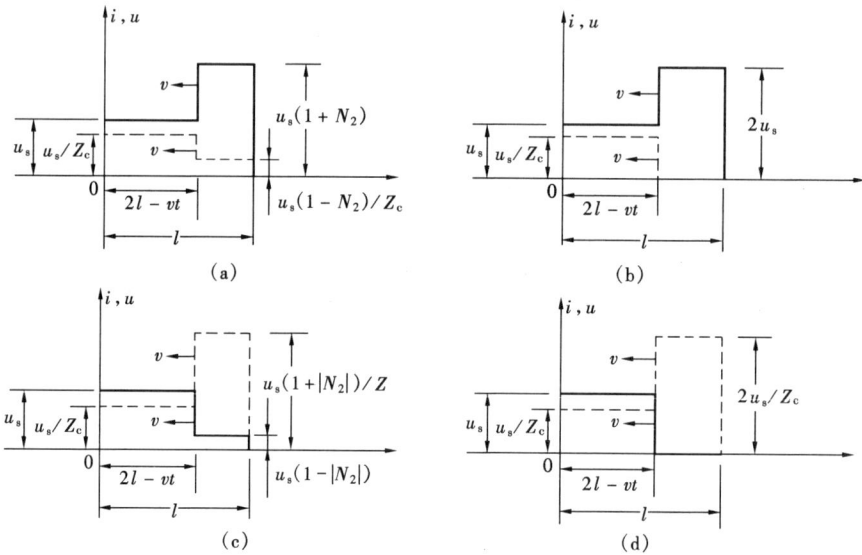

图 15-8　在不同电阻负载下无损耗线上的电压、电流分布
(a) $R_2 > Z_c$；(b) $R_2 = \infty$；(c) $R_2 < Z_c$；(d) $R_2 = 0$

15.3.3　终端接有电感负载的波过程

将无损耗均匀传输线的终端负载改为电感 L，如图 15-9（a）所示。分析入射波行进到终端后产生的反射波以及沿线电压、电流的分布情况。

电压、电流的发出波以及终端的入射波电压、电流仍由式（15-33）、式（15-34）决定。根据柏德生法则，做出图 15-9（b）所示的集中参数等效电路，由此求得终端电流和电压如下

$$i_2(t) = \frac{2U_s}{Z_c}\left[1 - e^{\frac{Z_c}{L}\left(t-\frac{l}{v}\right)}\right]\varepsilon\left(t-\frac{l}{v}\right)$$

$$u_2(t) = 2U_s\varepsilon\left(t-\frac{l}{v}\right) - Z_c i_2(t) = 2U_s e^{\frac{Z_c}{L}\left(t-\frac{l}{v}\right)}\varepsilon\left(t-\frac{l}{v}\right)$$

(15-41)

终端的反射波电压和电流分别为

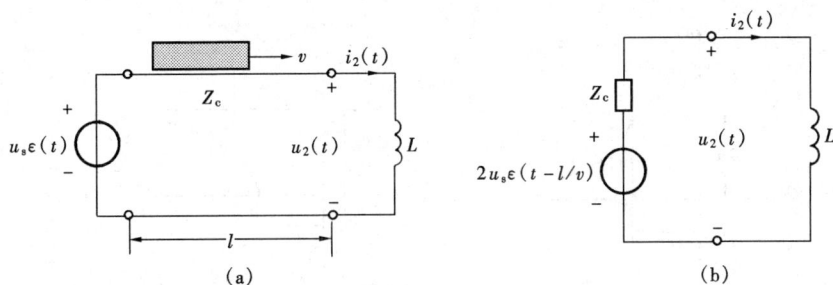

图 15-9　终端接电感的无损耗线

(a) 无损耗线波的发出；(b) 集中参数等效电路

$$u_2^-(t) = u_2(t) - u_2^+(t) = U_s\left[2e^{-\frac{Z_c}{L}\left(t-\frac{l}{v}\right)} - 1\right]\varepsilon\left(t - \frac{l}{v}\right) \tag{15-42}$$

$$i_2^-(t) = i_2^+(t) - i_2(t) = \frac{U_s}{Z_c}\left[2e^{-\frac{Z_c}{L}\left(t-\frac{l}{v}\right)} - 1\right]\varepsilon\left(t - \frac{l}{v}\right) \tag{15-43}$$

由以上二式可写出距始端 x 处的反射电压波和反射电流波的表达式，即

$$
\begin{aligned}
u^-(x,t) &= U_s\left[2e^{-\frac{Z_c}{L}\left(t-\frac{2l-x}{v}\right)} - 1\right]\varepsilon\left(t - \frac{2l-x}{v}\right) \\
i^-(x,t) &= \frac{U_s}{Z_c}\left[2e^{-\frac{Z_c}{L}\left(t-\frac{2l-x}{v}\right)} - 1\right]\varepsilon\left(t - \frac{2l-x}{v}\right)
\end{aligned}
\tag{15-44}
$$

将入射波与反射波相叠加，就可以求得沿线电压、电流的分布函数

$$
\begin{aligned}
u(x,t) &= u^+(x,t) + u^-(x,t) \\
&= U_s\varepsilon\left(t-\frac{x}{v}\right) + U_s\left[2e^{-\frac{Z_c}{L}\left(t-\frac{2l-x}{v}\right)} - 1\right]\varepsilon\left(t - \frac{2l-x}{v}\right) \\
i(x,t) &= i^+(x,t) - i^-(x,t) \\
&= \frac{U_s}{Z_c}\varepsilon\left(t-\frac{x}{v}\right) - \frac{U_s}{Z_c}\left[2e^{-\frac{Z_c}{L}\left(t-\frac{2l-x}{v}\right)} - 1\right]\varepsilon\left(t - \frac{2l-x}{v}\right)
\end{aligned}
\tag{15-45}
$$

式（15-45）中 $t < 2l/v$。令式（15-45）中的 t 等于某一指定时刻（$l/v < t < 2l/v$），绘出电压、电流沿线的分布图，如图 15-10 所示。由式（15-41）可绘出终端电压、电流随时间变化的波形如图 15-11 所示。

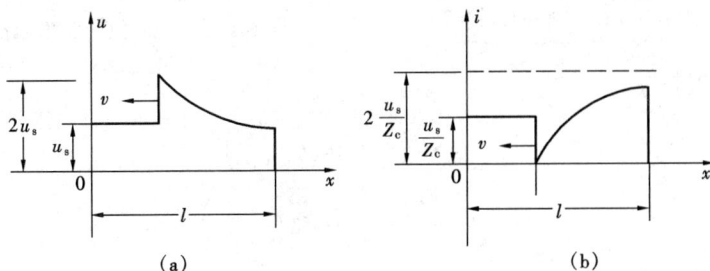

图 15-10　终端接电感的无损线上的电压、电流沿线的分布

(a) 电压的沿线分布波形；(b) 电流的沿线分布波形

通过上述的分析可见，无损耗均匀传输线在零状态下接通直流电压源，在传输线上出现

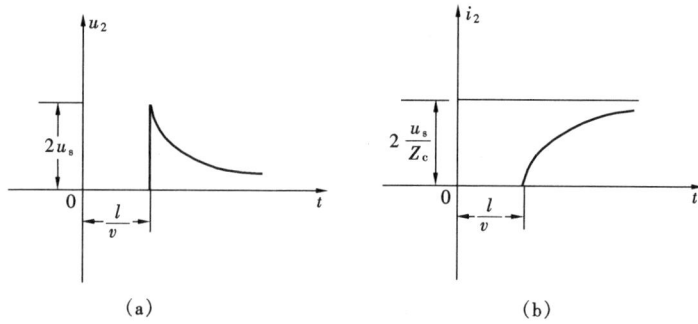

图 15-11 终端电感的电压、电流随时间变化的波形

(a) 终端电感的电压波形；(b) 终端电感的电流波形

的电压、电流入射波，与终端的负载阻抗无关，只取决于始端的参数及线路的波阻抗，与终端接电阻负载时的电压、电流发出波是一样的。

当 $t=l/v$ 时，发出的正向行波到达线路终端产生反射，由于此时终端的负载含有储能元件，反射波电压及反射波电流带有衰减的指数函数。对于终端只含单一储能元件（电感或电容）的情况，反射波电压及电流可以借用一阶电路的三要素法，并结合行波的概念解出。

入射波从线路始端行进到终端需延迟 l/v（s），在终端产生的反射波向始端行进到线路的 x 处，还要再延迟 $(l-x)v$（s），总共要延迟 $(2l-x)/v$（s）。

15.3.4 终端接有集中参数电阻与电感并联负载的波过程

无损耗均匀传输线如图 15-12 所示，其波阻抗为 Z_c，线路始端有一发出波电压 U_0，终端负载为集中参数电阻 R_2 与电感 L_2 的并联，利用柏德生法则来求解其波过程。

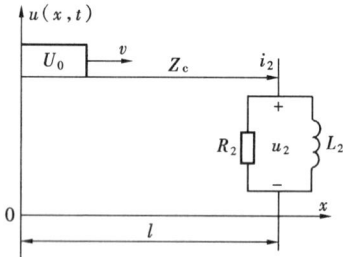

图 15-12 终端为 R_2 与 L_2 并联的传输线

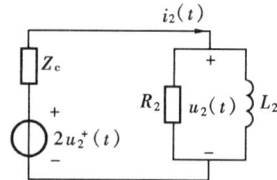

图 15-13 柏德生等效电路

传输线上的入射波为

$$\begin{cases} u^+(x,t) = U_0\varepsilon\left(t-\dfrac{x}{v}\right) \\ i^+(x,t) = \dfrac{1}{Z_c}U_0\varepsilon\left(t-\dfrac{x}{v}\right) \end{cases}$$

负载处的入射波为

$$u_2^+(t) = u^+(l,t) = U_0\varepsilon\left(t-\dfrac{l}{v}\right)$$

根据柏德生法则，等效的电路模型可用图 15-13 表示，利用一阶电路的三要素法来求解传输线的终端电压 $u_2(t)$。

$$u_2(t) = \frac{2U_0 R_2}{R_2 + Z_c} e^{-\frac{1}{\tau}\left(t-\frac{l}{v}\right)} \varepsilon\left(t-\frac{l}{v}\right), \tau = \frac{L_2(R_2 + Z_c)}{R_2 Z_c} \tag{15-46}$$

线路终端电压反射波

$$u_2^-(t) = u^-(l,t) = u_2(t) - u_2^+(t) = U_0\left[\frac{2R_2 e^{-\frac{1}{\tau}\left(t-\frac{l}{v}\right)}}{R_2 + Z_c} - 1\right]\varepsilon\left(t-\frac{l}{v}\right) \tag{15-47}$$

反射波电压 $u_2^-(t)$，从线路终端向始端推进到线路 x 处，时间上需延迟 $(l-x)/v$ (s)。于是传输线上的电压反射波

$$u^-(x,t) = U_0\left[\frac{2R_2 e^{-\frac{1}{\tau}\left(t-\frac{2l-x}{v}\right)}}{R_2 + Z_c} - 1\right]\varepsilon\left(t-\frac{2l-x}{v}\right) \tag{15-48}$$

传输线上的电流反射波

$$i^-(x,t) = \frac{1}{Z_c}u^-(x,t) = \left[\frac{2R_2 U_0}{Z_c(R_2 + Z_c)}e^{-\frac{1}{\tau}\left(t-\frac{2l-x}{v}\right)} - \frac{U_0}{Z_c}\right]\varepsilon\left(t-\frac{2l-x}{v}\right) \tag{15-49}$$

传输线上的电压和电流分布分别为

$$u(x,t) = u^+(x,t) + u^-(x,t)$$
$$= U_0\varepsilon\left(t-\frac{x}{v}\right) + \left[\frac{2R_2 U_0}{R_2 + Z_c}e^{-\frac{1}{\tau}\left(t-\frac{2l-x}{v}\right)} - U_0\right]\varepsilon\left(t-\frac{2l-x}{v}\right) \tag{15-50}$$

$$i(x,t) = i^+(x,t) - i^-(x,t)$$
$$= \frac{U_0}{Z_c}\varepsilon\left(t-\frac{x}{v}\right) - \left[\frac{2R_2 U_0}{Z_c(R_2 + Z_c)}e^{-\frac{1}{\tau}\left(t-\frac{2l-x}{v}\right)} - \frac{U_0}{Z_c}\right]\varepsilon\left(t-\frac{2l-x}{v}\right) \tag{15-51}$$

式（15-50）和式（15-51）表述的是在 $0 < t < 2l/v$ 时段内传输线上的波过程。当 $t > 2l/v$ 后，反射波推进到线路始端，在始端处要产生反射，而且这个始端的反射波从始端推进到线路终端时，又要在终端再次产生反射。

15.3.5　终端接有集中参数电阻与电容并联负载的波过程

无损耗均匀传输线如图 15-14 所示，其波阻抗为 Z_c，线路始端有一发出波电压 U_0，终端负载为集中参数电阻 R_2 与电容 C_2 的并联，利用柏德生法则来求解其波过程。

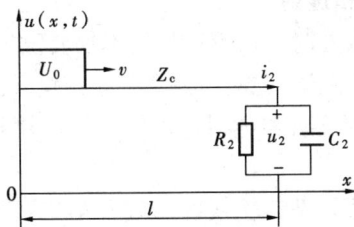

图 15-14　终端为 R_2 与 C_2 并联的传输线　　　　图 15-15　柏德生等效电路

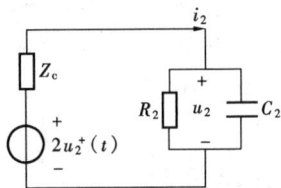

传输线上的入射波为

$$\begin{cases} u^+(x,t) = U_0\varepsilon\left(t-\frac{x}{v}\right) \\ i^+(x,t) = \frac{1}{Z_c}U_0\varepsilon\left(t-\frac{x}{v}\right) \end{cases}$$

负载处的入射波为

$$u_2^+(t) = u^+(l,t) = U_0\varepsilon\left(t-\frac{l}{v}\right)$$

根据柏德生法，等效的电路模型可用图 15-15 表示，利用一阶电路的三要素法来求解传输线的终端电压 $u_2(t)$。

$$u_2(t) = \frac{2U_0 R_2}{R_2 + Z_c}\Big[1 - e^{-\frac{1}{\tau}\left(t - \frac{l}{v}\right)}\Big]\varepsilon\left(t - \frac{l}{v}\right),\ \tau = \frac{R_2 Z_c C_2}{R_2 + Z_c} \tag{15-52}$$

线路终端电压反射波

$$u_2^-(t) = u^-(l,t) = u_2(t) - u_2^+(t)$$
$$= \frac{U_0}{R_2 + Z_c}\Big[(R_2 - Z_c) - 2R_2 e^{-\frac{1}{\tau}\left(t - \frac{l}{v}\right)}\Big]\varepsilon\left(t - \frac{l}{v}\right) \tag{15-53}$$

反射波电压 $u_2^-(t)$，从线路终端向始端推进到线路 x 处，时间上需延迟 $(l-x)/v$ (s)。于是传输线上的电压反射波

$$u^-(x,t) = \frac{U_0}{R_2 + Z_c}\Big[(R_2 - Z_c) - 2R_2 e^{-\frac{1}{\tau}\left(t - \frac{2l-x}{v}\right)}\Big]\varepsilon\left(t - \frac{2l-x}{v}\right) \tag{15-54}$$

传输线上的电流反射波

$$i^-(x,t) = \frac{u^-(x,t)}{Z_c} = \frac{U_0}{Z_c}\Big[\frac{R_2 - Z_c}{R_2 + Z_c} - \frac{2R_2}{R_2 + Z_c}e^{-\frac{1}{\tau}\left(t - \frac{2l-x}{v}\right)}\Big]\varepsilon\left(t - \frac{2l-x}{v}\right) \tag{15-55}$$

传输线上的电压和电流分布分别为

$$u(x,t) = u^+(x,t) + u^-(x,t)$$
$$= U_0\varepsilon\left(t - \frac{x}{v}\right) + U_0\Big[\frac{R_2 - Z_c}{R_2 + Z_c} - \frac{2R_2}{R_2 + Z_c}e^{-\frac{1}{\tau}\left(t - \frac{2l-x}{v}\right)}\Big]\varepsilon\left(t - \frac{2l-x}{v}\right) \tag{15-56}$$

$$i(x,t) = i^+(x,t) - i^-(x,t)$$
$$= \frac{U_0}{Z_c}\varepsilon\left(t - \frac{x}{v}\right) - \frac{U_0}{Z_c}\Big[\frac{R_2 - Z_c}{R_2 + Z_c} - \frac{2R_2}{R_2 + Z_c}e^{-\frac{1}{\tau}\left(t - \frac{2l-x}{v}\right)}\Big]\varepsilon\left(t - \frac{2l-x}{v}\right) \tag{15-57}$$

式（15-56）和式（15-57）表述的是在 $0 < t < 2l/v$ 时段内传输线上的波过程。当 $t > 2l/v$ 后，反射波推进到线路始端，在始端处要产生反射。电压、电流波在传输线的始端和终端都要产生多次反射。

15.3.6　波在两条无损耗均匀传输线连接处的反射和透射

波在传输过程中，经过两条无损耗均匀传输线的连接处时，在不均匀处不仅要发生反射，而且还要发生透射。电压、电流行波将会从第一条传输线进入（透射）到第二条传输线。

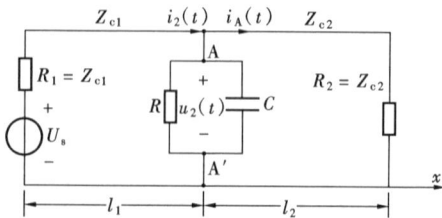

图 15-16　并联接入 RC 电路时波的反射与透射

分析波的反射和透射，仍然可以应用柏德生法则。

为了使第一条传输线的始端及第二条传输线的终端不出现波的反射，令第一条传输线的始端和电压源串联的电阻与第一条传输线相匹配，即有 $R_1 = Z_{c1}$；令第二条传输线的终端接入的电阻与第二条传输线相匹配，即有 $R_2 = Z_{c2}$。这样处理，波在传输过程中只会在两条传输线的连接处产生波的反射和透射，不会在传输线上出现波的多次反射现象。

1. 连接处并联接入 RC 集中参数元件时波的反射与透射

首先讨论在两条无损耗均匀传输线连接处，并联接入 R 与 C 集中参数元件时波的反射与透射。

　　无损耗均匀传输线如图 15-16 所示，应用柏德生法则和一阶电路的三要素法，分析波的反射和透射。

　　首先求解第一条传输线上的电压发出波，它与第一条传输线终端的状况无关。

$$\begin{cases} u^+(x,t) = \dfrac{U_s Z_{c1}}{R_1 + Z_{c1}}\varepsilon\left(t - \dfrac{x}{v}\right) = \dfrac{U_s}{2}\varepsilon\left(t - \dfrac{x}{v}\right) \\[2mm] u_2^+(l_1,t) = u^+(l_1,t) = \dfrac{U_s}{2}\varepsilon\left(t - \dfrac{l_1}{v}\right) \end{cases} \tag{15-58}$$

应用柏德生法则和动态电路的特性，求第一条传输线终端的电压波

$$\begin{cases} u_2(0_+) = u_C(t)\,|_{t=l_1/v} = 0 \\[2mm] u_2(\infty) = \dfrac{U_s R Z_{c2}}{R Z_{c1} + R Z_{c2} + Z_{c1} Z_{c2}} \\[3mm] \tau = \dfrac{R Z_{c1} Z_{c2} C}{R Z_{c1} + R Z_{c2} + Z_{c1} Z_{c2}} \end{cases} \tag{15-59}$$

第一条传输线终端的电压为

$$u_2(t) = \frac{U_s R Z_{c2}}{R Z_{c1} + R Z_{c2} + Z_{c1} Z_{c2}}\left[1 - \mathrm{e}^{-\frac{1}{\tau}\left(t - \frac{l_1}{v}\right)}\right]\varepsilon\left(t - \frac{l_1}{v}\right) \tag{15-60}$$

第一条传输线终端的电压反射波

$$u_2^-(t) = u_2(t) - u_2^+(t)$$

$$= \frac{U_s\left[(R Z_{c2} - R Z_{c1} - Z_{c1} Z_{c2}) - 2 R Z_{c2}\,\mathrm{e}^{-\frac{1}{\tau}\left(t - \frac{l_1}{v}\right)}\right]}{2(R Z_{c1} + R Z_{c2} + Z_{c1} Z_{c2})}\varepsilon\left(t - \frac{l_1}{v}\right) \tag{15-61}$$

第一条传输线上的电压、电流分布为

$$u(x,t) = u^+(x,t) + u^-(x,t) = u^+(x,t) + u_2^-\left(t - \frac{2l_1 - x}{v}\right)$$

$$= \frac{U_s}{2}\varepsilon\left(t - \frac{x}{v}\right) + \frac{U_s\left[(R Z_{c2} - R Z_{c1} - Z_{c1} Z_{c2}) - 2 R Z_{c2}\,\mathrm{e}^{-\frac{1}{\tau}\left(t - \frac{2l_1 - x}{v}\right)}\right]}{2(R Z_{c1} + R Z_{c2} + Z_{c1} Z_{c2})}\varepsilon\left(t - \frac{2l_1 - x}{v}\right) \tag{15-62}$$

$$i(x,t) = \frac{1}{Z_{c1}}u^+(x,t) - \frac{1}{Z_{c1}}u^-(x,t)$$

$$= \frac{U_s}{2 Z_{c1}}\varepsilon\left(t - \frac{x}{v}\right) - \frac{U_s\left[(R Z_{c2} - R Z_{c1} - Z_{c1} Z_{c2}) - 2 R Z_{c2}\,\mathrm{e}^{-\frac{1}{\tau}\left(t - \frac{2l_1 - x}{v}\right)}\right]}{2 Z_{c1}(R Z_{c1} + R Z_{c2} + Z_{c1} Z_{c2})}\varepsilon\left(t - \frac{2l_1 - x}{v}\right)$$

$$\tag{15-63}$$

　　集中参数元件是并联接在两条传输线的两线之间连接处，所以 $u_2(t) = u_{AA'}(t)$，该电压直接透射进入第二条传输线，成为第二条传输线的电压发出波，电流发出波为电压发出波除以波阻抗 Z_{c2}，第二条传输线上的电压、电流分布为

$$\begin{cases} u(x,t) = \dfrac{U_s R Z_{c2}}{R Z_{c1} + R Z_{c2} + Z_{c1} Z_{c2}} \left[1 - \mathrm{e}^{-\frac{1}{\tau}\left(t-\frac{x}{v}\right)} \right] \varepsilon \left(t - \dfrac{x}{v} \right) \quad (x > l_1) \\[4mm] i(x,t) = \dfrac{u(x,t)}{Z_{c2}} = \dfrac{U_s R}{R Z_{c1} + R Z_{c2} + Z_{c1} Z_{c2}} \left[1 - \mathrm{e}^{-\frac{1}{\tau}\left(t-\frac{x}{v}\right)} \right] \varepsilon \left(t - \dfrac{x}{v} \right) \quad (x > l_1) \end{cases}$$

$$(15\text{-}64)$$

两条传输线上的电压、电流分布分别如图 15-17（a）、（b）所示。

第二条传输线上始端的电压发出波 $u_{AA'}(t)$ 及电流发出波 $i_A(t)$ 分别如图 15-18（a）、（b）所示。从图中可以看出，第二条传输线上的电压、电流分布是这两个时间波折叠后，再向第二条传输线的终端以波速 v 向前推进。

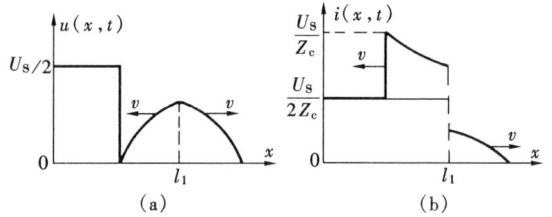

图 15-17   电压、电流波的反射与透射
(a) 电压波的反射与透射；(b) 电流波的反射与透射

2. 连接处串联接入 RC 集中参数元件时波的反射与透射

这里讨论在两条无损耗均匀传输线连接处，串联接入 R 与 C 集中参数元件时波的反射与透射。

无损耗均匀传输线如图 15-19 所示，应用柏德生法则和一阶电路的三要素法，分析波的反射和透射。

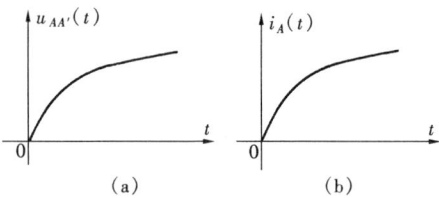

图 15-18   第二条传输线始端发出波
(a) 电压发出波；(b) 电流发出波

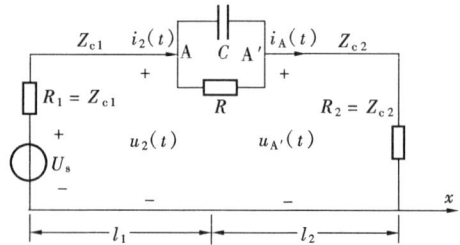

图 15-19   串联接入 RC 电路时波的反射与透射

首先求解第一条传输线上的电压发出波，它与第一条传输线终端的状况无关。

$$\begin{cases} u^+(x,t) = \dfrac{U_s Z_{c1}}{R_1 + Z_{c1}} \varepsilon \left(t - \dfrac{x}{v} \right) = \dfrac{U_s}{2} \varepsilon \left(t - \dfrac{x}{v} \right) \\[4mm] u_2^+(l,t) = u^+(l_1,t) = \dfrac{U_s}{2} \varepsilon \left(t - \dfrac{l_1}{v} \right) \end{cases}$$

$$(15\text{-}65)$$

应用柏德生法则和动态电路的特性，求第一条传输线终端的电压波

$$\begin{cases} u_2(0_+) = \dfrac{U_s Z_{c2}}{Z_{c1} + Z_{c2}} \\[4mm] u_2(\infty) = \dfrac{U_s (R + Z_{c2})}{R + Z_{c1} + Z_{c2}} \\[4mm] \tau = \dfrac{RC(Z_{c1} + Z_{c2})}{R + Z_{c1} + Z_{c2}} \end{cases}$$

$$(15\text{-}66)$$

$$
\begin{cases}
i_2(0_+) = \dfrac{U_s}{Z_{c1} + Z_{c2}} \\[3mm]
i_2(\infty) = \dfrac{U_s}{R + Z_{c1} + Z_{c2}}
\end{cases}
\tag{15-67}
$$

第一条传输线终端的电压为

$$
u_2(t) = \left[\frac{U_s(R+Z_{c2})}{R+Z_{c1}+Z_{c2}} + \frac{-U_s R Z_{c1}}{(Z_{c1}+Z_{c2})(R+Z_{c1}+Z_{c2})} e^{-\frac{1}{\tau}\left(t-\frac{l_1}{v}\right)} \right] \varepsilon\left(t-\frac{l_1}{v}\right)
$$

$$
i_2(t) = \frac{U_s}{(Z_{c1}+Z_{c2})(R+Z_{c1}+Z_{c2})} \left[(Z_{c1}+Z_{c2}) + R e^{-\frac{1}{\tau}\left(t-\frac{l_1}{v}\right)} \right] \varepsilon\left(t-\frac{l_1}{v}\right)
\tag{15-68}
$$

第一条传输线终端的电压、电流反射波

$$
u_2^-(t) = u_2(t) - u_2^+(t)
$$

$$
= \frac{U_s\left[(Z_{c1}+Z_{c2})(R+Z_{c2}-Z_{c1}) - 2R Z_{c1} e^{-\frac{1}{\tau}\left(t-\frac{l_1}{v}\right)} \right]}{2(Z_{c1}+Z_{c2})(R+Z_{c1}+Z_{c2})} \varepsilon\left(t-\frac{l_1}{v}\right)
\tag{15-69a}
$$

$$
i_2^-(t) = i_2^+(t) - i_2(t) = u_2^-(t)/Z_{c1}
$$

$$
= \frac{U_s\left[(Z_{c1}+Z_{c2})(R+Z_{c2}-Z_{c1}) - 2R Z_{c1} e^{-\frac{1}{\tau}\left(t-\frac{l_1}{v}\right)} \right]}{2Z_{c1}(Z_{c1}+Z_{c2})(R+Z_{c1}+Z_{c2})} \varepsilon\left(t-\frac{l_1}{v}\right)
\tag{15-69b}
$$

第一条传输线上的电压、电流分别为

$$
u(x,t) = u^+(x,t) + u^-(x,t) = u^+(x,t) + u_2^-\left(t-\frac{2l_1-x}{v}\right)
$$

$$
= \frac{U_s}{2}\varepsilon\left(t-\frac{x}{v}\right) + \frac{U_s\left[(Z_{c1}+Z_{c2})(R+Z_{c2}-Z_{c1}) - 2R Z_{c1} e^{-\frac{1}{\tau}\left(t-\frac{2l_1-x}{v}\right)} \right]}{2(Z_{c1}+Z_{c2})(R+Z_{c1}+Z_{c2})} \varepsilon\left(t-\frac{2l_1-x}{v}\right)
$$

$$
\tag{15-70a}
$$

$$
i(x,t) = \frac{1}{Z_{c1}} u^+(x,t) - \frac{1}{Z_{c1}} u^-(x,t)
$$

$$
= \frac{U_s}{2Z_{c1}}\varepsilon\left(t-\frac{x}{v}\right) - \frac{U_s\left[(Z_{c1}+Z_{c2})(R+Z_{c2}-Z_{c1}) - 2R Z_{c1} e^{-\frac{1}{\tau}\left(t-\frac{2l_1-x}{v}\right)} \right]}{2Z_{c1}(Z_{c1}+Z_{c2})(R+Z_{c1}+Z_{c2})} \varepsilon\left(t-\frac{2l_1-x}{v}\right)
$$

$$
\tag{15-70b}
$$

集中参数元件是串联接在两条传输线的两线之间连接处，所以 $i_2(t) = i_{A'}(t)$，该电流直接透射进入第二条传输线，成为第二条传输线的电流发出波。但是，A 与 A' 两侧的电压却不相等，即 $u_2(t) \neq u_{A'}(t)$，电压发出波为电流发出波乘以波阻抗 Z_{c2}。波从 A 点进入 A' 点所需要的时间为零，瞬间从 A 点进入 A' 点。第二条传输线上的电压、电流分布为

$$
\begin{cases}
i(x,t) = i_2\left(t-\dfrac{x-l_1}{v}\right) = \dfrac{U_s\left[(Z_{c1}+Z_{c2}) + R e^{-\frac{1}{\tau}\left(t-\frac{x}{v}\right)} \right]}{(Z_{c1}+Z_{c2})(R+Z_{c1}+Z_{c2})} \varepsilon\left(t-\dfrac{x}{v}\right) \quad (x>l_1) \\[5mm]
u(x,t) = Z_{c2} i(x,t) = \dfrac{U_s Z_{c2}\left[(Z_{c1}+Z_{c2}) + R e^{-\frac{1}{\tau}\left(t-\frac{x}{v}\right)} \right]}{(Z_{c1}+Z_{c2})(R+Z_{c1}+Z_{c2})} \varepsilon\left(t-\dfrac{x}{v}\right) \quad (x>l_1)
\end{cases}
$$

$$
\tag{15-71}
$$

【例 15-1】　图 15-20 表示的两个波阻抗不同的无损耗均匀传输线在第一条线的终端相连接。第一条线的长度为 l_1，波阻抗为 Z_{c1}，行波在第一条线上传播的速度为 v，第二条线的波阻为 Z_{c2}。$t=0$ 时第一条线始端与内阻为 R_s、激励电压为 $u_s(t)$ 的电源接通。试确定两线连接处的反射波电压、电流和折射波电压、电流。

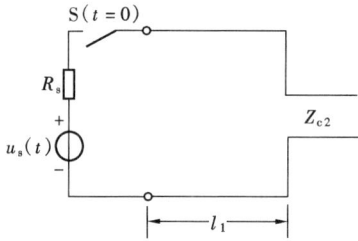

图 15-20　两条无损耗线相连接

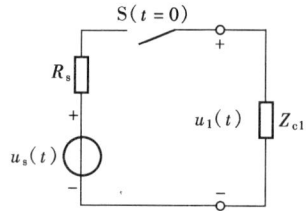

图 15-21　发出波时的等效电路

解　当第一条传输线始端只有发出波时，传输线对于始端电源来说，相当于一个阻值为 Z_{c1} 的集中参数电阻负载，据此可绘出计算始端发出波电压、电流的集中参数等效电路，如图15-21所示。

由图 15-21 可求得第一条线始端的发出波电压为

$$u_1(t) = u(0,t) = \frac{Z_{c1}}{R_s + Z_{c1}} u_s(t)\varepsilon(t)$$

图 15-22　连接处的等效电路

故第一传输线上任意一处的入射电压波的表达式为

$$u^+(x,t) = \frac{Z_{c1}}{R_s + Z_{c1}} u_s\left(t - \frac{x}{v}\right)\varepsilon\left(t - \frac{x}{v}\right)$$

由此可得两线连接处的入射波电压为

$$u_2^+(t) = u^+(l_1,t) = \frac{Z_{c1}}{R_s + Z_{c1}} u_s\left(t - \frac{l_1}{v}\right)\varepsilon\left(t - \frac{l_1}{v}\right)$$

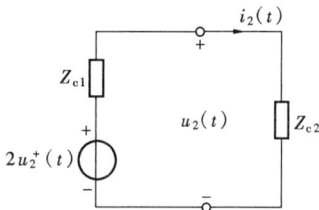

为了计算两线连接处的电压和电流，按照柏德生法则绘出集中参数等效电路，如图15-22所示。图中第二条传输线用集中参数电阻 Z_{c2} 代替。这是因为当第二条传输线入口处只有折射波，没有由第二线终端反射回来的反射波时，第二传输线对于连接处以前的传输线来说，相当于一个集中参数电阻 Z_{c2} 的作用。

根据图 15-22 计算两线连接处的电压、电流如下

$$u_2(t) = \frac{Z_{c2}}{Z_{c1} + Z_{c2}} \cdot 2u_2^+(t) = 2\frac{Z_{c2}}{Z_{c1} + Z_{c2}} \cdot \frac{Z_{c1}}{R_s + Z_{c1}} u_s\left(t - \frac{l_1}{v}\right)\varepsilon\left(t - \frac{l_1}{v}\right)$$

$$i_2(t) = \frac{u_2(t)}{Z_{c2}} = 2\frac{1}{Z_{c1} + Z_{c2}} \cdot \frac{Z_{c1}}{R_s + Z_{c1}} u_s\left(t - \frac{l_1}{v}\right)\varepsilon\left(t - \frac{l_1}{v}\right)$$

上式所示电压 $u_2(t)$、电流 $i_2(t)$，也就是第二条传输线入口处的电压、电流，即由第一条传输线透入到第二条传输线的折射波在第二线始端的电压、电流。两线连接处的反射波电压、电流为

$$u_2^-(t) = u_2(t) - u_2^+(t) = \frac{Z_{c2} - Z_{c1}}{Z_{c1} + Z_{c2}} \cdot \frac{Z_{c1}}{R_s + Z_{c1}} u_s\left(t - \frac{l_1}{v}\right)\varepsilon\left(t - \frac{l_1}{v}\right)$$

$$i_2^-(t) = \frac{u_2^-(t)}{Z_{c1}} = \frac{Z_{c2} - Z_{c1}}{Z_{c1} + Z_{c2}} \cdot \frac{1}{R_s + Z_{c1}} u_s\left(t - \frac{l_1}{v}\right)\varepsilon\left(t - \frac{l_1}{v}\right)$$

小　结

1. 无损耗均匀传输线的通解

无损耗均匀传输线方程

$$\begin{cases} -\dfrac{\partial u}{\partial x} = L_0 \dfrac{\partial i}{\partial t} \\[2mm] -\dfrac{\partial i}{\partial x} = C_0 \dfrac{\partial u}{\partial t} \end{cases}$$

其通解为

$$\begin{cases} u(x,t) = f^+\left(t - \dfrac{x}{v}\right) + f^-\left(t + \dfrac{x}{v}\right) \\[2mm] i(x,t) = \dfrac{1}{Z_c} f^+\left(t - \dfrac{x}{v}\right) - \dfrac{1}{Z_c} f^-\left(t + \dfrac{x}{v}\right) \end{cases}$$

由方程的通解可知，无损耗均匀线上任意一处的电压、电流均可视为由两个分量叠加而成，可以表示成以下形式

$$\begin{cases} u(x,t) = u^+(x,t) + u^-(x,t) \\ i(x,t) = i^+(x,t) - i^-(x,t) \end{cases}$$

2. 无损耗均匀传输线上的发出波

零状态无损耗均匀传输线的始端与电压源接通后，由激励源发出一个以有限速度 v 从始端向终端移动的正向电压行波。

凡正向电压行波所到之处，同时在线上建立起正向行波电流，电流的大小仅由电压行波和波阻抗 $Z_c = \sqrt{L_0/C_0}$ 来决定，而与负载无关。因此沿同一方向以相同速度前进的正向电压行波和正向电流行波的波形也是相同的。

由激励源发出的正向电压行波和正向电流行波沿线推进时，激励源所供给的能量，一半用以建立电场，一半用以建立磁场。

3. 无损耗均匀传输线波的反射

柏德生法则是求解无损耗均匀传输线波过程的一种分析方法，它以行波的概念来分析传输线的不均匀处的电压和电流，并以此来分析电压和电流的反射波，在此基础上求出无损耗均匀传输线上的电压及电流分布。

根据柏德生法则，可用分析集中参数电路暂态的方法来确定反射点的电压 u_2 与电流 i_2。在 u_2、i_2 和 u_2^+、i_2^+ 已知的情况下，可以求得反射点的反射波电压 u_2^- 与反射波电流 i_2^-，从而写出反射电压波与反射电流波随距离 x 及时间 t 变化的函数式。

如果反射点以后还接有另外的传输线，则根据已经求得的 u_2 和 i_2，也可以确定进入此传输线的电压折射波与电流折射波。

习　题　十　五

15-1　某无损耗均匀传输线的长度 $l = 50 \text{km}$，原始参数如下：$L_0 = 2.2 \text{mH/km}$，$C_0 = 5.12 \times 10^{-9} \text{F/km}$。传输线始端接有 $U_0 = 35 \text{kV}$ 的直流电源。试求：（1）电流从始端发出又反射回始端所需要的时间；（2）发出电压波、电流波在每公里传输线上所建立的电场能量和磁场能量。

15-2　某架空输电线的长度为 90km，波阻抗 Z_c 为 500Ω；负载由 100Ω 电阻和 0.3H 电感串联组成。设在 $t = 0$ 时线路始端与恒定电压 100kV 接通，求终端电流与电压随时间变化的表达式。

15-3　图 15-23 所示的线路中，无限长矩形电压波 $U_0=100\text{kV}$，沿第一条输电线向另外两条线路连接处传播。已知 $Z_{c1}=75\Omega$，$Z_{c2}=50\Omega$，$Z_{c3}=75\Omega$，试问折射到第二、三条线上的电压和电流的幅值各是多少？

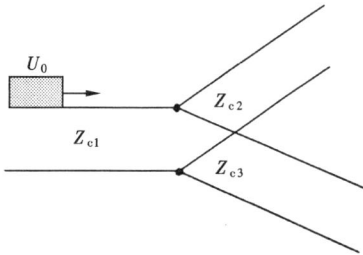

图 15-23　题 15-3 图　　　　　图 15-24　题 15-5 图

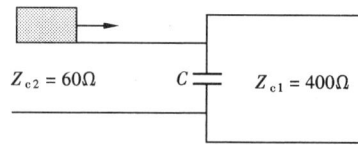

15-4　无限长矩形电压行波电压为 $100\ \text{kV}$，沿架空线向与电缆连接处传播；设架空线的波阻抗 $Z_{c1}=400\Omega$，电缆的波阻抗 $Z_{c2}=60\Omega$。试求：（1）行波到达连接处时，电缆入口处的电压和电流；（2）如果同一幅值的电压波沿电缆向连接处行进，到达连接处时架空线的电压和电流各是多少？

15-5　设上题中的电缆与架空线的连接处并联接有电容 $C=1000\text{pF}$，电压波由电缆向架空线传播，如图 15-24 所示。试求电压波到达连接处后，电容两端的电压的时间函数式。

参 考 答 案

15-1　0.3356ms；$W_e=3.136\text{J}$，$W_m=3.136\text{J}$

15-2　$0.333(1-e^{-2(t-0.3)})\varepsilon(t-0.3)\text{kA}$，$(33.3+166.7e^{-2(t-0.3)})\varepsilon(t-0.3)\text{kV}$

15-3　57.15kV，1.143kA，0.762kA

15-4　26.1kV，0.436kA；173.9kV，0.435kA

15-5　$u(t)=174(1-e^{-19.17t})\text{kV}$

第 16 章 非线性电阻电路分析

本书前面章节内容的讨论都是针对线性电路的，在那里，电阻元件的参数 R 或 G、受控电源的控制系数等都是作为常量处理的，即认为电路元件是线性的。然而实际电路器件都有着程度不同的非线性性质，在非线性程度较弱的情况下，为便于分析计算，作为线性问题处理，这样处理的结果不致使理论分析与实际情况有本质的区别。但是在电路器件的非线性程度较强的情况下，非线性特性是不容忽略的，否则就会导致理论分析的结果与实际情况严重不符。

含有非线性电阻元件的电路，就是非线性电阻电路。本章将讨论这类电路的一些常用分析方法，如图解法、小信号分析法、分段线性化法、数值分析法以及非线性电阻电路列写电路方程的分析方法。

16.1 非线性电阻元件特性

在第 1 章中已经指出，线性电阻元件的伏安特性是通过原点的一条直线，它可以用欧姆定律来描述。凡是其伏安特性不是通过坐标原点的一条直线的电阻元件就是非线性电阻元件。

16.1.1 非线性电阻元件的特性曲线

非线性元件必须用它的特性曲线来表征，例如、非线性电阻元件的特性就是用伏安特性曲线来表征的。根据非线性元件特性曲线的形状，非线性元件可分为对称的和不对称的，单值的和多值的等类型。图 16-1 所示为几种常见非线性电阻在恒定电压、电流作用下的静态特性曲线。

图 16-1（a）和（b）分别表示钨丝和辉光管的特性曲线，它们都对称于原点，也就是与电压或电流的方向无关。图 16-1（c）、（d）、（e）和（f）分别为齐纳二极管、真空二极管、半导体二极管和隧道二极管的特性曲线，它们与坐标原点都是不对称的。

由图 16-1（a）、（c）、（d）和（e）的特性曲线可以看到，只要 $U_1 > U_2$，则有 $I(U_1) > I(U_2)$；或者如果 $I_1 > I_2$，则有 $U(I_1) > U(I_2)$，这样的元件称为单增电阻元件。图 16-1（b）和（f）的特性曲线都不是单增的，它们都有一段斜率为负的部分，这样的元件可称为负电阻元件。

对于图 16-1（f）的特性曲线，它的电流 I 是电压 U 的单值函数，可以写成

$$I = g(U) \tag{16-1}$$

即对应于每一个电压值 U 有一个且只有一个电流值 I 相对应，这一类电阻称为电压控制型电阻。

对于图 16-1（b）所示的特性曲线，电压 U 是电流 I 的单值函数，即对应于每一个电流值 I 有一个且只有一个电压值 U 相对应，可以写成

$$U = f(I) \tag{16-2}$$

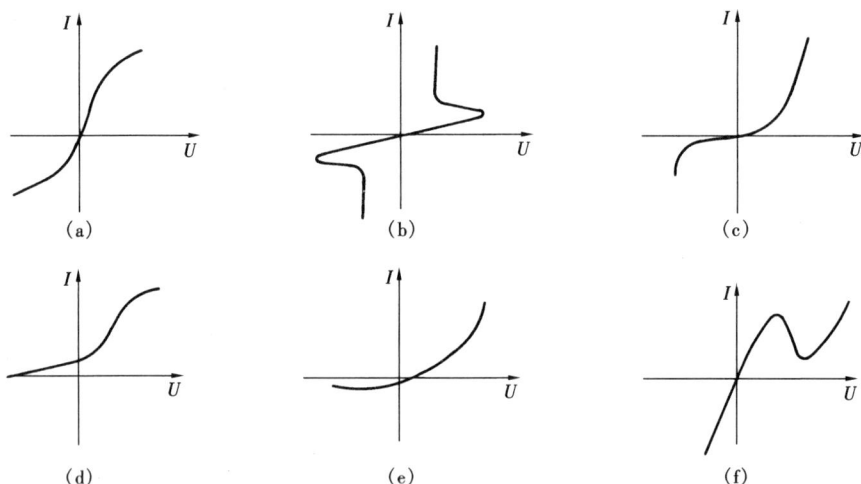

图 16-1　非线性电阻的几种特性曲线

(a) 钨丝；(b) 辉光管；(c) 齐纳二极管；(d) 真空二极管；(e) 半导体二极管；(f) 隧道二极管

此类电阻称为电流控制型电阻。

当特性曲线的形状如同英文字母 S 一样时，所对应的曲线又称为"S"型特性曲线。

16.1.2　非线性电阻的静态电阻与动态电阻

在讨论非线性电阻时，有必要提出静态参数及动态参数的概念。

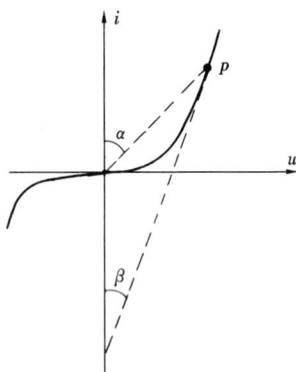

图 16-2　非线性电阻的
伏安特性

图 16-2 所示为非线性电阻元件的伏安特性，流过它的电流随着加在它两端的电压变化而单调地升高或单调地降低，所以称为单调型非线性电阻。在曲线上某一点 p 的电压和电流之比，称为该点的静态电阻，用

$$R = \frac{u}{i} = m\tan\alpha \tag{16-3}$$

表示。该点的动态电阻 R_d 是该点电压增量与电流增量之比，即

$$R_d = \frac{\mathrm{d}u}{\mathrm{d}i} = m\tan\beta \tag{16-4}$$

式中：m 是一个比例常数，等于作图时电压比例尺和电流比例尺之比。动态电阻是由特性曲线切线的参数所决定，因此，曲线上升部分的动态电阻为正，而下降部分则为负。

非线性电阻元件的静态电阻与动态电阻都不是常数，而是电压 u 或电流 i 的函数。静态电阻总是正的，对于单调型非线性电阻元件，由于其伏安特性是上升的，因此它的动态电阻也是正的。

16.2　非线性电阻电路的图解法

由于在分析非线性电阻元件时，获得的只是非线性电阻元件的特性曲线，不是电压、电流的函数关系，要具体地写出方程求解是困难的，相比之下图解法可以比较好地解决这些问题。

16.2.1　非线性电阻元件串联与并联的端口特性

图 16-3（a）所示的是两个非线性电阻元件串联的二端电路，各非线性电阻元件的特性方程或伏安关系曲线是给定的。分析时一般采用先求出端口的电压、电流关系，再求各元件的电压和电流。

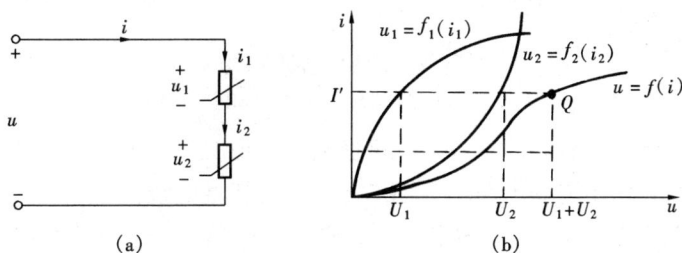

图 16-3　非线性电阻元件串联

(a) 串联电路；(b) 特性曲线

由 KCL，串联的各元件通过同一电流，即

$$i = i_1 = i_2$$

由 KVL

$$u = u_1 + u_2$$

如果两个非线性电阻元件都是电流控制型的，即

$$\left. \begin{array}{l} u_1 = f_1\ (i_1) \\ u_2 = f_2\ (i_2) \end{array} \right\}$$

则以上 KVL 方程可写成

$$u = f_1\ (i_1)\ + f_2\ (i_2)\ = f_1\ (i)\ + f_2\ (i) \tag{16-5}$$

在这样的情况下，端口特性原则上就能用解析法求得。

图 16-3（a）所示的非线性电阻电路，当串联的非线性电阻元件不全为电流控制型时，就无法写出形如式（16-5）的方程，只能采用图解法解决这类问题。

图 16-3（a）所示的串联非线性电阻电路，两个非线性电阻的特性曲线如图 16-3（b）所示，两个非线性电阻串联后可以等效为一个二端元件。由于两个电阻是串联的，流过的电流相同，所以只要对任意给定的电流值，把已知元件的特性曲线上对应的电压值相加，就可以逐点地求出总的特性曲线 $u = f\ (i)$。

如图 16-4（a）所示的非线性电阻并联电路，元件的特性曲线示于图 16-4（b）。由 KCL，各非线性电阻元件的电流为

$$i = i_1 + i_2$$

由 KVL，各元件具有相同的电压，即

$$u = u_1 = u_2$$

与串联的做法相似，并联后的非线性电阻可以等效为一个二端元件。因为是并联，所以只要给定电压，在纵轴上将对应的电流值相加即可求出总的特性曲线 $i = f\ (u)$，如图 16-4（b）。

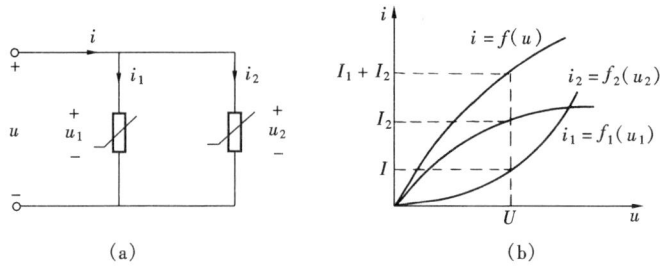

图 16-4   非线性电阻元件并联
(a) 并联电路；(b) 特性曲线

对于更复杂的串、并联和混联电路，可根据具体情况，用上述方法分别逐步进行串联或并联等效，直到最后作出混联电路的等效二端元件的特性曲线。

【例 16-1】   图 16-5（a）所示为电压源、理想二极管与线性电阻元件串联的二端电路，求端口特性。

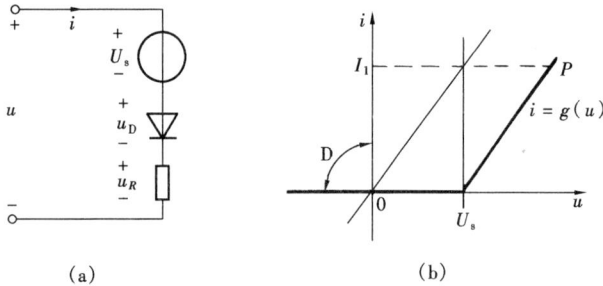

图 16-5   ［例 16-1］的电路图
(a) 非线性元件与线性电阻元件串联电路；(b) 特性曲线

解   在 $u-i$ 平面上分别做出电压源、理想二极管和线性电阻元件的特性曲线，如图 16-5（b）所示，图中假定 $U_s>0$，$R>0$，理想二极管的特性曲线由正 i 轴与负 u 轴组成，理想二极管是既非电流控制型也非电压控制型的非线性电阻元件。

分析电压时，令 $i=0$，将三个元件特性曲线上对应的电压坐标相加，即 $u=U_s+u_D+u_R$，但是，当 $i=0$ 时的 u_D 可以是等于或小于零的任一值，电压坐标相加时，应把这一元件允许出现的电压值都考虑到，这样 $i=0$ 时端口特性曲线为 u 轴上 $u \leqslant U_s$ 的部分。对 $i>0$ 任取一值如图 16-5（b）中的 I_1，将三条曲线上对应的电压坐标相加得点 P，由点（U_s，0）作过 P 点的射线，所求端口特性曲线在图 16-5（b）中以粗实线表示，端口特性是电压控制型的，可以表示为

$$i=g\ (u)\ =\frac{G}{2}\ (u-U_s)\ +\frac{G}{2}\ |\ u-U_s\ |$$

式中：$G=1/R$。此端口特性曲线的特点是以 u 轴上 $u=U_s$ 为分界点，在一侧曲线与 u 轴重合，在另一侧是起自点（U_s，0）斜率为 G 的射线，因此特性曲线只需用两个参数表示，即曲线在 u 轴上转折处的电压值 U_s 和转折后射线的斜率 G。

16.2.2   用图解法确定直流工作点

非线性电阻电路在直流电源激励下，非线性电阻元件电压和电流的数值，对应着非线性电阻元件特性曲线上的一个点，这个点称为直流工作点或静态工作点。

在两个非线性电阻串联的图 16-3（b）所示图解法中，作过 u 轴上 U（$U=U_1+U_2$）的点且与 i 轴平行的直线，直线与端口特性曲线 $u=f\ (i)$ 的交点 Q 对应的电流坐标值即是需求的端口电流 I'。

　　这种非线性电阻电路在直流电源激励下，通过作图求曲线交点以确定非线性电阻元件的电流和电压的方法，是电子电路中确定静态工作点的常用方法。

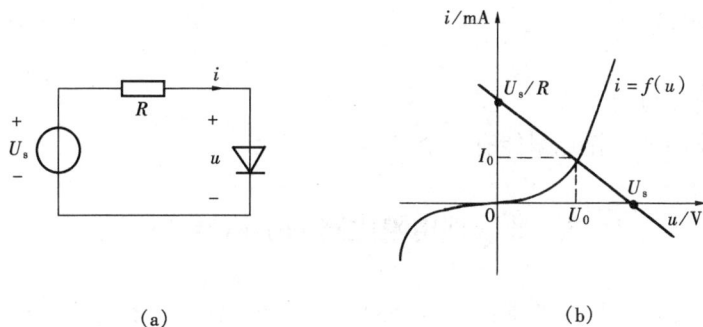

图 16-6　图解法求直流工作点

(a) 非线性电路；(b) 二极管的特性曲线

　　非线性电路如图 16-6（a）所示，电源 U_s 为直流电压源，设 $U_s>0$，$R>0$，二极管的特性曲线如图 16-6（b）所示，由 KVL 有

$$u = U_s - Ri$$

又对于二极管

$$i = f(u)$$

所以所求二极管的电压和电流应是以上两个方程联立的实数解。用作图法求解就是求出直线 $u=U_s-Ri$ 与曲线 $i=f(u)$ 交点的坐标，如图 16-6（b）所示。

　　【例 16-2】　图 16-7（a）所示的非线性电路中，非线性电阻元件的伏安关系如图 16-7（b）所示，试求非线性电阻元件的电流和电压。

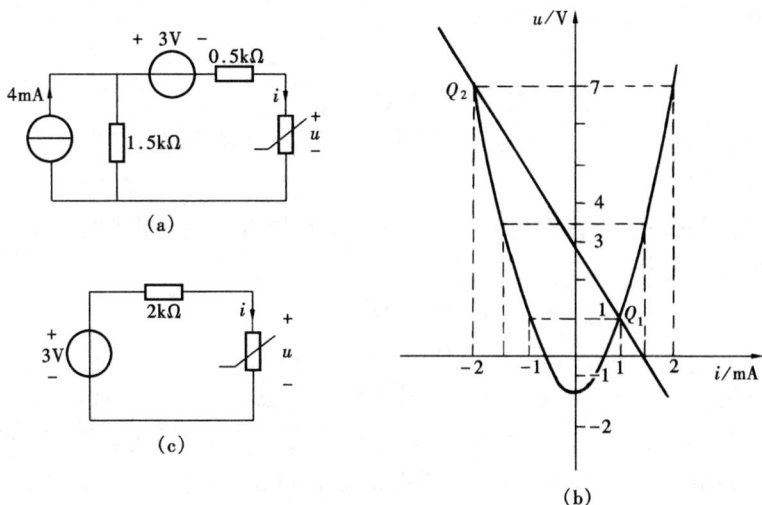

图 16-7　［例 16-2］的电路

(a) 非线性电路；(b) 非线性电阻的特性曲线；(c) 戴维南等效电路

　　解　先求出非线性电阻元件左侧部分电路的戴维南等效电路，如图 16-7（c）所示。在图 16-7（b）的 $u-i$ 平面上作直线，其方程为

$$u=3-2i$$

直线与非线性电阻元件的特性曲线交于点 Q_1 和 Q_2。非线性电阻元件有两个直流工作点，两个工作点的电压和电流为

　　Q_1：$I=1\text{mA}$，$U=1\text{V}$

　　Q_2：$I=-2\text{mA}$，$U=7\text{V}$

电路在工作时，实际的工作点只能有一个。

16.3　非线性电阻电路的小信号分析法

　　小信号分析法是工程中分析非线性电路的一个重要方法，尤其是电子电路中有关放大电路的分析和设计，就是以小信号分析为基础的。

　　小信号分析法解决的是，工作在直流状态下的非线性电阻电路，如果再接入随时间变化但幅值很小的电压或信号激励（即所谓小信号），该电路的分析处理。电子电路中的放大电路就是这样的情况，为使晶体管工作在放大区，应设置合适的工作点，这是通过加直流激励和电路中的电阻来实现的，所要放大的电压或电流信号的幅值是很小的，有时仅有几个毫伏，电路中直流、交流是共存的。

　　这里，以图 16-8（a）所示的非线性电阻电路为例说明小信号分析法。电路中，U_s 为直流电压源，$\Delta u_s=U_m\sin\omega t$ 表示幅值很小的随时间变化的交流电压源，在数量上 $U_s\gg|\Delta u_s|$，R 为线性电阻，非线性电阻元件的特性关系为 $i=f(u)$，特性曲线如图 16-8（b）所示。

　　根据 KVL，对于图 16-8（a）有

$$u=U_s+\Delta u_s-Ri \tag{16-6}$$

　　当电路只有直流激励作用时，即 $\Delta u_s=0$，

$$\left.\begin{array}{l}U_0=U_s-RI_0\\I_0=f(U_0)\end{array}\right\} \tag{16-7}$$

U_0 和 I_0 可由图解法确定，见图 16-8（b）中 U_0 和 I_0 所对应的直线，与曲线 $i=f(u)$ 的交点 Q_0（U_0，I_0）。

　　当 $\Delta u_s\neq0$ 时，电路中的直流电压源 U_s 和交流电源 Δu_s 共同作用于电路，电路中的电压 u 和电流 i 的表达式为

$$\left.\begin{array}{l}u=U_s+\Delta u_s-Ri\\i=f(u)\end{array}\right\} \tag{16-8}$$

对任意指定的时刻，式（16-8）是一条过 u 轴上点 $U_s+\Delta u_s$ 的直线，且与式（16-7）所对应的直线相平行。对 $\Delta u_s=U_m\sin\omega t$，在不同的时间 t，式（16-8）描述的是一系列与式（16-7）相平行的直线。如用 a 表示其中任一条直线在 u 轴上的截距，则 $U_s-U_m\leqslant a\leqslant U_s+U_m$，即为图 16-8（b）中介于 Q_1 与 Q_2 之间众多的平行线。相应地，电路的工作点就在曲线 $i=f(u)$ 上的 Q_1 与 Q_2 之间移动。

　　由于 $U_s\gg|\Delta u_s|$，因此，交流电源 Δu_s 对电路的影响，仅仅是使工作点在曲线 $i=f(u)$ 上的 Q_0 点附近很小的一段上移动。相应地，电路中的电流和电压也只是在 U_0 和 I_0 的基础上作很小的变化，即

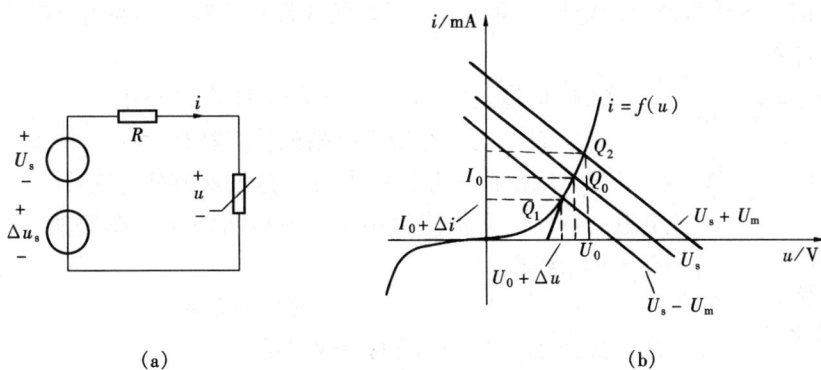

图 16-8　说明小信号分析法的电路

（a）含有小信号激励的电路；（b）特性曲线

$$\left.\begin{array}{l} i=I_0+\Delta i \\ u=U_0+\Delta u \end{array}\right\} \tag{16-9}$$

曲线 $i=f(u)$ 在 Q_0 附近很小的一段可以用曲线在 Q_0 点处的切线近似，即

$$i=I_0+\Delta i\approx I_0+\left.\frac{\mathrm{d}i}{\mathrm{d}u}\right|_{u=U_0}\cdot \Delta u \tag{16-10}$$

式（16-10）实际上是函数 $i=f(u)=f(U_0+\Delta u)$ 在 $u=U_0$ 处的泰勒级数展开式略去二阶以上高阶项的结果。式中 $\left.\dfrac{\mathrm{d}i}{\mathrm{d}u}\right|_{u=U_0}$ 是非线性电阻元件的伏安特性 $i=f(u)$ 在静态工作点 Q_0 处的斜率，即非线性电阻元件在该点的动态电导 G_d，它的倒数即为该点的动态电阻。由式（16-10）可得

$$\left.\begin{array}{l} \Delta i=G_\mathrm{d}\Delta u \\ \Delta u=R_\mathrm{d}\Delta i \end{array}\right\} \tag{16-11}$$

将式（16-9）代入式（16-6）有

$$u=U_0+\Delta u=U_\mathrm{s}+\Delta u_\mathrm{s}-R(I_0+\Delta i) \tag{16-12}$$

将式（16-12）与式（16-7）相减得

$$\Delta u=\Delta u_\mathrm{s}-R\Delta i$$

再将式（16-11）中的 Δu 代入，得

$$\Delta u_\mathrm{s}=R\Delta i+R_\mathrm{d}\Delta i \tag{16-13}$$

根据式（16-13），可以做出用以确定 Δu 与 Δi 关系的等效电路，如图 16-9 所示。图 16-9 所示的电路称为图 16-8（a）所示电路的小信号等效电路或增量等效电路。小信号等效电路是线性电阻电路，它与原电路有相同的结构，原电路中的非线性电阻元件在小信号等效电路中被静态工作点处的动态电阻代替。利用小信号等效电路可以计算小信号激励引起的电流或电压。

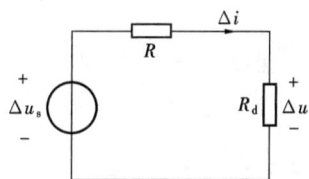

图 16-9　小信号等效电路

综上所述，小信号分析法实质上是用静态工作点 $(U_0，I_0)$ 处的动态电阻 R_d 来替代工作点附近的非线性电阻，也就是把工作点附近的特性曲线线性化了。这样做可以得到相应的

用以计算小信号激励所产生的电流增量或电压增量的线性化电路，再利用分析线性电路的方法进行分析计算。

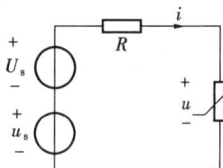

图 16-10　［例 16-3］的非
线性电路

【例 16-3】 图 16-10 所示的非线性电路中，已知 $U_s=20\text{V}$，$u_s=\sin t\text{V}$，$R=1\Omega$，非线性电阻的伏安特性为 $u=i^2$；试求电流 i。

解 用小信号分析法求解。首先求解静态工作点，因为非线性电阻的特性由解析式给出了，所以可以不用图解法。当 $u_s=0$ 时，有 KVL 定律，有

$$U_s-RI_0-U_0=0$$

代入数据和非线性电阻的特性关系，得

$$20-I_0-I_0^2=0$$
$$\left.\begin{array}{l}I_{01}=4\text{A}\\I_{02}=-5\text{A}\end{array}\right\}$$

其解为

-5A 的解舍去，工作点处的动态电阻为

$$R_d=\left.\frac{\mathrm{d}u}{\mathrm{d}i}\right|_{i=4}=\left.\frac{\mathrm{d}}{\mathrm{d}i}(i^2)\right|_{i=4}=2i|_{i=4}=8(\Omega)$$

由式（16-13）有

$$\Delta i=\frac{u_s}{R+R_d}=\frac{\sin t}{1+8}=\frac{1}{9}\sin t\ (\text{A})$$

电路的电流响应为

$$i=I_0+\Delta i=\left(4+\frac{1}{9}\sin t\right)\ (\text{A})$$

下面分析用小信号分析的方法究竟带来多大的误差？为此必须用解析的方法求解，然后再将两次不同方法的计算结果进行比较。当交流信号达到最大时，即 $u_s=1$，设此时非线性电阻的电压为 u'、电流为 i'，由 KVL 有

$$U_s+u_s-Ri'-u'=0$$

代入数据和非线性电阻的特性关系，有 $20+1-i'-i'^2=0$，解得 $i'=4.11\text{A}$，另一个解 -5.11A 舍去。4.11A 的解是真实解，而用小信号分析法的解为

$$4+\frac{1}{9}=4.111\text{A}$$

故相对误差为

$$\beta=\frac{4.111-4.11}{4.11}=0.000\,243\,3=0.024\,33\%$$

如果将交流信号增大，$u_s=5\sin t\text{V}$，则当信号达到最大时，用小信号分析时的解是

$$4+\frac{5}{9}=4.556\text{A}$$

而真实解为方程 $20+5-i'-i'^2=0$ 的解，即 $i'=4.525\text{A}$，相对误差为

$$\beta=\frac{4.556-4.525}{4.525}=0.006\,851=0.685\,1\%$$

【例 16-4】 非线性电路仍如图 16-10 所示，已知 $U_s=9\text{V}$，$u_s=90\sin t\text{mV}$，$R=2\Omega$，非线性电阻的伏安特性为 $u=i^3/3-2i$；试用小信号分析法求电路中的电压 u 和电流 i。

解 令 $u_s=0$，求直流工作点。设直流电流和直流电压分别为 $i=I_0$，$u=U_0$，则由

KVL 和非线性电阻元件的特性可得如下方程组

$$U_0 = 9 - 2I_0$$

$$U_0 = \frac{1}{3}I_0^3 - 2I_0$$

用作图法或直接解上面方程组，得 I_0 和 U_0 的实数解为

$$U_0 = 3\text{V}, \quad I_0 = 3\text{A}$$

非线性电阻元件特性曲线在直流工作点处的动态电阻为

$$R_\text{d} = \frac{\text{d}u}{\text{d}i}\bigg|_{i=3} = (i^2 - 2)\big|_{i=3} = 7 \ (\Omega)$$

由式（16-13）（或小信号等效电路）有

$$u_\text{s} = (2 + R_\text{d})\Delta i$$

$$90 \times 10^{-3}\sin\omega t = (2+7)\Delta i$$

$$\Delta i = 10 \times 10^{-3}\sin\omega t$$

$$\Delta u = \Delta i R_\text{d} = 7 \times 10 \times 10^{-3}\sin\omega t = 70 \times 10^{-3}\sin\omega t$$

电路中的电压 u 和电流 i 为

$$i = I_0 + \Delta i = (3 + 10 \times 10^{-3}\sin\omega t) \ (\text{A})$$

$$u = U_0 + \Delta u = (3 + 70 \times 10^{-3}\sin\omega t) \ (\text{V})$$

16.4 非线性电阻电路的分段线性化分析法

如同非线性电阻电路的小信号分析法，如果非线性电阻元件的特性曲线在较大范围内接近于直线，那么就能在较大范围内应用线性化法。分段线性化法是一种实用的近似方法，是用一条折线来分段逼近特性曲线的，因此分段线性化法有时也称为折线法，其方法的准确程度取决于所用的折线与实际特性的近似程度。

图 16-11（a）所示为某非线性电阻元件的特性曲线，可以将其分成三段，并且每段分别用直线段 OA、AB、BC 近似代替，它们分别对应于 $u \leqslant U_1$、$U_1 \leqslant u \leqslant U_2$ 和 $u \geqslant U_2$ 三个区间。显然折线的段数分得越多，与实际特性曲线就拟合得越好，但计算工作量越大，因此在满足工程计算允许的范围内折线段数应尽量少。

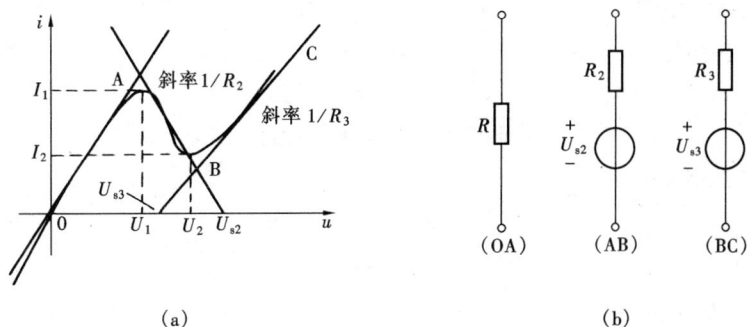

图 16-11 非线性电阻元件特性的分段线性化

（a）分成三段特性曲线；（b）相应的线性等效电路

以不同斜率构成的若干段折线近似代替非线性电阻元件的特性曲线，每个区间的折线对应于一个线性电路，这样处理使非线性电路的分析转化为几个线性电路求解。

图 16-11（b）是根据每一直线的方程做出相应的线性等效电路，由于每个线段在图 16-11（a）中所对应的电压、电流的范围不同，因此，各等效电路也有各自的电压或电流适用范围。OA 段的电压等效范围（$-\infty$，U_1]，电流等效范围（$-\infty$，I_1]；AB 段的电压、电流等效范围分别是 [U_1，U_2]、[I_1，I_2]；BC 段的电压、电流等效范围分别是 [U_2，∞)、[I_2，∞)。

在求解电路之前并不知道电路工作在非线性电阻元件的特性曲线的那一段上，因此必须假定电路可能工作在每个非线性电阻元件的任何一段上。如果电路共含 m 个非线性电阻元件，各个非线性电阻元件伏安特性的折线段数分别为 n_1，n_2，…，n_m，每个线段对应一个线性等效电路。对每个线性电路分析计算后，再根据电压和电流的等效范围进行校验。只有当每个非线性电阻元件的工作点都在其有关段的等效范围内时，求得的解答才是正确的。反之只要有一个非线性电阻元件的工作点在有关段的等效范围以外，则求得的解答是不合理的，应予舍去。因此为了校验的需要，用分段线性化法求解非线性电阻电路时，除了要计算问题中那些指定的电压和电流外，还应计算每个非线性电阻元件的电压或电流。

【例 16-5】 非线性电路如图 16-12（a）所示，两个非线性电阻分别用图 16-12（b）、（c）的折线拟合，使用分段线性化方法求 I_1 和 U_2。

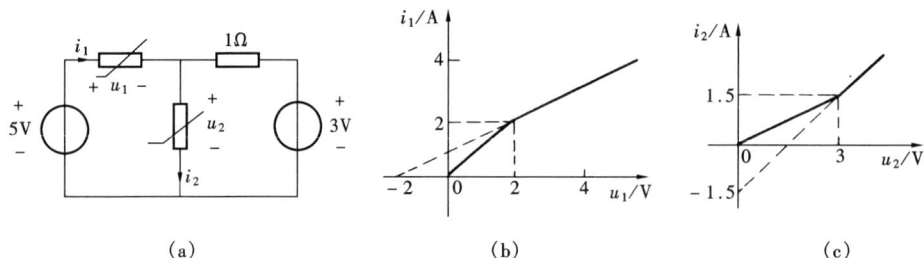

图 16-12 ［例 16-5］的非线性电路

(a) 非线性电路；(b) 非线性电阻 1 的特性曲线；(c) 非线性电阻 2 的特性曲线

解 首先将两个非线性电阻用线性模型代替，将图 16-12（a）所示的非线性电路等效成图 16-13 所示的线性电路。

第一个非线性电阻：

当 $0 < I_1 \leqslant 2A$： $\qquad\qquad U_{s1} = 0V$，$R_1 = 1\Omega$ $\qquad\qquad$ (16-14)

当 $I_1 \geqslant 2A$： $\qquad\qquad U_{s1} = -2V$，$R_1 = 2\Omega$ $\qquad\qquad$ (16-15)

第二个非线性电阻：

当 $0 < U_2 \leqslant 3V$： $\qquad\qquad I_{s2} = 0V$，$G_2 = 0.5S$ $\qquad\qquad$ (16-16)

当 $U_2 \geqslant 3V$： $\qquad\qquad I_{s2} = -1.5A$，$G_2 = 1S$ $\qquad\qquad$ (16-17)

由图 16-13，用节点法

$$U_2 = \frac{(15 - U_{s1})/R_1 - I_{s2} + 3}{1/R_1 + G_2 + 1} \qquad\qquad (16\text{-}18)$$

$$I_1 = \frac{5 - U_{s1} - U_2}{R_1} \qquad\qquad (16\text{-}19)$$

下面分析等效电路的电压或电流适用范围：

将式（16-14）、式（16-16）代入式（16-18），解得 $U_2 = 3.2$V（超出范围）。

将式（16-14）、式（16-17）代入式（16-18）及式（16-19），解得 $U_2 = 3.17$V，$I_1 = 1.83$A。这两个数据都在等效范围内，所以它们是所求的解。

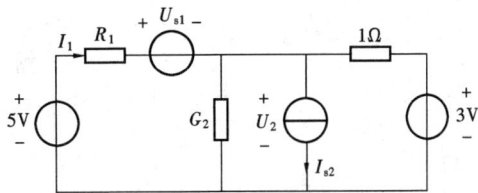

图 16-13　非线性电路的等效电路

将式（16-15）、式（16-16）代入式（16-18），解得 $U_2 = 3.25$V（超出范围）。

将式（16-15）、式（16-17）代入式（16-18）及式（16-19），解得 $U_2 = 3.2$V，$I_1 = 1.9$A（超出范围）。

总结［例 16-5］的分段线性化分析非线性电阻电路的方法，其实质就是将原非线性电路转化为求解拓扑结构相同但参数不同的线性电路。主要步骤为：

（1）对电路中的每个非线性电阻元件的特性曲线用适当的折线拟合。

（2）对非线性电阻元件的每一段折线特性，以一个具有相应参数的等效电路表示，并确定其电压或电流的等效范围。

（3）对每一非线性电阻元件折线特性的每一段进行组合，求解拓扑结构相同但参数不同的线性电路。无论求解问题中指定求解的变量是什么，在实际的计算中都要将每一非线性电阻元件的电流或电压求出。

（4）对每一线性电路的计算结果，都应以各非线性电阻元件折线特性相应段的电压或电流等效范围进行校核，只有当每个非线性电阻元件的工作点都在折线特性相应段的等效范围内时，计算结果才是合理的。

由上述的计算步骤可以看出，分段线性化法求解非线性电阻电路的计算工作是繁琐的，适宜用计算机进行计算。

16.5　非线性电阻电路的电路方程

线性电阻网络的一般分析方法，如节点电压分析法和回路电流分析法等，可以推广应用到具有一定条件限制的非线性电阻电路。

从电路分析的两个基本依据来看，KCL 和 KVL 只与电路的拓扑结构有关，而与电路元件的性质无关，因此，列写 KCL 和 KVL 方程，非线性电阻电路与线性电阻电路没有任何区别。

当电路中的非线性电阻元件都是电压控制型时，适于节点电压分析，因为电路变量都是电压，很容易写出电路的节点电压方程；当电路中的非线性电阻元件都是电流控制型时，适于回路电流分析，因为电流可用回路电流来表达，列写回路电流方程是很方便的。如果电路中的非线性电阻元件既有电流控制型的又有电压控制型的时，建立电路方程就复杂了。

对于一个给定的非线性电阻电路，按照哪种方法分析是不能主观加以选择的，只能根据电路中的非线性电阻元件是电流控制型的还是电压控制型的来决定。

【例 16-6】非线性电路如图 16-14 所示，G_1、G_2 为线性电导，非线性电阻元件都是电压控制型的，其特性方程分别为 $i_3 = 5u_3^{1/2}$，$i_4 = 10u_4^{1/3}$，$i_5 = 15u_5^{2/5}$，试写出电路的节点电压

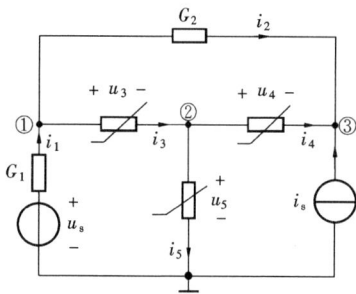

图 16-14　［例 16-6］的非线性电路

方程。

解　确定参考节点如图 16-16 所示，对节点①、②和③写出 KCL 方程

$$-i_1+i_2+i_3=0$$
$$-i_3+i_4+i_5=0$$
$$-i_2-i_4=i_s$$

由于电路中的非线性电阻元件都是电压控制型的，所以各支路电流不难用支路电压表示，因此 KCL 方程可写成以支路电压为未知量的形式

$$G_1（u_{n1}-u_s）+G_2（u_{n1}-u_{n3}）+5（u_{n1}-u_{n2}）^{1/2}=0$$
$$-5（u_{n1}-u_{n2}）^{1/2}+15u_{n2}^{2/5}+10（u_{n2}-u_{n3}）^{1/3}=0$$
$$-G_2（u_{n1}-u_{n3}）-10（u_{n2}-u_{n3}）^{1/3}=i_s$$

【例 16-7】　非线性电路如图 16-15 所示，非线性电阻元件的特性方程分别为 $u_1=i_1^3$，$u_2=i_2^2$，$u_3=\mathrm{e}^{-i_3}$ 和 $u_4=i_4^{-2}$，试写出电路的回路电流方程。

解　在图 16-15 所示的非线性电路中，取三个网孔作为独立回路，在图示回路电流参考方向下，$I_3=i_s$，对回路 1 和回路 2 列写 KVL 方程为

$$u_1+u_3=u_{s1}$$
$$u_2-u_3+u_4=-u_{s2}$$

考虑到电路中的非线性电阻元件都是电

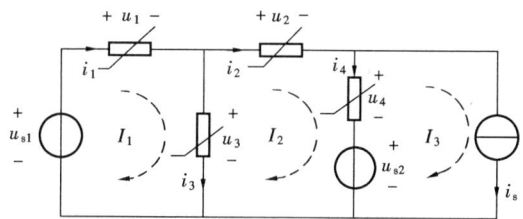

图 16-15　［例 16-7］的非线性电路

流控制型的，因此，将支路电压用支路电流表示，以支路电流为变量的 KVL 方程为

$$i_1^3+\mathrm{e}^{-i_3}=u_{s1}$$
$$i_2^2-\mathrm{e}^{-i_3}+i_4^{-2}=-u_{s2}$$

再将支路电流用回路电流表示，可得回路电流方程为

$$I_1^3+\mathrm{e}^{(I_2-I_1)}=u_{s1}$$
$$I_2^2+（I_2-i_s）^{-2}-\mathrm{e}^{(I_2-I_1)}=-u_{s2}$$

非线性电阻电路的电路方程列写，其基本方法与线性电阻电路的电路方程列写是相同的，只是得到的方程是一组非线性代数方程。假定待求的量为 x_1，x_2，$\cdots$，x_n，它可以是一组独立节点的节点电压或者是一组独立回路的回路电流。非线性电阻电路的电路方程可写成如下的一般形式

$$f_1（x_1，x_2，\cdots，x_n）=0$$
$$f_2（x_1，x_2，\cdots，x_n）=0$$
$$\vdots$$
$$f_n（x_1，x_2，\cdots，x_n）=0 \qquad\qquad (16-20)$$

非线性电阻电路方程的求解问题，就是求以上非线性代数方程的实数解，但一般情况下求非线性代数方程的解析解是困难的或是求不出的，大多数情况下都采用数值计算方法，其中应用得比较多的是牛顿——拉夫逊法。

16.6　非线性电阻电路的数值分析法

牛顿——拉夫逊法（Newton-Raphson's method）是一种求解非线性代数方程的解析法，由于便于编写程序分析，该方法得到比较广泛的应用。

假设非线性电路方程为

$$u^3 + 3u - 4 = 0 \tag{16-21}$$

可令

$$f(u) = u^3 + 3u - 4$$

设 $u = u^*$ 为方程的解，则必有

$$f(u^*) = 0$$

而对于任意其他的 u 值将存在 $f(u) \neq 0$。设 $u^{(0)}$ 表示 u^* 的初始估值，通常 $f(u^{(0)}) \neq 0$。再令 $u^{(1)}$ 为 u^* 的第一个校正估值，且用初始估值 $u^{(0)}$ 与初始估值的增量 $\Delta u^{(0)}$ 来表示，即 $u^{(1)} = u^{(0)} + \Delta u^{(0)}$，而

$$f(u^{(1)}) = f(u^{(0)} + \Delta u^{(0)}) \tag{16-22}$$

假设函数 $f(u^{(1)})$ 具有任意阶的导数，则上式可在初始估值 $u^{(0)}$ 的邻域上泰勒级数展开，得

$$f(u^{(1)}) = f(u^{(0)} + \Delta u^{(0)}) = f(u^{(0)}) + \frac{\mathrm{d}f}{\mathrm{d}u}\bigg|_{u^{(0)}} \Delta u^{(0)} + \frac{1}{2!} \frac{\mathrm{d}^2 f}{\mathrm{d}u^2}\bigg|_{u^{(0)}} (\Delta u^{(0)})^2 + \cdots$$

式中 $\Delta u^{(0)} = u^{(1)} - u^{(0)}$。

假设 $\Delta u^{(0)}$ 很小，致使 $(\Delta u^{(0)})^2$ 及更高次幂项均可略去不计，则

$$f(u^{(0)} + \Delta u^{(0)}) \approx f(u^{(0)}) + \frac{\mathrm{d}f}{\mathrm{d}u}\bigg|_{u^{(0)}} \Delta u^{(0)}$$

现假设 $u^{(1)}$ 是正确解，则 $f(u^{(1)}) = 0$，所以

$$f(u^{(0)} + \Delta u^{(0)}) = f(u^{(0)}) + \frac{\mathrm{d}f}{\mathrm{d}u}\bigg|_{u^{(0)}} \Delta u^{(0)} = 0$$

因此

$$\Delta u^{(0)} = -\frac{f(u^{(0)})}{\dfrac{\mathrm{d}f}{\mathrm{d}u}\bigg|_{u^{(0)}}}$$

或

$$u^{(1)} = u^{(0)} - \frac{f(u^{(0)})}{\dfrac{\mathrm{d}f}{\mathrm{d}u}\bigg|_{u^{(0)}}}$$

回到最初的问题，即求解方程 $f(u) = u^3 + 3u - 4 = 0$，设初始值 $u^{(0)} = 2$，则 $f(u^{(0)}) = f(2) = 10$，而

$$\frac{\mathrm{d}f}{\mathrm{d}u}\bigg|_{u^{(0)}=2} = 3u^2 + 3\bigg|_{u^{(0)}=2} = 15$$

则

$$u^{(1)} = u^{(0)} - \frac{f(u^{(0)})}{\dfrac{\mathrm{d}f}{\mathrm{d}u}\bigg|_{u^{(0)}}} = 2 - \frac{10}{15} = 1.33$$

而 $f(u^{(1)}) = f(1.33) = 2.35$，虽然 $u^{(1)}$ 不是式（16-21）方程的实际解，但 $u^{(1)}$ 比 $u^{(0)}$ 更接近于实际解。

按照上述的思想可以推论如下：

设 $u^{(k+1)}=u^{(k)}+\Delta u^{(k)}$，其中 $u^{(k+1)}$ 为第 $k+1$ 次校正估值，则

$$f\left(u^{(k+1)}\right)\approx f\left(u^{(k)}\right)+\left.\frac{\mathrm{d}f}{\mathrm{d}u}\right|_{u^{(k)}}\Delta u^{(k)}$$

如果 $u^{(k+1)}$ 为所求的实际解，则 $f\left(u^{(k+1)}\right)=0$，因此

$$\Delta u^{(k)}=-\frac{f\left(u^{(k)}\right)}{\left.\dfrac{\mathrm{d}f}{\mathrm{d}u}\right|_{u^{(k)}}}$$

而
$$u^{(k+1)}=u^{(k)}-\frac{f\left(u^{(k)}\right)}{\left.\dfrac{\mathrm{d}f}{\mathrm{d}u}\right|_{u^{(k)}}} \tag{16-23}$$

式（16-23）即为牛顿——拉夫逊法的表达式。

现在继续利用式（16-23）求解式（16-21）方程；第一次校正估值 $u^{(1)}=1.33$，令 $k=1$ 代入式（16-23）得第二次校正估值为

$$u^{(2)}=u^{(1)}-\frac{f\left(u^{(1)}\right)}{\left.\dfrac{\mathrm{d}f}{\mathrm{d}u}\right|_{u^{(1)}}}=1.33-\frac{2.35}{8.31}=1.05$$

而 $f\left(u^{(2)}\right)=f(1.05)=0.25$，$u^{(2)}=1.05$ 更接近于实际解。如此继续下去，令 $k=2,3$，…即可逼近式（16-21）方程的实际解 $u^{*}=1$。

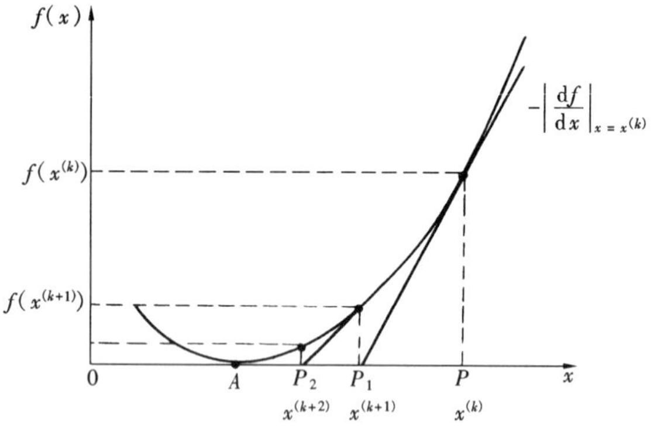

图 16-16　牛顿——拉夫逊法

为了加深对牛顿——拉夫逊法的理解，这里简要地说明它的几何意义。非线性函数 $f(x)$ 的特性曲线如图 16-16 所示，令 x^{*} 表示相应于函数 $f(x)=0$ 的实际解，而 $x^{(k)}$ 表示第 k 次的校正估值，$x^{(k+1)}$ 表示第 $k+1$ 次的校正估值，则

$$x^{(k+1)}=x^{(k)}-\frac{f\left(x^{(k)}\right)}{\left.\dfrac{\mathrm{d}f}{\mathrm{d}x}\right|_{x^{(k)}}}=0P-P_1P=0P_1$$

其中 $\left.\dfrac{\mathrm{d}f}{\mathrm{d}x}\right|_{x^{(k)}}$ 为 $f(x)$ 在点 $x^{(k)}$ 的斜率。

由此可见，$x^{(k+1)}$ 为函数 $f(x)$ 在点 $x=x^{(k)}$ 处的切线在 x 轴上的截距 $0P_1$。显然，$x^{(k+1)}$ 所对应的函数值 $f\left(x^{(k+1)}\right)$ 较之 $x^{(k)}$ 对应的函数值 $f\left(x^{(k)}\right)$ 更接近 $f\left(x^{*}\right)$。以此类推

$$x^{(k+2)}=x^{(k+1)}-\frac{f\left(x^{(k+1)}\right)}{\left.\dfrac{\mathrm{d}f}{\mathrm{d}x}\right|_{x^{(k+1)}}}=0P-P_1P_2=0P_2$$

显然，$0P_2$ 比 $0P_1$ 更接近 $0A$。如此继续下去，就可以逐步逼近实际解 $0A$（即 $x=x^{*}$）。迭代过程一直要到相邻两次迭代值之差的绝对值在容许的误差范围内时才结束，即当

$$\left|x^{(m+1)}-x^{(m)}\right|<\varepsilon$$

其中 ε 是给定的小正数，作为容许误差。此时 $x^{(m+1)}$ 就是 x 的解。

　　牛顿——拉夫逊法中初始值的选取也很重要。图 16-16 中函数 $f(x)$ 是单调连续的，因此，这个问题并不突出。假如 $f(x)$ 不是单调变化的，存在起伏，就有可能因初值选取不当而迭代失败。

　　牛顿——拉夫逊法在求解多个非线性电阻电路时，更能显示其应用价值。含有多个非线性电阻的电路方程可以写成式（16-20）的形式，下面讨论用牛顿——拉夫逊法求解非线性的 n 元联立代数方程，将式（16-20）改写为

$$
\begin{aligned}
F_1(x_1, x_2, \cdots, x_n) &= 0 \\
F_2(x_1, x_2, \cdots, x_n) &= 0 \\
&\vdots \\
F_n(x_1, x_2, \cdots, x_n) &= 0
\end{aligned}
\tag{16-24}
$$

问题归结为找出一组 $x_1, x_2, \cdots, x_n$ 值，满足式（16-24），代入后使每一表达式均等于零。设矩阵 $\boldsymbol{X} = [x_1 x_2 \cdots x_n]^{\mathrm{T}}$，$\boldsymbol{X}^{(k)} = [x_1^{(k)} x_2^{(k)} \cdots x_n^{(k)}]^{\mathrm{T}}$ 是第 k 次迭代值，还不能认为是所求的解，需要加以修正，即 $\boldsymbol{X}^{(k+1)} = \boldsymbol{X}^{(k)} + \Delta\boldsymbol{X}^{(k)}$，式中 $\Delta\boldsymbol{X}^{(k)} = [\Delta x_1^{(k)} \Delta x_2^{(k)} \cdots \Delta x_n^{(k)}]^{\mathrm{T}}$。利用多元函数的泰勒公式，并只取其一阶近似

$$
\begin{aligned}
F_i(x_1^{(k+1)}, x_2^{(k+1)}, \cdots, x_n^{(k+1)}) &\approx F_i(x_1^k, x_2^k, \cdots, x_n^k) \\
+ \left.\frac{\partial F_i}{\partial x_1}\right|_{x=x^{(k)}} \cdot \Delta x_1^{(k)} &+ \left.\frac{\partial F_i}{\partial x_2}\right|_{x=x^{(k)}} \cdot \Delta x_2^{(k)} + \cdots + \left.\frac{\partial F_i}{\partial x_n}\right|_{x=x^{(k)}} \cdot \Delta x_n^{(k)} \quad (i=1, 2, \cdots n)
\end{aligned}
\tag{16-25}
$$

因为希望 $\boldsymbol{X}^{(k+1)}$ 是解，所以令式（16-25）等于零，反过来求修正值 $\Delta\boldsymbol{X}^{(k)}$。由式（16-25）得

$$
\left.\frac{\partial F_i}{\partial x_1}\right|_{x=x^{(k)}} \cdot \Delta x_1^{(k)} + \left.\frac{\partial F_i}{\partial x_2}\right|_{x=x^{(k)}} \cdot \Delta x_2^{(k)} + \cdots + \left.\frac{\partial F_i}{\partial x_n}\right|_{x=x^{(k)}} \cdot \Delta x_n^{(k)} = -F_i(x_1^{(k)}, x_2^{(k)}, \cdots, x_n^{(k)})
\tag{16-26}
$$

$i=1, 2, \cdots, n$，所以式（16-26）是 n 元的代数方程组，写成矩阵形式

$$
\begin{bmatrix}
\frac{\partial F_1}{\partial x_1} & \frac{\partial F_1}{\partial x_2} & \cdots & \frac{\partial F_1}{\partial x_n} \\
\frac{\partial F_2}{\partial x_1} & \frac{\partial F_2}{\partial x_2} & \cdots & \frac{\partial F_2}{\partial x_n} \\
\cdots & & & \\
\frac{\partial F_n}{\partial x_1} & \frac{\partial F_n}{\partial x_2} & \cdots & \frac{\partial F_n}{\partial x_n}
\end{bmatrix}_{X=X^{(k)}}
\cdot
\begin{bmatrix}
\Delta x_1^{(k)} \\
\Delta x_2^{(k)} \\
\cdots \\
\Delta x_n^{(k)}
\end{bmatrix}
= -
\begin{bmatrix}
F_1(x_1^{(k)}, x_2^{(k)}, \cdots, x_n^{(k)}) \\
F_2(x_1^{(k)}, x_2^{(k)}, \cdots, x_n^{(k)}) \\
\cdots \\
F_n(x_1^{(k)}, x_2^{(k)}, \cdots, x_n^{(k)})
\end{bmatrix}
\tag{16-27}
$$

简写成

$$
\boldsymbol{F}'^{(k)} \cdot \Delta\boldsymbol{X}^{(k)} = -\boldsymbol{F}^{(k)}
\tag{16-28}
$$

其中系数矩阵 $\boldsymbol{F}'$ 称为雅可比矩阵。有了 $\boldsymbol{X}^{(k)}$ 式（16-28）中系数矩阵和右侧项函数都可算出。可以解出此线性代数方程组的解 $\Delta\boldsymbol{X}^{(k)}$ 来。用它来修正，得出第（$k+1$）次迭代值 $\boldsymbol{X}^{(k+1)}$，依次迭代直至求出 $\Delta\boldsymbol{X}$ 为零或小于预先给定的容许误差 $\boldsymbol{\varepsilon}$，迭代便结束。此时 $\boldsymbol{X}^{(k+1)} \approx \boldsymbol{X}^{(k)}$ 即

为解答。这一迭代过程比一元时复杂得多。每次迭代需要解一次 n 元线性代数方程组。

式（16-28）还可以写成

$$\boldsymbol{F}'^{(k)} \cdot (\boldsymbol{X}^{(k+1)} - \boldsymbol{X}^{(k)}) = -\boldsymbol{F}^{(k)} \tag{16-29}$$

即

$$\boldsymbol{X}^{(k+1)} = \boldsymbol{X}^{(k)} - [\boldsymbol{F}'^{(k)}]^{-1} \cdot \boldsymbol{F}^{(k)} \tag{16-30}$$

式（16-30）便可看成是一元情况下迭代公式（16-23）的直接推广。确定多元变量的初始值更加重要，而且比一元时困难得多。

【例 16-8】 非线性电路如图 16-17 所示，非线性电阻一个为电压控制型的，一个为电流控制型的；试用牛顿——拉夫逊法列写出计算 u_1 与 i_2 的迭代公式，并讨论如何选取初值。

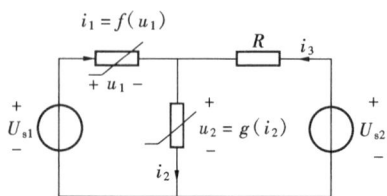

图 16-17 ［例 16-8］的电路图

解 以 u_1 和 i_2 为主变量列写电路方程

$$i_3 = i_2 - f(u_1) \tag{16-31}$$

$$u_1 + g(i_2) = U_{s1} \tag{16-32}$$

$$Ri_3 + g(i_2) = U_{s2} \tag{16-33}$$

将式（16-31）代入式（16-33）并消去 i_3，得

$$Ri_2 - Rf(u_1) + g(i_2) = U_{s2} \tag{16-34}$$

根据式（16-32）、式（16-34），令

$$F_1(u_1, i_2) = u_1 + g(i_2) - U_{s1} \tag{16-35}$$

$$F_2(u_1, i_2) = Ri_2 + g(i_2) - Rf(u_1) - U_{s2} \tag{16-36}$$

式（16-35）和式（16-36）两式分别对 u_1 和 i_2 求偏导数，得

$$\frac{\partial F_1}{\partial u_1} = 1, \quad \frac{\partial F_1}{\partial i_2} = g'(i_2) \tag{16-37}$$

$$\frac{\partial F_2}{\partial u_1} = -Rf'(u_1), \quad \frac{\partial F_2}{\partial i_2} = R + g'(i_2) \tag{16-38}$$

根据式（16-27）得到迭代公式

$$\begin{bmatrix} 1 & g'(i_2) \\ -Rf'(u_1) & R+g'(i_2) \end{bmatrix}_{\substack{u_1^{(k)} \\ i_2^{(k)}}} \cdot \begin{bmatrix} \Delta u_1^{(k)} \\ \Delta i_2^{(k)} \end{bmatrix} = \begin{bmatrix} u_1 + g(i_2) - U_{s1} \\ Ri_2 + g(i_2) - Rf(u_1) - U_{s2} \end{bmatrix}_{\substack{u_1^{(k)} \\ i_2^{(k)}}}$$

$$\tag{16-39}$$

确定初值要根据电路结构和元件特性与参数值。本例如果 U_{s1} 与 U_{s2} 的值相差不大，则可以断定 $u_2 < U_{s2}$，据此可以估计 u_2 和 i_2 的初值。有了 i_2 的初值，$i_1 < i_2$，i_1 也就可以确定了，从而得到 u_1 的初值。于是得到 $u_1^{(0)}$ 和 $i_2^{(0)}$。代入式（16-35）、式（16-36）、式（16-37）、式（16-38）诸式，求得式（16-39）在 $k=0$ 时的右侧项函数值与雅可比矩阵各元素的值。代入式（16-39）式得 $\Delta u_1^{(0)}$ 和 $\Delta i_2^{(0)}$ 的二元线性代数方程组，从中解出 $\Delta u_1^{(0)}$ 和 $\Delta i_2^{(0)}$，就可

得到 $u_1^{(1)}$ 和 $i_2^{(1)}$。这样继续迭代下去，如果是收敛的，即 Δu_1 和 Δi_2 越来越小，最后 $|\Delta u_1^{(k)}| < \varepsilon_u$，$|\Delta i_2^{(k)}| < \varepsilon_i$，$\varepsilon_u$ 与 ε_i 分别是预定的电压和电流的容许误差。此时 $u_1^{(k)}$ 和 $i_2^{(k)}$ 就是电路的近似解答。

小　结

1. 非线性电阻元件的特性

非线性电阻元件的特性是通过端口电压和端口电流关系来表征的；通常分为电压控制型和电流控制型两种情况，采用函数、特性曲线的形式表达。

2. 非线性电阻电路的图解法

电路中存在的非线性电阻较少时，图解法是一种有效的方法。只存在一个非线性电阻的电路，非线性电阻元件以外的线性二端网络的外特性和非线性元件的伏安特性的交点就是所求的解。

3. 非线性电阻电路的小信号分析法

小信号分析法实质上是用静态工作点 $(U_0，I_0)$ 处的动态电阻 R_d 来替代工作点附近的非线性电阻，也就是把工作点附近的特性曲线线性化了。这样做可以得到相应的用以计算小信号激励所产生的电流增量或电压增量的线性化电路，再利用分析线性电路的方法进行分析计算。

4. 非线性电阻电路的分段线性化分析法

分段线性化法是一种实用的近似方法，即在一定的工作范围内，以不同斜率构成的若干段折线近似代替非线性电阻元件的特性曲线，每个区间的折线对应于一个线性电路，这样处理使非线性电路的分析转化为几个线性电路求解，其方法的准确程度取决于所用的折线与实际特性的近似程度。

分段线性化法得到的结果，须逐一检验，确定其是否属于等效范围，以确定其解。由于线性电路已有成熟的计算方法，把一个非线性电路的计算等效为若干个线性电路的计算，因此是一个有效的近似方法。

5. 非线性电阻电路的方程

含有非线性电阻元件的直流电路方程是非线性代数方程；如果电路中的非线性电阻元件是电压控制型的，可以采用节点分析方法。反之，如果都是电流控制型的，则采用回路电流分析较为方便。如果两种控制类型都存在，可以采用混合方程。总之，这些控制量都应作为待求变量。

6. 非线性电阻电路的数值解法

非线性代数方程通常要用数值分析方法求解，牛顿——拉夫逊法是一种常用的方法，求解 $f(x) = 0$ 的迭代公式为

$$x^{(k+1)} = x^{(k)} - \frac{f(x^{(k)})}{f'(x^{(k)})}$$

直到前后两次迭代值之差 $|x^{(m+1)} - x^{(m)}|$ 小于预先给定的允许误差时 $x^{(m+1)}$ 就是所求的解。该方法可以推广到多变量的代数方程。

习　题　十　六

16-1　在图 16-18 所示的电路中，已知 $U_s=10V$，$R_1=2\Omega$，$R_2=5\Omega$，非线性电阻的伏安特性如下表所示，试求各支路的电流。

U_3 (V)	2.1	3.5	4.6	5.4	6.0	6.6	7.0	7.4	7.6	7.9
I_3 (A)	1	2	3	4	5	6	7	8	9	10

16-2　图 16-19 所示的电路中，已知非线性元件的特性关系为：$i=u^2+2u$，试用牛顿——拉夫逊法求解电压 u 和电流 i 的值。

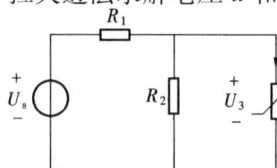

图 16-18　题 16-1 图

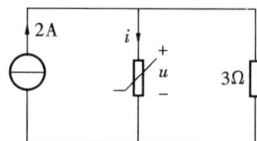

图 16-19　题 16-2 图

16-3　图 16-20 所示的电路中，非线性电阻元件的特性方程为 $u=i^3+2i$，电压的单位为 V，电流的单位为 A。试求非线性电阻元件的静态工作点，若 $u_s=0.7\sin\omega t$V，试用小信号分析法求电路中的电流 i。

16-4　图 16-21 所示的电路中，两个非线性电阻元件的特性方程为

$$i_1=g_1(u)=\begin{cases}u^2 & u\geq0\\0 & u<0\end{cases} \quad i_2=g_2(u)=\begin{cases}0.5u^2+u & u\geq0\\0 & u<0\end{cases}$$

已知 $i_s=8A$ 时，$u=U_0=2V$，求 $i_s=8+0.35\sin t$A 时电流源的端电压 u。

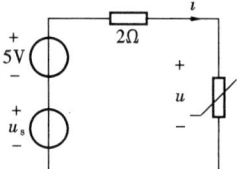

图 16-20　题 16-3 图

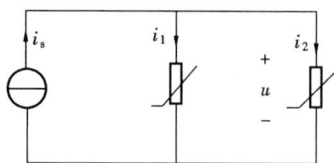

图 16-21　题 16-4 图

16-5　图 16-22 所示的电路中，非线性电阻元件的特性方程分别为 $u_1=i_1^2$（$i_1>0$）和 $i_2=u_2^2$（$i_2>0$），试求电压 u_1 和 u_2。

16-6　图 16-23 所示的电路中，非线性电阻元件的特性方程为 $i=5\exp\left(\dfrac{u}{2.5}-1\right)$，式中电压、电流的单位分别是 V 和 A，试写出电路的节点电压方程并求直流工作点。

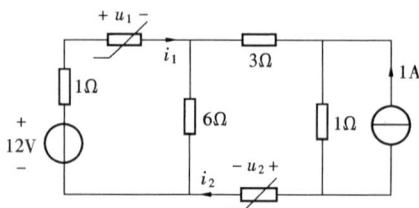

图 16-22　题 16-5 图

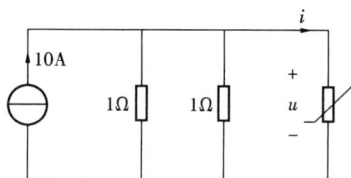

图 16-23　题 16-6 图

16-7　图 16-24 所示的电路中，非线性电阻元件的特性分别为 $i_1 = u_1^3$，$i_2 = u_2^2$，$i_3 = u_3^{3/2}$，试写出电路的节点电压方程。

16-8　图 16-25 所示的电路中，已知 $I_s = 12A$，$i_s = \sin t A$，$G = 2S$，非线性电阻元件的特性方程为 $i = 2u^2$。试用小信号分析法求非线性电阻元件的端电压。

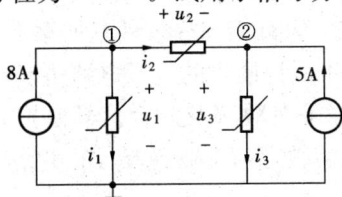

图 16-24　题 16-7 图

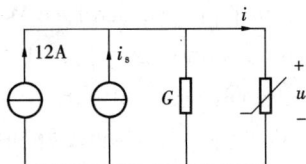

图 16-25　题 16-8 图

参考答案

16-1　3.07A，0.77A，2.3A

16-2　0.666V

16-3　1A，3V；$1 + 0.1\sin\omega t$

16-4　$2 + 0.05\sin t$ V

16-5　4V，1V

16-6　2.5V，5A

16-7　$\begin{cases} u_{n1}^3 + (u_{n1} - u_{n2})^2 = 8 \\ -(u_{n1} - u_{n2})^2 + u_{n2}^{3/2} = 5 \end{cases}$

16-8　$u = (2 + 0.1\sin t)$ V

附录 A　EWB　简　介

电子工作平台（Electronics Workbench，EWB），现称为 Multisim 软件是加拿大 Inter-active Image Technologies 公司于 20 世纪 80 年代末、90 年代初推出的电子电路仿真的虚拟电子工作台软件，它以 SPICE 3F5 为模拟软件核心，增强了在数字及混合信号模拟方面的功能，具有功能强大、界面友好和使用方便等优点，是目前教育与工业界流行的电路辅助设计软件。

附录 A 中将对 EWB 软件的初步知识和基本操作方法进行介绍，并给出简单应用实例。

A.1　窗口功能简介

当使用者启动 EWB 后，将出现如图 A-1 所示的工作窗口，它可以提供完整的设计功能。

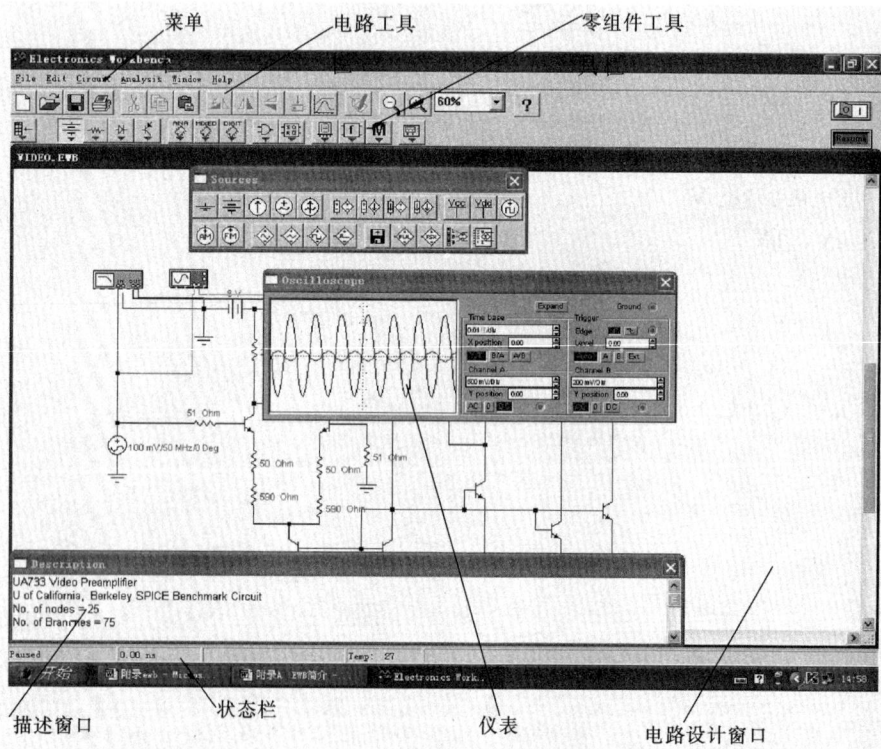

图 A-1　EWB 工作窗口

A.2　单元电路的建立

1. 元器件操作

元件选用：打开元件库栏，移动鼠标到需要的元件图形上，按下左键，将元件符号拖拽到工作区。

元件的移动：用鼠标拖曳。

元件的旋转、反转、复制和删除：用鼠标单击元件符号选定，用相应的菜单、工具栏，或单击右键激活弹出菜单，选定需要的动作。

元器件参数设置：选定该元件，从右键弹出菜单中选 Component Properties 可以设定元器件的标签（Label）、编号（Reference ID）、数值（Value）和模型参数（Model）、故障（Fault）等特性。

2. 导线的操作

主要包括：导线的连接、弯曲导线的调整、导线颜色的改变及连接点的使用。

连接：鼠标指向一元件的端点，出现小圆点后，按下左键并拖曳导线到另一个元件的端点，出现小圆点后松开鼠标左键。

删除和改动：选定该导线，单击鼠标右键，在弹出菜单中选 delete 。或者用鼠标将导线的端点拖离开它与元件的连接点。

说明：①连接点是一个小圆点，存放在无源元件库中，一个连接点最多可以连接来自四个方向的导线，而且连接点可以赋予标识；②向电路插入元器件，可直接将元器件拖曳放置在导线上，然后释放即可插入电路中。

3. 电路图选项的设置

Circuit/Schematic Option 对话框可设置标识、编号、数值、模型参数、节点号等的显示方式及有关栅格（Grid）、显示字体（Fonts）的设置，该设置对整个电路图的显示方式有效。其中节点号是在连接电路时，EWB 自动为每个连接点分配的。

4. 电路的储存

选择菜单 File/Save 命令，将出现一标准的文件储存对话框，对所建立的电路图命名，单击 OK 按钮。

A.3　单元电路的测试

此部分涉及各种电路测量仪器的使用，下面对电路研究中常用的测量仪器进行介绍。

1. 电压表和电流表

从指示器件工作栏中，选定电压表或电流表，用鼠标拖到电路工作区中，通过旋转操作可以改变其引出线的方向。双击电压表或电流表可以在弹出对话框中设置工作参数。电压表和电流表可以多次选用。图 A-2 所示为指示器件工作栏，图 A-3 给出了电压表工作参数对话框。

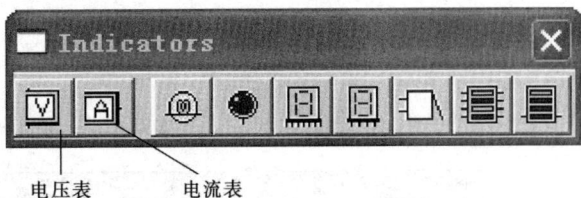

图 A-2　指示器件工作栏

2. 万用表

万用表的量程可以自动调整。图 A-4 所示为其图标和面板。

3. 示波器

示波器为双踪模拟式，其图标和面板如图 A-5 所示。

A.4　应用实例

例：验证戴维南定理。其步骤为：

（1）如图 A-6 所示的电路，利用 EWB 电路设计窗口中的元件工具表，连续选取电阻 3 次，取电阻名称为 $R_1=5\Omega$，$R_2=3\Omega$，$R_L=2\Omega$。其次，选取一电池和一直流电流源，取电池名称为 $V_1=10V$，电流源名称为 $I_s=2A$。最后，为了验证戴维南定理，在仪表工具表中选择一电压表和电流表在 R_L 处连接。

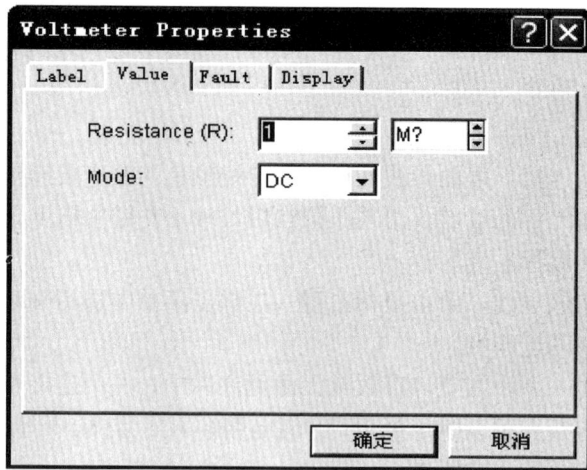

图 A-3　电压表工作参数对话框

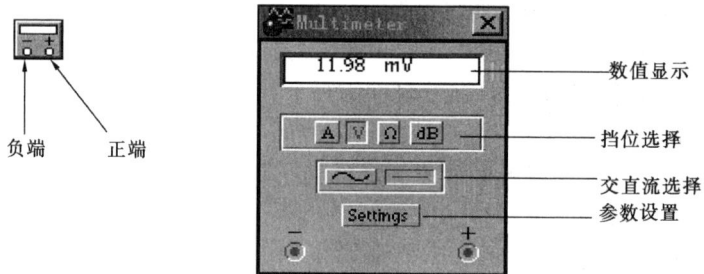

图 A-4　万用表的图标和面板

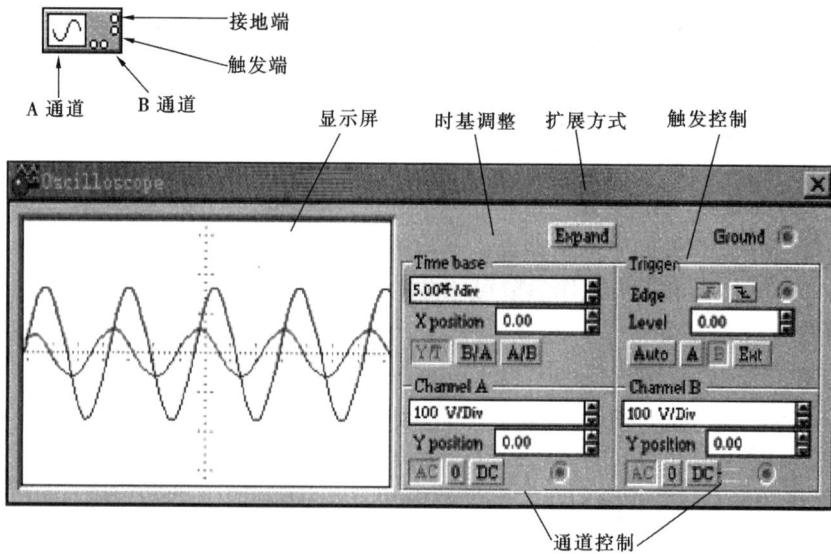

图 A-5　示波器的图标和面板

（2）完成上述连接，启动电源开关，并记录电压表与电流表的读数。

$$U = 4\text{V}, I = 2\text{A}$$

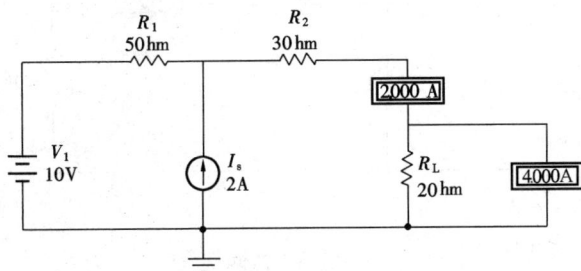

图 A-6　电路

（3）打开负载电阻 R_L 的故障设置选项对话框，如图 A-7 所示。选择开路故障选项，测得端口开路电压 U_{OC} 如图 A-8 所示；选择短路故障选项，测得端口短路电流 I_{SC} 如图 A-9 所示。

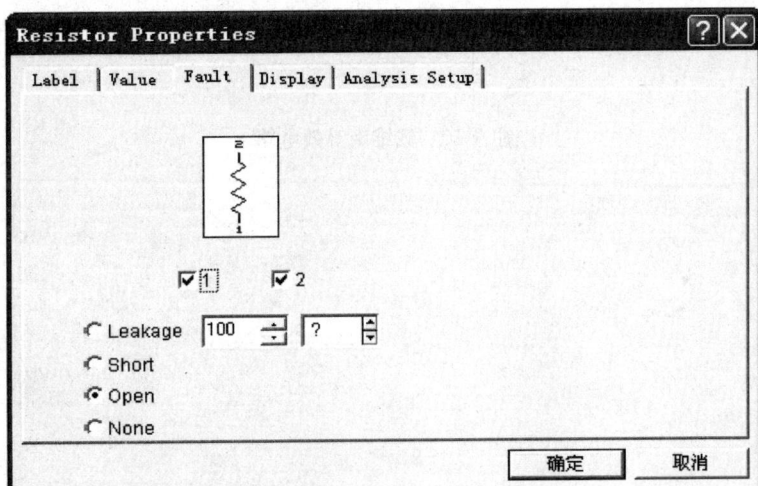

图 A-7　电阻 R_L 的故障设置选项对话框

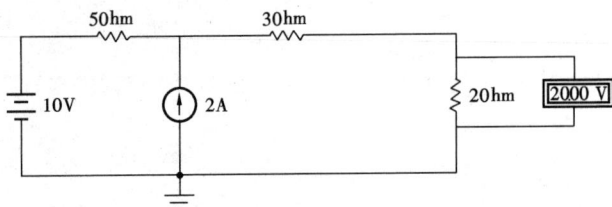

图 A-8　开路电压测试电路

由短路电流法戴维南等效电阻为 $R_i = \dfrac{U_{OC}}{I_{SC}} = \dfrac{20}{2.5} = 8(\Omega)$

（4）连接戴维南等效电路如图 A-10 所示，重新测试负载上的电压、电流。由电压表和电流表的读数可见，等效电路与原电路对于负载电阻而言起到了相同的作用。

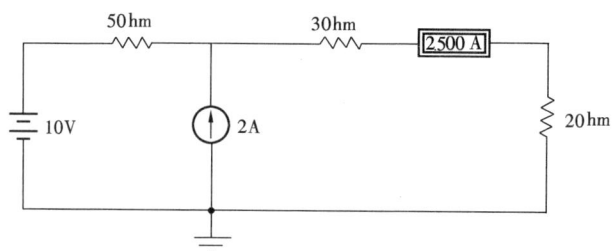

图 A-9　短路电流测试电路

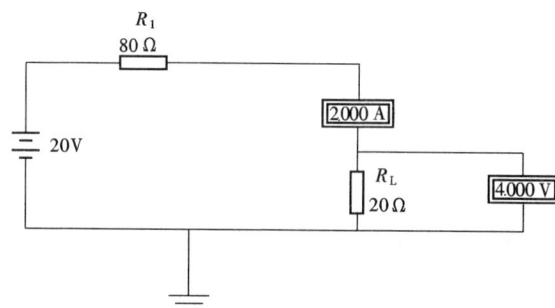

图 A-10　戴维南等效电路

附录 B MATLAB 简 介

MATLAB 语言是 20 世纪 80 年代由 MathWorks 公司开发的一个功能极其强大的软件包，附录 B 中将对电路课程中使用 MATLAB 所要求的几个基本概念作一个简要的介绍。

B.1 MATLAB 的工作环境

MATLAB 既是一种语言，又是一种编程环境。在这一环境中，系统提供了很多编写、调试和执行 MATLAB 程序的便利工具。

在 Windows 的桌面上，在 MATLAB 图标上点两下，可启动 MATLAB，这时显示出如图B-1所示的 MATLAB 系统命令窗口。

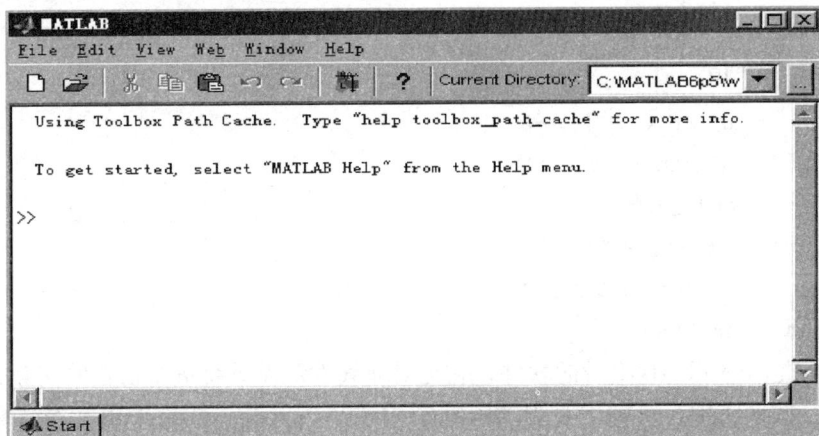

图 B-1 MATLAB 窗口

MATLAB 的工作空间是输入命令和输出结果的窗口，在这里输入的命令会立即得到执行，并输出结果，这非常适用于编写短小的程序。对编写大型、复杂程序应采用 M 文件编程方法。

编辑 M 文件：将 MATLAB 语句按特定的顺序组合在一起，就得到了 MATLAB 程序，其文件名的后缀为 M，故也称为 M 文件。MATLAB 提供了 M 文件的专用编辑/调试器，在这一编辑器中，会以不同的颜色表示不同的内容，分为五种：命令、关键字、不完整字符串、完整字符串及其他文本。这样就容易发现输入错误，缩短调试时间。

启动编辑器的方法有两种：

（1）在工作空间中键入：

edit fname

这时可启动编辑器，并打开 fname. m 文件。

（2）在命令窗口的 File 菜单或工具栏上选择 New 命令或 New File 图标。

B.2 常用的数学运算函数

MATLAB 中的数学运算函数非常多，这里只给出比较基本的几种：

abs (x) —— $|x|$

$\exp\ (x)$ ——e^x

$\mathrm{sqrt}\ (x)$ ——$\sqrt{x}$

$\log\ (x)$ ——$\ln x$

$\log 10\ (x)$ ——$\log_{10} x$

$\sin\ (x)$ ——$\sin x$

$\cos\ (x)$ ——$\cos x$

$\tan\ (x)$ ——$\tan x$

$\mathrm{asin}\ (x)$ ——$\arcsin x$

$\mathrm{acos}\ (x)$ ——$\arccos x$

$\mathrm{atan}\ (x)$ ——$\arctan x$

有关复变量运算的函数包括：

$\mathrm{real}\ (s)$ ——$\mathrm{Re}\ \{s\}$

$\mathrm{imag}\ (s)$ ——$\mathrm{Im}\ \{s\}$

$\mathrm{abs}\ (s)$ ——$\sqrt{a^2+b^2}$，其中 $s=a+\mathrm{j}b$

$\mathrm{angle}\ (s)$ ——$\arctan\ (b/a)$ 其中 $s=a+\mathrm{j}b$

$\mathrm{conj}\ (s)$ ——s 的复共轭

$\mathrm{laplace}\ (x)$ ——拉氏变换函数

$\mathrm{ilaplace}\ (x)$ ——拉氏反变换函数

B. 3　仿真（Simulink）

Simulink 是 MATLAB 附带的软件，它是对非线性动态系统进行仿真的交互式系统。在 Simulink 交互式系统中，可利用直观的方框图构建动态系统，然后采用动态仿真的方法得到结果。

Toolboxes（工具箱）：

针对各个应用领域中的问题，MATLAB 提供了许多实用函数，称为工具箱函数。MATLAB 之所以能得到广泛应用，源于 MATLAB 众多的工具箱函数给各个领域应用带来的方便。在电路中应用时，主要使用 SimPowerSystems。

在命令窗口中，点击 　 按钮，即可进入 Simulink Library Browser，如图 B-2 所示。将仿真库中器件按照需要组合在一起，就得到了 MATLAB 仿真框图，其文件名的后缀为 sim。

B. 4　应用举例

例：如图 B-3 所示电路，$R_1=0.5\Omega$，$R_2=5\Omega$，$C_1=C_2=0.5\mathrm{F}$，$L_1=1\mathrm{H}$，$i_s=2\cos(10t+45°)$ A，求电路的电压 u_1，u_2。

解　方法一

利用 MATLAB 程序实现：

```
w = 10;R1 = 0.5;R2 = 5;C1 = 0.5;C2 = 0.5;L1 = 1;          %为各元件赋值
is = 2 * (cos (pi/4) + j * sin(pi/4));
Y1 = 1/R1 + j * w * C1 + j * w * C2;                      %求节点 1 的自导纳
Y2 = 1/R2 + j * w * C2 + 1/(j * w * L1);                  %求节点 2 的自导纳
```

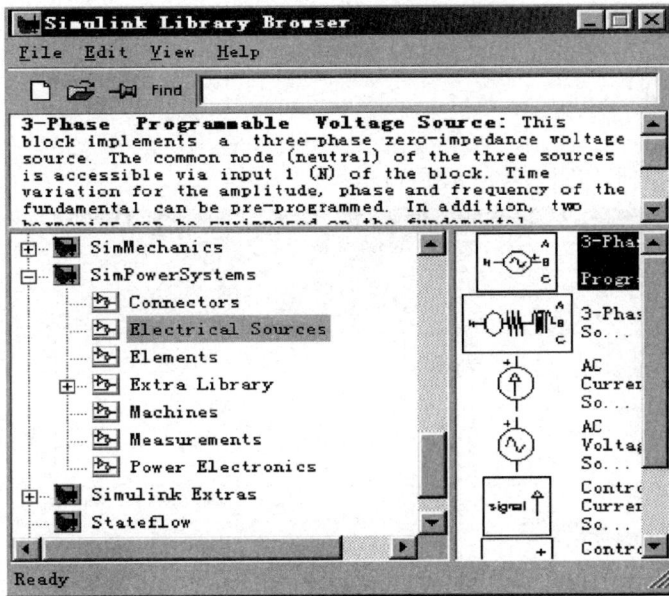

图 B-2 MATLAB仿真库

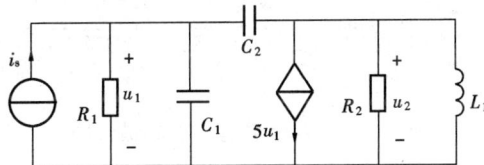

图 B-3 举例的电路图

```
Yc = j * w * C2;                          %求节点 1、2 的互导纳
A = [Y1, - Yc;5 - Yc,Y2];                 %列出系数矩阵
b = [is;0];
u = A\b; %u = [u1;u2];
u1 = u(1);
u2 = u(2);
u1emg = abs(u1);
u2emg = abs(u2);
u1 = u1emg * cos(w * t + angle(u1));
u2 = u2emg * cos(w * t + angle(u2));
t = 0:0. 01:2;
subplot(211);plot(t,u1);title('u1 - t');
xlabel(t);ylabel(u1);
subplot(212);plot(t,u2);title('u2 - t');
xlabel(t);ylabel(u2);
```
程序运行结果:

u1 = 0.2210 + 0.0389i

u2 = 0.1746 + 0.2723i

u1emg = 0.2244

u2emg = 0.3235

电压 u_1、u_2 的波形如图 B-4 所示。

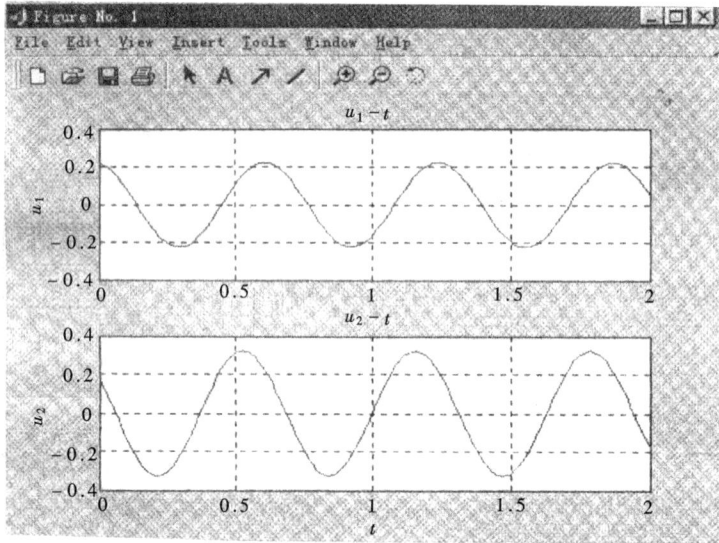

图 B-4　运行结果的 u_1、u_2 波形图

方法二

利用 MATLAB 中的仿真库实现：

图 B-3 电路的仿真电路如图 B-5 所示，图 B-6 为仿真得到的 u_1、u_2 波形图，由图B-4和图 B-6 可见，两种方法得到的结果是相同的，从而验证了 MATLAB 可有效地用于电路的计算和仿真。

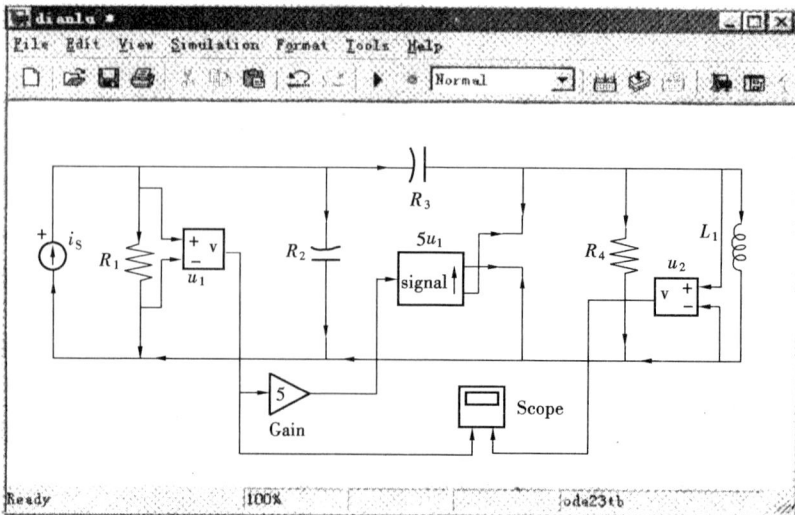

图 B-5　图 B-3 电路的仿真电路图

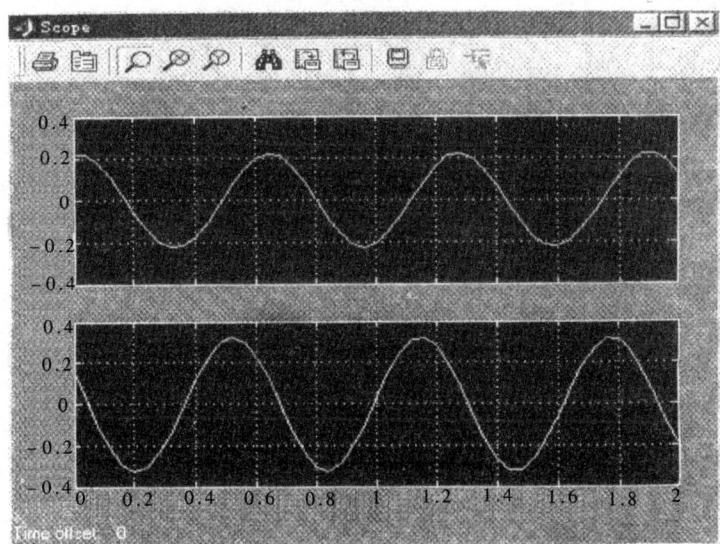

图 B-6   仿真得到的 u_1、u_2 波形图

参 考 文 献

［1］　C. A. 狄苏尔，葛守仁. 电路基本理论. 林争辉，译. 北京：高等教育出版社，1979.
［2］　俞大光. 电工基础(中册). (修订本). 北京：高等教育出版社，1965.
［3］　邱关源. 电路. 5 版. 北京：高等教育出版社，2006.
［4］　周长源. 电路理论基础. 2 版. 北京：高等教育出版社，1996.
［5］　江泽佳. 电路原理. 3 版. 北京：高等教育出版社，1992.
［6］　李瀚荪. 电路分析基础. 3 版. 北京：高等教育出版社，1993.
［7］　林争辉. 电路理论. 北京：高等教育出版社，1988.
［8］　邱关源. 网络理论分析. 北京：科学出版社，1982.
［9］　周孔章. 电路原理. 北京：高等教育出版社，1983.
［10］　周守昌. 电路原理. 2 版. 北京：高等教育出版社，2004.
［11］　陈希有. 电路理论基础. 3 版. 北京：高等教育出版社，2004.